U0857471

中国现代物流体系规划与建设政策文献汇编（第七辑）
北京物资学院　北京现代物流研究基地　资助出版

我国省级物流体系“十二五”发展规划与建设

孙前进　主编

中国财富出版社

图书在版编目（CIP）数据

我国省级物流体系“十二五”发展规划与建设 / 孙前进主编 .—北京：中国财富出版社，2015.4

（中国现代物流体系规划与建设政策文献汇编）

ISBN 978-7-5047-5534-6

Ⅰ.①我… Ⅱ.①孙… Ⅲ.①省—物流—经济规划—中国—2011～2015 Ⅳ.①F259.27

中国版本图书馆 CIP 数据核字（2015）第 012282 号

策划编辑 葛晓雯　　**责任印制** 何崇杭

责任编辑 葛晓雯　　**责任校对** 梁 凡

出版发行 中国财富出版社（原中国物资出版社）

社　　址 北京市丰台区南四环西路 188 号 5 区 20 楼　　**邮政编码** 100070

电　　话 010-52227568（发行部）　010-52227588 转 307（总编室）

010-68589540（读者服务部）　010-52227588 转 305（质检部）

网　　址 http://www.cfpress.com.cn

经　　销 新华书店

印　　刷 北京京都六环印刷厂

书　　号 ISBN 978-7-5047-5534-6/F·2303

开　　本 710mm×1000mm 1/16　　**版　　次** 2015 年 4 月第 1 版

印　　张 39　　**印　　次** 2015 年 4 月第 1 次印刷

字　　数 808 千字　　**定　　价** 120.00 元

前　言

为了系统而全面地了解与掌握我国物流业发展现状与物流体系建设过程，更好地推进我国物流业的健康发展，忠实地记录其历史发展足迹与大事要事，我们策划编撰了这套《中国现代物流体系规划与建设政策文献汇编》系列丛书。丛书主要收录国务院及相关部委、地方政府所制定与公开发布的物流业及其相关的政策法规、措施意见、专项规划等重要文献。旨在为从事物流政策制定、物流学术研究、物流专业教学的官员、专家、学者、教师以及从事企业管理与实践的广大相关人士提供一部具有参考与收藏价值的历史文献。丛书的编撰将紧紧追随我国物流业发展的历史步伐与时代脉搏，成熟一部出版一部。

《我国省级物流体系"十二五"发展规划与建设》是《中国现代物流体系规划与建设政策文献汇编》的第七辑，主要收录了各省、自治区、直辖市"十二五"期间物流发展规划、加快物流业及服务业发展意见等文献资料。

2009年3月10日，国务院印发了《物流业调整和振兴规划》（国发〔2009〕8号）。其中规划了九大物流区域，分布为：以北京、天津为中心的华北物流区域；以沈阳、大连为中心的东北物流区域；以青岛为中心的山东半岛物流区域；以上海、南京、宁波为中心的长江三角洲物流区域；以厦门为中心的东南沿海物流区域；以广州、深圳为中心的珠江三角洲物流区域；以武汉、郑州为中心的中部物流区域；以西安、兰州、乌鲁木齐为中心的西北物流区域；以重庆、成都、南宁为中心的西南物流区域。十大物流通道为：东北地区与关内地区物流通道；东部地区南北物流通道；中部地区南北物流通道；东部沿海与西北地区物流通道；东部沿海与西南地区物流通道；西北与西南地区物流通道；西南地区出海物流通道；长江与运河物流通道；煤炭物流通道；进出口物流通道。

要打破行政区划的界限，按照经济区划和物流业发展的客观规律，促进物流区域发展。积极推进和加深不同地区之间物流领域的合作，引导物流资源的跨区域整合，逐步形成区域一体化的物流服务格局。长江三角洲、珠江三角洲物流区域和华北、山东半岛、东北、东南沿海物流区域，要加强技术自主创新，加快发展制造业物流、国际物流和商贸物流，培育一批具有国际竞争力的现代物流企业，在全国率先做强。中部物流区域要充分发挥中部地区承东启西、贯通南北的区位优势，加快培育第三方物流企业，提升物流产业发展水平，形成与东部物流区域的有机衔接。西北、西南物流区域要加快改革步伐，进一步推广现代物流管理理念和技术，按照本区域承接产业转移和发挥资源优势的需要，加快物流基础设施建设，改善区域物流环境，缩小与东中部地区差距。

2014年9月12日，国务院印发了《物流业发展中长期规划（2014—2020年）》（国发〔2014〕42号）。其中规划到：落实国家区域发展整体战略和产业布局调整优化的要求，继续发挥全国性物流节点城市和区域性物流节点城市的辐射带动作用，推动区域物流协调发展。按照建设丝绸之路经济带、海上丝绸之路、长江经济带等重大战略规划要求，加快推进重点物流区域和联通国际国内的物流通道建设，重点打造面向中亚、南亚、西亚的战略物流枢纽及面向东盟的陆海联运、江海联运节点和重要航空港，建立省际和跨国合作机制，促进物流基础设施互联互通和信息资源共享。东部地区要适应居民消费加快升级、制造业转型、内外贸一体化的趋势，进一步提升商贸物流、制造业物流和国际物流的服务能力，探索国际国内物流一体化运作模式。按照推动京津冀协同发展、环渤海区域合作和发展等要求，加快商贸物流业一体化进程。中部地区要发挥承东启西、贯通南北的区位优势，加强与沿海、沿边地区合作，加快陆港、航空口岸建设，构建服务于产业转移、资源输送和南北区域合作的物流通道和枢纽。西部地区要结合推进丝绸之路经济带建设，打造物流通道，改善区域物流条件，积极发展具有特色优势的农产品、矿产品等大宗商品物流产业。东北地区要加快构建东北亚沿边物流带，形成面向俄罗斯、连接东北亚及欧洲的物流大通道，重点推进制造业物流和粮食等大宗资源型商品物流发展。物流节点城市是区域物流发展的重要枢纽，要根据产业特点、发展水平、设施状况、市场需求、功能定位等，加强物流基础设施的规划布局，改善产业发展环境。

本书所使用资料来自于文献原件、政府公报、正式报刊、政府网站等公开的正式发行物与媒体。尽管在资料的收集、整理、编排过程中，我们对所用资料进行了认真、反复的查阅与校对，但因各种原因，可能会出现疏漏与差错，全部文责由编者自负。对于一部分文献中的附件，比如表格之类，为了节省篇幅我们做了删略处理，一般用“（略）”表示；对于篇幅过长的文献，我们做了节选录用，敬请读者理解。本丛书主要供使用者作为研究参考资料使用，若用于处理正式公务或资料引用时，请以发文单位的原件为准。

北京物资学院商学院孙静老师自始至终参与了本书编写的全过程，为本书的资料查找、文字整理、校对付出了辛勤的劳动；中国财富出版社供应链与物流技术编辑室的相关编辑给予了许多中肯的建议与大力支持，在此一并向他们表示深深的感谢。

由于编者学术功力有限，自知存在许多不足与遗憾，请使用者谅解，欢迎提出补充与完善的建议。

孙前进

2015年1月

目 录

一 国务院及其相关部委

二 北京市

三 天津市

四　河北省

五　山西省

六　内蒙古自治区

七　辽宁省

八　吉林省

九　黑龙江省

十　上海市

十一 江苏省

十二 浙江省

十三 安徽省

十四 福建省

十五 江西省

十六 山东省

十七 河南省

十八　湖北省

十九　湖南省

二十　广东省

二十一　广西壮族自治区

二十二　海南省

二十三　重庆市

二十四　四川省

二十五　贵州省

二十六　云南省

二十七　西藏自治区

二十八　陕西省

二十九　甘肃省

三十　青海省

三十一　宁夏回族自治区

一　国务院及其相关部委

001

国务院关于印发物流业发展中长期规划（2014—2020年）的通知

国发〔2014〕42号

各省、自治区、直辖市人民政府，国务院各部委、各直属机构：

现将《物流业发展中长期规划（2014—2020年）》印发给你们，请认真贯彻执行。

国务院

二〇一四年九月十二日

物流业发展中长期规划（2014—2020年）

国务院

2014年9月12日

物流业是融合运输、仓储、货代、信息等产业的复合型服务业，是支撑国民经济发展的基础性、战略性产业。加快发展现代物流业，对于促进产业结构调整、转变发展方式、提高国民经济竞争力和建设生态文明具有重要意义。为促进物流业健康发展，根据党的十八大、十八届三中全会精神和《中华人民共和国国民经济和社会发展第十二个五年规划纲要》、《服务业发展“十二五”规划》等，制定本规划。规划期为2014—2020年。

一、发展现状与面临的形势

（一）发展现状

“十一五”特别是国务院印发《物流业调整和振兴规划》以来，我国物流业保持较快增长，服务能力显著提升，基础设施条件和政策环境明显改善，现代产业体系初步形成，物流业已成为国民经济的重要组成部分。

产业规模快速增长。全国社会物流总额2013年达到197.8万亿元，比2005年增长3.1倍，按可比价格计算，年均增长11.5%。物流业增加值2013年达到3.9万亿元，比2005年增长2.2倍，年均增长11.1%，物流业增加值占国内生产总值的比重由2005年的6.6%提高到2013年的6.8%，占服务业增加值的比重达到14.8%。物流业吸纳就业人数快速增加，从业人员从2005年的1780万人增长到2013年的2890万人，年均增长6.2%。

服务能力显著提升。物流企业资产重组和资源整合步伐进一步加快，形成了一批所有制多元化、服务网络化和管理现代化的物流企业。传统运输业、仓储业加速向现代物流业转型，制造业物流、商贸物流、电子商务物流和国际物流等领域专业化、社会化服务能力显著增强，服务水平不断提升，现代物流服务体系初步建立。

技术装备条件明显改善。信息技术广泛应用，大多数物流企业建立了管理信息系统，物流信息平台建设快速推进。物联网、云计算等现代信息技术开始应用，装卸搬运、分拣包装、加工配送等专用物流装备和智能标签、跟踪追溯、路径优化等技术迅速推广。

基础设施网络日趋完善。截至2013年底，全国铁路营业里程10.3万公里，其中，高速铁路1.1万公里；全国公路总里程达到435.6万公里，其中，高速公路10.45万公里；内河航道通航里程12.59万公里，其中，三级及以上高等级航道1.02万公里；全国港口拥有万吨级及以上泊位2001个，其中，沿海港口1607个、内河港口394个；全国民用运输机场193个。2012年全国营业性库房面积约13亿平方米，各种类型的物流园区754个。

发展环境不断优化。"十二五"规划纲要明确提出"大力发展现代物流业"。国务院印发《物流业调整和振兴规划》，并制定出台了促进物流业健康发展的政策措施。有关部门和地方政府出台了一系列专项规划和配套措施。社会物流统计制度日趋完善，标准化工作有序推进，人才培养工作进一步加强，物流科技、学术理论研究及产学研合作不断深入。

总体上看，我国物流业已步入转型升级的新阶段。但是，物流业发展总体水平还不高，发展方式比较粗放。主要表现为：一是物流成本高、效率低。2013年全社会物流总费用与国内生产总值的比率高达18%，高于发达国家水平1倍左右，也显著高于巴西、印度等发展中国家的水平。二是条块分割严重，阻碍物流业发展的体制机制障碍仍未打破。企业自营物流比重高，物流企业规模小，先进技术难以推广，物流标准难以统一，迂回运输、资源浪费的问题突出。三是基础设施相对滞后，不能满足现代物流发展的要求。现代化仓储、多式联运转运等设施仍显不足，布局合理、功能完善的物流园区体系尚未建立，高效、顺畅、便捷的综合交通运输网络尚不健全，物流基础设施之间不衔接、不配套问题比较突出。四是政策法规体系还不够完善，市场秩序不够规范。已经出台的一些政策措施有待进一步落实，一些地方针对物流企业的乱收费、乱罚款问题突出。信用体系建设滞后，物流业从业人员整体素质有待进一步提升。

（二）面临的形势

当前，经济全球化趋势深入发展，网络信息技术革命带动新技术、新业态不断涌现，物流业发展面临的机遇与挑战并存。伴随全面深化改革，工业化、信息化、新型城镇化和农业现代化进程持续推进，产业结构调整和居民消费升级步伐不断加快，我国物流业发展空间越来越广阔。

物流需求快速增长。农业现代化对大宗农产品物流和鲜活农产品冷链物流的需求不断增长。新型工业化要求加快建立规模化、现代化的制造业物流服务体系。居民消费升级以及新型城镇化步伐加快，迫切需要建立更加完善、便捷、高效、安全的消费品物流配送体系。此外，电子商务、网络消费等新兴业态快速发展，快递物流等需求也将继续快速增长。

新技术、新管理不断出现。信息技术和供应链管理不断发展并在物流业得到广泛运用，为广大生产流通企业提供了越来越低成本、高效率、多样化、精益化的物流服务，推动制造业专注核心业务和商贸业优化内部分工，以新技术、新管理为核心的现代物流体系日益形成。随着城乡居民消费能力的增强和消费方式的逐步转变，全社会物流服务能力和效率持续提升，物流成本进一步降低、流通效率明显提高，物流业市场竞争加剧。

资源环境约束日益加强。随着社会物流规模的快速扩大、能源消耗和环境污染形势的加重、城市交通压力的加大，传统的物流运作模式已难以为继。按照建设生态文明的要求，必须加快运用先进运营管理理念，不断提高信息化、标准化和自动化水平，促进一体化运作和网络化经营，大力发展绿色物流，推动节能减排，切实降低能耗、减少排放、缓解交通压力。

国际竞争日趋激烈。随着国际产业转移步伐不断加快和服务贸易快速发展，全球采购、全球生产和全球销售的物流发展模式正在日益形成，迫切要求我国形成一批深入参与国际分工、具有国际竞争力的跨国物流企业，畅通与主要贸易伙伴、周边国家便捷高效的国际物流大通道，形成具有全球影响力的国际物流中心，以应对日益激烈的全球物流企业竞争。

二、总体要求

（一）指导思想

以邓小平理论、“三个代表”重要思想、科学发展观为指导，深入贯彻党的十八大和十八届二中、三中全会精神，全面落实党中央、国务院各项决策部署，按照加快转变发展方式、建设生态文明的要求，适应信息技术发展的新趋势，以提高物流效率、降低物流成本、减轻资源和环境压力为重点，以市场为导向，以改革开放为动力，以先进技术为支撑，积极营造有利于现代物流业发展的政策环境，着力建立和完善现代物流服务体系，加快提升物流业发展水平，促进产业结构调整和经济提质增效升级，增强国民经济竞争力，为全面建成小康社会提供物流服务保障。

（二）主要原则

市场运作，政府引导。使市场在资源配置中起决定性作用和更好发挥政府作用，强化企业的市场主体地位，积极发挥政府在战略、规划、政策、标准等方面的引导作用。

优化结构，提升水平。加快传统物流业转型升级，建立和完善社会化、专业化的物流服务体系，大力发展第三方物流。形成一批具有较强竞争力的现代物流企业，扭转“小、散、弱”的发展格局，提升产业规模和发展水平。

创新驱动，协同发展。加快关键技术装备的研发应用，提升物流业信息化和智能化水平，创新运作管理模式，提高供应链管理和物流服务水平，形成物流业与制造业、商贸业、金融业协同发展的新优势。

节能减排，绿色环保。鼓励采用节能环保的技术、装备，提高物流运作的组织化、网络化水平，降低物流业的总体能耗和污染物排放水平。

完善标准，提高效率。推动物流业技术标准体系建设，加强一体化运作，实现物流作业各环节、各种物流设施设备以及物流信息的衔接配套，促进物流服务体系高效运转。

深化改革，整合资源。深化物流业管理体制改革，进一步简政放权，打破行业、部门和地区分割，反对垄断和不正当竞争，统筹城市和乡村、国际和国内物流体系建设，建立有利于资源整合和优化配置的体制机制。

（三）发展目标

到2020年，基本建立布局合理、技术先进、便捷高效、绿色环保、安全有序的现代物流服务体系。

物流的社会化、专业化水平进一步提升。物流业增加值年均增长8%左右，物流业增加值占国内生产总值的比重达到7.5%左右。第三方物流比重明显提高。新的物流装备、技术广泛应用。

物流企业竞争力显著增强。一体化运作、网络化经营能力进一步提高，信息化和供应链管理水平明显提升，形成一批具有国际竞争力的大型综合物流企业集团和物流服务品牌。

物流基础设施及运作方式衔接更加顺畅。物流园区网络体系布局更加合理，多式联运、甩挂运输、共同配送等现代物流运作方式保持较快发展，物流集聚发展的效益进一步显现。

物流整体运行效率显著提高。全社会物流总费用与国内生产总值的比率由2013年的18%下降到16%左右，物流业对国民经济的支撑和保障能力进一步增强。

三、发展重点

（一）着力降低物流成本

打破条块分割和地区封锁，减少行政干预，清理和废除妨碍全国统一市场和公平竞争的各种规定和做法，建立统一开放、竞争有序的全国物流服务市场。进一步优化通行环境，加强和规范收费公路管理，保障车辆便捷高效通行，积极采取有力措施，切实加大对公路乱收费、乱罚款的清理整顿力度，减少不必要的收费点，全面推进全国主要高速公路不停车收费系统建设。加快推进联通国内、国际主要经济区域的物流通道建设，大力发展多式联运，努力形成京沪、京广、欧亚大陆桥、中欧铁路大通道、长江黄金水道等若干条货畅其流、经济便捷的跨区域物流大通道。

（二）着力提升物流企业规模化、集约化水平

鼓励物流企业通过参股控股、兼并重组、协作联盟等方式做大做强，形成一批技术水平先进、主营业务突出、核心竞争力强的大型现代物流企业集团，通过规模化经营提高物流服务的一体化、网络化水平，形成大小物流企业共同发展的良好态势。鼓励运输、仓储等传统物流企业向上下游延伸服务，推进物流业与其他产业互动融合，协同发展。鼓励物流企业与制造企业深化战略合作，建立与新型工业化发展相适应的制造业物流服务体系，形成一批具有全球采购、全球配送能力的供应链服务商。鼓励商贸物流企业提高配送的规模化和协同化水平，加快电子商务物流发展，建立快速便捷的城乡配送物流体系。支持快递业整合资源，与民航、铁路、公路等运输行业联动发展，加快形成一批具有国际竞争力的大型快递企业，构建覆盖城乡的快递物流服务体系。支持航空货运企业兼并重组、做强做大，提高物流综合服务能力。充分发挥邮政的网络、信息和服务优势，深入推动邮政与电子商务企业的战略合作，发展电商小包等新型邮政业务。进一步完善邮政基础设施网络，鼓励各地邮政企业因地制宜地发展农村邮政物流服务，推动农资下乡和农产品进城。

（三）着力加强物流基础设施网络建设

推进综合交通运输体系建设，合理规划布局物流基础设施，完善综合运输通道和交通枢纽节点布局，构建便捷、高效的物流基础设施网络，促进多种运输方式顺畅衔接和高效中转，提升物流体系综合能力。优化航空货运网络布局，加快国内航空货运转运中心、连接国际重要航空货运中心的大型货运枢纽建设。推进“港站一体化”，实现铁路货运站与港口码头无缝衔接。完善物流转运设施，提高货物换装的便捷性和兼容性。加快煤炭外运、“北粮南运”、粮食仓储等重要基础设施建设，解决突出的运输“卡脖子”问题。加强物流园区规划布局，进一步明

确功能定位，整合和规范现有园区，节约、集约用地，提高资源利用效率和管理水平。在大中城市和制造业基地周边加强现代化配送中心规划，在城市社区和村镇布局建设共同配送末端网点，优化城市商业区和大型社区物流基础设施的布局建设，形成层级合理、规模适当、需求匹配的物流仓储配送网络。进一步完善应急物流基础设施，积极有效应对突发自然灾害、公共卫生事件以及重大安全事故。

四、主要任务

（一）大力提升物流社会化、专业化水平

鼓励制造企业分离外包物流业务，促进企业内部物流需求社会化。优化制造业、商贸业集聚区物流资源配置，构建中小微企业公共物流服务平台，提供社会化物流服务。着力发展第三方物流，引导传统仓储、运输、国际货代、快递等企业采用现代物流管理理念和技术装备，提高服务能力；支持从制造企业内部剥离出来的物流企业发挥专业化、精益化服务优势，积极为社会提供公共物流服务。鼓励物流企业功能整合和业务创新，不断提升专业化服务水平，积极发展定制化物流服务，满足日益增长的个性化物流需求。进一步优化物流组织模式，积极发展共同配送、统一配送，提高多式联运比重。

（二）进一步加强物流信息化建设

加强北斗导航、物联网、云计算、大数据、移动互联等先进信息技术在物流领域的应用。加快企业物流信息系统建设，发挥核心物流企业整合能力，打通物流信息链，实现物流信息全程可追踪。加快物流公共信息平台建设，积极推进全社会物流信息资源的开发利用，支持运输配载、跟踪追溯、库存监控等有实际需求、具备可持续发展前景的物流信息平台发展，鼓励各类平台创新运营服务模式。进一步推进交通运输物流公共信息平台发展，整合铁路、公路、水路、民航、邮政、海关、检验检疫等信息资源，促进物流信息与公共服务信息有效对接，鼓励区域间和行业内的物流平台信息共享，实现互联互通。

（三）推进物流技术装备现代化

加强物流核心技术和装备研发，推动关键技术装备产业化，鼓励物流企业采用先进适用技术和装备。加快食品冷链、医药、烟草、机械、汽车、干散货、危险化学品等专业物流装备的研发，提升物流装备的专业化水平。积极发展标准化、厢式化、专业化的公路货运车辆，逐步淘汰栏板式货车。推广铁路重载运输技术装备，积极发展铁路特种、专用货车以及高铁快件等运输技术装备，加强物流安全检测技术与装备的研发和推广应用。吸收引进国际先进物流技术，提高物流技术自主创新能力。

（四）加强物流标准化建设

加紧编制并组织实施物流标准中长期规划，完善物流标准体系。按照重点突出、结构合理、层次分明、科学适用、基本满足发展需要的要求，完善国家物流标准体系框架，加强通用基础类、公共类、服务类及专业类物流标准的制定工作，形成一批对全国物流业发展和服务水平提升有重大促进作用的物流标准。注重物流标准与其他产业标准以及国际物流标准的衔接，科学划分推荐性和强制性物流标准，加大物流标准的实施力度，努力提升物流服务、物流枢纽、物流设施设备的标准化运作水平。调动企业在标准制修订工作中的积极性，推进重点物流企业参与专业领域物流技术标准和管理标准的制定和标准化试点工作。加强物流标准的培训宣传和推广应用。

（五）推进区域物流协调发展

落实国家区域发展整体战略和产业布局调整优化的要求，继续发挥全国性物流节点城市和区域性物流节点城市的辐射带动作用，推动区域物流协调发展。按照建设丝绸之路经济带、海上丝绸之路、长江经济带等重大战略规划要求，加快推进重点物流区域和联通国际国内的物流通道建设，重点打造面向中亚、南亚、西亚的战略物流枢纽及面向东盟的陆海联运、江海联运节点和重要航空港，建立省际和跨国合作机制，促进物流基础设施互联互通和信息资源共享。东部地区要适应居民消费加快升级、制造业转型、内外贸一体化的趋势，进一步提升商贸物流、制造业物流和国际物流的服务能力，探索国际国内物流一体化运作模式。按照推动京津冀协同发展、环渤海区域合作和发展等要求，加快商贸物流业一体化进程。中部地区要发挥承东启西、贯通南北的区位优势，加强与沿海、沿边地区合作，加快陆港、航空口岸建设，构建服务于产业转移、资源输送和南北区域合作的物流通道和枢纽。西部地区要结合推进丝绸之路经济带建设，打造物流通道，改善区域物流条件，积极发展具有特色优势的农产品、矿产品等大宗商品物流产业。东北地区要加快构建东北亚沿边物流带，形成面向俄罗斯、连接东北亚及欧洲的物流大通道，重点推进制造业物流和粮食等大宗资源型商品物流发展。物流节点城市是区域物流发展的重要枢纽，要根据产业特点、发展水平、设施状况、市场需求、功能定位等，加强物流基础设施的规划布局，改善产业发展环境。

（六）积极推动国际物流发展

加强枢纽港口、机场、铁路、公路等各类口岸物流基础设施建设。以重点开发开放试验区为先导，结合发展边境贸易，加强与周边国家和地区的跨境物流体系和走廊建设，加快物流基础设施互联互通，形成一批国际货运枢纽，增强进出口货物集散能力。加强境内外口岸、内陆与沿海、沿边口岸的战略合作，推动海关特殊监管区域、国际陆港、口岸等协调发展，提高国际物流便利化水平。建立口岸物流联检联动机制，进一步提高通关效率。积极构建服务于全球贸易和营销网络、跨境电子商务的物流支撑体系，为国内企业“走出去”和开展全球业务提供物流服务保障。支持优势物流企业加强联合，构建国际物流服务网络，打造具有国际竞争力的跨国物流企业。

（七）大力发展绿色物流

优化运输结构，合理配置各类运输方式，提高铁路和水路运输比重，促进节能减排。大力发展甩挂运输、共同配送、统一配送等先进的物流组织模式，提高储运工具的信息化水平，减少返空、迂回运输。鼓励采用低能耗、低排放运输工具和节能型绿色仓储设施，推广集装单元化技术。借鉴国际先进经验，完善能耗和排放监测、检测认证制度，加快建立绿色物流评估标准和认证体系。加强危险品水运管理，最大限度减少环境事故。鼓励包装重复使用和回收再利用，提高托盘等标准化器具和包装物的循环利用水平，构建低环境负荷的循环物流系统。大力发展回收物流，鼓励生产者、再生资源回收利用企业联合开展废旧产品回收。推广应用铁路散堆装货物运输抑尘技术。

五、重点工程

（一）多式联运工程

加快多式联运设施建设，构建能力匹配的集疏运通道，配备现代化的中转设施，建立多式联运信息平台。完善港口的铁路、公路集疏运设施，提升临港铁路场站和港站后方通道能力。推进铁路专用线建设，发挥铁路集装箱中心站作用，推进内陆城市和港口的集装箱场站建设。构建与铁路、机场和公路货运站能力匹配的公路集疏运网络系统。发展海铁联运、铁水联运、公铁联运、陆空联运，加快推进大宗散货水铁联运、集装箱多式联运，积极发展干支直达和江海直达等船舶运输组织方式，探索构建以半挂车为标准荷载单元的铁路驮背运输、水路滚装运输等多式联运体系。

（二）物流园区工程

在严格符合土地利用总体规划、城市总体规划的前提下，按照节约、集约用地的原则，在重要的物流节点城市加快整合与合理布局物流园区，推进物流园区水、电、路、通讯设施和多式联运设施建设，加快现代化立体仓库和信息平台建设，完善周边公路、铁路配套，推广使用甩挂运输等先进运输方式和智能化管理技术，完善物流园区管理体制，提升管理和服务水平。结合区位特点和物流需求，发展货运枢纽型、生产服务型、商贸服务型、口岸服务型和综合服务型物流园区，以及农产品、农资、钢铁、煤炭、汽车、医药、出版物、冷链、危险货物运输、快递等专业类物流园区，发挥物流园区的示范带动作用。

（三）农产品物流工程

加大粮食仓储设施建设和维修改造力度，满足粮食收储需要。引进先进粮食仓储设备和技术，切实改善粮食仓储条件。积极推进粮食现代物流设施建设，发展粮食储、运、装、卸“四散化”和多式联运，开通从东北入关的铁路散粮列车和散粮集装箱班列，加强粮食产区的收纳和发放设施、南方销区的铁路和港口散粮接卸设施建设，解决“北粮南运”运输“卡脖子”问题。推进棉花运输装卸机械化、仓储现代化、管理信息化，加强主要产销区的物流节点及铁路专用线建设，支持企业开展纺织配棉配送服务。加强“南糖北运”及产地的运输、仓储等物流设施建设。加强鲜活农产品冷链物流设施建设，支持“南菜北运”和大宗鲜活农产品产地预冷、初加工、冷藏保鲜、冷链运输等设施设备建设，形成重点品种农产品物流集散中心，提升批发市场等重要节点的冷链设施水平，完善冷链物流网络。

（四）制造业物流与供应链管理工程

支持建设与制造业企业紧密配套、有效衔接的仓储配送设施和物流信息平台，鼓励各类产业聚集区域和功能区配套建设公共外仓，引进第三方物流企业。鼓励传统运输、仓储企业向供应链上下游延伸服务，建设第三方供应链管理平台，为制造业企业提供供应链计划、采购物流、入厂物流、交付物流、回收物流、供应链金融以及信息追溯等集成服务。加快发展具有供应链设计、咨询管理能力的专业物流企业，着力提升面向制造业企业的供应链管理服务水平。

（五）资源型产品物流工程

依托煤炭、石油、铁矿石等重要产品的生产基地和市场，加快资源型产品物流集散中心和物流通道建设。推进晋陕蒙（西）宁甘、内蒙古东部、新疆等煤炭外运重点通道建设，重点建设环渤海等大型煤炭储配基地和重点煤炭物流节点。统筹油气进口运输通道和国内储运体系建设，加快跨区域、与周边国家和地区紧密连接的油气运输通道建设，加强油气码头建设，鼓励发展油船、液化天然气船，加强铁矿石等重要矿产品港口（口岸）物流设施建设。

（六）城乡物流配送工程

加快完善城乡配送网络体系，统筹规划、合理布局物流园区、配送中心、末端配送网点等三级配送节点，搭建城市配送公共服务平台，积极推进县、乡、村消费品和农资配送网络体系建设。进一步发挥邮政及供销合作社的网络和服务优势，加强农村邮政网点、村邮站、“三农”服务站等邮政终端设施建设，促进农村地区商品的双向流通。推进城市绿色货运配送体系建设，完善城市配送车辆标准和通行管控措施，鼓励节能环保车辆在城市配送中的推广应用。加快现代物流示范城市的配送体系发展，建设服务连锁经营企业和网络销售企业的跨区域配送中心。发展智能物流基础设施，支持农村、社区、学校的物流快递公共取送点建设。鼓励交通、邮政、商贸、供销、出版物销售等开展联盟合作，整合利用现有物流资源，进一步完善存储、转运、停靠、卸货等基础设施，加强服务网络建设，提高共同配送能力。

（七）电子商务物流工程

适应电子商务快速发展需求，编制全国电子商务物流发展规划，结合国家电子商务示范城市、示范基地、物流园区、商业设施等建设，整合配送资源，构建电子商务物流服务平台和配送网络。建成一批区域性仓储配送基地，吸引制造商、电商、快递和零担物流公司、第三方服务公司入驻，提高物流配送效率和专业化服务水平。探索利用高铁资源，发展高铁快件运输。结合推进跨境贸易电子商务试点，完善一批快递转运中心。

（八）物流标准化工程

重点推进物流技术、信息、服务、运输、货代、仓储、粮食等农产品及加工食品、医药、汽车、家电、电子商务、邮政（含快递）、冷链、应急等物流标准的制（修）订工作，积极着手开展钢铁、机械、煤炭、铁矿石、石油石化、建材、棉花等大宗产品物流标准的研究制订工作。支持仓储和转运设施、运输工具、停靠和卸货站点的标准化建设和改造，制定公路货运标准化电子货单，推广托盘、集装箱、集装袋等标准化设施设备，建立全国托盘共用体系，推进管理软件接口标准化，全面推广甩挂运输试点经验。开展物流服务认证试点工作，推进物流领域检验检测体系建设，支持物流企业开展质量、环境和职业健康安全管理体系认证。

（九）物流信息平台工程

整合现有物流信息服务平台资源，形成跨行业和区域的智能物流信息公共服务平台。加强综合运输信息、物流资源交易、电子口岸和大宗商品交易等平台建设，促进各类平台之间的互联互通和信息共享。鼓励龙头物流企业搭建面向中小物流企业的物流信息服务平台，促进货源、车源和物流服务等信息的高效匹配，有效降低货车空驶率。以统一物品编码体系为依托，建设衔接企业、消费者与政府部门的第三方公共服务平台，提供物流信息标准查询、对接服务。建设智能物流信息平台，形成集物流信息发布、在线交易、数据交换、跟踪追溯、智能分析等功能为一体的物流信息服务中心。加快推进国家交通运输物流公共信息平台建设，依托东北亚物流信息服务网络等已有平台，开展物流信息化国际合作。

（十）物流新技术开发应用工程

支持货物跟踪定位、无线射频识别、可视化技术、移动信息服务、智能交通和位置服务等关键技术攻关，研发推广高性能货物搬运设备和快速分拣技术，加强沿海和内河船型、商用车运输等重要运输技术的研发应用。完善物品编码体系，推动条码和智能标签等标识技术、自动识别技术以及电子数据交换技术的广泛应用。推广物流信息编码、物流信息采集、物流载体跟踪、自动化控制、管理决策支持、信息交换与共享等领域的物流信息技术。鼓励新一代移动通信、道路交通信息通讯系统、自动导引车辆、不停车收费系统以及托盘等集装单元化技术普及。推动北斗导航、物联网、云计算、大数据、移动互联等技术在产品可追溯、在线调度管理、全自动物流配送、智能配货等领域的应用。

（十一）再生资源回收物流工程

加快建立再生资源回收物流体系，重点推动包装物、废旧电器电子产品等生活废弃物和报废工程机械、农作物秸秆、消费品加工中产生的边角废料等有使用价值废弃物的回收物流发展。加大废弃物回收物流处理设施的投资力度，加快建设一批回收物流中心，提高回收物品的收集、分拣、加工、搬运、仓储、包装、维修等管理水平，实现废弃物的妥善处置、循环利用、无害环保。

（十二）应急物流工程

建立统一协调、反应迅捷、运行有序、高效可靠的应急物流体系，建设集满足多种应急需要为一体的物流中心，形成一批具有较强应急物流运作能力的骨干物流企业。加强应急仓储、中转、配送设施建设，提升应急物流设施设备的标准化和现代化水平，提高应急物流效率和应急保障能力。建立和完善应急物流信息系统，规范协调调度程序，优化信息流程、业务流程和管理流程，推进应急生产、流通、储备、运输环节的信息化建设和应急信息交换、数据共享。

六、保障措施

（一）深化改革开放

加快推进物流管理体制改革，完善各层级的物流政策综合协调机制，进一步发挥全国现代物流工作部际联席会议作用。按照简政放权、深化行政审批制度改革的要求，建立公平透明的市场准入标准，进一步放宽对物流企业资质的行政许可和审批条件，改进审批管理方式。落实物流企业设立非法人分支机构的相关政策，鼓励物流企业开展跨区域网络化经营。引导企业改革“大而全”、“小而全”的物流运作模式，制定支持企业分离外包物流业务和加快发展第三方物流的措施，充分整合利用社会物流资源，提高规模化水平。加强与主要贸易对象国及台港澳等地区的政策协调和物流合作，推动国内物流企业与国际先进物流企业合作交流，支持物流企业“走出去”。做好物流业外资并购安全审查工作，扩大商贸物流、电子商务领域的对外开放。

（二）完善法规制度

尽快从国民经济行业分类、产业统计、工商注册及税目设立等方面明确物流业类别，进一步明确物流业的产业地位。健全物流业法律法规体系，抓紧研究制（修）订物流业安全监管、交通运输管理和仓储管理等相关法律法规或部门规章，开展综合性法律的立法准备工作，在此基础上择机研究制订物流业促进方面的法律法规。

（三）规范市场秩序

加强对物流市场的监督管理，完善物流企业和从业人员信用记录，纳入国家统一的信用信息平台。增强企业诚信意识，建立跨地区、跨行业的联合惩戒机制，加大对失信行为的惩戒力度。加强物流信息安全管理，禁止泄露转卖客户信息。加强物流服务质量满意度监测，开展安全、诚信、优质服务创建活动。鼓励企业整合资源、加强协作，提高物流市场集中度和集约化运作水平，减少低水平无序竞争。加强对物流业市场竞争行为的监督检查，依法查处不正当竞争和垄断行为。

（四）加强安全监管

加强对物流企业的安全管理，督促物流企业切实履行安全主体责任，严格执行国家强制标准，保证运输装备产品的一致性。加强对物流车辆和设施设备的检验检测，确保车辆安全性符合国家规定、设施设备处于良好状态。禁止超载运输，规范超限运输。危险货物运输要强化企业经理人员安全管理职责和车辆动态监控。加大安全生产经费投入，及时排查整改安全隐患。加大物流业贯彻落实国家信息安全等级保护制度力度，按照国家信息安全等级保护管理规范和技术标准要求同步实施物流信息平台安全建设，提高网络安全保障能力。建立健全物流安全监管信息共享机制，物流信息平台及物流企业信息系统要按照统一技术标准建设共享信息的技术接口。道路、铁路、民航、航运、邮政部门要进一步规范货物收运、收寄流程，进一步落实货物安全检查责任，采取严格的货物安全检查措施并增加开箱检查频次，加大对瞒报货物品名行为的查处力度，严防普通货物中夹带违禁品和危险品。推广使用技术手段对集装箱和货运物品进行探测查验，提高对违禁品和危险品的发现能力。加大宣传教育力度，曝光违法违规托运和夹带违禁品、危险品的典型案件和查处结果，增强公众守法意识。

（五）完善扶持政策

加大土地等政策支持力度，着力降低物流成本。落实和完善支持物流业发展的用地政策，依法供应物流用地，积极支持利用工业企业旧厂房、仓库和存量土地资源建设物流设施或者提供物流服务，涉及原划拨土地使用权转让或者租赁的，应按规定办理土地有偿使用手续。认真落实物流业相关税收优惠政策。研究完善支持物流企业做强做大的扶持政策，培育一批网络化、规模化发展的大型物流企业。严格执行鲜活农产品运输"绿色通道"政策。研究配送车辆进入城区作业的相关政策，完善城市配送车辆通行管控措施。完善物流标准化工作体系，建立相关部门、行业组织和标准技术归口单位的协调沟通机制。

（六）拓宽投资融资渠道

多渠道增加对物流业的投入，鼓励民间资本进入物流领域。引导银行业金融机构加大对物流企业的信贷支持，针对物流企业特点推动金融产品创新，推动发展新型融资方式，为物流业发展提供更便利的融资服务。支持符合条件的物流企业通过发行公司债券、非金融企业债务融资工具、企业债券和上市等多种方式拓宽融资渠道。继续通过政府投资对物流业重点领域和薄弱环节予以支持。

（七）加强统计工作

提高物流业统计工作水平，明确物流业统计的基本概念，强化物流统计理论和方法研究，科学划分物流业统计的行业类别，完善物流业统计制度和评价指标体系，促进物流统计台账和会计核算科目建设，做好社会物流总额和社会物流成本等指标的调查统计工作，及时准确反映物流业的发展规模和运行效率；构建组织体系完善、调查方法科学、技术手段先进、队伍素质优良的现代物流统计体系，推动各省（区、市）全面开展物流统计工作，进一步提高物流统计数据质量和工作水平，为政府宏观管理和企业经营决策提供参考依据。

（八）强化理论研究和人才培养

加强物流领域理论研究，完善我国现代物流业理论体系，积极推进产学研用结合。着力完善物流学科体系和专业人才培养体系，以提高实践能力为重点，按照现代职业教育体系建设要求，探索形成高等学校、中等职业学校与有关部门、科研院所、行业协会和企业联合培养人才的新模式。完善在职人员培训体系，鼓励培养物流业高层次经营管理人才，积极开展职业培训，提高物流业从业人员业务素质。

（九）发挥行业协会作用

要更好地发挥行业协会的桥梁和纽带作用，做好调查研究、技术推广、标准制订和宣传推广、信息统计、咨询服务、人才培养、理论研究、国际合作等方面的工作。鼓励行业协会健全和完善各项行业基础性工作，积极推动行业规范自律和诚信体系建设，推动行业健康发展。

七、组织实施

各地区、各部门要充分认识促进物流业健康发展的重大意义，采取有力措施，确保各项政策落到实处、见到实效。地方各级人民政府要加强组织领导，完善协调机制，结合本地实际抓紧制定具体落实方案，及时将实施过程中出现的新情况、新问题报送发展改单委和交通运输部、商务部等有关部门。国务院各有关部门要加强沟通，密切配合，根据职责分工完善各项配套政策措施。发展改革委要加强统筹协调，会同有关部门研究制定促进物流业发展三年行动计划，明确工作安排及时间进度，并做好督促检查和跟踪分析，重大问题及时报告。

002

国务院办公厅关于促进物流业健康发展政策措施的意见

国办发〔2011〕38号

各省、自治区、直辖市人民政府，国务院各部委、各直属机构：

为进一步贯彻落实《国务院关于印发物流业调整和振兴规划的通知》（国发〔2009〕8号）精神，制定和完善相关配套政策措施，促进物流业健康发展，经国务院同意，现提出以下意见：

一、切实减轻物流企业税收负担

根据物流业的产业特点和物流企业一体化、社会化、网络化、规模化发展要求，统筹完善有关税收支持政策。有关部门要抓紧完善物流企业营业税差额纳税试点办法，进一步扩大试点范围，并在总结试点经验、完善相关配套措施的基础上全面推广。要结合增值税改革试点，尽快研究解决仓储、配送和货运代理等环节与运输环节营业税税率不统一的问题。研究完善大宗商品仓储设施用地的土地使用税政策，既要促进物流企业集约使用土地，又要满足大宗商品实际物流需要。

二、加大对物流业的土地政策支持力度

仓储设施、配送中心、转运中心以及物流园区等物流基础设施占地面积大、资金投入多、投资回收期长，要在加强和改善管理、切实节约土地的基础上，加大土地政策支持力度。科学制定全国物流园区发展专项规划，提高土地集约利用水平，对纳入规划的物流园区用地给予重点保障。对各地区物流业发展规划确定的重点物流项目用地，应在土地利用总体规划修编时纳入规划统筹安排，涉及农用地转用的，可在土地利用年度计划中优先安排。对政府供应的物流用地，应纳入年度建设用地供应计划，依法采取招标、拍卖或挂牌等方式出让。积极支持利用工业企业旧厂房、仓库和存量土地资源建设物流设施或提供物流服务，涉及原划拨土地使用权转让或租赁的，应按规定办理土地有偿使用手续，经批准可采取协议方式出让。土地出让收入依法实行"收支两条线"管理。

三、促进物流车辆便利通行

进一步降低过路过桥收费，按照规定逐步有序取消政府还贷二级公路收费，减少普通公路收费站点数量，控制收费公路规模，优化收费公路结构。加大对高速公路收费的监管力度，撤并不合理的收费站点，逐步降低偏高的高速公路收费标准，对已出让经营权的繁忙路段，应根据政府财力状况逐步回购经营权。尽快研究修订《收费公路管理条例》，统筹发展以普通公路为主的体现政府普遍服务的非收费公路和以高速公路为主的收费公路。大力推行不停车收费系统，提高车辆通行效率。抓紧修订完善道路大型物件运输管理办法和超限运输车辆行驶公路规定，规范道路交通管理和超限治理行为。按照依法、高效、环保的原则，研究制定城市配送管理办法，确定城市配送车辆的标准环保车型，全面禁止将客运车辆改装为货运车辆，有效解决城市中转配送难、配送货车停靠难等问题，促进符合条件的物流企业加快规模化发展。研究调整挂车交强险征收政策，促进甩挂运输发展。

四、加快物流管理体制改革

加快推进物流管理体制改革，打破物流管理的条块分割。加强依法行政，完善政府监管，强化行业自律。结合制（修）订相关法律、行政法规，在规范管理的前提下适当放宽对物流企业资质的行政许可和审批条件，改进资质审批管理方式。认真清理针对物流企业的资质审批项目，逐步减少行政审批。要破除地区封锁和体制、机制障碍，积极为物流企业设立法人、非法人分支机构提供便利，鼓励物流企业开展跨区域网络化经营。进一步规范交通、公安、环保、质检、消防等方面的审批手续，缩短审批时间，提高审批效率。对于法律未规定或国务院未批准必须由法人机构申请的资质，物流企业总部统一申请获得后，其非法人分支机构可向所在地有关部门备案获得。物流企业总部统一办理工商登记注册和经营审批手续后，其非法人分支机构可持总部出具的文件，直接到所在地工商行政管理机关申请登记注册，免予办理工商登记核转手续。合理规划口岸布局，改善口岸通关管理，提高通关效率，促进国际物流和保税物流发展。加强物流业政策及法规体系建设，从国民经济行业分类、产业统计、工商注册、土地使用及税目设立等方面明确物流业类别，进一步确定物流业的产业地位。尽快完善物流调查统计和信息管理制度。

五、鼓励整合物流设施资源

支持大型优势物流企业通过兼并重组等方式，对分散的物流设施资源进行整合；鼓励中小物流企业加强联盟合作，创新合作方式和服务模式，优化资源配置，提高服务水平，积极推进物流业发展方式转变。目前只为本行业本系统提供服务的仓储和运输设施，要积极创造条件向社会开放，开展社会化物流服务。支持商贸流通企业发展共同配送，降低配送成本，提高配送效率。支持物流企业加强与制造企业合作，全面参与制造企业的供应链管理，或与制造企业共同组建第三方物流企业。制造企业剥离物流资产和业务，可根据《财政部国家税务总局关于企业重组业务企业所得税处理若干问题的通知》（财税〔2009〕59号）、《财政部国家税务总局关于企业改制重组若干契税政策的通知》（财税〔2008〕175号）和《财政部关于企业重组有关职工安置费用财务管理问题的通知》（财企〔2009〕117号）等文件规定，享受税收、资产处置、人员安置等相关扶持政策。统筹规划和发展工业园区、经济开发区、海关特殊监管区域、高新技术产业园区等制造业集聚区的物流服务体系，积极引导区内企业将物流业务外包，扩大物流需求，推动区域内物流基础设施和信息平台等共享共用。

六、推进物流技术创新和应用

加强物流新技术的自主研发，重点支持货物跟踪定位、无线射频识别、物流信息平台、智能交通、物流管理软件、移动物流信息服务等关键技术攻关。适时启动物联网在物流领域的应用示范。加快先进物流设备的研制，提高物流装备的现代化水平。加强物流标准的制定和推广，促进物流标准的贯彻实施。鼓励物流企业应用供应链管理技术和信息技术，地方各级人民政府对物流企业的物流信息平台建设要积极给予扶持。推动有关部门、重点制造企业和商贸企业、物流企业不断提高物流信息资源的开发利用水平，促进物流信息的科学采集、安全管理、有效利用、深度开发、有序交换和集成应用。调整完善物流企业申请高新技术企业的认定标准，具备条件的物流企业可以享受高新技术企业的相关政策。推进物流信息资源开放共享，处理好安全与协同的关系，鼓励采取多种方式实现物流信息的互通交换，促进信息流、物流和资金流的协同和联动，提高物流服务效率和经营管理水平。

七、加大对物流业的投入

各级人民政府要加大对物流基础设施投资的扶持力度，对符合条件的重点物流企业的运输、仓储、配送、信息设施和物流园区的基础设施建设给予必要的资金扶持。积极引导银行业金融机构加大对物流企业的信贷支持力度，加快推动适合物流企业特点的金融产品和服务方式创新，积极探索抵押或质押等多种贷款担保方式，进一步提高对物流企业的金融服务水平。完善融资机制，进一步拓宽融资渠道，积极支持符合条件的物流企业上市和发行企业债券。

八、优先发展农产品物流业

要把农产品物流业发展放在优先位置，加大政策扶持力度，加快建立畅通高效、安全便利的农产品物流体系，着力解决农产品物流经营规模小、环节多、成本高、损耗大的问题。大力发展“农超对接”、“农校对接”、“农企对接”等产地到销地的直接配送方式，支持发展农民专业合作组织，加强主产区大型农产品集散中心建设，促进大型连锁超市、学校、酒店、大企业等最终用户与农民专业合作社、生产基地建立长期稳定的产销关系。发挥供销社和邮政等物流体系在农村的网络优势，积极开展“农资下乡”配送和农产品进城配送服务。抓紧开展农产品增值税抵扣政策调整试点，妥善解决农产品进项税抵扣中存在的问题，鼓励大型企业从事农产品物流业，提高农产品物流业的规模效益。加大农产品冷链物流基础设施建设投入，加快建立主要品种和重点地区的冷链物流体系，对开展鲜活农产品业务的冷库用电实行与工业同价。推动农产品包装和标识的标准化，完善农产品质量安全可追溯制度。提高对农产品批发市场和农贸市场（含社区菜市场）公益性的认识，加大政府投入和政策扶持力度。加强农产品批发市场、农贸市场的规划和建设，新建城市居住区要严格按照相关规定，配套建设社区菜市场或相应的商业设施，不得随意改变用途。农产品批发市场用地作为经营性商业用地，应严格按照规划合理布局，土地招拍挂出让前，所在区域有工业用地交易地价的，可以参照市场地价水平、所在区域基准地价和工业用地最低价标准等确定出让底价，土地出让后严禁擅自改变用途从事商业性房地产开发，确需改变用途、性质或者进行转让的，应当符合土地利用总体规划并经依法批准。研究农产品批发市场相关房产税政策，农产品批发市场和农贸市场的用水、用电、用气、用热价格实行与工业同价。规范和降低农产品批发市场、农贸市场的摊位费等相关收费，必要时按法定程序将摊位费纳入地方政府定价目录管理，清理超市向供应商收取的违反国家相关法律法规的通道费。继续严格执行并完善鲜活农产品“绿色通道”政策，进一步加强管理，完善技术手段，提高车辆检测水平和通行效率。进一步落实鲜活农产品配送车辆 24 小时进城通行和便利停靠政策。提高粮食物流现代化水平，推进粮食储、运、装、卸的“四散化”，加强东北产区散粮收纳和发放设施及南方销区的铁路、港口散粮接卸设施建设，推动东北地区散粮火车入关，加快发展散粮铁水联运。进一步推进棉花质检体制改革，提高棉花包装质量和物流技术装备水平与标准化程度，在全国范围推行棉花的机械快速装卸作业法，组织好新疆棉外运工作。

九、加强组织协调

各地区、各有关部门要充分认识物流业的重要性，加快政府职能转变和管理创新，积极推动物流业又好又快发展。国务院有关部门要按照职能分工，加强对物流业发展的协调指导，抓紧细化政策措施，认真组织贯彻实施，切实规范物流服务，提升物流业经营水平。发展改革委要会同有关部门加强对各项政策措施落实情况的督促检查，及时研究新情况、解决新问题，为物流业进一步健康发展创造良好的政策和体制环境。

国务院办公厅

二〇一一年八月二日

003

国务院办公厅关于印发贯彻落实促进物流业健康发展政策措施意见部门分工方案的通知

国办函〔2011〕162号

国务院有关部门：

《贯彻落实促进物流业健康发展政策措施的意见部门分工方案》（以下简称《分工方案》）已经国务院同意，现印发给你们，请认真落实。

各有关部门要认真贯彻落实《国务院办公厅关于促进物流业健康发展政策措施的意见》（国办发〔2011〕38号）精神，按照《分工方案》要求，对涉及本部门的工作抓紧制定具体措施，认真抓好落实。同一项工作涉及多个部门的，部门间要密切协作，牵头部门要加强组织协调，及时汇总进展情况。对于明确完成时限的工作，相关部门要在规定时限内完成。国务院办公厅将对有关政策措施的落实情况适时开展督促检查。

国务院办公厅

二〇一一年十二月二十二日

贯彻落实促进物流业健康发展政策措施的意见部门分工方案

国务院办公厅

2011年12月22日

一、切实减轻物流企业税收负担

（一）抓紧完善物流企业营业税差额纳税试点办法，进一步扩大试点范围，并在总结试点经验、完善相关配套措施的基础上全面推广。（财政部、税务总局会同发展改革委负责，2012年6月底前出台具体实施办法）

（二）结合增值税改革试点，尽快研究解决仓储、配送和货运代理等环节与运输环节营业税税率不统一的问题。（财政部会同税务总局、发展改革委负责，2012年年底前完善相关规定）

（三）研究完善大宗商品仓储设施用地的土地使用税政策。（财政部会同税务总局、发展改革委负责，2012年3月底前完善相关规定）

二、加大对物流业的土地政策支持力度

（四）科学制定全国物流园区发展专项规划，提高土地集约利用水平，对纳入规划的物流园区用地给予重点保障。（发展改革委、国土资源部、住房城乡建设部会同交通运输部、铁道部、民航局、商务部、海关总署、科技部、工业和信息化部、邮政局、国家标准委等部门负责，2012 年 6 月底前出台规划及具体实施办法）

（五）对各地区物流业发展规划确定的重点物流项目用地，应在土地利用总体规划修编时纳入规划统筹安排，涉及农用地转用的，可在土地利用年度计划中优先安排。对政府供应的物流用地，应纳入年度建设用地供应计划，依法采取招标、拍卖或挂牌等方式出让。（国土资源部会同住房城乡建设部负责，适时完善相关规定）

（六）积极支持利用工业企业旧厂房、仓库和存量土地资源建设物流设施或提供物流服务，涉及原划拨土地使用权转让或租赁的，应按规定办理土地有偿使用手续，经批准可采取协议方式出让。（国土资源部会同住房城乡建设部负责，适时完善相关规定）

三、促进物流车辆便利通行

（七）进一步降低过路过桥收费，按照规定逐步有序取消政府还贷二级公路收费，减少普通公路收费站点数量，控制收费公路规模，优化收费公路结构。加大对高速公路收费的监管力度，撤并不合理的收费站点，逐步降低偏高的高速公路收费标准，对已出让经营权的繁忙路段，应根据政府财力状况逐步回购经营权。（交通运输部会同发展改革委、财政部负责）

（八）尽快研究修订《收费公路管理条例》，统筹发展以普通公路为主的体现政府普遍服务的非收费公路和以高速公路为主的收费公路。（交通运输部会同发展改革委、财政部、法制办负责）

（九）大力推行不停车收费系统，提高车辆通行效率。（交通运输部负责，2012 年 6 月底前出台具体实施办法）

（十）抓紧修订完善道路大型物件运输管理办法和超限运输车辆行驶公路规定，规范道路交通管理和超限治理行为。（交通运输部会同工业和信息化部、公安部、财政部、发展改革委负责，2012 年 6 月底前完善相关规定）

（十一）研究制定城市配送管理办法，确定城市配送车辆的标准环保车型，全面禁止将客运车辆改装为货运车辆，有效解决城市中转配送难、配送货车停靠难等问题，促进符合条件的物流企业加快规模化发展。（交通运输部、公安部会同商务部、邮政局、工业和信息化部、发展改革委负责，2012 年 6 月底前出台

具体实施办法）

（十二）研究调整挂车交强险征收政策，促进甩挂运输发展。（交通运输部、保监会会同发展改革委、公安部、海关总署负责，2012 年 6 月底前出台具体实施办法）

四、加快物流管理体制改革

（十三）加快推进物流管理体制改革，打破物流管理的条块分割。加强依法行政，完善政府监管。（发展改革委会同交通运输部、铁道部、商务部、工商总局等部门负责）

（十四）强化行业自律。（中国物流与采购联合会、中国交通运输协会、中国快递协会等行业协会按职责分工负责）

（十五）结合制（修）订相关法律、行政法规，在规范管理的前提下适当放宽对物流企业资质的行政许可和审批条件，改进资质审批管理方式。认真清理针对物流企业的资质审批项目，逐步减少行政审批。（法制办、监察部、交通运输部、工商总局、发展改革委、邮政局等部门按职责分工负责）

（十六）破除地区封锁和体制、机制障碍，积极为物流企业设立法人、非法人分支机构提供便利，鼓励物流企业开展跨区域网络化经营。（工商总局、商务部会同邮政局等有关部门负责）

（十七）进一步规范交通、公安、环保、质检、消防等方面的审批手续，缩短审批时间，提高审批效率。对于法律未规定或国务院未批准必须由法人机构申请的资质，物流企业总部统一申请获得后，其非法人分支机构可向所在地有关部门备案获得。（交通运输部、公安部、环境保护部、质检总局等部门按职责分工负责，2012 年 6 月底前完善相关规定）

（十八）物流企业总部统一办理工商登记注册和经营审批手续后，其非法人分支机构可持总部出具的文件，直接到所在地工商行政管理机关申请登记注册，免予办理工商登记核转手续。（工商总局、商务部、邮政局按职责分工负责）

（十九）合理规划口岸布局，改善口岸通关管理，提高通关效率，促进国际物流和保税物流发展。（海关总署会同有关部门负责）

（二十）加强物流业政策及法规体系建设，从国民经济行业分类、产业统计、工商注册、土地使用及税目设立等方面明确物流业类别，进一步确定物流业的产业地位。（发展改革委、统计局、工商总局、国土资源部、财政部、税务总局按职责分工负责）

（二十一）尽快完善物流调查统计和信息管理制度。（发展改革委会同统计局及中国物流与采购联合会、中国快递协会等有关行业协会负责）

五、鼓励整合物流设施资源

（二十二）支持大型优势物流企业通过兼并重组等方式，对分散的物流设施资源进行整合；鼓励中小物流企业加强联盟合作，创新合作方式和服务模式，优化资源配置，提高服务水平，积极推进物流业发展方式转变。（工业和信息化部、商务部、国资委、交通运输部、铁道部按职责分工负责）

（二十三）目前只为本行业本系统提供服务的仓储和运输设施，要积极创造条件向社会开放，开展社会化物流服务。（交通运输部、铁道部、商务部、民航局、邮政局、供销总社按职责分工负责）

（二十四）支持商贸流通企业发展共同配送，降低配送成本，提高配送效率。（商务部、发展改革委会同国土资源部、工业和信息化部负责）

（二十五）支持物流企业加强与制造企业合作，全面参与制造企业的供应链管理，或与制造企业共同组建第三方物流企业。制造企业剥离物流资产和业务，可根据《财政部国家税务总局关于企业重组业务企业所得税处理若干问题的通知》（财税〔2009〕59号）、《财政部国家税务总局关于企业改制重组若干契税政策的通知》（财税〔2008〕175号）和《财政部关于企业重组有关职工安置费用财务管理问题的通知》（财企〔2009〕117号）等文件规定，享受税收、资产处置、人员安置等相关扶持政策。（发展改革委会同工业和信息化部、财政部、税务总局、商务部等部门负责）

（二十六）统筹规划和发展工业园区、经济开发区、海关特殊监管区域、高新技术产业园区等制造业集聚区的物流服务体系，引导区内企业将物流业务外包，扩大物流需求，推动区域内物流基础设施和信息平台等共享共用。（工业和信息化部、商务部、海关总署、科技部、住房城乡建设部按职责分工负责）

六、推进物流技术创新和应用

（二十七）加强物流新技术的自主研发，重点支持货物跟踪定位、无线射频识别、物流信息平台、智能交通、物流管理软件、移动物流信息服务等关键技术攻关。适时启动物联网在物流领域的应用示范。加快先进物流设备的研制，提高物流装备的现代化水平。（发展改革委会同科技部、财政部、工业和信息化部、商务部等部门负责）

（二十八）加强物流标准的制定和推广，促进物流标准的贯彻实施。（国家标准委会同发展改革委等部门负责）

（二十九）推动有关部门、重点制造企业和商贸企业、物流企业不断提高物流信息资源的开发利用水平，促进物流信息的科学采集、安全管理、有效利用、深度开发、有序交换和集成应用。（工业和信息化部会同商务部、交通运输部、

铁道部、邮政局、民航局等部门负责）

（三十）调整完善物流企业申请高新技术企业的认定标准，具备条件的物流企业可以享受高新技术企业的相关政策。（科技部会同财政部、税务总局负责）

七、加大对物流业的投入

（三十一）各级人民政府要加大对物流基础设施投资的扶持力度，对符合条件的重点物流企业的运输、仓储、配送、信息设施和物流园区的基础设施建设给予必要的资金扶持。（发展改革委负责）

（三十二）积极引导银行业金融机构加大对物流企业的信贷支持力度，加快推动适合物流企业特点的金融产品和服务方式创新，积极探索抵押或质押等多种贷款担保方式，进一步提高对物流企业的金融服务水平。（人民银行会同银监会负责）

（三十三）完善融资机制，进一步拓宽融资渠道，积极支持符合条件的物流企业上市和发行企业债券。（证监会、发展改革委按职责分工负责）

八、优先发展农产品物流业

（三十四）大力发展“农超对接”、“农校对接”、“农企对接”等产地到销地的直接配送方式，支持发展农民专业合作组织，加强主产区大型农产品集散中心建设，促进大型连锁超市、学校、酒店、大企业等最终用户与农民专业合作社、生产基地建立长期稳定的产销关系。（商务部、农业部、发展改革委、财政部、供销总社按职责分工负责）

（三十五）发挥供销社和邮政等物流体系在农村的网络优势，积极开展“农资下乡”配送和农产品进城配送服务。（供销总社、邮政局按职责分工负责，2012 年 3 月底前出台具体实施办法）

（三十六）抓紧开展农产品增值税抵扣政策调整试点，妥善解决农产品进项税抵扣中存在的问题，鼓励大型企业从事农产品物流业，提高农产品物流业的规模效益。（财政部会同税务总局、发展改革委、商务部负责，2012 年 6 月底前出台具体实施办法）

（三十七）加大农产品冷链物流基础设施建设投入，加快建立主要品种和重点地区的冷链物流体系，对开展鲜活农产品业务的冷库用电实行与工业同价。（发展改革委会同商务部、农业部负责，2011 年年底前完善相关规定）

（三十八）推动农产品包装和标识的标准化，完善农产品质量安全可追溯制度。（农业部、商务部会同供销总社负责，2012 年年底前完善相关规定）

（三十九）提高对农产品批发市场和农贸市场（含社区菜市场）公益性的认识，加大政府投入和政策扶持力度。加强农产品批发市场、农贸市场的规划和建设，新建城市居住区要严格按照相关规定，配套建设社区菜市场或相应的商业设施。（发展改革委、商务部、农业部、住房城乡建设部、供销总社按职责分工负责）

（四十）农产品批发市场用地作为经营性商业用地，应严格按照规划合理布局，土地招拍挂出让前，所在区域有工业用地交易地价的，可以参照市场地价水平、所在区域基准地价和工业用地最低价标准等确定出让底价，土地出让后严禁擅自改变用途从事商业性房地产开发，确需改变用途、性质或者进行转让的，应当符合土地利用总体规划并经依法批准。（国土资源部会同住房城乡建设部负责，适时完善相关规定）

（四十一）研究农产品批发市场相关房产税政策。（财政部会同税务总局负责，适时出台具体实施办法）

（四十二）农产品批发市场和农贸市场的用水、用电、用气、用热价格实行与工业同价。规范和降低农产品批发市场、农贸市场的摊位费等相关收费，必要时按法定程序将摊位费纳入地方政府定价目录管理。（发展改革委会同商务部负责，2012 年 6 月底前完善相关规定）

（四十三）清理超市向供应商收取的违反国家相关法律法规的通道费。（商务部会同发展改革委、公安部、税务总局、工商总局负责）

（四十四）继续严格执行并完善鲜活农产品“绿色通道”政策，进一步加强管理，完善技术手段，提高车辆检测水平和通行效率。进一步落实鲜活农产品配送车辆 24 小时进城通行和便利停靠政策。（交通运输部会同公安部负责）

（四十五）提高粮食物流现代化水平，推进粮食储、运、装、卸的“四散化”，加强东北产区散粮收纳和发放设施及分销区的铁路、港口散粮接卸设施建设，推动东北地区散粮火车入关，加快发展散粮铁水联运。（发展改革委会同铁道部、粮食局、交通运输部负责，2012 年 6 月底前完善相关规定）

（四十六）进一步推进棉花质检体制改革，提高棉花包装质量和物流技术装备水平与标准化程度，在全国范围推行棉花的机械快速装卸作业法，组织好新疆棉外运工作。（发展改革委会同供销总社、铁道部负责）

九、加强组织协调

（四十七）国务院有关部门要按照职能分工，加强对物流业发展的协调指导，抓紧细化政策措施，认真组织贯彻实施，切实规范物流服务，提升物流业经营水平。

004

交通运输部关于交通运输推进物流业健康发展的指导意见

交规划发〔2013〕349号

国家铁路局、中国民用航空局、国家邮政局，各省、自治区、直辖市、新疆生产建设兵团交通运输厅（局、委），天津市市政公路管理局，天津市、上海市交通运输和港口管理局，部属各单位，部内各单位，部管各社团，有关交通运输企业：

为深入贯彻十八大精神，落实国务院关于调整、振兴和促进物流业健康发展的工作部署，加快转变交通运输发展方式，推动行业转型升级，充分发挥交通运输在物流业发展中的重要作用，推进我国物流业健康发展，现提出以下指导意见：

一、充分认识交通运输推进物流业健康发展的重要性和紧迫性

1. 加快发展物流业是经济社会转型发展的迫切要求。

物流业是现代服务业的重要组成部分，对于调整经济结构、转变发展方式、增强国际竞争力具有重要作用。当前，世界经济深度转型调整，全球经济一体化和产业国际分工趋势日益明显，我国经济发展面临着进一步扩大内需、提高创新能力、促进发展方式转变的新机遇和新挑战。党的十八大把推动服务业特别是现代服务业发展壮大作为推进经济结构战略性调整的重要任务，对物流业的发展提出了更高的要求。近年来，国务院先后出台了一系列促进物流业发展的政策措施，有力推动了物流业的发展。但总体而言，我国物流业仍处在初级发展阶段，整体基础薄弱，运行效率不高，加快现代物流的发展，全面提升物流业发展水平，已成为我国经济社会发展面临的一项十分重要而又紧迫的战略任务。

2. 交通运输在推进物流业发展中具有基础和主体作用。

交通运输是物流的基础环节和依托载体，是物流业最重要的组成部分。现代物流在很大程度上由传统交通运输业发展演进而来，而现代物流的发展又给传统交通运输业带来重大变革，并将逐步融合，走向一体化。目前，我国物流业仍处于以传统交通运输为基础的初级发展阶段，运输结构、运输组织、运输装备等发展水平深刻影响着物流业发展的总体水平。交通运输在推进物流业发展中具有十分重要的基础和主体作用，必须顺应时代发展要求，立足交通运输行业，主动作为，着力推进物流业的健康发展。

3. 推进物流业发展是实现交通运输转型升级的战略选择。

物流业的发展对传统交通运输业既是机遇也是挑战。当前，我国交通运输还存在许多矛盾和问题：基础设施网络衔接不畅，运输组织集约化程度不高，多式联运发展滞后，标准不统一，行业创新和可持续发展能力不强，对提升物流整体效率支撑不足。以现代物流发展需求为导向，着力解决发展中的突出问题和主要矛盾，是交通运输行业由传统向现代转型升级的必然选择，是发展现代交通运输业的重要切入点和主要着力点。适应现代物流发展需要，确立在现代物流体系中的地位和作用，推进物流业发展，进而实现自身的转型升级，是交通运输行业面临的非常现实而又紧迫的任务，是交通运输行业今后一个时期的重要战略选择。

二、总体要求

4. 指导思想。

以邓小平理论、“三个代表”重要思想和科学发展观为指导，以加快转变交通运输发展方式为主线，以现代物流发展需求为导向，以改革创新为动力，以加快构建综合运输体系为战略重点，着力调整运输结构、优化运输组织、提升装备水平、整合物流资源，构建衔接顺畅的基础设施体系、互联互通的物流信息体系、公平规范的市场环境体系，充分发挥交通运输在推进物流业发展中的基础和主体作用，推动交通运输与现代物流的融合，加快交通运输业转型升级，提升物流服务品质，推进物流业健康发展。

5. 基本原则。

市场为主、政府引导。充分发挥市场配置资源的基础性作用，强化企业的市场主体地位。发挥政府对市场的引导作用，健全法规政策和标准规范，营造良好发展环境。

统筹规划、稳步推进。统筹物流基础设施、运输服务体系和产业政策规划，强化顶层设计，突出重点，远近结合，做好政策储备。以典型试点示范为抓手，及时总结经验、推广应用。

因地制宜、创新驱动。根据不同领域、地域和企业特点，探索差别化发展路径和多样化发展模式。进一步深化改革，注重政策和体制机制创新，大力提高物流业的标准化、信息化水平，发挥科技引领作用，推动先进技术的应用，实现智能、集约、绿色、可持续发展。

立足行业、协同发展。充分发挥交通运输在推进物流业发展中的基础和主体作用，主动作为，开放包容，加强部门间、产业间、区域间协同联动，形成推进物流业发展的合力。

6. 发展目标。

到 2020 年，基本建成便捷高效、安全绿色的交通运输物流服务体系，传统交通运输业转型升级取得明显突破，物流效率和服务水平显著提升，实现交通运输与现代物流的融合发展，基本适应我国经济社会发展的需求。具体体现在：

——运输结构不断优化，运行效率和质量显著提高。基本形成以综合运输大通道为骨干、以重点港站枢纽为节点、以各种运输线网为支撑、以城乡配送网络为基础的物流基础设施体系；运输结构进一步优化，多式联运、甩挂运输比重稳步提高，各种运输方式比较优势得以充分发挥。

——市场主体快速成长，组织化程度大幅提升。初步形成以若干全国性龙头骨干企业为引领、以区域性中小企业联盟为主体、以零散小微运输业户为补充、以货运中介为纽带的物流市场主体结构，物流组织的网络化、集约化程度大大提高。

——科技引领作用增强，标准化、信息化水平明显提高。形成以标准化的车辆船舶为主体、标准化和专业化的设施设备为基础的现代化物流装备设施体系；信息化技术得到充分应用，基本实现企业信息、政务信息、港站信息、公共物流信息的互联互通。

——重点领域加快发展，专业服务能力明显增强。重点物资、城市配送、农村物流等重点领域物流服务水平显著提升；集装箱、大件、快递、冷链、危险品等专业物流服务能力明显增强；交通运输与现代物流融合的新兴业态成长迅速。

——市场秩序进一步规范，发展环境明显改善。建立分工明确、相互协调的交通运输物流管理体制，推动形成国家产业政策、行业部门政策、地方配套政策协调统一的政策体系，促进建立统一开放、竞争有序、公平诚信的市场体系。

三、主要任务

7. 加快完善交通基础设施。

不断完善综合运输通道和网络。大力推进综合运输体系建设，着力改善交通基础设施薄弱环节，全面加快内河水运和重要通道的铁路、民航建设，加快国家公路网建设，提升通道和网络的综合运输能力。强化国际运输通道和口岸交通基础设施建设。

加快推进物流节点设施建设。加快推动铁路、公路、水路、民航站场枢纽等物流节点建设。研究提出支持物流节点建设的政策措施。制订和完善货运枢纽（物流园区）发展规划，强化规划实施和评估。研究制订货运枢纽（物流园区）建设、运营、管理及服务的标准规范和技术指南。加快传统货运站场转型升级，推动铁路集装箱中心站、“内陆无水港”、“公路港”、陆路口岸物流园区及邮政、快递作业枢纽建设。

优化并加强集疏运体系建设。开展集疏运体系建设示范工程。重点推进高等级公路与港口、铁路货运枢纽、大型机场、大型物流园区的衔接。积极促进铁路与主要港口及具备条件的综合物流园区的衔接。

8. 大力创新发展先进运输组织方式。

积极推进多式联运发展。深入推进铁水联运、空陆联运，积极发展滚装运输、驮背运输和江海直达运输。加强多式联运设施设备技术标准、信息资源、服务规范、作业流程等方面的有效对接，加快培育多式联运承运人，推动货物运输的“无缝衔接”和“一单制”。加强煤炭、矿石、粮食等重点战略物资多式联运体系建设。

加快发展甩挂运输。深入推进甩挂运输试点工作，开展渤海湾、长江沿线等重点区域的滚装甩挂运输、公铁联运甩挂运输、跨区域网络化甩挂运输、甩挂运输联盟等示范工程。鼓励发展挂车租赁，制订挂车互换的有关制度和规范。加快完善甩挂运输相关法规政策和标准规范体系。

9. 有效提升运输装备技术水平。

提升标准化水平。修订制约车船运输效率提升的技术标准。推动建立健全车型标准化工作协同机制，完善商品车运输、冷链、城市配送等专业运输车辆车型技术标准。进一步完善推荐车型制度及相关工作机制。大力推广集装技术和单元化装载技术。全面推进内河船型标准化。

提升专业化、清洁化水平。积极推进厢式、冷藏、散装、液罐等专用车型的推广应用，鼓励发展滚装等专用船舶。推动修订相关法规标准，大力发展标准化载货汽车。开展双挂汽车列车的应用技术研究。促进轻量化车型及天然气等节能环保车船的应用，系统研究鼓励发展节能环保车型、船型的相关支持政策。

严格货运车辆和船舶的市场准入与退出。研究制订营运车船综合性技术标准，依法严把营运车船的市场准入，加快淘汰低效率、不合规、带有安全隐患的营运车船。研究推动《道路车辆外廓尺寸、轴荷及质量限值》(GB 1589) 的修订工作，完善道路货运车辆结构和车型分类，健全各类半挂车、货运车辆附加装置等方面的技术标准和政策措施，推进货运车辆与托盘、装卸平台等物流设施装备的衔接与匹配。

10. 着力优化市场主体结构。

培育龙头骨干企业。引导传统货运企业扩大经营规模和服务范围，拓展经营网络，对符合资质条件的大型运输企业在设立分支机构、增设经营网点等方面提供便利条件。鼓励具备一定条件的企业向综合物流服务商转型发展。支持港航企业延伸服务链，向全球或区域物流经营人转变。促进铁路货运企业向现代物流转型，支持国内民航运输企业拓展国际和国内民航快递等物流业务。引导邮政、快递企业做大做强，提升服务能力和水平。

鼓励中小企业联盟发展。鼓励中小企业通过联盟、联合、兼并等方式实现资源整合，扭转市场主体过散、过弱的局面，提高企业竞争力和市场抗风险能力。加强中小企业联盟有关制度、运营模式研究，对符合条件的中小企业联盟在站场设施建设、信息化建设、运输装备更新等方面给予政策支持。

规范货运中介经营行为。完善相关法律法规，强化对货运代理、无车承运人、无船承运人等的规范管理，充分发挥货运中介对物流资源的整合作用。推进货运中介向现代物流服务商转变。

11. 积极推进信息化建设。

加快推进交通运输物流公共信息平台建设。发挥好交通运输物流公共信息平台的作用，制订平台建设纲要、实施方案和区域交换节点建设指南，出台平台标准化建设方案，进一步深化对平台建设、运营和管理模式的研究。完善平台基础交换网络，加快推进跨区域、跨行业平台之间的有效对接，实现铁路、公路、水路、民航信息的互联互通。深入推进东北亚物流信息服务网络（NEAL—NET）建设。依托平台开展物流园区信息联网工程建设。

推进行业信息系统建设。加快完善铁路、公路、水路、民航、邮政等行业信息系统，推进互联互通，增强一体化服务能力。制订行业物流信息采集、交换、服务等标准，强化与相关领域信息标准的对接。鼓励车联网、船联网技术的开发和推广应用，加快营运车辆联网联控系统建设。深化交通电子口岸、港口集装箱多式联运和内河航运综合信息服务等系统建设。

鼓励企业加快推进信息化建设。引导规模化企业利用先进信息技术，实现企业内部管理优化和服务升级。支持开发和推广通用物流软件，提高中小企业信息化水平。推动物流企业与供应链上下游企业间信息标准统一和系统对接，提高供应链一体化服务能力。

12. 加快推动重点领域物流发展。

提升传统运输枢纽的物流服务能力。引导铁路和公路站场、港口、机场加快转型升级，支持由传统运输和装卸业务向现代物流服务功能延伸。依托港口、“内陆无水港”等口岸资源，着力提升国际物流服务能力。鼓励铁路和公路站场、港口、机场与后方物流园区、产业园区等联动发展，提高物流服务配套能力。加强与海关、国检等口岸部门的沟通和协调，推动建立联合查验机制，促进一体化通关。

支持农村物流发展。充分发挥地方政府积极性，统筹交通、商务、供销、邮政等农村物流资源，加快完善县、乡、村三级农村物流服务体系。进一步落实国务院办公厅关于推动农村邮政物流发展的意见，大力发展农村邮政物流。加大对农村物流基础设施和信息网络建设的支持力度，积极培育农村物流市场主体。积极争取中央和地方财政对农村物流的支持。研究制订推进农村物流发展的指导意见。开展不同区域的农村物流试点示范，因地制宜探索农村物流差异化发展模式。

推进城市配送发展。贯彻落实《关于加强和改进城市配送管理工作的意见》。加大公用型城市配送节点建设扶持力度，完善城市配送基础设施网络。制订城市货物运输与车辆通行管理办法和城市配送企业运营服务规范，完善经营许可制度，健全运力投放和通行许可机制，优化车辆通行管控，规范企业经营行为。研究制订城市物流配送车辆技术标准，推动城市配送车辆向标准化、清洁化、专业化发展。开展城市配送试点工程，鼓励发展共同配送、统一配送、夜间配送等配送模式，探索城市配送的管理方式。

支持和规范快递业发展。制订实施快递与电子商务、制造业协同发展意见，促进信息沟通、标准对接和业务联动。进一步贯彻落实《快递市场管理办法》和《快递服务》国家标准，强化监督管理，规范服务行为。研究制订利用相关交通工具从事快件收投业务的技术规范，推动城市管理部门完善相关管理办法。

加强危险品运输监管。建立危险品运输信息化管理和业务管控系统，深入推进危险品运输跨区域联网联控，逐步实现危险品货运车辆和船舶的全程监管。研究支持危险品专业物流园区发展相关政策，重点支持具有公共服务属性的危险品专业物流园区发展。研究节假日危险品运输安全监管对策。

引导冷链运输健康发展。大力支持和培育冷链运输企业发展，研究制订冷藏保温车辆分类及技术要求、冷链运输服务规范、冷链运输温度记录与装备监控技术标准等，着力解决冷链运输断链问题，为实现全程温控管理创造条件。支持农产品冷链物流的发展，将经济适用的农产品温控设施建设与农村三级物流服务体系建设相结合。

规范大件运输管理。修订《超限运输车辆行驶公路管理规定》和《道路大型物件运输管理办法》，严格市场准入条件，统一运输过程中各环节、车辆、装备、服务等标准规范。加快出台大件运输跨省联合审批办法，统一审批标准，建立综合协调和互联互认机制，规范跨部门、跨省审批程序。推动解决大件运输特种车辆获取牌照及享受标准保险费率问题。进一步完善大件运输护送机制。研究调整大件运输收费标准，避免重复收费。在条件适宜的地区，适时开展大件运输示范通道建设。

13. 切实改善发展环境。

健全相关法律法规。研究提出综合运输法规体系框架，尽快出台综合运输法规体系建设的实施意见，统筹和引导各种运输方式优势互补，协调发展。全面清理和修订阻碍企业做大做强的行政法规，消除区域分割和行政壁垒。加快推进《道路运输条例》及其配套规章的修订工作，强化对集装箱运输、零担快运、冷链运输、大件运输、城市配送等市场的规范。开展《道路运输法》等前期研究。修订出台《道路运输管理工作规范》。

进一步规范收费公路发展。研究修订《收费公路管理条例》，重点加强对收费标准和年限的调节机制、经营性收费公路的合理回报及建立低费率长期限收费机制可行性等的研究。

落实和完善物流业发展的相关政策。加快落实国务院促进物流业发展的工作部署和要求，积极协调相关部门解决物流业发展中面临的用地、融资、税收、保险、通关等问题，完善交通运输行业营业税改征增值税的有关政策，减轻运输企业税费负担。进一步完善“绿色通道”政策。开展货车不停车收费相关技术与政策研究，探索不停车收费技术在公路货运车辆中的应用。强化政策制定和实施中的沟通与协调，形成政策合力。

进一步规范执法行为。严格执行《交通行政执法行为规范》，重点解决有法不依、以罚代管、执法标准不统一等问题。建立健全全国执法联动机制，强化跨区域执法信息共享。创新监督手段，强化执法监督。

推进诚信体系建设。依据《征信业管理条例》和《“十二五”国家政务信息化工程建设规划》，加快交通运输诚信体系建设，着力推进与公安、工商、税务、金融等部门诚信系统的有效对接和信息共享，建立行业许可、市场信用、市场监测等体系，完善社会诚信管理制度。

四、保障措施

14. 加强组织领导。

进一步完善部门协同机制，加强部门联动，协调解决物流业发展中面临的重点和难点问题。积极推动在各级政府层面建立交通运输推进物流业发展的组织体系，建立相应协调机制，加快形成多方协同推进的工作格局。

15. 完善统计体系。

开展行业物流相关统计理论和方法研究等基础工作，完善货类、货量、货值、流向、运价和行业贡献等统计指标，着手建立健全相关统计调查制度和信息管理制度。注重对物流发展中出现的新问题、新情况、新趋势的跟踪研究，加强物流运行的监测、分析和评价。

16. 加大政策支持。

进一步研究制订推进物流业发展的有关政策，重点加强物流枢纽、物流信息化、运力结构调整、农村物流、多式联运、零担快运、中小企业联盟等方面的政策研究，鼓励先行先试、典型引领。积极争取中央和地方财政支持，加强财政资金的引导和带动作用，鼓励和规范民间资本进入物流领域。

17. 注重人才培养。

注重物流专业人才的培养，鼓励高等院校、科研院所加强物流专业学科及研发中心建设。支持校企合作，引导高校和科研机构与国内外著名企业联合建立物流综合培训和试验基地，多渠道培养复合型物流高端人才。加强从业人员素质教育，保障合法权益，稳定物流队伍。

18. 发挥协会作用。

强化相关行业协会行业自律、协调和服务等职能，充分发挥在政策建议、规范市场行为、统计与信息发布、交流与合作、资质评定和人才培训、标准制（修）订等方面的积极作用，成为政府与企业联系的桥梁和纽带。

交通运输部

二〇一三年六月六日

005

关于加强和改进城市配送管理工作的意见

交运发〔2013〕138 号

各省、自治区、直辖市、新疆生产建设兵团交通运输厅（局、委）、公安厅（局）、发展改革委、工业和信息化主管部门、住房城乡建设厅（委）、商务主管部门、邮政管理局：

为深入贯彻落实《国务院办公厅关于促进物流业健康发展政策措施的意见》（国办发〔2011〕38 号），切实加强和改进城市配送管理工作，促进城市配送健康有序发展，现提出如下意见：

一、充分认识加强和改进城市配送管理工作的重要意义

（一）加强和改进城市配送管理工作是促进物流业健康发展的客观要求

城市配送是现代物流服务体系的重要组成部分。多年来，在城市人民政府及其有关部门的共同努力下，我国城市配送管理工作取得了初步成效。但从总体情况看，城市配送的管理能力和发展水平仍亟待提高，城市配送难以及配送车辆通行难、停靠难、装卸难等问题在一些城市特别是大中型城市表现突出，严重影响了城市配送效率，增加了物流成本，制约了现代物流业发展。各有关部门要切实加强和改进城市配送管理工作，有效解决城市配送发展中存在的矛盾和问题，促进物流业健康发展。

（二）加强和改进城市配送管理工作是保障和改善民生的重要内容

城市配送关系广大城市居民的生产生活需求，是重大的民生工程。随着我国城市化进程的不断加快，城市人口数量不断增长，小批量、多批次的配送需求日益旺盛。现代商业的繁荣和商业模式的变革，特别是电子商务、连锁经营等新型流通业态的发展，也使得多样化、个性化的配送需求不断增加。城市居民对配送时效性、便捷性的期待日益提高，配送企业和商贸企业对改善城市配送环境、提升城市配送效率的诉求愈加强烈。各有关部门要主动适应城市配送发展的新形势，切实履行职责，满足广大人民群众对城市配送管理工作的新要求。

（三）加强和改进城市配送管理工作是优化交通资源配置的有效举措

城市配送是城市经济运行的基础保障，关系城市功能的正常发挥。随着我国城市机动化的快速发展，城市机动车保有量急速增长，城市交通资源约束日益明显。提高城市配送管理水平，完善配送服务体系，统筹交通资源配置，对于提高

城市配送车辆利用效率、优化城市交通资源配置、促进节能减排等具有重要的现实意义。各有关部门要把加强和改进城市配送管理工作作为优化城市交通资源配置的重要切入点，统筹解决城市配送发展中遇到的各类问题。

二、指导思想、基本原则和总体目标

（四）指导思想

深入贯彻落实科学发展观，按照依法、高效、安全、环保的原则，以满足城市居民和经济社会发展需求为目的，以提高配送效率、降低物流成本为核心，理顺体制机制，落实管理职能，创新管理方式，优化配送模式，全面提升城市配送的公共服务能力、市场监管能力，着力解决城市配送车辆通行难、停靠难、装卸难等突出问题，探索构建服务规范、方便快捷、畅通高效、保障有力的城市配送体系，促进城市配送与城市经济社会发展相适应、相协调。

（五）基本原则

1. 多方联动，综合治理。在城市人民政府的统一领导下，加快完善城市配送管理体制机制，建立健全城市配送制度标准体系，明确各部门职责分工，加强部门间协调配合，综合运用法律、行政、经济等手段，创建城市配送管理工作新格局，推动城市配送规范、有序、高效发展。

2. 客货并举，均衡发展。正确处理城市配送快速发展与城市交通压力加剧的现实矛盾，在满足人民群众出行需求的同时，统筹兼顾城市配送需要，优化城市交通资源配置，实现“人便于行、货畅其流”。

3. 因地制宜，分类指导。结合城市规模、类型、产业结构和发展条件，根据不同配送货类、配送时段和配送区域的特点，科学规划城市配送发展目标，优化城市配送模式，制定适宜的交通管控措施，确保城市配送管理符合实际、适应需求。

4. 依靠科技，创新管理。加大城市配送科技研发投入和先进技术推广应用力度，加快城市配送专业人才和管理队伍培养，创新城市配送管理方式方法，及时消除不适应城市配送发展的制度障碍，鼓励多种形式的探索实践，不断提升城市配送科技支撑能力和创新管理能力。

（六）总体目标

力争用5年左右的时间，基本建立起职能明确、运转高效、监管有力的城市配送管理体制和运行机制，形成城市配送管理法律法规、制度标准体系，城市配送规划引领作用得到发挥，城市配送基础设施明显改善，城市配送市场主体结构明显优化，城市配送车型得到广泛应用，城市配送车辆通行更加有序顺畅，城市配送运营效率明显提高，城市配送服务保障能力显著增强。

三、完善管理体制机制

（七）明确工作职责

充分发挥全国现代物流工作部际联席会议制度作用，加强部门协调，明确职责分工，结合工作实际加快完善相关法规标准、制定发展政策，推进城市配送管理法制化、制度化。地方各级发展改革、交通运输、公安、工业和信息化、城乡建设、商务、邮政管理等部门要在地方人民政府的统一领导下，进一步明确各部门在城市配送管理工作中的职责和任务分工。

（八）健全体制机制

健全地方人民政府领导、多部门参与的城市配送管理体制和工作机制；强化地方人民政府在城市配送管理工作中的主导作用，明确牵头管理部门或成立协调管理机构，建立城市配送管理工作会商制度，完善城市配送管理工作目标考核机制，科学研判城市配送发展形势和规律特点，定期研究解决城市配送发展中的突出问题，及时完善相关政策措施。

四、发挥规划引领作用

（九）编制发展规划

城市规划部门要会同发展改革、交通运输、公安、工业和信息化、城乡建设、商务、邮政管理等有关部门，组织制定城市配送发展规划。规划内容应当包括：城市配送发展目标、通道与节点布局、运力投放规模与结构、运输组织、信息化建设、配送车辆通行管理措施以及城市配送基础设施用地保障等。城市配送节点布局应当考虑物流园区、物流中心、配送中心、分拨中心、快递营业网点、大型商业网点的货物接卸场地、大型货物装卸点和停车设施等。

（十）强化规划衔接

要将城市配送发展规划有关内容及时纳入城市总体规划，按照城市配送发展模式和需要，完善城市物流仓储用地、道路交通系统规划；做好城市配送发展规划与城市土地、商业、交通、物流、快递等相关规划的衔接，保障城市配送基础设施建设用地，满足城市配送发展要求。

五、提升基础设施保障能力

（十一）强化基础设施建设

城市发展改革、交通运输、规划建设、商务等部门要加大对城市配送通道、节点建设的支持力度，构建干支衔接、通行顺畅的城市配送通道网络，完善配送节点的功能和布局。加大公用型城市配送节点建设扶持力度，鼓励现有或规划货运枢纽站场升级转型，服务城市配送发展。有条件的城市应当依托中心城区以外便捷的交通条件，规划建设大型物流中心、配送中心、分拨中心，鼓励商贸流通企业和连锁超市利用第三方物流配送中心、分拨中心及运力资源，加快发展共同配送，从源头上减少中心城区货运车辆交通流量。

（十二）完善配送停车和装卸作业设施

城市商业区、居住区、生产区、高等院校和大型公共活动场地等城建项目，应在控制性详细规划中合理设置城市配送所需的停车和装卸场地，应完善大型商场、超市等设施配送停车场地的配建标准并强化对标准实施的监督；鼓励和引导企业将自用停车场、配送站点向社会开放。

（十三）开展城市配送交通影响评价

城市规划部门要会同交通运输、公安、商务等部门，建立完善城市配送交通影响评价标准和管理办法，明确城市配送交通影响评价的范围、内容、方式和审批程序，将城市配送交通影响评价作为新建、改（扩）建项目规划阶段的强制要求，对城市道路、商业区、居住区和大型公共活动场地等城建项目的规划、设计、施工以及竣工验收等环节全面施行城市配送交通影响评价，并适时提出整改措施和优化调整方案。

六、强化运输市场管理

（十四）加强车辆技术管理

要抓紧制定适用城市配送的车辆相关要求，积极引导企业推广使用符合标准的配送车型，推动城市配送车型向标准化、厢式化发展，加快开展城市配送车辆统一标识管理工作。邮政管理部门要研究制定非机动车从事快件收投业务的相关行业标准，城市邮政管理部门要会同交通运输等部门，研究出台非机动车从事快件收投业务的相关管理办法。

（十五）严格经营许可管理

城市交通运输管理、商务等有关部门要按照有关法律法规研究制定城市配送货物运输管理规定，改进城市配送经营管理方式，明确城市配送运输经营许可准入条件以及经营行为规范和法律责任；要会同公安、邮政管理等部门，定期开展城市配送需求量调查，科学确定并向社会公示城市配送运力投放标准、规模和投放计划，研究建立城市配送运力投放机制，探索实施城市配送服务质量招投标管理制度。

（十六）规范货运出租管理

城市交通运输管理部门要加强对城市货运出租企业的监督管理，研究制定城市货运出租汽车管理规定，规范货运出租汽车的服务质量和安全管理，禁止城市货运出租车经营权有偿使用和转让；要结合交通运输部开展的城市出租汽车服务管理信息系统试点工作，引导企业建立城市配送货运出租运营指挥调度系统，促进城市货运出租规模化、集约化发展。

（十七）健全诚信考核体系

城市交通运输、商务、邮政管理部门要建立完善城市配送企业和快递企业的质量信誉考核制度，科学制定评价内容、评价标准、评价方法和评价周期等，完善激励机制和市场退出机制，引导企业加强管理、优质服务、诚信经营、保障安全。

七、优化通行管控措施

（十八）加强配送车辆通行管理

城市公安交通管理部门要根据有关部门提供的城市中心区车辆流量、流向、流时、货品货类以及城市配送需求，合理确定城市配送车辆的通行区域和时段，根据需要为高峰时段通行的城市配送车辆发放通行许可，并提供通行便利；充分听取交通运输、商务、邮政管理等部门的意见，按照通行便利、保障急需和控制总量的原则，建立完善公开、公平、公正的配送车辆通行许可发放制度。

（十九）完善车辆停放管理措施

城市负责停车管理的部门要会同公安、规划建设、商务、邮政管理等部门在深入调查研究的基础上，完善城市配送车辆停靠限制措施，在部分一般车辆禁停的路段要在保障道路交通安全畅通的情况下给予城市配送车辆必要的停车便利；施划城市配送车辆专用临时停车位或临时停车港湾；完善标志标线及停车位设置，在大城市推广配送车辆分时停车、错时停车、分类停车，全面清理停车设施挪用、占用现象。

八、加大执法监督力度

（二十）清理不合理收费

城市发展改革（价格）、交通运输、商务等部门要按照各自职责分工对城市配送领域包装、搬运、装卸、仓储、运输等各环节乱收费行为进行清理整顿；规范和降低农产品批发市场、农贸市场的摊位费等相关收费，禁止零售商向供应商收取违反国家法律法规的费用，切实降低商品流通环节成本，稳定城市消费市场价格。

（二十一）加强价格监管

城市发展改革（价格）部门要会同交通运输、商务、邮政管理等部门加强对城市配送价格的动态监测，研究建立价格监测分析制度，适时公布城市配送平均运价，引导市场合理价格的形成；依照相关法律法规，严肃查处城市配送企业达成垄断协议、串通商定价格和以低运价抢夺货源、排挤竞争对手等违法行为，严厉打击城市配送企业价格欺诈、哄抬价格等不正当行为。

（二十二）严肃查处违法行为

城市公安交通管理部门要加强对城市配送车辆的交通管理，督导配送车辆按照规定的时段和路线通行，按照相关规定实施停车作业，减少对其他交通参与者的影响。城市交通运输管理部门要加强城市货物运输市场监管，进一步规范运输企业经营行为；会同公安交通管理部门依法严肃查处机动车非法改装、假牌假证、无证运输等严重违法行为，营造良好的车辆通行秩序和市场环境。

（二十三）落实交通安全主体责任

交通运输、公安交通管理等部门要加强物流企业监管，督促物流企业完善内部安全管理制度，加强驾驶人的教育、监督和管理，加强配送车辆的例检、例保和维护，切实落实物流企业交通安全主体责任。

九、加快科技推广应用

（二十四）鼓励发展先进的配送组织模式

鼓励和引导物流企业通过集中存储、统一库管、按需配送、计划运输的方式整合资源，降低物流成本，提升物流效率。商务、发展改革等有关部门要支持商贸流通企业发展共同配送。鼓励物流配送企业针对特定的商业聚集区和生活居住区制定专业的配送实施计划，提供个性化的配送服务，提高配送效率。城市交通较为拥堵的大型城市，城市有关部门应结合实际积极推进"分时段配送"、"夜间配送"，为有需求的商贸和物流企业提供便利。鼓励快递企业建设适应电子商务发展的快件配送体系，探索"仓储一体化"等新型配送模式，提升电子商务配送水平。

（二十五）推广应用先进的设施设备

各有关部门要积极引导企业开发使用先进技术，大力推进标准化仓库和专业仓库建设，推广标准化托盘、自动化搬运装卸工具、无线射频识别技术、配送路径优化技术和配送车辆动态导航技术等在城市配送中的应用。鼓励各地对用于城市配送且符合技术标准的新能源汽车实施车辆购置补贴等优惠扶持政策。

（二十六）加快配送信息平台建设

各有关部门要积极推进物流信息资源的共享，建设完善城市配送综合信息服务平台，引导城市配送企业与生产制造企业、商贸流通企业信息资源的整合，充分发挥信息平台在城市配送运力调整、交通引导、供给调节和市场服务等方面的作用。

十、加快组织落实

（二十七）加强组织领导

城市人民政府及其有关部门要高度重视城市配送管理工作，切实加强组织领导，充分发挥管理部门、行业协会、企业等多方的积极性和主动性，及时出台加强和改进本地配送管理工作的实施意见，建立政府统一领导、部门协调配合、企业广泛参与、公众支持认同的城市配送管理工作格局，形成各方面齐抓共管的合力。

（二十八）开展示范工程

在全国现代物流工作部际联席会议制度框架内，商务等有关部门要按照各自职责继续组织开展城市配送试点工作，选取典型城市开展示范工程，在体制机制、法规政策、基础设施、通行管控、运输组织、市场监管、信息技术、装备设备等方面先行先试，总结成功经验，逐步向全国推广。

（二十九）加快政策落实

在全国现代物流工作部际联席会议制度框架内，要加大对各地区、各部门有关城市配送管理工作的督导考核。各有关部门要根据本指导意见，结合工作实际，抓紧细化政策措施，研究制定促进城市配送发展的实施办法，加快推进，务求实效。国务院各有关部门和省级人民政府有关部门要按照职责分工，加强指导检查，健全考核评价和责任追究制度，确保各项政策的贯彻落实，为城市配送健康有序发展创建良好的体制机制和政策环境。

交通运输部
公安部
国家发展改革委
工业和信息化部
住房城乡建设部
商务部
国家邮政局
二〇一三年二月六日

006

关于印发全国物流园区发展规划的通知

发改经贸〔2013〕1949 号

各省、自治区、直辖市发展改革委、国土资源主管部门、住房城乡建设厅（委）、交通运输厅（局、委）、商务主管部门、科技厅（委、局）、工业和信息化主管部门、铁路主管部门、民航地区管理局、邮政管理局、质量监督局，海关总署广东分署，天津、上海特派办，各直属海关：

根据《中华人民共和国国民经济和社会发展第十二个五年规划纲要》和《国务院办公厅关于印发促进物流业健康发展政策措施的意见》（国办发〔2011〕38 号），国家发展改革委会同有关部门组织编制了《全国物流园区发展规划》（以下简称《规划》）。现将《规划》印发给你们，请结合本地区实际，切实加强对《规划》实施的组织工作，制定并完善政策措施，促进我国物流园区健康有序发展。

附件：全国物流园区发展规划

国家发展改革委　国土资源部
住房城乡建设部　交通运输部　商务部
海关总署　科技部　工业和信息化部
铁路局　民航局　邮政局　国家标准委
二〇一三年九月三十日

附件：

全国物流园区发展规划

国家发展改革委　国土资源部
住房城乡建设部　交通运输部　商务部
海关总署　科技部　工业和信息化部
铁路局　民航局　邮政局　国家标准委
2013 年 9 月 30 日

物流园区是物流业规模化和集约化发展的客观要求和必然产物，是为了实现物流运作的共同化，按照城市空间合理布局的要求，集中建设并由统一主体管理，为众多企业提供物流基础设施和公共服务的物流产业集聚区。物流园区作为重要的物流基础设施，具有功能集成、设施共享、用地节约的优势，促进物流园区健康有序发展，对于提高社会物流服务效率、促进产业结构调整、转变经济发展方式、提高国民经济竞争力具有重要意义。

根据《中华人民共和国国民经济和社会发展第十二个五年规划纲要》、《国务院办公厅关于印发促进物流业健康发展政策措施的意见》（国办发〔2011〕38号），为促进我国物流园区健康有序发展，特制定本规划。规划期为2013—2020年。

一、发展形势

（一）现实基础

“十一五”期间，国家高度重视物流业发展，实施《物流业调整和振兴规划》，综合交通运输体系逐步完善，规模化物流需求快速增长，物流业区域布局进一步优化，为物流园区的健康发展奠定了基础。

1. 物流园区总量较快增长。“十一五”时期，我国物流规模不断扩大，社会物流总额和物流业增加值年均分别增长21%和16.7%，物流业增加值占国内生产总值的比重由2005年的6.6%提高到2010年的6.9%。为适应物流业快速发展趋势，各级地方政府积极推进物流园区规划和建设，全国物流园区数量稳步增长，物流业呈现集聚发展态势。据中国物流与采购联合会第三次全国物流园区调查，2012年全国共有各类物流园区754个，其中已经运营的348个，在建和规划中的分别为241个和165个。

2. 物流园区类型不断丰富。各地因地制宜建设发展了不同类型的物流园区。在交通枢纽城市，具备多式联运条件、提供大宗货物转运的货运枢纽型物流园区不断涌现；面向大城市商圈和批发市场，提供仓储配送功能的商贸服务型物流园区蓬勃发展；毗邻工业园区，提供供应链一体化服务的生产服务型物流园区配套而建；在口岸城市，提供转运、保税等功能的口岸服务型物流园区快速发展；特大城市周边，出现了不少融合上述功能的综合服务型物流园区。总体上看，全国初步形成了定位准确、类型齐全的物流园区体系。

3. 物流园区功能日趋完善。园区基础设施建设不断加快，集疏运通道逐步完善，仓储、转运设施水平显著提高；信息平台建设稳步推进，园区信息化和智能化水平明显提升。园区通过不断完善各项功能，打造形成坚实的硬件基础和高效的软件平台，为园区入驻企业提供完善的公共服务，使物流企业能够专注从事物流业务，进一步提高物流效率和服务水平。

4. 物流园区集聚效应初步显现。园区利用设施优势集聚物流企业，减少了货物无效转运，优化了装卸和处理流程，提高了物流效率；利用信息平台匹配物流供需信息，提高了货物运输组织化程度，降低了车辆空驶率；通过整合分散的仓储物流设施，节约了土地资源，优化了城市空间布局；通过为园区周边生产制造、商贸等企业提供一体化物流服务，促进了区域经济转型升级。

（二）存在问题

从总体来看，我国物流业发展水平还比较低，物流园区在规划、建设、运营、管理以及政策方面还存在一些问题。一是建设发展有待规范。由于缺乏统一规划和管理，一些地方脱离实际需求，盲目建设物流园区，片面追求占地面积和投资规模。另外，由于缺乏对物流园区内涵的认识，一些市场和物流企业也冠以物流园区的名称。二是设施能力有待提高。从已建成的园区看，多数物流园区水、电、路、网络、通信等基础设施建设滞后，集疏运通道不畅，路网配套能力较差，普遍缺少铁路和多式联运中转设施。另外，在一些重要物流节点，仍然缺少设施齐全、服务能力较强的物流园区。三是服务功能有待提升。多数物流园区虽然具备了运输、装卸、仓储配送和信息服务等功能，但与物流发展的市场需求相比，仍然存在着专业化程度不高、设施装备配套性差、综合服务能力不强、信息联通不畅等问题，多式联运和甩挂作业、冷链物流服务、信息管理、流程优化、一站式服务等功能亟待完善和提高。四是经营管理体制有待健全。有的物流园区缺乏政府的协调和推动，面临规划、用地、拆迁、建设等方面的困难；有的物流园区缺乏市场化的运作机制和盈利模式，园区服务和可持续发展能力不足。五是政策扶持体系有待完善。由于缺少针对物流园区发展的优惠政策和建设标准，物流园区普遍存在“落地难”、“用地贵”和基础设施投资不足的问题。

（三）发展要求

今后几年，是我国物流业发展的重要时期。科学规划、合理布局物流园区，充分发挥物流园区的集聚优势和基础平台作用，构建与区域经济、产业体系和居民消费水平相适应的物流服务体系，是促进物流业发展方式转变、带动其他产业结构调整以及建设资源节约型和环境友好型社会的必然选择。

1. 科学规划物流园区是提高物流服务效率的客观要求。加快转变经济发展方式给我国物流业发展提出了新的更高的要求，物流园区作为连接多种运输方式、集聚多种服务功能的基础设施和公共服务平台，已经成为提升物流运行质量与效率的关键环节。科学规划物流园区有利于发挥物流设施的集聚效应，在满足规模化物流需求的同时，提升物流效率，降低物流成本；有利于促进多式联运发展，发挥我国综合交通运输体系的整体效能；有利于促进社会物流的有效组织和有序管理，优化布局和运作模式，更好地适应产业结构调整的需要，为其他产业优化升级提供必要支撑。

2. 科学规划物流园区是节约集约利用土地资源的迫切需要。科学规划一批具有较强公共服务能力的物流园区，一方面可以适度整合分散于各类运输场站、仓房、专用线、码头等物流设施及装卸、搬运等配套设施的用地，增加单位物流用地的物流承载量，提高土地利用率；另一方面能够有效促进专业化、社会化物流企业承接制造业和商贸业分离外包的物流需求，减少原有分散在各类企业内部的仓储设施用地。科学规划物流园区，已经成为当前促进物流业节约集约利用土地资源的重要途径。

3. 科学规划物流园区是推进节能减排和改善环境的重要举措。面对日趋严峻的资源和环境约束，物流业亟须加快节能减排步伐，增强可持续发展能力。科学规划物流园区，有利于优化仓储、配送、转运等物流设施的空间布局，促进物流资源优势互补、共享共用，减少设施闲置，降低能耗；有利于提升物流服务的组织化水平，优化运输线路，降低车辆空驶率，缓解交通干线的通行压力和城市交通拥堵，减少排放，改善环境。

二、指导思想、基本原则和发展目标

（一）指导思想

以邓小平理论、“三个代表”重要思想和科学发展观为指导，按照加快转变经济发展方式、促进产业结构调整的要求，以市场需求为导向，以促进物流要素聚集、提升物流运行效率和服务水平、节约集约利用土地资源为目标，以物流基础设施的整合和建设为重点，加强统筹规划和管理，加大规范和扶持力度，优化空间布局，完善经营管理体制和服务功能，促进我国物流园区健康有序发展，为经济社会发展提供物流服务保障。

（二）基本原则

1. 科学规划，合理布局。根据国家重点产业布局和区域发展战略，立足经济发展水平和实际物流需求，依托区位交通优势，符合城市总体规划和土地利用总体规划，注重与行业规划相衔接，科学规划、合理布局物流园区，避免盲目投资和重复建设。

2. 整合资源，集约发展。优先整合利用现有物流设施资源，充分发挥存量物流设施的功能。按照规模适度、用地节约的原则，制定物流园区规划、建设标准，合理确定物流园区规模，促进物流园区集约发展，吸引企业向园区集聚。

3. 完善功能，提升服务。促进物流园区设施建设配套衔接，完善物流园区的基本服务功能。注重运用现代物流和供应链管理理念，创新运营管理机制，拓展增值服务，提升物流园区的运作和服务水平。

4. 市场运作，政府监管。充分发挥市场机制的作用，坚持投资主体多元化、经营管理企业化、运作方式市场化。积极发挥政府的规划、协调作用，规范物流园区建设管理制度，制定和完善支持物流园区发展的各项政策，推动物流园区有序建设、健康发展。

（三）发展目标

到 2015 年，基本建立物流园区建设及管理的有关制度，物流园区发展步入健康有序的轨道，全国物流园区规划布局得到优化，物流园区设施条件不断改善，服务能力明显增强，初步建成一批布局合理、运营规范、具有一定经济社会效益的示范园区。

到 2020 年，物流园区的集约化水平大幅提升，设施能力显著增强，多式联运得到广泛应用，管理水平和运营效率明显提高，资源集聚和辐射带动作用进一步增强，基本形成布局合理、规模适度、功能齐全、绿色高效的全国物流园区网络体系，对推动经济结构调整和转变经济发展方式发挥更加重要的作用。

三、物流园区总体布局

物流园区是提供物流综合服务的重要节点，也是重要的城市基础设施。全国物流园区总体布局的基本思路是：根据物流需求规模和区域发展战略等因素，确定物流园区布局城市；按照城乡规划、综合交通体系规划和产业发展规划等，合理确定城市物流园区建设数量、规划布局和用地规模；研究制定物流园区详细规划，因地制宜、合理确定物流园区的发展定位、功能布局、建设分期、配套要求等。

（一）物流园区布局城市

确定物流园区布局城市，主要依据以下条件：一是物流需求规模，主要参考城市的国内生产总值、货运总量、工业总产值、社会消费品零售总额和进出口总额等经济指标的预测值。二是与物流业发展总体规划以及铁路、公路、水运、民航等相关交通运输规划相衔接。三是结合国家重点区域发展战略和产业布局规划，考虑相关城市的经济发展潜力、物流需求增长空间以及对周边地区的辐射带动作用。

根据上述条件，按照物流需求规模大小以及在国家战略和产业布局中的重要程度，本规划将物流园区布局城市分为三级，确定一级物流园区布局城市 29 个，二级物流园区布局城市 70 个（见专栏），三级物流园区布局城市具体由各省（区、市）参照以上条件，根据本省物流业发展规划具体确定，原则上应为地级城市。

专栏

一级物流园区布局城市（共 29 个）

北京、天津、唐山、呼和浩特、沈阳、大连、长春、哈尔滨、上海、南京、苏州、杭州、宁波、厦门、济南、青岛、郑州、合肥、武汉、长沙、广州、深圳、南宁、重庆、成都、昆明、西安、兰州、乌鲁木齐

续 表

二级物流园区布局城市（共70个）
石家庄、邯郸、秦皇岛、沧州、太原、大同、临汾、通辽、包头、鄂尔多斯、鞍山、营口、吉林、延边（珲春）、大庆、牡丹江、齐齐哈尔、无锡、徐州、南通、泰州、连云港、温州、金华（义乌）、舟山、嘉兴、湖州、安庆、阜阳、马鞍山、芜湖、福州、泉州、南昌、赣州、上饶、九江、烟台、潍坊、临沂、菏泽、日照、洛阳、南阳、安阳、许昌、宜昌、襄阳、岳阳、娄底、衡阳、佛山、东莞、湛江、柳州、钦州、玉林、贵港、海口、绵阳、达州、泸州、贵阳、拉萨、榆林、宝鸡、咸阳、西宁、银川、伊犁（霍尔果斯）

（二）物流园区选址要求

在布局城市选址建设物流园区，应遵循以下原则：一是与综合交通体系和运输网络相配套。依托主要港口、铁路物流中心、公路货运枢纽、枢纽机场及主要口岸，具有交通区位优势，便于发展多式联运。二是与相关规划和现有设施相衔接。符合土地利用总体规划、城市总体规划和区域发展总体规划，充分利用现有仓储、配送、转运等物流设施。三是突出功能定位。紧密结合产业布局和区位优势，突出专业服务特点，明确物流园区功能定位。

依据以上原则，物流园区布局城市可根据实际需要建设不同类型的物流园区：

1. 货运枢纽型物流园区。依托交通枢纽，具备两种（含）以上运输方式，能够实现多式联运，具有提供大批量货物转运的物流设施，为国际性或区域性货物中转服务。

2. 商贸服务型物流园区。依托城市大型商圈、批发市场、专业市场，能够为商贸企业提供运输、配送、仓储等物流服务以及商品展示、电子商务、融资保险等配套服务，满足一般商业和大宗商品贸易的物流需求。

3. 生产服务型物流园区。毗邻工业园区或特大型生产制造企业，能够为制造企业提供采购供应、库存管理、物料计划、准时配送、产能管理、协作加工、运输分拨、信息服务、分销贸易及金融保险等供应链一体化服务，满足生产制造企业的物料供应与产品销售等物流需求。

4. 口岸服务型物流园区。依托口岸，能够为进出口货物提供报关、报检、仓储、国际采购、分销和配送、国际中转、国际转口贸易、商品展示等服务，满足国际贸易企业物流需求。

5. 综合服务型物流园区。具有两种（含）以上运输方式，能够实现多式联运和无缝衔接，至少能够提供货运枢纽、商贸服务、生产服务、口岸服务中的两种以上服务，满足城市和区域的规模物流需求。

四、主要任务

（一）推动物流园区资源整合

打破地区和行业界限，充分整合现有物流园区及物流基础设施，提高设施、土地等资源利用效率。一是整合需求不足和同质化竞争明显的物流园区。引导需求不足的园区转型，对于同质化竞争明显的园区，通过明确功能定位和分工，推动整合升级。二是整合依托交通枢纽建设的物流园区。加强枢纽规划之间的衔接，统筹铁路、公路、水运、民航等多种交通运输枢纽和周边的物流园区建设，大力发展多式联运，形成综合交通枢纽，促进多种运输方式之间的顺畅衔接和高效中转。三是整合分散的物流设施资源。发挥物流园区设施集约和统一管理的优势，引导分散、自用的各类工业和商业仓储配送资源向物流园区集聚，有效整合制造业分离外包的物流设施资源。大力推广共同配送、集中配送等先进配送组织模式，为第三方物流服务企业搭建基础平台。

（二）合理布局新建物流园区

物流园区布局城市应综合考虑本区域的物流需求规模及增长潜力，并结合现有物流园区布局情况及设施能力，合理规划本地区物流园区。现有设施能力不足的地区，应基于当地产业结构和区位条件及选址要求，布局新建规模适当、功能完善的物流园区，充分发挥园区的集聚效应和辐射带动作用，服务当地经济发展和产业转型升级。

（三）加强物流园区基础设施建设

优化物流园区所在地区控制性详细规划，加强物流园区详细规划编制工作，科学指导园区水、电、路、通信等设施建设，强化与城市道路、交通枢纽的衔接。大力推进园区铁水联运、公铁联运、公水联运、空地联运等多式联运设施建设，注重引入铁路专用线，完善物流园区的公路、铁路周边通道。提高仓储、中转设施建设水平，改造装卸搬运、调度指挥等配套设备，统一铁路、公路、水运、民航各种运输方式一体化运输相关基础设施和运输装备的标准。推广甩挂运输方式、集装技术和托盘化单元装载技术。推广使用自动识别、电子数据交换、可视化、货物跟踪、智能交通、物联网等先进技术的物流设施和装备。

（四）推动物流园区信息化建设

加强物流园区信息基础设施建设，整合物流园区现有信息资源，提升物流园区信息服务能力。研究制定统一的物流信息平台接口规范，建立物流园区的信息采集、交换和共享机制，促进入驻企业、园区管理和服务机构、相关政府部门之间信息互联互通和有序交换，创新园区管理和服务。

（五）完善物流园区服务功能

结合货运枢纽、生产服务、商贸服务、口岸服务和综合服务等不同类型物流园区的特点，有针对性地提升服务功能，为入驻企业提供专业化服务。鼓励园区在具备仓储、运输、配送、转运、货运代理、加工等基本物流服务以及物业、停车、维修、加油等配套服务的基础上，进一步提供工商、税务、报关、报检等政务服务和供应链设计、管理咨询、金融、保险、贸易会展、法律等商务服务功能。

（六）聚集和培育物流企业

充分发挥物流园区的设施优势和集聚效应，引导物流企业向园区集中，实现园区内企业的功能互补和资源共享，提高物流组织效率。优化园区服务环境，培育物流企业，打造以园区物流企业为龙头的产业链，提升物流企业的核心竞争力。支持运输企业向综合物流服务商和全球物流经营人转变。按照提升重点行业物流企业专业配套能力的要求，有针对性地发展专业类物流园区，为农产品、钢铁、汽车、医药、冷链、快递、危货等物流企业集聚发展创造有利条件。

（七）建立适应物流园区发展的规范和标准体系

按照适用性强、涵盖面广、与国际接轨的要求，建立和完善物流园区标准体系。修订《物流园区分类与基本要求》国家标准，制定《物流园区服务规范及评估指标》国家标准，进一步明确园区概念内涵，规范物流园区功能定位，防止盲目发展。按照既要保障物流园区发展，又要节约利用土地的原则，建立物流园区规划设计、建设和服务规范，明确园区内部各功能区建设标准和要求，促进物流园区规范化发展。

（八）完善物流园区经营管理体制

根据各地物流园区发展实际，借鉴国内外物流园区管理经验，建立完善政府规划协调、市场化运作的物流园区开发建设模式和经营管理体制。在政府规划指导下，成立物流园区管理机构，开展物流园区基础设施建设，并选择具有物流园区经营管理经验的企业参与管理运营。鼓励园区研究开发物流与商贸和金融协同发展等新型业态，创新物流园区发展模式。通过企业化运作，提高管理水平，形成良性发展机制，为园区物流企业提供优质服务，实现可持续发展。

五、保障措施

（一）做好综合协调

国家发展改革委、国土资源部、住房城乡建设部要会同交通运输部、商务部、海关总署、科技部、工业和信息化部、铁路局、民航局、邮政局、国家标准委等部门，加强对全国物流园区发展的指导和管理。各省级人民政府有关部门也要协调配合，统筹推进规划实施工作。

（二）加强规范管理

各地有关部门要加强对物流园区的规范和管理，提出本地区物流园区布局规划，严格控制园区数量和规模，防止盲目建设或以物流园区名义圈占土地。布局城市要按照城乡规划和相关行业规划，加强和加快现有物流设施的整合和清理，因地制宜合理新建物流园区，做到既符合城市和产业发展实际，满足物流发展需求，又防止出现重复建设。

（三）开展示范工程

各地要结合实际，选择一批发展条件好、带动作用大的园区，作为省级示范物流园区加以扶持推广，具体由各省有关部门研究制定管理办法并组织评定。在此基础上，开展国家级物流园区示范工程，由国家发展改革委、国土资源部、住房城乡建设部会同交通运输部、商务部、工业和信息化部、海关总署、科技部等有关部门和行业协会组织国家级示范物流园区评定工作。对于列入国家级示范的物流园区，有关部门可给予土地、资金等政策扶持。国家级物流园区示范工程的具体管理办法另行制定。

（四）完善配套设施

支持连接物流园区的铁路专用线、码头岸线和园区周边道路等交通配套设施建设和改造，进一步发挥物流园区的中转服务功能，提高运输服务水平。支持物流园区信息平台建设，鼓励企业建设立体仓库，提高园区物流设施信息化和智能化水平。

（五）落实用地政策

研究制定物流园区规划设计规范，科学指导物流园区规划建设。各地应及时将物流园区纳入所在城市的各类城市规划和土地利用总体规划，统筹规划和建设，涉及新增建设用地的，合理安排土地利用计划指标。对于示范物流园区新增建设用地，优先列入国家和地方建设用地供应计划。

（六）改善投融资环境

鼓励物流园区运营主体通过银行贷款、股票上市、发行债券、增资扩股、合资合作、吸引外资和民间投资等多种途径筹集建设资金，支持物流园区及入驻企业与金融机构联合打造物流金融服务平台，形成多渠道、多层次的投融资环境。各地要适当放宽对物流园区投资强度和税收强度的要求，鼓励物流企业入驻物流园区。对于国家级和省级示范物流园区，有关部门可根据项目情况予以投融资支持。

（七）优化通关环境

优化口岸通关作业流程，适应国际中转、国际采购、国际配送、国际转口贸易等业务的要求，研究适应口岸服务型物流园区发展的通关便利化政策，提高通关效率。

（八）发挥行业协会作用

物流及相关行业协会应认真履行行业服务、自律、协调和引导职能，及时向政府有关部门反映物流园区发展中存在的问题和企业诉求，积极配合相关部门做好物流园区相关标准制（修）订、建立实施统计制度、总结推广先进经验、引导推动科技创新等相关工作，促进物流园区健康有序发展。

007

商务部关于促进商贸物流发展的实施意见

商流通函〔2014〕790号

为贯彻落实2013年国务院召开的部分城市物流工作座谈会和2014年6月国务院常务会通过的《物流业发展中长期规划》精神，促进商贸物流发展，降低物流成本，引导企业做大做强，完善服务体系，更好地保障供给，支撑国民经济稳步增长，现提出如下意见：

一、高度重视商贸物流工作

商贸物流是指与批发、零售、住宿、餐饮、居民服务等商贸服务业及进出口贸易相关的物流服务活动，是整个物流过程中对成本影响比较大的环节，新技术应用和商业模式创新最为集中，作为现代物流的重要组成部分，直接关系到生产资料流通和生活资料流通的顺利运行。促进商贸物流发展，有利于降低物流成本、提高物流效率；有利于货畅其流，繁荣市场；有利于改善交通和环境状况，促进城市化健康发展；有利于提升流通产业竞争力，更好地发挥其在国民经济中的基础性、先导性作用。

近年来，在各级商务主管部门的共同努力下，商贸物流体系逐步形成，信息化、现代化水平显著提高，服务功能不断拓展，涌现出一批商业模式先进、供应链整合能力强的商贸物流企业。但从整体上看，商贸物流小、散、乱，专业化、社会化、标准化程度低，运作成本高、效率低等问题没有根本扭转，与国际先进水平还存在较大差距。各级商务主管部门要高度重视商贸物流发展，认真贯彻落实国务院部分城市物流工作座谈会精神，深入扎实开展工作，努力使商贸物流成为内贸工作“上台阶”的突破口。

二、提高社会化水平

引导生产和商贸流通企业改变“大而全”、“小而全”的运作模式，剥离或外包物流功能，实行主辅业分离。支持商贸物流企业开展供应商管理库存（VMI）、准时配送（JIT）等高端智能化服务，提升第三方物流服务水平。有条件的企业可以向提供一体化解决方案和供应链集成服务的第四方物流发展。支持传统仓储企业转型升级，向配送运营中心和专业化、规模化第三方物流发展，鼓励仓储、配送一体化，引导仓储企业规范开展担保存货第三方管理。支持货代物流企业发展壮大，为各类企业开拓国内和国际市场提供支撑。

大力发展共同配送，继续做好城市共同配送试点工作，鼓励推广共同配送、统一配送、集中配送等先进模式。依托专业化第三方物流或供应商为多个商贸企业、社区门店、市场入驻商户等共同配送；依托物流园区推广配送班车，开展干线与支线结合的城区集中配送；支持大型连锁零售企业通过集中采购提高统一配送率，利用其物流系统为所属门店和社会企业统一配送；整合存量配送资源，在学校、社区、地铁等周边设立末端配送站或建设公共自助提货柜等。

三、提高专业化水平

（一）大力发展电子商务物流。推进商贸物流和电子商务的协同发展及业务流程再造。鼓励电子商务企业加强与商贸物流企业的合作，合理选择物流网络节点，完善信息共享和利益分配机制。支持电子商务企业与社区便利店合作开展“网订店取（送）”。支持商贸物流企业扩展服务功能，提升服务能力，在配送中心建设、网点开发、车辆保障等方面加大投资和改造力度，有条件的企业要“走出去”，布设集散中心和网络，满足跨境电子商务的快速发展要求。

（二）加强冷链物流建设。鼓励各类农产品生产加工、冷链物流、商贸服务企业改造、新建一批适应现代流通和消费需求的冷链物流基础设施。引导使用各种新型冷链物流装备与技术，推广全程温度监控设备，完善产地预冷、销地冷藏和保鲜运输、保鲜加工的流程管理和标准对接，逐步实现产地到销地市场冷链物流的无缝衔接，降低损耗，保障商品质量安全。

（三）加快生产资料物流转型升级。鼓励生产资料物流企业充分利用新技术和新的商业模式整合内外资源，延长产业链，跨行业、跨领域融合发展，增强信息、交易、加工、配送、融资、担保等一体化综合服务能力，由单纯的贸易商、物流商，向供应链集成服务商转型。支持生产资料生产、流通企业在中心城市、交通枢纽、经济开发区和工业园区有序建设大宗生产资料物流基地和物流园区，促进产业适度集聚。整合农村农资流通和配送网点资源，建立健全覆盖县级区域和中心乡镇的农资物流配送网络。

（四）鼓励绿色物流发展。引导一批商贸物流园区向绿色物流功能区转型，加大绿色物流装备、技术、仓储等设施的推广使用力度。完善再生资源回收体系，建立服务于生产和消费的逆向物流网络，促进资源的循环利用。

四、提高标准化水平

创新商贸物流标准宣传贯彻和实施促进的工作机制，提高标准的通用性和统一性。根据社会需求与工作重点，利用各种形式，加强商贸物流标准化理念推广与知识普及。支持各类企业、社会团体积极参与商贸物流标准的制（修）订。加快商贸物流管理、技术和服务标准的推广，鼓励有关企业采用标准化的物流计量、货物分类、物品标识、物流装备设施、工具器具、信息系统和作业流程等。以标准化托盘循环共用试点工作为切入点，逐步提高全社会标准托盘普及率，促进相关配套设施设备的标准化改造。

选择基础较好、积极性高的地区、园区和企业开展商贸物流标准化应用推广工作，鼓励和指导上述单位加大基础设施、装备技术、服务流程、内部管理等领域的标准化实施力度，培育商贸物流标准化服务和管理品牌；加强行业与行业、企业与企业之间的标准衔接和统一，引导全行业提高标准应用水平、经营管理水平、产品质量水平和从业人员资质水平。

五、提高信息化水平

支持商贸物流企业与生产企业、批发零售等企业通过共用信息系统，实现数据共用、资源共享、信息互通。通过中央和地方两级示范，支持以企业为主体的物流综合信息服务平台发展，发挥平台整合调配物流资源，解决物流信息不对称、接口标准不统一等矛盾，实现精准化、可视化管理等功能，并搭载企业诚信、托盘循环共用、物流金融、跨境电子商务、商品溯源、通关便利化、多式联运等各种增值服务，为广大商贸物流企业特别是中小企业提升组织化和信息化水平，降低交易成本提供有利条件。有条件的地区还可协调相关部门，开展政府物流信息共享平台建设，将现有交通、工商、税务、海关等部门可公开的电子政务信息进行整合后，向社会公开，实现便民利企的物流政务资源共享。

六、提高组织化水平

鼓励物流企业通过参股控股、兼并重组、协作联盟等方式做大做强，形成一批技术水平先进、主营业务突出、核心竞争力强的大型现代物流企业集团，通过规模化、集约化经营提高物流服务的一体化、网络化水平。鼓励运输、仓储等传统物流企业向上下游延伸服务，推进物流业与其他产业融合、协同发展。引导物流企业共同投资建设重要物流节点的仓储设施，合理布局物流园区（中心、基地），增强服务功能，提高服务能力和集约化发展水平。鼓励商贸物流企业提高配送的规模化和协同化水平，依托商业、邮政等网点，形成覆盖城乡的物流配送网络。支持服务中小企业的物流信息服务平台建设，引导企业集聚规范发展。

七、提高国际化水平

进一步完善外商投资商贸物流领域的法律法规，提高利用外资的质量和水平。除涉及国家安全和重大公共利益外，放开外资准入限制，加快构建统一公平、竞争有序的大市场。继续深化落实第三方物流、物流配送中心、专业批发市场、仓储设施等领域的对外开放政策。鼓励外资参与城市内交通物流体系建设。推进国内物流企业同国际先进物流企业的合作，引进和吸收国外促进商贸物流发展的先进理念和商业模式。

以“丝绸之路经济带”和“海上丝绸之路”沿线区域物流合作为重点，在“一带一路”国内外沿线主要交通节点和港口建设一批物流中心。积极开展务实、高效的国际区域物流合作，推进国际物流大通道建设。支持建设商贸物流型境外经济贸易合作区，鼓励有条件的商贸物流企业“走出去”和开展全球业务。

以国际商品交易中心、重点进出口口岸为依托，通过完善货物储存、配送功能，提高进出口货物集散能力，探索建立海外仓库、物流基地和分拨中心。充分利用《内地与香港关于建立更紧密经贸关系的安排》（CEPA）、《内地与澳门关于建立更紧密经贸关系的安排》（CEPA）、《海峡两岸经济合作框架协议》（ECFA）、自由贸易试验区及地方对外开放先行先试平台和载体，促进商贸物流率先发展。

八、加强组织领导，完善保障措施

（一）建立健全工作机制，做好协调服务。做好部门间的政策协调和工作配合，加强各级商务主管部门联动。完善各级商贸物流工作机制，为加快商贸物流发展提供组织保障和服务支撑。各级商务主管部门要把商贸物流工作作为内贸流通工作重点，明确分管领导和专门处室，加强人员配备，保障工作开展。有条件的地方，可依据商务部、财政部有关城市共同配送的业务指导文件，自行组织城市共同配送试点。

（二）优化物流发展环境，加强诚信建设。发挥商务主管部门在整顿和规范市场秩序中的牵头作用，反对地方保护、消除区域封锁，查处价格欺诈、以次充好、虚假仓单、重复质押等违法违规行为。注重发挥行业组织作用，建立物流信息披露管理制度和激励惩戒机制，增强企业诚信意识和风险防范意识。利用社会化物流信息平台，获取诚信大数据，对诚实守信、合法经营、社会责任强的企业予以支持、鼓励和宣传，对破坏市场秩序、诚信缺失的企业将其列入“黑名单”并向社会公布，提高其失信成本。积极为“走出去”的物流企业提供政策、法律、咨询、市场信息等配套服务。

（三）落实财税土地政策，加大扶持力度。根据各地实际情况，统一规划、合理安排政策和资金支持商贸物流发展。对工业、商贸流通企业实行主辅分离，辅业改制兴办第三方物流企业，或通过优化资源配置整合、重组成立的物流企业，或在企业内部重组涉及企业资产、股权变动的，可商有关部门研究减免行政事业性收费。抓紧落实现有的物流企业大宗商品仓储设施用地税收减半政策。积极争取将物流企业配送中心、连锁企业配送中心项目内用于建设仓储设施、堆场、货车通道、回转场地及停车场（库）等物流生产性设施用地列入工业、仓储用地范畴，并研究降低公共性、公益性商贸物流用地的投资强度要求。

积极推动解决城市配送车辆通行难、停靠难、卸货难，罚款多、收费多“三难两多”等问题，商有关部门出台便于配送车辆通行及停靠的具体措施，降低道路通行费用。积极研究和协调将配送生鲜食品和药品的车辆视同公共交通车辆优先通行的政策和措施。引导标准化的非机动三轮车依法依规经营快递物流业务。

（四）夯实统计基础，加强人才培养。完善商贸物流统计调查方法和指标体系。加强对商贸物流需求、费用、市场规模、投资、价格等指标的统计分析，及时反映商贸物流的发展规模和运行效率。通过学历教育、继续教育等多种方式培养市场急需的经营管理和专业技术人才，提高实践能力。推动产学研结合，鼓励商贸物流理论研究，引导工商企业树立现代物流理念，加大宣传力度，营造全社会重视和支持商贸物流发展的舆论氛围。

商务部将根据各地实际情况，结合现有政策，围绕提高商贸物流社会化、专业化、标准化、信息化、组织化、国际化水平等主要工作，分别选择重点地区、重点企业，重点推进，促进商贸物流健康发展。工作中的有关情况和问题请及时与商务部（流通发展司）联系。

商务部

二〇一四年九月二十二日

008

商务部 国家发展改革委 供销总社关于印发《商贸物流发展专项规划》的通知

商商贸发〔2011〕67号

各省、自治区、直辖市、计划单列市及新疆生产建设兵团商务主管部门，发展改革委，供销合作社：

为进一步促进我国商贸物流发展，提高商贸物流服务质量和水平，增强商贸服务业竞争力，适应流通业发展和转变经济发展方式的需要，根据国务院《物流业调整和振兴规划》（国发〔2009〕8号），商务部、国家发展改革委、供销总社组织编制了《商贸物流发展专项规划》（以下简称《规划》），现印发你们。请根据《规划》确定的工作目标、重点工作，结合当地实际，抓紧制定具体工作方案和工作措施，认真组织实施，确保取得实效。

商务部

国家发展改革委

供销总社

二〇一一年三月十四日

商贸物流发展专项规划

商务部

国家发展改革委

供销总社

2011年3月14日

商贸物流是指与批发、零售、住宿、餐饮、居民服务等商贸服务业及进出口贸易相关的物流服务活动。商贸物流属于产业物流，是商品流通的重要组成部分。构建高效、安全、通畅的商贸物流服务体系，有利于降低物流成本，提高流通效率和效益；有利于促进商贸服务业转型升级，提升流通产业竞争力；有利于扩大就业，改善民生，维护社会稳定与繁荣；有利于减轻资源和环境压力，促进经济发展方式转变，更好地为建设小康社会、构建和谐社会服务。

为进一步促进我国商贸物流发展，根据国务院《物流业调整和振兴规划》（国发〔2009〕8号）和《商务部关于加快流通领域现代物流发展的指导意见》

（商改发〔2008〕53号）的有关要求，制定本规划。规划期为2011—2015年。

一、发展现状

改革开放以来，特别是进入新世纪以来，我国商贸物流发展成效显著，主要体现在以下方面：

（一）城乡商贸物流服务体系初步建立，服务水平不断提高

近年来，在国家政策引导和市场机制的作用下，城乡商贸物流服务体系逐步完善，服务功能不断增强。随着流通领域现代物流示范城市工作的推进，城市商贸物流专业化、组织化程度有所提高，为城市商贸服务业发展提供了有力支撑。“万村千乡市场工程”、“双百市场工程”、“农超对接”、“新农村现代流通网络建设工程”和农资流通体系试点等工作，有效促进了农村日用工业品、农资和农产品物流配送体系建设。批发市场通过功能再造和制度创新，延伸了加工、配送功能，缩短了供应链流程，提高了流通效率。餐饮企业通过建立现代化主食配送中心，实现网点的统一配送、及时补货，保证了食品的新鲜度，为方便居民消费发挥了积极作用。

（二）商贸物流基础设施不断完善，配套能力不断增强

近年来，我国商贸物流基础设施投资稳步增长，配套设施不断完善。仓储业固定资产投资近十年来年增幅保持在40%左右。立体仓库面积已接近仓库总面积的20%，形成了通用仓储与专业仓储、常温仓储与低温仓储、普通仓储与立体仓储共同发展的格局。截至2009年末，全国连锁零售企业拥有各类商品配送中心3426个，通过配送中心向连锁企业配送商品金额达到1.2万亿元。一批商品集散地、产地和销地批发市场经过建设改造，货物集散、配送能力不断增强，冷链物流设施成为新的投资热点。物流信息管理系统在商贸物流活动中得到广泛运用。现代化的商贸物流基础设施对促进传统物流模式转变、提高城市和城际配送效率发挥了积极作用。

（三）商贸物流服务主体迅速成长，先进物流服务方式推广速度加快

随着商贸物流社会需求的不断扩大，多种所有制、多种服务模式、多层次的现代商贸物流企业群体迅速发展。商贸企业、物流企业积极推广应用越库配送、共同配送、供应商管理库存等服务模式，满足现代零售企业小批量、多频次、快周转的物流服务需求，限额以上连锁超市商品统一配送率达到63.4%。汽车、家电、医药、烟草等专业物流形成一定规模。信息科技的广泛应用，大大提高了商贸企业和物流、配送企业的服务能力和供应链管理水平。各地建设的公共物流信息服务平台，有效地改善了物流信息的共享服务，促进了物流资源的供需衔接。

（四）商贸物流发展环境明显改善，各种支持和配套政策日臻完善

近年来，各级政府部门通过制定规划、出台政策、设立专项资金，从多方面

支持商贸物流发展。中央财政通过设立促进服务业发展专项资金、农村物流体系建设专项资金，引导商贸物流健康发展。金融机构通过建立支持流通业发展专项贷款，支持商贸物流业进行基础设施改造。供应链金融创新和贸易融资快速发展，有效缓解了中小企业融资难问题。行业组织开展物流企业信用评级和综合评估工作，推动了物流市场信用体系建设。

商贸物流业快速发展对促进商贸繁荣、服务民生、改善消费环境、推进流通方式升级和转变经济发展方式发挥了积极作用。然而，我国商贸物流整体水平不高，物流效率偏低，难以满足商贸服务业快速发展和居民消费升级的需求，主要表现在：商贸物流企业普遍规模较小，组织化程度不高；专业化的第三方物流发展滞后，运作方式、运行模式不能适应工业和商贸企业精细化服务的要求；商贸物流基础设施落后，配送能力不强；商贸物流缺乏统一规划和布局，融资难、税负重、基础设施投入不足等，在一定程度上制约了商贸物流业发展。

二、面临的形势

未来五年将是我国经济发展方式转变的关键期，新型工业化和新一轮技术革命快速发展，居民消费结构加快升级，城镇化进程稳步推进，经济全球化程度日益深化，给商贸物流发展带来了重大发展机遇，同时也提出一系列新的要求。

（一）经济发展方式转变对商贸物流发展提出了新的要求

转变经济发展方式是未来五年我国经济社会发展的主线，商贸物流是转变经济发展方式的重要领域。后金融危机时代，国际市场需求的不确定性增强，资源环境约束更加突出，外资物流企业加速在国内物流市场布局，流通业面临的市场竞争将更加激烈，要求商贸物流企业完善发展机制、创新服务模式、加快技术和装备更新、发展低碳物流，为扩大内需、服务民生、节能减排、促进经济发展方式转变做出积极贡献。

（二）内需规模不断扩大为商贸物流发展带来巨大潜力

2010年，我国社会消费品零售总额达到15.5万亿元，生产资料销售总额达36万亿元，进出口贸易额接近3万亿美元。随着我国扩大内需长效机制的确立以及经济增长向消费、投资、出口协调拉动转变，将进一步释放城乡居民消费潜力，国内市场总体规模将进一步扩大。预计到2015年，我国社会消费品零售总额和生产资料销售总额分别达到30万亿元、76万亿元。商贸物流将迎来一个快速发展的新局面。

（三）流通组织体系变革催生商贸物流服务方式创新

我国商贸服务业正面临一场深刻变革，连锁经营由传统业态向社区便利店、大型折扣店等多业态、多业种延伸，对商贸物流提出更高要求。2009年，我国限额以上连锁零售企业年销售额2.2万亿元，占社会消费品零售总额的16.8%。

与此同时，我国电子商务交易额快速增长，预计未来五年将保持年均20%以上的增长速度，2015年将达到12万亿元。交易规模不断扩大和流通方式变革催生物流服务方式创新，建设高效物流配送体系成为现代流通业发展的关键环节。

（四）科技进步为商贸物流提供了新的服务手段

当前，以运输技术、配送技术、装卸搬运技术、自动化技术、库存控制技术、包装技术等专业技术为支撑的现代化物流装备技术格局正在形成，技术与应用创新已经成为我国商贸物流业发展的重要保障。同时，经过市场的培育和适应性开发，物联网技术正在引领新一轮的物流技术革命。物联网技术的推广应用，对商贸服务业和物流业变革将产生深远影响，并推动商贸物流业效率和服务水平的进一步提高。

三、指导思想和发展目标

（一）指导思想

坚持以科学发展观为指导，以转变发展方式为主线，以结构调整为突破口，以改革创新为动力，以科技应用为支撑，通过健全法规，加强监管，规范秩序，完善标准，优化布局，引导和鼓励企业物流服务模式创新，推进商贸物流服务的专业化、信息化、网络化、规模化发展，不断完善商贸物流服务体系，增强商贸服务企业竞争力，提高流通现代化水平和全社会物流效率，促进国民经济又好又快发展。

（二）基本原则

1. 市场导向，政府推动。坚持以市场为导向，充分发挥我国市场需求巨大的优势，运用市场机制促进商贸物流业健康发展。同时，要发挥政府在商贸物流基础设施建设、技术应用、标准推广、服务创新、主体培育等方面的保障作用，通过完善法律、法规、标准和政策措施，营造良好的商贸物流发展环境。

2. 统筹规划，联动发展。加强对全国与区域、城市与农村的商贸物流发展的统筹规划，合理布局区域和地区重大物流基础设施建设，强化跨部门、跨行业、跨地区的商贸物流协同工作机制，以及商贸业与物流业协调发展机制，不断提高商贸物流水平。

3. 典型引导，有序推进。加强流通领域现代物流示范工程建设，充分发挥试点、示范工程项目的典型带动作用。不断总结经验、扩大示范影响，在试点、示范的基础上，有序推进商贸物流体系建设。

（三）发展目标

到2015年，初步建立一套与商贸服务业发展相适应的高效通畅、协调配套、绿色环保的现代商贸物流服务体系，形成城市配送、城际配送、农村配送有效衔接，国内外市场相互贯通的商贸物流网络，引导和培育一批能够适应商贸服务业发展需要、具有较强国际竞争力的商贸物流服务主体，较好地满足城市供应、工业品下乡、农产品进城、进出口贸易等物流需求。规模以上连锁超市商品统一配送率达到70%；农村“万村千乡”农家店商品统一配送率达到60%，农资连锁经营企业商品配送率达到80%以上；果蔬、肉类、水产品冷链运输率分别提高到20%、30%、36%；立体仓库的总面积占仓库总面积的40%；物流企业机械化、自动化、标准化、信息化水平显著提高；商品库存周转速度明显加快，流通环节物流费用占商品流通费用的比率显著下降。

四、重点工作

（一）完善商贸物流网络布局

完善以现代物流配送中心为节点、以服务于商贸服务业和居民消费为目标的城市配送体系，实现城市配送与商贸服务网点、居民居住区的有效衔接。在继续推进“万村千乡市场工程”、“新农村现代流通网络建设工程”、“双百市场工程”和农产品“农超对接”的基础上，推进农村日用消费品和农资配送中心建设，大力发展城乡一体化物流服务体系。充分运用社会物流资源，建立工业制成品、农产品、生产资料等大宗商品跨区域运输的城际配送网络，实现干线运输与城市配送有效衔接。以国际商品交易中心、重点进出口口岸为依托，通过完善货物储存、配送功能，提高进出口货物集散能力，形成连接内陆、贯通全球的国际物流通道。

（二）加强商贸物流基础设施建设

在全国大中城市、商贸业聚集地、大型批发市场、进出口口岸，统筹规划建设和改造一批现代物流中心、配送中心。加强农副产品冷链物流建设，完善产地预冷、销地冷藏和保鲜运输、保鲜加工等设施。建设、改造一批仓储、分拣、流通加工、配送、信息服务等功能齐备的商贸物流园区，促进商贸物流产业适度集聚。加强仓储设施建设，推进传统仓储向现代物流配送中心转变，促进全社会物流设施资源利用效率的提高。适应互联网和物联网发展趋势，大力推进商贸物流公共信息化基础设施建设。

（三）提高商贸物流专业化、一体化服务水平

支持大型连锁企业建设、改造现代物流配送中心，完善物流配送功能，发展统一配送，提高连锁企业物流配送精细化水平。大力发展第三方物流，支持商贸服务业与物流业对接，发展专业化、网络化、全流程的物流服务，促进供应链各环节有机结合。鼓励中小企业加强合作，创新物流合作方式和服务模式，发展共同配送。支持品牌生产企业与物流企业密切合作，建立专业化的城际和国际物流配送网络。支持家电、服装、医药、烟草、图书、汽车、钢材、散装水泥、再生资源回收、粮食以及餐饮主食等专业化物流发展，满足流通专业化发展的需要。

（四）引导和鼓励商贸物流模式创新

支持各类批发市场完善物流服务功能，逐步形成集展示、交易、仓储、加工、配送等功能于一体的批发交易型配送模式。建立以现代物流配送中心和高效信息管理系统为支撑的电子商务物流基地，形成覆盖主要城市、辐射农村的快捷、便利、畅通的网络购物配送体系，满足网络购物快速发展的需要。加快物流电子交易平台建设，在中心城市引导建立一批以网络平台为依托、以第三方物流服务为主体，集信息发布、交易结算、跟踪、信用评价等功能于一体的网络物流资源交易中心，促进传统、分散的中小企业物流服务模式变革。

（五）提高商贸物流科技应用水平

鼓励企业加强物流装备更新和设施改造，采用先进物流技术，实现物流作业机械化、自动化，提高作业效率。加大信息技术在商贸物流领域的推广应用力度，鼓励商贸物流企业广泛采用条码、智能标签、无线射频识别等自动识别和标识技术、电子数据交换技术、可视化技术、货物跟踪技术等，实现商品来源可追溯、去向可查证、物流流程可视化。支持商贸服务企业与物流企业、生产企业通过共用信息系统，实现数据共用、资源共享、信息互通，提高企业对市场变化的反应能力和供应链管理水平。加大物联网技术在商贸物流中的推广应用，提高我国商贸物流现代化、智能化水平，推动智慧物流发展。

（六）深入开展商贸物流发展示范工作

继续深入开展流通领域现代物流示范工作，以建设流通领域现代物流示范城市为突破口，优化城市物流资源，完善城市配送功能，提高城市配送的组织化程度。适时启动商贸物流园区、物流技术、物流配送中心示范工作。开展诚信经营示范活动，加强物流企业、物流园区信用体系建设。通过开展示范、试点和先进模式推广等工作，以点带面，合理布局物流基础设施，增强物流服务主体功能、拓展服务网络，提高商贸物流整体水平。

（七）大力推广绿色物流方式

按照循环经济发展和构建低环境负荷商贸物流体系的要求，加大绿色物流装备、设施和节能仓库的推广使用力度。进一步完善综合运输体系，优化各种运输方式的比例。合理组织、配置物流资源，优化物流配送路径，降低运载车辆空驶率。大力采用和推广多式联运，实现各种运输方式之间的有效衔接。引导建立服务于商贸服务业的逆向物流体系，促进资源的循环利用。从流通末端应用入手，推广托盘共用系统，鼓励中心城市、重点区域运用物联网技术，率先推动托盘共用体系建设。

（八）完善应急物流运行机制

针对自然灾害、公共卫生事件、重大事故等突发事件具有偶然性、不确定性、非常规性、时间紧迫性等特点，突出政府层面的应急物流指挥调度和组织协调，以及商贸流通领域社会层面应急物流资源的优化整合、科学配置和统筹利用。加强应急食品、物资储备库的规划建设，建立应急物资储备管理信息系统，完善应急商品储备、调运制度和应急处理流程，形成属地为主、条块结合、分级负责、与常态物流紧密结合的应急物流运行机制。鼓励大型商贸企业、物流企业制度性参与应急物流保障体系。

（九）大力推进商贸物流国际合作

继续推进物流业对外开放，鼓励外商投资现代物流业，引进国外先进物流管理方法、运作模式和技术装备。鼓励物流企业开展国际化经营，提高我国商贸物流企业的国际竞争力。以中日韩、中国一东盟、两岸四地和新亚欧大陆桥沿线区域物流合作为重点，开展务实、高效的区域物流合作。引导企业在非投资建设物流中心，增强对非市场进出口货物的集散能力。发挥我国大型物流企业的国内外网络优势，拓展国际货运代理业务的服务范围和增值服务空间，努力打造内外贸结合的商贸物流网络，实现国际与国内商贸物流渠道的有效衔接。

五、保障措施

（一）加强商贸物流发展的组织协调和引导

各级商务主管部门、发展改革委、供销合作社要按照本规划确定的目标和任务，根据商贸物流发展特点，加强对商贸物流工作的规划指导和组织协调，建立相关工作机制，落实工作责任。在国家现代物流工作综合协调机制下，调动各方面的积极性，形成推动商贸物流发展的合力。行业社团组织要充分发挥政府与企业间的桥梁与纽带作用，做好行业自律，完善从业规范，推进行业制度建设，加强国际交流与合作，为行业健康发展提供全方位的服务。

（二）改善商贸物流发展的市场环境

加强对商贸物流领域的立法研究，制定适合商贸物流发展需要的法律法规。推进市场化改革和体制创新，增强商贸物流业发展活力。打破地区封锁，构建公平、规范、有序的商贸物流市场体系，促进物流资源的自由流动。加强城乡物流服务体系的整体规划，通过地方立法和制定相关政策，解决干线运输、城市物流配送车辆通行难问题。加强对商贸物流产业的宏观调控和运行监测，加强物流产业安全评估及竞争力评价，完善物流行业产业损害预警机制。加强商贸物流信用体系建设，增强企业信用意识和风险防范意识。

（三）加大商贸物流发展的政策支持

各级商务主管部门、发展改革委、供销合作社要积极研究出台相关政策，协调相关部门运用财政、金融、税收、土地等手段支持商贸物流业发展。认真做好商贸物流发展规划，现代物流配送中心、仓储设施、快速转运中心、商贸物流园区等物流基础设施项目需符合土地利用总体规划，并纳入当地城乡建设规划。加大对重点商贸物流项目的财政资金支持力度，推动、引导商贸物流企业“走出去”，符合条件的企业可以申请对外经济技术合作专项资金支持。拓宽融资渠道，鼓励金融机构加大对商贸和物流企业的融资支持力度，按照企业需求，加强金融产品和服务方式创新，积极探索多种形式的抵押或质押贷款担保方式。

（四）加强商贸物流基础工作

健全商贸物流统计分析制度，建立行业数据库，监测、分析商贸物流运行状态，提供行业服务、指导行业发展。加强仓储、配送各环节及物联网应用等相关技术和管理标准的制定工作，规范商贸物流服务行为、促进供应链各环节有效衔接，重点做好蔬菜、禽肉、水产品、速冻食品低温运输、装卸、仓储、加工配送等冷链物流相关标准的推广应用和衔接工作。加强商贸物流职业技能教育，开展商贸物流领域职业资格培训工作，协调相关部门与行业组织推动建立和完善多层次复合型商贸物流人才培养体系，及时输送市场急需的商贸物流专业人才。

009

国家发展改革委关于印发东北地区物流业发展规划的通知

发改东北〔2011〕2590号

辽宁省、吉林省、黑龙江省、内蒙古自治区、大连市发展改革委：

为深入贯彻落实东北地区等老工业基地振兴战略，加快发展东北地区物流业，根据《国务院关于进一步实施东北地区等老工业基地振兴战略的若干意见》（国发〔2009〕33号）要求和全国《物流业调整和振兴规划》精神，国家发展改革委组织编制了《东北地区物流业发展规划》，现印发给你们，请认真组织实施。

附件：东北地区物流业发展规划

国家发展改革委

二〇一一年十一月二十七日

附件：

东北地区物流业发展规划

国家发展改革委

2011年11年27日

物流业是融合运输、仓储、货代和信息等多种行业为一体的复合型服务产业，是国民经济的重要组成部分。大力发展物流业，对于东北老工业基地转变发展方式、调整优化产业结构、扩大对外开放和提升区域竞争水平具有十分重要的促进作用。为加快东北地区物流业发展，根据《国务院关于进一步实施东北地区等老工业基地振兴战略的若干意见》和全国《物流业调整和振兴规划》，编制本规划。规划范围是辽宁省、吉林省、黑龙江省和内蒙古自治区东部的呼伦贝尔市、兴安盟、通辽市、赤峰市和锡林郭勒盟。规划期为2011—2015年。

一、发展环境

（一）发展基础

“十一五”期间，东北地区物流业快速发展，对经济社会发展的支撑能力不断增强。产业规模快速壮大。2010年，东北地区物流业实现增加值2612亿元，比

2005年增长78.6%，占地区服务业增加值和生产总值的比重分别为17.5%和6.4%；完成货运量31.3亿吨，比2005年增长60%，沿海主要港口实现货物吞吐量6.8亿吨，其中集装箱吞吐量968.2万标箱，分别比2005年增长124.8%和156.1%；一批国际知名物流企业、国内大型物流企业在东北地区开展业务，一批本地区物流企业迅速发展壮大，形成了多种所有制、多种服务模式、多层次的发展格局。发展水平逐步提高。物流业运行效益不断提升，对经济社会发展的支撑作用不断增强。2010年，东北地区全社会物流总费用与GDP的比率是18.3%，较全国高0.4%，但总体呈下降趋势。信息技术得到广泛应用，部分行业性、区域性物流信息平台开始运营。服务模式不断创新，仓单质押、"粮食银行"等服务业态快速发展。物流业对制造业的服务能力不断增强，出现了从采购到产品分销配送的供应链管理服务模式。发展条件和环境加快完善。物流基础设施建设步伐加快，截至2010年底，东北地区铁路营业里程达到1.9万公里，高速公路通车里程达到7640公里，沿海主要港口码头泊位359个，其中万吨级以上泊位174个，集装箱专用泊位24个，投入运营的民用机场25个。全国《物流业调整和振兴规划》出台后，各级政府更加重视物流业发展，加大了支持力度，改善了物流业发展环境，促进了各地物流基础设施建设和物流业发展。国际化程度不断提升。国际物流规模持续扩大，2010年，东北地区沿海主要港口实现外贸货物吞吐量1.7亿吨，主要边境口岸实现货物吞吐量4340万吨。保税物流快速发展，大连大窑湾3保税港区、绥芬河综合保税区、沈阳近海保税物流中心、营口保税物流中心等相继投入运营。国际中转配送、出口集拼等业务不断拓展。黑龙江省和吉林省"借港出海"取得突破。

（二）面临形势

东北地区物流业已经具备了良好的发展基础，但与老工业基地全面振兴的要求相比，仍然存在一定差距，与京津冀、"长三角"、"珠三角"地区相比，发展相对滞后。一是总体发展水平偏低，规模化、信息化、社会化程度不高，物流综合运行效率较低，对经济社会发展的支撑作用有待提升。二是发展水平不均衡，中部地区明显高于东部、西部地区，南部地区高于北部地区，沿海地区高于沿边地区。三是多数企业仍采用传统生产运营模式，社会物流需求释放不够，制约了物流业的发展。四是在跨区域基础设施建设、大通关服务等方面，地区间统筹合作有待进一步加强。五是在跨境物流方面，需要加强东北亚相关国家间的协调沟通，共同改善通关设施条件，提高物流效率和服务水平。"十二五"是东北老工业基地全面振兴的关键时期，随着振兴战略的深入实施，东北地区经济规模、综合竞争力将进一步提升，物流需求快速增长，为物流业发展奠定了坚实基础；加快转变发展方式、推进产业结构优化升级将贯穿经济发展全过程和各领域，为物流业发展提供了广阔空间；区域协调互动机制逐步完善，东北地区内部、东北地区与东中西部地区之间合作不断加强，为加快推进区域物流一体化进程创造了有利条件；沿海沿边开放深入推进，为东北地区物流业充分利用两种资源和两个市场，积极参与国际合作带来了难得机遇。要深刻认识东北地区发展物流业的重要意义。发展物流业是促进东北地区产业结构调整、转变发展方式的要求。有利于创新产业运行模式和企业生产组织方式，降低区域经济综合运行成本，提高效率和效益，提升东北地区综合竞争力；有利于促进东北地区产业结构优化升级，提升现代服务业的规模和水平，强化对相关产业发展的支撑作用。发展物流业也是加快东北地区区域经济一体化发展的要求。东北地区作为比较完整的地域经济综合体，具备一体化发展的地域优势和产业条件，率先实施东北地区物流一体化，将推动相关产业协调发展，促进东北地区经济一体化发展。发展物流业更是推动东北地区全方位对外开放的要求。东北地区位于东北亚的中心位置，与俄罗斯、朝鲜、蒙古国陆地相连，与日本、韩国隔海相望，是我国面向东北亚开放的桥头堡和重要枢纽。东北地区物流业的快速发展，将促进东北地区对外经济技术合作，全面提升东北地区沿海沿边开放的层次和水平。

二、指导思想、基本原则和发展目标

（一）指导思想

深入贯彻落实科学发展观，立足东北地区经济结构战略性调整的现实需求，优化物流业发展布局，统筹物流基础设施建设，创新物流服务模式，提高物流科技水平，完善物流业发展的体制机制，扩大物流业对外开放，推进区域物流发展一体化，促进物流业与相关产业协同发展，培育形成现代物流产业体系，为老工业基地全面振兴提供有力保障。

（二）基本原则

1. 市场导向。充分发挥市场配置资源的基础性作用，调动企业的积极性，优化整合现有物流基础设施，科学布局新建设施。

2. 协调发展。协调东北地区各省区、东北地区与国内其他地区、东北地区与东北亚区域的物流业发展，推动其他产业与物流业的联动发展。

3. 创新发展。把创新作为提升东北地区物流业发展水平的有力支撑，创新服务模式，借鉴国内外新理念新经验，积极采用新技术新装备，注重对接国内外技术标准，提高企业物流技术和供应链管理水平。

4. 外向发展。把开放作为增强东北地区物流产业发展活力的重要途径，利用东北地区沿海沿边和处于东北亚中心地带的区位优势，加强对外合作，改善港口、边境口岸和国际通道设施条件，提高通关效率，大力发展国际物流，提高国际化水平。

（三）发展目标

到2015年，初步建立起布局合理、技术先进、便捷高效的现代物流服务体系，有力支撑东北老工业基地全面振兴。物流社会化、专业化水平显著提高，物流服务能力进一步增强，全社会物流总费用与地区生产总值比率比2010年下降1.5个百分点，培育形成30个以上具有区域辐射能力和规模效益的物流产业园区、若干个大型物流企业集团、一批具有经营特色的中小物流企业和服务品牌。

三、发展布局

适应东北地区经济发展要求，根据主导产业布局、货物流向、资源环境、交通设施等条件，构建重要物流节点城市和通道布局。

（一）主要物流通道布局

主要物流通道是东北地区承担物流任务较重、潜在物流量较大的线路。不断完善公路、铁路、水运等基础设施条件，提高主要物流通道的通行能力和辐射能力。提升哈尔滨—长春—沈阳—大连（营口）及沈阳—北京等主轴物流通道的通行能力，进一步拓展主轴通道的辐射范围，增强主轴通道与沿海港口和边境口岸的联系。增加大连港、营口港航线的数量和密度，提升海铁联运能力。加强内陆港体系建设，提升港口对内陆腹地的服务能力。提升满洲里—哈尔滨—绥芬河、阿尔山—白城—长春—延吉（图们、珲春）横向物流通道的通行能力。建设和完善边境口岸物流基础设施，加强双边合作，提高过货能力和效率。开展“江海联运”、“陆海联运”和“借港出海”，创新发展“中—外—中”内贸货物国际物流运作模式。畅通东部物流通道（鹤岗—佳木斯—牡丹江—图们—通化—丹东—大连），提高东部铁路的运能和通达水平，提升东部公路等级，加快东部通道出海口丹东港扩能改造。加强蒙东地区、蒙古国与辽吉黑三省连通的西部通道规划建设。畅通伊敏—伊尔施—阿尔山—乌兰浩特—白城—通辽—锦州通道，建设锡林浩特—赤峰—绥中通道，规划研究白音华—赤峰—朝阳—锦州及珠恩嘎达布其—巴彦乌拉—新邱（阜新）—锦州通道，提升二连浩特—集宁、齐齐哈尔—白城—通辽—锦州及霍林郭勒—通辽—沈阳—丹东通道运输能力。以大连、沈阳、长春、哈尔滨国际机场为依托，大力发展国际航空货运，规划建设空港物流基地和临港产业园区。

（二）物流节点城市布局

依据城市所处的区位、交通条件、产业特点、物流辐射范围以及承担的货运量和增长潜力，东北地区物流节点城市分为一级物流节点城市、二级物流节点城市和三级物流节点城市。一级节点城市6个，包括全国《物流业调整与振兴规划》确定的全国性物流节点城市沈阳和大连、区域性物流节点城市哈尔滨和长春、具备区域辐射力和服务能力的蒙东地区交通枢纽城市通辽和亿吨港口城市营口；二级物流节点城市是锦州、丹东、鞍山、阜新、吉林、通化、白城、延边、齐齐哈尔、佳木斯、牡丹江、黑河、绥芬河、赤峰、呼伦贝尔、满洲里、二连浩特17个城市。除一级、二级节点城市之外的城市为三级节点城市。物流节点城市要加强物流设施建设，合理规划布局物流园区，努力提高城市物流服务水平。一级物流节点城市要根据节点定位和发展方向，切实提高对整个东北地区的辐射带动能力。二级节点城市要根据本地的产业特点、设施水平和市场需求，切实增强对周边区域的服务能力。在东北地区逐步形成以一级、二级物流节点城市为引领，其他城市和地区协同发展的格局，促进东北地区物流业协调发展。

专栏1　一级物流节点城市定位及发展方向城市名称定位发展方向
大连市 东北亚国际航运中心 东北亚国际物流中心城市 重点发展集装箱和石油化工、矿石、粮食、汽车、钢铁、煤炭等大宗物流，大力发展国际采购、国际配送、国际转口业务，加快航运市场建设，建设东北亚国际航运中心和国际物流中心。
沈阳市 东北地区物流中心城市 东北地区物流信息中心 重点发展装备制造、汽车及零部件、粮食等农产品和日用消费品物流，建设区域性信息中心和物流中心。
长春市 东北地区中部物流中心城市 长吉图物流枢纽城市 重点发展汽车及零部件、医药、粮食、农产品等物流，建设区域性物流中心和对俄、日、韩国际物流中心。
哈尔滨市 东北地区北部物流中心城市 对俄国际物流枢纽城市 重点发展粮食与农产品、医药、装备制造业等物流和对俄国际物流，建设区域性物流中心和对俄国际物流中心。 通辽市东北地区西部物流中心城市重点发展煤炭、木材、粮食等大宗物流，建设区域蒙东地区物流枢纽城市物流中心。
营口市 沈阳经济区主要出海口城市 东北地区重要的出海口城市 重点发展矿石、煤炭、粮食、石油、化学品等大宗物流，建设港口物流中心。

四、主要任务

（一）加强物流基础设施建设

结合东北地区综合交通体系建设和东北地区物流业发展的需要，按照生产力布局的要求，整合现有交通运输基础设施资源，优化物流节点设施布局，加快铁路集装箱办理站、铁路大型装车点、公路货运枢纽、港口货运枢纽和城市配送中心建设，促进各种运输方式的无缝衔接，提高基础设施利用率和物流运营水平。加强港口集团、铁路局、边境口岸之间的合作，在东北腹地合理布局建设内陆港。依托城市的大型产业基地、交通枢纽、港口及商贸中心，统筹规划建设一批布局合理、功能齐全、用地集约、产业集聚的综合物流产业园区。合理确定物流园区的数量、性质、规模和建设内容。要充分发挥综合运输优势，优先整合现有物流基础设施，完善配套设施，防止盲目投资和重复建设。

（二）加快第三方物流发展

大力培育现代物流企业，支持现有运输、仓储、货代、联运、快递等企业开展业务整合和服务创新，加快向现代物流企业转型，推进物流服务专业化，提高第三方物流市场供给能力和服务水平。大力发展多式联运、集装化运输、甩挂运输以及重点物资的散装运输，积极发展铁路集装箱运输等高效运输方式，提高运输能力和专业化水平。大力推进物流企业通过参股、控股、兼并、联合、合资、合作等多种形式进行改革重组，培育具有较强竞争力强的大型物流企业集团。支持物流企业联合金融、保险、通讯等部门，创新服务模式，提供高端增值服务，满足多样化的物流需求。加大招商引资力度，引进国内外大型物流企业。

（三）推进企业内部物流服务社会化

推动物流业与制造业、商贸流通业联动发展。鼓励制造企业加强供应链管理，实施业务流程再造，剥离或外包物流业务，促进企业内部物流社会化。物流企业要积极承担制造企业的原材料采购、生产、销售等环节的物流及增值业务，通过组织实施有效的供应链解决方案实现规模效益。商贸流通企业要积极发展共同配送，释放自身物流需求。

（四）推动重点领域物流业发展

以粮食、煤炭、石油化工、钢铁、汽车、装备制造等东北地区大宗商品和重要产业为服务重点，建立和完善东北地区现代物流服务体系。依据产业布局、货物流向和运输方式，合理布局物流设施，提高专业物流服务水平，加快促进产业物流发展。结合国家绿色农产品生产基地和精品畜牧业基地建设，大力发展农产品冷链物流。适应集装化运输发展需要，积极推广集装箱物流模式，实现多种运输方式的无缝衔接。

专栏 2　重点领域物流业发展

重点领域发展重点粮食物流

围绕三江、松嫩、辽河平原和蒙东地区等商品粮基地，构建东北地区主产区连接主销区，集合内外贸、生产加工、采购交易等功能的粮食物流体系。大力推广散粮运输方式，积极推动发展铁海联运，构建以北良港为龙头，锦州港、营口港、大连港、丹东港为支撑的"北粮南运"港口物流体系；结合散粮装卸设施情况以及铁路粮食大型装车点建设，建设粮食物流中心，适时开通从东北地区到关内华北、华东、华中地区的散粮铁路运输定点定向班列；开展东北地区半成品粮"入关"集装化运输试点；鼓励大型粮食生产、流通企业与主销区大型粮食物流节点战略合作，提高主销区散粮接卸和仓储能力。发展粮食网上交易，建立全国性的粮食物流信息服务平台。鼓励大型粮食经营和加工企业通过兼并、重组和股份制改造，培育一批跨行业、跨地区，集粮食收购、储存、中转、加工、贸易等业务于一体的粮食物流企业集团。

煤炭物流

结合铁路煤炭战略装车点的建设，加强煤炭物流基础设施和通道建设，提升蒙东煤炭物流集散能力，重点建设和畅通赤大白—锦州港、锡赤绥—绥中港、巴新铁路、巴珠铁路以及扩能改造通霍线、绥满线等煤炭物流通道。加强营口港、锦州港等港口煤炭物流基础设施建设，大力发展煤炭分销物流。构建服务俄罗斯和蒙古国的煤炭国际物流服务体系。支持煤炭物流企业整合采购、物流、配煤、销售、资金、信息等功能，实施创新和集约的煤炭物流供应链服务。

石油化工物流

依托大连、抚顺、锦州、葫芦岛、盘锦、吉林、大庆等石油化工产业基地，建设集信息、交易、存储、运输等功能于一体的危险化学品物流中心；发展专业化的危险品物流服务，加强对危险化学品物流全过程的跟踪、监控、管理。提升完善管道运输。

钢铁物流

提升大连港、营口港矿石码头的吞吐能力，新建丹东港矿石码头。建设同江铁路大桥，畅通俄罗斯矿石物流通道。建设以大连港、营口港、丹东港等为主的铁矿石供应物流系统。在大连、沈阳、长春、哈尔滨、鞍山、齐齐哈尔等地建设以加工配送、网上交易、物流金融等增值服务为主要特征的现代钢铁物流中心。

汽车物流

依托长春、沈阳、大连、哈尔滨等汽车及零部件生产和商贸流通集聚区，整合汽车及零部件制造业物流资源，规范商品车运输市场，开发标准运输装备，建立以汽车生产基地为核心的汽车物流服务体系。重点培育在全国具备龙头作用的汽车专业物流服务商。

续　表

装备物流 在沈阳、大连、长春、哈尔滨、齐齐哈尔等地建设装备制造物流中心，鼓励专业物流企业为装备制造产业提供包括采购、生产、销售、备品备件供应等供应链物流服务。
冷链物流 围绕区域内主要畜牧、水产、农产品生产基地建设，以中心城市的鲜活农产品批发市场和加工配送基地为中心，应用现代物流技术，建设鲜活农产品冷链物流设施，构建冷链物流服务体系。培育一批在国内具有一定竞争能力的冷链物流企业，促进传统冷藏运输企业向集仓储、运输、加工、配送等功能于一体的冷链物流企业转变。创新农产品采购流通模式，缩短流通环节，提高冷链货物流通效率。
集装箱物流 加强港口、边境口岸、内陆港、集装箱中心站等基础设施建设，发展以海铁联运为主的多式联运体系，建立港口、边境口岸与腹地一体化的集装箱物流网络；结合散货集装箱化的趋势，提高适箱货物的装箱率，推广集装箱运输，完善哈大集装箱铁路运输通道。

（五）统筹城乡物流发展

适应电子商务和连锁经营快速发展的要求，加快城市配送业发展，解决城市快递、配送车辆城区通行、停靠和装卸作业等问题，推广共同配送，建立和完善城市物流配送网络，提高城市配送能力、组织化程度和服务水平。在大中城市发展面向企业和消费者的社会化共同配送，加快建设城市物流配送项目和网点设施，扩大企业物流网络覆盖面，率先推进城市物流配送现代化。支持涉农物流发展，提高城市物流服务“三农”的能力和水平，加强城乡物流统筹发展，实现城乡物流一体化。支持农产品主产区和集散地的批发市场、集贸市场等设施建设，结合“万村千乡”、“放心粮油进农村进社区”、“新农村现代流通服务网络”和“农产品现代流通综合试点工作”等，发挥供销社、粮食部门和邮政物流农村服务网络优势，整合农村流通资源，建设农村物流服务网络，建立“农超对接”直达配送体系，减少流通环节，降低成本，确保食品安全。积极推进农村消费品和农资连锁超市建设，提高农村物流的专业化、网络化程度。

（六）提高物流信息化水平

整合物流信息资源，推进东北地区物流公共信息服务平台建设。积极探索发展物流公共信息平台的新模式，延伸物流信息服务功能，提高物流信息服务水平。建设重大装备、粮食、冷链等行业物流信息服务平台，为企业提供社会化、专业化的物流信息服务。支持物流企业与商贸、生产企业信息对接、数据交换，提高物流运作效率，降低物流成本，培育一批具有竞争力的物流信息服务企业。加快东北地区“电子口岸”建设，积极推进大通关信息资源整合，提高物流运作效率。利用东北亚物流信息服务网络，开展国际间物流信息交换与共享。

（七）促进物流技术和服务创新

支持物流企业加强物流新技术的自主研发，推动物联网等技术在物流领域的应用。积极推广甩挂运输等现代运输组织方式和运输技术，推进高效快捷的综合运输体系建设。加强散粮汽车、集装箱运输技术的开发研究和大宗成品粮储运及半成品粮流通技术示范。鼓励企业创新服务模式，提供个性化的物流服务，打造服务品牌。利用东北地区装备制造业的优势，加快重型运输车辆、大型吊装设备、搬运设备、仓库自动化设备及冷藏冷冻设备等物流装备的研制，提高物流装备自主研发和生产能力，建设国家重要的物流技术装备制造产业基地。加强物流标准化体系建设，大力推进标准化托盘、集装单元在物流中的应用，提高物流服务效率。

（八）大力发展国际物流

充分利用东北地区沿海沿边优势和保税物流政策，促进物流业国际化发展。加强港口基础设施建设，大力发展集装箱海铁联运，提升港口综合服务能力。鼓励沿海港口功能向内陆延伸，推进内陆港建设，扩大港口吸纳腹地货源能力。加快推进同江铁路大桥、鸭绿江界河公路大桥、黑河大桥等沿边口岸基础设施建设，提升边境口岸通行能力和信息化水平。支持边境口岸发展保税物流，加强与对岸口岸协调合作，促进中外边境口岸功能的协同与能力匹配。依托满洲里、绥芬河、黑河、同江、黑山头、室韦等口岸，发展中俄沿边物流和环日本海物流；依托丹东、珲春、图们等口岸，发展中朝沿边物流；依托阿尔山、珠恩嘎达布其、二连浩特等口岸，发展中蒙沿边物流。支持黑龙江省、吉林省深入开展“借港出海”。统筹规划、合理布局，积极推进海关特殊监管区域和保税监管场所建设。加强国际集装箱中转站、国际机场等地多式联运物流设施建设，提高国际货物的中转能力。推进内陆港、海铁联运、集装箱班列项目运作，畅通东北地区沿海沿边国际物流通道，加快发展适应国际中转、采购、加工配送、转口贸易业务要求的国际物流。

（九）促进区域物流一体化

加快蒙东地区与东北三省物流通道建设，加强各省区的物流合作，促进东北地区物流一体化发展。加强东北地区与其他地区的物流联系，提升陆路、海路出入关能力，开展渤海跨海通道的规划与建设前期工作。鼓励东北地区物流园区建立战略联盟，实现基础设施、物流信息等资源共享。培育提高物流企业跨区域服务能力。

（十）积极发展绿色物流

推行绿色运输、绿色仓储、绿色包装和绿色采购，减少物流环节的资源、能源消耗和污染物排放。合理规划布局物流设施和网络，减少无效物流环节，科学选择物流运输方式，推广共同配送和联合运输等先进运输组织形式，实现节能减排。大力发展基于循环经济的回收物流，积极推动包装物周转使用。建设一批回收物流中心和公共信息平台，促进工业和生活废弃物逆向物流体系建设，提高资源循环利用率。

五、保障措施

要围绕规划的目标和任务，健全规划实施机制，强化政策措施支持，保障规划顺利实施。

（一）完善物流业发展协调机制

积极学习借鉴国内外物流业先进的经营管理理念、方法和技术，进一步深化改革，建立完善有利于东北地区物流业加快发展的体制机制。在四省区行政首长协商机制下建立物流业发展协调机制，促进各省区物流规划的衔接，协调跨地区的物流基础设施建设，研究解决东北地区物流业发展的重大问题。各地物流业主管部门要加强与交通运输、产业发展、统计等相关部门的协调，进一步加强指导，加大支持。物流行业协会要充分发挥作用，做好信息统计分析、预测预警发布、协调应对行业发展重大事项等工作。

（二）推动物流资源合作开发利用

充分发挥物流节点城市的辐射带动作用，全面提升港口、边境口岸的服务功能，加强内陆港建设，实现物流业跨地区协同发展。积极发挥保税物流的辐射带动作用，支持在东北地区符合条件的地方设立海关特殊监管区域。支持有条件的地区采取互设“飞地”的办法，加强物流合作。加强与东北亚周边国家物流合作，完善通关体系，联合开发沿海沿边国际物流资源，建设具有国际竞争力的开放型物流产业基地。支持交通运输、生产制造、商贸流通等物流相关企业合作开发利用物流基础设施。探索建立物流信息共享机制，建设物流公共信息服务平台，实现区域物流信息共享。

（三）构建统一共享的物流市场

打破地方保护、市场分割和行业垄断，取消相互之间歧视性市场准入限制，充分发挥市场配置资源的基础性作用，促进市场充分竞争。围绕功能整合，发展专业化物流服务，逐步形成布局合理、配置高效、功能完善的区域性物流体系，发挥货物集散、配送、流通加工、商品检验、信息服务等综合功能，实现物流配送服务的共享。共同建立区域性物流市场运行的信息网络系统和市场调控应急反应机制，提高对区域内突发事件及市场异常波动的应对处理能力。

（四）认真组织实施规划

有关部门和东北四省区人民政府要协同配合，认真落实《国务院办公厅关于促进物流业健康发展有关政策措施的意见》，共同推进规划实施。四省区人民政府要做好相关规划政策的衔接，形成区域规划建设一盘棋。国家发展改革委要加强指导，帮助协调解决重大问题，确保规划实施效果。

二 北京市

010

关于印发《北京市"十二五"时期物流业发展规划》的通知

京商务物流字〔2011〕6号

各有关单位：

《北京市"十二五"时期物流业发展规划》已经市政府批准，现印发给你们，请认真贯彻执行。

《北京市"十二五"时期物流业发展规划》是根据《北京市国民经济和社会发展第十二个五年规划纲要》精神和"十二五"时期首都物流业发展需要，由北京市商务委员会会同北京市发展和改革委员会编制完成的。该规划提出了今后五年我市物流业的发展思路、发展目标、重点任务和政策措施，是全市"十二五"规划体系的重要组成部分，是未来五年本市物流业发展的指导性文件。

请全市各有关单位认真贯彻落实《北京市"十二五"时期物流业发展规划》，结合本单位实际，积极主动地开展工作，促进本市物流业持续健康发展。

北京市商务委员会
北京市发展和改革委员会
二〇一一年十一月十一日

北京市"十二五"时期物流业发展规划

北京市商务委员会
北京市发展和改革委员会
2011年11月11日

序　言

物流业是生产性服务业的重要组成部分，是融合运输业、仓储业、货代业和信息业等的复合型、基础性、先导性产业。大力发展现代物流业，对于优化发展环境、带动产业升级、降低流通成本、普遍提高经济运行的质量和效益、增强城市综合服务保障能力，具有十分重要的意义。

“十一五”期间，北京市物流业实现平稳较快发展，物流基础设施日益完善，社会物流规模迅速增长，运行效率不断提高，高端物流集聚效应逐渐显现，物流发展的总体水平居国内领先。成功服务2008年北京奥运会和国庆六十周年庆典等重大活动，物流服务保障能力显著提升，为支撑首都经济发展、便利居民生活发挥了重要作用，也为今后五年物流业持续快速发展打下良好基础。

“十二五”时期，北京物流业将以科学发展为主题，以加快转变发展方式为主线，贯彻落实“人文北京、科技北京、绿色北京”战略，以服务中国特色世界城市建设为目标，按照“便民利民、促进发展，服务全国、辐射世界”的发展宗旨，加快推进物流业结构调整与创新，更加注重物流系统运行效率的提高和服务保障能力的增强，进一步完善高效、集约、低碳的城市物流体系，提升物流业发展的现代化、国际化水平，打造具有广泛国际影响力的物流中心城市。

《北京市“十二五”时期物流业发展规划》编制的主要依据是：

《北京城市总体规划（2004年—2020年）》

《北京市国民经济和社会发展第十二个五年规划纲要》

国家发展改革委等九部委《关于促进我国现代物流业发展的意见》

《物流业调整和振兴规划》（国发〔2009〕8号）等

规划期限为2011—2015年。

第一部分　规划背景

一、“十一五”时期物流业发展回顾

（一）总体规模快速增长，运行效率不断提升

2010年，全市社会物流总额达5.04万亿元，较2006年的2.54万亿元增长98.4%，对推动全市经济发展发挥了重要的支撑作用。在社会物流总额的构成中，外省市流入物品和进口货物的占比由2006年的68.3%增长到2010年的76.5%，物流业发展的枢纽地位和服务国内外市场的辐射能力得到进一步提高（见表1-1）。

表1-1　北京市社会物流总额及构成　　单位：亿元，%

指　标	2010年	占比	2006年	占比
社会物流总额	50424.7	100.0	25406.5	100.0
一、农产品	280.2	0.6	224.0	0.9
二、工业品	11390.9	22.6	7511.6	29.6

续　表

指　标	2010年	占比	2006年	占比
三、进口货物	16649.1	33.0	9386.8	36.9
四、再生资源	69.3	0.1	257.3	1.0
五、外省市流入物品	21909.6	43.5	7971.5	31.4
六、单位与居民物品	125.6	0.2	55.2	0.2

数据来源：北京统计年鉴

2010年，物流业实现增加值493.7亿元，较2006年增长34.2%，占全市GDP的比重为3.5%。其中，交通运输、邮政、仓储等行业实现增加值382.9亿元；流通加工、配送、包装等增值性物流业务实现增加值110.8亿元，较2006年增长79.3%，明显高于行业整体增幅（见表1-2）。

表1-2　　北京市物流业增加值及构成　　单位：亿元，%

指　标	2010年	2006年	增长
合计	493.7	368.0	34.2
交通运输邮政仓储业	382.9	306.2	25.0
流通加工、配送、包装业	110.8	61.8	79.3

数据来源：北京统计年鉴

物流业发展进一步扩大了就业。2010年，本市物流从业人员48.6万人，比2006年增长14.1%，占全市从业人员的4.7%，占第三产业从业人员的6.3%（见表1-3）。

表1-3　　物流从业人员及构成　　单位：万人，%

指　标	2010年	2006年	增长
合计	48.6	42.6	14.1
交通运输邮政仓储业	31.2	27.3	14.3
采掘业、制造业、批发和零售业	17.4	15.3	13.7

数据来源：北京统计年鉴

“十一五”时期，本市物流效率不断提高，社会物流总费用与GDP的比率由2006年的17.7%下降到2010年的15.5%，低于全国平均水平2.3个百分点，促进了首都经济社会发展环境的进一步优化和企业运行效益的普遍提高。

（二）基础设施日益完善，网络格局基本形成

2006—2010 年，本市物流业固定资产投资累计超过 1400 亿元。截至 2010 年年末，全市公路总里程达 21114 公里，其中，高速公路里程达到 903 公里，公路线路 9833 条；铁路运营里程达到 956 公里；规模以上专业物流企业、商业企业和工业企业自有仓储面积（含仓库和货场）达到 3099.9 万平方米，增长 84.9%；拥有货运车辆 4.2 万辆，增长 55%，其中，冷藏车、集装箱运输车等专用车辆 1.1 万辆，增长 29.7%；拥有起重机、叉车等装卸设备 3.5 万台，增长 53.2%（见表 1-4）。

表 1-4　“十一五”期间全市物流基础设施变化情况

指　标	计量单位	2010 年	2006 年	增长（%）
铁路里程	公里	956	961.7	−0.6
公路里程	公里	21114.0	20502.6	3.0
公路线路条数	条	9833	9583	2.6
管输里程	公里	3423.5	2151.8	59.1
管道线路条数	条	15	10	50.0
规模以上单位物流基础设施情况				
自有仓储面积	万平方米	3099.9	1676.4	84.9
货运车辆数	辆	41858	27011	55.0
普通货车数	辆	32472	18691	73.7
专用货车数	辆	10793	8320	29.7
装卸设备台数	台	35026	22860	53.2
物流计算机管理系统套数	套	1966	1386	41.8

数据来源：北京统计年鉴

“十一五”时期，北京市加快顺义空港、通州马驹桥、平谷马坊和大兴京南等物流基地以及十八里店物流中心、西南物流中心等一批物流中心（综合物流区）和配送中心（专业物流区）的规划与建设，形成了以物流基地、物流中心为载体，专业物流为特色的多层次节点布局，以及与交通线网有效衔接的物流网络。点、线、面相互协调的“三环、五带、多中心”的物流设施空间格局基本建立。

（三）专业物流体系基本建立，运行保障能力显著增强

专业物流体系建设取得长足进展。农产品及各类快速消费品的物流配送不断完善，医药、图书、冷链等专业化物流快速发展，已成为本市物流业发展的重要

推动力量。

物流业态创新加快推进，“电子商务＋物流”、“总部＋物流”、“展示交易＋物流”等新模式日益成型，满足“最后一公里”物流需求的快递服务实现基本覆盖，物流服务对城市生活、生产的保障能力显著增强。

物流技术支撑体系逐步完善。北京物流公共信息平台（一期）建成并投入使用；自动分拣、实时跟踪、精益化管理等现代物流技术逐步推广应用。物流信息化、自动化、标准化建设持续推进，现代物流技术应用水平居国内领先地位。

物流快速响应能力大幅提高，应急体系建设加快推进。圆满完成了2008年北京奥运会、国庆六十周年庆典等重大活动的物流服务任务，在应对雨雪冰冻天气和汶川地震等突发自然灾害中发挥了重要的应急保障作用。

（四）口岸体系加快建设，国际物流发展空间不断拓展

口岸体系进一步发展和完善，通关效率得到较大提升。初步形成了以首都机场空港口岸为核心，北京西站铁路口岸、朝阳口岸、丰台口岸、北京平谷国际陆港为重要补充的布局合理、功能齐全的口岸体系，为提高国际物流运行效率创造了条件。

国际物流发展的相关政策功能区建设实现重大突破。天竺综合保税区已封关运营，并与首都机场实现区港一体、无缝对接，成为发展国际物流和保税物流的重要平台，本市国际分拨中心的地位更加凸显。平谷国际陆港积极推动京津两地跨关区快速通关，为本市外向型企业提供了新的海运通道。北京经济技术开发区保税物流中心（B型）获得批准，为保税物流的发展增添了新的政策功能优势。

（五）骨干企业实力不断壮大，市场集中度进一步提高

物流骨干企业加快发展，实力增强。“2010中国物流企业50强”有19家总部设在北京，位居前20的有9家。优势企业的进一步聚集，凸显了本市物流业发展的运营组织及管理控制等总部型经济特征。

物流资源和市场进一步向优势企业集中，大中型物流企业市场占有率不断扩大。2010年，本市物流业务收入达1686.1亿元，其中，817家规模以上专业物流企业实现物流业务收入1260.2亿元，占总量的75％。在817家规模以上专业物流企业中，大中型企业数量占比为13.1％，而其物流业务收入占比则达74.4％（见表1－5）。

表 1-5　2010 年规模以上专业物流企业按规模划分物流业务收入情况

单位：个，亿元，%

企业规模	单位数	收入	收入比重
合计	817	1260.2	100
大型企业	25	526.1	41.7
中型企业	82	411.6	32.7
小型企业	710	322.5	25.6

数据来源：北京市统计局

（六）配套政策相继出台，发展环境不断优化

2007 年，首次发布实施物流业发展专项规划，提出了全市物流业发展的目标和任务。为有效应对国际金融危机，及时制定出台《北京市物流业调整和振兴实施方案》。建立现代物流工作联席会议制度，对物流业发展的推进和协调力度明显加大。扩大税收试点企业范围，实现物流企业差额纳税。截至"十一五"末，本市已有税收试点物流企业 47 家。实施促进物流业发展的鼓励政策，实现物流企业水、电、气、热与工业企业同价，降低物流企业经营成本。

虽然本市物流业在"十一五"期间取得了较好发展，但与国际先进水平相比、与建设中国特色世界城市和打造国际商贸中心的目标要求相比，在物流设施建设、运行效率、服务保障以及集聚辐射能力等方面仍需要进一步完善和提高。

二、"十二五"时期物流业发展面临的形势

跨入新世纪的第二个十年，本市仍处于可以大有作为的重要战略机遇期。首都经济社会的又好又快发展和人民生活水平的不断提高，对物流服务能力和水平都将提出更高要求。"十二五"期间，物流业发展既面临着难得的机遇，也要应对新的挑战。

（一）发展机遇

特大型城市为发展城市物流配送提供了巨大需求。本市商品市场交易繁荣，社会消费品零售总额连续三年居全国城市之首。"十二五"时期，北京将以保障和便利居民生活为出发点，建设更高水平的商贸流通产业体系。同时，居民收入水平的提高和对外来消费吸引力的增强，也将促进多元化消费方式，特别是以电子商务为代表的新型消费方式的发展，为农产品物流、冷链物流、电子商务物流、居民消费"最后一公里"物流等带来巨大的发展潜力。

高端现代制造为发展专业化物流提供了强劲动力。"十二五"期间，本市将

大力发展高端现代制造业，培育壮大一批现代产业群，重点推动新一代信息技术、生物医药、新能源、节能环保、新能源汽车、新材料、高端装备制造和航空航天等战略性新兴产业的发展。高端现代制造业产品高集成度、高附加值的特点，要求物流系统具有运作的精益性和响应的时效性。高端现代制造业区域化、全球化发展，以及企业间战略联盟体的壮大，为以供应链物流为代表的专业化物流发展注入了强劲动力。

首都经济圈建设为发展区域物流提供了新的契机。“十二五”期间，北京将更深入广泛地开展与津冀晋蒙及环渤海地区合作，充分发挥首都优势，增强服务区域、服务全国的功能，共同推动区域一体化进程和首都经济圈形成。在加快一体化交通网络建设、深化资源能源等领域战略合作、推动区域产业分工与合作发展、加强城市运行保障和管理对接以及创新区域合作机制等方面积极推进，促进区域资源合理配置和共同市场形成。这些都将加速生产、生活类物资在区域内的流动，为区域物流发展提供了难得的机遇。

开放型经济为发展国际物流提供了广阔空间。“十二五”期间，本市将大力吸引总部聚集，努力建设面向全球的总部经济和高端产业集聚地；积极争取更多国际会展和体育赛事等国际活动在京举办；大力发展和提升商贸服务业，建设服务全国、辐射世界的国际商贸中心。这些都将推动跨国经营、全球采购、国际分拨、国际化消费的快速发展，从而对保税物流、国际物流以及进出口报关、货运代理等相关物流服务产生旺盛需求。

（二）面临挑战

本市的土地资源、交通、人力等物流业发展的投入要素成本相对较高，影响到物流企业扩张发展的能力；本市服务型经济主导的产业结构调整，要求物流业加快转变发展方式，实现集约式发展，第三方物流、专业化物流服务能力需要进一步提高；公共物流区的设施、功能以及吸引集聚能力有待加强。

概念专栏 1　物流的基本概念

物流：物品从供应地向接收地的实体流动过程。根据实际需要，将运输、储存、装卸、搬运、包装、流通加工、配送、信息处理等基本功能实施有机结合。物品指经济与社会活动中实体流动的物质资料。

物流活动：物流过程中的运输、储存、装卸、搬运、包装、流通加工、配送等功能的具体运作。

物流企业：从事物流基本功能范围内的物流业务设计及系统运作，具有与自身业务相适应的信息管理系统，实行独立核算、独立承担民事责任的经济组织。

物流设施：具备物流相关功能和提供物流服务的场所。

续 表

物流园区：指为了实现物流设施集约化和物流运作共同化，或者出于城市物流设施空间布局合理化的目的而在城市周边等各区域，集中建设的物流设施群与众多物流业者在地域上的物流集结地。 物流中心：从事物流活动且具有完善信息网络的场所或组织。应基本符合下列要求：(1) 主要面向社会提供公共物流服务；(2) 物流功能健全；(3) 集聚辐射范围大；(4) 存储、吞吐能力强；(5) 对下游配送中心客户提供物流服务。 配送中心：从事配送业务且具有完善信息网络的场所或组织。应基本符合下列要求：(1) 主要为特定客户或末端客户提供服务；(2) 配送功能健全；(3) 辐射范围小；(4) 提供高频率、小批量、多批次配送服务。 第三方物流：独立于供需双方，为客户提供专项或全面的物流系统设计或系统运营的物流服务模式。 (上述定义均来源于国家标准《物流术语》GB/T 18354—2006)

第二部分　指导思想、基本原则和发展目标

一、指导思想

以科学发展为主题，以加快转变经济发展方式为主线，落实“人文北京、科技北京、绿色北京”的发展战略，以服务中国特色世界城市建设、打造国际商贸中心为目标，发挥物流业支撑首都经济社会发展和保障城市运行的基础性作用。坚持“便民利民、促进发展，服务全国、辐射世界”的发展宗旨，加快推进物流业结构调整与服务创新，进一步提升本市物流业发展的现代化、国际化、高端化水平，完善高效、集约、低碳的综合物流体系，打造具有广泛国际影响力的物流中心城市。

二、基本原则

(一) 统筹规划，促进协调发展

按照城市发展总体规划要求，统筹考虑物流重点设施布局与产业发展和居民生活的相互匹配，注重资源利用的高效性、经济发展与城市运行的协调性。整合利用存量物流资源，合理布局新增大型物流项目。建立功能协调、运行顺畅、高效集约的城市物流网络，实现物流发展与城市功能的有机协调。

(二) 科技引领，实现创新发展

发挥首都信息化水平高、人才科技资源丰富的优势，推广应用先进物流技术，鼓励物流服务创新，提高信息化、自动化、智能化、标准化水平，创新驱动

首都物流业的可持续发展。

（三）结构调整，带动高端发展

加快推进物流业结构调整和升级，培育引进高能级企业主体，打造物流总部经济聚集地；引导物流企业整合与重组，积极发展第三方物流，逐步提高行业集中度；鼓励新型物流服务业态发展，加强区域与国际物流合作，带动整体水平提升。

（四）功能提升，增强保障能力

加强重要物流节点、物流通道和末端物流设施建设，完善城市物流体系，提升物流系统服务功能和应急响应能力，强化物流对城市运行的保障作用。

三、发展目标

（一）总体目标

进一步完善物流基础设施，引导产业集聚发展，构建以特大型都市运行保障为基础，以物流总部经济和国际物流为特色，以社会化、集约化、专业化物流为骨干的城市现代物流服务体系。全面提升物流服务的能力和水平，为建设中国特色世界城市、打造国际商贸中心提供坚实的物流服务保障。

（二）预期指标

——社会物流总额年均增长20%左右，物流业对经济增长的支撑作用更加明显。

——物流业实现平稳较快增长，增加值年均增长8%左右，规模以上物流企业物流业务收入年均增长10%以上。

——物流现代化水平持续提升，到2015年，社会物流总费用与GDP的比率降至12%左右，接近发达国家平均水平；规模以上连锁超市主要商品统一配送率提高到90%以上，乡镇连锁商业系统商品统一配送率达到60%以上；果蔬、肉类、水产品冷链流通率分别提高15%左右。

——物流业发展的集聚效应更加凸显，到2015年，我市物流基地和天竺综合保税区物流业务总收入超过1000亿元；积极扶持营业收入百亿元级的国际物流企业发展，培育发展营业收入十亿元以上的城市物流配送龙头企业。

概念专栏2　物流指标体系说明
2006年，国家发展和改革委员会印发了《关于组织实施社会物流统计核算与报表制度的通知》，正式组织实施物流统计核算制度（以下简称《制度》）。根据《统计法》和相关规定，2010年对《制度》进行了修订并经国家统计局批准继续执行，其中对主要物流核算指标及其计算方法进行了解释和说明。

续 表

社会物流总费用：一定时期内，国民经济各方面用于社会物流活动的各项费用支出。包括：支付给运输、储存、装卸搬运、包装、流通加工、配送、信息处理等各个物流环节的费用；应承担的物品在物流期间发生的损耗；社会物流活动中因资金占用而应承担的利息支出；社会物流活动中发生的管理费用等。社会物流总费用划分为运输费用、保管费用、管理费用三大部分核算。 社会物流的物品总额：简称社会物流总额，即一定时期内，社会物流物品的价值总额。包括5个方面：①进入需求领域的农产品物流总额；②进入需求领域的工业品物流总额；③外部流入货物物流总额，包括海关进口总额和从区域外流入的物品总额；④进入需求领域的再生资源物流总额；⑤单位与居民物品物流额。社会物流总额在很大程度上决定社会物流产业活动的规模，它的增长变化一定程度上反映物流需求的增长变化。 社会物流业务总收入：是指一定时期内，物流相关行业参与社会物流活动，提供社会物流服务所取得的业务收入总额。是物流相关行业的总产出，也是物流市场总规模。包括：参与社会物品物流过程中运输、储存、装卸搬运、包装、流通加工、配送、信息处理等各个方面业务活动的收入。与社会物流总费用指标体系的核算相对应，社会物流业务总收入根据参与过程，也可以简单划分为运输收入和保管收入两大部分来计算。 物流业增加值：指物流相关行业劳动者报酬、固定资产折旧、生产税净额、营业盈余四项之和。反映物流相关行业物流活动的最终成果。（该定义来源于北京统计年鉴）

第三部分　空间布局

一、布局原则和思路

围绕本市物流业发展的总体目标，“十二五”时期物流规划空间布局的基本原则是：①有利于服务和保障首都城市发展和改善民生的现实需求；②有利于服务首都各类功能区的产业集聚和发展环境优化；③有利于加快首都经济圈建设和区域经济一体化发展；④有利于提高首都经济发展的国际影响力和辐射力；⑤统筹考虑与城市交通干道的衔接，以及与未来五年主要交通枢纽重点建设项目的协调配套。

“十二五”时期物流规划空间布局的思路是：继续完善“三环、五带、多中心”物流节点空间布局，发挥各物流节点的设施功能优势，引导物流资源在空间上的合理配置；适应未来五年物流业发展的实际需要，以加快物流业发展方式转变和服务水平提升为着力点，深化内涵、延伸发展，按照城市保障物流、专业物流、区域物流和国际物流的发展主线，强化本市物流业发展“广覆盖”、“多组团”、“立体化”的网络结构特征，进一步优化全市物流空间布局。

二、布局重点

“十二五”时期，在现有空间布局的基础上，以节点、通道、网络建设为依托，整合设施存量，合理配置增量，完善物流设施的空间布局体系。

（一）城市物流配送设施布局

服务城乡建设和市民生活需要，以满足农产品流通体系和生活必需品配送体系的发展要求为重点，完善物流配送重点设施布局，提高运行效率和保障能力，实现物流配送服务的“广覆盖”。

加强农产品批发市场物流配送中心建设。改造和新建一批农产品物流配送中心，提高新发地、岳各庄、大洋路、八里桥等批发市场配送中心的功能和配送能力；鼓励中央批发市场、顺鑫石门市场、昌平水屯市场等建设物流配送中心。同时，在城区周边西郊、黄港、西毓顺、琉璃河等地新建一批农产品物流配送中心，逐步形成承接农产品向城内辐射新的物流节点。

支持连锁经营的商业、餐饮企业调整优化配送中心布局，完善提升配送中心功能。调整优化现有提供社会化服务的物流配送中心的布局和功能，支持冷链物流专用设施建设；鼓励利用城区既有仓储设施改建现代化的生活必需品配送中心；引导通州、顺义、大兴等城市发展新区及其他郊区县新城发展所需的配送中心建设。

（二）产业集聚区专业物流设施布局

服务本市高端产业功能区、工业开发区以及专业集聚区的建设与发展，在五环和六环周边新建和改造相对集中、功能完善、规模化的物流中心或配送中心，引导物流资源集聚，形成多个“组团式”的专业物流设施空间布局。

——东部组团：服务于通州经济技术开发区、电子商务总部基地等产业园区，以及机电、都市工业、新能源新材料、文化创意等产业，在潞城、张家湾、宋庄等地重点发展电子电器、食品饮料、图书音像等专业物流集聚区；

——东南组团：服务于北京经济技术开发区、中关村科技园区金桥科技产业基地等产业园区，以及电子信息、生物医药、环保、新能源新材料等产业，在马驹桥、十八里店、亦庄、黑庄户等地重点发展电了、医药、快速消费品、家用电器等专业物流集聚区；

——南部组团：服务于中关村科技园区大兴生物医药基地、大兴经济开发区等产业园区，以及生物医药、机械制造、印刷包装、服装等产业，在大庄、黄村、西红门等地重点发展医药、快速消费品、食品冷链、农产品、纺织服装、快递等专业物流集聚区；配合北京新机场建设，合理规划预留物流发展的设施空间；

——西南组团：服务于中关村科技园区丰台园、北京石化新材料科技产业基地、北京窦店高端现代制造业产业基地等产业园区，以及石油化工、机械制造、电子信息、生物医药、新能源新材料、汽车及配件等产业，在房山区燕山、窦店、闫村等地和丰台区五里店、榆树庄、白盆窑等地重点发展农产品、石化、汽车、钢材、医药、图书、服装等专业物流集聚区；

——西北组团：服务于中关村国家自主创新示范区核心区，包括中关村科技园区昌平园、未来科技城、国家工程技术创新基地、中关村生命科学园、中关村永丰高新技术产业基地等高科技园区，北京八达岭经济开发区、北京新能源汽车设计制造产业基地、北京工程机械产业基地等产业园区，以及汽车、新材料、生物医药、环保和新能源等优势产业和新兴产业，在南口、马池口、沙河、清河等地重点发展汽车、工程机械、新材料、生物医药、农产品等专业物流集聚区；

——东北组团：服务于北京天竺综合保税区、北京天竺空港经济开发区、北京汽车生产基地、北京林河经济开发区、北京雁栖经济开发区等产业园区，以及汽车、装备制造、都市工业、临空经济等产业，在首都机场周边、赵全营、高丽营、李桥、庙城等地重点发展航空物流、保税物流、会展物流及电子、汽车、食品饮料、农产品、快递等专业物流集聚区。

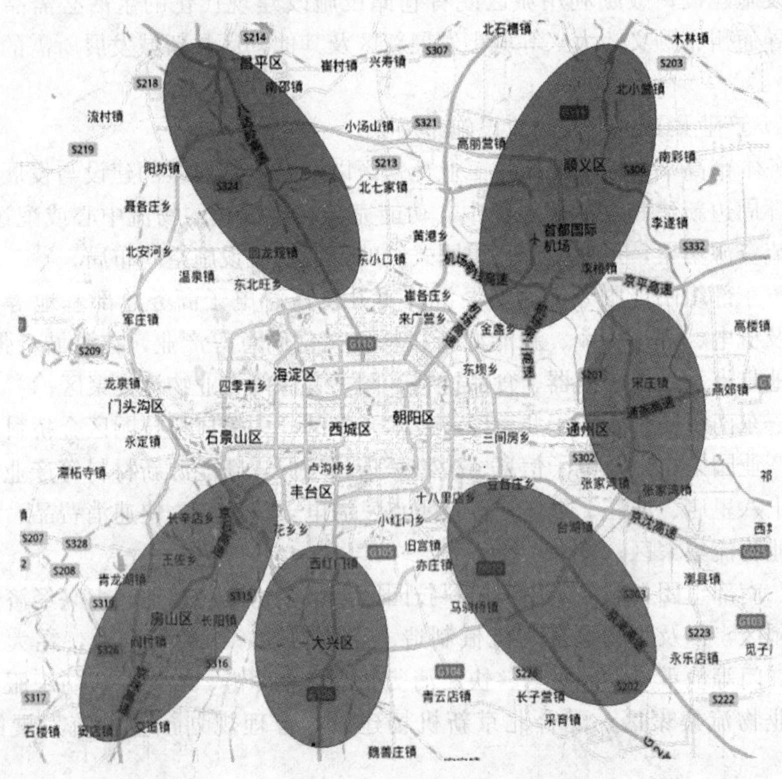

图 1 “组团式”专业物流集聚区布局图

（三）区域物流设施布局

服务首都经济圈建设需要，发挥北京作为全国航空、铁路、公路枢纽的优势，依托物流基地、物流中心等重要节点，加强物流通道建设，发展多式联运，打造便捷高效、辐射力强的区域物流网络体系。

完善物流基地的设施条件，发挥其在区域物流网络中的重要节点作用。继续强化以航空货运枢纽型为特征的空港物流基地功能，加快推动马驹桥、马坊物流基地海陆联运体系建设，提升京南物流基地公铁联运的服务功能。

围绕规划新建的铁路、公路货运枢纽，布局建设服务区域、辐射全国的物流中心。依托昌平、房山等铁路中心站点，规划建设马池口、窦店等以集装箱运输为特点的公铁联运物流中心；依托东坝、豆各庄、马驹桥等临近六环路的八个新建公路货运枢纽，规划布局能实现甩挂运输的公路物流中心，形成城际间干线运输的重要物流节点。

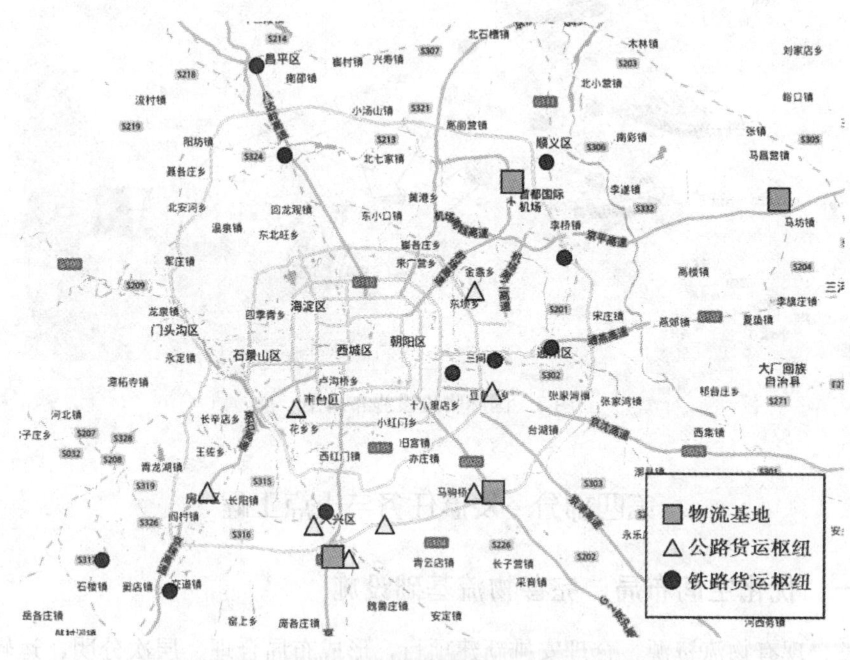

图 2　区域物流设施布局图

（四）国际物流设施布局

服务首都开放型经济发展，以口岸和政策功能区设施建设为重点，为构筑多种运输方式衔接顺畅的“立体化”国际物流体系奠定设施基础。

继续优化北京口岸体系。调整口岸功能布局，完善口岸功能，加强国际物流配套设施建设，打造具有世界一流水平的国际物流“高速走廊”。加强入海通道

建设，推进通州马驹桥口岸功能区及配套设施建设，加快朝阳口岸向通州马驹桥平移；继续完善平谷国际陆港口岸

功能区设施，形成连接天津新港的海运国际物流通道；完善首都机场空港口岸周边综合配套，在北京新机场一期工程建设基础上，启动新机场口岸建设工作；加强北京丰台铁路货运口岸与边境口岸合作，配合铁路集装箱中心站建设合理规划口岸功能。

推进服务国际物流发展的政策功能区设施建设。加快推进天竺综合保税区的一期设施建设和二期用地调整、土地一级开发，大力推动亦庄保税物流中心（B型）建设，形成南北呼应的政策功能区分布格局。

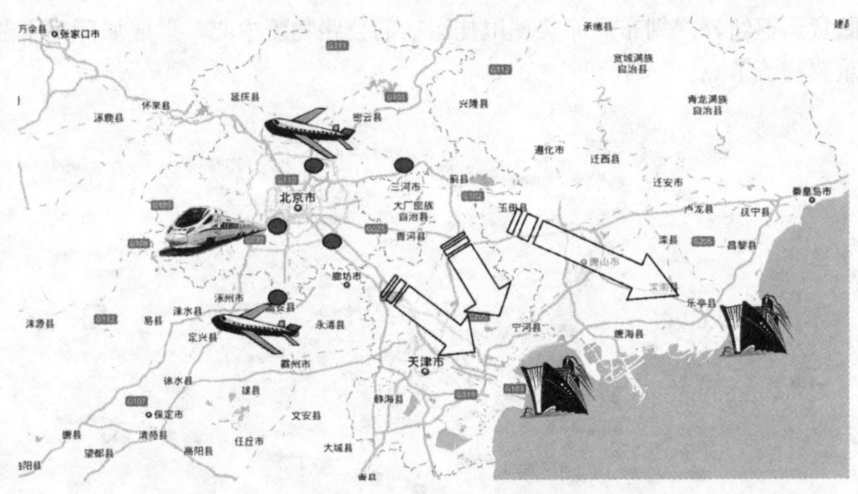

图 3　国际物流设施布局图

第四部分　发展任务与重点工程

一、优化空间布局，完善物流基础设施

整合现有物流资源，合理安排新建项目，形成布局合理、层次分明、运转有序的现代物流网络体系。

发挥物流基地在物流发展中的基础平台作用，加大资金投入，推进配套设施建设，完善基础设施条件，提升物流基地功能。天竺综合保税区要在完善一期开发配套设施、优化园区公共服务环境的基础上，加快推进二期开发建设，拓展发展空间，重点发展保税物流，打造服务京津冀、辐射东北亚的重要功能平台；空港物流基地要发挥临空经济区核心区区位优势，在拓展一期范围内设施建设的同时，加快重点项目落地，优先发展体现首都产业优势和特色的航空物流、金融物

流，加快推进空港物流基地东区建设，拓展发展空间，吸引高端物流企业入驻；马驹桥物流基地要继续推进各项设施建设，不断完善硬件投资环境，加快形成服务首都及周边区域的物流集聚区，重点推进朝阳口岸平移，提升国际物流服务功能；马坊物流基地要完善口岸基础设施，开展平谷国际陆港二期建设，在实现京津海陆联运的基础上，推进与京唐港的口岸对接与物流合作；京南物流基地要依托铁路专用线及主要进京公路货运通道承担北京南部货运集散功能，在推进基础设施建设的同时，加快物流资源整合和提升，重点发展以展示和交易为特征的商贸物流；配合北京新机场建设，研究规划南部临空物流园区。

根据城市功能区定位，特别是服务新城建设和城南行动计划的实施，相应新建和改造提升物流中心（综合物流区）和配送中心（专业物流区），实现物流节点服务于产业发展和居民生活的功能。

完善物流节点与多种交通方式的有效衔接，顺畅国际物流、区域物流和城市配送物流通道，依托机场、铁路和高速公路等交通基础设施，打造快速物流集散系统，缓解交通拥堵。

项目专栏1　物流基地基础设施重大项目
1. 顺义空港物流基地：主要建设内容为空港物流基地东区62.6公顷土地开发及市政基础设施建设、一期A、B地块17.5公顷土地开发、二期市政建设以及建筑面积为5万平方米的现代物流总部中心。 2. 平谷马坊物流基地：继续完善一期1.3平方公里的开发建设，主要建设内容包括道路管线及市政配套工程、电子商务园建设工程、物流总部大厦建设工程等；开展物流基地二期1600亩土地征地拆迁、市政建设等土地一级开发工程。 3. 通州马驹桥物流基地：计划新开发多功能用地64.3公顷，口岸功能区用地56.4公顷，以及配套市政基础设施建设。 4. 大兴京南物流基地：建设内容为大兴新城东南片区庆丰路、龙河路、海南西路、天河北路、污水主干线，道路全长8.4公里。

二、提升城市物流配送水平，提高服务保障能力

完善物流配送重点设施及配送网络，推广现代物流信息技术和管理技术，构建面向商贸流通企业和消费者的城市物流配送体系，全面推进流通领域国家现代物流示范城市建设，提高城市运行服务保障能力。

推动农产品物流配送体系建设。按照农产品流通体系建设要求，加快农产品配送中心建设。提高农产品检测、加工、包装、仓储、配送等设施条件和水平，试点推行农产品物流全程跟踪、监控。

实施物流共同配送试点工程。鼓励企业以多种形式搭建共同配送平台，整合商贸企业物流需求和社会物流资源，优化共同配送管理运行模式，提高商贸流通配送的社会化、集约化水平。

加快电子商务物流发展。构建支撑电子商务发展的物流服务体系，支持电子商务企业加强物流配送网络建设，鼓励电子商务企业与第三方物流企业开展深度合作，实现电子商务与现代物流的集成发展。实施城市快递物流共同配送试点工程，搭建同城快递共同配送信息平台，以进小区、进校园为试点，实现信息标准化、配送区域化、服务集中化，优化“最后一公里”快递配送服务网络，提高居民生活便利度。

加强城市应急物流体系建设。建立覆盖全市的应急物流网络体系，完善应急预案。选择和培育一批具有应急能力的重点物流企业，建立应急物流绿色通道及绿色车队，提高应对突发事件的物流快速响应能力。

项目专栏 2　城市物流配送设施项目

1. 首农（北京）安全食品仓储、物流中心群：北京首都农业集团有限公司环城区周边（多方位）五、六环间区域自用规划产业土地，约 12 宗，总建筑面积 148 万平方米。

2. 超市发生鲜配送中心：位于海淀区后八间榆庄子，占地面积约为 45 亩。

3. 华冠大型连锁配送中心：位于房山区良乡镇小营村，占地面积 206 亩，总建筑面积 14 万平方米，主要分三期建成常温库 6.5 万平方米、低温库 2.7 万平方米及物流中心 4.2 万平方米。

4. 银汇鑫丰低温仓储项目：位于顺义区北小营镇牛富屯村东，规划建筑面积 6.5 万平方米，分三期建成牛羊肉等产品低温冷冻仓储设施。

三、大力发展专业化物流，打造物流总部经济

服务本市装备制造业、电子信息、生物医药、音像图书等优势产业和新能源、新材料等新兴产业发展，大力推进专业化物流体系建设，提高对区域和全国市场的辐射能力。

选择关联度强、贡献率大的行业，实施制造业与物流业联动试点工程。以汽车、电子、医药行业企业为重点，运用供应链管理和信息技术，推动制造业与物流业联动发展。

加快冷链物流发展，实施食品冷链技术应用示范工程。加强冷链基础设施建设，完善食品冷链物流体系。在试点的基础上，推动以信息技术和冷冻冷藏技术为代表的现代科技在冷链物流中的推广应用，提高冷链物流发展的整体水平。

吸引国内外知名物流企业落户北京，支持开展资金结算、营运组织、管理控

制等高端物流总部业务。鼓励创建自主物流服务品牌，积极发展物流金融、物流咨询等新型服务模式。培育一批服务水平高、市场竞争力强的现代物流企业，增强物流业发展的集聚效应。

项目专栏3　专业物流配送设施项目

1. 北京九州通医药仓储二期：位于大兴经济开发区，建筑面积2.8万平方米，建设内容为自动化立体仓库及配套设施设备。

2. 科园信海医药物流中心：位于空港物流基地，顺于路北侧，规划面积4.3万平方米，建设周期2011—2012年，建设3.5万平方米医药产品仓储物流及配送设施。

3. 怀柔汽车配件物流园区：位于怀柔区庙城镇，占地200亩，建筑面积7万平方米，服务怀柔及周边地区汽车零部件集货运输、仓储配送。

4. 北京海纳川汽车和零部件销售中心：位于顺义区赵全营镇工业区，规划面积3万平方米，建设周期2011—2013年。

5. 顺义航空产业园航空物流中心：位于顺义区仁和镇，建设内容为航空物流中心综合库房2万平方米。

6. 顺义国际钢铁物流基地：位于顺义区李桥镇，占地26万平方米，包括仓储物流区和综合服务区，提供钢材仓储和运输、金融、税务等服务。

7. 中建一局钢材交易中心：位于大兴京南物流基地内，占地31.5公顷，规划建筑面积20万平方米，建成以钢材为主，包括重型建筑材料在内的交易中心。

8. 北京京西南钢材交易中心：位于房山区闫村镇，占地面积200亩，总建筑面积13万平方米，包括经营区8万平方米、物流仓储区5万平方米。

9. 金泰集团市级煤炭储备基地：位于房山区坨里镇，占地面积336亩，规划建筑面积22万平方米，设计煤炭储存量约30万吨，建设3个全封闭钢结构煤棚及配套设施。

10. 燕山四联石化物流中心：位于房山区燕山东流水工业区内，规划占地90亩，建设总面积2万平方米、仓储规模达到6万吨的现代化固体石化产品物流中心。

四、强化区域物流合作，拓展首都经济圈物流服务功能

强化区域物流，特别是与津冀地区的深度合作，加强北京市物流产业与周边地区联动发展，完善首都经济圈物流系统，服务区域经济一体化建设。

继续推进物流基地建设，完善提升服务功能，增强辐射区域经济的吸引和聚集能力。加强区域物流合作的通道建设，依托京沪、京津等高速公路，加强京津物流主通道建设；依托京哈、京港澳、京开、京藏等高速公路，推动京冀物流合作，全面构建京津冀区域物流合作网络。

调整优化首都经济圈物流产业空间布局，鼓励大型物流项目与周边地区加强衔接；发挥物流协会等行业中介组织作用，支持物流企业优势互补，开展区域合作；

推进区域物流信息平台建设，实现信息交换与共享，提高区域物流合作效率。

项目专栏4　物流仓储设施项目
1. 东方信捷大兴魏善庄物流枢纽：位于大兴魏善庄，占地600亩，建设高标准钢结构库房22万平方米，年货物吞吐量200万吨，成为京西南重要的商品周转枢纽。 2. 东方信捷昌平南口物流中心：位于昌平南口，占地80亩，建设高标准钢结构库房3.7万平方米，年货物吞吐量25万吨，成为京西北重要的商品周转中心。 3. 北京祥龙京南昌达仓储物流项目：位于大兴京南物流基地内，占地723亩，建筑面积32.4万平方米，涵盖现代化仓储物流（冷链、特殊专业库）、第三方物流及信息中心。 4. 金泰物流园“一港三区”项目：位于大兴京南物流基地内，占地1067亩，规划建筑面积28万平方米，建设内容包括金泰物流港大厦、经营交易区、商务配套区、大宗商品存储区。

五、发挥政策功能区优势，加快发展国际物流

优化国际物流发展环境。完善口岸体系，加快“大通关”建设，进一步提高口岸通关效率，提升口岸服务水平，吸引更多物流企业聚集，拉动国际物流货量增长。

发挥政策功能，拓展国际物流业务。天竺综合保税区要加快公共服务体系建设，吸引高端企业入驻，建设国际采购分拨中心、保税维修中心、公共检测实验中心、保税展览展示交易中心和离岸金融中心，实现以保税功能为特色的国际物流发展新突破；建设平谷国际陆港与天津口岸数据交换公共服务平台，引进船代、货代、报关行驻场办公，推行便捷、高效的业务运营模式，扩大以海陆联运为特征的国际物流业务；建设并投入使用亦庄保税物流中心（B型），为本市外向型企业发展提供保税仓储物流服务。

引导国际货代、报关、船运公司等服务企业规范发展，积极引进拥有全球经营网络供应链管理能力的第四方物流企业，为国际物流发展提供良好配套服务。

项目专栏5　国际物流建设项目
1. 北京天竺综合保税区一期建设工程：主要建设内容包括市政基础设施二期工程、市政设施管理用房、保税展览展示交易中心、综合服务平台、标准化保税监管库、公共检测实验中心、现场监管查验设施、金融综合服务中心等。 2. 北京天竺综合保税区二期用地调整土地一级开发项目：位于首都机场西侧、北侧，涉及铁匠营村、杨二营村、十二里堡村三个行政村总占地面积为400公顷，其中纳入综保区二期规划的土地为121公顷，建设内容包括征地、拆迁、安置等。

续　表

3. 亦庄保税物流中心（B型）：位于北京经济技术开发区，一期建设5万平方米库房、查验库、罚没库、卡口、围网、停车场及报关报检楼，二期建设5万平方米库房及相关配套工程。 4. 通州马驹桥物流基地口岸功能区建设：占地846亩，包括土地一级开发，建设40万平方米仓库、3万平方米堆场以及8万平方米办公及配套用房，融合仓储、配送、保税、加工等多种功能。 5. 平谷国际陆港二期：位于平谷马坊物流基地，占地26.7公顷，包括国际陆港保税物流中心仓储区和国际陆港综合服务区。

概念专栏3　保税物流

保税区：在境内的港口或临近港口、国际机场等地区建立的在区内进行加工、贸易、仓储和展览，由海关监管的特殊区域。

保税货物：经海关批准未办理纳税手续进境，在境内储存、加工、装配后复运出境的货物。

保税仓库：经海关批准设立的专门存放保税货物及其他未办结海关手续货物的仓库。

（上述定义来源于国家标准《物流术语》GB/T 18354—2006）

保税物流中心A型：是指经海关批准，由中国境内企业法人经营、专门从事保税仓储物流业务的海关监管场所。按照服务范围分为公用型物流中心和自用型物流中心。公用型物流中心是指由专门从事仓储物流业务的中国境内企业法人经营，向社会提供保税仓储物流综合服务的海关监管场所。自用型物流中心是指中国境内企业法人经营，仅向本企业或者本企业集团内部成员提供保税仓储物流服务的海关监管场所。（该定义来源于《中华人民共和国海关对保税物流中心（A型）的暂行管理办法》）

保税物流中心B型：是指经海关批准，由中国境内一家企业法人经营，多家企业进入并从事保税仓储物流业务的海关集中监管场所。（该定义来源于《中华人民共和国海关对保税物流中心（B型）的暂行管理办法》）

六、加快物流业发展方式转变，实现可持续发展

鼓励生产制造型企业和商贸流通企业按照专业化分工原则，剥离或外包物流业务，提高物流发展的社会化程度。支持第三方物流骨干企业提升服务能力和水平，逐步提高物流业发展的行业集中度。

依托国家及北京市现代服务业综合改革试点和中关村国家自主创新示范区发展现代服务业试点工作，推动开展现代物流领域的科技创新和应用，提高物流业的科技发展水平。依靠科技进步，推动物流发展的信息化、自动化、智能化、标准化，促进物流业从外延式增长到内涵式发展转变。推动物流业两化融合，加大对物联网技术、可视化技术、货物快速分拣技术、无线射频识别技术（RFID）

和移动物流信息服务等先进适用技术的推广力度，组织开展标准化应用示范项目，进一步规范物流作业流程，提高企业运作效率，引导企业加强管理创新和服务创新，带动物流行业产业升级。

完善物流产业链条，按照资源节约型、环境友好型原则，鼓励节约用地、用水、用能物流项目建设，支持以绿色运输、绿色仓储、绿色包装、绿色流通加工等为代表的绿色物流发展。以电子产品、废旧家电、汽车等为重点，建设逆向物流体系，实现资源的循环再利用；在城市配送、快递物流等领域，试点组建零排放绿色新能源车队，降低对城市交通、环境的影响，推动物流业的可持续发展。

项目专栏6　物流技术提升项目

1. 中关村电子产品逆向物流体系：组建逆向物流产品交易中心、建立拆解处置平台、建设中关村废弃电子产品社区回收示范网络、推动物联网和信息技术在逆向物流体系中的创新应用。

2. 北京城市快递共同配送平台：搭建同城快递共同配送信息平台，建立便民同城配送网点，实现各快递公司系统与共同配送信息平台完全对接，做到资源共享、数据共享、共同调度。

3. 首农集团冷链物流可追溯系统：通过RFID、GIS、GPS、GPRS系统的集成应用，支持货物运输、仓储的全局组织、协调、跟踪和控制，有效保障产品流通过程的质量安全及较低的物流成本。建设快速检测系统，买方、卖方产品质量可追溯系统；建立冷链物流温度跟踪系统。

4. 顺丰全自动智能分拣信息系统：针对快递物流业务操作过程中分拣作业的全过程控制信息进行系统研发，实现对货件自动分类、集中操作，安全检查、重量或体积的复核、自动照相补码、自动计数、标签自动打印等；实现配送业务信息提前知会、数据自动平衡以及相关数据分析提供等。

5. 城市鲜活农产品物流共同配送试点：依托新发地，建设占地面积300亩左右的北京城市鲜活农产品物流配送示范园区，建设场内智能配货系统，购置500辆小型绿色环保电动运输车，实现新发地市场内货物的调配工作，规范场内运输秩序；建设北京鲜活农产品城市物流配送公共服务平台，包括：信息发布子系统、电子采购子系统、物流配送管理子系统、会员业务管理子系统。

6. 宝供福田基于供应链的汽车物流系统：采用现代化的供应链管理体系来降低采购、生产、销售和服务等环节的成本，完成仓储设备及配套信息系统的建设，包括结算系统、销售及仓储管理系统。

7. 北京医药第三方自动化医药物流配送中心：实行药品集中统一管理、信息化操作和运输配送调度，采用高位托盘货架存储整件商品，叉车进行存取货作业，信息化及条形码实现货位管理，以满足大宗整件商品方便快捷的进出库作业，库内同时建设冷库，以适应冷链配送发展的需要。

概念专栏 4　其他物流概念

共同配送：由多个企业联合组织实施的配送活动。

冷链：根据物品特性，为保持其品质而采用的从生产到消费的过程中始终处于低温状态的物流网络。

应急物流：针对可能出现的突发事件已做好预案，并在事件发生时能够迅速付诸实施的物流活动。

精益物流：消除物流过程中的无效和不增值作业，用尽量少的投入满足客户需求，实现客户的最大价值，并获得高效率、高效益的物流。

逆向物流：物品从供应链下游向上游的运动所引发的物流活动。

多式联运：联运经营者受托运人、收货人或旅客的委托，为委托人实现两种或两种以上运输方式的全程运输，以及提供相关运输物流辅助服务的活动。

国际多式联运：按照多式联运合同，以至少两种不同的运输方式，由多式联运经营人将货物从一国境内的接管地点运至另一国境内指定交付地点的货物运输方式。

甩挂运输：用牵引车拖带挂车至目的地，将挂车甩下后，牵引另一挂车继续作业的运输。

（上述定义均来自国家标准《物流术语》GB/T 18354—2006）

物联网：通过射频识别（RFID）、红外感应器、全球定位系统、激光扫描器等信息传感设备，按约定的协议，把任何物品与互联网相连接，进行信息交换和通信，以实现智能化识别、定位、跟踪、监控和管理的一种网络概念。

（该定义根据相关资料整理）

第五部分　保障措施

一、加大对物流业投入力度

以直接关系民生的城市保障型物流设施、物流公共基础设施、物流产业结构调整、信息化提升和先进技术应用示范等项目为重点，加大政府扶持力度。

拓宽投融资渠道，鼓励社会资金投向物流行业。支持金融、担保机构为物流企业发展提供融资服务，改善物流企业融资环境。

二、保障重要物流设施用地

对纳入规划的物流基地、物流中心、配送中心等重要物流设施建设用地给予重点保障，提高土地使用效率。鼓励将工业企业旧厂房、仓库和存量土地资源用于发展物流业。

三、减轻物流企业税收负担

贯彻国家税务总局《关于试点物流企业有关税收政策问题的通知》（国税发〔2005〕208号），扩大物流领域税收试点企业范围。完善仓储设施用地的土地使用税等政策，切实减轻物流企业税收负担。

四、促进物流车辆便利通行

研究解决城市中转配送难、配送货车停靠难等问题。严格执行鲜活农产品绿色通道政策，为城市物流配送车辆提供便利。进一步降低过路过桥收费，大力推行不停车收费系统。

五、推进物流技术创新和应用

以产学研为基础，开展物流信息化等领域的科技创新与应用示范。积极推广物流标准，提升物流业标准化水平。启动物联网技术的示范试点，提高全市物流业发展的科技水平。

六、加强物流人才培养和引进

发挥首都教育资源优势，加大物流人才培养和培训力度，普遍提高全行业的劳动者素质。完善人才激励政策，积极引进国内外优秀物流人才，特别是具有国际视野和全球网络运作能力的高端物流人才，为物流业的持续发展提供人力资源保障。

七、发挥行业中介组织桥梁纽带作用

加强物流协会等行业中介组织建设，更好地履行行业服务、行业自律的职能，在反映企业诉求、规范企业行为、推广行业标准、开展人才培训、提供咨询服务等方面发挥更大作用。

011

关于印发天津市现代物流业发展“十二五”规划的通知

津发改规划〔2011〕1035号

各区、县人民政府，各有关部门：

按照市政府《关于开展全市“十二五”重点专项规划编制工作的通知》（津政办发〔2010〕30号）和《天津市国民经济和社会发展中长期规划审批管理办法》（津政发〔2011〕7号）要求，市重点专项规划《天津市现代物流业发展“十二五”规划》已编制完成，现印发给你们，请结合工作实际认真贯彻执行。

天津市发展和改革委员会

二〇一一年九月五日

天津市现代物流业发展“十二五”规划

天津市发展和改革委员会

2011年9月5日

“十二五”时期，是天津加快推进滨海新区开发开放、实现城市定位的关键时期。现代物流业作为生产性服务业的重要组成部分，是制造业、商贸业与农业发展的重要支撑，是沟通生产与消费、国际与国内市场的重要载体。科学编制和有效实施现代物流业发展“十二五”规划，对于调整和振兴物流业发展，促进天津经济结构调整与产业转型升级，提升天津市总体经济实力和竞争力，具有至关重要的意义。《天津市现代物流业发展“十二五”规划》根据《天津市国民经济和社会发展第十二个五年规划纲要》编制。规划阐明了“十二五”时期天津市物流业发展的指导思想、原则、目标、重点任务、空间布局与保障措施，是未来五年全市物流业发展的基本纲领，是政府履行物流业管理、引导与监管职责的重要依据。

一、规划背景

（一）“十一五”时期天津物流业发展成就

1. 物流业规模和效益提高。“十一五”时期，全市物流业增加值（现价）年均增长20%。2010年，物流业增加值达到798.07亿元，占地区生产总值的8.7%，占服务业增加值的18.8%；全社会物流总费用与地区生产总值的比率为18.4%，比“十五”末期下降0.6个百分点。

2. 物流企业实力壮大。天津已经集聚了一批专业性或综合性物流企业，在仓储、运输、配送服务基础上，优势物流企业积极向流通加工、信息服务、物流金融等领域拓展。截至2010年，物流企业达到2万多家，其中运输企业1.5万多家、货代企业0.4万家、仓储企业及其他企业近0.1万家；5A级物流企业2家；60多家中外船公司挂靠天津港，在天津机场执行航班的国内外航空公司达到32家。

3. 现代化综合交通网络形成。天津港与500多个港口有贸易往来，开辟了100余条集装箱航线，2010年完成集装箱吞吐量1008.6万标准箱，货物吞吐量4.13亿吨，成为中国北方第一、全球第五的世界大港；滨海国际机场通航66个城市，开辟116条航线，2010年完成货邮吞吐量20.25万吨；公路网承担北京、东北、西北、华北和华东方向的货物流转功能；铁路网通过京山、京沪、京九线津霸联络线、津蓟线、黄万线，形成通往北京、上海、秦皇岛、蓟县、黄骅的运输通道。大陆桥运输优势明显，开通了天津港至满洲里、阿拉山口、二连浩特的集装箱班列，天津成为中国境内唯一拥有3条通道的大陆桥东部起点。

4. 物流园区围绕海港和空港形成集聚区。沿海港形成了天津港散货中心、天津港集装箱中心、开发区保税物流中心等物流园区。沿空港形成了空港国际物流园区、滨海新区综合保税区、滨海中储综合物流园区等物流园区。物流园区的服务功能显著增强，东疆保税港区、滨海新区综合保税区、开发区保税物流中心等多种类型海关特殊监管区的获准设立，实现了海陆空重点物流园区保税物流功能全覆盖。

5. 物流发展软环境不断优化。口岸环境显著改善，2007年开通的天津电子口岸与物流信息平台有效提升了通关效率和客户服务水平。区域大通关合作取得明显进展，已建成北京朝阳、平谷，河北石家庄，山东德州，山西侯马等18座无水港。随着“先行先试”政策的全面实施，滨海新区积极探索离岸金融、船舶产业基金、船籍特别登记制度和汽车落地保税项目等一系列政策措施，为天津物流业发展提供了良好的配套环境。

6. 物流研发及教育培训体系日趋完善。本地高校承担了多项全国以及天津市重大应用型物流研究项目，建立了博士后、博士、硕士、本科教育和职业教育等多层次的物流研发与教育培训体系，为天津市物流业发展提供了坚实的智力支持和人才保障。

（二）存在问题

天津市物流业发展存在的问题突出表现在以下方面：

一是传统物流服务多，国际化、高端化和多样化物流服务少。我市交通运输、仓储和邮政等传统行业增加值占物流业增加值的比重超过70%，与之相比，国际采购、国际分拨与配送、信息技术、物流金融等高附加值服务能力亟待加强。

二是综合类物流园区多，专业化物流园区少。多数物流园区的服务对象面向各种行业，服务特色不明显，一些领域、一些行业的专业化物流发展水平有待提高；与制造业联动的物流园区数量不足，未能实现规模化、专业化和高端化物流功能。

三是口岸集疏运体系有待进一步完善。天津重载铁路路网通行能力不足，缺乏直通西部的铁路通道，通往腹地的“五定班列”密度偏低。天津港周边的交通比较突出的问题是港口车辆和城市通行车辆混行严重，通道运输不畅和运能不足，不能适应港口发展需求。

（三）“十二五”天津物流业发展环境

从国际看，国际金融危机影响深远，世界经济增速减缓，全球需求结构出现明显变化，我国物流业发展的外部环境更趋复杂。世界物流重心向亚太地区转移，中国成为备受关注的新兴物流市场。全球物流发展进入供应链管理时代，要求全球不同区域共同协调和运作，这为天津参与全球供应链分工与协作、建设北方国际物流中心带来机遇和挑战。

从国内看，“十二五”时期是我国深化改革开放、加快转变经济发展方式的攻坚阶段，将重点解决经济结构调整问题，探索由内需拉动增长的新模式。国内物流市场需求趋于旺盛，物流需求由粗放型向精益型转变，物流企业呈现了规模化经营和专业化服务的趋势。同时，横滨、釜山、大连、青岛、曹妃甸、黄骅等国内外港口城市竞争日趋激烈，形成了天津发展北方国际物流中心的外部竞争态势。

从本市看，“十二五”时期我市进入加快推进天津滨海新区开发开放、实现天津城市定位的关键时期，产业结构的高端化、高质化和高新化特征更加突出，工业步入功能提升和稳定增长阶段，现代服务业和农业加速发展，不仅对天津物流业的发展提出更高的要求，也拓展了更广阔的发展空间。

二、指导思想、原则与目标

（一）指导思想

坚持以科学发展为主题、以加快转变经济发展方式为主线、以调整优化经济结构为主攻方向，全力构建完善的物流发展环境，积极搭建以第四方物流为主的物流信息平台，加快建设“三位一体”国际型港航物流体系，着力打造“十大专业物流体系”，重点推动“五大重点物流领域”发展，实现物流产业链延伸和物流服务功能创新，形成以滨海新区为核心、以国际物流为特色、以多业联动为重点的精益高效物流服务体系，促进天津市现代物流业尽快实现率先发展、创新发展、跨越发展，努力把天津建设成为中国北方国际航运中心和国际物流中心。

（二）基本原则

——坚持市场主导与政府引导相结合。充分发挥市场配置资源的基础性作用，强化企业的市场主体地位，激发企业发展的内在动力。有效发挥政府的宏观调控作用，制定并完善促进物流业发展的政策体系，营造良好的企业发展外部环境。

——坚持扩大规模与提升质量相结合。在大力培育物流市场需求、完善物流服务网络、不断扩大物流业发展规模的基础上，积极推动物流基础设施资源整合，延伸物流服务产业链、发展高端物流服务业态，不断提升物流业服务质量。

——坚持统筹规划与重点突破相结合。在对现代物流业进行系统规划、合理布局的基础上，力争在若干重点行业、重点领域、重点地区实现物流业跨越发展，形成点面结合、层次分明、阶梯有序的物流业发展体系。

——坚持立足天津与服务区域相结合。立足于中国北方国际航运中心和国际物流中心建设，以高效精准、便捷安全的物流服务，支撑先进制造业与现代商贸业发展，提升港口城市综合服务功能。在此基础上，充分发挥天津作为物流中心城市的集聚与辐射功能，推动区域物流一体化进程，促进区域经济协调发展。

（三）发展目标

2015年物流业增加值达到1900亿元以上，年均增速保持在20%以上；天津港保持在我国北方港口中的领先地位，港口货物吞吐量达到5.6亿吨，集装箱吞吐量达到1800万标准箱；航空货邮吞吐量保持高速增长，货邮吞吐量达到50万吨。

着力打造一批物流集聚区，建设一批物流重点项目；培育一批竞争力强、层次高的大型综合物流企业集团，5A级物流企业达到10家；吸引国内外知名航空公司、船公司、物流企业将物流核心业务落户天津，物流服务水平明显提高；区域辐射带动能力明显增强；国际化、专业化、特色化、信息化、低碳化的物流产业链基本形成。到2015年，将天津基本建成中国北方国际航运中心和国际物流中心。

三、主要任务

（一）构建“三位一体”国际型港航物流体系，建设北方国际航运中心

以滨海新区纳入国家总体发展战略为契机，依托滨海新区得天独厚的区位、

交通和产业优势，以港航物流服务系统为核心，以大宗商品交易为主要平台，以金融及信息服务为保障，构建“交易＋物流＋金融及信息服务”“三位一体”的国际型港航物流服务体系，形成北方国际物流中心的核心区。

建设区域大宗商品交易市场。优化整合现有交易市场，采用灵活多样的交易模式，加快建设工程机械、汽车、金属、煤炭、成品油、农产品、钢材、船舶等大型交易市场，扩大市场容量，通过大市场建设，发展大贸易，搞活大流通。在东疆保税港区、天津港保税区和开发区等功能区，加快推动期货交割库建设，扩大交易品种，做大交割规模。争取设立全国性期货交易市场，带动物流金融、贸易结算、物流咨询服务等相关行业发展，成为我国重要的大宗商品交易基地、国际性流通中转枢纽。

增强国际港航物流功能。优化整合港口资源，进一步提升航运功能、港口与码头服务功能、集疏运功能、物流枢纽功能。加快促进东疆保税港区建设，联动发展综合保税区、海港物流区、空港物流区、出口加工区以及内陆无水港等，通过区域联动、功能联动、信息联动，尽快形成辐射、覆盖内陆腹地的保税物流网络。加大对航运金融、航运保险、航运交易、航运咨询、海事仲裁等高端航运服务业发展的扶持力度，大力促进各类航运服务要素的集聚。积极引进全球物流百强企业和全国物流百强企业，建立总部型物流基地和运营中心。大力培育、扶植一批具有国际竞争力和品牌影响力的本土化综合物流集团，开展国际航运、物流信息、物流金融和全球供应链管理等综合性、高附加值业务，提升港航物流体系的国际化、专业化程度。

完善港航物流金融服务体系。在于家堡金融区和东疆保税港区设立物流金融服务中心，积极鼓励和吸引各类金融机构的总部和分支机构，开展涉及国际国内物流的投资、信托等金融服务，创新物流金融服务产品。鼓励金融企业服务网点进驻各类物流基地和物流园区，为物流企业开展贴身式金融服务。支持第三方物流企业利用保险基金、产业基金等开展仓单质押、融通仓、融资租赁等金融业务。支持行业协会、业内龙头企业，通过联合发债、产业基金等多种形式，解决中小物流企业融资问题。

搭建以第四方物流为主体的港航信息服务平台。培育并扶植若干第四方物流企业，积极开展第四方物流运营服务模式和管理模式的研究及实践创新，依托天津电子口岸和物流信息平台，整合港口、海关、检验检疫、航运、航空、铁路、物流等信息资源，整合物流企业与物流基地的信息资源，构建第四方物流信息服务平台，实现企业物流信息与公共服务信息的有效对接，形成集物流信息发布、在线交易、数据交换、智能配送、地理信息系统（GIS）和全球定位系统（GPS）跟踪反馈、智能分析等功能为一体的，辐射中国北方的第四方物流信息服务中心，为物流服务与联动监管提供信息化支持，实现物流服务的网络化、智能化。

（二）加快基础设施建设，增强现代物流服务功能

1. 海港建设。以提高港口吞吐能力和港口货物集疏运通道为核心，推进集疏运设施建设，尽快形成规模化、集约化、快捷高效、结构优化的现代化港口集疏运体系。加快实施北港池集装箱码头C段、北港池滚装码头三期、北港池集装箱码头四期、南疆26＃、27＃专业化矿石码头、29＃30万吨级原油泊位、南疆燃供2＃基地、神华天津港煤码头二期、南疆中航油码头、南港工业区石化码头及散杂货码头项目、国际油轮码头二期等项目，加快建设港口深水航道、南港工业区5万吨级航道及防波堤工程，加快天津港30万吨级航道、临港经济区10万吨级航道工程和临港经济区防波堤工程建设，提升国际航运业船舶深水化、大型化、专业化水平，增强腹地货物的吞吐能力，积极拓展港口的物流功能，提高港口运作的效率和现代化水平。

2. 空港建设。扩展和强化航空运输网络，提升国际与国内、干线与支线之间的对接程度。实施候机楼、跑道、停机坪、停车场（楼）及相关配套设施的改建和扩建，加快推进滨海国际机场扩建二期工程建设；完善空港周边交通路网建设，形成机场、市区、港口以及通达周边地区的交通网络。积极争取民航总局的政策扶持，充分利用第五航权的开放，吸引更多的中外航空企业落户天津机场，进一步扩展新的航线，增大航线航班密度，最大程度地完善干线航线网络。完善国际与国内、腹地与港口之间的衔接，提高国际国内中转物流能力。加快天津机场航空物流园区的规划建设，改善机场货运设施条件，统筹规划与发展机场周边的仓储、物流、加工贸易等与货运枢纽相关的产业群体，推动航空货运企业由单一货运向现代物流转型，构建中国北方最快捷的航空物流运作平台，努力打造中国北方国际航空物流中心、大型门户枢纽机场乃至东北亚航空储运、分拣分拨中心。

3. 公路建设。加快市内物流环线改造，升级市内快速路网，提高市内物流节点间的流通能力。加快建设京津高速公路北线、滨石公路和天津港南、北、中三大横向通道，推进实施天津港新跃进路与八号路立交工程、南疆南港中路、南疆南港东路、南疆中部立交桥、南疆港区公路二桥工程、南疆港区南部路桥和东疆港区新港九号路工程，加快实施南港高速公路直接进港。建设专用货运通道，形成客、货分流的专用运输网络体系，建立港口与腹地高速公路相衔接的集疏运网络。构筑天津高速公路网络，形成“以中心城区和滨海新区核心区为双核心，辐射三北腹地，沟通华东、华南，连接周边大中城市、交通枢纽，通达市域新城，覆盖中心镇、开发区”的公路体系，为形成市域内的“一小时市域快速圈”、京津冀都市圈一体化发展的“三小时都市经济圈”和服务环渤海及三北区域经济发展的“八小时腹地服务圈”提供保障。

4. 铁路建设。建设直通南疆港区的铁路通道，北疆港区形成集装箱海铁联

运系统，加快南港铁路建设，推进进港三线、天津新港北铁路集装箱中心站工程建设。争取铁道部等部门支持，推进天津直通西部的铁路大通道开发建设，加快实施津保铁路建设工程，打通滨海新区通往西北部的重要货运通道。

5. 大陆桥建设。充分利用陆桥上岸起点港的区位优势，积极拓展无水港网络，扩大与陆桥沿线省市和国家的经贸与物流合作。加强对陆桥运输的推动、协调与监督，大力推进天津至二连浩特、满洲里和阿拉山口三大陆桥通道建设，提高陆桥运输规模和效率。积极构建以伊尔库茨克—乌兰巴托—二连浩特—天津港铁路、公路大通道为轴线的经济合作走廊，畅通天津—蒙古—俄罗斯运输通道。

（三）打造十大专业物流体系，推进物流服务专业化与社会化

促进物流业与钢铁、煤炭、石化、生物医药、装备制造等十大优势产业的联动发展，拓展行业物流产业链的深度与广度，推进物流服务的专业化与社会化。

1. 构建钢铁行业专业化物流体系。以钢铁聚集区建设为依托，遵循需求主导、突出重点、统一规划、整合资源的原则，构建功能完备、服务快捷、信息通达的专业化钢铁物流服务体系，逐步形成集分销、交易、金融、信息、会展等相关配套服务于一体的新型钢铁物流产业链。通过钢铁物流服务的高效运作，推动钢铁产业向集约化、可持续化方向发展，使天津成为中国极具规模和影响力的钢铁生产、交易及集散中心。

依托南港工业区、东丽区、北辰区、宁河县等钢铁产业聚集区，建设并培育集钢材交易、仓储、剪切加工、配送运输、物流金融、信息处理、保税物流、中转分拨等功能于一体的大型专业化钢铁物流园区（基地）和专业化物流配送加工中心，使钢铁物流产业向区域集群化方向发展。通过专业化、多元化服务，使钢铁物流园区及配送加工中心成为钢铁产业链上、下游之间的桥梁和纽带。积极推动大型钢铁行业电子商务平台建设，探索和实践现代化的钢铁行业电子商务模式，引导钢铁物流市场从传统单一的现货交易模式逐渐向综合物流服务模式转变，有效促进钢铁大物流的形成。

2. 构建煤炭行业专业化物流体系。依托天津南疆煤炭运输系统，通过资源整合和模式创新，积极开发建设南港煤炭运输设施，构建货源结构合理、基础配套完善、集疏运便捷的专业化煤炭物流服务体系。充分发挥港口煤炭运输、煤炭交易优势，建立以煤炭交易中心为主体，以网络技术为平台，有利于政府宏观调控、市场主体自主交易的现代化煤炭交易体系，逐步将天津建设成为国际级煤炭定价中心、信息中心、贸易中心和资源分配中心。

重点构建以天津南港工业区为中心，以天津港散货物流中心堆场为补充，以其他煤炭物流中心、配送中心和天津煤炭交易市场为服务节点的、功能完善的专业化煤炭物流体系，实现煤炭装卸、运输、流通加工、商贸等一体化服务，全面提高煤炭业配送效率。开发煤炭电子商务交易平台，提高煤炭交易效率，降低交

易成本，推动煤炭电子交易市场的形成。优化煤炭集疏运通道，进一步加快推进天津港“北煤南移”战略实施步伐，促进天津港煤炭物流综合服务能力的提升。

3. 构建石化行业专业化物流体系。依托天津石油化工、海洋化工、精细化工、能量综合利用四条循环经济产业链的不断完善，以及国家级石化产业基地的建设，按照“聚集化、联盟化、一体化”原则，构建我市石化行业专业化物流体系。

在大港、南港工业区重点建设与发展和国际趋势接轨的专用码头，建设国家原油和成品油储备基地、现代石化专用物流和仓储基地、专业化的石化配套物流园区，发挥其国家战略储备和商业储备功能，建设国家原油战略储备库、中石化及中石油商业储备库、陶氏化学化学品物流中心等一批重点节点项目。促进第三方物流发展，为入区企业提供最佳的原料及产品的仓储和运输服务，保证原材料供应和产品销售的稳定。

4. 构建生物医药行业专业化物流体系。以生物医药产业集群及国家生物医药国际创新园等项目建设为契机，按照“安全、高效、通达”的原则，积极构建“立足全国、面向全球”的现代生物医药行业物流服务体系，为各级医药机构、连锁零售企业提供规范、集约、高效、便捷的药品配送服务，为天津市打造国家重要的生物医药产业基地和关键技术领航区提供重要保障。

依托开发区、滨海高新区、空港经济区等一批具有国际竞争力的生物医药产业化基地，沿京津发展走廊在滨海高新区、南开区、北辰区、西青区等区域建设一批区域性生物医药及医疗器械产业的专业化配套物流园区，发挥产品研发、技术转化、生产制造、商业物流和展示交流等方面的优势功能。积极与天津医药集团、天津天士力集团等大型医药集团合作，建设集基础物流配送功能及药品采购、医药分拨、废品处理等服务项目为一体的医药物流中心、配送中心，引入特殊温控的冷链运输模式，构建覆盖全市重点医疗机构和零售药店的医药物流网络，在周边省份及邻近区域形成辐射效应。推动生物医药领域第三方专业化物流企业的发展，建立跨区域的国际型生物医药物流交易及集散体系。开发基于物联网应用的冷链物流智能化项目，建立专业化的生物医药冷链物流公共平台，实现生物医药产业集群化发展，带动生物医药产业优化升级和产业链整体发展。

5. 构建装备制造行业专业化物流体系。坚持以社会化物流服务降低成本，以专业化物流服务提升发展能级，以高效率的物流服务促进先进制造业的发展，以集约化的物流服务加速装备制造业联动发展为原则，积极构建并完善现代装备制造业物流体系，强化为大型产业基地、工业园区和大型装备制造业企业配套的物流服务能力和区域辐射能力，有效促进装备制造业技术水平与国际化水平提升，为打造具有国际竞争力的世界级装备制造业基地奠定基础。

合理规划服务节点网络，有效促进装备制造业物流外包建设。在临港经济区、南港工业区、北辰区重点建设天津滨海物流加工区、天津陆路港物流装备产业园等冶金类及重装类配套物流园区，支持物流企业全面融入装备制造产业供应链，推进与装备制造产业配套的专业化、现代化物流体系建设，提升第三方物流服务能力，发展为供应链上下游关联产业服务的高端物流服务体系，为装备制造产业集群提供采购、仓储、配送、运输、商贸等一体化物流及延伸服务，推动企业生产效率与行业核心竞争力的提升。

6. 构建电子信息行业专业化物流体系。依托“开发区东区、硅谷、智谷、光谷、滨海高新区”五大电子信息产业聚集区的建设，按照“准时、精细、高效”的原则，构建系统性、创新性、具有个性化的电子信息行业高端物流服务体系。

合理布局物流网点，在开发区、西青区、南开区、津南区等区域，建设渤海湾世界商品电子交易中心、中国移动华北大区及天津公司物流中心等电子类配套物流园区。通过物流企业及其服务效能的集聚，增加高端物流服务的质量，构建“硅谷”型产业链。通过聚集高质量的物流服务运行商，打造完善的专业化物流服务体系，使供应商、销售商和客户群体形成稳定的业务网络体系，保证原材料供货渠道与产品销售渠道的畅通，实现原材料购入的准时和产品销售的高效。

7. 构建建材行业专业化物流体系。在华北城国际原料城、天津环渤海装饰城以及天津建材物流网建设的基础上，发挥天津在环渤海区域的中心枢纽地位，将天津建设成为服务环渤海、辐射东北亚的建材交易及集散中心。

重点建设并培育一批国内最具规模的专业化、现代化的建材物流配送中心和大型建材物流园区，提供完善的建材展示、加工、仓储、配送、交易等服务功能，加快环渤海国际家居商贸中心二期、天津唐官屯加工物流区等项目建设。大力提升建材供应商服务外包意识，促进建材领域第三方物流的发展。鼓励物流园区（基地）型、综合批发市场型、品牌专卖店型等多种建材物流模式的共同发展。重点推动服务本市、覆盖环渤海、辐射东北亚的建材物流网络建设。

8. 构建汽车行业专业化物流体系。以天津经济技术开发区汽车产业基地纳入国家新型工业化产业示范基地为契机，发挥物流龙头企业带动整合作用，吸引相关汽车物流企业集聚发展，打通采购、生产、营销、售后各生产环节，实现制造过程的物流服务全覆盖。充分发挥天津港在进出口汽车物流服务方面的优势，大力发展进出口汽车及相关产业物流及延伸服务。

在开发区、保税区、西青区及蓟县建设汽车类配套物流园区，重点建设天津汽配物流配送中心、天津滨海国际汽车园等项目，为汽车研发制造、贸易销售、博览展示、检测维修等提供全流程的专业化、高精度物流服务。促进汽车领域第三方、第四方物流服务的发展，为进出口汽车及零配件提供港口报验、仓储管理、运输工具、网点配送等港口服务，以及国际贸易代理、订舱配载、信用证开立、质押信贷金融服务等延伸服务。采用国际先进的堆场及服务管理模式，不断提升服务品质，完善服务功能，建设中国北方最具竞争力的汽车物流服务基地。

9. 构建航空航天行业专业化物流体系。以“三机一箭一星一站”等重点航空航天项目落户临空产业区（航空城）为契机，加强高技术含量、高附加值、高精准度的航空航天专业化物流服务体系建设，为航空航天产业集群提供专业化的物流及延伸服务。

在临空产业区（航空城）、开发区西区和滨海高新区以及津南区和宁河县建设专业化的航空航天配套物流园区，构建为机体零部件、发动机整机及零部件制造、机载系统及设备制造等配套产业提供集采购、仓储、配送、运输、商贸、展示等为一体的全方位物流服务体系，推进天津航空航天产业的快速发展。充分利用航空运输资源，将航空资源与航空城产业紧密联系，逐步增加和完善航空物流基地、货物集散、配送、流通加工、商品检验等功能，拓展航空物流产业链。

10. 构建农产品专业化物流体系。依托蓟县、宝坻区、北辰区、津南区、武清区、静海县、宁河县等区县，构建安全、便捷、专业的农产品物流体系与供应链，增强集散辐射功能，实现全市农产品市场供应及时、绿色、保鲜和低运费。

规划以蓟县、宝坻区、北辰区、津南区、武清区、静海县、宁河县为重要节点，形成南北联动的农产品物流集聚带。结合以上各区县农业产业化进程，高起点建设一批专业化的集商检、包装、冷藏、初加工、深加工、运输、配送等功能为一体的农产品加工配送中心，以及产地、销地农产品批发市场，重点建设京津国际农产品物流加工中心、天津翰吉斯国际农产品物流园以及天津众品食业农牧加工基地等项目。鼓励农业加工企业、仓储业和运输公司等不同的独立组织进行联合，形成一批以管理和信息共享为基础的农产品第三方物流服务联合体。探索天津农产品物流发展新模式，积极推动流通企业利用现代信息技术，实现农产品生产、库存、需求、运输、到货等信息的数字化、网络化。

（四）完善五大重点物流领域，形成物流服务多样化与高质化

重点推进并完善冷链、危险品、邮政、逆向、应急 5 大重点领域物流建设，大力提升公共物流服务的能力及效率，为社会需求提供多样化、高质化的物流服务。

1. 冷链物流体系建设。建设一批区域性冷链物流配送中心，延伸冷链运输物流配送，实现冻品从出库到消费者的全程冷链无缝对接，提供京、津、唐地区 1 小时冷链配送，并在此基础上向东北、华北及西北地区延伸。针对肉类、农产品、水产品、果蔬、花卉及医药等产品，构建覆盖生产、储存、运输及销售整个环节的冷链，建立全程“无断链”的规模化、系统化冷链物流体系。依托水产集团冷藏加工物流基地和滨海新区中心渔港等建设项目，整合现有的水产品、畜产品、果蔬、花卉及医药等冻品基地，建设具有自动调节温度、智能化贮藏能力的

大型区域性现代智能型冷库。加快冷链物流装备及技术升级，完善冷链物流监控追溯系统，加强温控设备及冷冻运输工具的自主研发与应用推广。打造一批具有雄厚资源和国际竞争力的冷链物流企业。

2. 危险品物流体系建设。科学制定危险品仓储布局规划，加大对不规范的危险品仓储设施的整合力度，建立和完善危险品物流网络系统，适应快速应急机制，降低运输风险。利用射频技术（RFID）、全球定位系统（GPS）、地理信息系统（GIS）等现代物流技术，通用分组无线服务（GPRS）、第三代移动通信技术（3G）等先进通信技术，加快提升危险品物流的跟踪监控和管理手段，整顿危险品物流服务市场，优化和整合天津市塘沽危险品运输场等一批专业化物流企业，保障危险品物流的安全运行，为政府实施监管提供便利。

3. 邮政物流体系建设。加强邮政物流的渠道建设，完善邮政基础设施，优化邮政枢纽布局。兴建天津西站、滨海新区两大邮政枢纽工程，与已有天津站邮政枢纽、第二邮政枢纽形成天津四大邮政处理中心的空间格局，进一步完善邮件各处理节点的配套改造，全面提升邮运网络的综合服务能力。推动邮政企业、快递企业采用先进科学技术，鼓励企业利用手持终端（PDA）、计算机电话集成（CTI）、全球定位系统（GPS）、地理信息系统（GIS）等信息技术及设备，借助邮政信息平台、商务网络，实现邮政服务的自动化、实时化、精准化。鼓励、支持和引导快递服务企业打破行业界限，拓展经营思路，结合天津战略性新兴产业发展的良好契机，加快进入先进制造业供应链服务领域，推进快递服务与电子商务的融合发展，在提供“限时达”、“当日达”、“次晨达”等物流基本服务产品的同时，推广实施短期仓储、代包装、代收费等系列增值服务，实现物流基本服务向增值服务延伸，物流功能服务向管理服务延伸，物流服务向信息流、资金流服务延伸，为客户提供差异化、个性化物流服务。建设快递物流专业园区，引导大型快递物流企业投资建设具有相当规模的快递物流专业园区，吸引快递企业总部或区域总部落户园区，着力形成环渤海地区快递集散中心。发展农村邮政物流服务，搭建村级邮政公共服务平台，推广“连锁分销＋配送到户＋科技支撑”农村物流的综合服务新模式，着力打造“送农资消费品下乡，引农产品进城”的双向邮政物流体系。

4. 逆向物流体系建设。以子牙环保产业园为核心，构建利于废旧电子信息产品、报废汽车、橡塑加工、废弃机电产品精深加工与再制造、新能源和节能环保等产业发展的逆向物流体系。在钢铁、建材、汽车、家电等重点行业，制定逆向物流规划，建立“资源—生产—产品—消费—废弃物再资源化”的清洁闭环经济流动模式，从源头削减和控制污染物的产生。制定相关政策及措施，确立企业在废弃物产生方面的源头作用，明确逆向物流的责任主体，建立循环物流系统激励机制。积极运用财政补贴、贷款融资、税收优惠等方式鼓励和支持逆向物流企业的发展，推动第三方物流公司介入逆向物流领域，为逆向物流服务需求者提供个性化和专业化的逆向物流服务。

5. 应急物流体系建设。构建应急物流组织指挥体系，形成集中领导、分级响应的纵向指挥调度体系和信息共享、分工协作的横向沟通协调体系。建立若干个应急物流中心，探索"军地物流一体化"的应急物流模式。从建立健全应急物资储备保障制度入手，建立多层次的政府应急物资储备体系，完善重要应急物资的监管、生产、储备、调拨和紧急配送体系，发挥天津作为华北物流中心城市和国家级物流节点城市在重大突发事件中的重要作用。

（五）构建多级互通信息网络，增进物流服务精准化与智能化

分步骤、分区域、分层次建设物流信息资源共享的物流信息化体系，全面提升物流业信息化总体水平及综合服务能力，逐步建立服务于环渤海及三北区域的国际型物流信息服务平台。

拓展信息技术在企业应用的深度和广度。鼓励和支持企业广泛应用条码技术（BC）、射频技术（RFID）、地理信息系统（GIS）、全球定位系统（GPS）、快速响应（QR）、企业资源计划（ERP）、订货系统（EOS）及数据仓库技术（DW）等物流自动化技术和现代物流管理软件，实现物流作业的自动化和信息化、物流管理的专业化和高效化，全面提升物流企业的信息化水平及服务效能。大力推进物联网技术在区域物流领域中的应用，实现物流货物的智能化识别、定位、追踪、监控和管理，通过平台整合和互通互联，逐步构建跨区域的物联网体系。

加快物流园区信息化体系建设。鼓励物流园区利用信息技术整合园区内部的业务流程，向入驻企业提供物流信息发布、物流信息查询、服务信息查询、电子商务、安全认证、软件租赁等信息化服务，提升园区服务的信息化水平。鼓励物流园区通过与入驻企业信息系统互联或其他数据采集方式，收集入驻企业的物流业务信息，逐步实现企业物流业务信息向园区物流信息系统上传，为物流信息资源的集中和整合创造条件。推进物流园区物流信息系统与各级物流信息平台之间实现数据交换和信息共享，实现资金流、物流、信息流的融合互通。

加快行业物流专业化信息平台建设。通过行业协会的组织与引导，积极整合企业物流信息资源，发挥行业龙头企业及骨干企业作用，加快建设钢铁、煤炭、石化、生物医药、装备制造业等专业化物流信息平台，为行业提供全程供应链物流服务支撑。加强与环渤海及周边省市地区的沟通与合作，在国家相关部门的指导与支持下，将各专业化物流信息平台进一步拓展延伸，构建跨省区域统一框架与标准的货物运输物流信息平台。

加快物流公共信息资源交易平台建设。加快网络化、智能化的公共物流信息平台建设，实现客户、承运商、政府机构、中介服务机构平台的互通互联。进一步开发和利用天津市交通道路信息通讯系统，实现与天津港、天津机场航空物流

园区、空港国际物流园区及其各区县专业物流园区的联网运作，实现天津市物流信息跟踪、调度、应急反应等智能化服务，实现社会物流资源的有效配置，加快电子商务网络平台的建设，提高物流、资金流和信息流的有效传输和处理。

四、空间布局

（一）空间布局原则

坚持物流空间布局与发展战略同步并进；坚持物流资源的存量整合与增量优化；坚持用地的节约集约与可持续利用；坚持物流业与主导产业的联动发展；坚持物流规划的前瞻性与创新性。

（二）总体空间布局

“十二五”时期，天津现代物流业将形成“两带三区双环”的空间发展格局。

两带：是指以天津港为原点，构建沿海岸线形成的沿海物流发展带以及沿京津走廊形成的京津物流发展带。

三区：是指位于宝坻区、蓟县形成的服务于新型生态农业及现代商贸的北部物流聚集区；位于津南区、西青区形成的服务于新型工业产业及高端电子信息产业的南部物流聚集区；位于静海县、西青区形成服务于钢铁、冶金、建材及现代商贸的西部物流聚集区。

双环：是指以中心城区、滨海新区核心区为依托，在双城区周边构建支持城市生产、生活、商贸的市域物流配送环。

“两带三区双环”的物流空间规划布局结构，如图1所示。

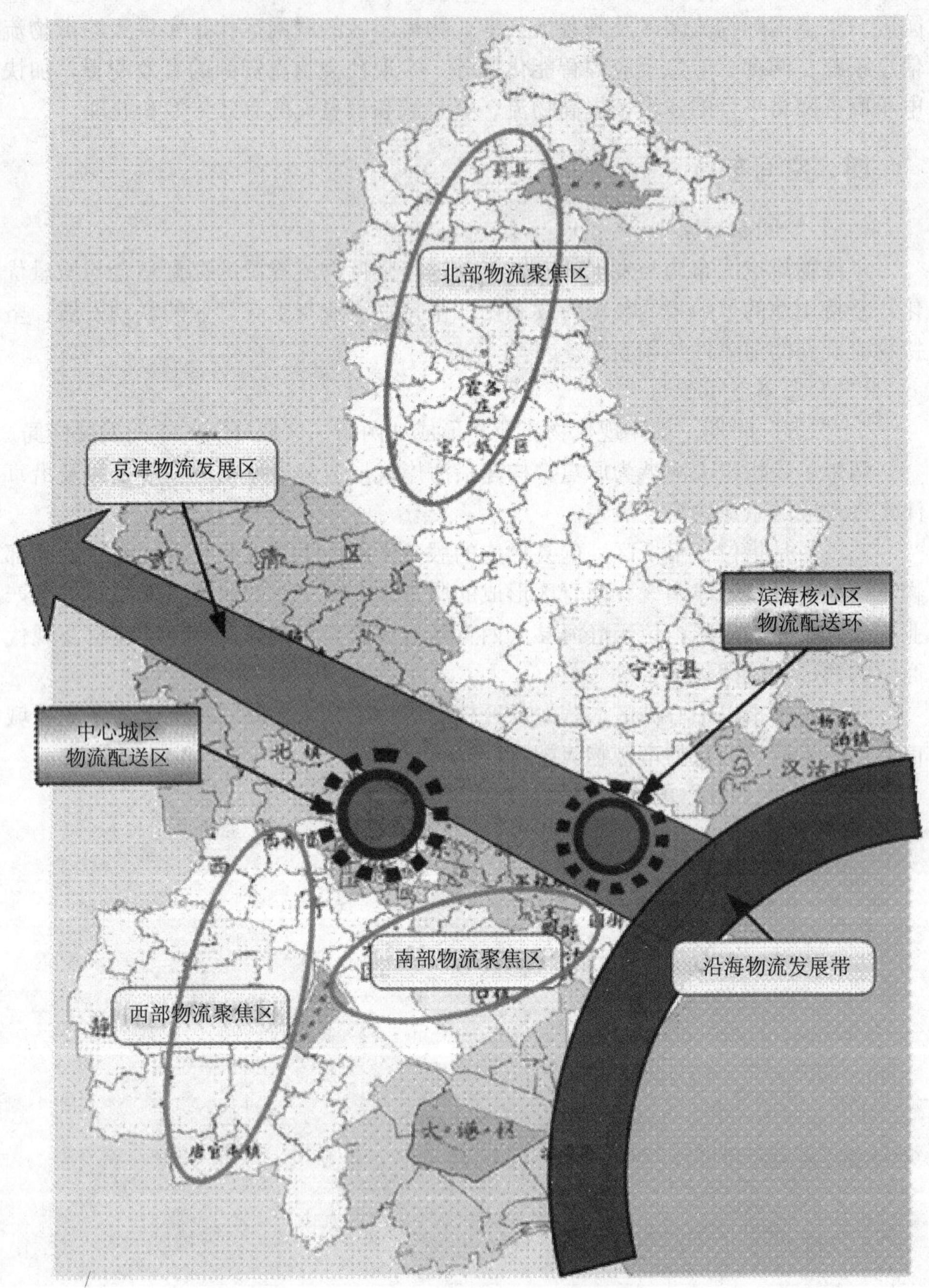

图1 “两带三区双环”的物流空间布局

（三）空间布局规划重点

1. 沿海物流发展带。以天津港为原点，以沿海产业带为延展方向，建设一批口岸型国际物流基地、沿海产业型物流园区，以及功能互补的物流服务网点，形成物流基地、物流园区和网点相互依托、协调发展的空间格局。重要节点项目如图 2 所示。

2. 京津物流发展带。以天津港为原点，以京津唐产业带为延展方向，依托航空航天、生物制药、新能源新材料等重点产业集聚区，规划建设一批大型产业物流基地、若干个物流中心，形成集聚发展、连通快捷、服务产业的物流产业带。重要节点项目如图 3 所示。

3. 北部物流聚集区。位于宝坻区、蓟县形成的服务于新型生态农业以及现代商贸的物流聚集区。重要节点项目如图 4 所示。

4. 南部物流聚集区。位于津南区、西青区形成的服务于新型工业产业及高端电子信息产业，具有产业联动效应的物流发展聚集区。重要节点项目如图 4 所示。

5. 西部物流聚集区。位于西青区、静海县形成的服务于钢铁、冶金、建材及现代商贸的物流发展聚集区。重要节点项目如图 4 所示。

6. 双城区物流配送环。以中心城区、滨海新区核心区为依托，在双城区周边构建支持城市生产、生活、商贸的市域物流配送环。重要节点项目如图 5 所示。

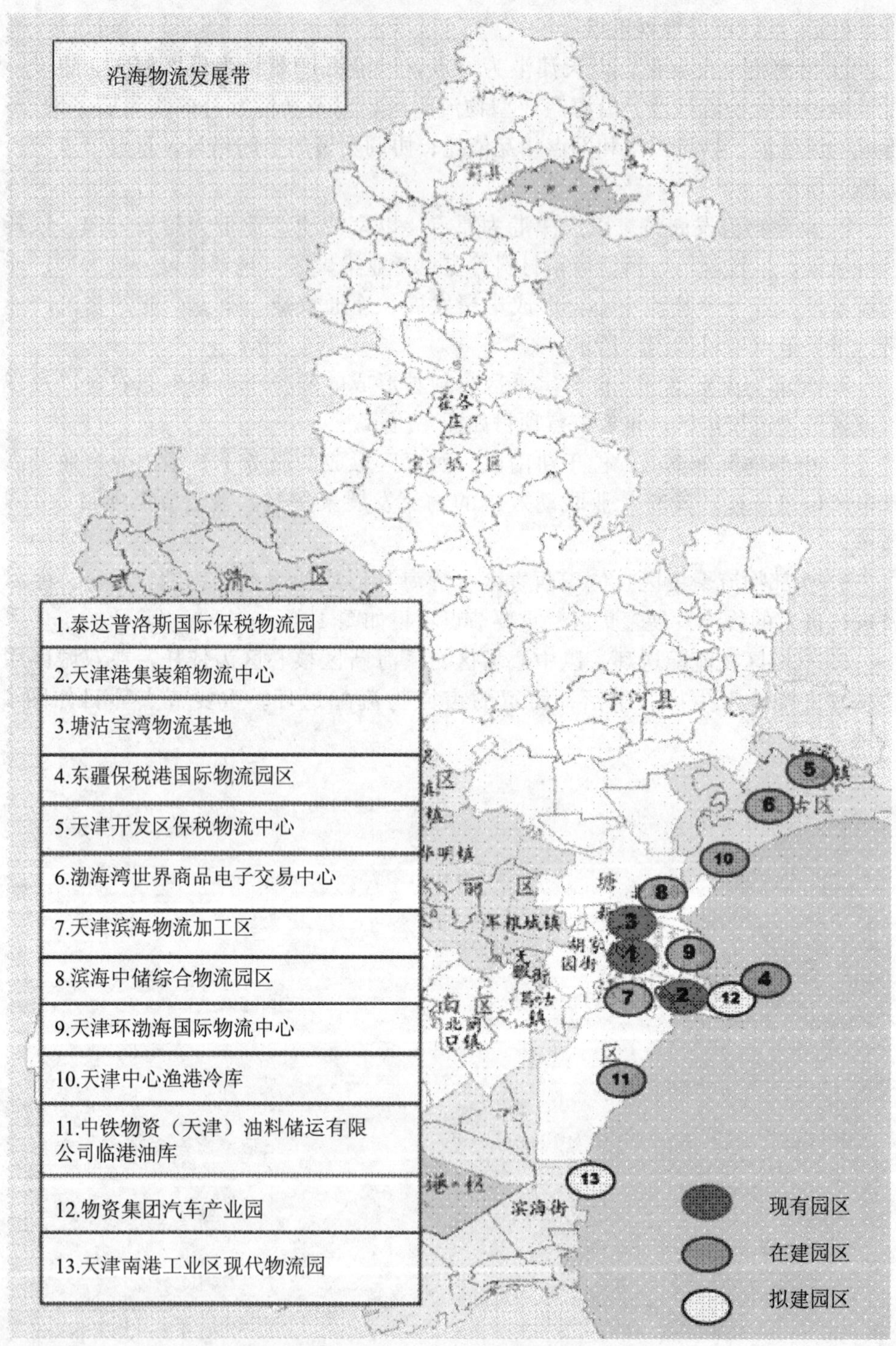

图 2　沿海物流发展带的物流重点规划项目布局示意图

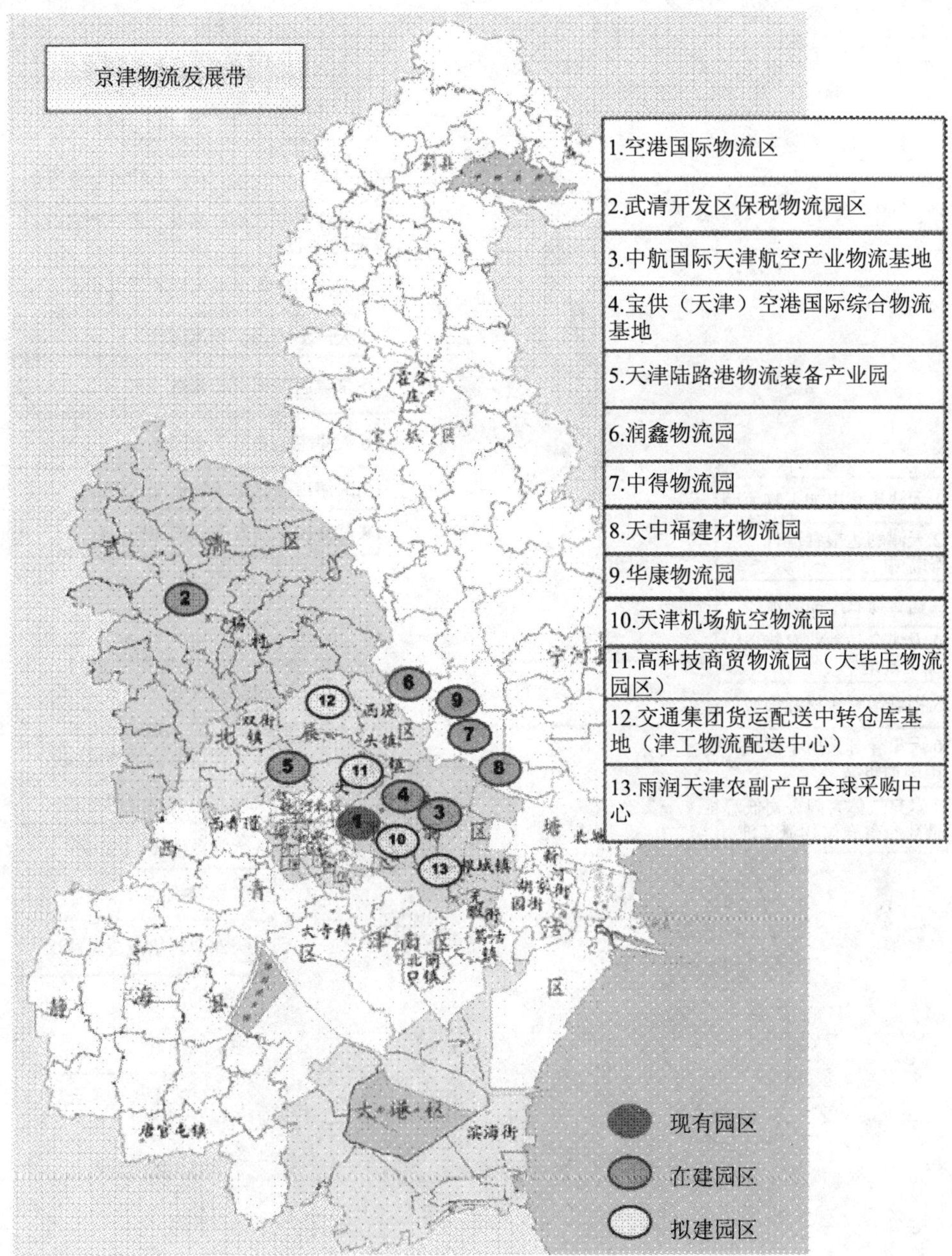

图 3　京津物流发展带的物流重点规划项目布局示意图

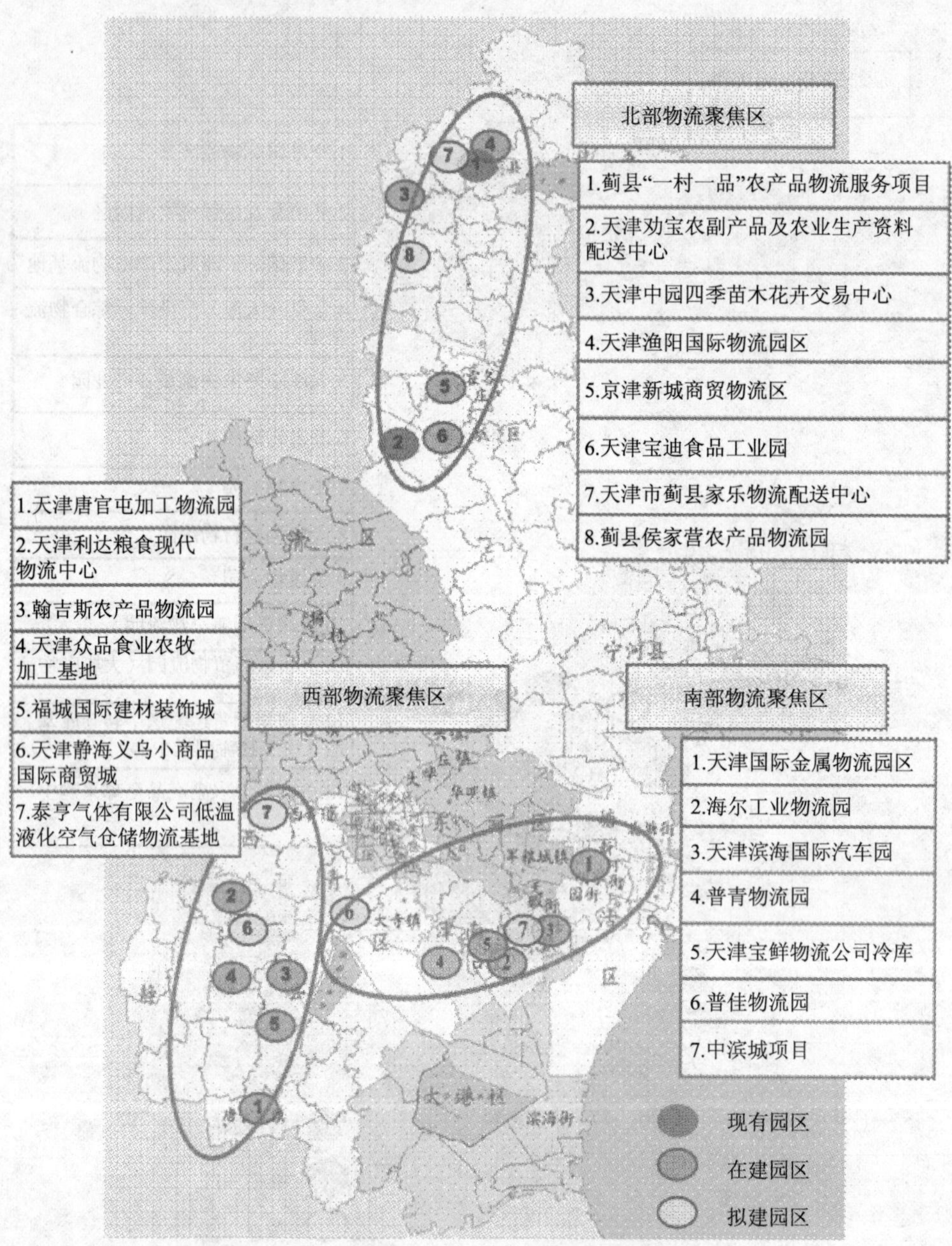

图 4　三大物流聚集区的物流重点规划项目布局示意图

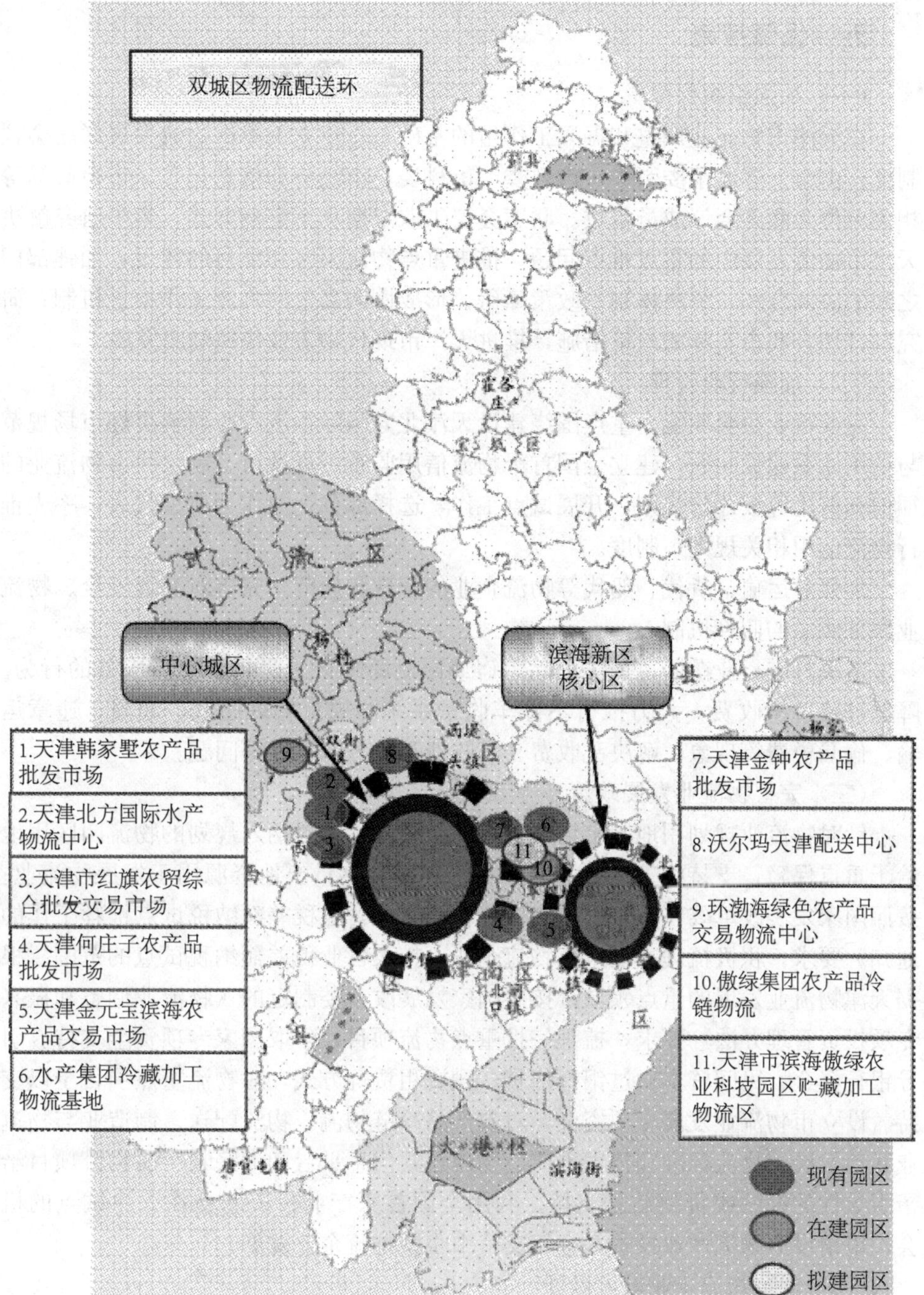

图 5　双城区物流配送环的物流重点规划项目布局示意图

五、保障措施

（一）加强组织保障

在天津市物流业调整和振兴工作组的基础上，建立天津市物流发展联席会议制度，由市发展改革委牵头，市教委、市科委、市经济和信息化委、市财政局等相关单位为联席会议成员单位。联席会议采取定期和不定期方式，集中研究解决天津市物流发展中的重点难点问题，推进重点物流园区和项目的建设；加强部门之间的协调合作，解决体制和政策障碍，形成协调高效的物流工作推进机制；研究制订切合我市实际的政策措施，推进天津市现代物流业快速健康发展。

（二）加强行业管理

完善行业协会职能，重点围绕建设天津北方国际物流中心，解决好市场规范与信用体系建设问题，建立全国首个物流信用监管试点城市。制定我市物流业的征信和信用等级评价规则，开展试点工作，选择部分企业作为典型代表，率先推行物流信用相关规则、制度。

加强对运输、货代、船代等物流企业的管理和规范，完善对交通安全、物流业服务质量的监管机制。

坚决打破行业垄断，依法消除阻碍或限制跨地区、跨行业物流服务的行为。降低过路过桥收费，大力推行不停车收费系统。规范管理超载、超限、违章运输、偷漏税费等现象，解决乱收费、高收费和服务态度差等问题。

（三）完善物流业发展政策

针对物流业规划用地制定切实可行的鼓励政策，对纳入规划的物流园区用地给予重点保障，支持将工业企业旧厂房、仓库和存量土地资源用于发展物流业。按照国家发展改革委《关于进一步做好物流企业营业税差额纳税试点推荐工作的通知》要求，积极梳理一批重点物流企业，扩大营业税差额纳税试点的范围。根据天津物流业发展的重点领域，按照国家发展改革委制定的《物流业调整和振兴专项投资管理办法》要求，梳理一批重点物流项目，争取国家专项资金支持。引导银行资金、民间资本通过银行信贷、融资租赁等方式，对物流重点项目予以支持。设立市物流业发展专项资金，对农产品冷链物流、物流配送、制造业与物流业联动发展、物流标准和技术推广、物流公共信息平台和大宗农产品物流项目给予引导性的补贴或贷款贴息支持。利用全国首家产业投资基金在天津试点的机会，申请设立物流产业投资基金，支持中小型物流企业发展。

（四）支持物流企业做大做强

加大对本市第三方物流企业兼并重组的政策支持力度，鼓励物流企业通过参股、控股、兼并、合资、合作等多种形式对分散的物流设施资源进行整合和资产重组，培育形成若干家具有先进管理水平，国际竞争力强、服务水平高的大型现代物流企业，塑造天津北方国际物流中心的品牌效应，为天津先进制造业发展提供专业化物流服务，增强重点产业的核心竞争力。加大对中小物流企业的调整和扶持力度，加强企业间的联盟合作，鼓励中小物流企业业务流程和服务模式创新，提高企业专业化服务的水平。

（五）推动以物流业为主导的多业联动

进一步推广现代物流管理理念和方法，鼓励生产企业和商贸企业按照分工协作的原则，剥离或外包物流功能，促进企业内部物流的社会化，扩大物流市场需求，推动物流企业与生产企业、商贸企业互动发展。

在生产制造领域，鼓励生产制造企业特别是大型制造企业改造物流流程，运用供应链管理与现代物流理念、技术与方法，通过联盟、外包等形式实现制造企业采购、生产、销售和回收物流的一体化运作；积极推进物流业与制造业联动，延伸物流产业链，重点发展制造业物流的过程管理、信息管理、系统设计等高端物流服务。

在商贸流通领域，积极发展连锁经营、物流配送和电子商务等现代流通方式，推动流通企业向现代经营方式转变，带动物流需求量和需求水平的提高；引导商贸物流企业在网络组织、经营业态、管理理念等方面提升专业化服务水平；积极推进农村配送中心和农村物流体系建设，实现农资和农村日用消费品统一配送。

（六）继续推进物流领域对外开放

引入多元化投资和竞争的主体，推进物流设施建设和物流业务的市场化和国际化进程。大力吸引国内外投资者，对码头、物流园区和信息平台等重大基础设施建设进行投资。实施“引进来”政策，积极吸引多家国际知名物流企业入驻，参与天津物流市场经营。鼓励和支持有条件的物流企业实施“走出去”战略，参与投资建设境外物流设施和国外物流市场的经营，拓展国际物流渠道。进一步加快开发建设东疆保税港区，在税收、财政、投资等方面制定更优惠、更具创新性的政策，充分发挥其在天津国际物流系统中的先导和示范作用。

（七）完善物流人才引进与教育培训体系

建立多层次的物流人才教育与培训机制。推进大中专院校物流相关专业的学科建设，进一步完善物流教育体系。开展国际合作办学项目，建立国际化、高层次的供应链与国际物流管理人才培养基地。鼓励高校、科研机构与大型知名物流企业建立产学研联盟，建立物流实验基地和物流人才孵化平台。完善物流从业人员执业资格认证体系，将物流职业培训和从业资格认证结合起来。

积极引进高级人才，形成国际物流研发中心。整合高校、企业和研究机构力量，鼓励与国内外知名高校、科研机构的合作交流；制定鼓励第四方物流企业和咨询公司业务发展的相关政策；制定吸引高端航运与物流人才来津发展的政策。

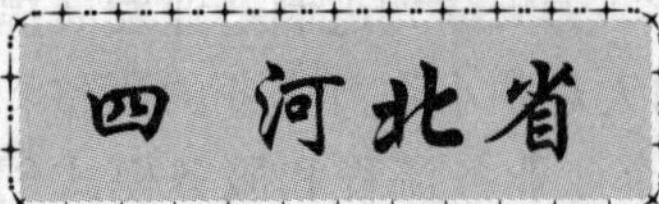

012

关于印发《河北省现代物流业"十二五"发展规划》的通知

冀发政服务〔2011〕2206号

各设区市、扩权县（市）人民政府，省政府有关部门：

经省政府同意，现将《河北省现代物流业"十二五"发展规划》印发给你们，请认真贯彻落实。

附件：河北省现代物流业"十二五"发展规划

河北省发展和改革委员会

二〇一一年十一月二十二日

附件：

河北省现代物流业"十二五"发展规划

河北省发展和改革委员会

2011年11月22日

大力发展现代物流业，是落实科学发展观、转变经济发展方式、增强经济竞争力的重要举措，是我省"十二五"期间及未来一个时期的重大战略选择。为深入贯彻国家《物流业调整和振兴规划》（国发〔2009〕8号）和《关于促进物流业健康发展政策措施的意见》（国办发〔2011〕38号），进一步巩固和提升现代物流业的优势产业地位，推动我省经济加快发展和加速转型，特制定本规划。

一、发展基础

（一）产业现状

1. 产业规模持续壮大

近年来，我省现代物流业保持了持续快速发展的态势，产业规模进一步壮大。据测算，"十一五"期间全省物流业年均增长8.9%，2010年全省物流业增加值实现1489亿元，占全省生产总值比重达到7.4%，占服务业增加值比重高出全国平均水平 5.5 个百分点。社会物流总量快速增加，全社会物流总额达到 3.9 万亿元，年均增长 14.4%，货物运输总量和周转量达到 17.7 亿吨和 7673 亿吨公里，同比分别增长 29.6%和 28.3%，主要港口吞吐量完成 6 亿吨，同比增长 18.6%。

2. 产业升级步伐加快

物流业专业化、社会化、市场化进程不断加快，现代物流理念日益普及，物流运行效率逐步提高，物流成本进一步下降，2010 年全省全社会物流总费用占 GDP 比重为 19.1%，同比降低 0.03 个百分点。大型工商企业加快物流业务剥离，传统物流企业加大功能整合与服务延伸，涌现出开滦国际物流、冀中能源国际物流、唐山远大、沧运、万和等一批全国物流百强企业。唐山海港、丰润北方等 19 个首批省级物流聚集区和 7 个环首都现代物流园区建设进度加快，产业集聚态势凸显。正定空港、石家庄内陆港加快启动保税物流中心建设，为开展国际保税物流业务奠定了基础。

3. 行业物流加快发展

生产性大宗商品物流快速发展，开滦集团曹妃甸动力煤储配基地、河北钢铁集团大型港口钢铁物流基地、唐山丰润钢铁物流中心、成润港骅粮食物流中心等一批大型物流项目抓紧建设。物流业与制造业联动效应初步显现，长城汽车、天威大型输电设备等制造业与物流业的协调联动日益深入，冀中能源、石药等大型企业加快拓展物流业务。生活性商贸物流网络不断完善，传统专业商品交易市场逐步向区域性商贸物流中心和分拨中心转型，大型商贸流通企业加快完善信息化、自动化物流功能，拓展服务网络，助推城乡物流一体化发展。

4. 支撑能力显著增强

物流业固定资产投资力度不断加大，2010 年全省全年物流业固定资产投资完成 1788 亿元，较“十五”末增长 276.9%。基础设施承载能力显著增强，铁路、高速公路、机场、港口以及管道运输体系大幅扩能升级，高速公路通车里程达到 4307 公里，铁路通车里程 5409 公里，民用航空机场 4 个，航线 56 条，港口万吨泊位达到 97 个，管道油气输送里程 854 公里，初步形成海陆空一体、多种运输方式有效衔接的物流设施体系。物流技术装备水平明显提高，标准托盘、自动卸载、信息终端等技术装备得到推广应用，正定医药物流中心的设施规模、分拣自动化、信息化水平均达到国内一流。

(二) 存在问题

总的来看，我省现代物流业发展总体水平相对不高，综合竞争力有待提升，仍存在一些突出矛盾和问题，体现在：一是沿海港口优势发挥不充分。综合物流功能较弱，高端物流发展滞后，初级基础物流服务较多，高端增值物流服务较少，生产性物流的产业服务功尚未得到充分发挥，对腹地及国际市场的辐射带动能力不强。二是专业化水平不高。企业物流外包比例偏低，产业联动效应较弱，产业链割裂现象较为突出，不能适应重点产业园区和大型企业发展需要，社会物流总费用占全省生产总值比重高于全国平均水平 1.3 个百分点，现代物流的增值潜力没有得到有效挖掘，有效需求不足和有效供给能力不强并存，物流效率和服务水平有待提升。三是空间布局不合理。项目布局小、散、乱现象仍然突出，土地集约利用效率不高，基础设施配套性、兼容性不强，交通设施衔接不畅，区域一体化运作能力较弱，物流园区缺乏统一规划，内部功能划分不合理。四是发展环境有待完善。专业人才少，尤其是从事供应链管理和物流方案策划的高端人才不足，物流信息化、标准化程度较低，制约物流业发展的土地、税收等瓶颈性因素仍很突出。道路梗阻现象时有发生，收费关卡设置不合理，收费偏多偏高，增加了物流成本。

（三）发展环境

"十二五"期间，国际产业结构深入调整，跨国物流企业加快拓展我国市场，国内各省市竞相加快发展现代物流业，抢占物流发展制高点。我省物流业发展进入了规模扩张与质量提升的关键时期，面临着难得的战略机遇。

1. 市场需求更加旺盛

"十二五"期间，全省生产总值预期年均增长 8.5%，到 2015 年将超过 3 万亿元，需要庞大的物流能力做支撑。从产业物流需求看，传统产业转型升级和战略性新兴产业快速崛起，促使生产企业更加注重发展质量和效益，物流外包趋势更加显著，将推动物流企业更快、更广、更深介入生产环节，创造规模庞大的产业物流需求。从生活物流需求看，扩大内需政策的实施、居民消费结构的快速升级以及绿色消费理念的加快普及，将带动电子商务、网络购物、邮政快递、城乡配送等新兴物流市场需求，生活性物流规模将进一步扩大。

2. 升级动力更加强劲

随着全球新一轮价值链分工日趋深入，产业链升级取代产品升级，物流业与制造业"两业联动"不断深入，物流服务方式开始从传统物流外包向工位配送、代理采购、融资监管等新兴领域渗透，服务范围从单一物流环节向供应链一体化延伸，市场竞争的焦点逐步转向供应链之间的竞争，通过供应链一体化持续降低成本、提升发展效率。尤其是随着自动化、标准化技术装备和以物联网为代表的智能化新兴信息技术的广泛应用，物流运作的集成化、便捷化水平大幅提升。因此，推动我省经济发展方式转变，优化提升产业结构，必须发挥现代物流业的龙头带动作用和组织牵引功能，提高原材料和产成品运输配送效率，推动物流企业参与整个供应链的组织管理，实现生产与消费、生产各环节之间的高效衔接，带动产业结构调整优化与转型升级。

3. 比较优势更加突出

随着国家物流区域布局的逐步完善，我省连接华北、东北、西北、中南四大经济区，汇集三大物流通道，地处物流密集区的区位优势更加突出，有助于我省集聚区域物流资源、对接全国物流网络、融入国际物流市场。尤其是随着腹地经济的快速发展和产业结构优化升级，我省沿海港口的桥头堡作用更加明显，港口功能的进一步完善和沿海经济隆起带的率先发展，将为我省顺应全球物流网络由沿海地区向内陆城市延伸，依托立体化交通运输网络，主动承接国际物流产业转移，构筑各具特色的区域性物流发展格局提供有利契机。与此同时，千亿元级重点园区和大型企业集团的培育与发展，为钢铁、石化、装备制造、医药等行业物流发展提供了广阔的市场空间。

4. 政策环境更加优化

随着国家《物流业调整和振兴规划》和促进物流业健康发展政策措施的逐步实施，物流政策体系日趋完善，物流业政策扶持力度不断加大。中央和地方政府相继建立了推进现代物流业发展的跨部门综合协调机制，我省成立了物流业协调推进机构，初步形成了协调高效的体制环境。同时，瓶颈性体制因素得到初步缓解，交通收费、能源价格、税费政策等问题日益得到社会广泛关注，并将逐步克服，物流企业的经营环境将进一步优化。

二、发展思路

（一）战略定位

——环渤海地区港口物流产业基地

发挥环渤海区位优势，以沿海经济隆起带建设为契机，加快临港物流产业发展，着力提升港口物流服务功能，增强辐射带动能力，打造环渤海港口物流产业基地。

——首都经济圈物流服务基地

发挥京津城市群配套设施完善、同城效应突出的优势，围绕环首都绿色经济圈建设，着眼于建设京津冀一小时交通圈、一小时经济圈、一小时生活圈，满足城市群快速增长的物流需求，打造专业化物流服务基地。

——全国重要的大宗商品交易中心和物流中心

发挥全国钢铁、煤炭、铁矿石等大宗商品生产和集散基地的作用，着眼大宗商品金融化、指数化趋势，以现代服务手段整合提升大宗商品供应链，创新交易模式，打造全国重要的大宗商品交易中心、物流配送中心和生产组织中心。

（二）指导思想

按照科学发展观要求，以服务生产生活、培育支柱产业为目标，着眼于构建以港口为龙头、以物流通道网络为支撑、能够带动腹地发展的现代物流服务体系，依托环首都和沿海地区，发挥比较优势，进一步巩固载体、扩大规模、提高效率，壮大行业物流、推动集聚发展，推进“两业”联动、促进质量提升，加强区域互动、拓展发展空间，提高物流业的现代化、国际化、高端化发展水平。

（三）发展原则

——坚持生产物流与生活物流相结合

既要立足于调整优化我省产业结构，提升制造业竞争力，优先发展“大进大出”、“远进远出”的生产性物流，又要立足于满足城乡人民生活需要，加快发展“多进多出”、“快进快出”的生活性物流。

——坚持沿海带动与腹地拓展相结合

既要发挥港口辐射带动作用，巩固龙头地位，又要顺应国际物流网络加快向内陆延伸趋势，加快腹地物流节点建设，促进沿海与腹地一体化发展，拓展国内外物流市场。

——坚持剥离重组与两业联动相结合

既要加快推进物流服务外包剥离，发展第三方物流，又要着力提升物流专业化服务水平，促进产业间关联配套和上下游有机链接，促进物流业与制造业联动发展。

——坚持壮大基础与延伸服务相结合

既要加快物流基础设施建设，进一步巩固扩大运输、仓储等基础性物流服务，更要推进物流功能向增值服务、高端服务领域延伸，通过提升服务效率增强产业核心竞争力。

——坚持扩大规模和技术进步相结合

既要注重在增量上推动重大项目建设，壮大产业规模，增强供给能力，又要加快推广现代信息技术和物流设施装备，提高物流效率，降低物流成本。

（四）发展目标

物流业规模进一步扩大，整体运行效率明显改善，社会化、专业化和现代化水平显著提高，建成布局合理、技术先进、绿色安全、便捷高效、具有较强竞争力的现代物流产业体系。

——支柱地位更加突出

到2015年物流业增加值突破2500亿元，年均增长14%，物流业增加值占生产总值比重达到8.3%，巩固继钢铁之后的第二大优势产业地位。

——内部结构显著优化

到2015年，第三方物流市场份额占全部物流市场份额比重达到40%，建成钢铁、煤炭等大宗商品物流交易平台，农产品在途损耗率大幅降低，商贸配送率达到30%，物流社会化、市场化、专业化水平大幅提高。

——运行效率大幅提升

到2015年，初步完成大型物流企业信息化改造，培育壮大3～5家以物联网技术为支撑的先进物流企业，全社会物流总费用占全省生产总值比重降至17%

以下。

——品牌优势初步显现

到 2015 年，培育形成钢铁物流、农副产品冷链物流、港口物流和商贸物流等一批优势物流品牌，第三方、第四方物流龙头企业比重明显增加。

三、主要任务

（一）推进集聚发展

着眼提高物流资源使用效率，加快推进物流资源向重点区域、节点城市和集聚区转移，实现现代物流业集聚发展。

1. 优化空间布局

按照全省“十二五”期间建设沿海经济隆起带和环首都经济圈的总体设想以及物流业“一带两通道”的空间布局要求，引导重大物流资源向沿海、环京津集聚，推动重大物流项目建设，强化“环京津物流产业聚集带”功能，推进京津冀交通运输体系和物流管理一体化运作，加快 7 个环首都现代物流园区建设。进一步拓宽冀东和冀中南两大物流通道，强化港口的桥头堡作用，加强物流通道节点和物流设施建设，完善区域联动机制，促进物流要素集聚，增强辐射带动能力，巩固和提升在国家物流网络规划中的地位。

2. 巩固节点城市功能

巩固壮大石家庄、唐山两个国家级区域性物流节点城市，积极推进省级物流节点城市建设，扶持有条件的县（市）重点发展物流产业，发挥节点作用。围绕城市建设上水平，缓解城市中心区交通压力，鼓励和支持有条件的城市积极推动传统仓储设施外迁。结合城市总体规划，按照空间拓展、交通便捷、利于集散原则，在城乡结合部规划建设以物流为核心，涵盖商贸、餐饮、商务、金融服务等业态的物流功能区，进一步优化城市产业的空间结构。

3. 加快物流聚集区建设

着眼壮大产业发展载体，发挥物流产业聚集区产业集聚、功能集成、用地集约优势，加快产业基地型、交通枢纽型和商贸流通型物流集聚区建设，重点加快推进 19 个省级物流产业聚集区建设。落实各项扶持政策，加快水、电、路、通讯等基础设施和信息、质检、通关等公共服务平台建设，全面启动招商引资，力促国际、国内知名物流企业和项目尽快落地。鼓励和支持各地依托自身优势，建设功能完善、设施齐全、具有较强专业化水平的物流园区，促进资源整合与产业集聚。

（二）壮大市场主体

着眼提高市场竞争能力，通过培育、剥离、引进等多种方式，组建一批现代化、国际化、标准化的物流企业。

1. 培育第三方物流企业

围绕重点产业园区和大型企业集团，加快培育一批与我省现代产业体系相配套的第三方物流企业，鼓励物流企业以参股、控股、兼并、联合等方式进行资产重组，提高组织化、规模化、网络化程度和服务质量。鼓励和支持传统仓储、运输企业，按照现代物流理念和运作流程，加大设施改造力度，大力应用现代物流技术装备，提高增值服务能力，加快向第三方物流企业转型。支持邮政、供销进一步完善终端服务网点，拓展增值服务和高端服务，打造覆盖全省城乡的物流网络。鼓励省属大型企业集团以其主业为基础，延伸工艺流程，完善传统产业链，形成完备的现代物流产业体系。

2. 提升企业品牌竞争力

支持邯郸万和、沧运、邮政物流、河北物流、河北远洋等 20 家专业化水平较高的第三方物流企业发挥自身优势，做优做精核心业务，提高技术装备和管理水平，积极引进国际物流标准，承接跨国物流业务外包，加强品牌管理，努力形成知名物流品牌。鼓励和支持品牌物流企业申报国家物流企业 A 级评定，力争 10 家以上物流企业进入全国百强行列。探索推行物流企业进出口经营权试点，扶持有条件的物流企业开拓国际市场。

3. 积极引进战略投资者

加快推进中钢物流、中铁物流、雨润全球采购中心等项目建设，积极吸引国际知名物流企业参与我省物流园区、物流项目的建设和物流企业重组改造，与省内物流企业开展业务合作，建立仓储中心、配送中心等分支机构，促进我省与国际物流网络有效对接。

（三）拓展物流功能

在进一步巩固壮大转运、仓储等基础物流服务的基础上，加快向高附加值业务领域延伸，拓展物流服务功能，增强物流资源的整合能力。

1. 提升转运能力

通过改造提升基础设施，优化流程管理，提高运输效率，进一步发挥公路、铁路、港口的运输优势。依托大型陆运交通枢纽，加强场站、仓储和转运设施建设。重点挖掘曹妃甸港的煤炭运输、储配能力，巩固我省沿海港口作为国家“北煤南运”、“东煤西运”能源战略的龙头地位。结合秦皇岛港口搬迁和黄骅综合大港建设，完善港口功能，促进港口功能转型，加快发展散杂货和集装箱运输，尽快形成新的竞争优势。

2. 建设交易平台

依托我省钢铁、煤炭、矿石的生产和运输优势，推动物流功能向上游延伸，加快建设大型综合交易平台，积极开发煤炭、铁矿石标准化产品，完善市场交易规则和金融担保、抵押、贴现、保险等配套服务体系，加强与大连、天津等商品交易所合作，继续推进期货交割场库建设，形成区域性乃至全国性的大宗商品标准化产品开发中心、物流配送中心、交易中心、价格中心和抵押担保金融服务中心，形成物流与商流、实物交易与虚拟交易相结合的现代物流体系，奠定和巩固我省钢铁、煤炭、矿石等大宗商品物流在全国乃至全球的优势地位，增强话语权，把握主动权。

3. 完善保税功能

依托沿海三大海港、石家庄空港的运输优势和口岸功能，积极争取国家支持，谋划建设一批国际保税物流园区，加快推进正定空港物流园、石家庄内陆港保税物流中心建设，增强“大通关”能力。继续在特色产业发达、市场占有率高、进出口规模大的地区建设内陆港，积极争取检验检疫、海关通关政策，努力把内陆港建设成为具有一类口岸功能的内陆口岸。在具备条件的地区设立一批保税仓库和出口监管仓库，加强与口岸的通关协作，增强辐射和带动能力。

（四）促进产业联动

加快推进物流产业与制造业的融合互动，进一步延伸物流服务功能，强化以供应链整合生产流程，增强物流产业的生产组织作用。

1. 优化业务流程

引导大型制造业企业借鉴冀中能源鼎峰公司和开滦模式，按照现代物流理念和技术改造现有采购、仓储、运输、配送等业务流程，打造统一的采购配送平台，提高对市场的快速响应能力和核心竞争力。以提高物流效率为目标，按照工艺流程优化生产单元空间布局，改善物流设备，加强物流管理。围绕实现以物流供应链管理优化为核心来组织企业生产的新模式，进一步优化各生产环节之间、零部件与整机组装之间的物流流程，壮大企业物流规模，构建一体化物流产业链。

2. 推动业务外包

支持河北钢铁、华北制药等大型企业剥离物流业务，深化物流改革，打造专业化、现代化的大型物流领军企业，提供社会化物流服务。支持秦皇岛物流服务外包基地、石家庄装备制造业物流外包园等项目建设，整合物流外包资源，提高专业化物流服务能力。推动大型制造业基地、特色产业集群、大型商品集散地的企业联合实行集体性物流外包，壮大物流需求。

3. 组建战略联盟

加快推进山海关造船、保定变压器、邯郸新兴铸管等大型制造业企业与专业化物流企业结成战略联盟，组织实施一批制造业与物流业联动发展示范工程，促进现代制造业与物流业有机融合、联动发展。鼓励和支持大型商贸流通企业，积极建立专业化物流设施，拓展连锁经营和物流配送范围，增强物流服务能力，降低流通成本。

（五）完善配套设施

进一步强化港口、铁路、公路等重大基础设施及集疏通道建设，改进运输方式，整合物流资源，提高承运能力，为发展现代物流业奠定坚实基础。

1. 拓展集疏运输网络

着眼完善现代化综合运输网络，加快建设物流功能完善、集疏运通畅的港群服务体系和以铁路、公路主干线为支撑的陆运服务体系。按照建造北方深水大港的总体要求，加快建设曹妃甸港区大型专业化原油、矿石、煤炭、液化天然气码头，布局建设京唐港区矿石、集装箱、散杂货泊位。加快黄骅港综合大港建设，有序推进集装箱、矿石、煤炭、通用散杂货、油品及液体化工泊位建设。支持秦皇岛港搬迁改造，引导煤炭下水能力逐步向曹妃甸、黄骅转移，重点建设集装箱和杂货码头和泊位。加快推进承秦、张唐、邯黄铁路建设和迁曹、朔黄铁路扩能，建成三大港口至蒙东、蒙西通道和河北中南部、晋中南、豫北及鲁西北出海通道。推进石家庄、邯郸机场扩建和北戴河、承德、张家口、邢台等机场建设，加快沧州机场前期工作。完善区际、城际、城市、机场、港口和城乡快速交通运输网络，构建环首都、沿海“一小时”和环省会“两小时”交通圈。

2. 大力发展多式联运

依托港口、铁路、公路、机场等交通运输基础设施，谋划布局建设一批大型货运场站、集装箱多式联运中转站和连接各种运输方式的转运设施，提高物流设施的系统性和兼容性。大力发展集装箱、甩挂、单元化装载、重点物资散装运输等方式，积极推进铁路、航空、海运、管道等多种运输方式的有效衔接，着力推动铁路专用线与航空港和大型物流园区的连接，提高物流集散能力。

3. 整合物流设施资源

进一步盘活供销、邮政、物资储备等领域原有物流设施，加强改造升级，加快传统仓储设施改造和功能转型，提高存量资产使用效率。搞好央企与我省在铁路、港口等重大物流基础设施建设和运营方面的对接与合作。加强临港物流园区、环首都物流园区、中心城市周边物流园区的统一规划建设，避免重复投资、恶性竞争和资源浪费。对垄断性的港口码头、高速公路、大型物流园区等物流基础设施实行战略性重组，吸引重点上下游客户参股，以形成有序、竞争、完善、制衡的运营体系。

（六）提高信息化、标准化水平

加快引进推广标准化物流设备和现代信息技术，以标准化推进信息化，以信息化提升标准化，改造重组物流流程，全面提高物流效率、效益和服务水平。

1. 加快企业物流信息化改造

鼓励企业加快物流信息化建设，深化信息技术在物流各环节的应用，支持企业应用条码、电子数据交换、无线射频等先进适用技术，引导大型物流企业开发应用企业资源管理系统、供应链管理、客户关系管理等先进物流管理系统。扶持一批专业化物流信息服务企业，整合物流信息、监管、设备等资源，面向社会开展信息服务、信息管理、技术服务和信息交易等业务。加快推进物联网技术的开发应用，搭建公共服务平台，打造一批物联网技术推广使用示范企业和示范工程。

2. 推进公共信息平台建设

建立健全金融、税务、海关、检验检疫、交通运输、邮政等部门物流信息共享机制，推进京津冀一体化物流信息交换平台和跨区域、跨行业物流公共信息平台建设，促进区域物流公共信息平台与行业、企业信息系统的互联互通、资源共享和数据共用。推进电子商务与现代物流融合发展，鼓励大型物流企业与电子商务企业、信息服务企业协作，实现物流、商流、信息流的融合互通。引导中小企业依托公共信息平台开展电子商务，实现网上谈判、网上订货配货、网上交易、网上支付、实时跟踪监控等，推进物流业务的信息化和网络化。

3. 实施物流标准化

加快推广应用国际、国家物流标准，支持企业积极参与国家物流标准、特种行业物流标准的制定。结合我省具有竞争优势的制造行业和产品，加快研究制定物流标准，争取上升为国家物流标准。鼓励企业采用标准化的物流计量、货物分类、物品标识、技术装备、作业流程等，推进标准化仓储设施建设，提高物流标准化程度。

四、重点领域

立足现有基础，发挥比较优势，着力推动市场潜力广、产业规模大、带动能力强的八大行业物流发展。生产性物流要着重巩固港口龙头地位，畅通连接港口与腹地的物流通道，加快物流节点和大宗商品转运中心建设，积极拓展高端物流业务，推进现代物流业与制造业的融合发展。生活性物流要依托中心城市，围绕建立完善品种多样、技术先进、覆盖城乡的物流配送网络，加快大型综合性物流配送中心和终端网点建设，实现从生产基地、商品集散中心到终端消费的一体化运作。

（一）港口物流

1. 发展思路

着眼推进物流业国际化进程，依托海港、空港和内陆港，以增强“大通关”能力和增值服务功能为重点，加快构建联通国内外市场、海陆空一体的现代港口物流服务体系，提升港口物流发展水平。到 2015 年，全省港口吞吐量突破 10 亿吨；集装箱吞吐量争取达到 500 万标箱；空港货运吞吐量突破 12 万吨。

2. 发展重点

一是壮大港口物流规模。围绕建设我省沿海经济隆起带，完善唐山、秦皇岛、黄骅等港口体系，提升集疏运功能。在巩固煤炭、铁矿石、石油等能源、原材料物流的同时，集中力量发展集装箱、杂货运输等物流业务。围绕秦皇岛临港制造业发展，积极发展集装箱、杂货运输，形成与秦皇岛产业发展定位和国际旅游城市形象相适应的物流体系。加快推进京唐港集装箱海铁多式联运，形成中国集装箱海铁物流方式融合的典范。扩大黄骅港物流集疏能力，努力成为集煤炭、杂货、集装箱和液体化工为一体的多功能现代化港口，打造欧亚大陆桥新的“桥头堡”，带动广阔腹地经济发展。围绕培育壮大临空经济规模，按照“零距离换乘”和“无缝隙衔接”的要求，加快石家庄、邯郸等机场配套物流设施建设，拓展航线资源，扩大货物吞吐能力。抓住北京新机场建设的机遇，加快廊坊空港物流园区建设，建设服务京津冀的高端物流基地。

二是完善港口物流功能。加快大通关体系建设，推进港口物流一体化运作，增强一站式服务能力，大力发展国际海运集装箱中转、多功能国际货运、国际航运等多式联运，提高货物国际中转能力，加快由传统卸载港向现代物流港转型，形成国际物流的重要节点。着力完善空港保税物流功能，加快石家庄空港新区保税物流中心建设，利用京津机场货物分流的有利时机，积极开展保税物流、航空快递物流、区域快件分拨、订舱报关等业务，完善口岸出入境检验检疫设施，进一步改善我省对外开放的口岸环境，打造新的国际化开放门户。

三是拓展港口物流腹地。加强与腹地联合协作，依托腹地的中心城市、生产基地、产业集群和商品集散地，建设配套的物流配送基地，提供标准化物流服务，优化整合腹地物流资源。适应腹地经济发展和结构调整需要，积极拓展国际航线，增加连通港口与腹地的公路、铁路运输线路和班次密度，进一步扩大物流运输能力，增强港口辐射带动作用。鼓励支持腹地的制造企业、物流企业参与专属码头、泊位等港口基础设施和临港物流园区、物流聚集区建设，促进港口与腹地的互动。进一步组织好港口推荐会，促进港口尤其是黄骅综合大港与腹地企业的业务合作，增强港口对冀中南、西北和中原经济腹地物流资源的聚集和吸纳能力，强化新的欧亚大陆桥“桥头堡”地位。

（二）大宗商品物流

1. 发展思路

立足于我省原材料工业比重大和重要交通枢纽优势，在巩固大宗商品转运能力的同时，积极发展现货交易，加快向期货交易发展，努力建设现货交易与期货交割并举、国际市场与国内市场共存的大宗商品物流体系。到 2015 年，建成一批全国性钢铁、能源、粮食等大宗商品物流基地，为初步形成全国重要的大宗商品价格形成中心奠定基础。

2. 发展重点

一是加快完善大宗商品物流体系。依托大宗商品生产、消费基地和港口、铁路、公路等交通设施，推进大宗商品物流通道建设，加快通道升级扩能，巩固壮大冀北、冀中、冀南三大物流通道。发挥交通区位优势，围绕钢铁、煤炭、能源、粮食等大宗商品跨区域集散，重点在秦皇岛、唐山、沧州、石家庄建设一批大宗商品物流基地，完善我省煤炭物流六大枢纽和九大基地的服务功能，形成全国重要的大宗商品跨区域物流分拨中心。鼓励和支持大型钢铁、能源企业，整合设施资源，针对客户需求建设大宗商品配送中心，开展仓储加工、配送运输、物流金融等增值业务，拓展和优化大宗商品物流节点。

二是构建现代大宗商品交易体系。依托钢铁、煤炭、矿石等优势产业，加快专业化交易平台建设，着力发展合同交易、网上交易、现货合同交易、电子商务等新型交易方式，增强信息查询、抵押融资、电子支付、国际分销、跨区采购、合同采购等综合服务功能，推进大宗商品交易金融化，打造全国重要的大宗商品价格形成中心。支持河北钢铁集团拓展钢铁物流功能，延伸产业链条，整合钢铁生产企业和钢贸企业，建设以钢铁、铁矿石为主的中国北方最大的交易中心和定价中心。支持冀中能源集团、开滦集团、河北港口集团建设煤炭交易平台，引导煤炭生产企业、煤炭消费企业和第三方物流企业上线交易，打造具有较大影响力的煤炭物流交易中心和国内煤炭定价中心。

三是拓展大宗商品物流产业链条。引导钢铁、粮油加工等生产企业，剥离物流业务和资产，组建独立运作、独立核算、以加工配送为特色的第三方物流企业，促进生产企业由“原材料”供应商向“零部件”供应商转型，延伸产业链条，提升增值能力。鼓励和支持煤炭、钢铁、能源企业，积极实施走出去战略，与国内外矿业、航运、港口、交通、物流等企业合作，共同开发国外能源资源，增强战略储备能力，积极应对国际能源价格大幅波动风险，构建从产地到客户的一体化大宗能源产业链。

（三）装备制造物流

1. 发展思路

着眼提升装备制造业核心竞争力，坚持产业联动，以推动装备制造业物流外包和增强专业化服务功能为重点，提高装备制造业一体化、集成化运作水平。2015 年，基本实现装备制造业物流业务外包，组建一批专业化装备制造业物流企业。

2. 发展重点

一是加强装备制造业物流设施建设。围绕能源装备、管道装备、车辆装备、工程装备、专用装备、船舶及海洋工程装备、基础配套产品等重点装备制造业领域，依托大型装备制造业产业聚集区，配套建设具有仓储、采购、原料供应、产品配送、特种运输等功能的物流设施，衔接产业链条，增强物流配套能力。

二是加快专业化装备制造业物流项目建设。进一步推进哈动力装备物流、长城汽车物流、长安汽车物流、石家庄装备制造外包园等项目建设，完善配件供应、定制服务、对外分拨等增值服务功能，形成一批以优势产品为依托、以订单业务为核心的专业化装备制造物流基地。

三是培育壮大第三方装备制造物流企业。鼓励和支持装备制造企业优化企业业务流程，推进物流剥离，在满足自身物流需求的同时，整合仓储、运输、配送、流通加工、包装、物流信息等资源，积极承接对外物流业务，提供一体化定制服务，培育一批适应现代生产方式的物流企业。鼓励和支持专业化装备制造物流企业，广泛应用集装技术和单元化装载技术，提高与制造业信息共享和标准对接能力，增强一体化服务能力。

（四）农产品物流

1. 发展思路

适应城乡消费升级和食品安全要求，围绕解决农产品物流规模小、环节多、成本高、损耗大等问题，加快建立畅通高效、安全便利的农产品物流体系。到2015年，建成一批规模化、专业化、现代化的跨区域农产品物流基地，果蔬、肉类、水产品在途腐耗率分别降至17％、8％、10％。

2. 发展重点

一是推进大宗农产品跨区域集散。加强港口、铁路交通枢纽等接卸设施和粮食中转设施建设，大力发展海铁联运，配备散粮运输工具，推进粮食储、运、装、卸的"四散化"，畅通三纵两横及渤海湾水陆粮食物流通道。着眼于增强粮食、棉花、食糖等大宗农产品跨区集散能力，依托石家庄城市功能，加快大宗农产品交易、集散设施建设，积极开展大宗商品期货交割、现货配送和跨区转运业务，形成南北大宗农产品物流集散基地，建设张家口、秦皇岛、廊坊、沧州、邯郸五大粮食物流中心。鼓励和支持主要大宗农产品生产基地，加快建设农产品物流设施，开展集散配送业务。

二是加快冷链物流基地建设。依托主要农产品产业基地和大型农产品批发市场，加快冷链物流基础设施改造。积极推广应用冷链物流技术，增强冷链运输、城乡冷链配送、跨区域中转换装等业务功能，完善质量检测和食品安全追溯体系，形成专业化冷链物流基地。发挥环京津区位优势，依托环京津物流产业聚集带，建设一批面向京津市场的生鲜农副产品直供基地，配套建设冷藏、冷储、冷运物流设施，加强农产品检验检测，减少流通中转环节和运输收费，提升河北农副产品在京津市场地位和品牌优势，促进农民增产增收。

三是培育品牌化农业物流企业。依托双鸽、千喜鹤等大型食品加工龙头企业，整合低温屠宰、低温冷冻、冷链运输、检验检疫、包装加工等设施资源，大力拓展增值物流业务，扩大连锁配送范围，打造安全、便捷的食品物流品牌，引进雨润、华润等战略投资者，加快落地项目建设。鼓励支持有条件的物流企业，积极开展“农超对接”、“农校对接”、“农企对接”等产地到销地的直接配送业务，大力发展农产品跨区域集约配送，拓展国际农产品集装箱运输线路，融入国际冷链物流网络。

（五）商贸物流

1. 发展思路

适应消费结构快速升级、消费方式加速更新、交易模式不断创新的需要，顺应商贸流通电子化、信息化和物流化趋势，以完善商贸物流服务体系为重点，推进商贸物流专业化、信息化、网络化、规模化发展。到2015年，初步建立一套与商贸流通业发展相适应的现代商贸物流服务体系，规模以上连锁超市商品统一配送率达到70%。

2. 发展重点

一是完善商贸物流网络。深入实施“万村千乡市场工程”、“新农村现代流通网络建设工程”，依托中心城市和供销、邮政等大型综合商贸流通企业，加快建设多层次城乡日用消费品和农资配送中心，完善乡村服务网点，推行连锁经营，形成城乡一体化物流服务体系。依托石家庄新华集贸、南三条、保定白沟等商贸流通聚集地和大型批发市场，加快向物流配送、电子商务、国际贸易领域拓展，建设一批专业化商贸物流产业聚集区，打造商贸物流分拨配送中心，完善综合性服务功能，开拓国际国内运输专线，提高快速占领国内外市场的能力。加快城市主城区传统批发仓储设施改造，引导大型商贸物流设施外迁。

二是提高商贸物流专业化水平。支持大型连锁企业建设、改造物流配送中心，完善物流配送功能，发展统一配送，提高连锁企业物流配送精细化水平。支持商贸服务业与物流业对接，发展专业化、网络化、全流程的物流服务，促进供应链各环节有机结合。鼓励和支持城市配送企业，广泛采用全球卫星定位系统（GPS）、地理信息系统（GIS）、条形码、无线射频（RF）等技术，构建全程可控、可溯、可视的新型配送体系。鼓励有条件的城市建设基于电子商务交易平台，具有实时在线监测、定位追溯、远程控制和远程维保等功能的智能配送服务网络。

三是加快推进模式创新。支持各类批发市场完善物流服务功能，逐步形成集展示、交易、仓储、加工、配送等功能于一体的批发交易型配送模式。建立以现代物流配送中心和高效信息管理系统为支撑的电子商务物流基地，形成覆盖主要城市、辐射农村的快捷、便利、畅通的网络购物配送体系。加快物流电子交易平台建设，在中心城市引导建立一批以网络平台为依托、以第三方物流服务为主体，集信息发布、交易结算、跟踪、信用评价等功能于一体的网络物流资源交易中心，促进传统、分散的中小企业物流服务模式创新。

（六）医药物流

1. 发展思路

依托我省医药产业优势，以国家加快推进药品集中采购为契机，以资源整合、信息化带动为重点，构建规模化、专业化、网络化医药物流服务体系。到2015年，医药物流市场快速扩大，医药物流行业销售收入突破100亿元，初步形成覆盖全省主要城市的医药物流网络。

2. 发展重点

一是壮大第三方医药物流规模。以医药卫生体制改革和基本药物制度实施为契机，适应药品招标采购带动的物流配送需求，积极吸引全国性和区域性药品流通企业入驻，推动医疗机构和医药生产企业剥离物流配送服务，引导有实力的企业向现代医药物流服务延伸，在满足医药物流标准的前提下，加快发展第三方医药物流，大力开展采购、验收、存储、分拣、配送等业务，形成立足医药产业、辐射全国的药品分拨中心。

二是完善医药产品营销网络。依托华药、石药等大型骨干企业，加快拓展物流业务，构建以药品生产基地为核心的医药物流网络。加快石家庄药博园、医药物流园等医药展贸、配送项目建设，促进专业化医药流通企业集聚，壮大以统一采购、统一配送、统一质量管理、统一服务规范、统一联网信息系统管理、统一品牌标识等为主要标志的跨区域连锁经营网络，形成一批以物流平台为支撑的医药总部基地。

三是以信息化带动现代医药物流发展。广泛使用先进信息技术，运用企业资源计划管理系统（ERP）、供应链管理等新型管理方法，优化业务流程，提高管理水平。发展基于信息化的新型电子支付和电子结算方式，降低交易成本。构建区域性药品市场数据、电子监管等信息平台，实现药品从生产、流通到使用全过程的信息共享和反馈追溯机制。推广使用自动分拣、冷链储运等先进设备，完善医疗用毒性药品、麻醉药品、精神药品、放射性药品和生物制品等特殊药品物流技术保障措施。

（七）邮政物流

1. 发展思路

着眼快速增长的市场需求，以推进实物、信息、资金“三流合一”为重点，着力构建“覆盖城乡、惠及全民、水平适度、可持续发展”的邮政普遍服务体系，加快形成“便捷高效、竞争有序、技术先进、服务优质”的快递服务网络。到2015年，邮政物流收入达到150亿元，快递业务覆盖率达到100%。

2. 发展重点

一是着力强化邮政物流网络建设。推动邮政普遍服务设施的建设完善，加快邮政设施空白乡镇局所投资建设进度，鼓励督促邮政网点尤其是农村邮政局所完善硬件设备。在商贸聚集区、交通枢纽、节点城市规划建设一批现代化邮政、快递园区，积极引导企业入驻园区，鼓励邮政物流企业建设处理流程科学、技术设备先进、处理能力强的快件分拨中心和邮政转运中心。依托综合交通运输体系建设，支持邮政物流企业依托铁路、航空等运输设施，延伸拓展运输网络。引导邮政物流企业整合共享网络资源，避免重复建设和资源浪费。

二是大力发展快递物流。充分发挥区域一体化带动的“同城效应”，支持邮政物流企业努力发挥网络优势，积极开展省内“当日达”、“次晨达”、“次日递”等业务，大力发展异地业务，拓展面向国际市场的“限时递”业务，壮大邮政快递业务规模。鼓励和支持民营快递企业，通过全资直营、特许加盟、业务代理等多种途径，扩大网络覆盖范围，拓展增值业务，加快技术设备更新，培育一批规模化、品牌化、规范化快递企业。加强与美国联合包裹、联邦快递等国内外知名快递物流企业建立合作联盟，积极拓展异地和国际快递市场。

三是积极拓展农村邮政物流。依托邮政“省—市—县—支局—网点”五级连锁配送网络，进一步通过改造、新增、加盟等多种方式，加快建设完善县—乡—村代办节点，建立健全农村邮政物流渠道。鼓励和支持邮政企业拓展服务领域，构建农资物流服务网络，拓展经营化肥、农药、农膜、种子等农资产品，扩大“专家型”农资配送和农技服务队伍，加大日用品、农产品配送力度，积极开展信件、包裹、报刊等邮政服务和金融服务，满足农村居民消费需求。引导邮政物流企业利用连锁网络，积极开展农副产品进城销售、仓储分拣、代收货款等新兴业务。

四是推动邮政物流与电子商务融合发展。鼓励和支持邮政物流进入电子商务领域，推动电子商务企业与邮政物流企业业务合作、联动发展，积极拓展网络购物、电话购物、手机终端购物和电视购物等增值服务。支持快递物流企业依托自身网络资源，创建特色商品专业营销网站，开展电子商务业务。

（八）绿色回收物流

1. 发展思路

着眼发展低碳经济，以降低物流业资源消耗和健全回收服务体系为重点，构建节能高效、绿色环保的现代物流服务体系。到 2015 年，社会物流回收利用率达 15%，物流行业碳排放量有所下降，初步建立起节能高效的物流运作模式。

2. 发展重点

一是完善旧货回收交易体系。加快传统旧货市场升级改造步伐，适应消费升级带动的产品淘汰，围绕二手车、旧家电、旧家具等淘汰商品，建设一批集回收、加工、整形、拼装等功能为一体的旧货交易市场，积极拓展回收加工、信息服务、价格评估等业务，形成旧货物流分拣加工基地。

二是建立健全再生资源回收利用网络。加大市场整顿力度，建立一批规范化运作的再生资源回收网点，发挥再生资源加工企业带动作用，谋划建设再生资源物流园，积极开展回收、采购、加工、配送等业务，提高再生资源利用效率。

三是推进物流领域低碳化运作。以标准化促进绿色化，加快物流设施、物流环节的标准化衔接，减少中间损失和能量消耗，大力推行绿色采购、绿色流通加工和绿色包装管理等绿色物流运作模式，实现物流低碳化运作。

五、保障措施

（一）加强组织领导

各级各部门要从基础性产业的战略高度把握现代物流业发展，进一步提高思想认识，把加快发展现代物流业作为提升经济竞争力的重要任务。各地要结合本地实际，完善物流工作协调机制，建立物流工作领导小组，加强对物流业发展重大问题的研究协调，推动物流业改革开放、政策制定和重大项目建设。加强物流产业聚集区组织机构建设，完善综合服务职能。

（二）努力增加投入

发挥政府产业基金资金的聚合、引导和放大功能，各级政府在资金使用方向上向物流领域倾斜。对省级物流产业聚集区和环首都物流产业园区实行“核定基数、超收全返、一定三年”体制。积极筛选物流项目，争取国家政策支持。鼓励物流企业通过银行贷款、股票上市、发行债券、增资扩股、中外合资等途径筹集资金。积极发展物流业投资基金，努力为物流企业和投融资机构搭建对接平台，促进银企合作。鼓励物流园区建立投融资平台，多渠道筹集建设资金，进行土地前期开发、基础设施和公共服务体系建设。

（三）强化政策扶持

全面落实《河北省促进现代物流业发展的实施意见》，着力实施《河北省环首都物流产业聚集区实施方案》，进一步解决制约物流业发展的土地、收费、重复计税等问题的政策措施，简化物流企业行政审批和环评程序。帮助物流企业纳入全国物流企业税收改革试点。消除交通主通道车辆梗阻现象，进一步清理向货运车辆收取的各种行政性收费和罚款项目，减免各种收费，降低港口码头、高速公路、大型物流园区等重点物流设施的收费。鼓励开展城市配送业务，消除城市快递和配送车辆在城区通行、停靠和装卸作业的限制。支持更多物流项目列入省重点建设项目计划，优先保障项目建设用地。

（四）推进对外开放

利用各种对外经贸活动平台，加大物流项目招商力度。通过多种途径加大招商引资力度，扩大与国内外企业在物流领域的合作，进一步完善物流业招商项目库，动态集中一批物流经营性项目对外推介。加快曹妃甸保税港区建设，优化口岸作业流程，完善一站式电子通关。鼓励各类企业进驻秦皇岛、廊坊出口加工区开展保税物流业务。推进物流合作，积极引进战略投资者，提升我省现代物流业整体水平。

（五）发挥协会作用

支持物流行业协会履行职能，发挥其物流规划制定、政策建议、规范市场行为、统计与信息、技术合作、人才培训、咨询服务等中介服务作用。鼓励和支持各级物流行业协会开展企业A级评定申报工作，向国家积极推介我省有实力的品牌物流企业。支持行业协会开展物流行业标准推广应用和物流职业资格培训和认证工作，鼓励行业协会加强与国内外物流行业间的交流合作，充分发挥行业协会的桥梁纽带作用。

（六）加强基础工作

加大高端物流人才培养和引进力度，参照科技人才的激励政策，妥善解决其住房、子女入学和家属就业等问题。加强物流技术、装备研发投入，有计划、有重点的开展物流技术研发，引导产学研三方合作，突破一批现代物流业共性关键技术。加强物流统计调查和物流行业形势分析预测，构建科学完备的物流统计指标体系。加强物流宣传工作，在全社会营造重视物流业发展的良好氛围。

附件：

1.《河北省现代物流业“十二五”发展规划重大项目表》（略）

2.《河北省环首都现代物流园区和省级物流产业聚集区一览表》（略）

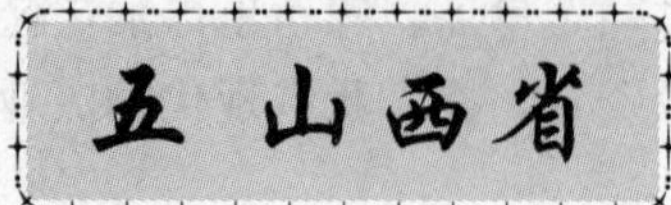

五 山西省

013

山西省人民政府办公厅关于印发山西省现代物流业发展“十二五”规划的通知

晋政办发〔2012〕94号

各市、县人民政府，省人民政府各委、办、厅、局：

《山西省现代物流业发展“十二五”规划》已经省人民政府同意，现印发给你们，请认真贯彻执行。

山西省人民政府办公厅

二〇一二年十二月三日

山西省现代物流业发展“十二五”规划

山西省人民政府办公厅

2012年12月3日

为促进产业结构调整、转变经济发展方式和增强区域竞争力，加快全省物流业快速协调有序发展，根据《国务院关于印发物流业调整和振兴规划的通知》(国发〔2009〕8号)、《国务院办公厅关于促进物流业健康发展政策措施的意见》(国办发〔2011〕38号）及《山西省国民经济与社会发展第十二个五年规划纲要》，围绕山西省委、省政府转型跨越、建设中西部现代物流中心和生产性服务大省的战略要求，编制本规划。

一、发展现状及面临形势

物流行业规模和效益快速扩大。“十一五”时期，我省物流业快速发展，2010年，全省社会物流业实现增加值790亿元，占GDP的8.7%，占同期全部服务业增加值的23.5%，比2005年物流业增加值的403.4亿元增加了386.6亿元，增长95.8%，年均增长14.38%；全社会货运量达12.5亿吨，有力地支持了国民经济快速发展和发展方式的转变。

专业物流企业不断壮大。“十一五”期间，物流企业结构调整步伐加快，太钢、煤销集团、太铁联合物流等大型企业实施供、销环节的服务外包和流程改造，取得了初步成效。省物产集团、省汽运集团、美特好等传统运输、仓储、零售企业加强了功能整合和服务延伸。中国（太原）煤炭交易中心正式运营，太原地区货运物流中心已经铁道部批复。山西方略保税物流中心获批设立，标志着我省具备了“境内关外型”陆港物流服务功能。城乡新型流通网络配送体系初具规模。同时，沃尔玛、华联集团、豪德集团、宅急送等大型物流企业相继入驻太原、大同、朔州、运城等中心城市。

物流基础设施投入逐年加大服务功能明显改善。近年来，全省陆续建成一批交通、通信、基础设施和公共服务设施，基本形成了四通八达的交通运输网络。同时，2009 年全社会物流业投资完成 754.4 亿元，2010 年全社会物流业投资完成 1156 亿元，2011 年全社会物流业投资完成 1232 亿元。大型生产型物流、生活型物流、连锁配送网络网点的经营和建设取得较快进展。太原、大同、晋中、侯马物流园区建设步伐加快，信息化、保税、仓储、配送设施水平不断提高。

物流政策环境大幅优化。2009 年以来，国务院及我省出台了一系列促进物流业发展的政策文件，我省通过用地保障、财税扶持、融资支持、便利通行、价格优惠等政策，扶持、推动物流企业的发展，促进了传统物流向现代物流的快速转变，物流业发展环境得到逐步改善。

物流业发展存在的问题。一是物流效率低、成本高。2010 年山西省物流总成本约为 2062 亿元，物流总成本占 GDP 比重高达 28%，高出全国平均水平 10 个百分点左右，更高出欧美发达国家 16～18 个百分点。与全国平均水平相比，我省每年在物流环节的费用多支出 700 多亿元，造成巨大的效益流失；二是物流企业普遍存在竞争力不强、组织化程度低、服务水平低、盈利能力低、物流效率低、信息化程度低和人才缺乏等问题，物流形态突出表现为“小、散、弱”，能够全方位承接大型工商企业物流业务的综合第三方物流企业少；三是物流业与综合交通网络、物联网公共信息平台和保税政策功能尚未进行充分有效衔接，货物运输方式的转换不够顺畅，物流基础设施的系统性、兼容性、共享性有待提升；四是物流等现代服务业与实体产业有机融合、相互促进不够。

“十二五”时期，我省物流业发展面临着新的机遇与挑战，经济快速增长为物流业发展带来持续动力，独特的区位条件、更加完备的交通基础设施和综合运输体系为物流业发展提供了广阔空间，转型综改试验区“先行先试”为物流业发展带来更多的政策机遇、空间机遇、项目机遇和开放机遇。我省要全面分析发展形势，抓住机遇，开创物流业发展新局面。

二、指导思想与发展目标

（一）指导思想

深入贯彻落实科学发展观，紧紧围绕转型跨越发展的战略目标，以综合交通网络为基础，以物联网公共信息和保税政策功能为依托，以重点工程项目为抓手，建设与我省经济社会发展相适应的，带动服务相关行业快速发展的，覆盖全省、辐射周边、连通世界的，快速便捷、功能齐全、高效率低成本的现代物流体系。

（二）基本原则

1. 坚持增量优化与存量提升相结合。在改造提升现有物流基础设施资源、提高资源利用效率的基础上，进一步加大投入，规划建设一批高水平、高质量、高科技的物流基础设施，以增量优化促进存量整合，提升物流服务水平。

2. 坚持统筹协调与突出重点相结合。加强区域之间、产业之间和项目之间的统筹协调与衔接，优化物流业发展区域布局，避免盲目建设和低水平重复建设；同时，加快发展一批具有带动示范作用的重点物流园区、重点物流项目和龙头物流企业，推进物流产业的集约发展。

3. 坚持科技提升与服务创新相结合。积极引导物流企业改变传统经营观念与运作方式，充分利用物联网公共信息平台和保税政策功能，推动传统物流的改造升级，加强第三方物流发展。鼓励物流企业加强自身服务网络建设，强化供应链一体化服务，推动物流企业服务理念、服务内容和服务方式创新，提高服务质量和水平。

（三）发展目标

以建成中西部现代物流中心为目标，按照“一核、三区、多节点”的总体布局，构建专业化、信息化、集约化的现代物流体系。到2015年，全省物流业增加值比2010年翻一番，力争达到1600亿元，年均增长15%左右，占GDP的比重达到10%左右，全省物流费用占GDP的比重由2010年的28%下降到23%左右，实现由物流大省向物流强省的跨越。

三、空间布局

结合我省城镇空间格局、产业基础和功能定位，遵循物流业发展规律，着力培育“一核、三区、多节点”的物流空间布局，构建重点突出、层级清楚、功能完整、特色鲜明的物流业空间分布架构。

“一核”是以太原都市圈为中心，建设现代物流业发展的核心区。将太原都市圈打造成为产业集聚、功能齐备、资源共享的现代物流枢纽和物流服务平台。加快建设一批涵盖保税、仓储、加工、集运、商贸流通、信息化平台和金融服务在内的重点项目，辐射太钢、焦煤、太重等煤炭、冶金、装备制造、煤化工大型工商企业及周边河北、河南、内蒙古等省、自治区，带动太原高新区、开发区和榆次开发区实现快速发展，推进太原与榆次同城化。

“三区”指晋北物流功能区、晋南物流功能区、晋东南物流功能区。晋北物流功能区以大同和朔州为中心，构建煤炭物流中心和核心服务区，形成煤炭和装备制造物流中心区。晋南物流功能区以侯马为中心，建立临汾、运城与陕豫的跨区合作机制，建成我省南部面向邻近省份的桥头堡、大通道和综合物流集散中心。晋东南物流功能区以长治和晋城为中心，以建立综合物流基地和晋东南煤炭枢纽为目标，构建链接我国东部沿海大通道的物流基地。

“多节点”即以省城太原——晋中为核心，以区域中心城市为节点，以县城为支撑，以中心集镇为网点，构建城市间、城乡间对接有序、安全快捷、高效率低成本的人流、物流、资金流、信息流、商流体系。

四、主要任务

（一）加强物流基础设施建设

加强物流设施建设。建设综合物流枢纽，促进各种物流方式的衔接和配套，提高资源使用效率和物流运行效率。发展多式联运，实现铁路、港口码头、机场及公路无缝对接，提高物流设施的系统性、兼容性。围绕煤、焦、冶、机物流需求，加快铁路出海通道建设，在重要港口建立物流基地，形成覆盖全省、辐射周边、联通世界的多通道物流体系。

依托山西省“十二五”交通基础设施建设规划，建设物流基础设施。要在保证公用性的同时，满足物流服务与运输服务需求。加强仓储设施建设，在大中城市周边和制造业基地附近规划、改造和建设一批现代化的配送中心。加强与新建铁路、港口、公路和机场转运设施的统一规划和建设，合理布局物流园区，完善中转联运设施。改造提升市、县、乡、村四级物流配送网络基础设施，形成服务城乡广阔区域的多节点物流网络系统。

将路港一体化建设放到重要战略地位，做到与省内重大基础设施同步规划、同步建设、同步运营。与沿海地区开展陆海战略合作，共同开发岸线资源，共同建设专用码头。

（二）培育壮大本土物流企业

加大对物流企业兼并重组的政策支持力度，培育一批服务水平高、国际竞争力强的旗舰级物流企业。提高产业组织化程度，制定物流行业及相关企业的准入标准，通过兼并重组、资产划转、增资扩股、加盟连锁和委托管理等方式，引导支持大型物流企业整合、重组存量物流资源，尽快形成一批主营业务突出、核心竞争力强的现代化大型物流集团。

加快物流企业的新型化、现代化步伐。以现代物流理念和技术对传统物流业务进行流程再造，积极开展策划设计、组织运筹和实际操作等综合服务，为用户优化物流管理，提升供应链整体效益，增强第三方物流企业的核心竞争力。同时，积极引进国内外现代物流巨头，拓展人才、技术、管理、理念的交流合作，推进物流企业的便捷、高效和国际化，催生一批高水平现代物流企业。

鼓励生产、商贸企业自办的物流企业与原企业分离，以现有基础较好、具有一定规模和先进管理理念的物流企业为重点，进一步完善功能、提升服务，着力扶持一批具有核心竞争力、规模较大物流企业集团，加快采掘、制造等行业内部物流的剥离，引导生产型企业与物流企业实现多业联运，培育一批第三方物流企业。

（三）积极转变物流发展方式

通过物联网技术和保税政策功能等先进的管理方式和高新技术促进物流业发展方式转变。发展高端物流，提高行业附加值。调整物流行业内部产业结构，大力发展关联度强、贡献率大、科技含量高的高端物流行业。鼓励我省物流企业进入大型企业的分工协作体系，参与高端物流业务的竞争。重点发展多式联运、第三方物流、物流咨询等业务。

发展新型运输服务方式。鼓励创新运输服务方式，解决由于运输方式落后与各种运输方式衔接不畅带来的多次搬倒、多次拆装等问题。加快综合运输体系建设，大力发展多式联运、集装箱运输、散货运输、甩挂运输、航空快递运输。推广应用厢式货车、集装箱车辆，开发使用专用车辆。优化交通组织，提高运输速度和效率，降低成本、减少浪费。加快推进单元装载化，推行以托盘化为核心的单元装载方式，统一托盘标准，开发托盘共用系统。鼓励物流企业采用仓储运输、装卸搬运、分拣包装、条码印刷等专用物流技术装备，提升物流装备技术水平。

倡导发展绿色物流。鼓励和引导物流企业选用节能环保车辆、新能源汽车等节能环保物流设施，促进资源的循环利用。合理组织、配置物流资源，优化物流配送路径，降低运载车辆空驶率。

（四）推动物流标准化和信息化建设

加强物流标准化建设。建立完善物流标准体系，推进物流园区、物流企业和物流项目标准化，促进物流园区管理规范化、物流企业服务品牌化、物流项目经营产业化。建立物流标准化服务平台，向社会和企业提供高效、便捷、准确、先进的标准化动态信息和技术服务。在省级重点物流园区和骨干物流企业中启动一批物流标准化示范工程，加快对现有仓储和转运设施的标准化改造，鼓励企业采用标准化的物流设施和设备，促进物流设施、设备的标准化。

加强物流信息化建设。整合各部门物流相关信息资源，推进与物流相关的政务信息系统的协调与开放。推动重点行业、重点物流园区公共信息平台建设，实现资源共享、数据共用、信息互通。大力发展物联网，建立物流信息系统对接和物流信息共享机制，利用条码、电子订货系统、电子数据交换、货物跟踪系统、配送需求计划、自动分拣系统、中国北斗系统、地理信息系统、管理信息系统、企业资源计划、射频识别装置等先进的物流技术，提升物流产业的管理水平和层次，降低货运车辆空驶率，减少企业库存，有效缓解热点线路的交通拥堵状况，提高物流效率，降低物流成本。

五、发展重点

（一）推进六大重点工程

1. 物流园区建设工程。结合城市功能定位和产业布局，依托物流枢纽和中心城市，在加强资源整合的基础上，重点规划建设一批布局集中、用地节约、产业集聚、功能集成、经营集约的大型物流园区。在城郊结合部或区域性交通枢纽附近，合理布局一批煤、焦、冶、机、建材、农副产品、日用工业品、农业生产资料等专业物流园区。鼓励通过联合、兼并、拍卖、参股、控股、合资、合作等多种形式，有效整合现有物流资源。着力提升物流园区的综合服务能力，积极推进园区内外部基础设施及中转联运、配送中心等功能设施建设，加快物流企业、仓储设施等向园区集聚。建立物流园区公共信息平台，开展物流金融、保税通关、交易展示、咨询培训等增值服务。推进物流园区间的战略合作，推动园区的信息联动、业务联动、营运联动、资本联动。

2. 物流保税及物联网公共信息平台建设工程。加快山西保税物流和物联网信息平台建设，通过多式联运为省内外企业进出口业务提供保税服务，减少通关环节，降低物流成本，实现陆路、海路、空运与国内国际市场的直接连通，大幅度增加我省绿色税收，提升我省对外开放水平，促进我省进出口贸易和外向型企业的发展，吸引产业转移和国内外知名大型企业来晋投资发展。

3. 物流金融服务工程。积极推动物流业与金融业的融合互动。结合物流业发展趋势和金融服务需求，推进银行业金融机构创新物流金融服务产品，提升物流金融服务供给能力，创新和完善物流金融服务体系，开展仓单质押、保兑仓、存货质押、融资租赁、供应链金融以及票据融资等金融业务，为物流企业提供便捷的融资、结算、保险等个性化金融服务。加强对物流金融市场的有效监管，加快制定物流金融行业服务标准，提高行业服务水平。

4. 日用消费品配送工程。依托城乡商贸市场构建农村物流集散网络和城市物流配送网络，发挥城市物流对农村物流的辐射带动作用，引导城市流通网络及现代物流配送体系向农村延伸。积极整合优化万村千乡市场工程、新网工程和放心粮油工程的物流配送，形成三网合一的配送体系。大力发展连接乡村与城市便利店的城乡物流配送中心，实现日用商品和生鲜产品的统一采购、统一分装、统一库存。支持乡村便民店从提供单一服务向提供综合服务转变。畅通城乡双向物流渠道，加快农产品进城、日用工业品配送下乡，推动农村物流网络与城市配送网络的有效衔接，打造便利、快捷、高效的城乡一体化生活日用品配送物流体系。

5. 物流业联动工程。搭建制造企业与物流企业联动互动交流平台，促进重点优势制造业物流业务分离外包，加快发展第三方物流，推动物流业与制造业联动发展；在开展制造业与物流业联动发展的基础上，进一步拓宽联动面，推动农业、商贸流通业与物流业联动发展。扎实推进钢铁、煤炭、汽车、农产品、医药、建材等行业物流供应链一体化建设；大力推进物流业与农业产业化的融合，实现多业联动发展，有效整合物流资源，降低物流成本，全面提升物流业与传统产业的联动发展水平。

6. 应急物流工程。加快建设和完善应急物流系统，保障经济和社会发展中因突发性因素所导致的应急物流需求。建立健全应急物流指挥系统，协调应急物资的保障供应；建设应急物流协调组织信息系统平台，全面提升应急物流信息化水平；建立完善应急物资采购、储备、运输、管理的法规政策，加强应急物资储备；合理布局物资储备，发挥市场机制作用，充分利用社会资源，实现应急物资储备的专业化与社会化的有机结合。基本建成覆盖全省的应急物流系统。

（二）做强六大专业物流

1. 煤炭物流。围绕煤炭运销形成的巨大运力发展现代物流，提高煤炭物流业的组织化程度和社会化配置能力，建设专业化、规模化、集约化、现代化的煤炭物流体系。在加快交通枢纽建设的同时，加大对物流产业、物联网信息平台和能源产业的融合力度，以中国（太原）煤炭交易中心为主体，以各区域市场为补充，以网络技术为平台，依托省煤炭运销集团和省煤炭进出口集团等省属煤焦企业现有物流资源及山西能源交通投资集团的铁路、公路物流集运体系，适时在省内煤炭主产地、主销地、交通枢纽地建设煤炭集散中心、煤炭储配中心。加快在省外主要消费地启动煤焦物流仓储配送中心建设，形成产运需有效衔接、国内外市场相互贯通，生产、运输、储配煤相互支撑，整体推进的煤炭物流网络，扩大山西煤焦在华东、中南、京津冀区域的市场份额，逐步建立完善长三角、珠三角、京津三大区域煤焦销售网络，大力提高山西煤炭产销的集中度。积极发展新型的储配煤市场和煤炭超市，发展节能环保的LNG、CNG物流运输技术。

2. 装备制造业物流。在做大做强我省装备制造业的同时，加快发展煤炭机械、铁路装备、重型机械、汽车整车及零部件等装备制造业物流。建立完善煤机、汽车及零配件等集散市场和物流中心，扩大我省装备制造产品在省内外的市场占有份额，重点加快推进煤机及煤炭生产辅助材料市场建设，支持鼓励全省煤炭生产企业对煤炭机械辅助材料的集中采购配送，降低煤炭生产成本，壮大本省物流企业，促进煤炭安全生产。利用信息化和专业化的物流方式整合与建立我省装备制造业与国内外众多协作厂商、零配件生产企业的产业链条，形成产业链之间的高效流转和无缝对接，通过提高产成品、半成品的流转效率和资金占用，降低产品成本，提高市场竞争力。

3. 农副产品及农业生产资料物流。提高粮食物流现代化水平，推进粮食散储、散运、散装、散卸的“四散化”程度，建设省内粮食“四散化”运输体系和应急调控体系，形成完善的粮食“四散化”运输网络，实现与全国粮食物流网络的无缝连接，通过建设山西粮食物流中心和一批物流节点，建立粮食交易市场体系，完善放心粮油工程等多项举措，形成与国家确定的东北、黄淮河、京津、华南等粮食通道相连接的太原—华北、大同—京津和西北、运城—西南、长治—东南粮食流通通道，全力推进粮食现代物流体系建设，降低粮食流通成本，提高粮食流通效率，形成上下相通、左右相连的省内省际间科学合理的粮食现代物流体系，增强各级政府对粮食市场的应急调控能力，保障我省粮食安全。

制订全省鲜活农产品现代流通发展规划，加强农产品流通基础设施建设，创新农产品流通模式，完善流通链条和市场布局，加快建设高效畅通、安全有序的农产品流通体系。搞好农产品市场规划布局，培育一批具有比较优势的小杂粮、干鲜果、特种养殖、反季节蔬菜等产地专业批发市场，发展一批辐射领域广、带动作用强、对商品供求形势和价格形成机制具有较强调节作用的大型农产品批发市场，合理规划建设城乡集贸市场和农产品零售超市，着力提高农产品市场覆盖的广度和深度。积极推进农副产品购销对接、“农超对接”、“农批对接”、“农企对接”、“农校对接”，以美特好超市、阳泉华龙超市、晋中田森超市、唐久便利、金虎便利等大型连锁商业企业为主体，引导其与鲜活农产品产地的农民专业合作社对接，减少农产品流通环节。鼓励在省外设立“山西农副土特产品连锁配送中心”，作为山西农产品对外展销窗口，立足特色优势，开拓市场创品牌。

培育壮大一批具有较强资源整合能力和国际竞争力的冷链物流龙头企业，建成一批规模化、专业化、现代化的跨区域农产品冷链物流配送中心，建设肉类、水产品、果蔬等国家及省里重要农产品冷链物流基地，加快发展以大型农产品批发市场、商贸流通企业、食品加工或经销企业为主导的专业化第三方农产品冷链物流，初步形成布局合理、设施先进、上下游衔接、功能完善、管理规范、标准健全的农产品冷链物流服务体系，降低农产品产后损失和流通成本，服务城乡居民消费，提高农副产品附加值，促进农民增收，确保农产品品质和消费安全。

4. 冶金建材物流。构建与工程建设相适应的高效、通畅的冶金建材物流服务体系。促进冶金建材企业内部物流社会化；完善冶金建材物流布局；统筹规划建设和改造一批冶金建材现代物流中心、配送中心，特别是加快经济落后地区物流基础条件建设；鼓励中小物流企业加强合作，创新物流合作方式和服务模式，发展共同配送；引导物流企业与施工企业有效沟通，按施工进度和品种规格进行配送，降低施工企业库存，降低施工成本；培育壮大一批专业化冶金建材物流企业。

5. 生活日用消费品物流。建设适应城镇化建设和服务城乡的新型物流体系。依托“新农村现代流通服务网络工程”、“万村千乡市场工程”和“五个全覆盖”工程，支持各级超市、连锁配送中心、农村便民店等城乡流通载体构建现代物流网络，鼓励中心城市大型商贸流通企业利用其管理技术优势、品牌优势和已有的配送网络体系优势，通过直营和加盟方式向县、乡、村延伸发展。加快农产品进城、工业品下乡的双向流转，形成统一开放、竞争有序、主体多元、业态多样、布局合理、运作有序的城乡现代物流网络格局。

着力构建集约化、规模化、网络化的快递物流服务体系，加强对现有快递企业的资源整合，积极培育品牌优、规模大、实力强的本地快递企业。充分利用山西能源交通投资集团的场站资源和各类快递公司，大力发展整车运输、专线快运、小件快运、特种运输、甩挂运输、城市配送等快递物流业，形成市、县、乡三级网络为基础，门到门的“4＋1”现代物流配送网络。推动快递基本业务与电子商务配送、供应链管理等新业务的融合发展，引导快递企业加快进入制造业供应链服务领域。充分发挥邮政企业网络优势，加快形成区域性速递物流网络。加快农村邮政物流发展，积极推进我省“乡乡设所、村村建站”建设，构建完善的农村投递末端网络体系，建成“布局合理、双向高效、种类丰富、服务便利”的物流服务体系，为城乡居民提供方便快捷、丰富多样的日用消费品。

6. 进出口商品物流。充分利用我省综合保税区、保税物流政策功能和现代物流方式，筑巢引凤，发展外向型经济。积极支持培育一批科技含量高、附加值高的外贸生产基地和生产企业，扩大我省农副产品及其深加工产品的出口，积极引进富士康等世界500强企业入驻我省投资兴业，吸引东部产业转移出口产品生产企业。加大太钢等省内主要进出口企业与我省保税物流的业务衔接，将本省进出口业务逐步统一纳入省内办理通关手续，同时吸引周边省份来我省办理进出口业务，提高办理效率，增加我省的绿色税收。

（三）建设九大物流体系

1. 三晋综合保税物流港园区。选址在太原与晋中接壤区域（面积约50平方公里），包括20个重大项目。通过统一规划、总体布局、整体推进，引入保税物流功能和物联网技术，建设功能齐备、资源共享的新型产业发展区和现代物流枢纽。其两大核心项目为：

（1）方略保税中心保税功能延伸项目。该项目的实施，使三晋综合保税物流港具备了保税物流功能。项目建成后，可为省内外进出口商品提供便捷的通关手续，大幅降低进出口物流成本，每年可创造绿色税收20多亿元。

（2）太原地区货运（物流）中心项目。项目建成后，具备年吞吐货物3000万吨能力。

2. 太原武宿综合保税区。选址在太原经济技术开发区及其配套发展用地。积极推进太原武宿综合保税区建设，对打造我省对外开放平台、提升开放型经济的承载力和发展水平、促进山西产业结构转型升级和区域经济协调跨越发展具有重要意义。

3. 中国（太原）煤炭交易中心。将全省煤炭现货交易纳入交易平台，同时加快研究推进煤炭、焦炭期货交易，完善全省煤炭现货电子交易平台的建设和运营。按照“三步走”原则实现跨越式发展，逐步将中国（太原）煤炭交易中心打造成为既符合行业规范，又达到一定规模的专业化煤炭交易中心。

4. 太原罗克佳华物联网。太原罗克佳华工业有限公司作为国家火炬计划高新技术企业，主要从事物联网技术的研发应用。其研发的山西省能源物流公共服务平台项目以多式联运、多业联运作为核心服务方向，为山西省的物流园区、企业、车辆提供物流信息服务，为政府提供行业管理服务，是传统物流向现代物流方式转变的重点示范项目。

5. 美特好物流配送中心。该项目作为我省首个农超对接重点项目，一期建设项目选址在清徐县高花村，占地近300亩，总建筑面积达8万平方米，为华北最大的生活性物流配送中心。

6. 山西粮食物流中心。根据国家《粮食现代物流发展规划》提出的原则，在晋中市榆次区建设山西粮食物流中心，承担全省粮食宏观调控和粮食安全的重要职能。作为省内大型粮食物流集团、全省粮食流通的龙头企业和中枢，山西粮食物流中心将实现与国家主要散粮接点的有效衔接，跨省和省内长短途运输方式的合理转换，提高粮食的快速中转、发运和接收能力。根据我省粮食的流向和流量，加强玉米、杂粮生产地区的散粮发运能力和主要粮食品种调入地区的散粮接卸能力建设，形成连接全国的四大粮食流通通道。

7. 山西煤炭综合物流配送体系。依托省煤炭运销集团、省煤炭进出口集团、山西能源交通投资集团等省属大型煤焦生产、流通企业现有物流资源，适时在省内煤炭主产地、交通枢纽地建设煤炭集散、中转煤炭储配中心，加快在省外主要消费地启动煤焦物流仓储配送中心、煤炭超市等项目建设，形成产运需有效衔接，国内外市场相互贯通，生产、运输、储备、配煤相互支持，整体推进的煤炭物流网络。

（1）山西煤炭运销集团煤炭综合物流配送项目。建设战略储配基地建设项目10个；扩建18座储配煤场；建设综合物流园区6个、新能源物流通道配套服务站7个、省外陆路煤炭集散中心10个、港区煤炭中转集散中心4个和物流信息平台。

（2）山西煤炭进出口集团煤炭洗选物流配送项目。建设中北煤炭储运公司左云煤炭洗选物流项目、河曲能源公司河曲煤炭洗选物流项目、蒲县煤炭洗选物流项目、左权煤炭洗选物流项目、长治煤炭洗选物流项目。

（3）山西晋煤集团现代煤炭物流项目。搭建1个无烟煤网络交易平台，建设2个煤炭物流园区（瓦塘、蒙西），购置300辆LNG运输车辆，开辟4条LNG洁净能源示范通道（蒙西至晋城、陕西至晋城、晋城至枝江、晋城至日照），筹建5个煤炭采购基地（外蒙、哈密、神木、临汾、长治），部署6个销售节点（山东、江苏、安徽、浙江、湖北、河南），布置7个LNG加液站，建设8个现代煤炭加工综合利用配送中心（阳城町店、泽州大东沟、泽州周村、阳城芹池、沁水龙港、高平、河南沁阳、湖北枝江）。

8. 山西能源交通投资集团全省公共仓储物流配送网络体系。

（1）山西公共仓储物流网络项目。充分发挥国有大型骨干物流企业作用，挖掘整合资源，充分应用现代电子技术，由省能源交通投资集团下属省物产集团组织推进实施。主要对省物产集团60万平方米及市县物产系统100多万平方米仓储设施和管理系统进行整合提升改造，通过资产重组和多元投入，建立覆盖全省的生产、生活资料公共仓储物流网络体系和综合物流配送主渠道。

（2）省汽运集团八大物流园区建设项目。项目分别位于太原、侯马、朔州、忻州、长治、晋中、汾阳等地。主要包括侯马保税经济园区物流中心、杏花村酒业集中发展区现代物流园、新鑫食品冷链物流中心、迎泽物流港、乾通商贸物流园区、长治公路货运枢纽中心、忻州物流中心、朔州物流园等项目。

9. 全省城乡农副产品物流配送体系。以农副产品、日用消费品、农业生产资料为主，重点建设1个省城农产品物流园、5个区域性重点农产品批发交易市场和60个县级骨干综合物流配送中心，逐步形成省城有农副产品中心物流园、市级有物流配送基地、县级有物流配送中心、乡村有中心超市和便民连锁店的覆盖全省的农村现代物流体系，促进工业品下乡和农产品进城的双向流转。

（1）中国太原农产品国际物流园。该项工程是建设全省农村现代物流体系的重点示范工程。依托太原市的区位、交通等优势，以农副产品、日用消费品和农业生产资料展示交易、仓储配送、加工、冷链物流系统、应急物资储备和保障供给商品储备为主体，依靠现代物流体系功能和要素集聚功能，打造辐射全省、连接城乡的核心物流枢纽和一流的示范物流园。同时，在园内建立运输保障、检验检疫、信息管理、电子商务和电子结算系统，提升市场功效，充分发挥其在建设农村现代物流体系中的龙头带动示范作用。

（2）山西榆次汇隆农产品综合市场。该项目建设地址在晋中市榆次区南湖村，总建筑面积98200平方米，包括综合服务区、交易区、仓储区、物流配送区、垃圾处理中心、商务配套用房等。项目建成后可为太原、晋中及高校园区提供安全、快捷的农副产品配送供应。

(3) 山西太行山农产品物流园区。该园区分为蔬菜水果、禽蛋肉奶、粮食油品、花卉农资4大物流板块、15个专业功能区，其中公共基础设施部分由县级政府投资，专业功能区通过招商引资完成。采取交易、仓储、配送、商业、办公多功能综合互动模式，实现多业态积聚效应。“十二五”末园区可实现年交易量500万吨、交易额150亿元；整个园区建成后，将直接安排就业2万人，间接带动就业3万余人，成为山西最大、华北一流、全国知名的现代化农产品综合物流中心。

(4) 朔州市东部新区农副土特产品交易市场。集农副土特产品、小杂粮、鲜活农产品等生产、加工、销售、冷链、仓储、运输、综合服务于一体，旨在实现产供销一条龙、农工商一体化，扩大生产，助农增收，提高生产流通组织化程度，完善流通链条和市场布局。项目全部完成后，预计年销售额3亿元，实现利润5000万元，创税2000万元，带动农户130万户，农民增收2.6亿元。

(5) 运城黄河国际农产品综合物流中心。该物流中心由仓储中心、交易中心、科技信息中心和综合服务中心四部分组成，具有集散、加工、冷链、储藏、储备、信息、检疫检验、贸易、会展拍卖10大功能。物流中心建成后，可储备农资商品2万余吨，年吞吐农资商品量300余万吨，年交易额近20亿元，实现利税1亿元。

(6) 太原市裕吉经贸发展有限公司太原丈子头产品物流园项目。该项目建设地址在太原东环高速公路丈子头出口处，项目占地600亩，主要建设产品交易区、农副产品仓储区和农副产品拍卖交易中心等。建成后预计每年农产品交易量可达700万吨，交易额可达80亿元，覆盖和辐射晋冀鲁豫和京津人口过亿，对太原、晋中、忻州、吕梁等区域的特色农业和农民增收具有极大的推动作用。

(7) 县级物流配送中心。通过新建或改造现有的物流配送基础设施，建设60个县级骨干综合物流配送中心，形成集农业生产资料、日用消费品、农副产品、家具电器等丰营业务为一体的综合物流配送中心，加强与省级物流园区和市级物流配送基地的连接，向乡村一级辐射，做好本县域及周边的物流配送服务，并与全省新农村便民店连锁商店全覆盖工程配套运行。

六、保障措施

(一) 加强管理协调

建立健全分工明确、统一协调的全省物流业管理体制，调动各方面积极性，形成推动物流业发展的强大合力，推进本规划的实施。加快推进物流管理体制改革，打破物流管理的条块分割，加强依法行政，完善政府监管，强化行业自律。清理阻碍或限制跨行业、跨地区物流服务的政策措施，鼓励物流企业开展跨区域网络化经营，促进物流企业公平竞争。清理和废止各类不符合国家法律法规、不适应现代物流发展的政策规定，在规范管理的前提下适当放宽对物流企业资质的行政许可和审批条件，改进资质审批管理方式，缩短审批时间，提高审批效率，坚持对物流重大项目动态调整原则。充分发挥行业协会的桥梁纽带作用，发挥协会在规划研究、规范市场行为、统计与信息、技术合作、人才培训和咨询服务等方面的中介作用，促进物流行业规范自律，推动物流市场健康有序发展。

（二）加大政策支持

财政支持政策。加大政府各类投资对物流业的支持。把物流业重大项目纳入转型综改重大标杆项目。

土地支持政策。在符合土地总体规划、年度计划和产业政策的前提下，对物流业项目用地优先给予保障。中心城市迁出或关闭工业企业退出的土地和旧城改造中收购储备的存量土地，优先用于发展物流业；在土地用途和使用权人暂不变更的前提下，支持以划拨方式取得土地的单位利用工业厂房、仓储用房、传统商业街等存量房产、土地资源发展现代物流业。

绿色通道政策。对采用国际化标准开展进出口业务的集装箱运输车辆给予通行费用优惠和绿色通道待遇，提高物流效率，降低物流成本，吸引周边省份进出口物流业务在我省保税通关。参照国际通行的货运行业标准，清理、规范我省集装箱运输的超高超重标准，持通关手续放行所有进出口货运车辆。实施物流业一票制结算、一次性纳税，提高物流效率，降低物流成本，增加地方收入。

切实落实价格政策。对现代物流服务业实行用电、用水价格与一般工业同价。省物流业重点项目和标杆项目可享受大工业电价政策。

结算与税收政策。我省物流企业设立跨地区分支机构的，其企业所得税应按税法规定由总机构汇总缴纳；对国家发展改革委和国家税务总局联合确认纳入试点名单的物流企业及所属企业，将承揽的运输业务或仓储业务分给其他单位并由其统一收取价款的，以该企业取得的全部收入减去付给其他运输企业运费或其他仓储合作方仓储费后的余额为营业额计算征收营业税。

（三）优化发展环境

完善物流法规政策体系，制定物流配送车辆通行便利措施和降低物流企业规费负担的政策，积极清理向货运车辆收取的各种费用，严禁违规对物流企业乱检查、乱收费、乱罚款、乱评比。进一步降低过路过桥收费，按照规定逐步有序取消政府还贷二级公路收费，控制收费公路规模，优化收费公路结构。加大对高速公路收费的监管力度，撤并不合理的收费站点，逐步降低偏高的高速公路收费标准；大力推行不停车收费系统，提高车辆通行效率，促进物流车辆便利通行；加快研究制定城市配送管理办法，有效解决城市中转配送难、配送货车停靠难等问题，促进符合条件的物流企业加快规模化发展。

（四）拓宽资金渠道

制定完善相关政策，创新服务方式，拓宽融资渠道，引入市场竞争机制，通过政府政策、资金补助等引导方式，外引内联，鼓励不同所有制投资者尤其是外资企业和民营企业参与物流项目的建设和发展，把物流业发展的立足点放在鼓励民营、吸引民（外）资、利用民力、发展民企上。支持符合条件的物流企业通过银行贷款、股票上市、企业债券、兼并重组、合资合作等途径筹集建设资金。积极搭建物流银企对接合作平台，完善物流企业信用担保机制，加大金融机构信贷支持力度，缓解物流企业融资难问题。引导金融机构对信用等级资质较高的第三方物流企业给予重点支持。完善担保体系，鼓励融资性担保公司为中小企业第三方物流企业提供短期资金担保。

（五）提高对外开放水平

鼓励省外大型物流业企业与本省企业的战略合作，实现优势互补。以技术入股、管理人员持股、股票期权激励等新型分配方式，吸引物流业各类境内外高级人才来晋创业和工作。加强与世界500强企业一对一招商合作，对新引进在我省独立核算且项目投资额在10亿元以上的现代物流业项目，按照项目实际投资额的5‰给予一次性奖励，单个项目最高奖励额不超过1000万元，鼓励资金由引进地政府安排，具体奖励办法由引进地政府确定。

（六）推进物流品牌建设

加强商标尤其是地理标志商标和老字号的品牌文化建设，加强国家级物流标准化试点单位推进力度，对新获得国家驰名商标的物流业企业、国家物流标准化试点单位、3A级以上物流企业给予奖励。支持物流业企业开展品牌连锁经营，实施商标战略。

（七）强化人才支撑

加强物流人才的培育和引进力度。采取多种形式加快物流人才的培养，发展多层次教育体系和在职人员培训体系。支持我省具备条件的高等院校加强自身建设，开展物流工程和管理的本科教育，力争取得物流专业的硕士、博士点，培养符合我省省情和需求的高级物流人才。强化职业技能教育，加强对物流企业从业人员的岗前培训、在职培训，提高现有物流从业人员职业技能和业务水平。实施人才激励政策，引进国内外优秀物流专业人才，尤其是物流管理和物流工程技术方面的复合型人才和熟悉国际物流业务运作的高级人才，为我省物流业的快速发展提供智力保障。

（八）完善统计制度

认真贯彻实施社会物流统计核算与报表制度，进一步完善物流业统计调查制度和信息管理制度，建立科学的物流业统计调查方法和指标体系，实现全省物流数据的采集、汇总、核算和分析的制度化，及时监测分析物流业发展、运行状况，为政府制定物流业发展政策和战略规划、加强宏观调控提供依据。

六 内蒙古自治区

014

内蒙古自治区人民政府办公厅关于印发自治区“十二五”物流业发展规划的通知

内政办发〔2011〕104号

各盟行政公署、市人民政府，自治区各委、办、厅、局，各大企业、事业单位：

经自治区人民政府同意，现将《内蒙古自治区“十二五”物流业发展规划》印发给你们，请结合实际，认真管贯彻落实。

内蒙古自治区人民政府

二〇一一年十月十七日

内蒙古自治区“十二五”物流业发展规划

内蒙古自治区人民政府

2011年10月17日

引　言

物流业是融合运输业、仓储业、货代业和信息业等的复合型服务产业，是国民经济的重要组成部分。现代物流业的发展水平已成为衡量一个国家和地区综合竞争力的重要标志。

“十二五”时期，是我区推进工业化、城镇化和农牧业现代化的关键时期，大力发展物流业，有利于发挥欧亚大陆桥陆路口岸作用，加强与俄蒙等国家资源开发和对外贸易等方面合作，促进向北开放战略的实施；有利于保障煤炭及大宗工业品外运，促进国家能源重化工、有色金属加工和绿色农畜产品加工等基地建设，增强我区综合经济竞争力；有利于保障城市物资供应，提升城市综合服务功能，促进城镇化加快发展；有利于保障农村牧区生产生活资料供应和农畜产品销售，促进农牧业现代化和新农村新牧区建设，提高农牧民生产生活水平。

根据《内蒙古自治区人民政府关于编制国民经济和社会发展第十二个五年规

划的意见》(内政发〔2009〕98号),制定本规划。

第一章　发展基础和发展环境

第一节　发展基础

“十一五”以来,在经济社会持续快速发展的带动下,我区物流业保持了较快增长势头,物流总量迅速扩大,物流企业快速成长,服务水平显著提高,基础设施条件逐步完善,发展环境不断改善,为下一步加快发展奠定了坚实基础。

(一)物流总量迅速扩大

2010年,全区货物运输量达到15亿吨,是2005年的2.1倍,“十一五”年均增长15.5%。其中,铁路6.5亿吨,年均增长24.2%;公路8.5亿吨,年均增长10.8%。各种运输方式完成货物周转量4800.7亿吨公里,是2005年的3倍,年均增长24.5%。其中,铁路2539.5亿吨公里,年均增长14.7%;公路2261.1亿吨公里,年均增长47.5%。2010年交通运输、仓储和邮政业实现增加值876亿元,年均增长14%,占服务业增加值的20.9%。

(二)物流基础设施逐步完善

铁路、公路、航空场站和货物运输枢纽等设施明显改善,以现代物流理念建设的各类物流园区、物流中心、配送中心得到较快发展。截至2010年底,全区铁路线路通车里程达到9500公里,公路通车里程达到15.7万公里,分别比2005年增加3100公里和7.7万公里;物流园区建设步伐加快,“十一五”累计开工建设78个投资1亿元以上的物流园区,赤峰红山物流园、通辽经济开发区物流园、鄂尔多斯阿康物流园、巴彦淖尔临河农畜产品(保税)物流园等一批重点物流园区项目建设成效显著。

(三)物流市场主体快速成长

培育了安快、中昊、巴运、通运、内蒙古物资储运等一批本土物流企业,引进了中远、敦豪、宅急送、中外运等一批国内外知名物流企业,初步形成了多种经济成分和各种服务模式的第三方物流市场主体。截至2010年底,全区注册登记的物流企业达到1913户。其中,注册资本1000万元以上的物流企业达到210户,3A级以上物流企业达到18户。

(四)专业化物流体系初步形成

围绕工业化发展,以煤炭、化工、冶金建材、装备制造为重点,推动建设了一批物流枢纽、物流园区,初步形成了工业物流体系。围绕农牧业产业化发展,加快建设了一批农畜产品市场及冷链系统,培育形成了粮油、瓜果、蔬菜、肉禽蛋等农畜产品物流体系。围绕城乡居民消费,加强商业网络和配送中心建设,积极发展连锁经营、物流配送、电子商务等新兴业态,推动实施“万村千乡”市场工程和家电、汽车下乡，培育形成了较为完善的商业物流体系。围绕煤炭、石油、木材、矿产品等产品的进口和食品、服装、机电等产品的出口，加强口岸建设，积极承接国际物流外包业务，国际物流得到较快发展。

（五）物流业技术水平逐步提高

制造企业、商贸流通企业开始采用现代物流管理理念、方法和技术，实施流程再造和服务外包，在生产组织、原材料采购、产品销售、运输和仓储等方面实行一体化运作，有效降低了物流成本。重点物流园区、物流配送中心和物流企业注重采用信息管理技术、GPS全球定位系统、电子数据交换技术、BC条码技术、RFID无线射频管理技术以及立体高层货架、托盘、集装箱等物流新技术、新装备，增加了金融、保险、通讯、信息、法律服务等专业配套服务功能，物流现代化水平进一步提高。部分地区、物流企业积极整合信息资源，加强物流信息网络建设，初步形成了一批区域性物流公共信息平台。

第二节　发展环境

展望“十二五”时期，我区物流业发展面临诸多机遇。一是国家实施向北开放战略，加快欧亚大陆桥通道建设，进一步加强与俄蒙等国家资源开发和对外贸易等方面合作，为我区物流业发展提供了新的机遇。二是国家深入实施西部大开发、东北等老工业基地振兴和民族地区加快发展等战略，并把物流业列入调整和振兴的十大产业，出台了《物流业调整和振兴规划》，为我区物流业发展营造了良好的政策环境。三是我区加快推进国家能源重化工、有色金属加工、绿色农畜产品加工等基地建设和城镇化进程，为物流业发展开辟了市场空间。四是我区加快转变经济发展方式，调整产业结构，加强区域经济协作，推动城乡协同发展，也对物流业发展提出了客观需求。

但是，我区物流业发展中还面临一些挑战和问题。主要是：我区产业和产品初级化、低端化，物流附加值较低，物流通道和基础设施建设压力较大；物流企业规模小，专业物流、第三方物流发展相对滞后，社会物流成本较高；物流企业税费负担较重，新技术、新装备应用不够普遍，信息化水平有待进一步提高；物流管理职能分散，人才短缺，统计体系不健全。

第二章　发展思路、原则和目标

第一节　发展思路

“十二五”时期，我区物流业发展的总体思路是：全面贯彻落实科学发展观，抓住国家深入实施西部大开发、振兴东北等老工业基地和向北开放战略机遇，发挥我区资源、产业和区位优势，围绕工业化、城镇化和农牧业现代化，培育物流市场主体，拓展物流服务领域；加强物流基础设施建设，完善物流网络和服务功能；整合物流资源，促进物流业集聚发展；推进物流业技术创新和管理创新，提升物流业发展质量和水平，努力把内蒙古建设成为我国承东启西、北开南联的区域性物流基地和连通欧亚的国际陆路物流基地。

第二节　发展原则

——市场配置资源，政府营造环境。发挥市场配置资源的基础性作用，充分调动企业的积极性。发挥政府鼓励、引导和支持作用，加强组织协调，加大扶持力度，为现代物流业发展营造良好的政策环境。

——统筹规划，协调发展。加强规划引导，做好地区之间、部门之间物流基础设施建设与发展的协调和衔接，合理布局重大项目。坚持物流业发展与城市发展相协调，与产业发展相配套，防止盲目重复建设。

——整合存量，扩大总量。打破条块分割，整合和利用现有物流资源，提高资源利用效率。围绕交通枢纽、中心城市、商品集散地和产业基地集中建设一批大型物流园区和配送中心，促进物流企业集聚，实现物流业规模化、集约化发展。

——整体推进，重点突破。全面推进物流业发展，形成适应经济社会发展的现代物流业体系。重点推动煤炭、化工、冶金、建材、装备制造、农畜产品和商贸物流发展，带动物流业整体水平提高。

——技术创新，科学发展。积极推广应用新标准、新技术、新装备，加快物流业信息化步伐，创新管理和服务方式，提高物流效率。要节约集约利用土地，鼓励发展产品与包装物回收物流、废弃物物流和绿色物流，支持物流业节能减排。

第三节　发展目标

到2015年，全区"两区一带"物流发展格局基本形成，物流运输网络便捷高效，物流技术和信息化程度达到全国平均水平，基本建成与经济发展相适应的现代物流体系，物流业成为国民经济重要的增长点。

——物流业规模进一步扩大，货物运输量达到32亿吨，货物周转量达到11950亿吨公里，"十二五"期间分别年均增长16%和20%；交通运输、仓储和邮政业增加值达到1800亿元，"十二五"期间年均增长15%。

——物流整体运行效率显著提高，全社会物流总费用与GDP的比率达到全国平均水平。

——物流的社会化、专业化水平明显提高，第三方物流的比重明显增加。

第三章　发展布局

根据我区的经济结构、产业布局、交通条件、区位特点等因素，构建西部物流区域、东部物流区域和口岸物流带“两区一带”的现代物流业发展格局。

第一节　西部物流区域

西部物流区域包括呼和浩特市、包头市、乌兰察布市、鄂尔多斯市、巴彦淖尔市、乌海市和阿拉善盟。该区域工业基础好、物流关联度高，商贸流通业较为发达，综合运输网络较为完善。要发挥呼和浩特、包头国家级物流节点城市的作用，重点围绕呼包鄂城市群和沿黄河沿交通干线产业带建设，推进物流产业集聚，加强与京津冀协作，形成连接西北、华北经济区，连通欧亚大陆的我国西北地区重要的物流基地。

——呼和浩特市。以打造西北地区商贸中心为目标，加快建设市场群和新商圈，大力发展商贸物流。发挥连接欧亚大陆桥的枢纽作用，积极对接环渤海经济圈港口群和面向蒙古、俄罗斯的口岸群，建设陆港群和空港物流园区，形成对接环渤海及国际市场的物流核心区。

——包头市。发挥国家重要的交通枢纽作用，围绕煤化工、冶金、装备制造、稀土等产业基地建设，加快发展煤炭、矿产品、冶金产品、装备制造零部件及产成品物流，组建跨地区大型物流企业，加快专业性物流园区建设，打造制造业物流基地。

——鄂尔多斯市。加快公路、铁路通道及货运枢纽场站建设，围绕国家能源、重化工和装备制造等产业基地建设，大力发展煤炭、化工产品、装备制造零部件及产成品等物流，规划建设国家级煤炭交易中心，形成我国重要的煤炭化工物流基地。

——乌兰察布市。发挥了区位和交通枢纽优势，加强与天津港、二连浩特口岸对接，规划建设大型物流园区和内陆港，大力发展面向京津冀的煤炭、农畜产品等物流，面向俄蒙的建材、商贸等物流，面向西北地区的进口矿产品、农资等物流。

——巴彦淖尔市。围绕阴山沿线有色产业开发、特色农产品生产、境外资源开发，建设大型物流园区和特色农产品交易中心，重点发展煤炭、矿产品、有色金属和番茄、瓜果、粮油等特色农产品物流。

——乌海市。围绕自治区“小三角”区域中心城市和能源、化工、冶金建材等产业基地建设，建设 PVC 交收仓储中心、焦炭交易中心和综合性物流园区，加快发展煤炭、化工产品、冶金建材产品、商贸等专业物流。

——阿拉善盟。以服务乌斯太经济开发区为重点，围绕煤及加工产品、盐及加工产品两条产业链，重点发展煤炭、化工产品物流。加快物流园区、配送中心等物流基础设施建设，积极发展商贸、农畜产品物流。

第二节　东部物流区域

东部物流区域包括呼伦贝尔市、兴安盟、通辽市、赤峰市和锡林郭勒盟。该区域人口相对集中，工业经济快速发展，交通网络日趋完善。要发挥海拉尔、乌兰浩特、赤峰、通辽、锡林浩特等中心城市作用，重点围绕蒙东地区煤电、煤化工、有色金属冶炼加工、绿色农畜产品加工等基地建设，打通出海通道和连接俄蒙的口岸通道，加强与环渤海、东北经济区及俄蒙的物流协作，形成连接东北、华北经济区，连通俄罗斯、蒙古的重要物流基地。

——呼伦贝尔市。充分发挥与俄蒙交界的区位优势，以打造哈大齐呼工业走廊为契机，围绕能源、化工、农畜产品等基地建设和进出口贸易，积极发展煤炭、化工产品、农畜产品、进出口产品等物流。

——兴安盟。加强物流通道建设，立足本地区特色产业和煤化工项目建设，积极发展煤炭、矿产品、化工产品、建材、农畜产品等专业物流。

——通辽市。发挥交通枢纽优势，围绕煤化工、有色、玉米深加工等基地建设，积极对接大连、营口港，扩大通辽内陆港、集装箱中转站经营规模，建设大型综合性物流园区，发展煤炭、矿产品、化工产品、农畜产品等专业物流，形成我国东北经济区重要的物流基地。

——赤峰市。充分发挥面向京津唐、连接蒙冀辽的区位优势，畅通出海通道，围绕区域性中心城市建设和煤化工、钢铁、有色、农畜产品等产业基地建设，发展煤炭、矿产品、建材、商贸等专业物流，积极建设与锦州、天津等港口对接的内陆港，形成连接东北、华北的重要商品物流集散地和自治区东部出海物流基地。

——锡林郭勒盟。以资源及加工产品输出和进出口贸易为重点，加快连接港口、口岸的物流通道和货运枢纽场站建设，大力发展煤炭、石油、化工、农畜产品、进出口产品等专业物流。

第三节　口岸物流带

口岸物流带包括自治区沿边开放的十九个口岸，是我国向北开放的前沿。要以满洲里、二连浩特、策克、甘其毛都、满都拉、珠恩嘎达布其、室韦等口岸为重点，进一步完善口岸基础设施，充分利用“两种资源、两个市场”，围绕煤炭、石油、木材、矿产品等进口资源及食品、服装、机电等出口产品，积极承接国际物流外包业务，大力发展国际物流，形成连接俄蒙及欧洲的陆路口岸物流产业带。

——满洲里市。以边境口岸为依托，重点发展以石化、木材、钢材、建材、煤炭、果蔬等为主的国际物流，形成我国对俄蒙开放的重要国际物流基地。

——二连浩特市。完善口岸物流设施，加快铁路、公路国际物流园区建设，重点发展以煤炭、石油、矿产品、木材、机电产品、农副产品和日用消费品为主的国际物流，形成我国对蒙开放的重要国际物流基地。

第四章　物流体系建设

围绕新型工业化、城镇化、农牧业现代化和新农村新牧区建设，发挥陆路口岸优势，构建工业物流、农牧业物流、城乡物流和国际物流四大物流体系。

第一节　工业物流体系建设

围绕工业基地建设，加强物流业与工业的融合，大力发展专业物流，形成支撑工业化发展的物流体系。

大力发展煤炭物流。围绕国家煤炭基地建设，通过联合兼并组建一批大型专业化煤炭物流企业，推进煤炭物流向专业化方向发展。在煤炭生产基地和中转基地，建设鄂尔多斯大路煤炭物流园、锡林郭勒正蓝旗煤炭物流园、通辽霍林郭勒煤炭物流园区、集宁七苏木煤炭物流园、赤峰元宝山区煤炭物流园、内蒙古铁达煤炭物流园等一批大型煤炭物流园区，实现煤炭资源就地洗选、混配、集散，提高煤炭的附加值和综合利用率。推动东胜、霍林河等煤炭交易中心建设，积极发展煤炭金融、保险、期货等延伸服务，打造以煤炭物流为主体，交易、加工、金融、保险、期货等一体化的综合性煤炭物流基地。加强与蒙古国在煤炭资源开发方面的合作，加快口岸通道和物流园区建设，扩大满洲里、二连浩特、甘其毛都、策克等口岸煤炭进口规模，发展进口煤炭物流业务。

大力发展化工物流。围绕国家新型化工基地建设，引进国内外大型化工物流企业，推动化工物流专业化。大力发展液体、气体化学品管道物流，建设鄂尔多斯—京唐港二甲醚和甲醇两条输送管道，以及克什克腾—北京、鄂尔多斯—京津冀、鄂尔多斯—武汉、通辽—沈阳、呼伦贝尔—哈尔滨五条煤制气输送管道。加快发展特色化工产品物流，依托鄂尔多斯、包头、乌海、锡盟等化工生产基地，建设包头新奥蒙华物流园、锡盟多伦联邦物流园、鄂尔多斯棋盘井化工产品物流中心、呼伦贝尔大雁化工产品物流中心等一批化工产品专业物流园区，筹建国家级甲醇、PVC 等特色化工产品交易中心，提高特色化工产品集散能力。

加快发展冶金建材物流。推动鹿畅达、二冶昕隆等冶金建材物流企业联合重组，整合社会散、小钢材、建材市场等资源，发展成为跨地区大型专业化物流企业。支持发展建筑材料标准化加工、配送，提高物流附加值。鼓励发展矿产品、水泥等散装物流。围绕冶金建材生产基地和产品需求量较大的地区，推动建设包头钢铁深加工物流园、乌海众利惠农物流园、乌兰察布重联建材物流园、喀喇沁旗和美工贸物流园等一批重点项目。积极发展重型汽车、工程机械、铁路机械、煤炭机械、风电设备等装备制造业零部件和产成品物流，加快包头装备制造物流园、鄂尔多斯东胜装备制造物流中心等项目建设，形成服务包头、鄂尔多斯等装备制造业基地的物流体系。积极发展产品与包装物回收物流和废弃物物流，支持绿色环保型物流。

推动物流业与制造业联动发展。鼓励钢铁、有色、化工、建材、装备制造等行业大型企业运用供应链管理技术，推进采购、生产、销售等环节的物流整合，分离外包物流业务，提高核心竞争力。支持包钢、一机、二机、蒙西等大型企业利用现有场地、设施及营销网络等，在做好企业物流的基础上，发展社会化物流服务。引导制造企业与物流企业通过参股、控股、兼并、联合等多种形式进行资产重组，联合组建第三方物流企业。支持大型物流企业与制造企业结成战略联盟，开展物流金融、物流加工、原料采购、产品营销等拓展服务。组织实施一批制造业与物流业联动发展示范工程，促进现代制造业与物流业有机融合、联动发展。

第二节　农牧业物流体系建设

围绕现代农牧业建设，完善农牧业物流基础设施，形成农畜产品销售和农牧业生产资料供应的双向物流体系。

加强农畜产品市场建设。加大现有市场的升级改造力度，重点完善检测检验、电子商务、物流配送等功能，加强与外埠市场的联合，提高辐射能力和运营效率。在农畜产品生产基地规划建设一批大型农畜产品批发市场，重点推动建设呼和浩特西龙王庙福胜农畜产品批发市场、乌兰浩特市绒毛批发市场、赤峰西城市场扩建工程、巴彦淖尔五原鸿鼎农贸市场扩建工程等项目。

完善农牧业生产资料配送体系。加强农牧业生产资料仓储、配送设施建设，扶持农牧业旗县改造或建设标准化的农牧业生产资料仓储配送中心。培育壮大县域农牧业生产资料流通企业，完善县、乡、村配送网络，提高种子、化肥、农药、农机、饲草料配送能力。

大力发展粮食和冷链物流。加强粮食仓储设施建设，推广粮食四散运输，加快建设呼伦贝尔粮食物流中心、乌兰浩特粮食物流中心、鄂尔多斯粮食物流中心等项目。加强农畜产品批发市场冷冻、冷藏、预冷、保鲜等设施建设，在大中城市周边规划建设一批生鲜农畜产品低温配送和处理中心。重点支持发展乳制品、牛羊肉、马铃薯、特色蔬菜瓜果等冷链物流，提高鲜活农畜产品冷链物流比重，推动建设通辽三元冷鲜肉配送中心、锡盟元盛肉类配送中心、满洲里大中华果蔬仓储物流中心等冷链物流项目，逐步建立辐射全国和俄蒙的农畜产品冷链物流体系。推动“农超对接”，支持大型连锁超市、农畜产品流通企业与农畜产品生产基地直接对接，减少农畜产品流通环节，降低流通成本。

第三节　城乡物流体系建设

围绕城乡居民消费、商业贸易、旅游会展、工程建设等物流需求，完善配送网络，加快公共信息平台建设，培育专业化物流配送企业，形成支撑城镇化发展和新农村新牧区建设的物流体系。

建立物流园区、配送中心和配送网点等多层次的城市配送网络。以中心城市为重点，在城市周边建设或改造一批物流园区，形成城市物资供应的集散中心，实现长途运输与短途运输的合理衔接，重点推动建设呼和浩特白塔蒙西国际物流园区、包头昆都仑区边墙壕仓储物流中心、乌兰浩特物流园区、通辽市开发区综合物流园区、赤峰红山物流园区、锡林浩特民禾物流园区、鄂尔多斯易兴物流园区等项目。依托各类专业批发市场，建设食品、家具、装饰装潢、五金家电等商品配送中心，建立健全社区配送网点，形成较为完善的城市配送网络。重点推动呼和浩特雨润农副产品交易配送中心、包头润恒现代农副产品物流园区、鄂尔多斯华研商贸配送中心等项目建设。建立支持电子商务的城市物流公共信息平台，实现与物流园区、配送中心、工商企业、银行、税务、保险等机构信息共享。

推动消费品物流向农村牧区延伸。继续实施“万村千乡”市场工程，在旗县中心城镇建设一批专业化、社会化生活资料配送中心，重点推动通辽日升日美物流配送中心、宁城农村日用消费品配送中心、准格尔阳光百货配送中心等项目。进一步扩大农家店覆盖面，实现全区所有嘎查村全覆盖。

推动城乡物流配送专业化。鼓励专业运输企业开展城乡配送，支持商业、仓储、运输等企业实行跨行业联合、并购，形成具有规模优势的城乡物流配送企业，提高配送专业化水平。适应电子商务和连锁经营发展的需求，鼓励企业应用现代物流管理技术，发展面向流通企业和消费者的共同配送。发挥邮政快递的作用，协同社会配送与快递物流企业，大力发展网货配送与速递物流业务。推进城市配送车辆的标准化，满足城市效率、安全、市容、环保等要求。规范城市配送交通管理，解决城市快递、配送车辆进城通行、停靠和装卸作业问题，禁止不符合标准的车辆进行货物运输。

第四节　国际物流体系建设

抓住国家实施向北开放战略的机遇，加强与俄蒙等国家的合作，培育国际物流企业，大力发展国际物流。

加强口岸基础设施和物流通道建设，优化口岸通关作业流程，提高通关效率。满洲里、二连浩特要加快发展适应国际中转、国际采购、国际配送、国际转口贸易业务要求的国际物流，推动满洲里新国际货场、二连浩特铁路和公路物流园区建设，形成对俄蒙国际贸易的大型国际物流港。加强策克、甘其毛都、满都拉、室韦、珠恩嘎达布其等口岸物流园区建设，积极发展煤炭、木材、矿产品等物流。

拓展呼和浩特白塔国际机场、海拉尔国际机场、满洲国际机场国际货运业务，推动包头、鄂尔多斯机场升级为国际机场，加快呼和浩特国际空港物流园、阿康国际空港物流园等项目建设，积极发展国际空港物流。加强与天津、秦皇岛、锦州、大连、黄骅等港口的合作，推动建设一批内陆港，开拓国际物流业务。

第五章　物流基础设施建设

第一节　物流通道建设

加强交通基础设施建设，构建铁路、公路、航空等多式联运网络，形成贯通东西、出区达海、连接口岸三大物流通道。

1. 东西大通道。加强连接自治区东西部地区的铁路和公路通道建设，形成第二条铁路干线和第二条便捷公路通道。加快建设盟市间、盟市到旗县、主要交通干线到重点工业园区间的高等级公路，初步形成区内干线公路网骨架。加快东胜—包头—集宁高速公路扩能改造，构建呼包鄂中心城区 2 小时公路圈、呼和浩特—包头—临河—乌海—鄂尔多斯 4 小时高速公路圈。

2. 出区通道。加快出区铁路通道建设，重点建设鄂尔多斯至曹妃甸、锡林郭勒至曹妃甸、锡林郭勒至绥中港三条煤运下海通道，建成巴彦乌拉—阜新、北京—通辽、叶百寿—赤峰等铁路扩能改造工程，开工建设临河—哈密、正蓝旗—张家口等铁路干线。全面建成至周边 8 省区大城市的 14 条高速公路出区通道，重点建设通辽—好力堡、赤峰—茅荆坝、大饭铺—十七沟、京新高速呼和浩特—集宁—韩家营、临河—哈密等高速公路。

3. 口岸通道。加快建设甘其毛都、满都拉、珠恩嘎达布其、阿日哈沙特、黑山头口岸的跨境铁路。全面建设自治区对俄罗斯和蒙古已开放口岸的高等级公路，到 2015 年，口岸公路全部达到二级以上标准，其中，策克、甘其毛都等重点口岸公路提高到一级。

第二节　综合交通枢纽和站场建设

统筹规划综合交通枢纽，重点建设公路和铁路枢纽，加强城市道路与铁路、公路站场和机场的有效衔接，逐步推进货运“无缝对接”。公路运输枢纽重点建设呼和浩特、包头、呼伦贝尔、通辽、赤峰、鄂尔多斯、巴彦淖尔、满洲里和二连浩特国家公路运输枢纽工程。铁路枢纽重点建设呼和浩特、通辽、集宁、东胜等地区综合枢纽。

在综合交通枢纽、公路铁路干线、产业园区等，建设一批铁路集运站、战略装车点和公路货运站场，实现多种运输方式的有效对接，提高运输效率。到2015年，煤炭、化工产品、钢铁、粮食等大宗货物主要通过铁路集运站、战略装车点和公路货运站集中发送。

第三节　物流园区建设

改造升级现有物流园区，进一步完善仓储、加工、配送、分拣、包装、信息等服务功能。加快在建物流园区建设进度，尽快投入运营。在物流节点城市、产业基地和交通枢纽，充分利用运输场站、仓储基地等基础设施，按照布局集中、用地节约、产业集聚、功能集成、经营集约的要求，规划建设一批大型综合性物流园区，提高物流运作的规模效益。加强物流园区中转联运设施、仓储设施和公共信息平台等公共服务设施建设，推广应用新标准、新技术、新装备，积极引入金融、税务、海关、检验检疫等功能，提高综合服务能力。物流园区建设要与土地利用总体规划、城市建设规划搞好衔接，防止盲目投资和重复建设。

第四节　物流公共信息平台建设

充分利用现有电子政务系统，整合物流信息资源，加快建设商务、金融、税务、海关、邮政、检验检疫、交通运输、工商管理等部门一体化的自治区政府物流管理服务平台。推动西部物流区域、东部物流区域和口岸物流带的区域性物流公共信息平台建设。加快公路、铁路、航空、邮政等运输与服务方式信息网络建设，建立物流信息采集、处理和服务的交换共享机制，鼓励城市间、行业间和企业间物流平台的信息共享。支持物流园区公共信息平台建设。

第六章　保障措施

（一）加强宏观指导和组织协调

建立由自治区政府主管领导负责，自治区发改、经信、财政、商务、交通、通信、公安、工商、税务、质监、统计、口岸、铁路、民航、海关、邮政等相关部门参加的自治区物流联席会议制度，研究协调我区物流业发展中的有关重大问题和政策。联席会议办公室设在自治区发改委，增调专人，负责日常工作。各盟市政府也要建立相应的协调机制，加强对地方物流业发展有关问题的研究与协调。充分发挥物流协会等社团组织的作用，促进行业自律。建立物流业统计分析、调查和信息发布制度，加强对物流业运行的监测与分析。

（二）大力培育物流业市场主体和服务品牌

进一步放宽市场准入，鼓励各类企业进入物流市场。支持现有运输、货代、仓储、联运、快递企业功能整合和服务延伸，加快向现代物流企业转型。大力培育第三方物流企业，继续引进国内外知名第三方物流企业在我区设立分支机构或地区总部，推动安快、中昊、巴运等本土物流企业通过参股控股、兼并联合、合资合作等方式扩大经营规模，扶持一批中小物流企业做大做强。重点培育发展20户在全国具有影响力的名牌物流企业，到2015年力争3A级以上物流企业达到50户以上。

（三）推进物流服务的专业化和社会化

加强物流业与制造业、商贸流通业的融合，推动生产和商贸企业外包物流业务或利用现有仓储、运输设施和营销网络等，组建独立的第三方物流企业，促进企业内部物流社会化，提高核心竞争能力。推动物流企业与生产、商贸企业的协作，促进供应链各环节有机融合，实现采购、生产、销售和物品回收物流的一体化运作。积极发展连锁经营、物流配送和电子商务等现代流通方式，促进流通企业的现代化。大力发展多式联运、集装箱运输、特种货物运输、厢式货车运输以及重点物资的散装运输等现代运输方式，加强各种运输方式的衔接，建立高效、安全、低成本的运输系统。加强运输与物流服务的融合，提高物流的专业化水平。

（四）推动物流标准制定推广和新技术、新装备应用开发

根据国家物流标准规划，加快制定我区物流通用基础类、物流技术类、物流信息类、物流管理类、物流服务类等标准，完善物流标准化体系。加快物流管理、技术和服务标准的推广，鼓励物流企业和有关方面采用标准化的物流计量、货物分类、物品标识、物流装备设施、工具器具、信息系统和作业流程等，提高物流的标准化程度，以物流的标准化促进物流的现代化。积极推广集装箱技术和单元化装载技术，推行托盘化单元装载运输，大力发展集装箱车、重型载货汽车、大吨位厢式货车和甩挂运输等组织方式，降低物流成本。鼓励物流企业采用条形码、智能标签、无线射频识别、电子数据交换、全球卫星定位系统、地理信息系统等先进适用技术，提高物流管理水平。加强物流技术装备的研发与生产，支持物流企业自主创新，鼓励企业采用仓储运输、装卸搬运、分拣包装、条码印刷等物流技术设备，提高物流技术装备水平。重点选择安快、巴运、中昊、通运等20户物流重点企业和包头新奥蒙华物流园、赤峰红山物流园、通辽物流园、东胜华研物流中心等20个大型物流园区开展物流新标准、新技术、新装备的推广应用试点。

（五）多渠道增加对物流业的投入

各类金融机构要探索和开发收费权、股权质押、仓单质押、存货监管融资等

符合物流企业经营特点的金融产品，中小企业担保机构要积极为符合条件物流企业提供融资担保服务，促进金融机构加大对物流企业的信贷支持力度。列入国家和自治区规划的重点物流业建设工程，支持通过银行贷款、股票上市、发行债券、增资扩股、企业兼并等途径筹集建设资金。对涉及全区性、区域性的大型物流建设工程，自治区服务业专项资金以贷款贴息等方式重点给予支持。各级政府中小企业、科技、信息等专项资金，可以扶持物流企业技术改造、新技术开发和信息平台建设。原划拨土地建设的物流、仓储设施，政府收回进行招标拍卖的，所得收入除进行拆迁安置外，其余部分全部用于支持物流项目建设。自治区人民政府将安排奖励资金，用于对引进知名第三方物流企业的地区和创造知名物流服务品牌的企业的奖励。

（六）加大对物流业政策支持力度

税收政策方面，物流园区和物流企业的土地使用税参照工业企业土地使用税征收及补贴办法实施，缴纳土地使用税确有困难的，可按规定程序审核后适当减免土地使用税。改造利用废弃土地，且符合国家产业政策的物流项目，经批准5年内免征土地使用税。经自治区批准的物流园区内的企业，享受自治区经济技术开发区（工业园区）企业同等税收优惠政策。新办的第三方物流企业、新办民营运输企业2年内免征企业所得税地方分享部分，2年后减半征收3年。生产和商贸企业剥离物流功能，组建具有法人资质的物流公司，自物流公司注册登记之日起2年内免征企业所得税地方分享部分，2年后减半征收3年。对纳入国家试点名单的物流企业及所属企业将承揽的运输业务、仓储业务分包给其他企业并由其统一收取价款的，以该企业取得的全部收入减去付给其他企业的费用后的余额为营业税的计税基数，实行差额纳税。物流企业进口物流设备可按国家有关规定免征关税、进口环节增值税。为物流企业购买符合规定的环境保护、节能节水、安全生产专用设备，设备投资的10%在政策规定期限内可抵免应纳税额。物流企业并购重组，全额返还并购重组涉及税收的地方分享部分。

在土地政策方面，对列入自治区物流业发展规划的物流园区和物流配送中心项目，要优先保证建设用地，土地出让金按照国家2009年规定的工业用地最低价标准执行。按城市规划对旧仓库设施进行拆迁异地改造且新建物流配送中心和物流配送站的，在拆迁或收回企业土地使用权和建筑物时，应在城市规划用地中给予相应安排。

在市场准入政策方面，凡具备或租用必要的运输工具和仓储设施，至少具有从事运输（或运输代理）和仓储两种以上经营范围，能够提供运输、代理、仓储、装卸、加工、整理、配送等一体化服务，并具有与自身业务相适应的信息管理系统的企业，均可登记注册为物流企业。物流企业办理登记注册时，除国家法律、行政法规和国务院决定外，其他前置性审批事项一律取消。

在其他政策方面，物流企业用电、用水价格，按普通工业用电、用水价格执行。使用大型冷藏、冷冻和冷链加工设备的重点物流企业的用电，按大工业用电给予保障。畅通鲜活农产品绿色通道，严禁乱收费、乱罚款。制定科学的城市货车通行管理办法，为重点物流企业的小型配送车辆在市区通行、停靠提供便利。减化通关手续，推行物流企业与口岸通关监管部门信息联网，鼓励海关、检验检疫、货运代理、报关报检、场站服务等部门实行"一站式"服务。

（七）加强物流人才的培养

组织人事部门要加强对物流业管理干部的培训，提高管理干部的思想认识和执政能力。劳动部门要会同有关部门，加强对物流行业的企业家、经理人及专业技术人员的培训，提高企业经营管理水平和从业人员素质。实施现代物流人才教育工程，自治区相关高等院校、职业学校要开设现代物流管理、营销、电子商务、应用技术等专业，开展物流业人才培养和培训，为物流业发展提供人力资源保障。鼓励物流企业与科研院所合作，开展产教联合、校企联合，提高物流企业的管理水平。重视现代物流管理和技术人才引进工作，物流企业引进高级管理、技术人才，各地区要在落户、家属安置、子女入学等方面给予优惠待遇。

（八）推进物流业对外开放和区域协作

进一步扩大物流业对外开放，依托我区能源、冶金、化工、农畜产品加工、装备制造、高新技术等优势特色产业，大力引进国内外第三方物流企业。鼓励国内外大型物流企业在我区设立分支机构，联合、收购、兼并区内物流企业做大做强。引导区内物流企业拓宽发展空间，积极"走出去"，开展跨地区物流业务。加强与周边省区的物流协作，开展物流方面的政策协调和技术合作，实现物流业务的有效对接。加强与天津、大连、锦州、曹妃甸等港口合作，积极发展内陆港，促进港口物流向内地延伸。

015

沈阳市物流业发展“十二五”规划

沈阳市发展改革委

2012年1月31日

依据国家《物流业调整和振兴规划》、《沈阳市国民经济和社会发展第十二个五年规划纲要》及相关专项规划，结合我市物流业发展实际，编制本规划。

一、“十一五”物流业发展概况

（一）主要特点

1. 物流业总体规模不断扩大

2010年，全市物流业增加值实现230.8亿元，比“十五”末期增长107.9亿元，年均增长13.4%。各种运输方式完成货物运输总量达到17347.5万吨，同比增长14.4%，其中，公路货运量实现16804万吨，同比增长14.1%；铁路货运量实现538万吨，同比增长24.9%；民航货运量实现5.5万吨，同比增长9.3%。

2. 物流基础设施日趋完善

我市公路总里程达到11562公里，公路网密度达到89.8公里/百平方公里，其中高速公路571.9公里，已形成了以“两环八射一过境”的高速公路网为主骨架、8条放射状国省干线为主通道、县乡和农村公路为脉络的路网体系。作为东北地区最大的铁路枢纽，京哈．沈大等6条铁路干线汇集沈阳，并拥有全国第二大的铁路编组站。桃仙国际机场被国家列为全国区域性航空枢纽机场，已开通国内外航线106条，其中，国内航线91条、国际及地区航线15条，民航运输年起降达6.97万架次。

3. 物流企业加快引进和发展

近年来，我市物流企业快速发展。国内外大型知名第三方物流公司争相进入我市，其中日本邮船、美国UPS、丹麦马士基等世界100强物流企业8家，中海、中外运、招商局、宝供等国内50强物流企业14家。本地物流企业逐渐发展壮大，辽宁联合物流有限公司、沈阳储运物流配送有限公司等38家第三方物流企业年营业收入超过亿元。

4. 物流信息化建设取得突破性进展

以沈阳物流公共信息平台、通通中国网、中运物流网为代表的物流信息网络体系已初步形成。大部分物流企业自行开发、购入和租用了物流信息网络管理系统，采用GPS系统、条码等技术，建立了较为完善的物流信息管理系统，有效提高了物流信息化管理水平。

（二）存在问题

1. 物流运行效率偏低

现行物流业的分行业管理，行业间缺乏融合和协调，制约了我市物流业的发展。2010年物流业增加值占全市GDP的比重仅为4.6%，占全市服务业GDP的比重也只有10.3%；社会物流总费用与GDP的比率仍高出发达国家1倍左右。

2. 物流服务能力不足

多数企业对于物流服务的关注仅限于物流成本的降低，没有上升到整体供应链优化的高度，只以“单环节、多供应商”外包模式为主，大部分物流企业只是承担某一个环节的物流业务，如运输、仓储、配送等，难以提供高效率的现代物流服务，存在附加值低、成本高、市场乱等问题。

3. 产业布局和物流资源分散

我市物流企业分布较分散，规模较小，缺少带动力强、辐射面广、服务范围大的龙头企业，产业集聚程度低，“封闭、集约、综合、社会化”的物流园区尚未形成，与我市建设东北地区物流中心城市的目标不相称。

二、面临的机遇和挑战

（一）面临的机遇

一是全球经济化及区域经济一体化将推动我市经济市场化、国际化的进程，快速增加我市物流业务总量，扩大我市物流服务辐射影响范围。

二是随着沈阳经济区的改革发展和辽宁沿海经济带的开发开放，以及沈阳经济区一体化、城际连接带新城和新市镇建设加快，我市物流业的集聚功能将稳步增强，物流发展定位和服务层级将进一步提升。

三是我市以铁西为核心打造具有国际竞争力的先进装备制造业基地，进一步推动物流业与制造业联动发展，有利于提高物流企业供应链一体化服务能力。

（二）面临的挑战

一是资源和效益的挑战。物流基础设施建设具有社会效益大，企业效益相对小，一次性投入大，投资回收期长的特点。随着土地使用税的增加，使投入与产出矛盾更加突出，一定程度上制约了投资者积极性。

二是管理体制及机制的挑战。现代物流是各种产业融合、促进相互协调发展的复合产业。行业间缺乏协调，影响物流业的发展，需要在体制和机制上不断创新。

三、指导思想、发展定位和发展目标

（一）指导思想

坚持以科学发展观为统领，以建设东北地区物流中心城市为目标，以信息技术和资源整合为手段，以促进物流基础设施建设为核心，以发展第三方物流企业为重点，以推动制造业与物流业联动发展为突破，构建布局合理、功能齐全、运作高效、服务经济、与产业结构相适应的现代物流体系，提升物流效率和能力，增强对经济社会发展的贡献。

（二）基本原则

1. 坚持市场化原则

发挥市场配置资源的作用，根据市场需求，消除行政区划意识，做好区县间、行业间和部门间的协调和衔接，统筹全市，科学布局，集约发展，合理配置物流资源。

2. 坚持集约化原则

整合物流资源，通过高质量、多功能的物流服务和不断巩固业务资源，使物流集中发展区、中心布局充分体现布局集中、用地节约、产业集聚、功能集成、经营集约的特征，促进我市的物流业向集约化方向发展。

3. 坚持联动化原则

注重城市主导产业与物流业的联动发展，一方面，物流业为其他产业提供支撑服务；另一方面，发挥物流业先导作用，提高产业物流运作效率，提升产业综合竞争力。

4. 坚持可持续原则

强化与硬件设施相匹配的软环境建设，切实做好硬件设施建设和软环境营造有机结合，推动物流服务水平的不断提升；按照发展低碳经济的要求，改变传统物流模式，发展绿色物流。

（三）发展定位

总体定位是将我市打造成为东北地区物流中心城市。包括三个层面内容：

1. 沈阳经济区物流核心城市

充分发挥沈阳经济区产业基础雄厚及一体化建设等诸多优势，将我市打造成为该区域交通组织和调度中心、物流采购和分拨中心，形成为沈阳经济区城市间货物配置的核心节点。

2. 国家级物流枢纽城市

发挥我市位于环渤海经济圈和东北地区经济走廊结合部的区位优势，构建连接省内外的物流通道体系，形成服务于全国的物流信息平台、国内最优的发展环境、物流人才培育基地和国内外知名物流企业总部集聚城市。

3. 东北亚重要的国际物流节点城市

利用我省沿海经济带建设，构筑完善的出海物流通道和航空物流通道，建设以保税物流、航运物流以及铁路集装箱物流等为基础的沈阳国际物流节点体系，成为连接欧亚大通道的重要节点城市。

（四）发展目标

围绕我市"十二五"物流业发展定位，到 2015 年，全市物流业发展的主要目标是：

全市物流业增加值年均增长速度力争超过 GDP 的年均增长速度；

社会物流总费用占 GDP 的比率下降到 17%以下；

世界 100 强和国内知名物流企业达到 60 家以上；

制造业与物流业联动发展工作，在全国 15 个副省级城市中处于领先地位；

构建功能完善的现代物流服务体系，基本建成东北地区物流中心城市；

使我市成为东北地区的物流采购与分拨中心、物流信息中心、物流总部基地、物流装备制造基地和物流科教基地。物流业成为促进我市经济社会发展的先导产业。

四、物流框架体系

（一）总体布局

根据区域经济发展特点和交通运输条件，确定物流基础设施的空间位置、类型、规模和功能，构建"三大圈层"的总体发展格局。

1. 物流总部发展圈层

三环以内区域。依托中心城区楼宇经济优势，发展物流总部经济；依托中心城区信息化优势，积极构筑物流信息高地；利用中心城区靠近需求终端优势，发展城市配送物流体系；依托中心城区人才优势，开展物流人才的培训工作；顺应专业市场的发展趋势，对原有专业市场升级改造，对于不适合在中心城区发展的，逐步向外围城区迁移。

2. 物流集中发展圈层

三环至县域之间区域，其中四环两侧为重点发展区域，是我市物流基础设施建设和产业物流体系发展的主要载体圈层。充分利用区位交通优势，结合全市产业布局，大力推动物流集中区建设，提升物流业服务经济、服务社会、服务区域的能力和水平。

3. 县域物流发展圈层

各县（市）依托产业基础，在物流需求较为集中的区域规划建设物流节点，为特色产业园区和县域经济发展提供配套物流基础设施，通过物流节点设施建设带动县市物流业发展。

沈阳市物流业发展除构建上述三个圈层外，还应注重与沈阳经济区其他七城市协调互动发展，推动规划、政策、措施的有效落实，合作建设区域内大型物流基础设施，打造协调统一、规划清晰、重点明确、布局合理、覆盖面广的区域物流一体化产业格局。

（二）物流集中发展区

物流集中发展区重点实现产业集聚、功能集成、经营集约，完善专业化物流组织服务，为全市、沈阳经济区、东北地区乃至东北亚地区等大区域物资集散、分拨、中转、配送、流通加工、信息等提供综合服务。

1. 沈阳国际物流港

位于于洪区马三家街道，由沈山铁路、沈西铁路和规划四环围合而成的区域，占地面积 26.3 平方公里。以铁路物流为核心，整合公路、海运、空运物流资源，发展制造业物流、化工物流、快速消费品物流、第三方物流等各种物流业务，形成完整的物流产业链，建立多层次、社会化、专业化的综合型物流集中发展区。打造集现代物流、内陆口岸、保税仓储、金融服务、流通加工功能于一体，覆盖沈阳经济区、辐射东北、连接国内、通向欧亚大陆的现代化物流港。

2. 临空现代物流港

位于苏家屯区浑河新城内，苏桃路周边，三四环之间，占地面积 2～3 平方公里。承接辽宁省及东北地区中转物流，提供面向市区的城市配送和面向周边城市的中转配送服务。

3. 铁西装备制造业物流集中发展区

位于铁西产业新城（沈阳经济技术开发区）沈辽路沿线，占地 2 平方公里。集中发展区将以制造业物流服务为核心，提供融入企业供应、生产、销售、维修等一体化物流服务。服务对象主要面向大型先进装备制造企业、现代建筑产业、汽车制造及关联企业，并能积极满足其他行业制造及商业企业的工业仓储、包装、分拣、加工等供应链服务需求。

4. 近海保税物流集中发展区

位于沈阳近海经济区内，东至茨榆坨镇，西至蒲河东岸，南至沈盘公路南 1 公里，北至大莲花村，占地面积 10 平方公里。充分发挥近港优势，重点发展综合保税和港口物流，成为集仓储、区域配送和分拨等功能于一体的保税物流集中发展区。

5. 沈北综合物流集中发展区

位于沈阳四环、五环之间，以 203 国道为轴线，东至 203 国道以东 1000 米，南至四环控制线，西至长大铁路控制线，北至新城子常州路。规划面积 13.2 平方公里。围绕生产资料、农产品、小商品、医药、汽车零配件等，重点发展第三方物流和专业批发市场。主要由交易展示区、仓储物流区、生产加工区、综合服务区组成。

6. 沈海综合物流集中发展区

位于大东区京哈高速王家沟出入口西北侧，东至京哈高速，西至沈铁路，南至三环路，北至皮台与沈北交界处，占地 1.5 平方公里。依托大东汽车制造业集聚区，重点发展汽车及零配件、生产资料、建材装饰材料、日用工业品等物流服务，形成辐射东北地区的综合性集中发展区。

7. 空港物流集中发展区

位于东陵（浑南新区）机场规划区，占地面积 1 平方公里。规划建设航空产业物流、临空物流和保税物流为主，辐射全国乃至国际的物流集中发展区。

（三）物流中心

物流中心为特定区域，以装备制造、汽车及零部件、农产品精深加工、医药化工、商贸流通等特色主导产业为基础，重点发展十五个物流中心。功能上，与物流集中发展区各有分工互为补充；布局上，原则上鼓励物流中心向物流集中发展区集聚，共同发展构成全市物流节点体系。

1. 铁路集装箱物流中心

该中心位于于洪区马三家街道，是全国铁路集装箱 18 个一级节点站之一，占地面积 180 万平方米，重点建设以铁路集装箱运输为主，集特货、快运和整车货物等全部铁路物流业务的枢纽型物流中心。项目建成后年货物吞吐量达 100 万标准箱。

2. 大东汽车物流中心

位于大东汽车产业区。重点建设成为东部汽车产业提供零部件和商品车物流服务的专业化汽车物流中心。形成 100 万辆整车及所需零部件的物流服务能力。

3. 金山钢铁物流中心

位于皇姑区东北部，东至铁路线，西至文官村界，南至金山北路，北至区界。利用有色金属批发和钢材批发比较密集的优势，形成国内一流的现代钢铁物流中心

4. 南五医药物流中心

位于和平区南五地区，东至昆明南街，西至胜利南街，南至南六马路，北至用地界线，占地面积 1.1 万平方米。规划建设物流仓储、展示交易、展览展销、物流信息发布等设施，成为集医药批发、商务办公为一体的综合性物流中心。

5. 公路陆港物流中心

位于于洪区马三家街道，北至河道，南至岔路口，西至沈西铁路，东至物流产业大道。占地面积 180 万平方米，主要建设停车场、车辆检修区、仓储区、管

理中心，主要承担零担或大宗散货公路物流。

6. 五爱物流中心

位于沈河区北翰林路，占地面积 1.6 万平方米。主要建设成为以货场和仓储为主，兼容物流企业的商务办公及货运分流为一体的物流中心。

7. 普洛斯物流中心

位于经济技术开发区开发大路 21 号，占地面积 40 万平方米，建设仓库、集装箱露天堆场、查验场、视频监控设施等辅助工程，提供集仓储、运输和包装于一体的物流服务。

8. 中储物流中心

位于苏家屯区沙河街道办事处鲍家村，占地面积约为 120 万平方米，主要建设快速消费品分拨中心、超市冷链配送中心、应急物流集散中心、期货现货商品交割交易中心、物联网商品分拨中心、金融结算中心、都市联运配载中心、媒体购物商品分拨中心、信息中心、铁路专用线等。

9. 地利农副产品物流中心

位于大东区东贸路地区，占地面积 60 万平方米，投资 30 亿元，建设东北地区规模最大的农副产品物流中心。

10. 明廉农副水产品物流中心

位于皇姑区明廉路 8 号，占地面积约 20 万平方米，重点建设成为以熟食冻品、水产、蔬菜为主的集仓储、运输、配送、信息于一体的多功能的物流中心。

11. 沈阳粮食物流中心

位于铁西区保工北街 20 号，占地面积 31 万平方米。由沈阳市第一粮库和沈阳粮食批发市场合并而成。分为经营交易区、仓储保管区、加工分装区和物流配送区。主要建设成集自动化仓储、交易、物流配送、产品精深加工、包装、电子商务为一体的粮食专业物流中心。

12. 新民物流中心

位于新民市城区内沈山铁路以北，占地面积 10 万平方米。为农机市场及新建的汽贸城、农资市场、建材市场、果蔬市场、汽配市场六大市场提供配货、仓储、中转等配套的物流服务。

13. 辽中物流中心

位于茨榆坨西山村以北、大莲花村以西、沈西产业大道辽中段以东，占地面积 500 万平方米。主要建设仓储保管、加工分装、电子商务和物流配送等配套设施。

14. 法库物流中心

位于法库县陶瓷产业园内，占地面积 100 万平方米。主要建设成为以陶瓷产品为主的物流中心。

15. 康平物流中心

位于康平县城北部，西北部与辽宁康平经济开发区衔接处、中部与203国道交会处和东南部与沈康高速公路出口衔接处，占地面积20万平方米。规划建设塑编产品、建筑材料、农用机械、农产品、二手车和旧物六大专业市场，以及信息中心、综合服务中心、道路、给排水等基础设施。

（四）物流通道

打破交通各行业的条块分割，推进多种运输方式有效整合，形成各种运输方式有效衔接，运输枢纽（场站）有机匹配，运输综合效能高，运输成本合理，内外货流顺畅的物流通道体系。

1. 沈阳经济区城际物流通道

发挥作为沈阳经济区物流核心城市的优势，进一步完善沈抚、沈本、沈辽鞍营、京沈、沈阜（沈彰）、沈铁、沈康七大综合交通走廊及城际连接带建设。完善铁路路网，新建沈阳经法库至康平铁路。实施三环路扩建工程和绕城高速五环路建设，推进实施辽宁中部环线高速路建设，提高干线路网等级。

2. 东北地区区域物流通道

加快建设哈大铁路客运专线、续建沈西出海铁路，提高煤炭、粮食、机电设备等重要大宗货物运输能力，规划建设集集装箱、快运、特货、整车货物等铁路业务为一体的集装箱中心站，加快沈阳铁路货运场站外迁进程，增强我市铁路物流枢纽功能。加快公路货运枢纽场站建设，进一步完善信息和配送设施，大力发展多式联运物流。强化内陆港群建设，加快大连、营口、锦州、丹东、葫芦岛、盘锦等港口功能向我市延伸，加快出海大通道建设，做好铁路、公路与海运的衔接，加强与沿海港口的合作，实现产业园区与港口城市有效连接。

3. 东北亚国际物流通道

扩建桃仙机场，继续增开国内外航线，增加航运覆盖面，增强航空货运枢纽功能，为沈阳实现国际化城市目标创造便捷的空中物流通道。发展专用货机，培育货运航线，形成布局完善合理的航空货运物流网络体系。合理规划建设保税物流基础设施，形成南从营口和大连等港口出海，北从满洲里、黑河、绥芬河等口岸出境，并向国外拓展的快捷通道。强化与周边海关合作，优化海关和检验检疫管理，搞好高效快捷的“大通关”，形成多层次、多功能的国际物流服务体系。

（五）重点物流体系

1. 工业物流

重点围绕沈西工业走廊、全国装备制造业集聚示范区、高新科技产业开发区等经济区的建设，充分整合工业企业内部物流资源和社会物流资源，大力发展装备制造、汽车及零配件、食品加工等重点工业物流体系。

装备制造物流

规划建设铁西装备制造业物流集中发展区，开辟重大装备物流绿色通道，筹建国家重大装备物流公共信息平台；重点发展大型发电设备、冶金成套设备、重型机械设备、矿山机械等重大装备制造物流。

汽车及零配件物流

整合区域汽车及零配件制造业物流资源，围绕华晨金杯、宝马、通用、中顺汽车等汽车制造企业，建立整车及零配件物流体系。全面提高我市汽车制造企业在汽车生产、销售、售后服务等方面的物流水平。

食品工业物流

结合沈北建设全国最大的农产品深加工基地，构建连接沈阳经济区，辐射东北亚的绿色食品物流网络服务体系。以沈北综合物流集中发展区、雨润农副产品全球采购中心和海吉星农产品物流中心为核心，重点发展乳制品、绿色食品、肉类制品、山特产品物流。

2. 农业物流

粮食物流

建立以沈阳粮食物流中心为核心，以国有大型粮库为支撑，以其他粮食仓储、加工、购销企业为基础，实现粮食流通信息系统和检验检测系统改造升级，基本实现粮食的散装、散卸、散运、散存和流通过程的无缝链接，建设统一开放、方便快捷、运转高效的现代粮食物流体系。

农产品及果蔬物流

调整现有农产品批发市场布局，以地利农副产品物流中心、明廉农副水产品物流中心、大东区东北农副产品物流中心、沈阳雨润农副产品全球采购中心、于洪区润恒农产品交易中心为重点，建设集仓储、运输、信息和结算功能等为一体的大型物流中心。

3. 商贸流通物流

商贸物流

以大型商贸连锁经营企业为龙头，建立城市连锁配送服务体系，形成集中分销、优化配送、快捷环保的城市商贸物流一体化运作模式；积极推进快递服务与电子商务融合发展，实现食品、日用品等商业物流的社区配送。

农资及农村消费品物流

加快农资连锁配送中心建设，建立市、县、乡、村四级销售网络和物流体系。整合农村社会流通资源，鼓励第三方物流公司加盟涉农物流，形成全市农村消费品物流网络体。

钢铁物流

提升北一路钢铁物流贸易产业总水平，调整我市钢材市场布局，提升业态。

重点建设皇姑区金山钢铁物流中心、沈煤东北钢材物流中心、沈阳国际物流港钢铁物流中心，主要发展流通加工及配送业务。

医药物流

支持东北大药房、维康医药、成大方圆等批发和零售连锁企业加快发展医药连锁配送物流，提高社会化、专业化水平，构建全市药品配送物流服务体系。以南五医药物流中心、国药东北物流中心、东药物流中心、九州通医药物流中心为核心，重点建设成为集仓储、运输、分拨、配送、包装、展示、交易为一体的多功能的大型医药物流中心。

五、发展重点

（一）建设物流节点设施

统筹规划建设七大物流集中发展区，充分体现布局集中、用地节约、产业集聚、功能集成、经营集约的特征，完善专业化物流组织服务，实现长途运输与短途运输的合理衔接，优化城市配送，提高物流运作的规模效益，缓解城市交通压力。此外，依托主要经济开发区、工业园区、大型商贸市场和交通枢纽，重点建设为汽车、化学危险品、农副产品及加工、医药等产业服务的专业物流中心。

（二）推进物流业与其他产业联动发展

通过“提升壮大一批，企业分离一批，新发展一批，引进一批”，壮大我市第三方物流企业规模，推动物流业与制造业、商贸流通业、农业产业联动发展。推动北方交通重工、沈阳机床、沈鼓集团、特变电等重点制造企业释放物流业务，促进制造业与物流业有机融合，联动发展。鼓励大型商贸流通企业大力发展连锁经营、物流配送。积极发展农产品从产地到销地的直销和配送，支持“万村千乡”市场工程、“新网”工程实施。

（三）推动专项物流发展

大力发展专项物流，提升全市物流服务水平。促进保税物流发展，建立新型保税物流监管体系，加快建设综合保税区；重点完善鲜活农产品储藏、加工、运输和配送等冷链物流设施，提高鲜活农产品冷藏运输比例，保证农副产品新鲜安全，构建冷链物流体系；加强对化学危险品物流运营商的监管，建立安全可靠的化工危险品物流体系；推动绿色物流，实现绿色运输和绿色仓储，推广绿色包装，逐步建立再生资源回收利用循环物流系统。

（四）建设全市物流信息平台

建设我市物流信息体系，构建物流公共信息平台，加快建设以沈阳为基地的东北地区物流公共信息平台；发展社会化物流信息网络，围绕先进装备制造业基地建设，构建国家级重大装备物流信息平台；促进制造业与物流业信息共享、标准对接支持制造企业、物流企业建立面向上下游客户的信息服务平台，实现数据实时采集和对接，并建立物流信息共享机制；建立和完善制造业物流标准体系，制定物流信息、物流服务流程、工具器具和技术装备等领域的标准和规范；加快对现有仓储、转运设施和运输工具的标准化改造，加快推出联动信息化标准、鼓励企业采用标准化的物流设施和设备。

（五）打造城市配送体系

发展面向流通企业和消费者的社会化共同配送，促进流通的现代化，扩大居民消费。加快建设城市配送项目，鼓励专业运输企业开展城市配送，提高城市配送的专业化水平，解决城市快递、配送车辆进城通行、停靠和装卸作业问题，完善城市物流配送网络。

（六）开发推广物流技术装备应用

依托我市物流装备制造业的基础和优势，培育和发展一批物流装备品牌。跟踪研究国际、国内物流装备技术标准和市场变化，发展物流业所需的各种现代装备，全面提升我市物流装备制造能力。重视“物联网”建设，推动射频技术、传感器等技术在物流领域的应用。大力推广集装技术和单元化装载技术，积极采用托盘装载运输方式。大力发展集装箱车、大吨位厢式货车、节能环保货车、自动化仓库设备等。

六、政策与措施

（一）加强组织领导

加强对物流业发展的组织和领导。组建以市政府分管市长为召集人，市发改委、市服务业委、市交通局等有关等部门参加的市物流联席会议制度，明确各成员单位的职责，合理分工，通力协作，协调解决涉及相关部门的有关问题，促进部门协作配合，实现信息共享，建立长效机制，全面推进物流业发展。

（二）加大资金投入力度

按照政府引导、企业主体、市场化运作的原则，拓宽投资渠道，鼓励、引导民间资本进入，形成多元化的投融资渠道。同时，协调金融部门给以信贷支持，充分利用各方面资金支持物流业发展。积极争取国家、省对我市重点物流项目的资金支持。

（三）完善促进物流业发展的政策

在贯彻落实好国家现有推动现代物流业发展有关政策的基础上，进一步研究制定促进现代物流业发展的有关政策。加大政策支持力度，解决影响当前物流业发展的土地、税收、收费、融资、交通管理和计量器具等方面的问题。研究提出运输车辆入市开辟绿色通道的措施等。

（四）创新体制机制

推进物流企业改革，建立现代企业制度，鼓励物流企业做大做强；引进和吸收国外先进的组织形式和经营方式，通过兼并、重组，提升传统物流流通业，鼓励发展现代物流；支持物流企业以资本运作等合资、合作方式，参与物流基础设施建设和经营；加快引入竞争机制，鼓励国内外各类主体，特别是大型物流企业进入。

（五）完善物流标准制定和物流统计工作

按照企业急需性、可操作性和可推广性逐步推进鼓励标准化科研机构深入企业开展调查，准确把握企业发展脉搏，亟企业所需，做好物流标准规范制定。建立我市物流业统计指标体系，强化对产业发展的运行监测。着手研究建立物流业统计调查制度和预警、预测和信息发布制度，做好行业分析，为行业发展提供依据。

（六）推动物流业人才的引进和培养

推动物流人才尤其是物流企业高级经营管理人才、物流技术人才的引进工作。选择与物流岗位接近和知识结构接近的职工进行在岗培训，尽快培养出一批企业急用的物流人才。委托相关高校开设现代物流管理、物流技术专业，把学历教育及职业教育结合起来，重点培养我市急需的物流应用人才、操作人才。在物流业中推行物流从业人员资格认证和能力级别证书制度，促进物流人才管理的规范化。通过一系列措施抢占我市物流人才制高点。

016

大连市人民政府办公厅关于印发大连市“十二五”现代物流业发展规划的通知

大政办发〔2012〕141号

各区、市、县人民政府，各先导区管委会，市政府各委办局、各直属机构：

经市政府同意，现将《大连市“十二五”现代物流业发展规划》印发给你们，请认真组织实施。

大连市人民政府办公厅

二〇一二年十二月七日

大连市“十二五”现代物流业发展规划

大连市人民政府办公厅

2012年12月7日

“十二五”时期是大连市全面建设小康社会的关键时期，是深入贯彻落实科学发展观、深化改革开放、加快转变经济发展方式的攻坚时期，是打造全国性物流节点城市、确立东北亚国际物流中心地位与作用的重要时期。

根据市委、市政府统一部署，以《大连市国民经济和社会发展第十二个五年规划纲要》为指导，以《辽宁沿海经济带发展规划》和《大连东北亚国际物流中心发展规划》等为依据，制定本规划。本规划主要阐明大连市“十二五”时期现代物流业的发展思路、目标和重点任务，为优化物流空间布局、引导市场主体行为、决策重大物流项目、制定相关政策提供重要依据。规划期为2011—2015年。

一、“十一五”回顾

“十一五”期间，大连市牢牢抓住机遇，大力促进传统物流业向现代物流业转型发展，现代物流产业地位不断提升、发展规模不断壮大、发展质量不断提高、发展环境不断改善，已成为全市经济社会发展的重要支撑和新的经济增长点。

（一）物流业产业地位初步确立

物流发展规模持续扩大。2010年，全市社会物流总额1.34万亿元，比2005

年增长 0.58 万亿元，年均增长 12%；物流业增加值 491.57 亿元，比 2005 年增长 247 亿元，年均增长 15%，占 GDP 比重为 9.5%，占服务业增加值比重为 22.7%；物流整体运作效率有效提高。2010 年，社会物流总费用 857.28 亿元，占 GDP 比重为 16.62%，比 2005 年降低 1.28%，高于全国平均水平。现代物流业作为大连市优势产业和服务业主导产业的地位初步确立，有力支撑了经济发展和发展方式转变。

（二）港口物流发展取得突出成效

“十一五”期间，以大连港为核心，以内陆干港建设、海铁联运发展为重点，以不断拓展的港口腹地为依托，集装箱物流、大宗商品物流、保税物流等港口物流加速发展。2010 年，大连港货物吞吐量达到 3.14 亿吨，集装箱吞吐量达到 524.2 万标准箱，创历史新高。2010 年，大连港外贸货物吞吐量占辽宁省港口外贸货物吞吐量的 64.3%，外贸集装箱吞吐量占全省港口的 96.4%，承担了东北地区主要的进出口货物运输任务，在服务东北地区外向型经济发展中确立了核心地位。

（三）物流基础设施不断完善

随着海港、空港、高速公路、铁路等基础设施规模迅速扩大，以大连为中心的综合运输体系逐步形成，东北地区内陆干港及节点网络、环渤海公共内支线网络、大连铁路集装箱中心站、香炉礁物流园、空港国际物流园区等一批重大项目顺利推进，为全市物流业发展提供了良好的设施条件。2010 年，全市各类经营性仓储企业达 270 家，一次性储存能力超过 1000 万吨，现代化仓储设施超百万平米，已建立起中转、储备、保税等门类齐全的仓储集群，区域性物流仓储中心正在形成。

（四）物流市场服务主体逐步建立

全市从事物流相关业务的企业 4200 家，比 2005 年增加 2000 多家，规模以上的物流企业 200 余家。2010 年末，A 级以上的物流企业 5 家，其中 5A 级物流企业 2 家、4A 级物流企业 2 家、3A 级物流企业 1 家，税收试点物流企业达 22 家。随着 FedEx、UPS、TNT、DHL 等国际知名快递企业、物流巨头及物流投资商先后落户，全市物流市场呈现出投资主体多元、经营各具特色、中外企业竞相发展的格局。综合物流企业、船代货代企业、运输企业、仓储企业、其他相关物流企业所占比例分别为 44.6%、20.3%、20%、7.6%、7.5%，已初步形成门类齐全、运作高效、竞争充分的物流市场服务主体。

（五）物流科技与信息化水平大幅提升

大型自动化立体仓库、新型运输工具、GPS（全球定位系统）、GIS（地理信息系统）、RFID（无线射频识别技术）、WMS（仓储管理系统）、ERP（企业资源计划）等一系列现代化物流技术装备开始在各类企业中得到重视和广泛应用。

大连口岸信息平台覆盖口岸所有相关企业，提升了口岸辅助通关及综合服务效率和服务水平；大连口岸物流网开发的东北区域多式联运协同服务信息平台、锦程国际物流集团开发的全球订舱系统、泰德煤网开发的集多种增值模式为一体的网上服务系统、北良公司开发的“大连国际农产品交易中心”平台、瓦轴集团开发的以物料需求计划为核心的ERP系统等处于国内领先地位。

（六）物流业发展环境明显优化

“十一五”期间，市委、市政府高度重视现代物流业发展，成立了大连市现代物流业发展领导小组，并结合大连物流业的特点将领导小组办公室设在了市港口口岸局。结合国家、省部出台的物流业发展相关政策，先后出台了《关于加快大连市现代物流业发展的意见》、《关于印发贯彻落实大连东北亚国际航运中心发展规划实施意见的通知》、《大连市仓储服务业管理办法》等有关物流业发展的指导性文件。同时，相关部门、机构出台支持物流企业的融资政策，开展物流企业的评选活动，鼓励企业良性竞争，物流业政策环境得到持续改善。

“十一五”期间，虽然大连现代物流业发展取得了长足进步，但是与经济社会发展需求相比，全市物流业发展仍存在着总体发展水平不平衡、服务体系不完善、物流结构不合理、政策体系不健全等深层次矛盾，离东北亚国际物流中心、全国性物流节点城市的定位要求尚有差距。主要表现为：一是多种运输方式协调发展的综合运输服务体系尚未完全形成，规划的物流园选址落地难，部分运营物流园的功能交叉、同质化竞争较多，物流基础设施条件有待进一步加强；二是港口物流产业链不长、价值链不高，物流增值服务能力偏低，物流发展水平与港口地位和吞吐量规模不相匹配；三是制造业企业物流业务剥离程度低，物流需求没有得到充分培育和有效释放；四是大部分物流企业规模偏小，抗风险能力弱，多数企业服务模式单一，一体化、专业化、规模化、品牌化的物流服务水平亟待提高；五是操作型和高端物流人才缺乏，难以满足发展需要。

二、面临的形势

从国际环境看，随着经济全球化进程加速和我国融入世界经济的步伐加快，全球采购、生产和销售的发展趋势为国际物流提供了广阔的发展空间。另外，国际金融危机影响深远，世界经济增长速度放缓，全球需求结构出现明显变化，不确定因素增多，外部环境更趋复杂。大连以港口为支撑的物流业发展将受到全球航运市场低迷的冲击，面临更大的压力。

从国内环境看，东北亚国际物流中心和全国性物流节点城市的定位、辽宁发展海洋经济“三核两翼”战略等均为大连调整与振兴物流业、拓展物流服务功能和提升辐射能力提供了较高的发展平台和难得的发展机遇。沿海城市港口发展及现代物流业竞争日趋激烈，经济腹地的争夺愈演愈烈，大连以港口物流为主要增长极的物流业发展模式面临较大挑战。

从区域环境看，国家进一步实施振兴东北老工业基地和辽宁沿海经济带发展战略，国家打造的沈阳经济区这一“区域经济共同体”将会成为东北地区经济发展的重要区域和辽宁省的经济核心。而沈阳经济区和沿海经济带发展是一个整体，不能割裂，其中内陆战略是内核，沿海战略是外延。大连作为辽宁发展海洋经济战略部署中“一核两翼”中的核心，迎来了东北亚国际物流中心建设的良好机遇。另外，东北亚乃至环渤海地区受朝鲜半岛和日本列岛包围，大连海港在国际航线上的优势并不明显，先期发展起来的韩国港口、日本港口具有码头设施先进、航线密集、管理科学、口岸环境宽松等优势；其次，近年来京津唐和山东地区经济增势迅猛，天津、青岛都提出建设北方国际航运中心的发展思路，环渤海地区三强争霸的格局短期内难以改变，再加上营口港自然环境、区位条件、腹地资源具有相当的优势，发展势头迅猛，对大连港口物流发展构成了较大威胁。

从大连实际情况看，“十二五”期间，一是前期大量基础设施和一批重点产业园区建设为物流业发展奠定了良好基础；二是随着全市制造业和商贸业加快发展及专业化分工的深化，制造业、大宗商品、城市配送等领域物流需求将得到进一步释放，全市物流业将拥有更为广阔的发展空间；三是全市进入工业化、城市化、信息化和国际化发展的新阶段，产业结构调整及发展方式转变、城乡统筹一体化、周边城市物流发展竞争等方面将对大连物流业发展提出更高要求。

综上，“十二五”时期是大连物流业发展的重要战略机遇期，机遇和挑战并存，机遇大于挑战。全市要充分利用各种有利条件，加快解决物流业发展中存在的矛盾和问题，全面推进现代物流业平稳快速发展。

三、指导思想与发展目标

（一）指导思想

以邓小平理论和“三个代表”重要思想为指导，深入贯彻落实科学发展观，按照国家振兴东北老工业基地、辽宁沿海经济带开发开放战略和大连全域城市化的总体部署，以转变物流发展方式为主线，以日益完善的综合交通运输体系为依托，以现代化技术装备和信息化手段为支撑，以优化物流基础设施布局为基础，以培育大型物流企业为手段，以发展多式联运、国际物流为重点，完善基础工作，营造发展环境，逐步建立现代物流服务体系，推动物流业与农业、制造业、商贸业、金融业的联动融合发展，提升重点领域物流和供应链管理的专业化、集约化、现代化、国际化服务水平，促进物流业科学协调可持续发展，基本建成东北亚重要的货物中转基地、区域分拨配送基地和多功能综合服务中心。

（二）基本原则

——引领经济转型升级，坚持优先发展。充分重视现代物流业对转变经济发展方式、优化产业结构、增强企业核心竞争力、提高经济运行效率、保障和改善民生的促进作用，坚持两个优先原则，一是把现代物流业作为全市支柱保障产业优先发展，二是优先发展基础条件良好、优势明显、特色鲜明的专业物流，大力推进物流业转型升级，积极引领经济发展方式转变。

——整合物流存量资源，坚持统筹发展。根据全市的区位和现实条件，制定符合当地实际的规划与建设内容。充分利用现有的物流资源，合理布局物流设施，整合物流园区、物流通道、运输装备等存量资源，统筹港口与城市、城区与乡村、重点区域与一般区域的物流发展，建设布局合理、功能互补的现代物流服务网络，促进全市物流业的有序发展。

——完善多种运输方式，坚持协调发展。本着“协调发展”原则，做好全市现代物流业发展与综合交通运输体系建设的有机衔接，做到现代物流业与经济社会发展、城市规划建设、土地规划利用间的协调发展，避免重复建设。坚持循序渐进，逐步形成适应大连和东北地区经济社会发展需要的现代物流网络。推进多式联运，继续巩固海铁联运的优势地位，重点突破水水中转瓶颈，协调公、铁、水、航、管等多种运输方式发展。

——对接国内国外市场，坚持外向发展。把对外开放作为增强全市现代物流业发展活力的重要途径，依托海港和空港资源，发挥口岸经济优势，以产业供应链为纽带，对接国内外市场，加强对外合作，改善港口、边境口岸和国际通道设施条件，提高通关效率，大力发展国际物流，提高全市物流服务国际化水平。

——加强先进技术应用，坚持创新发展。把创新发展作为持续提升大连现代物流业发展水平的重要手段。借鉴国内外的新理念、新经验、新技术，创新物流服务模式，鼓励物流企业提高物流技术和供应链管理水平。改造和提升传统物流业，提出新技术、新装备的开发和应用计划，推进与国内外先进物流技术标准的对接，推广应用物联网先进技术。转变物流运作方式，大力发展绿色物流，促进节能减排。

——强化市场主导和政府引导，坚持自主发展。充分发挥市场配置资源的基础性作用，调动企业的积极性，强化物流企业在技术创新和产业发展中的主体地位。强化政府在发展物流业中的规划、引导和扶持作用，为发展现代物流业营造良好的政策和发展环境。

（三）发展目标

结合《大连市国民经济和社会发展第十二个五年规划纲要》中对全市物流发展目标的要求，到 2015 年，初步建立以港口物流和航空物流为龙头、以海铁联运为辅助的现代物流服务体系，进一步巩固和提升物流业的产业地位，奠定大连作为东北亚国际物流中心和全国性物流节点城市的地位。

——物流基础设施布局合理，服务网络更加完善。形成以“两港”为核心，以海铁衔接、海地衔接、空地衔接、空铁衔接的多式联运辐射带为基础，以汽车、油品、日用消费品、水产品、农产品和高科技产品的物流服务联动区为支撑，形成以物流配送城乡一体化物流节点为衔接的“二核、四带、六区、多点”的物流空间格局。

——物流业规模实现快速增长，整体运行效率显著提高。到 2015 年，全市物流业增加值超过 1200 亿元，年均增长 15%以上，占地区生产总值比重达到 12%左右；物流整体运行效率显著提高，社会物流总成本与 GDP 的比率降到 16%以下，物流业碳排放强度明显下降。

——港口物流地位进一步巩固，专业物流特色鲜明。到 2015 年，实现港口吞吐量 5 亿吨，集装箱吞吐量 1200 万标准箱，以东北亚国际航运中心为依托，港口物流的龙头地位提升明显。其中，集装箱、滚装、油品、金属矿石等大宗商品物流地位突出，特别是油品、汽车、水产品、保税物流和冷链物流特色优势凸显。

——空港物流地位显著提升，高附加值货量大幅提高。建成大连国际机场空港物流园中心区，到 2015 年，货邮吞吐量达到 25 万吨。以航空运输为载体的高附加值物流服务比例大幅增长，初步形成大连航空物流产业集聚区。

——物流企业服务能力增强，专业化水平明显提高。第三方物流企业规模显著扩大，专业化、科技化水平明显提升，大型物流集团引领和示范作用突出，高端物流服务增加值占比明显提高。到 2015 年，引进和培育营业收入 100 亿元以上企业 3 家以上，培育在国内市场地位突出的规模物流信息化企业 5 家以上。

四、网络规划

（一）“二核”——国际物流核心节点

大连经济以外向型为主，物流业的发展主要依托海港与空港。“十二五”期间，在保持港口物流业持续稳定发展的同时，应重点突出空港在东北亚国际航运中心和东北亚国际物流中心建设中的作用，强化空港物流发展。以海港、空港口岸为载体，保税政策为保障，打造多种运输方式衔接顺畅的“立体化”国际物流运输体系。

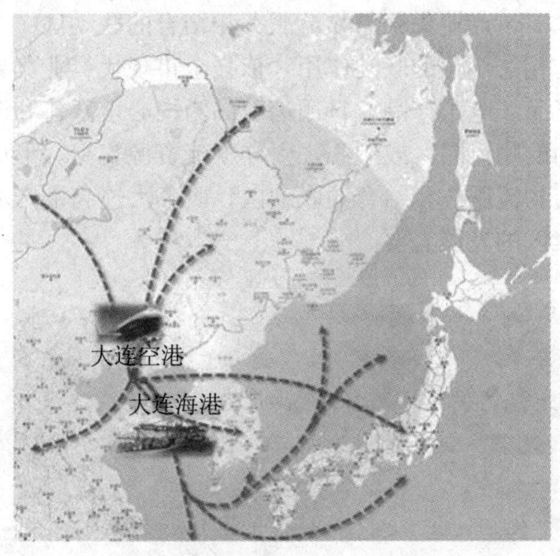

图 1 国际物流核心节点布局图

（二）“四带”——区域物流多式联运辐射带

以东北经济腹地物流需求为引导，发挥大连作为东北地区重要海运、航空枢纽的优势，依托物流园区、物流中心等重要节点，加强物流通道建设，发展多式联运，形成以海铁衔接、海地衔接、空地衔接、空铁衔接为基础，铁路轮渡和滚装甩挂运输为特色的多式联运辐射带，构筑便捷高效、辐射力强的区域物流服务网络。

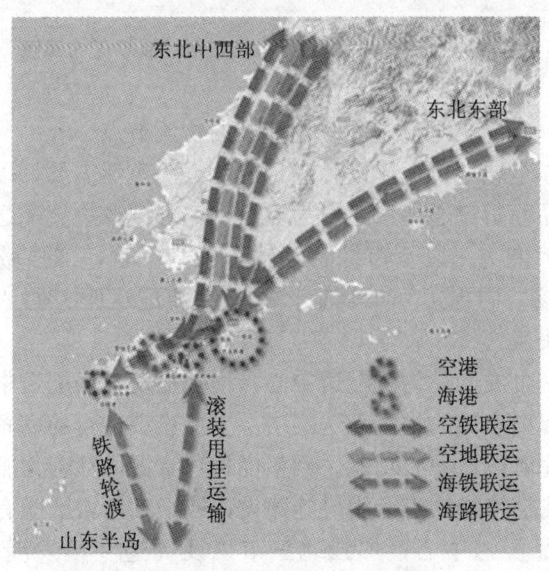

图 2 区域物流多式联运辐射带布局图

（三）“六区”——产业集聚与物流服务相结合的联动区

强化物流业与相关产业的联动作用，依托全市现代产业集聚区，以石化、汽车、农产品、水产品、电子产品、日用消费品为核心，新建和改造相对集中、功能完善、规模集约的物流园区或中心，引导物流资源集聚，形成多种货源、特色鲜明的产业集聚与物流服务相结合的联动区，服务大连高端产业功能区、工业区以及其他产业集聚区的发展需要。

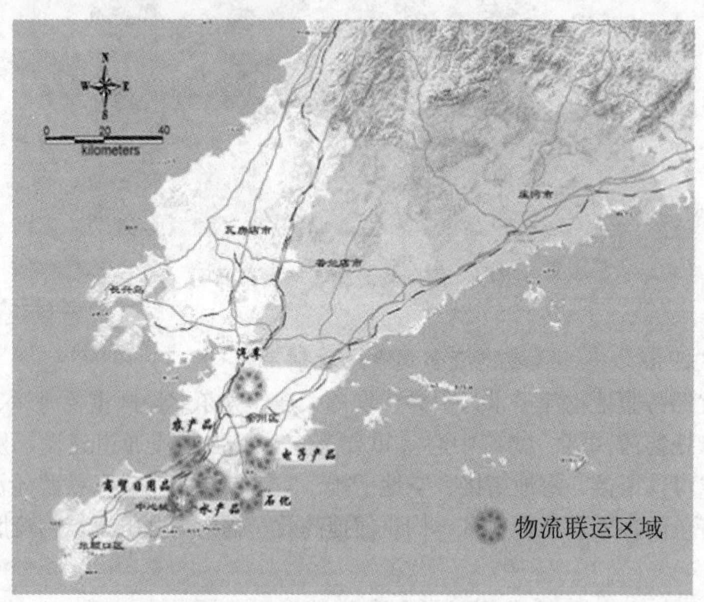

图3　产业集聚与物流服务相结合的联动区布局图

（四）“多点”——城乡配送一体化衔接的物流节点

为了加快大连全域城市化建设和满足城乡人民生活需要，以服务农产品流通体系和日用消费品商贸流通体系建设为重点，完善城乡物流配送体系，提高物流业运行效率和保障能力，以全市综合运输体系为平台，加强城区与城区间的衔接，并以城区为核心向周边乡镇辐射，构建物流配送服务的“城乡一体化”格局，保障和改善民生。

改造和新建一批农产品物流配送中心，增强批发市场配送中心的功能和配送能力，逐步形成辐射全域的物流配送网络。支持连锁经营的商贸、餐饮企业优化配送中心布局，完善配送中心功能。调整优化现有提供社会化服务的物流配送中心布局和功能，支持冷链物流专用设施建设；鼓励利用城区既有仓储设施改建现代化的日用消费品配送中心；加强北三市以及周边乡镇发展所需的配送中心建设。

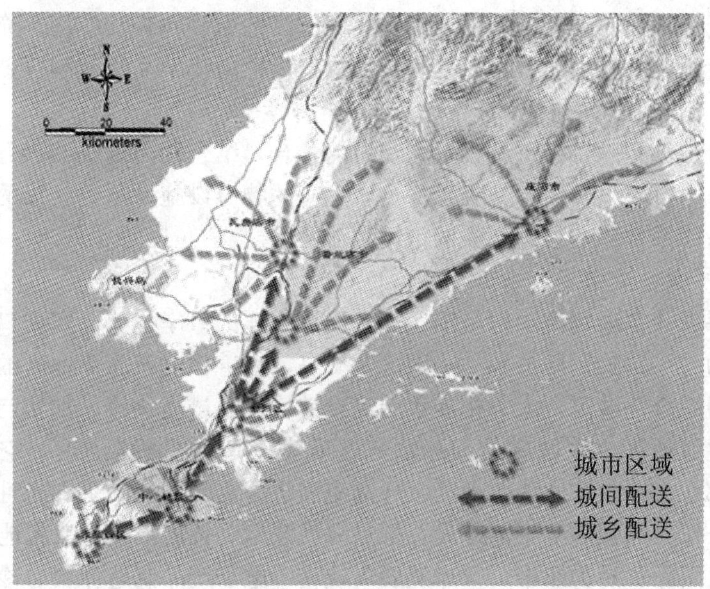

图 4　城乡配送一体化衔接的物流节点布局图

五、重点任务

（一）优化物流基础设施布局

综合考虑经济发展需求、产业布局、货物流量流向、资源环境、交通条件等众多因素，重点发展海港物流和空港物流两大领域，为大连产业和城市发展以及东北经济腹地的国际贸易和跨区域货物流转提供综合物流服务。

以辽中南城市群、京津冀城市群、山东半岛城市群为依托，构建环渤海经济带综合物流网络体系。充分利用环渤海经济圈强大的经济功能，通过集疏运体系、主要物流节点建设，广泛吸引货源，发挥大连货运中转基地的功能。同时，在沈阳—大连、北京—天津、济南—烟台三大都市圈内部规划建设内陆干港，重点建设沈阳、长春、哈尔滨、满洲里和绥芬河一级物流节点，布局建设二级、三级物流合作节点，通过综合运输体系建设，逐步将大连的口岸功能延伸到内陆城市。

加快海、陆、空国际物流通道建设，推进各种运输资源的整合，完善集疏运体系，形成以大连口岸为中心，以东北腹地为依托，面向东北亚市场的国际物流服务网络。积极拓展东部沿海、东南亚、中东地区、美洲和欧洲地区的物流节点。

以综合性和专业化物流园区建设为主体，加快构建物流园区、专业物流中心和分拨中心相结合的物流服务网络。重点建设保税港区，发挥国际中转、保税仓储、分拨配送等核心功能，增强对内陆物流园区的引领和带动作用。充分发挥保税区的政策优势，大力发展保税物流。加快建设危险化学品物流园区，严格安全生产管理。

在全市域范围内，推进各种运输资源的整合，结合物流末端节点分布和集货网络体系，建设以电子商务为交易平台，完善的物流设施设备为支撑的城乡一体化物流配送体系，构建合理高效的市域物流网络。

（二）扩大物流市场需求

扩大海港和空港物流辐射范围。充分发挥大连的口岸优势，实现口岸通关及物流发展的“一站式”服务和“一网式”交易，完善辐射东北亚地区的物流服务网络。发展综合性港区，大力拓展集装箱冷链物流、过境物流，加快与日韩、俄罗斯等东北亚地区主要国家的国际物流通道建设，通过海港通道、空港通道建设，使货邮在大连与东北亚各地区、环渤海经济区之间的流动更加柔性化。深化港口战略合作，加强内陆干港建设，推进海铁联运，拓展港口物流腹地需求。

对外以国际贸易为纽带，重点发展集装箱、电子产品制造原料、冷链水产品等进口贸易平台，扩展国际物流需求市场。加大物流市场开放力度，积极引进国内外知名大型物流企业，建立跨区域物流中心，重点支持建设面向东北亚的煤炭、油品、粮食和矿产品四大交易中心，使大连成为东北亚多式联运中心、供应链管理中心和国际物流枢纽。

对内推动物流业与制造业、商贸业、农业之间的联动，带动产业间的深层次融合，鼓励制造企业、商贸企业和农业企业整合优化业务流程，剥离或外包物流业务，进一步释放物流需求，提高物流需求外包的功能层次。鼓励物流企业积极运用物流网络技术，加快发展物流电子商务，实现从传统物流向现代物流转型，大力推进物流服务的社会化和专业化。

（三）促进重点领域物流发展

结合大连物流产业发展特征、经济发展趋势和特色优势，重点发展港口物流、航空物流、汽车物流、冷链物流、商贸物流、铁路物流以及保税物流等专业物流领域。

港口物流。继续巩固和提升大连港口的物流优势地位，积极推进集装箱物流和以滚装、油品、矿石、粮食、钢铁、煤炭为主的大宗商品物流。以国际贸易为依托，加快对接国际、国内两个市场，构建集装卸、堆存、运输、拆拼箱、流通加工、配送、信息服务等于一体的综合性集装箱物流服务体系。积极扩大引进专业市场运营商和大宗商品流通企业，加快大宗商品交易市场的发展，引进和培育一批大宗商品物流企业，在辐射范围内优化布局大宗商品物流配送网络，打造大宗商品的资源配置中心和集散中心，加快形成集交易、金融、信息、物流服务于一体的港航物流服务体系。

航空物流。依托大连空港物流园区和大连空港国际国内航线，大力发展航空物流，着力推进大连机场建设成为东北亚门户枢纽和东北亚货运枢纽。一方面，以一批国际知名电子产品制造企业的物流服务需求为核心，围绕高科技、高附加值货物物流需求，提高航空物流技术装备水平，培育专业化航空物流服务企业；另一方面，建立航空物流信息服务平台，拓展空地联运、空铁联运、空海联运业务，打造高附加值的现代航空物流服务体系。

铁路物流。铁路是大连港主要的集疏运方式之一，集装箱海铁联运量居全国首位。随着哈大铁路及东北铁路网的完善，特别是东北东部铁路的陆续建设和开通运营，铁路运输优势愈发明显，铁路成为紧密联系大连港与东北腹地的主要运输方式。“十二五”期间要抓住铁路货运能力释放的良好契机，积极发展铁路专业物流、危化品物流，加强对危化品物流的跟踪与监控，规范危化品仓储和运输的安全管理。

汽车物流。大连是全国进口汽车四大口岸之一，是国家节能与新能源汽车示范推广试点城市之一，汽车零部件产业具有雄厚的基础和历史。以奇瑞汽车整车项目、曙光汽车暨零部件制造基地项目落户保税区为标志，大连拥有了汽车整车生产项目，实现了大连汽车产业发展的历史性突破。借助大连汽车物流城建设，应积极发展汽车物流，充分发挥保税港区的政策功能优势，打造千亿元产值规模的汽车及零部件产业集群，进一步带动相关产业发展，夯实临港产业集群。

冷链物流。大连海洋资源丰富，区域交通优势明显，拥有大连湾、金州杏树屯、旅顺董砣子和庄河黑岛等一批国家级渔港重要资源，冻品物流、水产品深加工等产业基础雄厚，冷链物流优势明显。“十二五”期间，应大力发展水产品冷链物流，加快构建鲜活水产品冷链物流体系，鼓励和支持企业联合建立生鲜配送中心，重点扶持和培养一批专业冷链物流企业，加大冷藏车辆等冷链技术装备投资，实现冷链物流规模化、规范化经营，发展以水产品仓储和配送为主的冷链物流，拓展冷链物流增值服务功能，着力打造国际水产品冷链物流、加工和交易中心。

商贸物流。以鲜活农产品、食品、果蔬、鲜花等居民生活必需品为物流服务对象，完善城乡配送服务体系，积极发展以电子商务为导向的城市配送物流。研究制定城市配送管理办法，整合优化城市配送网络节点，优化中心城区配送车辆的组织和管理，完善末端停靠接卸设施建设，逐步完善全市城市配送体系。

保税物流。以拓展和完善保税物流功能为突破口，优化国际贸易发展方式，完善国际贸易服务体系，吸引东北亚优质国际贸易资源集聚。充分发挥政策优势，强化大连保税区、大连保税港区等海关特殊监管区域的功能培育，加快发展适应国际采购、国际配送、国际中转、转口贸易和加工贸易等业务要求的保税物流。

（四）培育大型物流企业

促进物流企业做大做强。选择一批成长快、竞争力强、运作规范的物流企业在资金和政策等方面予以重点扶持，使其尽快做大做强，发挥其示范和带动作用，打造品牌物流企业旗帜；引导中小物流企业在资产、信息和业务方面进行整合，鼓励市场经济条件下的并购重组；通过重组整合，打破部门、地区、行业和所有制间的界限，形成一批信誉度高，带动示范作用强，能提供全程化、专业化和优质化服务的大型物流企业。

大力发展第三方物流。鼓励现有运输、仓储、货代等传统物流企业功能整合和业务延伸，不断提升一体化服务水平，加快向现代物流企业转型。积极引导和鼓励大型制造业企业的物流自营机构不断完善功能、提高服务能力，实现与母体分离，成为社会化的第三方物流企业。鼓励物流企业开展技术创新、模式创新、服务创新，提高企业的竞争力。

培育物流总部企业。构建和完善以总部型物流集团企业为主导，中小物流企业专业化配套、集群化发展的新型产业组织结构。政府通过制定和落实优惠政策，广泛对外招商引资，吸引国际知名物流企业和国内大型物流企业在大连设立总部或者分支机构，鼓励外来企业参与本地物流企业重组，鼓励本地物流企业与国内外大型物流企业开展多种形式的合作，通过引进资金和人才，创新管理方式和方法，培育和发展一批管理先进、竞争力强的现代物流集团企业，形成物流企业总部集群。

（五）创新物流金融服务模式

搭建物流业融资平台。支持成立主营物流金融业务的专业性银行，为物流企业提供专业融资平台。建立金融机构与物流企业之间的沟通联系机制，引导金融机构加强对物流业的信贷支持。鼓励第四方物流运营主体与金融机构、担保机构开展合作，为会员企业提供支付结算、信用增级、融资补贴、应收款质押贴现等增值服务。

创新物流业融资模式。发展以动产质押为基础的物流金融服务业务，为客户提供融资担保、存货质押、仓单质押、保兑仓、统一授信等增值服务。完善物流企业融资担保机制，发展物流企业联保、互保贷款业务，探索组建行业性融资担保机构或筹备专项担保资金。积极发挥融资租赁的作用，鼓励物流企业利用融资租赁方式，解决大型设备、运输工具购置等融资问题。

拓宽物流业融资渠道。支持有条件的物流企业改制上市，积极引导竞争实力强、资质等级高、企业规模大、经营业态新的物流企业提升资本经营意识，加快推进企业上市步伐。积极引入股权投资，引导物流企业增强与资本战略对接的意识，通过吸引、运用股权投资提升自身实力和管理水平。支持有条件的物流企业充分利用企业债、短期融资券等融资工具，拓展融资渠道，降低财务成本。

（六）提升物流科技化水平

提升物流装备现代化水平。鼓励企业采用专用物流技术装备，推进运输装备专业化、结构合理化、轻型化、快速化和标准系列化，开发与推广先进适用的仓储、装卸等标准化专用设备。大力推广集装箱运输车、特种专用车辆和载重量在8吨以上的重型专用货车，加快普通敞篷货车的厢式化进程，提升化学危险货物、大型物件、冷藏保鲜货物等运输的专业化水平，大力发展科技含量高、单位附加值高的大型船舶和特种船舶；大力发展自动立体化仓库，逐步推广使用标准化托盘，推进仓储设备专业化和标准化；大力发展大型高效起重设备、智能式搬运车、系统化传送带，推进装卸设备自动化和智能化。

推广绿色低碳物流技术。一是推进设备更新升级，广泛应用节能新技术。限制高耗能车辆进入道路运输市场，出台相关政策，引导物流企业推广使用环保车辆。在物流节点地区设立加气站、充电站，保证货运环保车辆的跨区域运行；二是调整和优化能源结构，重点实施大连港集装箱场桥“油改电”技术、推广海水源热泵技术和空气源热泵技术以及发展包括风能、太阳能在内的新能源产业，加快海洋工程装备、高技术船舶、新材料等新兴产业中以低碳技术为主导的产业结构调整；三是发挥现有优势，大力发展甩挂运输组织方式。以烟台—大连甩挂运输为核心，通过整合烟台和大连两地港口资源、运输资源、仓储资源和服务资源，重点打造环渤海地区高水平的专业化甩挂运输平台，迅速打通甩挂运输产业链，大力推进甩挂运输试点城市建设。

（七）推进物流信息化建设

加快物流信息基础设施建设，构建面向东北亚的物流信息服务网络。整合现有专业化物流平台，加快完善建设大连物流综合信息服务协同平台，构建与东北亚地区主要城市物流信息平台系统互联、信息共享的核心物流信息网络体系。支持各物流园区、物流中心及重点行业的专业化信息平台建设，实现与公共物流信息平台的链接。

建立多种专业化的物流信息服务平台。依托泰德煤网、大连口岸物流网、锦程订舱系统、航运在线、辽宁口岸电子物流网的技术优势，大力推进全市物流市场信息平台建设，着力建设在国内领先的物流公共信息平台和交易平台；进一步发挥和完善现有平台的功能，积极发展政府主导公共服务平台和公共数据中心；引导企业参与建设公共应用平台和专业化应用平台，努力构建大连物流综合信息服务协同平台。

建设物流智能软件产业基地。以大连软件园、高新园区的IT企业为主要载体，建设物流智能软件技术创新基地，推动智能交通、智能电网、移动通信、网络应用等物流装备的设计和生产，建设智慧物流产业装备创新基地。

建设智能物流园区和企业。推进重点物流园区信息化建设和业务平台建设，提高物流体系的智能化、网络化、自动化水平。提高物流企业运作的信息化、标准化、智能化、专业化水平，推动物流企业从传统走向现代，从低端走向智能。推动物联网技术在物流领域的创新应用，初步实现物流作业过程的可视、可控和互联互通。

建设智能低碳型港口。以智能低碳型第四代港口为发展方向，以信息网络为基础，以协同平台和标准体系建设为支撑，加快现代智能技术在港口运作中的应用，整合港口信息流，依托可视、可控的车船装备、特种集装箱、智慧港口管理系统等，带动与港口相关物流企业提升信息化、智能化水平，继而打造涵盖供应链所有环节的智慧型港口物流体系。

（八）推动物流标准化实施

开展物流标准化体系的协调工作，贯彻执行国家物流标准，加快对现有仓储、转运设施和运输工具的标准化改造，鼓励企业采用与国际接轨的标准化物流设施和装备；建立适应大连推进现代物流业发展需要的物流企业评估标准体系，对企业规模、人员、设备、经营管理和信息技术等方面设立基本的评估标准，在市场准入等方面实施公平规范的管理；规范物流企业的服务标准，对物流服务价格实行以市场为主导的宏观指导，规范物流企业相关的各种收费标准，整顿收费站点；建立物流统计和考核制度的标准化体系，完善物流统计指标体系；确立物流园区的建设和运营标准；建立物流信息化平台的标准化接口，方便平台衔接和功能扩充；积极鼓励储运单元条码在物流领域的应用，稳步推行国际通用物流标准；积极推行国家出台的《物流企业分类标准和评价体系》，加强物流企业标准化工作，建立健全涵盖包装、贮存、运输、装卸、安全、服务等技术标准和操作规程的标准化体系。实施物流标准化服务示范工程，选择大型物流企业或物流节点开展物流标准化试点工作并逐步推广。

六、重点工程

（一）物流园区工程

按照“战略定位显著、物流功能主导、物流企业集聚、推进计划可行”的基本原则，重点规划建设以下物流园区：

空港物流园区。建设大连国际空港物流园区，培育保税物流功能，主要以电子产品等高附加值货物物流为主要发展领域，重点推进园区内空港货物分拨配送区、临空产业加工区和快件处理中心的建设，打造集仓储、保税、快件、加工和信息处理功能为一体的现代空港物流服务体系。

临港物流园区。大窑湾港区集聚了港口、集疏运体系、城市功能、国际物流、自由区政策等国际航运中心建设的核心要素，正在发展成为大连东北亚国际航运中心、国际物流中心的核心功能区。“十二五”期间，应完善和提升大窑湾临港综合物流园区的建设。一方面，突出保税功能，拓展保税物流业务。按照“小港大区”的理念合理规划保税港区，打造港区后方的大物流区、大加工区；另一方面，依托深水优势，扩大中转业务。加强核心港区专业化码头建设，重点发展石油及石油制品、集装箱、矿石、钢材、粮食、汽车及滚装等大型专业化码头和港区，满足 45 万吨级油轮、40 万吨级矿石船、15000 标准箱集装箱船、8000 辆汽车滚装船等大型船舶的靠泊装卸要求，继续巩固其在大连现代物流业发展中的核心地位。

香炉礁物流园区。明确香炉礁物流园区四大功能区的总体布局，即以麦德龙、百安居、迪卡侬、宜家、沃尔玛山姆店等为主体的大型仓储式购物区，以工业产品交易市场和物流中心为主体的生活、生产物资调剂交易和运输区，以中小型仓储店为主体的中央购物区和以商务酒店、写字楼、公寓为主体的生活配套服务区。“十二五”期间，要依托园区的现实基础，重点完善功能、拓展空间、丰富内涵、提升科技含量和引入创新管理机制，突破园区发展瓶颈，打造基础设施优良、服务功能完善、业态分布均衡、实体经营与虚拟经营相结合，以特色商贸及关联度较大的物流业态为支撑，集特色商贸、高端物流、信息服务及现代商务等要素和功能于一体的综合性商贸物流园区。

（二）物流中心工程

汽车物流中心。大连汽车物流城位于二十里堡镇，规划面积 94.8 平方公里，距保税港区和大连汽车码头 10 公里，与保税港区构成了区域经济点轴集聚的发展框架。“十二五”期间，要利用大连汽车物流城打造国家级汽车整车研发、制造、销售、出口和零部件配套基地的重大机遇，发挥第三方物流服务的优势，打造以整车及零部件为核心的集采购、区域配送和增值服务为一休的专业物流中心，建成以出口为主、新能源为导向，辐射东北亚国际市场的大连汽车物流中心。

水产品物流中心。依托大连湾地区渔港、冷库群、进出口水产品集散和深加工基地的现实基础优势，以大连黑嘴子水产品交易市场搬迁为契机，规划建设东北地区最大的水产品冷链物流中心；以旅顺董坨子国家中心渔港为依托，规划建设水产品批发市场和相关配套设施，力争建成集渔业和商业为一体、综合功能齐备的服务产业基地和东北地区规模最大的渔业期货市场，形成环黄渤海区域重要的水产品集散地，建设以水产品为核心的冷链物流中心。

农副产品物流中心。以辽鲁两地乃至环渤海地区的大宗农副产品储存、加工、配送、中转、集散为主，在旅顺开发区建立农产品商贸物流中心，着力打造大规模的现代化农副产品国际物流枢纽中心；配合全市米袋子、菜篮子、果盘子工程，在大连湾街道拉树房地区建设东北地区最大的农副产品集聚区。

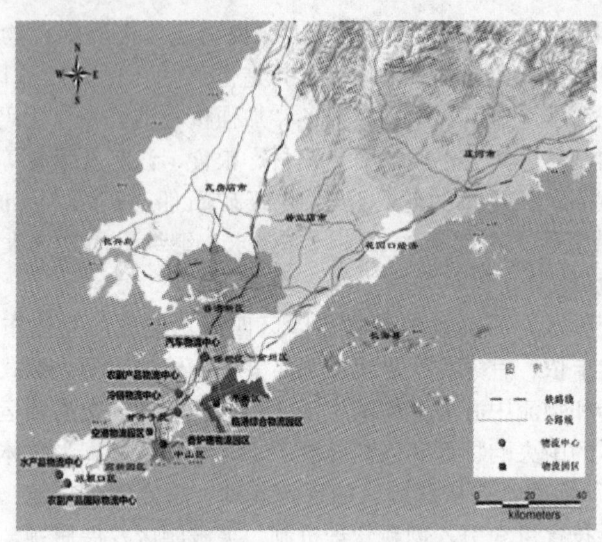

图 5　大连“十二五”重点物流节点空间布局图

大连“十二五”重点物流节点信息一览表

序号	项目名称	功能定位	地域范围	建设规模
1	空港物流园区	大连东北亚航空货运枢纽	周水子国际机场西南侧，旅顺北路以北，张前路以东	占地面积 20 万平方米，项目总投资约 10 亿元，国际区建筑面积约 7 万平方米了，国内区建筑面积约 4 万平方米
2	临港综合物流园区	大连东北亚国际物资中心的核心功能区	大连保税区。覆盖大窑湾港区、鲇鱼湾油港区、大孤山南港区、西港区	占地 60 平方公里，包含大连保税物流园封关面积 1.5 平方公里，大连国际物流中心仓储面积 12 万平方米
3	香炉礁物流园区	大连综合性商贸物流园区	西岗区海防街以东、香海热电厂以西、疏港路以北、造船厂以南	占地面积 51.7 万平方米，规划用地面积 44.77 万平方米，占地 57.1 万平方米
4	汽车物流中心	汽车制造业与物流业联动的重要基地	大连保税区内，南临开发区 ，北倚丹大铁路，西邻河北线，东邻亮甲店街道	规划面积 18 平方公里

续 表

序号	项目名称	功能定位	地域范围	建设规模
5	辽渔水产品冷链物流中心	东北地区最大的水产品物流中心	大连市甘井子区大连湾辽渔集团临港区	规划面积10万平方米
6	董坨水产品冷链物流中心	国家级中心渔港，东北规模最大的渔业期货市场，环黄渤海区域重要的水产品集散地	旅顺开发区的董坨渔港	规划面积56万平方米
7	拉树房农副产品物流中心	重点民生工程，米袋子、菜篮子、果盘子工程，东北地区重要的农副产品集聚区	大连湾街道拉树房村，土羊高速与土革路之间	规划面积60万平方米
8	旅顺农副产品国际物流中心	重点民生工程，东北地区重要的农副产品物流中心	旅顺口江西街道，土羊高速出口南侧	规划面积32万平方米

（三）多式联运工程

多式联运是大连物流业的特色，“十二五”期间要以海空两港为核心，以集装箱海铁联运为龙头，进一步完善多式联运中转设施和连接两种以上运输方式的转运设施，大力推进多式联运发展。

加强两港多式联运设施建设。以大窑湾海港为中心，做好港口、铁路集装箱中心站和内陆集装箱场站规划建设的衔接，加强港口集装箱海铁联运线路、海路联运线路、机械、库场、信息系统等配套设施建设，提高大连港区与东北内陆腹地之间陆海通道的运输效率。以大连空港为中心，做好航空货运规划与空港物流园区规划的衔接。一方面要加强航空货机泊位区与物流园各功能区间的空地运输通道以及机械、安保、监控系统等配套设施建设；另一方面要加强物流园与大连公路运输场站、铁路货运场站以及海港集装箱场站间的运输通道建设，加强物流园区的口岸联检办公、集装箱堆场、中转仓库、海关及检疫仓库等配套设施建设，提高航空物流的多式联运集疏运能力。

创新多式联运服务和组织形式。鼓励物流企业创新国际国内多式联运业务服务和组织形式，开发集装箱、大宗散货、高附加值货品、冷链货品、危险货品等专业货种的多式联运服务产品。推进海港信息共享平台建设，最大限度简化集装箱海铁联运相关程序和手续，实现集装箱作业的无缝衔接。依托大连机场区位优势，吸引国内外航空公司、邮政快递运输企业、大型货代企业、大型航空物流企业在空港设立货运枢纽或快件分拨中心，鼓励航空运输企业、货运代理企业开通地面货运班车，鼓励开设异地货站，支持开通与东北腹地的“卡车航班”，着力发展空铁联运和空地联运。

（四）城乡配送工程

把推进大连全域城市化与东北亚国际物流中心建设结合起来，建立以电子商务为交易平台，以物流配送基础设施为支撑的覆盖城乡的物流配送体系。一方面为城市提供就业岗位，另一方面保障和改善民生。

“十二五”期间，重点从四个方面完善城乡配送体系：一是优化城市配送网络。充分发挥大连交通运输基础和电子商务基础的优势，以综合物流基地和专业物流中心为依托，建立以服务本市为主的配送节点。根据实际情况，分别在主城区、新市区、北三市、长海县及各个乡镇建设配送站，在交通枢纽所在地或中心城镇建立辐射更大区域的专业配送中心；二是规范城乡配送车辆管理。根据全市配送需求，总量上控制城市配送车辆规模，并对车辆证照、通行权进行规范管理，建立和完善配送车辆的技术标准和物流作业规范，引导配送企业统一车辆车型、外观标识、配备设施等，提升中心城区货运车辆档次，改善城市交通环境；三是改善城市配送末端环境。完善大型商场、超市、社区等城市配送末端的停靠接卸设施，加强新建商业设施的交通影响评价，引导商业节点运营的收货时间窗合理设置，有效解决城市配送发展与交通环境改善的矛盾问题；四是大力推进夜间运输和共同配送。对于非昼运必须物资鼓励采用夜间运输，通过通行证发放、政策优惠等多种手段合理引导配送车辆的进城时间分布，探索商业企业合理的利益分配模式，整合社会物流需求，加强共同配送中心和物流公共信息平台建设，选取典型企业开展共同配送示范项目，以点带面，逐步推进共同配送实施。

（五）产业联动工程

促进物流业与制造业联动发展。以汽车、油品及船舶制造产业为龙头，鼓励制造企业突破“大而全”、“小而全”的束缚，将物流业务需求进行外包，或者与专业物流企业建立物流业务托管机制，对能够集成整合、委托外包的物流资源和业务，实行社会化运作。统筹规划制造业集聚区的物流服务网络，倡导集聚区内物流基础设施、物流信息平台共享共用，严格控制集聚区内制造企业自营物流用地。充分发挥园区布局集中、用地节约、产业集聚、功能集成、经营集约等优势，对于生产服务型物流园区要面向周边制造企业，提高为制造业物流需求服务的能力和水平。

物流业与商贸业联动发展。鼓励商家剥离仓储配送业务交由专业物流企业来实现仓配、配送一体化管理，鼓励有条件的大型卖场、专业市场走向商贸与物流相分离的模式。支持商贸物流集团到国内大中城市建立直销中心，到国外设立营销网点，通过自营、联盟等多种方式构筑商贸物流网络。依托大宗商品交易平台、高附加值商品交易市场以及专业化交易市场，提供一体化的商贸物流服务，提高交易市场的物流服务能力。

物流业与农业联动发展。促进第三方物流企业与农资市场、农产品市场、农业大户以及农村超市的战略联盟，推动农资、农产品、农村物流发展。依托大连农业集聚区，特别是西部的旅顺开发区和北部的大连湾街道拉树房两个农产品商贸物流中心，逐步实现农产品生产、加工、储藏、运输和销售等领域和环节的物流一体化运作。

（六）信息示范工程

建设物流园区信息化示范工程。加快推进临港综合物流园区、空港物流园区、香炉礁物流园区等物流园区信息化示范工程，加强物联网技术在物流园区中的应用和推广。积极培育园区智慧物流企业示范项目，鼓励物流企业信息系统与数据中心的互联互通，引导物流企业应用物联网先进技术，提高物流的可视化、可控化和智能化水平。依托大连国家高新区软件产业基地，建设智慧物流技术创新基地，引进和吸引一批规模较大和创新能力较强的企业，提高物流技术自主创新能力和物流企业的科技研发能力。

建设智能化港口。加快智能物流技术在港口运营体系中的应用，综合应用物联网技术，全面提高港口运作效率。建立智慧港口综合管理系统，实现港口客户服务、生产管理、营运管理、资源管理、口岸管理等的整体最优化。拓展和完善现有 EDI（电子数据交换）平台的功能，整合生产业务系统、车队业务系统、EDI 系统等信息系统或数据，实现电子商务与国际贸易的业务数据无缝式衔接，为客户提供货物运输全过程信息同步查询，建成具备高性能统一的港口信息交换平台。

（七）调查统计工程

物流需求调研和统计工作是一项重要的基础工作，对增强物流基础管理、增强决策准确性和科学性、推进现代物流进程具有重要的意义。“十二五”期间，应重点推进物流调查统计工程，在全市范围内深入开展物流业统计核算工作，通过全面调查、抽样调查、重点调查、网上直报等多种方法，贯彻实施社会物流统计核算与报表制度。加强对国家物流统计指标体系的研究，在借鉴国内外其他城市开展物流统计核算工作成功经验的基础上，建立健全完善的物流统计指标体系，为政府部门制定物流发展政策和规划、加强宏观管理和决策提供重要依据。

（八）科研创新工程

为提高大连物流业的科技实力，一方面，鼓励在连高校、科研机构关注大连物流业发展中的重点难点问题，积极开展具有一定创新性的物流研究项目，鼓励企业与大学、科研机构合作，广泛开展物流技术、物流装备的科技创新工作，不断提高物流业的自主创新能力；另一方面，以市现代物流业发展领导小组办公室为牵头单位，设立物流科研项目专项资金，并建立一套公平、科学、合理、切实可行的评审办法和监督机制，结合国家和行业发布的政策，遵循物流业的发展规律，针对物流指数、城市配送、物流碳足迹等物流领域的热点问题，开展基础性、前瞻性、探索性研究，提出与物流业发展密切相关的新思想、新理论、新方法，支持优秀物流后备人才培养和物流科技实验室的建立，提高物流科研的原始创新能力，激发行业科技创新意识，营造宽松创新氛围，打造“政、产、学、研”紧密结合的科技成果转化途径，拓展物流科技进步的新空间。

七、保障措施

（一）加强领导和组织协调

强化市现代物流业发展领导小组的统筹协调职能，着力解决物流业发展中存在的重大问题，落实重点物流项目建设。发挥领导小组办公室的作用，强化规划编制及组织实施、政策制定、统筹协调、考核评定、调查统计等职能。加强物流工作专业队伍建设，提升、调整和充实物流业管理机构。理顺现代物流管理体制，实现市、区市县（先导区）两级现代物流业发展领导小组办公室统一归口管理。加强物流相关行业协会的组织建设，强化行业自律、调解和市场开拓职能，规范物流企业行为，促进物流市场健康有序发展。

现代物流业是新兴的复合型产业，其发展涉及各地区、各部门和各相关行业的相互协调关系，各相关部门要以贯彻实施《大连市国民经济和社会发展第十二个五年规划纲要》为契机，进一步增大对物流生产要素的配置功能，着力构建大连面向东北腹地及环渤海地区、辐射东北亚区域的国际物流服务网络。

（二）加大政策支持力度

落实国家关于扶持现代物流业发展的相关政策。一是出台促进大连物流业加快发展的政策措施，加大对重点物流企业、重点物流项目的支持；二是整合各类保税物流资源，促进保税区转型升级；三是引导和鼓励企业加强管理创新，通过资源整合和资本战略实施，尽快做大做强；四是按照市场化、制度化、规范化的要求，改善交通运输行业管理，对城市配送车辆运营、开辟内外航线、特种运输、安全管理、市场准入等方面实施规范化、公平化、便利化管理。

土地政策方面。充分认识物流节点设施作为社会基础设施的功能，优化强化用地保障。做好规划衔接协调，将物流业发展规划纳入地方经济发展、城乡发展和土地利用总体规划，及时落实土地使用指标。对列入国家、省市级的重点物流项目，要优先安排土地使用指标。积极拓宽土地供应渠道，从现有物流业用地调整和滩涂开发整理等方面寻求途径增加物流用地，满足物流业发展用地需求。新增物流项目根据类型、规模划分，由市现代物流业发展领导小组认定后，尽可能“集中”布置，节约物流用地。

财政政策方面。统筹设立物流业发展专项资金，加大对现代物流业发展的支持力度。专项资金重点支持智慧物流建设、现代物流企业培育、大宗商品交易平台建设、物流公共信息平台建设和物流人才培养等。各区市县和先导区要结合实际加大物流业专项资金投入，支持现代物流业发展。要积极组织企业和项目申请国家物流业相关扶持资金，争取财政及其它相关优惠政策。

通关政策方面。以优化口岸服务环境为根本，深入推进口岸“大通关”建设工程，不断创新口岸监管机制，深化分类通关、管检分离改革，完善大通关服务平台。深化大连口岸与东北重要腹地城市、内陆干港的通关合作，实现口岸服务的高效对接，巩固和发展口岸辐射功能。适应多式联运的发展需要，创新监管模式，实现监管的无缝对接、无障碍流转。

（三）强化现代物流理念和认识

明确物流业的核心地位。随着现代物流在国民经济中的产业地位和功能价值逐步提升，物流业的发展水平已成为反映地区经济发展水平的重要指标。要尽快在全市上下确立现代物流业作为大连核心产业的意识，特别是要鼓励国有大中型企业积极创造条件将企业的物流业务从主业中分离出来，建立适合自身发展的物流管理模式，最大限度释放物流需求，推进第三方物流的专业化、规模化发展，形成全社会积极支持物流事业发展的良好氛围，为大连现代物流业发展创造有利的环境。

树立开放合作共赢意识。物流场站的建设发展要本着开放合作的精神，充分利用大连良好的区位优势和相关优惠政策，引入新的经营方式、新的服务理念和新的服务产品，建立符合国际规则的现代物流服务体系和企业运行机制。鼓励有优势的重点物流企业与世界知名物流企业建立长期、全面的合作关系，鼓励有条件的物流企业实施“走出去”战略，并在金融、保险、外汇、出入境管理等方面为企业提供便利条件等。

确立以国际港航物流为核心的发展思路。充分整合政策优势和区位优势，着眼于构建东北亚地区物流服务体系，明确以国际港航物流为核心的发展思路，前瞻性地做好区域发展规划，充分利用当前的建设机遇，使大连全面建设成为东北亚重要的货物中转基地、区域分拨配送基地和多功能综合服务中心。一是要统筹考虑、科学编制大连港口布局规划和港口总体规划，避免重复建设和无序竞争，确保港口资源的合理利用和科学布局；二是鼓励港口企业，以资产为纽带，以项目为切入点，以合资合作为主要形式，推动大连港以组建组合港、建立战略联盟等形式，进行跨行政区划、跨行业的松散型资源整合；三是要继续投资完善大连港物流基础设施，不断提升管理水平和物流服务水平。

（四）培育市场经营主体

强化物流市场的开放意识，引进具有国际或区域物流网络、能够系统整合物流资源的大型物流企业。一是加强政策支持和引导，鼓励引进国内外物流企业开拓国际和国内物流市场，提高市场开发能力和物流资源的整合能力；二是加大引进力度，重点引进全球物流运营商和第四方物流公司，采取特别优惠政策，鼓励国内外物流企业在大连建设国际化的分拨配送中心；三是引进国内外中小配套物流企业，创造宽松公平的竞争环境，促进中小配套物流企业健康快速发展。

大力促进港口企业转型，推动港口企业由单一的港口物流服务商向综合物流服务商转变。鼓励国有物流企业提高对区域物流、国际物流的集成和拓展能力；鼓励民营物流企业加快发展，对成长较快、信誉较高、效益较好的民营物流企业，引导扶持其扩大规模，使其尽快成为集团化、区域化的物流企业；加强对中小物流企业的引导，激励中小物流企业间资源整合、分工合作，形成特色优势。

（五）加快物流人才培养

优化学历教育的专业结构，完善高校物流人才培养体系，鼓励高等院校开设物流专业高职、本科、硕士、博士等多层次的学历教育；加强大专院校、科研机构、物流企业“产学研”合作和企业内部物流管理等专项研究；通过帮助物流企业招收项目博士后的方式，培养和引进物流业高层次人才；通过校企合作等多种方式，建立高技能物流人才实训基地。

加强对现有物流企业从业人员的岗前培训、在职培训，培育市场急需的物流管理人才。开展物流专业职称认证工作，力争实现从事物流业的中高级管理人员均具有相应的专业技术资格，实行持证上岗，定期审核，提高物流从业人员整体素质。

有计划地组织各地物流业中高级管理人员到物流业发达国家和地区学习、培训，采取“走出去、请进来”方式进行业务交流，促进物流业人才成长。

（六）完善统计监测制度

建立和完善物流业统计调查、核算和信息管理制度。按照国家有关要求，借鉴国内外物流业统计指标体系和统计方法，建立完善的物流统计指标体系，形成制度化统计核算工作机制，加强对本市物流业发展的跟踪监测、研究和宏观指导。加强物流统计基础工作，开展物流统计理论和方法研究。认真贯彻实施社会物流统计核算与报表制度，优化物流统计网上直报系统，推动区市县和先导区的物流统计工作，建立物流统计二级平台，建立健全物流统计信息共享机制，提高统计数据的准确性、权威性和时效性。

（七）鼓励科技创新和新技术推广

积极推广全球卫星定位系统、地理信息系统、货物实时跟踪、无线射频自动识别、电子数据交换、远程控制和物联网技术在全市物流企业中的广泛应用，不断提高装备专业化、自动化和智能化水平。重视节能减排，大力推广新绿色能源、新节能装备在物流业的应用。加快设施设备的更新，淘汰陈旧落后、超期服役、技术状态不良的设备。大力发展集装箱和集装化运输技术，推广托盘、集装袋等单元化装载运输方式。积极研发与市场对接的专用车辆，提高冷藏运输车、甩挂运输车辆装备水平。推广专业化的自动立体化仓库，研发及推广港口大宗散货装卸设备中的防尘设备，积极改进和提高港口装卸工艺水平。在物流园区、物流中心等节点积极引进货物自动分拣与包装、物流编码、智能电子标签、条码等物流技术。

利用物流科研项目专项资助资金，对创新性强的物流相关研究课题和市场推广前景好的物流技术、物流装备的研发项目进行资助，推进物流科技成果不断涌现，增强大连物流业的自主创新能力，实现现代物流业的可持续发展。

（八）建立完善的综合配套服务体系

构建优质便捷的综合服务体系，为物流企业创造良好的发展环境。一是要改善口岸服务功能，优化通关作业流程，加快通关速度；二是要大力发展物流中介和咨询服务业，积极培育国际一流的物流服务市场；三是要创新物流企业投融资方式，强化金融服务功能，积极利用财政贴息等手段引导信贷资金增加对东北亚国际物流中心建设发展的投入，鼓励各类金融机构建立专项资金，支持物流企业到资本市场直接融资；四是要建立物流信用体系和信用法律制度，强化信用监督机制，建立企业信誉登记和经营责任追究制度，健全物流行业信用保证体系；五是加强物流标准化体系建设，逐步建立起与国际接轨的物流技术设备标准和运营管理规范。

八 吉林省

017

吉林省人民政府办公厅关于促进物流业健康发展政策措施的实施意见

吉政办发〔2012〕26号

各市（州）人民政府，长白山管委会，各县（市）人民政府，省政府各厅委办、各直属机构：

根据《国务院办公厅关于促进物流业健康发展政策措施的意见》（国办发〔2011〕38号），为加快我省物流业健康发展，经省政府同意，提出以下实施意见：

一、拓宽融资渠道，支持物流业发展

（一）完善融资机制，拓宽融资渠道。积极支持国家A级物流企业在境内外上市融资及募股权融资，鼓励物流企业通过发行债券、增资扩股、仓单质押、股权质押贷款及供应链融资等途径筹集项目建设资金。

（二）调整和优化信贷结构，支持物流业调整和振兴。人民银行各级分支机构要积极加强信贷政策宏观指导，更多地运用市场化手段鼓励和引导金融机构不断调整和优化信贷结构，大力推广非现金支付工具，加快与税务、质检部门相关信息系统的联网进程，为现代物流业发展提供便捷、高效的服务。各银行业金融机构要加大面向物流业的金融产品创新力度，加强针对物流业的风险管控能力，及时高效保证物流业信贷资金供给，促进物流企业规范、可持续发展。

（三）加大对物流业资金倾斜力度。省级支持服务业发展等专项资金要向物流业发展倾斜，重点用于规划引导、物流公共信息平台建设、对重点物流企业和重大物流项目实施基础设施建设进行补助及贴息等。市（州）、县（市）政府根据财力状况，也要进一步加大投入，大力扶持现代物流业发展。

二、整合物流设施资源，优化管理体制

（一）鼓励企业实行制造业与物流业主辅分离。凡企业内部重组整合单独成立物流企业，其资产、股权发生变动的，免收信息咨询费，减半征收产权转让交

割服务费。同时，制造企业剥离物流资产和业务，可根据《财政部国家税务总局关于企业重组业务企业所得税处理若干问题的通知》（财税〔2009〕59号）和《财政部关于企业重组有关职工安置费用财务管理问题的通知》（财企〔2009〕117号）等文件规定，享受税收、资产处置、人员安置等相关扶持政策。

（二）国内外知名物流企业参与重组、兼并、收购我省物流企业，在组建物流企业过程中发生资产转移以及土地、房产、车辆过户，符合有关契税扶持政策的，按规定程序报批。

（三）支持大型优势物流企业通过兼并重组等方式，对分散的物流设施及物流信息平台资源进行整合，优化资源配置，积极推进物流业发展方式转变。

（四）支持商贸流通企业发展共同配送，降低配送成本，提高配送效率。

（五）支持物流企业加强与制造企业合作，全面参与制造企业的供应链管理，或与制造企业共同组建第三方物流企业。

（六）研究建立全省物流统计体系。尽快建立全省物流统计直报系统，逐步完善物流调查统计和信息管理制度，进一步确立物流业的产业地位。

（七）改善口岸通关管理，实现“属地申报，口岸验放”和分类通关管理的海关监管模式。积极支持符合条件的物流园区设立公共保税仓库，物流企业通关时，可享受大型企业同等优惠政策和服务，降低通关成本，提高通关效率，促进国际物流和保税物流发展。

（八）积极为物流企业设立法人、非法人分支机构提供便利，鼓励物流企业开展跨区域网络化经营。对于法律未规定或国务院未批准必须由法人机构申请的资质，物流企业总部统一申请获得后，其非法人分支机构可向所在地有关部门备案获得。物流企业总部统一办理工商登记注册和经营审批手续后，其非法人分支机构可持总部出具的文件，直接到所在地工商行政管理机关申请登记注册，免予办理工商登记核转手续。

（九）加强依法行政，完善政府监管，强化行业自律。在规范管理的前提下适当放宽对物流企业资质的行政许可和审批条件，改进资质审批管理方式，逐步减少行政审批。

三、加大土地、交通等政策支持，加快物流业发展

（一）加强和改善物流业用地的支持，对各地列入“十二五”现代物流业发展规划的重点物流项目用地，应在土地利用总体规划修编时纳入规划统筹安排，涉及农用地转用的，在土地利用年度计划内可优先安排。国土资源部门凭相关资料依法供地，优先办理权证。

（二）由政府供应的物流园区、物流中心等物流项目用地，按工业用地的最低价标准实行招标、拍卖或挂牌出让，逐步改善投资环境，扶持物流企业发展。

（三）支持物流园区建设，物流园区用地，70%可用作仓储设施建设，30%可用作综合配套设施建设，各类用地占总用地面积的比例按国家标准执行，土地出让底价按比例综合确定。已建项目因经营不善等原因关闭，其土地转让时，可优先安排用于其他重点物流项目。

（四）积极支持利用工业企业旧厂房、仓库和存量土地资源建设物流设施或提供物流服务，涉及原划拨土地使用权转让或租赁的，应按规定办理土地有偿使用手续，经批准可采取协议方式出让。土地出让收入依法实行“收支两条线”管理。

（五）充分发挥铁路运输骨干作用和公路运输灵活多变、快速迅捷等优势，探索新型交通运输管理模式，鼓励发展公铁联运和甩挂运输。

（六）交通部门要对货运零担、物流配送专业车辆简化许可审批程序，优先办理相关营运证照，鼓励短途配送业发展，大力推行不停车收费系统，提高车辆通行效率。

（七）市（州）、县（市）各级公安交警、公路运输管理机构对汽车整车运输车辆、农副产品运输车辆、国际集装箱运输车辆及持有省、市（州）公路管理机构核发的超限运输通行证的运输车辆，一般应当在经省政府批准的固定检查站进行执法检查活动。

四、落实税收优惠政策，减轻物流企业负担

（一）贯彻落实国家对试点物流企业的税收优惠政策。试点物流企业将承揽的运输、仓储等业务分给其他单位交由其统一收取价款的，以其取得的全部收入减去付给其他单位的运费和仓储费后的余额为营业额计算征收营业税。完善农产品流通税收政策，免征蔬菜流通环节增值税。积极开展农产品增值税抵扣政策试点，切实解决农产品进项税抵扣中存在的问题。

（二）新建物流园区、新开业的物流企业当年上缴所得税的地方所得部分，实行先征后返的办法，前两年全额、后三年减半由同级财政部门返还企业。

（三）对符合国家产业政策和国家进口税收政策的物流企业进口的设备、仪器以及按照合同随设备进口的技术（含软件）及配套件、备件，可按照国家有关规定享受减免关税和进口环节增值税。

五、优先发展农产品物流业，全面推进物流技术创新和应用

（一）大力发展“农超对接”、“农校对接”、“农企对接”等多种形式的产销衔接，支持农民专业合作组织发展产地到销地的直接配送方式。搞好“万村千乡”市场工程配送中心和主产区大型农产品集散中心建设，促进大型连锁超市、学校、酒店、大企业等最终用户与农民专业合作社、生产基地、农业产业化龙头

企业建立长期稳定的产销关系。扶持培育一批大型鲜活农产品流通企业、农业产业化龙头企业、运输企业和农民专业合作社及其他农业合作经济组织，促其做大做强，提高竞争力。支持农业生产企业、农业产业化龙头企业、农民专业合作社在社区菜市场直供直销。

（二）发挥供销社和邮政等物流体系在农村的网络优势，积极开展“农资下乡”配送和农产品进城配送服务。

（三）逐步建立蔬菜保供稳价体系，要在大中城市设立蔬菜仓储基地，以解决我省蔬菜季节性生产与均衡消费之间的矛盾以及应急需求，确保全省蔬菜供应和菜价稳定。

（四）加强鲜活农产品流通体系建设。严格执行鲜活农产品“绿色通道”政策，完善技术手段，提高车辆检测水平和通行效率，坚决落实免收整车合法装载运输鲜活农产品车辆通行费的相关政策。进一步落实季节性鲜活农产品配送车辆24小时进城通行和便利停靠政策。加大农产品冷链物流基础设施建设投入，加强鲜活农产品产地预冷、预选分级、加工配送、冷藏冷冻、冷链运输、包装仓储、电子结算、检验检测和安全监控等设施建设，发展电子商务，扩大网上交易规模，加快建立主要品种和重点地区的冷链物流体系，对开展鲜活农产品业务的冷库用电实行与工业同价。

（五）加强农产品批发市场、农贸市场、菜市场等鲜活农产品网点的规划和建设。新建城市居住区要严格按照相关规定，配套建设社区菜市场或相应的商业设施，不得随意改变用途。农产品批发市场和农贸市场的用水、用电、用气、用热价格实行与工业同价。规范和降低农产品批发市场、农贸市场的进场费、摊位费等相关收费，实行收费公示，必要时按法定程序将摊位费纳入地方政府定价目录管理。严厉打击农产品投机炒作。做好外资并购大型农产品批发市场的安全审查工作。

（六）继续提高粮食物流现代化水平，推进粮食储、运、装、卸的“四散化”，加强我省粮食主产区散粮收纳和发放设施及南方销区的铁路、港口散粮接卸设施建设，推动我省散粮火车入关，加快发展散粮铁水联运。

（七）搞好全省物流公共信息平台建设，推动有关部门、重点制造企业和商贸企业、物流企业不断提高物流信息资源的开发利用水平，促进物流信息化。健全覆盖生产、流通、消费的农产品信息网络。积极支持物联网在物流领域的应用。

（八）鼓励发展多式联运，实现“无缝链接”，促进各种运输方式衔接配套，大力推行“托盘化单元集装”运输方式，支持专业化物流企业建设“托盘”公共系统，实现“托盘”标准化、社会化运作。

（九）积极开展A级物流企业评定。被授予国家A级物流企业资格的企业可以优先申报国家税收试点，享受税收优惠政策。

（十）鼓励物流企业积极参与国家、行业物流标准的制定，在有关行业协会和企业中，率先制定和使用化工、医药、食品、冷链、农产品等物流作业和物流服务地方标准，并争取上升为国家行业标准，通过实施标准化战略推动我省物流标准的贯彻实施。对开展物流标准化试点的企业，优先列入科技创新资金和技术改造项目计划，享受相关优惠政策。

六、明确工作任务、加强组织协调

各级政府要从战略高度把加快发展现代物流业作为提升经济竞争力的重要任务，把现代物流业发展作为经济和社会发展的重要目标，纳入本地区国民经济和社会发展规划及年度计划，深入谋划，强力推进。

按照国家发展改革委《关于建立全国现代物流工作部际联席会议制度的通知》（发改运行〔2005〕288号）要求，各级政府要根据实际情况，建立联席会议制度。联席会议主要职责是全面掌握辖区内物流发展情况，分析发展中存在的问题；综合协调涉及现代物流发展的政策、战略和规划；统筹推进现代物流标准化、信息化、统计指标体系、人才培养等基础工作。协调解决涉及相关部门的有关问题，促进部门协作配合，实现信息共享，建立长效机制，全面推进现代物流工作。发展改革部门为联席会议牵头单位，定期组织召开会议，研究解决物流业发展相关问题，为物流发展创造便利条件。

吉林省人民政府办公厅

二〇一二年五月八日

九 黑龙江省

018

黑龙江省人民政府办公厅关于印发黑龙江省物流业发展“十二五”规划的通知

黑政办发〔2012〕2号

各市（地）、县（市）人民政府（行署），省政府各直属单位：

《黑龙江省物流业发展“十二五”规划》已经省政府同意，现印发给你们，请认真贯彻执行。

黑龙江省人民政府办公厅

二〇一二年一月十二日

黑龙江省物流业发展“十二五”规划

黑龙江省人民政府办公厅

2012年1月12日

物流业是融合运输业、仓储业、货运代理业和信息业等的复合型服务产业，是国民经济的重要组成部分。加快发展物流业，对优化资源配置、改善投资环境、吸纳就业、促进生产、拉动消费、调整产业结构、转变经济发展方式和增强区域竞争力等方面都具有重要作用。省委、省政府高度重视发展物流业，将物流业作为发展现代服务业的重点领域，对发展物流业提出了明确要求。结合建设“八大经济区”和实施“十大工程”的总体要求，为促进我省物流业快速发展，培育新的经济增长点，特制定本规划。

一、发展现状

近年来，我省物流业总体规模快速增长，发展水平显著提高，发展环境和条件不断改善，为进一步加快物流业发展奠定了坚实基础。

物流业规模快速增长。2009年，我省社会物流总额达到11083.6亿元，比2008年增长0.5%；物流业实现增加值512.7亿元，比2008年增长11.1%；物流业增加值占服务业增加值的比重达到16.0%，占地区生产总值（GDP）的比重达到6.2%。

物流业发展水平显著提高。制造企业、商贸企业开始采用现代物流管理理念、方法和技术，实施流程再造和服务外包；传统运输、仓储、货运代理企业实行资源整合和服务延伸，加快向现代物流企业转型。2009年，全社会物流总费用与（GDP）的比率为18.8%，物流费用成本总体呈下降趋势。

物流基础设施条件逐步完善。交通设施规模迅速扩大，为物流业发展提供了良好的基础条件。截至2009年年底，全省铁路营业里程5644公里，公路线路里程151470公里（其中高速公路里程1219公里），拥有民用机场9个。物流基础设施项目建设步伐加快，哈尔滨龙运物流园区（一期）、大庆综合物流园区已建成运营，其他各地物流园区也在抓紧建设。

国际物流发展迅速。口岸的交通运输和仓储状况有了很大改善，货物通关效率大大提高，已成为我省对俄货物进出口的重要通道。国务院批准设立的绥芬河综合保税区是我国陆地边境线上第二个综合保税区，哈尔滨龙运物流园区海关监管仓已获批准。国际江海联运、陆海联运大通道建设取得进展，牡丹江市与韩国、俄罗斯两国企业共同投资在俄罗斯纳霍德卡港设立国际集散码头，“内贸货物跨境运输”已成功运行。

物流信息化建设取得突破性进展。全省物流公共信息服务平台开发建设已进入试运行阶段，大量企业开始使用物流管理信息系统，企业物流信息化进程加快。

物流业发展环境明显好转。各级政府逐步重视物流业的发展，哈尔滨、佳木斯、鹤岗等城市制定了物流业发展规划并出台了扶持物流业发展的政策和措施。全省物流统计核算工作稳步进行，高校和研究机构培养了大批物流人才。省物流协会、物流学会等民间组织在促进物流业发展方面发挥了重要作用。

尽管我省物流业发展具备了一定基础和条件，但与经济社会发展的需要相比，总体发展水平偏低，物流运行效率不高，全社会物流总费用与GDP的比率高于发达省份；社会化物流需求不足和专业化物流供给能力不足问题同时存在，大型企业采用自营物流运作模式比较普遍；物流企业服务网络化、规模化和信息化程度不高；物流基础设施服务能力不足，尚未建立布局合理、衔接顺畅、高效便捷的物流基础设施网络体系；物流技术装备发展水平有待提升；物流技术研究、物流人才培养不能满足经济快速发展的需要。

二、指导思想、基本原则和发展目标

（一）指导思想

坚持以科学发展观为统领，按照建设“八大经济区”和实施“十大工程”的总体要求，以建设东北亚国际物流发展核心区域和满足我省经济社会快速发展为目标，优化物流业发展环境，加快培育物流市场，统筹协调物流基础设施布局，加强物流信息化建设，建立健全物流服务体系，提升物流业发展总体水平，降低社会物流成本，促进产业结构调整和发展方式转变，增强区域发展竞争力。

（二）基本原则

政府营造环境，市场配置资源。政府为物流业的发展营造良好的政策环境，扶持物流企业发展，支持物流项目建设。充分发挥市场配置资源的基础性作用，调动企业的积极性，从满足物流需求的实际出发，注重运行效率提升和质量提高。

整合存量资源，建设增量资源。对现有物流资源进行有效整合，提高存量资源的利用率；加强增量资源的建设，通过合理布局规划，新建物流基础设施，促进我省物流资源的优化配置。

加强规划指导，注重协调联动。统筹省内与省外、城市与农村物流的协调发展，做好城市之间、行业之间和城乡之间物流基础设施建设与物流业发展的协调与衔接，合理布局规划基础设施项目。各地要从发展实际出发，因地制宜，统筹规划，协调发展。

（三）发展目标

到2015年，全社会物流总费用与GDP的比率下降2%，物流业成为促进我省经济社会发展的先导产业；建立覆盖城乡、产业联动、高效快捷的物流服务网络体系；培育10个年营业收入超5亿元和5个年营业收入超10亿元的物流企业集团；形成若干具有较强集聚辐射能力的物流产业集群，使我省成为东北亚国际物流发展核心区域之一。

三、发展布局

依据全省建设“八大经济区”、实施“十大工程”发展战略，结合交通经济区域和产业布局特点，结合重要商品物流流向以及与周边国家和省区市相互关系等因素，重点打造哈大齐物流发展区、哈牡绥物流发展区、东部城市群物流发展区和沿边物流发展带的“三区一带”的物流区域；构建以哈尔滨为中心，服务全省、辐射全国、联通国际的物流通道体系。以北安、富锦、穆棱和尚志等城市为县级区域物流中心，开展区域分拨配送业务，重点发展产业物流，积极拓展商贸物流。

（一）物流发展区

1. 哈大齐物流发展区

围绕哈大齐工业走廊、高新科技产业集中开发区等经济区的建设，结合东北老工业基地改造战略的实施，构建哈大齐物流发展区，包括哈尔滨、大庆、齐齐哈尔市和绥化市。

该区域产业基础雄厚，制造业与物流业关联度较高；商贸业态发达，物流需求迫切；综合运输网络发达，铁路、公路、水运、航空和管道 5 种运输方式齐全，适宜建立跨区域的全国性物流集散和分拨配送中心。重点发展装备制造业物流、石油化工物流、商贸物流、医药物流和涉农物流。

2. 哈牡绥物流发展区

围绕东北亚经济贸易开发区、哈牡绥东对俄贸易加工区等经济区的建设，构建哈牡绥物流发展区，包括哈尔滨市城区及东南部县（市）和牡丹江市、绥芬河市。

该区域是国家对俄及东北亚地区开放的门户和全省沿边开放的先导区，具备对俄经贸、科技、物流合作的基础。机电、医药、食品、木材加工、轻纺、建材装饰等产业特色突出；综合运输网络完善，滨绥铁路、哈牡高速、301 国道横贯全境，201 国道、图佳铁路纵向穿越；开通了陆海联运国际大通道，国际物流发展优势明显。重点发展保税物流、对俄国际物流、制造业物流和涉农物流。

3. 东部城市群物流发展区

围绕东部煤电化基地、三江平原农业综合开发试验区等经济区的建设，结合千亿斤粮食产能巩固提高等工程的实施，构建东部城市群物流发展区，包括佳木斯、鹤岗、双鸭山、鸡西、七台河市和伊春市。

该区域煤炭、农业、装备制造、森工等产业发展基础较好；铁路、公路、水运、航空等综合运输网络完善。重点发展煤炭及煤化工物流、涉农物流、制造业物流、森工产品物流和对俄国际物流。

4. 沿边物流发展带

东部沿边物流发展带：以绥芬河、东宁为节点，辐射穆棱、宁安、林口、虎林、密山、鸡东等县（市）。该发展带与俄罗斯远东地区最发达的滨海边疆区接壤，是我省对俄国际物流通道的重要组成部分。重点发展木材、建材、机电、轻纺等产业物流和保税物流。

三江沿边物流发展带：以同江、抚远为节点，辐射富锦、桦川、萝北、绥滨、饶河等县（市）。该发展带与俄罗斯犹太自治州隔江相对，是我省实施对俄陆水联运、江海联运的核心区域，通过水运可达俄罗斯哈巴罗夫斯克。重点发展矿产、冶金、木材、食品等产业物流。

北部沿边物流发展带：以黑河、漠河为节点，辐射呼玛、塔河、逊克、孙吴、嘉荫等县。该发展带与俄罗斯阿穆尔州、外贝加尔边疆区接壤。黑河口岸功能健全，已形成“一江两城”发展格局；我国俄罗斯原油进口管道物流通道——漠河至大庆输油管线已经开通供油。重点发展石油、冶金、木材等产业物流。

（二）物流通道

结合我省现代交通网络建设等工程的实施，按照全省主要货物流向及物流网络规划布局，进一步加快干线铁路、高速公路、沿边口岸、航道、机场、输油管道等基础设施建设，特别是运输干线服务区域内物流基础设施建设，完善综合运输网络，构建以哈尔滨为中心，服务全省、辐射全国、联通国际的物流通道体系。重点打造哈尔滨—大庆—齐齐哈尔—呼伦贝尔—满洲里、哈尔滨—牡丹江—绥芬河（东宁）、哈尔滨—大连、鹤岗—佳木斯—鸡西—牡丹江—图们—丹东—大连、哈尔滨—北安—黑河、哈尔滨—佳木斯—双鸭山—同江（抚远）、漠河—加格达奇—齐齐哈尔—松原（白城）—通辽等陆路及出海物流通道和以哈尔滨为中心的航空物流通道。畅通陆海联运、江海联运等国际物流通道和哈大齐大件运输物流通道。

哈尔滨—大庆—齐齐哈尔—呼伦贝尔—满洲里物流通道：贯穿哈大齐工业走廊，完善哈尔滨、大庆、齐齐哈尔等城市物流节点、通道及相关基础设施建设，服务通道及腹地工业、对外贸易等，成为欧亚大陆桥重要组成部分。

哈尔滨—牡丹江—绥芬河（东宁）物流通道：贯穿哈牡绥东对俄贸易加工区，通过口岸联通俄远东地区和符拉迪沃斯托克等港口，“借港出海”、“借港登陆”。发挥区位、口岸、对外贸易优势，立足利用俄罗斯铁路、港口资源，加快牡丹江、绥芬河、东宁等城市物流节点、通道及相关基础设施建设，畅通陆海联运大通道，完善国际联运功能，打造我省和我国东北部内陆地区通向东北亚、连通国际的出海通道。

哈尔滨—大连物流通道：我省主要对外联系通道，加快哈尔滨物流节点和相关基础设施建设，发挥通道能力强的优势，服务全省经济产业发展，承接全省经哈尔滨至大连的中转物流，打造我省主要出海大通道。

鹤岗—佳木斯—鸡西—牡丹江—图们—丹东—大连物流通道：贯穿我省东部煤电化基地及三江平原农业综合开发试验区，联通吉林、辽宁等地，加快鹤岗、双鸭山、鸡西、七台河等地物流节点和我省东部物流通道建设，服务煤炭及煤化工、农业、对俄贸易等产业集群，打造东北地区东部主要物流通道。

哈尔滨—北安—黑河物流通道：围绕国际经贸大通道，结合黑河互市贸易区的发展，加快松花江、黑龙江航运基础设施改造，提高通航能力，扩大江海联运规模，大力发展水陆联运和江海联运。

哈尔滨—佳木斯—双鸭山—同江（抚远）物流通道：结合同江界河铁路大桥、前抚铁路、黑瞎子岛口岸公路和抚远深水码头等项目建设，打造哈尔滨—佳木斯—双鸭山—同江（抚远）物流通道，大力发展江海联运、水陆联运。

漠河—加格达奇—齐齐哈尔—松原（白城）—通辽物流通道：加快加格达奇

至齐齐哈尔公路以及齐齐哈尔至白城公路建设，打造我省西部地区连接吉林和蒙东地区的物流通道，推进我省与吉林、蒙东地区物流一体化。

航空物流通道：加快哈尔滨空港物流园区规划建设的前期工作，进一步完善机场配套设施和货运功能。发挥省机场集团公司和南航黑龙江分公司等航空企业物流运作优势，积极开拓市场，不断开辟航线，提升运力，畅通与俄远东地区、韩国、日本等地空中通道，打造我国北部地区最活跃航空网络，积极争取把哈尔滨太平国际机场建成我国对北美的航空物流基地。加快完善以哈尔滨太平国际机场为中心，连接各支线机场，连通东北亚及北美的航线网络。

四、主要任务和建设内容

（一）加快物流节点设施建设。

按照全省生产力布局特点和经济社会发展要求，结合全省“八大经济区”建设和“十大工程”实施，合理确定物流园区的数量、性质、规模和建设内容，全省重点规划建设 17 个综合物流园区（详见表 1）。

依托主要经济开发区、工业园区、大型商贸市场和综合交通枢纽，重点为机械制造、石油石化、粮食、农资、农产品及加工、医药、连锁商业、对外贸易等产业服务，规划建设一批专业物流中心（详见表 2）。

表 1　　综合物流园区列表

城市	综合物流园区名称
哈尔滨市	哈尔滨龙运物流园区、哈尔滨新香坊物流园区、哈南工业新城综合物流园区
齐齐哈尔市	齐齐哈尔综合物流园区
牡丹江市	牡丹江市东宁国际物流园区、穆棱大连内陆港
佳木斯市	佳木斯东港综合物流园区、同江国际物流园区
大庆市	大庆综合物流园区
绥化市	绥化综合物流园区
鹤岗市	鹤岗综合物流园区
双鸭山市	双鸭山综合物流园区
鸡西市	鸡西综合物流园区
黑河市	黑河港国际物流园区
大兴安岭地区	大兴安岭综合物流园区

表 2　　专业物流中心列表

城市	物流中心名称	类型
哈尔滨市	哈动重大装备物流中心	机械制造
	招商局物流集团哈尔滨物流中心	综合
	黑龙江省农机物流中心	农机
	中央红连锁超市物流配送中心	综合
	哈尔滨哈达农产品物流中心	农产品
	哈药物流配送中心	医药
	北大荒农产品国际博览交易中心	农产品
	北大荒商贸集团物流中心	综合
	哈尔滨寒地黑土绿色农产品配送中心	农产品
	黑龙江省倍丰集团农资连锁配送中心	农资
	省邮政易通物流中心	综合
	省邮政公司群力邮政物流集散中心	综合
	宾西中俄木材交易中心	综合
齐齐哈尔市	齐齐哈尔绿色食品配送中心	农产品
大庆市	大庆万宝石化物流中心	石化
佳木斯市	佳木斯机械制造业物流中心	机械制造
	佳木斯粮食物流中心	农产品
	农垦建三江物流中心	综合
	富锦港国际物流中心	综合
牡丹江市	牡丹江内陆港物流中心	综合
	牡丹江国际农产品物流中心	农产品
	穆棱国家级木材交易集散中心	木材
	绥芬河综合保税区邮政保税物流中心	国际
鹤岗市	鹤岗陆港枢纽物流中心	综合
	农垦宝泉岭物流中心	综合
七台河市	七台河运通物流中心	综合
伊春市	伊春新春集团国际物流中心	综合
黑河市	农垦九三分局农产品物流中心	农产品

（二）推进物流服务社会化

鼓励生产和商贸企业按照分工协作的原则，剥离或外包物流业务，整合物流资源，促进企业内部物流社会化。推动物流业与农业、工业、商贸流通业联动发展。

推动大型制造企业参与“制造业与物流业联动”工程，鼓励制造企业创新物流管理模式，整合优化业务流程，分离物流资产和业务；鼓励引入第三方物流企业承担制造企业的原材料采购、生产、销售等环节或整体的物流业务。鼓励大型商贸流通企业大力发展连锁经营、物流配送。积极推广电子商务、网上采购等现代流通方式；发展农产品从产地到销地的直销和配送，推广“万村千乡”市场工程，促进农村流通现代化、社会化。

（三）大力发展第三方物流

大力发展第三方物流企业，培育物流市场，提升我省物流企业竞争力。鼓励现有运输、仓储、货代、联运、快递等企业业务整合和服务创新，加快向现代物流企业转型，大力发展第三方物流。积极发展多式联运、集装箱、甩挂运输、厢式货车运输以及重点物资的散装运输等现代运输方式，提高物流企业运输能力，提升专业化水平。各级政府要加大招商引资力度，积极引进国内外大型物流企业到我省设立分支机构或从事物流业务。大力扶持物流企业通过合作、合资等多种形式整合物流资源，提升服务水平，培育竞争力强的大型物流企业集团。鼓励物流企业加强信息沟通，创新物流服务模式，满足多样化的物流需要。

（四）推进产业物流发展

结合我省建设“八大经济区”、实施“十大工程”的战略，围绕装备制造、石油石化、能源、食品、森工、医药等支柱产业，重点建设四类产业物流体系：一是服务工业生产资料及产成品的工业物流体系；二是服务农畜产品、农资、农机和农村消费品等的涉农物流体系；三是服务连锁经营、集中配送等的商贸物流体系；四是服务对外加工及贸易的国际物流体系。

1. 工业物流体系

结合全省工业产业布局，重点围绕哈大齐工业走廊建设区、东部煤电化基地建设区、高新科技产业集中开发区等经济区的建设，充分整合工业企业内部物流资源和社会物流资源，大力发展装备制造、石油石化、煤炭工业、食品工业、森林工业、医药工业六大支柱工业产业物流体系。

（1）装备制造物流。围绕哈大齐工业走廊和东部煤电化基地开发建设，推动我省装备及机械制造企业实施供应链管理，整合内部物流系统，优化生产流程，实施主辅分离，开展物流服务外包；畅通哈大齐大件运输物流通道。同时，积极培育和引进专业化的装备制造物流企业，构建以哈动重大装备物流中心、一重集团中实运业有限公司、佳木斯机械制造业物流中心等的制造业物流中心为基础，服务全省、辐射全国的装备及机械制造业物流服务体系，构建国家重大装备物流公共信息平台。重点发展大型发电设备、冶金成套设备、重型机械设备、煤机等重大装备制造物流和汽车物流。

(2) 石油石化物流。以大庆为基地，建设原油及化学危险品物流基地；加强对化学危险品物流过程监管，建立辐射全国、安全可靠的石油石化物流体系。重点发展管道物流、化学危险品物流和油田物资采购供应物流。重点建设哈尔滨、大庆化学危险品物流中心。

(3) 煤炭工业物流。围绕我省东部煤电化基地建设，完善煤矿生产供应和煤炭销售物流设施，提升矿区物流服务能力，构建以鸡西、鹤岗、七台河、双鸭山四大矿区为主的煤炭物流服务体系。重点发展煤炭及煤化工产品物流、煤矿物资采购物流。

(4) 食品工业物流。依托全省丰富的农畜产品资源，结合全国食品工业基地建设，推进绿色食品和特色食品物流配送体系建设，构建连接环渤海、长三角、珠三角等主销区的绿色食品物流网络服务体系。重点建设北大荒商贸物流和“寒地黑土”物流项目。重点发展乳制品、绿色食品、肉类制品、山特产品物流。

(5) 森林工业物流。围绕大兴安岭、伊春林区重点企业和黑河、绥芬河、同江、富锦、穆棱等进口木材中转加工基地建设，加强木材深加工物流基地建设，建立辐射全国的木材及林产品物流网络。重点发展森工产品物流和对俄木材国际物流。

(6) 医药工业物流。整合我省医药制造企业及医药流通企业物流资源，推进医药物流配送网络化。支持药品企业、邮政速递物流企业开展医药连锁配送，提高社会化、专业化水平，构建全省药品物流配送服务网络。

2. 涉农物流体系

围绕松嫩平原、三江平原农业综合开发试验区建设，结合千亿斤粮食产能巩固提高工程、社会主义新农村建设工程等工程的实施，落实省粮食物流发展规划，重视现代物流管理理念和技术在农业和农村的推广应用，加快全省农产品流通基础设施建设，重点发展粮食、冷链、农资、农机和农村消费品物流，构筑全省涉农物流服务体系。

(1) 粮食物流。围绕松嫩平原、三江平原农业综合开发试验区建设，结合千亿斤粮食产能巩固提高工程实施，全面落实全省粮食物流发展规划，提升粮食流通能力，积极争取国家粮食流通政策，增强粮食散储、散运、散装、散卸“四散化”物流能力，提升粮食“四散化”水平，培育大型粮食物流集团，重点建设大型粮食物流中心，构筑与我省在全国粮食安全战略地位相匹配的粮食现代物流服务体系。

(2) 冷链物流。结合全省农畜基地建设，以大中城市的农畜产品批发市场及加工、配送基地为中心，积极应用现代物流技术，建设鲜活农产品和食品的储藏、加工、运输、配送等冷链物流设施，构建冷链物流服务体系。

(3) 农资物流。结合“万村千乡”市场工程和“新农村现代流通服务网络”工程的建设，加快农资连锁配送项目建设，整合全省农资物流资源，完善基础设施，提升物流服务功能，形成地方和农垦共建共享的农资物流配送网络。

(4) 农机物流。结合农业生产机械化和农机制造基地建设，整合全省农机物流资源，构建全省农机物流服务网络，实现农机制造、销售、维修、物流服务等一体化发展。

(5) 农村消费品物流。结合“万村千乡”市场工程和“新农村现代流通服务网络”工程建设，发挥省供销社和邮政速递物流服务网络优势，采取“一网多用”，整合农村流通资源，构建全省农村消费品物流网络。重点发展农村消费品连锁超市和共同配送物流。

3. 商贸物流体系

以大型商贸连锁经营企业为龙头，建立连锁配送服务体系，提升城市商贸服务功能，推广集中分销、共同配送的商贸物流一体化运作模式；积极推进快递服务与电子商务融合发展，应用现代物流理念，整合、提升传统商贸流通市场，推动商贸物流服务体系建设。

4. 国际物流体系

发挥黑龙江省区位优势，构筑以绥芬河、东宁、同江、抚远、黑河、漠河等边境口岸为基地，以哈尔滨、牡丹江、佳木斯等腹地中心城市为依托的国际物流体系，建成全国对俄国际物流枢纽基地。加快同江界河铁路大桥、古莲至洛古河铁路、黑瞎子岛口岸公路和抚远深水码头等国际物流通道设施建设，拓宽、延伸国际运输通道。支持陆海联运、江海联运发展，力争实现运营常态化、规模化，推行“中—外—中”内贸货物国际化物流运作模式，探索“外—中—外”外贸货物国内化物流运作模式。制定全省口岸物流发展规划，加快边境口岸物流设施和口岸电子信息平台建设，提升边境口岸物流辐射功能，提高通关效率，加强与俄方协商互动，推动俄罗斯边境口岸与我省协同发展，推进中俄边境口岸物流一体化。积极引进国际物流企业，支持边境口岸国际物流企业发展壮大，培育发展国际市场竞争力强的物流企业集团。

(五) 加强物流信息化建设

物流信息化是现代物流发展的精髓。我省物流信息化主要建设物流公共信息平台，推进行业和企业物流信息化。

1. 建设物流公共信息平台

坚持“总体规划、分步开发、逐步完善”的原则开发建设我省物流公共信息平台。各城市根据不同区位和城市发展特点，结合电子政务系统、口岸报关报检系统、城市智能交通系统、城市基础地理信息平台等基础系统建设，与全省物流公共信息平台实施集成开发建设各城市物流公共信息平台。制定物流公共信息平台数据交换和信息共享的规范和标准，实现物流信息共享和数据交换，构筑全省物流公共信息服务体系。

2. 推进行业和企业物流信息化

加强物流信息技术研究和开发，促进物流信息化和规范化，推广物流信息技术在物流行业的应用，建设国家重大装备物流信息服务平台和农产品冷链物流信息服务平台。鼓励采用供应链管理理念、物流管理技术，引导企业建立物流管理信息系统，提高企业物流运作效率。

（六）加强物流技术装备开发和推广应用

积极推广应用国家标准，争取先试先行。重视物联网建设，推动物联网技术等新技术在物流领域的应用，依托大学研究机构和科技企业，建立物联网研发基地，争取率先实现物联网在我省物流领域应用的新突破。大力推广集装化技术，推广托盘装载、甩挂运输等运输方式，支持物流科技企业自主创新，鼓励新型物流装备的研发、制造，提升我省物流技术装备现代化水平。

（七）推动绿色物流发展

按照发展低碳经济的要求，大力发展绿色物流，从节约资源、保护环境的目标出发，改变传统的物流管理体制，实施逆向物流战略，推广绿色产品和绿色消费，使我省经济发展获得持续的竞争优势。

逆向物流是绿色物流发展的基础，建立资源回收利用制度，实施基于循环经济的资源回收战略。鼓励企业开展与再生资源回收、加工处理、贸易、利用、设备制造、科技等有关的物流活动，逐步在我省建立包括制造商、销售商和消费者在内的再生资源回收利用循环物流系统。

五、政策措施

贯彻落实国务院《物流业调整和振兴规划》，结合我省物流业发展的实际情况，制定促进现代物流发展的政策措施。各相关部门应制定具体政策和实施细则。

（一）加强组织协调

加强对物流业发展的组织和协调，建立由省发改委牵头，省工信委、国土资源厅、交通运输厅、商务厅、哈尔滨铁路局、省农委、财政厅、地税局、国税局、工商局、邮政管理局、哈尔滨海关、省农垦总局、粮食局、食品药品监管局、供销社、黑龙江检验检疫局、省外汇管理局等部门参加的联席会议制度，加强各成员单位的沟通与交流。制定物流业发展规划和政策；研究解决物流业发展过程中出现的重大问题；指导各城市、各行业物流业发展，推进重点物流项目建设。

各地政府要确定物流工作牵头部门，成立相应协调机构，理顺管理体制，推进物流项目建设，培育现代物流企业，加强对物流业发展有关问题的研究和协调。

（二）强化政策支持

全面清理向货运车辆收取的各种收费、政府性集资、政府性基金和罚款项目，取消不符合规定的各种收费项目。

进一步落实物流企业税收试点政策。对国家确认纳入税收试点的物流企业及所属企业将承揽的运输业务、仓储业务分包给其他企业并由其统一收取价款的，以该企业取得的全部收入减去付给其他运输企业、仓储合作方的运费、仓储费后的余额为营业额计算征收营业税；对我省跨市县经营的物流企业设立的不具有法人资格的直营连锁物流企业，应当由总部汇总计算缴纳企业所得税；进口物流设备按国家对进出口货物征免税管理规定，办理征免税手续；物流企业购置并实际使用规定的环境保护、节能节水、安全生产等专用设备的，其投资额可按10%在应纳税额中抵免。

省重点物流建设项目在符合当地土地利用总体规划的前提下，其物流设施应按照工业仓储、交通运输行业标准供地，优先保证项目用地需要，物流建设项目的物流功能用地规模不得低于项目总用地面积的70%；涉及农用地转为建设用地的，年度农转用指标可在省留机动指标中统筹安排。

积极支持物流企业运用新技术和创新，对在物流领域应用射频技术、感应器等物联网技术，提供供应链一体化管理、电子商务等服务的物流企业，符合条件的可以认定为高新技术企业或技术先进型服务企业，并按规定享受相关税收优惠政策。

（三）优化发展环境

规范物流市场秩序，打破地区封锁、行业垄断、市场分割；规范物流企业的经营行为，建立公平竞争的市场机制；加大监管和执法力度，维护物流市场信用，为物流市场的发展创造公平公正、规范有序的良好环境。

对装备制造产品运输尤其是重大装备产品运输，铁路部门要优先安排运输计划，公路部门要简化审批程序，实行一站式服务。开辟全省鲜活农产品运输绿色通道，严格执行国家鲜活农产品绿色通道政策，保证产成品运输畅通。各城市要根据实际状况，建立城市物流配送制度，制定便于配送车辆市区通行和停靠的具体措施，提高城市物流配送效率。

深化边境口岸通关改革，积极探索有我省特色的通关模式，改善通关环境，提高通关速度。海关、检验检疫、商务、税务、外汇管理等部门要在有效监管的前提下，简化审批手续，优化边境口岸通关作业流程，实行通关电子化和一站式服务。

（四）加大财政金融支持力度

加大对物流业的财政支持力度，充分利用现有专项资金，支持全省物流体系的建设。对应用信息技术、物联网技术等先进技术提升物流服务能力的项目，应列入省政府科技项目经费和技术改造项目计划。积极争取国家投资，对列入规划的项目，应优先上报国家有关部门争取资金、政策支持。

金融部门应增加对物流项目的资金投入。各金融机构对物流企业和物流项目建设应给予重点支持。鼓励融资担保机构为物流企业提供信贷担保，鼓励物流企业与金融机构、融资担保机构合作开展物流金融增值业务。支持物流企业通过股票上市、发行债券、兼并重组、合资合作等途径筹集资金。支持民间资本参与物流基础设施项目建设。

（五）发挥行业社团组织作用

行业社团组织要树立为企业、行业、政府服务的观念，加强沟通和协调，发挥好政府与企业之间桥梁和纽带的作用。行业社团组织应在研究和解决物流业发展面临的困难和问题方面发挥重要作用，为政府、行业和企业提供决策建议。

六、黑龙江省物流重点项目库

建立黑龙江省物流重点项目库，对项目实施动态管理；切实抓好重点项目建设，以此作为我省物流业发展的重要支撑。规划期内，我省将重点推进物流园区、物流中心和物流信息化建设，投资估算 210 亿元。随着规划的实施，项目库将进行动态调整。

附件：

1. 黑龙江省物流区域布局图（略）
2. 黑龙江省物流通道示意图（略）
3. 黑龙江省物流公共信息平台逻辑框架图（略）

019

上海市人民政府关于印发上海市现代物流业发展“十二五”规划的通知

沪府发〔2012〕51号

各区、县人民政府，市政府各委、办、局：

现将《上海市现代物流业发展“十二五”规划》印发给你们，请认真按照执行。

上海市人民政府

二〇一二年五月二十四日

上海市现代物流业发展“十二五”规划

上海市人民政府

2012年5月24日

现代物流业是以信息技术和供应链管理为核心，融合运输业、仓储业、货代业、流通加工业等一体化发展的复合型服务业，不仅具有促进生产、拉动消费、保持国民经济平稳增长的作用，而且在推动制造产业结构升级、服务业态模式创新、加快经济发展方式转变等方面具有积极作用。大力推进现代物流业发展，对于“十二五”上海“创新驱动、转型发展”，加快推进“四个率先”、加快建设“四个中心”和社会主义现代化国际大都市具有重要意义。根据国务院发布的《物流业调整和振兴规划》、国务院办公厅《关于促进物流业健康发展政策措施的意见》和《上海市国民经济和社会发展第十二个五年规划纲要》，结合本市实际，制定本规划。

一、发展的现状与面临的形势

（一）发展的现状

“十一五”以来，上海物流业发展抓住“搭好平台、培育主体、建立网络”

三个关键环节，增强城市物流功能，提高物流服务水平，为上海建设“四个中心”和社会主义现代化国际大都市提供了有力的支撑。

1. 物流业发展规模进一步扩大

“十一五”期间，上海物流业增加值年均增长10%，保持了快速增长的良好势头。在国家“调结构、扩内需”政策和《物流业调整和振兴规划》的指导下，上海克服困难、积极推进，物流业发展取得新的突破。2010年，上海物流业增加值达到2037亿元，占全市生产总值的比重为12.1%，占第三产业增加值比重为21.2%。2010年，上海港货物吞吐量达到6.5亿吨，集装箱吞吐量超过2900万标准箱，均位居世界第一；上海航空货邮吞吐量达到371万吨，其中浦东国际机场航空货邮吞吐量位居世界第三。

表1　2005—2010年上海物流业规模

指标	2005年	2006年	2007年	2008年	2009年	2010年	平均增长率
物流业增加值（亿元）	1175	1339	1573	1760	1694	2037	10.0%
货物运输量（万吨）	68741	72617	78108	84347	76968	81023	2.7%
航空货邮吞吐量（万吨）	222	253	290	305	298	370	11.3%
港口货物吞吐量（万吨）	44317	53748	56145	58170	59205	65339	8.3%
集装箱吞吐量（万标准箱）	1808	2172	2615	2800	2500	2907	10.6%

注：2009年受国际金融危机影响，物流业增速有所减缓。

2. 重点领域发展成效显著

口岸物流实现了海、陆、空港保税物流功能全覆盖。上海综合保税区管委会的成立，标志着“三港”、“三区”实现联动发展，国际航运发展综合试验区建设积极推进，洋山保税港区营业税免征政策效应初显，出口加工区拓展保税物流等功能有序开展，跨国采购、国际配送、贸易展示、出口集拼、中转分拨等业务得到拓展，上海物流业国际竞争力进一步提升。制造业物流以四个专业物流基地为代表，物流企业与制造企业深入合作，9家企业被评为“全国制造业与物流业联动示范企业”，物流业对制造业支撑能力得到强化。城市配送物流推广配送标准、优化通行政策，上海城市配送的物流效率、服务能力和交通管理水平进一步提升，为上海世博会的成功举办提供了有力保障。

3. 物流基础设施不断完善

功能性、枢纽型、网络化的综合交通基础设施建设取得重大突破。洋山深水港三期和外高桥港区六期基本建成使用；浦东国际机场、虹桥国际机场的扩建工程完工并投入运营；高速公路网基本建成，沪杭客专、沪宁城际铁路建成通车，内河航道整治进展顺利。重点物流园区和专业物流基地建设稳步推进。深水港物流园区海铁联运、水水中转和国际中转能力逐步提高；外高桥物流园区跨国采购和国际配送功能不断拓展；浦东空港物流园区的浦东机场综合保税区正式封关运营；西北综合物流园区的城市配送物流服务功能进一步凸显。四个专业化物流基地以制造业配套为核心，吸引物流企业集聚发展，相关开发建设以及项目引进都有了实质性的进展。

4. 信息化和标准化得到加强

上海电子口岸平台主要口岸物流单证电子化率达 75%，上海口岸通关效率和物流信息服务水平大大提高；管理信息系统、全球定位、标准化立体仓库、自动拣选设备等物流信息系统和技术装备逐步推广和应用。物流标准化工作稳步推进，累计研究各类物流标准达 20 多项，牵头研制的《物流中心作业通用规范》、《物流园区分类与基本要求》等多项国家标准已获得国家标准委评审通过；全国物流标准化技术委员会第三方物流分技术委员会落户上海；选择试点企业积极开展物流服务标准化示范试点；发布实施了本市地方标准《食品冷链物流技术与管理规范》，制定实施了《城市配送物流车营运技术规范》和《冷藏保鲜车辆营运技术规范》。

5. 企业主体不断发展壮大

支撑上海口岸物流、制造业物流和城市配送物流等重点领域发展的现代物流市场多元化体系已基本形成。国际著名物流企业纷纷进入上海；大型中央企业以上海为基地组建了第三方物流公司；本地国有物流企业逐步转型，通过外包重组和整合资源延伸服务功能，逐渐成为现代物流企业；一批民营物流企业总部集聚上海，形成自身独特的管理理念和业务模式。截至 2010 年底，上海已有国家 A 级物流企业 107 家，其中 4A 级以上企业 54 家。30 家企业获评“全国先进物流企业”，石化、汽车、医药、电子等专业物流与产业融合互动，带动产业转型升级。

6. 区域物流联动效应显现

上海、江苏、浙江一市两省有关部门联合制定了《关于推进长三角地区现代物流联动发展的若干措施》，联合发布了《关于推进长三角地区道路货运（物流）一体化发展的若干意见》。上海物流相关行业协会加强与江苏、浙江物流行业协会的互动，并建立行业自律机制。上海物流企业加快对接长三角的步伐，港口企业与沿江多个港口建立合作关系，成立专业化港口物流公司，促进沿江物流资源整合。

（二）存在的不足

“十一五”期间，上海现代物流业发展跃上了一个新的台阶，但与加快建设“四个中心”和社会主义现代化国际大都市的要求相比，还存在着明显不足。一是高端物流功能亟待加强。物流业总体仍处于产业链中低端，特别在本市土地、交通、人力等投入要素成本相对较高的情况下，迫切需要提高物流业的增值能力。二是物流集约化程度有待提升。物流设施的相互衔接和社会化运营水平仍然较低，中小物流企业的专业服务能力欠缺和“散、乱”现象并存，产业集中度较低。三是物流运行方式亟待进一步转变。传统运输、仓储等物流环节的节能减排和交通组织压力较大，全社会运用信息化有效配置物流资源的能力仍显不足，各物流环节标准化的统一和宣传贯彻力度有待加大。四是现代物流发展面临的体制机制障碍有待进一步突破。物流一体化运作需要尽快改变条块分割管理，鼓励物流服务专业化、社会化运作的财税改革刚刚起步，发展物流总部、物流金融等高端功能需要进一步完善利益分配机制和外部管制。这些，要以更大的改革开放勇气和不断创新的办法来加以解决。

（三）面临的形势

“十二五”是上海深入推动创新驱动、转型发展的关键时期。国内外经济、社会的发展变化，既为本市现代物流业加快发展提供了重要机遇，也提出了更高的发展要求。

一是加快建设“四个中心”，为培育高端物流功能提供了重要机遇。金融、贸易、航运活动与物流业密切相关、相辅相成。国务院明确上海“四个中心”建设要着力提升资源配置功能，金融产品创新、新型贸易发展、航运中转集拼等业务拓展步伐加快，这些，都需要坚强有力的物流体系支撑。因此，上海必须更加注重高端物流功能培育，重点发展叠加资讯、交易、结算等高增值物流业务，增强对物流资源、网络的控制力。

二是加速调整产业结构，为提升供应链管理服务带来了有利契机。物流业是重要的生产性服务业。国际金融危机后，全球产业结构发生深刻调整，物联网等战略新兴产业快速发展，生产方式加快向智能化方向变革，国内外跨地区产业转移和区域产业一体化进程加速，这些，为物流技术革新和拓展供应链管理服务空间带来了契机。因此，上海必须加快提升供应链管理服务水平，促进制造产业转型升级，提高综合服务功能。

三是着力扩大消费需求，为物流服务模式创新创造了良好条件。物流业对满足消费需求起到基础保障作用。城市化进程加快和配套举措落实，扩大内需战略的政策效应明显发挥，居民消费规模持续快速扩大，网络购物等电子商务新型消费方式迅猛发展，这些，对通过改善运营方式来扩大物流规模创造了条件。因此，上海必须加大物流服务模式创新力度，切实降低流通费用，更好地满足人民多样化、高质量、安全性的消费需求。

四是强化节能减排约束，对转变物流运行方式提出了迫切要求。传统运输、仓储等物流环节面临较大能耗和环保压力。外部环境约束及资源供给趋紧，发达国家逐步推行碳关税等绿色壁垒，我国逐步推进各领域合理使用能源消费总量方案，把节能减排作为硬约束，这些，对物流业发展向绿色低碳转型提出了迫切要求。因此上海必须切实转变物流运行方式，节约集约利用物流资源，发展低碳物流。

五是推进增值税改革试点，对营造现代物流发展环境提出了明确任务。物流业健康发展离不开政策措施的完善。国务院高度重视物流业发展，出台了调整振兴规划和一系列配套政策措施，并选择上海率先在交通运输业和部分现代服务业开展营业税改征增值税试点，这些，对本市促进社会化、专业化物流发展提出了明确任务。因此，上海必须大力营造符合现代物流发展的政策环境，理顺体制、机制、法制、税制，形成示范效应。

二、发展的指导思想、基本原则和目标

（一）指导思想

深入贯彻落实科学发展观，紧紧围绕建设"四个中心"和社会主义现代化国际大都市的总体目标，切实按照"创新驱动、转型发展"的要求，把现代物流业作为发展服务经济的重要内容，以供应链管理和信息技术为支撑，加快转变物流产业发展方式，更加注重高端物流资源集聚和高端物流功能塑造，进一步延伸产业链条、拓宽发展空间、优化发展环境，为"十二五"时期上海初步形成国际经济、金融、贸易、航运中心的核心功能提供坚实的物流支撑，不断增强上海参与国际国内物流资源配置的能力，持续提升上海在全球供应链中的地位和影响力，显著提高上海物流业的国际化水平和全球竞争力。

（二）基本原则

1. 高端带动，创新发展。充分发挥上海的要素集聚和综合服务优势，大力发展技术、知识、资金密集型的高端物流服务，进一步强化信息化的基础作用和人力资源的关键作用，加快推动物流服务模式创新，带动上海物流业发展能级和服务水平的整体提升。

2. 产业互动，融合发展。重视现代物流业对制造产业结构优化调整的互动和支撑作用，大力发展专业化、社会化的第三方物流，把握面向消费需求的生产转型趋势，促进二、三产业深度融合，切实降低全社会物流成本。

3. 低碳推动，绿色发展。进一步提高物流设施和各种物流资源的集约利用率，鼓励和推广低碳物流装备和技术的应用，不断降低物流业能源消耗和污染排放，确保物流业安全、有序运行，走经济社会可持续的绿色发展之路。

4. 区域联动，改革发展。进一步加快物流市场对内对外开放步伐，坚持

“引进来”和“走出去”相结合，加强与长三角、长江流域、全国乃至全球的物流业合作联动，积极推进体制机制创新，改革完善有利于现代物流业一体化运作的市场体系，更好发挥物流枢纽城市的服务功能。

（三）目标

以高端物流服务为核心，加快物流业向“高效率、高增值、低消耗”转变，到2015年，使物流业成为上海推进“四个率先”、建设“四个中心”的重要产业载体，使上海成为全国现代物流业发展的引领示范高地，形成与国际经济、金融、贸易、航运中心核心功能相匹配，初步具有全球物流资源配置功能的国际物流枢纽城市和全球供应链管理中心之一。

主要预期指标如下：

表2　“十二五”期间上海市物流业发展的主要预期指标

序号	指标名称	2015年预期目标
1	物流业增加值年均增速	10%左右
2	物流业增加值/全市生产总值	13%左右
3	全社会物流总费用/全市生产总值	15%以下
4	航空货邮吞吐量	500万～550万吨
5	港口货物吞吐量	保持在6.5亿吨左右
6	集装箱吞吐量	3300万TEU左右
7	集装箱水水中转比例	45%
8	铁路集疏运比重	进一步提高
9	铁路货运比重	5%以上
10	江海联运、水铁联运、公铁联运比例	进一步提高
11	物流信息化和标准化水平	有较大提升
12	口岸物流通关单证电子化率	80%以上
13	国内外优势物流企业总部、本市大型综合物流企业以及专业化物流服务企业数量	进一步提高

三、重点发展的领域

“十二五”期间，按照有利于体现工作的延续和衔接，有利于丰富城市物流功能，有利于提升物流业发展能级的原则，规划发展口岸物流、制造业物流、城市配送物流以及电子商务物流四个重点领域。

（一）口岸物流

着眼于充分发挥上海口岸城市的综合服务功能，构建紧密联通国内外口岸、具有较强增值能力的口岸物流体系。积极推动本市各出口加工区拓展保税物流、研发、检测、维修等功能，促进加工贸易调整升级；积极放大外高桥保税区效应，推动“三港三区”建立海、陆、空保税物流联动发展机制；积极推进长三角、长江流域保税物流快速通关和联动机制，提高上海口岸对于腹地的辐射服务能力；积极探索口岸物流监管模式创新，进一步推动与国际惯例接轨；不断增强口岸物流服务“四个中心”建设的高端功能。

（二）制造业物流

着眼于进一步提高本市制造业的国际竞争力，构建一体化运作的供应链管理服务体系。积极提升本市供应链管理的设备技术水平，不断降低制造企业应用成本；积极提高第三方物流企业在各制造业领域专业化服务的能力，适应本市制造业高端化发展趋势；将本市打造成为供应链管理服务中心，实现服务制造企业向全国拓展生产、销售网络；不断增强制造业物流服务本市产业结构升级、布局调整优化的功能。

（三）城市配送物流

着眼于切实保障和改善民生，构建广泛覆盖城乡居民、提供市民更加优质生活的城市配送物流体系。积极推进现代商贸配送物流体系建设，进一步优化由综合物流园区、大型分拨配送中心、社区末端配送节点组成的三级城市配送网络；积极推进“绿色物流”体系建设，进一步提高物流运行安全和节能减排能力；积极推进农产品物流体系建设，着力减少农产品流通环节和降低中间费用；不断增强城市配送物流服务落实扩大消费战略的功能。

（四）电子商务物流

着眼于加快转变物流运行方式，构建更加信息化、便捷化、智能化的电子商务物流体系。积极推进现代信息技术和设备更多惠及本市航运物流、贸易物流等各个领域，促进物流效率提高和监管流程不断创新；积极推动电子商务与全社会物流资源更加紧密结合，进一步加快本市物流服务模式和业务流程创新；加大物流业体制、机制、税制、管制改革力度，努力建立适应现代物流业一体化运作的发展环境；不断增强电子商务物流服务智慧城市运行的功能。

四、发展的规划空间布局

“十二五”时期，围绕本市“四个中心”功能建设和产业结构调整需要，根据本市现代物流业发展目标和重点发展领域，规划布局五大重点物流园区、四个重点制造业专业物流基地，规划引导形成一个城市特色配送物流带，进一步强化与城市规划、产业结构、节能降耗、交通组织等方面的衔接，形成科学合理的物流业发展布局。

（一）重点物流园区

依托海、陆、空港门户，加强多式联运能力建设，突出功能提升和联动发展，搭建对接国际、连接腹地、服务全国的物流设施平台。

1. 深水港物流园区。依托洋山保税港区和临港产业园区，以建设“国际航运发展综合试验区”为契机，积极打造国际航运中心建设核心功能载体，积极探索实施“启运港退税”、国际航行船舶保税登记、期货保税交割等制度创新，大力发展“水水中转”和国际中转集拼分拨等功能，加快形成面向亚太的采购集拼和分拨配送中心，加快拓展贸易展示、大宗商品集散、离岸云海数据、检测维修制造等功能，形成保税功能与临港产业优势融合的港口综合型物流园区。

2. 外高桥物流园区。依托外高桥港区和外高桥保税区，以建设“国际进口贸易促进创新示范区”为标志，积极打造国际贸易中心建设的重要服务支撑载体，大力发展为专业化进口贸易平台服务的航运物流枢纽功能，进一步培育为国际贸易结算中心服务的国内外物流业务管理中心，不断拓展以文化贸易、医药研发、检测维修等服务贸易为特征的物流功能，形成国际物流与进出口贸易紧密结合的区港联动型物流园区。

3. 浦东空港物流园区。依托浦东机场综合保税区和空港产业园区，以建设国际临空服务创新实践区为抓手，积极打造国际航空物流枢纽的主要服务载体，大力发展国际国内著名航空公司的亚太货运枢纽功能，积极推进国际快递、国际中转等高技术含量、高附加值、高时效性的航空物流服务，加快拓展融资租赁、设备维修、贸易展示等航空物流增值服务，形成航空产业与物流业联动发展的航空口岸型物流园区。

4. 西北综合物流园区。依托普陀槎浦、未来岛和嘉定江桥物流基地，进一步加大传统陆路货物集散功能的调整升级力度，积极打造城市商贸配送物流的标志性载体，大力发展保税物流中心、陆上货运交易中心、大型城市超市配送等平台功能，积极推进物流总部经济、商务会展、教育培训等服务功能，不断拓展铁路班列运输、北虹桥临空物流等服务功能，进一步推进落实桃浦生产性服务业功能区规划，推动货运停车场向更具市场经济性的综合货运枢纽搬迁，形成具有国际化城市物流服务特点的物流园区。

5. 西南综合物流园区。依托发达的加工制造业基础和西南综合交通门户枢纽的区位优势，积极打造重要陆路物流枢纽的功能载体，大力发展面向长三角制造业的物流服务功能，积极推进与电子商务更加融合的物流功能，不断拓展城市配送和区域分拨等物流服务，进一步优化集疏运体系，落实规划建设，推动产城融合，形成具有国际供应链管理特征的物流园区。

（二）重点制造业物流基地

以先进制造业基地为依托，通过企业主体的市场化运作，实现专业化物流服务资源集聚，拓展提升制造业物流的服务功能。

1. 国际汽车城物流基地。依托国际汽车城产业基地建设，发挥龙头物流企业带动整合作用，打通采购、生产、营销、售后各产业环节，不断优化公路、铁路运输方式的衔接，为汽车与零部件的研发制造、贸易销售、博览展示、检测维修等全流程提供物流服务。

2. 化学工业区物流基地。依托上海化学工业区建设，以化学工业区物流产业园为核心，推动化工物流与化工贸易的市场一体化发展，进一步满足各种化工产品生产流通需求，提供更加安全可靠的加工、包装、配送、储运等物流服务。

3. 临港装备制造业物流基地。依托装备制造业基地建设，对接国家新型工业化产业示范基地和两化融合试点区域建设，为发电及输变电设备、大型船用关键件、航空设备及配套、自主品牌汽车及零部件、大型工程机械等装备制造产业集群提供专业化的物流及延伸服务。

4. 钢铁及冶金产品物流基地。依托精品钢基地建设，着力推进罗泾港配套产业区发展，加快吴淞国际物流园转型升级，通过资源整合和模式创新，大力发展集流通加工、分拨配送、信息发布、市场交易、金融服务等于一体的电子商务钢铁物流贸易平台，为钢铁产业链提供现代化的物流服务。

（三）城市特色配送物流带

结合本市综合货运枢纽规划建设，依托市场形成的相关物流企业总部和项目，规划引导形成具有鲜明特色的城市配送物流带，促进企业和项目集聚，物流设施集约建设使用。

电商快递和快速消费品城市配送带。依托本市境内沈海高速沿线便利的交通条件和较强的市场经济性，汇集国内著名电子商务企业地区总部和快递企业总部，不断深化完善对于城市配送网络的衔接和管理功能，努力形成快速响应城市居民消费需求，辐射长三角周边城市，嘉定、青浦、松江组团式发展的良好格局。

“十二五”期间，在充分利用现有物流资源、节约和集约使用土地的基础上，加大土地政策支持物流业发展力度，对列入重点物流园区、重点制造业物流基地和城市配送网络体系的项目用地需求，给予重点保障，并促进项目进入绿色通道，加快项目建设进程。同时，结合各区县物流业发展实际，合理布局区域性物流基地和配送节点，促进本市现代物流业与区域产业发展、城市居民生活的需求相适应，形成层次清晰、相互衔接、运作高效的现代物流网络。

规划空间布局示意图如下：

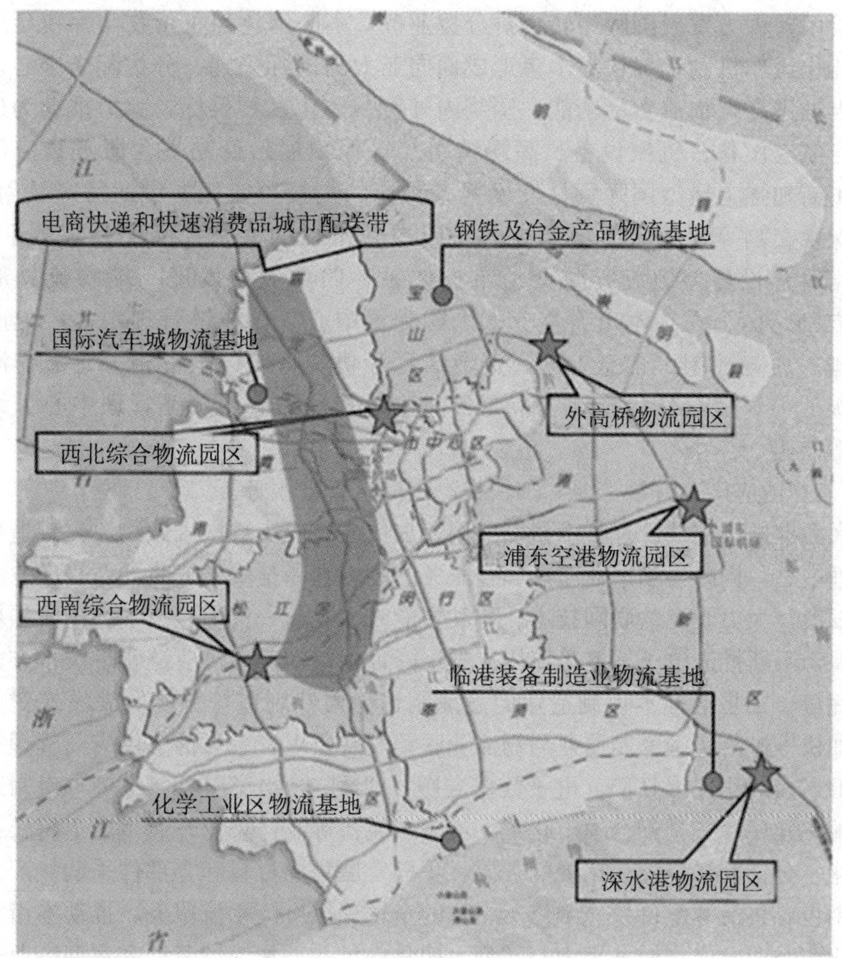

重点物流园区、重点制造业物流基地、城市特色配送物流带布局示意图

五、发展的主要任务

(一) 着力推动转型，培育符合“四个中心”的高端物流功能

着力推动上海物流产业转型发展，加快培育与金融、航运和贸易中心建设紧密结合的高端物流服务，进一步发挥物流中心城市的集聚辐射功能，提升物流市场资源配置能力。一是深化拓展高端物流金融功能，鼓励本市有条件的物流企业开展预付货款、代收货款、仓单质押、存货监管等物流金融服务，推动相关技术领先和管理规范的物流企业与金融企业合作，开发专门保险、担保交

易、单证贴现等物流金融增值服务。二是加快发展高端物流航运功能，积极参与长江黄金水道建设，大力发展“水水中转集拼”业务，依托国际航运发展综合试验区，大力发展国际中转集拼分拨业务，不断深化保税货物与保税延展货物一体化运作机制，加快在本市形成面向亚太的国际采购、分拨配送中心。三是积极推进高端物流贸易功能，围绕内外贸一体化发展目标，大力推动为进口汽车、航空设备、机械设备、高端消费品等保税展示交易平台服务物流的发展，不断加强为新型国际贸易发展服务物流的衔接，依托本市期货产品创新、期货保税交割等政策，逐步建立联系国内外市场的大宗商品交易集散平台，加快培育建设各类物流资源交易市场体系。四是大力发展高端物流总部经济，鼓励跨国公司在本市设立亚太采购配送中心、供应链管理中心，集成营运管理、质量控制、信息处理、资金结算等功能，支持本市相关龙头物流企业积极对外投资合作，推动本市业务向业务管理中心、单证管理中心、结算中心等转型。

（二）适应产业升级需要，加快提高供应链管理服务能力

大力推进供应链管理技术研发应用，加快发展供应链嵌入式物流，打造供应链管理中心，提高为制造业布局调整服务的能力。一是依托战略性新兴产业的培育和发展，大力研究物联网技术、移动智能终端等新一代信息技术在物流领域应用发展，不断推进电子标签等应用成本下降，保持本市在供应链管理技术方面的领先优势。二是把握本市制造业向敏捷制造、柔性制造等智能发展模式变革趋势，加快推进落实国家制造业与物流业联动发展要求，大力推广供应商管理库存（VMI）、及时生产（JIT）、电子数据交换（EDI）等物流服务，支持本市制造业向高端化发展。三是配合本市化工、汽车、装备等制造企业开展生产组织长三角一体化、分销网络全国化拓展的需要，积极发展集原材料和零部件采购、产成品包装销售、售后零配件供应维修于一体的全过程供应链物流服务，推动本市相关专业物流企业向供应链管理中心转型。四是满足一般加工型劳动密集型产业逐步向内地转移后迫切降低物流成本的需求，不断增强铁路、空运、内河等远程物流运输的综合运作能力，提供高效便捷的多式联运物流服务，继续保持中国制造的全球竞争力。

（三）落实扩大内需战略，大力建设现代商贸物流体系

大力建设现代商贸物流体系，为城市居民提供更多便利、更高质量、更加安全的物流服务，更好满足人民群众消费升级需求。一是制定发布本市《城市配送物流发展实施方案》，大力完善落实三级城市配送网络体系，鼓励本市相关自有物流资源网络企业加强合作，通过信息共享平台，在快速消费品、鲜活农产品等领域率先开展城市共同配送工程示范，便利城市居民生活。二是加快发展冷链物流配送，支持建设产地预冷、销地冷藏、保鲜运输、保鲜加工等设

施，完善温度监控和追溯体系，确保生鲜食品、生物制剂等在生产流通各环节的品质和安全。三是大力发展医药物流，推动医药集中采购和统一配送，提高医药直供配送比率和运行效率，确保医药送达安全、及时、准确，有效降低医药物流成本。四是强化城市应急物流体系建设，建立应急物资储备管理信息系统，完善应急商品流通预案和应急物资配送预案，提高本市应对自然灾害、事故灾害、公共卫生事件、公共安全事件等突发事件的物资保障能力。

（四）提高技术研发应用水平，积极建设“智慧物流”城市

加强以信息化带动物流现代化，不断提高本市物流先进技术、设备的研发应用水平，进一步推动本市物流企业业务流程创新、服务模式创新，促进本市物流以更加智慧的方式运行。一是大力推进集装箱电子标签、托盘和货架电子标签、手持和车载阅读器的研发推广，促进本市航运、贸易物流运行效率提高，加快推进口岸综合信息平台、电子舱单管理平台、船舶自动识别平台、智能交通管理平台的应用建设，支持本市航运、贸易监管方式不断创新。二是支持本市电子商务快递企业积极运用二维码、现代化立体仓库、自动分拣设备等技术设施，提高快速响应网络购物的配送能力，支持本市电子商务网站、快递企业与社区物业、便利店合作，构建低成本、广覆盖的系统配送网络，提高电子商务配送的满意度。三是积极推进大宗商品物流运行与电子商务紧密结合，鼓励本市互联网信息资讯企业整合各地区大宗商品物流资源，促进大宗商品物流有序流动，支持本市钢铁、化工、有色金属等相关大宗商品现货电子交易平台加快发展。四是进一步加快本市物流资源交易平台向全国拓展业务，促进全社会物流资源供需的有效对接，进一步鼓励面向小微物流企业的集成化服务平台加快发展，促进广大中小物流企业管理水平和运营能级的提升。

（五）更加注重物流安全，推进“绿色物流”体系建设

注重城市物流运行安全，大力推动节能减排制度建设，促进物流资源充分利用，打造本市“绿色物流”体系。一是加快本市危险化学品生产储存企业布局调整，加强对本市危化品气瓶电子标签标识，实现数据实时采集和动态跟踪，建立健全零星危险化学品物流服务体系，实现对危化品物流储存和配送的全流程实时安全监控。二是加快建立本市运输等行业能源消耗和排放统计及分析制度，建立健全行业节能减排考核体系，建立《道路运输证》配发与车辆燃油消耗量监测相结合的工作机制，鼓励城市运输企业使用节能环保车辆。三是深入推进本市甩挂运输试点，选择管理规范、有稳定业务需求的企业开展试点，探索甩挂运输运营组织模式，发挥示范效应。四是进一步加强涉及城市废旧资源回收、加工、交易、连锁的逆向物流体系打造，积极鼓励“在线收废”等回收物流模式创新，促

进城市资源的再生利用。

（六）发挥大市场、大流通作用，推动农产品物流加快发展

加强农产品流通设施建设，不断提高流通组织化程度，努力减少农产品物流环节，建立健全农产品流通追溯体系，进一步保障和改善民生。一是进一步加强粮油、蔬菜、冷鲜肉等流通设施建设，推进西郊国际农产品交易中心、江桥、江杨等农产品批发市场的建设和升级改造，全力以赴建好外高桥现代化粮食物流中心，提高其港口、铁路、内河散粮联运接卸能力。二是培育壮大一批农业龙头企业和农民专业合作社，扶持大型鲜活农产品专业合作社发展，推动产销一体化和产业化经营，进一步完善本市粮油、猪肉等主副食品的重要商品储备制度，提高市场应急调控能力。三是大力推动农批对接、农超对接、农校对接等多种形式的产销衔接，逐步推进农产品网络营销模式发展，减少农产品流通环节，完善鲜活农产品运输绿色通道政策，降低农副产品流通成本。四是积极运用电子标签等信息技术，建立完善本市覆盖面更广的农产品流通追溯系统，形成从生产、批发到零售终端全过程、全方位的农产品物流安全监管网络。

（七）优化货物运输结构，加快形成多式联运物流体系

充分发挥本市海、陆、空综合交通枢纽优势，进一步优化完善货物集疏运体系，大力推动海运、内河、公路、铁路、航空运输的有效衔接，大力推进多式联运发展。一是积极推进江海直达船型标准制定和推广应用，加快外高桥、洋山集装箱港区集装箱内支线泊位建设，实施洋山深水港区四期及后续工程建设，加快推进黄浦江上游、杭申线、大芦线二期等内河高等级航道工程，培育内河航运市场，不断提高江海直达运输比例和水水中转效率。二是合理规划布局本市公路综合货运枢纽，完善货运通道网络，优化和规范外高桥港区对外货运通道和场站布局，进一步加强与长三角货运通道对接，提高陆路集疏运效率。三是结合沪通铁路建设，启动外高桥集装箱货运场站建设，加快调整优化上海铁路货运服务体系布局，进一步发挥芦潮港集装箱中心站功能，加强与公路、港口、机场、物流园区等设施的衔接，大力发展铁路集装箱班列运输模式。四是加快建设和完善浦东机场西货运区和浦东机场综合保税区整体封关设施，支持基地航空公司货站设施及西货运区 DHL 货运枢纽等工程建设，加快建设上海空港货物信息系统，打造优质高效的货运枢纽运行平台。

（八）高度重视物流标准化，不断提升物流业服务水平

坚持“先行先试、服务全国”的原则，积极推动本市物流标准化建设工作，大力推进长三角物流通用标准的合作和互认，促进本市物流业服务水平不断提升。一是支持本市物流企业、大专院校、研究机构以及相关行业协会积极参与物流国际、国家和行业标准的研究和制定，配合国家研制海铁联运等重要标准，推

动本市化工、钢铁、医药、食品冷链、农产品、快递等领域的物流作业服务地方标准走在全国前列。二是大力宣传贯彻并组织实施国家物流园区、托盘等物流标准，积极推广《城市配送物流车营运技术规范》等上海地方标准，结合本市物流重点领域和重点园区发展需要，大力开展物流标准化示范工程。三是加快推进长三角物流信息领域标准化合作试点，加强区域物流标准联合研制，逐步建立区域物流行业标准对接以及协调互认的工作机制。四是不断推动政府物流信息平台的标准化，努力做到信息联通共享、数据兼容和格式统一，逐步形成与国际通行标准接轨的一体化监管平台。

（九）加快制度改革突破，大力营造现代物流业发展环境

抓住本市率先实施相关制度改革试点的重大机遇，加快体制机制创新，大力营造适应现代物流业发展的良好环境。一是把握物流业实行增值税制度改革试点契机，研究完善增加增值税进项抵扣项目等措施，鼓励企业延伸物流链条，将产业细分并实现一体化运作，整合业务资源，拓展业务空间。二是结合深化浦东综合配套改革、推进服务业综合改革试点、创建国家电子商务示范城市等，深化推进物流业与金融、贸易、航运、电子商务等高端服务领域结合的管理举措，研究完善公益特性物流项目落地的市级统筹和区县补偿协调机制，加快提升全市物流发展能级。三是大力推动物流领域诚信体系建设，通过不断推动口岸查验部门信息共享，企业分类通关改革，加强市场监管部门与信用服务企业合作等，构建企业“守信便利、失信惩戒”的机制。四是深化流通体制改革，坚决治理交通运输领域乱收费、乱罚款，纠正大型零售商业企业违规收费行为，建立健全运输价格与成品油价格联动长效机制，加强对物流运力的运行监测和宏观调控。

（十）建设开放的市场体系，进一步推动区域物流联动发展

进一步扩大本市物流市场向国际、国内开放，加强本市企业与国内外知名物流企业合作交流，积极支持本市品牌物流企业“走出去”，推动区域物流联动发展。一是充分利用本市吸引外资和总部经济等政策，鼓励国内外大型物流企业到上海设立总部和分支机构，积极引进国外的资金技术和智力支持，学习借鉴国际先进的经营理念和管理模式。二是深化长三角物流区域合作，鼓励本市优势企业积极承接长三角物流业务，继续推动长三角地区政府相关部门开展物流资质互认和监管协同，搞好长三角“5·6物流日”等活动，加快区域物流一体化进程。三是加强长江流域口岸物流通关协作，构建物流快速通道，支持本市优势物流企业通过资本入股、管理输出、业务联合等方式，整合长江流域的港口码头、物流园区、仓储设施等物流资源，加快长江流域物流联动发展。四是鼓励本市龙头物流企业“走出去”，不断拓展全国沿边、沿海等物流通道，采取并购、股权置换等方式，逐步建立全球物流网络，增强上海物流品牌的竞争力和

辐射力。

六、发展的配套政策措施

（一）进一步完善工作推进机制

建立健全与国家相对应的促进物流业健康发展组织协调工作推进机制，加强统筹协调力度，形成各区县、各部门推进合力，共同推进重点物流园区和重大项目建设，研究解决重点难点问题。继续发挥上海推进现代物流业发展联席会议的作用，做好本市物流业运行监测、协调推进和服务企业的工作。

（二）进一步改进行政管理方式

加快在国民经济行业分类、产业统计、工商注册等方面研究明确现代物流业类别，改进资质审批管理方式。清理针对物流企业的资质审批项目，逐步减少行政审批。积极为物流企业设立法人、非法人分支机构提供便利，鼓励物流企业开展跨区域网络化经营。进一步简化交通、公安、环保、检验检疫、消防等方面的审批手续，提高审批效率。

（三）支持企业主体创新做强

积极支持企业进行业务流程创新和商业模式创新，推动大中型企业的物流资源和业务整合，加大对小微企业的整合扶持力度，加强对现代物流业务流程和商业模式创新的知识产权认定和保护。支持企业设立研发中心，加强对物流关键技术和设备的研制，根据规定，给予采购设备等优惠和扶持。进一步完善物流企业申请高新技术企业、技术先进型服务企业认定标准，大力开展推选“全国先进物流企业”、“上海服务名牌”等品牌建设，对符合条件的物流企业给予通关、检验检疫、外汇管理等方面的便利。

（四）加快符合现代物流发展的税制改革

贯彻实施本市物流业实行增值税制度改革试点的重大举措，按照“总体税负不增加、基本消除重复征税”的原则，不断调整完善，充分发挥注册在洋山保税港区内企业从事相关物流及辅助业务实行增值税即征即退优惠政策效应，推动实施启运港退税。对物流企业总部和分支机构实行汇总申报缴纳所得税，落实调整完善部分农产品流通环节增值税政策、完善大宗商品仓储设施用地的土地使用税等政策。在本市率先形成有利于现代物流产业一体化运作和专业化分工的税制。

（五）进一步优化物流口岸环境

深化推进上海口岸通关无纸化改革，进一步加强上海电子口岸“大通关”平台建设，继续深入推动“一单两报”试点、关检联网核查、关税电子支付、提货单电子签章放行等工作。加强长三角、长江流域等跨区域电子口岸合作，逐步推广“属地申报、口岸验放”、“口岸转检、属地施检”、“产地施检、口岸直通”的区域快速通关模式。依托“三港三区”等，启动实施保税延展、检测维修、国际采购等业务的分类监管措施，研究实施新型货物贸易企业、国际物流服务外包企业等外汇便利管理制度。

（六）改善物流车辆交通管理

按照“依法、高效、环保”的原则，研究制定城市配送交通管理办法，结合道路交通实际情况和重点配送物流企业需求，完善中心城区货运通行政策，优化通行证发放办法，改善中心城区车辆停靠、装卸作业管理。确定城市配送车辆的标准环保车型，鼓励支持环保配送车辆使用，研究统一本市快递业收派件车辆标识、标准，合理解决快件收派车辆通行、停靠难问题。研究完善适合甩挂运输发展的车辆保险和海关监管措施。大力推行不停车收费系统，提高车辆通行效率。

（七）多渠道加大物流业资金投入力度

根据国家产业结构调整指导目录，结合本市物流业发展重点领域，积极争取国家服务业专项资金，积极运用本市服务业发展引导资金、技术改造和信息化专项资金等，加大对物流基础设施投资的扶持力度。积极利用相关政策性资金，对符合条件的设立国内外物流企业总部和物流运营中心、企业运用低碳环保技术设备、物流科技项目投入给予支持。建立政府资金投入统筹评估机制，提高资金使用效率。积极引导银行资金、社会资本通过信贷、股权投资基金等方式，提高对物流企业的金融服务水平。积极支持符合条件的物流企业上市和发行企业债券。

（八）加强物流专业人才引进培养

构建物流专业人才引进、培养和使用的激励机制，吸引海内外高层次物流紧缺人才来沪。加快搭建高校和企业互动对接平台，积极引导高校和科研机构与国内外知名大学和著名物流企业开展交流合作。大力推进产、学、研合作，支持建立多层次的物流综合培训体系、实验基地和人才孵化基地。开展多渠道物流专业人才培训，加快将本市打造成为我国物流人才教育培训基地。

（九）建立健全物流统计调查制度

加强物流统计基础工作，完善本市物流业统计指标体系，研究科学统计方法，明确统计口径。按照国家有关要求，探索建立本市物流业统计调查与核算制度，定期发布本市物流业运行情况。积极支持行业协会充分发挥作用和力量，开展物流统计调查，促进物流统计信息交流共享，提高统计数据的准确性和及时性。

（十）发挥行业中介组织作用

充分发挥物流、仓储、交通运输、港口和国际货代等协会的桥梁和纽带作用，加强在调查研究、提供政策建议、做好服务企业、规范市场行为、开展合作交流、人才培训咨询等方面的中介服务。建立长三角地区物流协会诚信建设协调机制，支持物流企业参加诚信守法及等级评估，促进物流行业规范自律，推动物流市场有序健康发展。

020

江苏省“十二五”物流业发展规划

“十二五”时期（2011—2015年），既是我省全面实现小康并向基本实现现代化迈进的重要时期，也是加快转变发展方式、推动经济转型升级的关键阶段。加快发展物流业，对促进产业结构调整、转变经济发展方式和增强区域竞争力具有重要意义。根据省委、省政府全力实施“转型升级工程”、加快转变经济发展方式的战略部署，依据《江苏省国民经济和社会发展第十二个五年规划纲要》，特编制本规划（2011—2015年）。

第一章　发展基础和环境

第一节　发展成就

“十一五”以来，我省把大力发展物流业作为落实“服务业提速计划”的重要内容，健全工作机制，明确目标任务，完善扶持政策，优化发展环境，推动物流业平稳快速发展，为全省经济社会发展提供了坚实的物流保障。

一、规模效率持续提升

“十一五”期间，全省物流规模不断扩大。全省社会物流总额累计达431783.6亿元，比“十五”期间增长155%，年均增长18.2%，其中，2010年全省社会物流总额达116226.3亿元，约占全国的9.3%。物流业贡献份额逐年提高。“十一五”期间，全省物流业增加值由1361.2亿元扩大到2659.5亿元，占GDP比重由6.3%提高到6.5%。物流运行效率明显提高。“十一五”期间，全省社会物流总费用与GDP的比率由17.8%下降到15.5%，其中，2010年全省社会物流总费用与GDP的比率比全国平均水平低2.3个百分点。

二、重点项目持续推进

“十一五”期间，特别是国际金融危机之后，针对国家《物流业调整和振兴规划》中提出的九大物流业重点工程，全省围绕制造业与物流业联动、城乡配送、大宗商品和农村物流、物流公共信息平台等重点领域，加大对重点项目的扶持和推进力度，有力带动和支撑了物流业的发展。物流服务专业化、规模化水平明显提高，全省形成了一批较有影响力的本土第三方物流企业。现代化物流方式广泛应用，物流配送体系不断完善。农产品区域物流网络初步形成，冷链物流初具规模，粮食仓储物流能力逐步提高。南京、无锡、苏州、南通等地物流公共信息平台建设成效显著，全省物流信息化建设步伐加快，公共服务能力不断增强。条形码、智能标签、自动拣选、无线射频识别等先进适用的物流技术逐步推广应用，集装箱运输、甩挂运输及多式联运等现代化运输方式快速发展。

三、运营主体持续壮大

“十一五”期间，一批具有现代经营意识的物流企业快速成长，形成了所有制多元化、服务网络区域化和服务模式多样化的物流企业群。2010 年，全省主营业务收入超亿元的物流企业达 132 家，136 家省级重点物流企业平均业务收入 3.66 亿元，平均利税 2920.6 万元。物流企业结构调整步伐加快，一批传统运输、仓储、联运企业通过模式创新、流程再造和服务延伸，加速向现代物流企业转型；一批重点物流企业通过兼并、上市等形式推进资产重组和资源整合，发展成为具有竞争优势的大型物流企业；一批实力强、知名度高的国内外大型物流企业入驻江苏，提高了物流业整体发展水平。

四、集聚效应持续增强

依托交通枢纽、经济开发区、制造业集聚区和商贸集中区，全省建设了一批投资多元、功能集成、特色鲜明的物流园区和物流基地。到 2010 年底，省级物流集聚区达 32 家，省级重点物流基地（园区）达 55 家。全省已形成一批功能较完善的物流园区，实现仓储、运输、配送、商务配套等功能集成，成为供需对接、集约化运作的物流平台。此外，全省建成 4 个综合保税（港）区和一批叠加保税物流功能的出口加工区，有力提升了我省保税物流服务能力。优良的基础设施和完善的配套服务，吸引了大量物流企业进驻，物流园区的集聚效应加速显现。

五、区域联动持续发展

“十一五”期间，随着江苏新一轮沿海开发步伐加快，我省与新亚欧大陆桥沿线地区、淮海经济区等地的物流合作不断加强。长三角区域物流一体化步伐加快，我省与上海、浙江在物流领域合作不断深入。省内三大区域间在口岸合作机制建立、基础设施建设、物流信息共享等方面统筹力度加大，形成了区域物流联动发展格局。

六、发展环境持续完善

基础设施建设不断完善。“十一五”期间，全省综合交通运输体系不断完善，基本形成“四纵四横”综合交通运输网络。到2010年底，全省公路总里程达到15万公里，铁路运营总里程达到2008公里，港口集装箱吞吐量达到1140万标箱，四级以上高等级航道达到2000公里，“7＋2”机场布局基本形成。物流政策环境不断改善。部门合作协调机制初步形成，在财税、土地、价格、人才、投融资、交通运输等方面出台了一系列鼓励现代物流业发展的政策措施，物流统计等行业基础性工作得到加强。

第二节　存在问题

“十一五”期间，我省物流业虽然取得了长足发展，但是，与发达国家和地区相比，还存在着总体发展水平偏低、增长方式比较粗放、服务体系不够完善、服务水平和质量有待进一步提高等问题。

一、物流质量和效益有待进一步提高

从总体上看，我省物流组织化、规模化程度不高，物流企业“小而散”的格局没有得到根本改变，物流园区集约化程度低，物流质量和物流效益普遍较低。各种运输方式之间缺乏有效衔接。物流信息共享机制尚未形成，公共信息平台作用未能充分发挥。物流标准推广力度还不够，物流技术、服务标准体系仍需进一步完善。

二、物流服务能力有待进一步提升

城市物流功能不够完善，缺乏合理规划。物流园区功能重复、同质竞争现象严重。物流企业核心业务不突出，功能单一，大部分物流企业只能提供基础的物流服务功能，不能形成完整的物流供应链，缺少拥有跨地区或全国性经营网络的综合性物流服务企业。第三方物流发展不够充分，大量的物流需求未能得到有效释放。

三、物流区域城乡协调发展有待进一步加强

苏北地区物流企业在服务水平、创新能力等方面与苏南地区相比，存在较大差距。对农村地区物流、农产品物流重视程度不够。物流园区、企业、专业市场等重要物流节点之间以及物流枢纽城市与周边城市之间缺乏有效衔接，没有形成一个完整的物流体系。

四、体制机制有待进一步完善

物流管理体制尚未完全理顺，行政壁垒、行业壁垒仍然存在。中高级专业物流人才匮乏，不能满足现代物流业发展的需要。对物流基础设施、物流技术研发等投入不足，不能有效支撑物流业发展需求。支持物流业发展的政策措施还需进一步完善。

第三节　发展机遇

“十二五”时期，我省物流业发展面临着一系列机遇：

从国际上看，经济全球化进程加速，为物流业加快发展带来新的契机。在经济全球化浪潮下，经济活动呈现国际化采购、国际化生产、国际化销售的格局。对经济国际化程度较高的江苏来说，适应国际产业分工的变化，全面融入国际产业分工体系，将带来巨大的国际物流需求，推动全省物流市场规模的进一步扩大。

从国内来看，区域经济一体化进程加快，推动物流业发展形成新的格局。随着长三角一体化和江苏实施沿海开发战略，江苏与长三角地区之间，与环渤海经济区、淮海经济区、陇海兰新经济带等国内主要经济区域之间的交流与合作深入推进、全面深化。这将推动物流资源跨区域优化配置，实现物流与商流、信息流、资金流的有机融合，推进物流一体化格局的形成。

从我省来看，经济快速增长为物流业加快发展带来持续动力。“十二五”时期，我省经济发展仍将保持10%左右的高速增长，经济规模将进一步扩大，居民消费水平将进一步提高，农产品、工业品、能源原材料和进出口商品的流通规模将进一步扩大，必将推动物流业在新的起点上加速发展。

第四节　面临挑战

一、经济发展方式加快转变，对物流业发展提出新要求

“十二五”期间，我省将以转变经济发展方式为主线，加快推动经济转型升级，这对物流业发展提出新的更高要求。一方面，物流业要支撑经济总量的持续增长，另一方面，要通过大力发展现代物流业提高经济运行的质量和效益，改变传统物流运作模式，加快转型升级步伐，为经济发展提供创新型、增值型和特色型的物流服务。

二、产业结构优化升级，推动物流需求结构出现新变化

“十二五”期间，我省将深入实施“三大计划”，大力发展创新型经济，着力

构建现代产业体系。这将使物流需求进一步释放，精益化、定制化、供应链一体化等高端需求特别是新兴产业物流需求将快速增长，对物流的成本、服务、速度提出了新的更高要求。

三、加快推进“两型”社会建设，促使物流业发展实现新突破

我省是资源消耗大省，缓解资源环境瓶颈约束，建设资源节约型、环境友好型社会，已成为“十二五”发展的紧迫任务。大力发展循环经济、推广低碳技术、推动绿色增长是这一时期的发展趋势。这就要求物流业加快创新运作模式和管理方式，积极利用先进技术，促进节能减排，打造绿色物流服务体系，实现集约化发展。

第二章　指导思想和目标

第一节　指导思想

坚持以邓小平理论和“三个代表”重要思想为指导，贯彻落实科学发展观，以市场为导向，以企业为主体，以信息技术为支撑，以提高物流服务的质量、能力、效率和现代化水平为重点，着力优化物流空间布局，着力创新物流发展方式，着力构建布局合理、技术先进、便捷高效、节能环保、安全有序并具有国际竞争力的现代物流服务体系，把江苏打造成沟通国际、服务全国、辐射周边的现代物流产业高地，为又好又快推进“两个率先”提供坚实的物流支撑。

第二节　基本原则

一、市场运作、政府推动

充分发挥市场配置资源的基础性作用，强化企业主体地位，形成物流主体多元化、物流服务专业化发展格局。切实加强部门协调配合，加强行业指导，完善相关法规和政策措施，营造良好发展环境。

二、统筹兼顾、协调发展

立足经济社会发展全局，加强统筹协调，推动国内国际、省内省外、城市农村物流协调发展。加强区域物流合作，完善区域物流网络，实现区域物流协同发展。推进物流业与制造业、商贸业联动发展，提升物流服务能力和水平。

三、优化布局、完善体系

依托重点产业带及主要城市的物流需求，进一步优化物流业空间布局。围绕

交通枢纽和重点产业集聚区，合理布局重大物流项目，加快物流公共服务平台建设，打造具有江苏特色的现代物流服务体系。

四、创新模式、提升质量

加快传统物流发展模式创新，积极探索新型物流业态，提升物流效率效益，降低全社会物流成本。做强做优物流企业，打造物流知名品牌。倡导绿色物流理念，积极发展低碳物流。

第三节　发展目标

到2015年，全省物流业增加值比2010年翻一番，力争达到5400亿元，年均增长15%左右。全省社会物流总费用与GDP的比率降至13.5%左右，比2010年降低2个百分点。重点打造20个省级综合物流园区和40个省级专业物流园区，培育一批重点物流企业和一批有影响力的物流服务品牌，第三方物流比例明显提高。到“十二五”末，力争把江苏打造成现代物流强省、长三角地区现代物流业的核心区以及全国现代物流业发展的先导区。

第三章　空间布局和定位

根据全省生产力布局和综合交通运输体系规划，结合物流未来发展趋势，着力培育“四核五带”的物流空间布局，构建重点突出、层级清楚、功能完整、特色鲜明的物流业空间分布架构。

第一节　四大物流枢纽（四核）

（一）南京。以南京列入全国性物流节点城市为契机，依托铁路、公路、水运、航空、管道等多种运输方式交会形成的国家级综合运输枢纽优势，完善服务南京都市圈、辐射中西部地区的国际物流功能，建成区域性国际分拨中心、长江国际航运物流中心。

（二）苏锡常。依托毗邻上海的区位优势、发达的产业优势、保税物流政策优势和综合交通运输优势，充分发挥苏南硕放机场在IT等高端制造业产品的分拨、交易和集散作用，建成面向国内、服务全球的上海国际航运中心西翼次中心、制造业国际分拨中心和区域性商贸物流中心。

（三）徐州。依托国家级综合运输枢纽优势和五省通衢的区位优势，充分发挥铁路枢纽、公路枢纽、京杭大运河沿线港口群作用，建成沿东陇海线上重要的现代物流中心、淮海经济区商贸物流中心。

（四）连云港。依托国家级综合运输枢纽优势和新亚欧大陆桥东桥头堡的区位优势，大力发展海陆联运，加快港口物流基础设施建设，提升物流服务能力，建成区域性国际物流枢纽。

第二节 五大物流带（五带）

（一）沿沪宁线物流带：依托沪宁铁路、沪宁高速公路、禄口机场、苏南机场、奔牛机场等交通基础设施、雄厚的产业基础，重点建设沿沪宁线物流带。

——建成全国重要的服务高新技术产业和战略性新兴产业的物流发展带，推动苏南地区成为发展创新型经济的先导区；

——建成全国重要的国际物流发展带，推动苏南成为在更高层次上参与国际合作与分工的先导区；

——建成全省重要的商贸物流发展带，扩大区域商贸的国际、国内辐射力和竞争力。

（二）沿江物流带：依托长江、沿江高速公路、宁启铁路、南京港、镇江港、扬州港、江阴港、泰州港、苏州港、南通港等交通基础设施，发挥连江通海的区位优势和临港产业集聚的优势，重点建设沿江物流带。

——建成长江沿线地区重要的港口物流发展带，促进苏南、苏中融合，互动发展；

——建成全省重要的集装箱物流、装备制造物流、石化物流、冶金物流、医药物流、粮食物流发展带。

（三）沿海物流带：以沿海高速公路、沿海铁路、沿海港口为纽带，依托北接环渤海、南融长三角的区位优势和较好的产业基础，重点建设沿海物流带。

——建成全国东部沿海重要的港口物流发展带，沟通长三角和环渤海地区的经济联系，促进沿海地区建成我国东部地区重要的经济增长极；

——建成全省重要的汽车物流、能源化工物流、医药物流、纺织物流、农产品物流发展带。

（四）沿东陇海线物流带：依托沿东陇海线在生产力布局中的重要区位优势，以新亚欧大陆桥、连云港港、观音和白塔埠机场、连霍高速公路等交通设施为支撑，重点建设沿东陇海线物流带。

——建成新亚欧大陆桥重要的国际物流发展带，推动苏北地区新型工业化加快发展；

——建成全省重要的医药物流、煤炭物流、冷链物流发展带。

（五）沿运河物流带：依托徐州港、宿迁港、淮安港、新长铁路、宁宿徐高速公路等综合交通基础设施，进一步提升运河作为省内水运主通道和煤炭运输通道的运输能力，重点建设沿运河物流带。

——围绕徐州等煤炭中转集散基地，建成全省重要的北煤南运物流通道。

——加快形成粮食、钢铁、建材、集装箱等物流发展带，带动沿运河经济带的跨越式发展。

第三节 城市发展定位

1. 南京。依托龙潭港、禄口机场大力发展港口物流、航空物流，充分发挥一12.5米长江深水航道的优势，加快发展江海联运、江铁联运、海铁联运，推进南京航运物流服务集聚区建设。重点发展能源化工物流、钢铁物流、医药物流、汽车物流等，建设一批大型商贸物流分拨中心。

2. 无锡。大力发展长江及内河港口物流；充分利用物联网技术高地优势，打造“智慧物流”示范基地。重点发展IT物流、商贸物流、智能物流等。

3. 徐州。利用综合运输枢纽和商贸中心的双重优势，发挥徐州在东部产业转移、西部资源东输中的作用，加快发展多式联运和公路快运，建成工程机械等优势产业的区域性分拨配送中心。重点发展汽车物流、煤炭物流、粮食物流等。

4. 常州。大力推动装备制造、电子信息等领域的物流发展，推进有区域影响力的新能源、新材料商贸物流服务平台建设。重点发展商贸物流、医药物流、农产品物流等。

5. 苏州。大力发展港口物流和保税物流，整合完善各类海关特殊监管区功能，提升国际物流发展水平；进一步壮大第三方物流，提高全球供应链物流服务能力。重点发展保税物流、IT物流、钢铁物流等。

6. 南通。积极发挥滨江临海、紧邻上海的区位优势，依托洋口港大力发展港口物流，着力提升江海中转物流能力；加快推动船舶制造等领域的物流发展，建设能源、原材料综合性物流加工基地。重点发展纺织物流、能源物流、粮食物流。

7. 连云港。充分发挥港口优势，大力发展海铁、海河联运和陆桥运输，开通集装箱“五定班列”，加快面向东北亚的国际物流通道建设，强化沟通国际、辐射中西部的物流服务功能。重点发展医药物流、能源物流和冷链物流。

8. 淮安。依托涟水机场、京杭大运河等区域性综合交通枢纽优势，打造苏北地区内河集装箱物流枢纽，建成面向苏北、鲁南、豫南、皖北地区的商贸物流分拨中心。重点发展盐化工物流、IT物流、农产品物流等。

9. 盐城。依托大丰港、南洋机场，加快港口物流基础设施建设，提升港口的服务能力，积极开展国际货运包机服务。重点发展汽车物流、纺织物流、农产品物流等。

10. 扬州。依托长江与京杭大运河交汇形成的水路枢纽、苏中江都机场，大力发展公铁水联运；加快推动物流装备制造的集聚发展，打造全国有影响力的物流装备展示交易平台。重点发展汽车物流、日化物流。

11. 镇江。依托陆路、水路“双十字”交汇的交通优势，紧抓沪宁铁路货运能力释放的机遇，大力发展铁水联运，完善港口物流服务功能。重点发展重型装备物流、钢铁物流、汽配物流。

12. 泰州。依托泰州港、苏中江都机场，加快推动船舶制造等物流发展。重点发展医药物流、粮食物流、不锈钢物流和煤炭、农资、木材等生产资料物流。

13. 宿迁。依托京杭大运河、宁宿徐和徐宿淮盐高速公路，建成淮海经济区和沿运河物流带重要的物流节点。重点发展农产品冷链物流、粮食物流、食品物流。

第四章　发展重点

第一节　构建四大物流体系

一、港口物流体系

加快推进重点空港、水港建设和转型升级，加强港口物流资源的有效整合，完善港口集疏运体系和多式联运体系，拓展增值服务，增强港口物流服务功能。提高港口物流信息化水平，加强对运载装备和货物的信息跟踪与交换，推动重点港口和相关物流企业的信息共享。推广应用先进物流组织方式，壮大港口物流主体，提高港口物流运行效率。重点打造南京禄口国际机场、苏南硕放机场两大航空物流枢纽，加强海铁联运场站枢纽建设，推进陇海兰新沿线地区布局无水港，增强以连云港港为龙头的沿海港口群区域物流服务能力，拓展太仓港、南京港江海联运中转枢纽功能，加快建成连云港港、太仓港两大集装箱干线港，提升徐州港和无锡港物流服务功能，打造以连云港港、太仓港、南京港为综合物流枢纽，南通、镇江、江阴、张家港等港口为特色物流枢纽，服务全省和中西部地区、面向世界的港口物流体系。

二、保税物流体系

适应外贸发展方式转变要求，不断完善陆港、水港、空港的口岸物流服务功能，推进电子口岸和大通关建设。加强对全省海关特殊监管区域的科学规划与布局，推进各类海关特殊监管区资源整合、功能叠加和优势再造，继续拓展商品展示、贸易服务等增值功能。用足用好保税仓库优惠政策，引导物流企业依托现有保税仓库开展物流业务。发挥苏州工业园综合保税区、昆山综合保税区、苏州高新区综合保税区、张家港保税港区等的龙头作用，进一步提升已有出口加工区、B型保税物流中心、保税仓库等海关特殊监管区的服务功能与物流能力，加快完善多元化的保税物流体系。积极探索建设具有自由贸易区功能的海关特殊监管区，拓展服务贸易、离岸金融中心等功能，进一步提升全省保税物流发展水平。

三、工业物流体系

加快工业园区、经济开发区、高新区、出口加工区等制造业集聚区物流服务的配套完善和功能整合，鼓励区内物流基础设施、物流信息资源共享共用。积极引导制造业释放物流需求，鼓励制造企业分离、分立物流业务，创新物流管理流程。加快推进工业品电子交易平台建设发展，积极引导制造企业利用电子商务平台进行网上交易，推动工业品电子商务物流发展。围绕装备制造、汽车、船舶、医药、电子信息等重点产业，培育和引进一批具有全球经营网络和强大供应链管理能力的第三方物流企业，构建支撑江苏制造业发展的区域性、一体化工业物流体系。

四、商贸物流体系

围绕大中城市、商贸业聚集地、大型批发市场等商贸物流需求集中区，统筹规划建设一批面向全国乃至国际的具有展示交易、价格发现、信息发布、电子商务等一体化物流服务功能的商贸物流园区。大力发展连锁配送、电子商务等新型流通业态，加快培育交易量大、辐射面广、影响力强的 BtoB、BtoC 电子交易平台，促进现有电子交易平台的有效整合与资源共享，推动网络市场和实体市场的共同发展。进一步发挥苏宁、苏果、苏农、宏图三胞等大型商贸流通企业的示范带动作用，重点培育一批具有较强竞争力的商贸物流服务主体，加快形成集展示、交易、仓储、加工、配送等功能于一体的商贸物流体系。

第二节　推进五项重点工程

一、物流园区工程

结合城市功能定位和产业布局，依托物流枢纽和中心城市，在加强资源整合的基础上，重点打造 20 个多种运输方式无缝衔接、长短途运输有效对接、物流组织化程度高、技术水平先进、集散能力突出、公共服务能力强，对物流业发展具有较强示范带动作用的综合物流园区。依托制造业集聚区和商贸集中区，重点打造 40 个产业特色明显、物流规模大、专业物流能力强、行业配套功能全、对行业物流发展具有示范带动作用的专业物流园区。着力提升物流园区的综合服务能力，积极推进园区内外部基础设施及中转联运、配送中心等功能设施建设，加快物流企业、仓储设施等向园区集聚。建立物流园区公共信息平台，开展物流金融、保税通关、交易展示、咨询培训等增值服务。推进物流园区间的战略合作，推动园区的信息联动、业务联动、营运联动、资本联动。

二、城乡配送工程

优化城市物流配送网络，大力发展面向流通企业和消费者的社会化共同配送。顺应网络购物快速发展的需要，推进快递物流服务与电子商务的融合发展。加快农村物流网点建设，鼓励和支持连锁经营、物流配送、电子商务等现代流通方式向农村延伸。进一步扩大供销社、邮政系统农村服务网络，提升物流服务能力。充分发挥大型农产品批发市场的辐射带动作用，进一步提升和完善农产品批发市场物流功能。畅通城乡双向物流渠道，加快推进农产品从产地到销地的直销和配送以及农资、农机、日用工业品的配送下乡，推动农村物流网络与城市配送网络的有效衔接，打造便利、快捷、高效的城乡一体化配送物流体系。

三、物流金融工程

积极推动物流业与金融业的融合互动。结合物流业发展趋势和金融服务需求，推进银行业金融机构创新物流金融服务产品，提升物流金融服务供给能力，完善物流金融服务体系，开展仓单质押、保兑仓、存货质押、融资租赁、供应链金融以及票据融资等金融业务，为物流企业提供便捷的融资、结算、保险等个性化金融服务。加快推进物流企业建立现代企业制度，加强与金融机构的信息共享及业务合作，提高物流企业的监管和服务水平，增强融资能力。加快构建符合市场经济运行机制的融资体系，搭建银企合作平台，推进连接银行、物流企业和客户的信息网络和数据库建设。加强对物流金融市场的有效监管，加快制定物流金融行业服务标准，提高行业服务水平。围绕钢铁、煤炭、汽车、农产品等重点领域，推进一批物流金融示范项目建设。

四、物联网物流应用示范工程

积极推动物联网、云计算、3G 网络、移动互联网等高新技术在物流领域的研发应用，提高全省物流的智能化水平。加快物联网技术在重点城市、重点物流园区和重点物流项目中的应用，引进和培育一批智能化水平高、示范带动作用强的智慧物流企业，构筑智能化物流服务体系。以省、市物流公共信息平台为基础，探索建设智慧物流数据中心和分析应用中心，实现物流作业和物流过程的智能化、网络化、自动化。推动物联网技术在港口物流、冷链物流、产品溯源管理等重点领域的应用，在全省建设一批智慧物流研发及应用示范项目。依托南京、无锡、苏州等城市和一批重点物流园区，推进物流过程可视化智能管理调度中心、智能化物流配送中心、智能化口岸物流等物联网物流应用示范工程建设。

五、物流公共信息平台工程

坚持政府引导、企业主导的原则，加快建设汇集全省物流信息资源、沟通全国其他物流信息平台的全省物流公共信息平台。围绕汽车、钢铁、医药、农产品等重点行业，积极整合行业物流信息资源，加快建成一批提供全程供应链物流服务的行业物流专业信息平台。加快推进具有品牌效应、规模优势、区域影响力的物流资源交易平台建设，优化交易方式，创新运营模式，实现社会物流资源的有效配置。加快推进通关便捷高效、跨部门、跨行业、跨区域的口岸物流信息平台建设，推动港口、航运、物流、监管等口岸信息共享，加强与周边地区电子口岸的互联互通。

第三节　做强六大专业物流

依托重点行业、重点企业和重点项目，大力发展一批在全省具有行业特色的专业物流，提升全省专业物流服务水平。

一、汽车物流

加强汽车整车生产商、供应链上下游企业、第三方物流企业等之间的战略联盟，推进整车省内外分拨配送网络建设，扩大服务半径，提升配送能力。围绕整车生产基地，培育壮大一批专业化汽车物流企业，推进悦达环球、上汽赛克等汽车物流项目建设。加强对现有汽车零部件供应商的整合，优化供应链流程，实施集中仓储、统一配送。推动大型专业汽配物流市场创新经营模式，积极开展产品展示、质量检测、电子商务、共同配送、售后维修等集成服务。加快苏州、徐州、镇江等城市的专业汽配市场升级改造，做大做强张家港正大富通、徐州中汽连锁等一批汽配连锁配送企业，形成体系健全、高效便捷、特色鲜明的整车、零部件物流服务体系。

二、钢铁物流

围绕主要钢铁生产基地和大型专业市场，科学规划和有序推进钢铁物流园区建设，推动钢铁贸易商、物流企业向物流园区集中。依托南京、镇江、张家港等港口枢纽，重点推进南京滨江、镇江惠龙港、沙钢玖隆等一批钢铁物流园区建设，提升沙钢、南钢等钢铁主要生产基地的钢铁物流专业化水平，做大做强无锡大明物流等一批供应链物流企业。积极推动钢铁物流模式创新，加强物流金融、电子交易、期货交割等新型物流模式的推广应用。推进物流信息技术在钢铁物流中的应用，加快构建全省信息共享、互联互通的钢铁物流资源共享平台。加快南京幕燕钢铁数码港等虚拟交易平台建设。

三、医药物流

推动大中型医药物流企业向居民社区和村镇延伸配送网络，加快构建面向城市、辐射乡村的现代化医药物流配送体系。大力发展规范化的药品连锁经营，拓展跨区域和全国性连锁网络，实现连锁经营、物流配送与电子商务的有效结合。加快推进医药物流标准体系建设，构建医药物流信息平台。增强大中型医药物流企业供应链服务能力，重点推进南京医药、亚邦医药等物流项目建设。围绕泰州国家医药高新技术产业开发区，加快医药物流基地规划和建设，全面提升全省医药物流现代化水平。

四、能源物流

围绕主要能源供应基地，加强石油、煤炭等能源物流基础设施建设，完善物流配套服务，建立完善的现代化能源物流体系。依托港口、铁路积极发展煤炭多式联运，重点打造徐州、滨海、大丰、太仓、靖江和镇江等煤炭中转储备基地，加快形成具有洗选、混配、加工、配送、电子交易等功能的煤炭专业物流园区。建立大型煤炭物流企业与重点用煤企业之间的长期合作机制，开展定制化供应业务。推进煤炭交易中心和煤炭储备基地开展网上交易等新型交易方式。加强成品油分销服务网络建设，形成以区域中心油库为枢纽，市级分销油库为地区配送中心，其他直销油库为补充的多层次、高效率成品油仓储配送体系。充分发挥沿海区位优势，建设千万吨级石油储备基地，推进连云港、南通等大型原油物流项目建设。以打造沿海千万千瓦级风电基地为目标，积极推进连云港、南通等大型风机物流项目建设。

五、农产品物流

以粮食、棉花等大宗农产品物流基础设施建设为重点，努力提升全省农产品物流现代化水平。按照“两纵两横、四大通道”的总体布局，围绕国家级和省级粮食物流节点，加快构建以“四散化”为核心的粮食现代物流体系。按照新形势下棉花流通体制改革的要求，着力提升棉花物流设施现代化水平，加快推进集仓储、加工、配送、电子交割、保税于一体的面向全国的棉花物流平台建设。加快发展农产品冷链物流，完善各类保鲜、冷藏、冷冻、预冷、运输、查验等冷链物流基础设施建设，建立冷链物流产品监控和追溯系统，建设一批全国一流、辐射华东的冷链物流重点工程，把江苏打造成为全国冷链物流标准化研究基地。继续加快全省重点农产品批发市场的升级改造，构建全省重点农产品批发市场的综合信息平台，推进南通、泰州、盐城、宿迁等一批重点农产品物流项目建设，打造南京农副产品物流园、凌家塘农副产品批发市场等一批国内一流的农产品物流项目。

六、快递物流

着力构建集约化、规模化、网络化的快递物流服务体系，推进快递转运中心建设，加快形成面向企业和终端客户的快递物流网络。加强对现有快递企业的资源整合，积极培育品牌优、规模大、实力强的本地快递企业。推动快递基本业务与电子商务配送、供应链管理等新业务的融合发展，引导快递企业加快进入制造业供应链服务领域。充分发挥邮政企业网络优势，依托南京中邮航空速递物流集散中心，加快形成区域性速递物流网络。加快邮政农村物流网点建设，进一步完善覆盖城乡的快递物流服务。重点规划建设南京禄口、苏南硕放航空快递枢纽、连云港航空快递支线等航空转运中心，推进无锡、南京陆路快递枢纽和泰州、南通陆路快递支线建设。

第五章　主要任务

第一节　加快物流企业发展

推动物流企业发展壮大。通过兼并联合、资产重组等方式，壮大企业规模和实力，培育一批技术水平先进、主营业务突出、核心竞争力强的大型现代物流企业。做强做优第三方物流企业，进一步加快制造企业、商贸企业分离物流业务，推进物流企业托管置换工商企业的物流要素，推动物流企业参与制造业供应链管理。

加强物流品牌建设。鼓励优势物流企业整合物流资源，加强企业文化建设，创新特色服务，加快品牌培育，逐步形成一批区域服务网络广、供应链管理能力强、物流服务水平优、品牌影响力大的现代物流知名企业。在医药、农产品、连锁配送、信息服务、智能物流等领域加快培养一批本土物流品牌。加快物流领域驰名商标、著名商标的培育创建工作，逐步扩大品牌效应，推动品牌物流企业做大做强做优，提升品牌价值。

提高物流企业国际化水平。鼓励本地物流企业与国际知名物流企业的交流与合作，引进、消化、吸收国际先进的物流管理方法、运作模式和技术装备。推动大型物流企业整合、并购国际物流资源，尽快纳入区域乃至国际采购供应链，提高在国际范围内配置物流资源的能力。引进国内外知名企业在江苏设立地区总部、采购中心和配送中心，努力使江苏成为中外物流企业的总部集聚地。加快物流服务“走出去”步伐，推动物流企业积极参与国际市场竞争，逐步增加货物贸易中物流服务比重。

第二节　创新物流发展模式

推动物流运作模式创新。加强物流企业与金融机构的战略合作。推广应用VMI、JIT模式，为客户提供个性化、精细化的供应链物流服务。加快连锁配送企业物流与商流融合发展，推动物流与商流、资金流、信息流的集成化运作。引导物流企业发展一体化、多功能、全流程的高端物流业务，提升供应链管理能力。推动城市公共货运、共同配送等新型物流组织方式，提高物流运作效率和服务水平。

促进物流业转型升级。应用供应链管理理念、方法和技术，大力推广实施采购、生产、销售和物品回收物流一体化运作方式，拓展现有运输、仓储、联运、快递等企业的资源整合和服务延伸，加快向现代物流企业转型。

倡导发展绿色物流。鼓励和引导物流企业选用节能环保车辆、新能源汽车等节能环保物流设施，引导企业建立逆向物流体系，促进资源的循环利用。推动托盘共用体系建设，大力发展甩挂运输与多式联运等先进运输组织方式。

第三节　推进物流业区域联动

积极推进物流业的跨区域交流与合作，打破区域壁垒，引导物流资源跨区域整合，建立统一开放、通畅高效的现代物流市场体系。以苏南经济转型升级、苏中经济国际化和苏北新型工业化为契机，加快发展苏南高端物流业，推进苏中、苏北物流业的转型升级，推动物流园区南北共建和物流企业合作发展。加强与长三角其他地区物流基础设施的功能对接，推动建立长三角物流业与制造业供需对接平台，创建物流诚信体系，建立物流信息、人才交流共享机制。深入推进苏浙沪两省一市地方电子口岸“大通关”合作，逐步实现跨关区、跨检区的申报、审单、验放协作机制。继续推进与国内其他主要物流区域之间的深层次物流合作和联动发展。加快发展适应国际中转、国际采购、国际配送、国际转口贸易业务要求的国际物流，逐步形成顺应全球物流业发展的物流服务格局。

第四节　完善物流基础设施建设

大力推进以铁路、水运、机场为重点的物流基础设施建设，重点构建沿海、沿江、沿东陇海和沪宁四大国家级综合交通运输通道，加快建设淮扬镇常、徐宿宁杭、宁连和徐宿淮盐四条省级综合运输通道，基本建成布局合理、功能完善、衔接顺畅、安全高效的综合交通运输体系。

推进各种交通运输方式之间、城乡之间和城际之间物流设施的衔接协调，加强公、铁、水及航空枢纽之间的有效衔接，完善中转联运设施和集疏运体系。在重点铁路货场、港口、机场建设集装箱中转站、货物转运站，在交通枢纽、货物集散地、产业集聚区及大中城市周边合理规划、改造和建设一批具备多式联运条件的物流基础设施，推进公共联运枢纽建设。加强铁路、港口、机场、多式联运企业及物流园区之间的合作，创新多式联运运营模式，着力推进物流园区与运输枢纽之间的有效衔接。推动多式联运信息平台建设，切实提高物流基础设施的网络化服务能力，全面提升全省多式联运的发展水平。

第五节　提高物流信息化与标准化水平

加强物流信息化建设。充分利用物联网和新一代信息技术，促进物流信息采集的智能化，提升物流信息采集的速度、效率及准确率。制定和推广物流信息技术标准和信息资源标准，建立全省物流信息采集、交换、共享机制。整合各部门物流相关信息资源，推进与物流相关的政务信息系统的协调与开放。推动重点行业、重点物流园区公共信息平台建设，实现资源共享、数据共用、信息互通。

加快物流标准化建设。以物流信息标准、服务标准和管理标准为切入点，抓紧研究制定一批对全省物流发展和服务水平提升有重大影响的物流标准。加快推动条形码等物流技术以及托盘、集装箱等物流装卸设施设备的标准化，加快仓储、转运设施、运输工具标准化改造。推进重点物流企业参与医药、汽车、电子、家电、冷链等行业及港口、物联网、城市配送等领域物流技术标准和管理标准的制定和试点工作，引导有条件的物流企业参与相关国际标准的研究与制定。依托重点物流企业和物流园区，实施一批标准化示范工程。加快省级物流标准信息库建设，推动物流标准的认证、咨询、推广实施等配套工作。

第六节　加快物流技术开发应用

充分发挥政府的引导作用，调动高等院校、科研院所和企业的积极性，加速推进物流先进技术的研究与推广应用。推广物联网技术在产品可追溯、在线调度管理、全自动物流配送以及智能配货等领域的应用。在农产品、医药、汽车、家电、化工、集装箱等行业开展RFID技术的应用示范，提高物流管理的智能化水平。推广应用电子数据交换（EDI）、货物跟踪、自动分拣、自动导引车辆（AGV）、不停车自动交费系统（ETC）等物流新技术，加强物流新装备的研发与生产，加强物流新技术和装备在采购、生产、管理等环节中的应用。推进物流科技研发基地建设，提高物流技术的自主创新能力。

第六章　规划实施和保障

一、加强管理协调

建立健全分工明确、统一协调的全省物流业管理体制，调动各方面积极性，形成推进全省现代物流业发展的合力。完善政府公共服务职能，加快推进政务公开，及时发布引导物流业发展的市场信息、政策信息，完善物流信息采集、交换、共享、开放机制，为物流业发展提供良好的政务环境。加快推进物流管理体制改革，清理阻碍或限制跨行业、跨地区物流服务的政策措施，支持物流企业跨地区经营，促进物流企业公平竞争。清理、取消涉及物流企业的不合理行政收费，降低企业运作成本。完善市场准入和退出机制，加强依法行政，完善政府监管，强化行业自律。发挥行业协会沟通政府和企业的桥梁纽带作用，加快开展物流标准的推广、物流技术的应用、物流人才的交流等工作。

二、强化规划引导

加强对规划组织与实施、政策制定与落实、项目建设与推进等方面的监督检查与跟踪评估，定期开展考核评价。根据规划提出的思路、目标和重点，有关部门要抓紧制定或修订物流业各专项规划，形成完整的物流业发展规划体系。省发展改革委会同有关部门制定物流园区、能源物流、农产品冷链物流等专项规划，省经济与信息化委会同有关部门制定物流信息化专项规划，省商务厅会同有关部门制定商贸物流专项规划，省交通运输厅会同有关部门制定港口物流、空港物流、多式联运等专项规划，省质量技术监督局会同有关部门制定物流标准化专项规划。各市要将现代物流业发展纳入本地区国民经济和社会发展规划及年度计划，物流枢纽城市要加快制定本地区的物流业发展规划。

三、加大政策扶持

在财政扶持方面，各级政府要加大对物流基础设施的投资扶持。对重大物流项目、重大基础设施、物流人才培养、物流技术研发、物流标准制定及标准化示范、物流平台建设等给予重点扶持，对省级物流园区和列入规划的重点物流项目优先支持。积极争取国家专项资金，通过贴息或补助方式支持重点项目建设。在用地保障方面，加大对物流业的土地政策支持力度，适当增加物流业发展用地。对省级物流园区和纳入规划的重点物流项目用地给予重点保障。支持将工业企业旧厂房、仓库和存量土地资源用于发展物流业。对分离后新设立的物流企业，在不改变土地用途、不重新开发建设的情况下，可暂不办理土地变更手续。以划拨方式取得土地的企业或单位利用原有工业厂房、仓储用房兴办物流业的，土地用途和土地使用权人可暂不变更。在税收优惠方面，加大对发展现代物流业的税收扶持力度，切实减轻物流企业税收负担。继续开展税收试点物流企业认定工作，经认定的物流企业差额征收营业税。用足用好物流营业税抵扣政策。在企业主辅分离过程中，对分离出的符合条件的交通运输企业，经审核认定后，可直接认定为自开票纳税人。在投融资方面，鼓励不同所有制投资者参与物流项目和物流园区的建设，鼓励物流企业通过股票上市、发行债券、增资扩股、融资租赁、保险资金等途径筹集资金。进一步做实、做强物流园区融资平台，切实提升融资能力。加大金融机构信贷支持力度，进一步完善物流企业信用担保机制，创新金融工具，提高对物流企业的金融服务水平。鼓励有条件的项目引入基础产业投资基金等，为项目建设提供资金支持。在交通管理方面，进一步促进物流车辆便利通行，优化城市物流配送车辆的交通管理，对进入市区的物流配送车辆，优先发放货车通行证，为配送车辆在市区通行和停车提供便利。进一步放宽农产品运输“绿色通道”政策。在考虑城市交通和环境承载能力的基础上，研究制定城市物流配送车辆便利通行的政策措施。

四、加强考核奖励

省发展改革委会同有关部门抓紧制定省级物流园区的认定办法并开展认定工作。经认定的省级物流园区在物流项目审批、资金扶持、土地利用、税费优惠、项目用电等方面给予相应的政策扶持。建立省级物流园区综合考核评价体系。

五、提升基础工作

进一步完善物流法律法规体系，清理废除各类不适应物流业发展的行政规定，促进公平竞争。完善物流统计指标体系和核算方法，建立江苏物流业发展的预警、预测和信息发布制度，促进物流业统计信息交流，建立健全共享机制，提高统计数据的及时性和准确性。

六、强化人才支撑

充分发挥我省科教人才优势，支持物流相关学科建设和产学研基地建设，推动物流企业与科研单位开展多种形式的合作，建立多层次、多元化的人才培养体系。在对全省物流人才数量及结构需求科学预测的基础上，加强物流业在职人员培训，大力培养物流业适用技能人才，大力引进通晓国际规则、熟悉现代管理的高层次物流专业人才，为加快现代物流业发展提供有力的人才支撑。

十二 浙江省

021

浙江省人民政府关于印发《浙江省“十二五”物流业发展规划》的通知

浙政发〔2011〕41号

各市、县（市、区）人民政府，省政府直属各单位：

现将《浙江省“十二五”物流业发展规划》印发给你们，请结合实际，认真贯彻实施。

浙江省人民政府

二〇一一年六月十四日

浙江省“十二五”物流业发展规划

浙江省人民政府

2011年6月14日

加快现代物流业发展，对优化资源配置，改善投资环境，促进产业结构优化升级与经济发展方式转变，具有十分重要的意义。为指导“十二五”时期全省物流业快速协调有序发展，根据《浙江省国民经济和社会发展第十二个五年规划纲要》，制定本规划。

一、发展背景

（一）发展现状

1. 物流业规模持续扩大，在国民经济和服务业中的地位明显提升，但物流成本仍较高。“十一五”时期，我省物流业发展全面提速，物流业增加值和社会物流总额年均增长率分别为12.9％和13.5％。2010年全省实现物流业增加值2550亿元，分别占全省服务业增加值和生产总值的21.7％与9.4％；实现社会物流总额8.75万亿元，约占全国总量的7.0％。但从物流成本看，2010年全省物流总费用与生产总值的比率约为17.6％，仍大大高于发达国家10％左右的水平。

2. 物流企业成长迅速，经营业务不断拓展，但企业规模仍然偏小，功能较为单一。2010 年全省有物流法人单位 1.1 万余家，3A 级以上物流企业 105 家，占全国总数的 12.27%。越来越多的物流企业从原来提供单一的运输仓储服务向提供全方位、多层次、一体化服务转变，从简单的承揽物流业务向根据客户需要开发专业物流服务转变。公路港、“无水港”、物流金融、物流总包等新业务模式不断涌现。但从总体结构看，小型物流企业居多，从事传统装卸、储存、运输服务的企业依然占很大比重，无序竞争还比较严重。

3. 物流基础设施建设加快，发展条件逐步改善，但物流标准化、信息化发展相对滞后，部分地区物流园区建设存在一定盲目性。“十一五”时期，在各级政府的高度重视下，包括交通、信息网络在内的物流基础设施建设成效显著。截至 2010 年底，我省铁路营业里程达到 1761 公里；通村以上公路总里程达到 11 万余公里，其中高速公路里程 3383 公里；内河航道通航里程达到 9704 公里；沿海港口货物吞吐量达到 7.9 亿吨，内河港口货物吞吐量达到 3.4 亿吨；杭州、宁波等空港建设进展顺利。物流园区建设加快推进，传化物流基地和义乌国际物流中心等一批物流园区和物流中心项目示范作用凸显。但是，物流信息化水平仍然不高，公共物流信息平台建设尚处在探索阶段，物流标准化建设进展缓慢。尤其值得关注的是，物流园区建设缺乏统一规划，有的地区发展存在一定盲目性。

4. 政府对物流业发展的扶持和推动力度不断加大，但企业物流外包比例偏低，社会化物流需求不足问题依然存在。“十一五”时期，我省陆续制定出台了关于进一步加快现代物流业发展的若干意见、物流业调整与振兴三年行动计划等一系列规划和政策文件，各地也制定出台了一批相应的配套规划和政策。特别是国家《物流业调整和振兴规划》实施以来，各级政府进一步加大了工作力度。从企业层面看，尽管近几年来对第三方物流的认识已有较大提高。但是，不少企业仍固守“大而全、小而全”的传统经营方式，企业集成的物流业务外包比例仍然较低，社会化物流需求相对不足，在一定程度上影响到物流企业的创新动力和专业化服务能力的提升。

（二）机遇和挑战

1. 我省经济发展进入新阶段所带来的旺盛物流需求为物流业发展提供了难得机遇。“十二五”时期，我省将进入人均生产总值 7000～10000 美元的发展阶段，尤其是随着海洋经济发展示范区和大平台大产业大项目大企业建设的全面推进，社会物流总需求必将强劲增长。同时，随着经济发展方式转变所带来的产业分工不断深化，循环经济、低碳经济等发展理念不断推广，居民对生活品质的要求不断提升，我省专业化的物流需求将快速增长，物流业发展潜力巨大。

2. 深水大港、块状经济和电子商务等独特优势为我省物流业发展提供了强力依托。目前，我省已基本形成以宁波—舟山港为核心，嘉兴港和温州港、台州港为两翼的沿海港口体系，2010年宁波—舟山港货物吞吐量达6.33亿吨，集装箱吞吐量达1315万标箱，分别位居全国海港第1位和第3位，优越的港口条件为我省物流业特别是大宗商品物流和国际集装箱物流发展奠定了坚实的基础；我省专业市场和块状经济发达，全省有交易额超百亿元的专业市场22个、超10亿元的专业市场202个，拥有年产值超百亿元的块状经济70多个、年产值超10亿元的块状经济300多个，专业市场和块状经济相对集中的物流需求为物流业发展提供了良好的发展环境；我省以阿里巴巴为代表的电子商务产业集群在B2B、B2C和C2C等各领域发展优势明显，一批电子商务企业异军突起，拥有全国50%以上的市场份额，快速发展的电子商务为快递物流发展创造了市场需求，成为我省物流业发展的独特产业机遇。

3. 高端人才缺乏和体制政策障碍是我省物流业发展的主要瓶颈。我省现有物流企业中约有50%的从业人员是从传统的物资储运企业中转型而来，缺乏现代物流所需要的统筹运营意识和经营管理能力。而随着我省物流业的快速增长，社会对物流人才的需求正急剧扩大，全省物流人才特别是中、高级物流管理人才和工程技术人才匮乏的问题突出。同时，现有条块分割的体制壁垒以及一些政策障碍成为制约物流业一体化、网络化发展的瓶颈。

二、总体要求

（一）指导思想

深入贯彻落实科学发展观，全面实施“八八战略”和“创业富民、创新强省”总战略，紧紧抓住国家《物流业调整和振兴规划》实施契机，充分依托深水大港、块状经济和电子商务等独特优势，以港口物流、专业市场和产业集群物流、城乡配送和快递物流为发展重点，着力发展第三方物流，着力拓展物流增值服务，着力推广供应链管理，突出体制政策创新，积极推进物流业与制造业、金融业的联动发展，努力构建现代物流产业体系，为全省经济发展方式转变提供有力支撑。

（二）主要原则

——强化基础产业定位。充分认识物流业对其他产业的渗透作用和带动效应，进一步强化物流业在国民经济中的基础性作用，加大产业的规划引导力度，强化政策扶持，加快物流基础设施建设，促进物流业加快发展，进而带动其他产业发展。

——突出重点发展领域。依托我省物流发展有利条件，突出港口物流、专业市场和产业集群物流、城乡配送和快递物流三大重点领域，力求在大宗商品交易平台、集疏运网络、金融和信息支撑系统“三位一体”港航物流服务体系建设、制造业与物流业联动发展和城乡物流配送网络建设上取得突破，带动全省物流业快速协调发展。

——壮大物流市场主体。一方面，加强对物流市场主体的培育，通过分离发展、引进移植和整合提升等多种途径，大力培育专业化、高效率的物流企业。另一方面，加强对第三方物流市场需求的培育，通过引导鼓励工商企业剥离非核心的物流业务，扩大物流外包市场，为物流企业成长发展创造良好的市场环境。

——拓展增值服务空间。大力发展现代物流，鼓励物流企业开展业态创新、技术创新和商业模式创新，提供多样化、集成化物流服务，丰富物流产业链，提升物流价值链；积极推广供应链管理理念，全面提高物流企业综合竞争力和全社会总体物流效率。

（三）发展目标

到 2015 年，全省物流业取得快速发展，空间布局明显优化，以港口物流、专业市场和产业集群物流、城乡配送和快递物流等为重点的现代物流产业体系基本形成，在服务业中的支柱地位和国民经济中的基础性作用进一步凸显；物流业增加值年均递增 12%左右，达到 4500 亿元左右（按 2010 年价格计算），占全省服务业增加值的比重达到 23%左右，占生产总值比重达到 10%左右；全社会物流总费用相对于 GDP 的比率明显下降。

——港口物流特色优势进一步强化。大宗商品交易平台建设取得明显进展，基本实现大宗商品物流和国际集装箱物流并重发展，初步形成大宗商品交易平台、集疏运网络、金融和信息支撑系统“三位一体”港航物流服务体系，争取批准设立中国（浙江）大宗商品交易中心。

——物流园区建设快速有序推进。规划确定的 20 个重点物流园区建设取得明显进展，70%的物流园区年营业收入超过 10 亿元，年营业收入超百亿元的物流园区达到 3 个以上。

——物流龙头企业培育取得明显成效。规划确定的 100 家重点物流企业培育取得明显进展，形成一批具有国内较大影响力的第三、第四方物流和供应链集成服务品牌，力争有 3 家以上物流企业上市。

——物流标准化、信息化建设明显加快。以物流企业为重点的物流信息系统建设取得明显进展，普及率和网络化水平均有较大提高，公共物流信息平台建设、整合实现新突破，物流标准化建设同步推进。

三、主要任务

1. 以物流枢纽和物流节点建设为重点，优化物流业发展空间布局。根据全省四大物流枢纽的功能分工和杭州、宁波两个全国性物流节点城市定位，依托杭州、宁波、义乌三个全省大通关试点城市条件，分类分层推进物流建设，优化全省物流业发展空间布局。一是突出宁波—舟山港口物流枢纽建设，充分发挥保税港区和保税物流园区等开放环境优势，积极推进“三位一体”港航物流服务体系建设，构建大宗商品物流和国际集装箱物流并重发展的国际枢纽港；二是加强杭州综合性物流枢纽建设，充分发挥省会城市、电子商务之都和国际空港优势，强化以空港（保税）物流为特色、配送和快递物流为基础的物流体系建设，构建全省综合物流中心；三是推进金华—义乌内陆型物流枢纽建设，加快直通关建设，争取设立义乌B型保税物流中心，强化内陆口岸和区域中转联运物流中心功能，构建以“全球小商品集散中心”为特色的浙中物流枢纽；四是加快温州区域性物流枢纽建设，加快铁路、航空、港口物流基地等的规划建设，充分利用其联结长三角与海西经济区的区位特点，构建浙南闽北区域性物流枢纽。在加强四大物流枢纽建设基础上，推进嘉兴、湖州、绍兴、台州、衢州、丽水等区域性物流枢纽以及县域物流节点建设和发展。

依托不同层次的物流枢纽和物流节点，合理推进物流园区建设。在继续加强杭州空港物流园区、宁波梅山保税港区物流园区、义乌物流园区等重点物流园区建设的同时，根据各地发展实际和物流网络建设的需要，再选择一批不同层级、不同规模、不同特色的物流园区，强化科学规划和协调推进，引导有序发展。

2. 以港口物流、专业市场和产业集群物流、城乡配送和快递物流发展为重点，构建现代物流产业体系。把大力发展港口物流作为重中之重。充分发挥我省深水岸线长和沿海岛屿多、建港和储运条件好的优势，依托长三角及长江流域物流市场需求，抓住国际产业转移、上海国际金融中心和国际航运中心建设、浙江海洋经济发展示范区建设等契机，重点围绕大宗商品和国际集装箱两大物流业务体系，以宁波—舟山港为核心，以嘉兴港和温州港、台州港为两翼，着力构建“三位一体”港航物流服务体系。突出抓好大宗商品交易平台建设，提高国际范围资源集聚整合能力，带动金融、信息以及其他配套服务跟进发展。充分发挥宁波梅山保税港区和洋山保税港区等海关特别监管区优势，大力发展国际中转、仓储、贸易和加工增值服务，加快形成与上海港差异化、特色化协同发展格局，全力打造亚太地区大宗商品物流主要枢纽和我国国际集装箱物流重要枢纽。

围绕专业市场和产业集群需求打造物流支持系统。充分发挥市场大省优势，以专业市场集中仓储与货运配载物流需求为导向，以现有专业市场配载物流为基础，创新物流服务模式和运营组织形式，促进专业市场转型提升和物流服务升级。充分发挥制造业块状集聚优势，在主要的产业集聚区块，加快建设以原辅材料采购和仓储金融质押为核心功能、以解决中小企业融资困局和提供生产资料集约采购服务为目的的第三方供应链物流平台，为产业集群转型升级提供供应链管理和物流保障。

完善城乡配送基础物流网络。适应连锁经营业态发展需要，鼓励企业应用现代物流管理技术，在大中城市发展面向流通企业和消费者的社会化协同配送物流服务。抓好杭州城市配送物流体系建设试点，解决配送中心、城市快递、配送车辆通行、停靠和装卸作业等问题，提高城市配送的专业化水平。充分发挥邮政快递网络和交通运输部门小件快运网络基础作用，积极鼓励物流企业大力发展网货配送与快递物流业务。加快建设覆盖全省的网货配送与快递物流中心网络，打造低成本和现代化的网货配送与快递物流服务公共平台，构建便捷高效、竞争有序、技术先进、服务优质的快递服务体系，推动全省快递物流业务实现跨越式发展。适应城乡一体化发展进程，着力加强以农村货运站为主体的农村物流基础设施建设，加快小件快运推广工作与乡村配送物流建设。完善药品、食品、鲜活农产品的冷藏、加工、运输和配送等物流设施，提高药品、食品、鲜活农产品冷藏运输比例，支持发展农资和农村消费品物流配送中心建设。

3. 以分离发展、引进移植和整合提升为重点，加强物流市场主体建设。分离发展一批。鼓励工商企业按照分工协作原则，引导其剥离物流业务，促进企业内部物流社会化；适时选取典型物流企业开展产业联动试点示范，做大做强一批专业化的物流企业。

引进移植一批。充分利用我省优越的物流发展条件，抓住发达国家和地区物流产业加快转移的有利时机，面向境外引进一批国际著名物流企业；加强与央企等大企业合作，共同发展一批骨干物流企业。

整合提升一批。鼓励现有运输、仓储、货代、联运、快递企业加快资源整合、功能整合和服务延伸，引导物流企业通过参股、控股、兼并、联合、合资、合作等多种形式进行资产重组，加快向现代物流企业转型提升。

4. 以物流标准化、信息化和高新技术开发应用为重点，加快推进物流现代化进程。把物流信息化建设作为推进物流现代化的核心任务。重点要推动物流企业业务运营信息系统建设，支持通用信息模块软件和专业物流业务运营需要的物流信息软件开发推广。积极探索物流公共信息平台建设，包括全省物流公共信息平台、全省电子口岸大通关信息网络，以及道路、水运、铁路、航空等货运信息网络开发，提高物流公共信息服务能力。

把物流标准化建设作为推进物流现代化的基础工作。依托我省成熟物流企业制定相关服务标准和技术标准，力争成为国家级标准，扩大我省在国家物流通用基础类、物流技术类、物流信息类、物流管理类、物流服务类等领域标准制定的话语权。加快物流管理、技术和服务标准的推广，鼓励企业采用标准化物流计量、货物分类、物品标识、物流装备设施、工具器具、信息系统和作业流程等，提高物流的标准化程度。加快对现有仓储、转运设施和运输工具的标准化改造，鼓励企业采用标准化的物流设施和设备。实施物流标准化服务示范工程，选择大型物流企业、物流园区开展物流标准化试点工作并逐步推广。

把物流高新技术开发应用作为推进物流现代化的重要举措。大力发展多式联运、特种货物、大吨位厢式货车和甩挂运输等现代运输方式。大力推广集装技术和单元化装载技术，完善并推广物品编码体系，广泛应用条码、智能标签、无线射频识别（RFID）等自动识别、标识技术以及电子数据交换（EDI）技术，发展可视化技术、货物跟踪技术和货物快速分拣技术，尤其要大力发展和应用物联网技术，全面提高物流运营效率。

5. 以深化改革开放为重点，着力改善物流业发展环境。积极争取宁波—舟山港分享上海国际航运中心的优惠政策。加快口岸开放步伐，争取增加沿海港口开放口岸和内陆义乌等地航空开放口岸，不断拓展沿海保税港区及内陆口岸保税物流功能，争取设立中国（浙江）大宗商品交易中心和以大宗商品国际贸易为特色的保税港区。探索建立适应供应链管理和物流网络一体化发展的体制机制，进一步深化研究物流业税收政策、地价政策、物流金融创新和宁波—舟山港管理一体化方案，为“十二五”时期我省物流业大发展创造提供有利的发展环境。

四、重点举措

（一）规划建设一批重点物流园区

按照集中与分散相结合的原则，围绕海港、空港和铁路、公路场站等交通枢纽，围绕产业集聚区和开发区、专业市场和产业集群等物流需求集聚地，围绕中心城市区域分拨配送中心等，规划建设一批重点物流园区。优先满足重点物流园区建设的合理用地需求，注重园区建设土地集约节约利用。支持园区公共服务平台建设。优先推荐进园物流企业实行营业税差额征税；新入园的物流企业按规定缴纳城镇土地使用税确有困难的，可按税收管理权限报经批准，给予减免城镇土地使用税。

专栏1　重点规划建设的物流园区
1. 杭州空港物流园区（包括杭州空港保税物流中心和杭州萧山国际机场物流园两大区块）
2. 杭州下沙物流园
3. 杭州江东物流园区
4. 宁波梅山保税港区物流园区
5. 宁波镇海大宗货物海铁联运物流枢纽港
6. 宁波空港物流园区
7. 舟山六横大宗商品物流园区
8. 舟山衢山港大宗商品综合物流园区
9. 温州潘桥国际物流基地
10. 瑞安江南物流园区
11. 义乌物流园区（包括国际物流区和国内物流区两大区块）

续 表

12. 金华国际物流园区
13. 湖州德清临杭物流园区
14. 湖州长兴综合物流园区
15. 嘉兴现代物流园（包括北区和南区两大区块）
16. 嘉兴港区综合物流园（包括乍浦港区和独山港区两大区块）
17. 绍兴县中国轻纺城现代物流园区（包括中国轻纺城仓储物流中心、中国轻纺城国际物流中心和柯东仓储中心三大区块）
18. 台州市物流园区（包括南区和北区两大区块）
19. 衢州综合物流园区
20. 丽水综合物流园区

（二）推进实施一批重点物流项目

按照规划先导、适度超前、滚动开发的原则，推进实施一批符合区域和行业发展规划，具有战略性、带动性和可行性的重点物流项目。主要分五大类：一是布局在杭州、宁波—舟山、金华—义乌和温州四大物流枢纽及其他物流节点的物流项目；二是与大宗商品物流和国际集装箱物流相关的港口物流、保税物流项目；三是服务于专业市场和产业集群的仓储与货运配载物流项目和供应链集成服务物流项目；四是构建适应城乡物流配送网络体系需要的城市配送、网货快递和乡村物流配送项目；五是加快推进适应物流信息化、标准化需要的物流信息平台、通用物流信息管理软件开发与推广和物流标准化试点项目。各地、各部门要加快推进物流项目前期工作，强化土地、资金、人才等要素保障，切实协调解决项目实施中的矛盾和困难。对于"十二五"省重点物流项目，优先纳入年度省服务业重大项目计划和省重点项目，优先推荐申报国家有关扶持资金，优先安排省服务业发展引导资金贴息或补助。

专栏 2　重点推进实施的物流项目
1. 浙江八达物流基地建设项目
2. 英特药业公共医药物流平台建设项目
3. 杭州市粮食收储有限公司粮食现代物流建设项目
4. 杭州市石大路货运物流中心项目
5. 祐康农产品低温物流体系建设项目
6. 浙江新农都现代农产品物流中心项目
7. 杭州龙腾国际物流中心项目

续 表

8. 杭州保税物流中心（B型）项目
9. 杭州萧山国际机场物流园区项目
10. 中国轻纺原料物流交易基地项目
11. 杭州蔬菜物流有限公司冷库及配套建设项目
12. 建德物流中心项目
13. 桐庐现代物流中心项目（二期）
14. 浙江供销联合配送集团物流中心项目
15. 浙江富阳口岸国际物流中心三期项目
16. 传化物流（富阳）基地项目
17. 宁波梅山保税物流园区保税物流配送中心、集卡服务区项目
18. 宁波镇海大宗货物海铁联运物流枢纽港项目
19. 宁波集装箱海铁联运物流枢纽站项目
20. 宁波北仑现代国际物流中心项目
21. 现代国际物流园集卡服务中心项目
22. 宁波保税区现代保税物流基地项目
23. 宁波梅山保税港区物流园区项目
24. 宁海物流中心项目
25. 慈溪市综合物流园区项目
26. 余慈仓储物流中心项目（二期）
27. 宁波空港国际物流园项目
28. 奉化火车站（尚桥）物流中心项目
29. 双屿物流中心（二期）项目
30. 瓯江口新区物流中心（一期）项目
31. 江南物流园区项目
32. 龙湾港区物流中心项目（港口园区项目一期工程）
33. 吴兴织里儿童产业物流中心项目
34. 浙江德隆物流仓储项目
35. 家电物流配送中心项目
36. 德清临杭物流园区Ⅱ区工程项目
37. 渤海物流东部交割总库项目
38. 环太湖金属物流园项目
39. 湖州综合物流园区项目
40. 川山甲智能物流和供应链管理公共服务平台项目
41. 嘉兴南方丝绸市场物流中心项目
42. 浙江物流科技创业园项目
43. 嘉兴华东钢贸城仓储配送中心项目
44. 独山港期货交割仓库项目

续 表

45. 中国航油物流有限公司浙江平湖油库项目
46. 海宁马桥经编园区物流扩建项目
47. 浙江广联物流有限公司项目
48. 桐乡甩挂运输迁建项目
49. 绍兴集亚物流基地项目
50. 绍兴港越城港区中心作业区（绍兴港现代物流园区）项目
51. 上虞市信诚物流中心扩建项目
52. 浙江高速公路枢纽港（上虞）综合物流基地项目
53. 嵊州市桑蚕丝物流储备中心项目
54. 诸暨市现代物流园区（一期）项目
55. 新昌县国际物流中心项目（海关监管点）
56. 绍兴滨海物流中心项目
57. 金华中外运国际物流中心项目
58. 浙中建材市场仓库物流配套设施项目
59. 永康物流中心二期、三期项目
60. 浙江物产（浙中）供应链物流服务基地项目
61. 浙江嘉宝物流基地项目
62. 浙江（磐安）“浙八味”物流中心项目
63. 衢州巨化物流园区（一期）项目
64. 衢州柳丰物流有限公司城乡物流集结项目
65. 浙江驰骋物流中心项目
66. 龙游综合物流基地项目
67. 江山综合物流中心项目
68. 温岭市公路物流中心项目
69. 玉环海峡两岸商品交易物流中心物流加工、物流配送、物流综合服务区项目
70. 浙江三特生态渔业发展有限公司农产品冷链物流项目
71. 临海港口（国际）物流园区项目
72. 椒江葭沚物流园区项目
73. 浙江山鹰物流仓储配送中心项目
74. 黄岩农博农副产品物流中心项目
75. 临海江南物流集散中心项目
76. 仙居绿色农产品综合服务网建设项目
77. 浙江美顺达石化有限公司物流中心项目
78. 浙江（舟山）大宗商品交易平台项目
79. 舟山陆港现代物流配送中心项目
80. 舟山水产品国际物流中心项目
81. 浙江天禄能源有限公司成品油储运项目

续 表

82. 舟山港航集聚区项目
83. 洋山国际中转物流园区项目
84. 浙江鸿汇现代医药物流中心项目
85. 松阳县物流中心项目（松阳县工业园区物流基地）
86. 缙云路网物流中心项目
87. 义乌小商品国内物流中心项目
88. 义乌市内陆口岸场站工程项目
89. 义乌小商品出口监管中心项目
90. 义乌物流园区信息化工程项目

（三）选择培育一批重点物流企业

根据企业的规模和影响力大小、商业模式优劣、成长性高低等，选择培育一批省级重点物流企业，优先选择培育第三方物流企业和物流重点发展领域企业。列入省重点物流企业名单的企业，要进一步理清发展思路，立足自身优势，顺应物流业发展趋势，在做专做精和做大做强上下功夫。各地、各部门应给予更多关注和支持，进一步完善重点物流企业联系制度，改进政府服务，帮助企业协调解决发展中面临的困难和问题，在建设用地上给予倾斜，在税收政策上给予优惠，在上市融资上给予优先，在品牌创建上给予支持，促进企业更好地发展壮大，切实担当物流龙头企业的重任。

专栏3 重点培育发展的物流企业	
1. 浙江传化物流基地有限公司	2. 浙江省八达物流有限公司
3. 华瑞物流股份有限公司	4. 杭州萧山国际机场有限公司
5. 浙江物产物流投资有限公司	6. 浙江长运物流股份有限公司
7. 杭州货运管理服务中心	8. 杭州三里洋物流有限公司
9. 杭州畅宇物流有限公司	10. 浙江中通通信有限公司
11. 浙江新安物流有限公司	12. 浙江川山甲物资供应链有限公司
13. 中交物产集团有限公司	14. 浙江通创智慧服务有限公司
15. 杭州新颜物流有限公司	16. 浙江百世物流科技有限公司
17. 浙江英特物流有限公司	18. 浙江远洋运输物流有限公司
19. 杭州第一汽车运输有限公司	20. 杭州富日物流有限公司
21. 杭州近江物流有限公司	22. 杭州八方物流有限公司
23. 杭州珍诚医药在线股份有限公司	24. 杭州萧山国际物流有限公司
25. 杭州富阳口岸国际物流有限公司	26. 浙江双马国际货运有限公司

续 表

27. 浙江兴力国际货运有限公司	28. 杭州汉德国际货运有限公司
29. 浙江海洲国际货运代理有限公司	30. 浙江涌金仓储股份有限公司
31. 浙江省邮政速递物流公司	32. 浙江顺丰速运有限公司
33. 浙江申通快件服务有限公司	34. 上海圆通速递有限公司杭州分公司
35. 杭州浙韵速递有限公司	36. 浙江中通速递服务有限公司
37. 浙江九龙国际物流有限公司	38. 宁波港铃与物流有限公司
39. 浙江中外运有限公司	40. 宁波中远物流有限公司
41. 宁波富邦物流有限公司	42. 宁波市金星物流有限公司
43. 宁波市汽车运输集团有限公司	44. 宁波海运股份有限公司
45. 宁波龙星物流有限公司	46. 中国宁波外轮代理有限公司
47. 镇海石化物流有限责任公司	48. 宁波经济技术开发区中通物流有限公司
49. 宁波海联物流有限公司	50. 宁波神化化学品经营有限责任公司
51. 慈溪市公铁联运有限公司	52. 慈溪市交通物流发展有限公司
53. 宁波舜发国际物流有限公司	54. 宁波金洋化工物流有限公司
55. 宁波港国际集装箱有限公司	56. 宁波大港（新世纪）货柜有限公司
57. 宁波长胜货柜有限公司	58. 慈溪市余慈物流中心有限公司
59. 温州东风运输有限公司	60. 迅捷物流集团有限公司
61. 温州长运集团有限公司	62. 温州市鹿富物流有限公司
63. 苍南浙闽边贸物流中心开发有限公司	64. 浙江尊龙物流有限公司
65. 湖州华安物流发展有限公司	66. 湖州鑫达国际物流有限公司
67. 浙江兴一物流有限公司	68. 浙江长兴捷通物流发展有限公司
69. 振石集团浙江宇石国际物流有限公司	70. 浙江汇联物流有限公司
71. 浙江五洲乍浦港口有限公司	72. 浙江顺天物流有限公司
73. 桐乡市濮院物流园区发展有限公司	74. 中国轻纺城国际物流中心有限公司
75. 浙江金剑国际货运有限公司	76. 上虞市信诚物流中心
77. 嵊州领带物流股份有限公司	78. 金华市中宇物流有限公司
79. 浙江广深物流有限公司	80. 浙江诚毅国际物流有限公司
81. 义乌市交通发展有限责任公司	82. 义乌市扬翔国际货运代理有限公司
83. 巨化集团公司	84. 衢州汽车运输集团有限公司
85. 衢州柳丰物流有限公司	86. 浙江驰骋物流有限公司
87. 中国舟山外轮代理有限公司	88. 德勤集团股份有限公司
89. 浙江名捷物流有限公司	90. 普陀海运集团有限公司
91. 浙江山鹰物流有限公司	92. 天天控股集团有限公司
93. 浙江五星物流有限公司	94. 浙江中捷环洲供应链集团股份有限公司
95. 浙江陆通物流有限公司	96. 台州天啸物流有限公司
97. 丽水市汽车运输集团有限公司	98. 浙江鸿汇医药物流有限公司
99. 浙江路网物流有限公司	100. 浙江天虹物流有限公司

（四）培养引进一批高素质物流人才

发挥高等院校作用，在本科院校和高职院校、技工学校中建立不同培养目标的物流教学体系，培养适应不同岗位需要的物流人才。发挥行业协会和骨干企业作用，加强与国内外培训机构的合作，开展物流人才的培训工作。提高在职培训针对性，企业高管和高级工程技术人员培训以“走出去”为主，重点学习新理念、新知识和新商业模式，企业一般员工培训重点提高岗位技能，新入职大学生培训重点提高岗位适应能力。大力推行物流职业资格证书制度，开展物流领域技能鉴定工作。通过努力，力争用3～5年时间，培养150名左右具有世界眼光、战略思维、熟悉国际惯例和规则、掌握本行业专业知识的现代物流业领军人才；引进1000名左右现代物流业高端人才和紧缺急需骨干人才，争取10名左右列入浙江省“海外高层人才引进计划”，2名左右进入国家“千人计划”。面向国内外引进高级技术职称或博士学位的高层次物流人才，所支付的一次性住房补贴、安家费、科研启动经费等费用，可据实在计缴企业所得税前扣除，必要时给予适当资金补助。鼓励以智力资本入股或参与分红。落实人才引进政策，切实帮助解决高端物流人才及配偶、子女的住房和就业、就学等问题。

（五）修订完善一批物流业促进政策

开展对现行物流业发展政策实施状况的全面检查，找出薄弱环节，提出解决方案。做好国家《物流业调整和振兴规划》、《关于促进物流业健康发展的若干意见》的贯彻落实工作，梳理省及有关部门支持物流业发展的政策措施，形成统一明确的物流业发展政策。对于已经过时或难以适应物流业发展需要的政策，及时加以修订完善。凡是可以有所作为的政策领域，应积极探索实践，力争取得突破。

十三 安徽省

022

安徽省人民政府关于印发《安徽省现代物流业发展规划》的通知

皖政〔2009〕89号

各市、县人民政府，省政府各部门、各直属机构：

现将《安徽省现代物流业发展规划》印发给你们，请认真贯彻执行。

安徽省人民政府

二〇〇九年八月二十一日

安徽省现代物流业发展规划

安徽省人民政府

2009年8月21日

现代物流业是运用信息技术和供应链管理方法，对分散的运输、储存、装卸、搬运、包装、流通加工、配送、信息处理等基本功能进行系统整合和一体化运作的复合型产业。加快发展现代物流业，对于优化资源配置，改善投资环境，广泛吸纳就业，推进产业结构调整升级，提高我省经济运行质量和效益，增强国民经济竞争力，具有重要意义。为应对国际金融危机影响，贯彻国家《物流业调整与振兴规划》，促进我省物流业平稳较快发展，培育新的经济增长点，特制定本规划。规划期为2009—2015年。

一、发展基础

（一）发展条件

当前，我省物流业加快发展具备很多有利条件。一是经济实力增强。2008年，全省生产总值达到8874亿元，汽车、钢铁、有色、建材、石化、装备制造、纺织服装等优势产业快速发展，重要能源、原材料基地初步形成，国民经济持续增长及其对物流业依存度的不断提升，极大地拓展了我省物流业的空间。二是区位优势突出。我省沿江近海、承东启西，地处长三角腹地，加快发展现代物流业具有得天独厚的优势。三是物流产业初具规模。2008年，全省物流业实现增加值608.2亿元，占服务业增加值的比重为18.3%，全省共有运输、仓储及综合物流企业2000家左右，具有一定规模的第三方物流企业200多家。四是物流设施逐步完善。初步形成了公、铁、水、航空运输并存的综合运输体系。2008年底，全省公路里程14.88万公里，其中高速公路2506公里，形成了四通八达的高速公路网，铁路通车里程2878公里，拥有长江、淮河两大黄金水道和四个一类口岸，通航里程达5596公里，合肥新桥国际机场的开工建设将极大地提升安徽的航空地位。仓储设施建设步伐加快。近年来重点建设了粮棉油、冷藏、危险品等一批专业仓库。信息基础设施加快发展。2008年末，全省固定电话交换机总容量1614万门，固定电话用户、移动电话用户、基础电信运营企业计算机互联网宽带接入用户分别达到1380万户、1715万户和187万户，电子商务、电子口岸等网络建设也取得积极进展。物流园区建设起步，配送设施现代化水平不断提高，一批区域性物流中心正在形成。五是物流环境明显改善。各级政府及有关部门逐步重视物流工作，把加快发展现代物流业摆上一定位置。物流公共信息平台建设、物流统计和标准化、人才培养、技术创新等行业基础性工作已经启动。

同时，我省物流业发展还存在着一些不利因素。对现代物流业概念、地位及作用认识不够；条块分割、地区封锁和行业垄断影响了物流资源的有效整合及一体化运作，物流发展缺乏统一协调的产业政策体制支持；物流企业自身服务功能不全，管理水平不高，高端业务较少，信息化水平偏低；物流人才紧缺，特别是既懂信息技术又懂现代物流管理的复合型人才稀缺。

（二）发展环境

当前乃至“十二五”期间，我省物流业发展机遇与挑战并存。经济全球化迅猛发展，全球采购、全球生产和全球销售的发展模式创造了巨大的物流需求。互联网、电子商务等科技进步将进一步推动现代物流业加快发展。随着我省工业化进程的不断加快，物流业在降低资源消耗、提高劳动生产率方面所起的作用越来越大，已成为拉动国民经济增长的重要力量。此外，国家扩大内需政策和中部崛起战略的逐步实施、泛长三角分工合作的深入推进、合芜蚌自主创新综合配套改革试验区的加快建设，尤其是国家级皖江城市带承接产业转移示范区的设立，必将给我省物流业发展带来重大机遇。当前，受国际金融危机影响，我省物流业还面临着物流需求下降、市场竞争加剧等挑战。

二、指导思想、原则和目标

（一）指导思想

坚持以科学发展观为指导，以市场为导向，以企业为主体，以先进技术为支撑，以降低物流成本和提高物流效率为核心，依托综合交通网络，加快与长三角物流接轨，发挥比较优势和后发优势，转变物流业发展模式，培育有竞争力的物流主体，加强物流园区建设，推进物流体制机制创新，建立完善的现代物流体系，全面提升物流产业发展水平，推动我省物流业向现代物流业迈进，形成制造业和物流业联动发展的格局，促进全省经济社会全面协调可持续发展。

（二）基本原则

——政府规划，市场主导。政府加强规划引导，政策支持，重点是扶持物流工程项目建设，着力为物流业营造良好的发展环境。同时充分发挥市场配置资源的基础性作用，调动企业积极性，从满足物流需求的实际出发，注重投资的经济效益。

——整合存量，优化增量。充分利用、整合现有物流资源，提高资源利用效率。优化增量资源，引导社会资本向规划区域集中。本着节地、节能、节水的原则，走集约式、内涵式的发展道路，增强物流业的可持续发展能力。

——统筹发展，突出重点。结合全省经济发展格局和产业布局，统筹规划物流基础设施和空间布局，形成科学合理的物流体系，突出重点区域、重点物流枢纽发展和重大带动项目的建设。

——技术先进，安全实用。大力推进物流技术创新和管理创新，把增强自主创新能力作为物流业发展的中心环节，积极引进和吸收国内外先进的物流技术和管理经验。注重物流技术的安全性和实用性，避免出现盲目投资和资源浪费。

（三）发展目标

到2015年，基本建成与全省国民经济发展相适应的现代物流体系，现代物流对经济增长的推动作用进一步增强，物流业发展的体制机制进一步完善；物流的专业化、社会化、组织化水平大幅提高，第三方物流的比重有所增加，物流业规模进一步扩大，全省物流业增加值年均增长14%左右；物流整体运行效率进一步提高，全社会物流总费用与全省生产总值比率下降1个百分点；建成功能完善、便捷高效、与长三角对接的现代物流公共信息平台，形成若干具有较高知名度的物流品牌和第三方物流企业，建成一批物流园区，构筑若干全国和区域性物流枢纽，力争使现代物流业成为我省有竞争力的主导产业。

三、空间布局

（一）发展三大物流区域

1. 合肥物流圈。主要依托和服务于合肥经济圈，包括合肥、淮南、巢湖、六安、滁州5市。建立跨区域的全国性物流集散和分拨、配送中心，发展汽车、家电、化工、机械、电子、能源、农产品等物流，大力发展商贸物流，形成公路、铁路、航空联运一体化的物流体系。

2. 皖江外向型现代物流产业带。主要依托和服务于皖江城市带，包括马鞍山、芜湖、宣城、铜陵、池州、安庆、黄山7市。建立与长三角和中西部地区相连接的区域性物流集散和分拨、配送中心，发展钢铁、汽车、建材、家电、化工、有色、食品、纺织服装、旅游商品等物流，充分利用长江黄金水道，加快港口物流和保税物流发展，加强出海物流通道建设，形成公路、铁路、水运联运一体化的物流体系。

3. 沿淮物流产业带。主要依托和服务于沿淮城市群，包括蚌埠、亳州、阜阳、淮北、宿州5市。建立区域性、面向黄淮海地区的物流集散和分拨、配送中心，发展农产品、纺织服装、化工、食品、医药、日用消费品、农资等物流，形成公路、铁路联运为主、兼有水运的物流体系。

（二）构筑五大物流枢纽

1. 合肥物流枢纽。依托合肥交通区位、技术优势和现有的经济基础，以公铁联运和航空运输为重点，规划建设合肥综合保税区、合肥空港物流园等综合性物流园区，加强与武汉、郑州物流中心的联动发展，共建中部物流城市群，将合肥建成重要的全国性物流枢纽。

2. 芜（湖）马（鞍山）物流枢纽。发挥芜马综合交通和产业基础优势，以江海联运和服务外向型经济为重点，规划建设芜湖保税港区、裕溪口煤炭配送中心、马鞍山钢铁物流园等物流园区，积极发展国际物流，大力培育有核心竞争力的第三方物流企业，建成服务皖江城市带、面向长三角的重要物流枢纽。

3. 安庆物流枢纽。发挥安庆的区位优势，围绕主导产业，加快港口物流园区建设，优化物流资源配置，建成服务皖西南、面向皖鄂赣的区域性物流枢纽。

4. 蚌埠物流枢纽。发挥蚌埠的区位和交通条件，依托已形成的产业基础，积极整合物流资源，加快物流园区建设，增强辐射功能，建成服务皖北、面向淮海地区的区域性物流枢纽。

5. 阜阳物流枢纽。发挥阜阳的区位交通和资源条件，依托京九线和高速公路网，围绕食品加工、特色农业、医药、商贸和农资流通，加快培育物流主体，加强物流基础设施建设，建成服务皖北、面向中原的区域性物流枢纽。

（三）建设五大特色物流中心

发挥铜陵铜冶炼、铜产品深加工及化工优势，建成以铜及铜制品、化工为特色的物流中心。依托两淮能源和重化工产业基础，建成以能源和重化工产品为特色的物流中心。依托当地优势产业，将宿州建成以农副产品及其加工品为特色的物流中心。依托现有的中药材市场，进一步完善现代物流的功能，支持亳州建成以中药材原料及医药产品为特色的物流中心。发挥旅游城市人流集中的优势，支持黄山建设以文化旅游商品为特色的物流中心。

（四）规划五个地区性物流节点城市

根据市场需求、产业布局等基础条件，规划宣城、池州、滁州、巢湖、六安五个地区性物流节点城市。节点城市要根据本地产业特点、发展水平和设施状况等实际完善城市物流设施，整合物流资源，培育物流市场主体，加强物流园区规划布局，建设一个核心物流园区和若干专业物流园区，努力提高物流服务水平，带动周边所辐射区域的物流业发展。

四、主要任务

（一）建设与长三角对接的物流基础设施

建设通江达海的内河运输体系。统筹规划长江岸线资源和港口布局，调整优化沿江港口结构，把芜湖建设成为长江流域重要的航运枢纽，建成以芜（湖）马（鞍山）组合港、安庆港为区域性枢纽中心港的多功能现代化港口群，重点建设集装箱、煤炭中转、石油、矿石和建材等专业化运输系统。到2015年，沿江港口群货物吞吐能力达到4亿吨，其中集装箱吞吐能力100万标箱。完善内畅外通的公路网络。以东向对接通道为重点，继续加快高速公路建设，构筑全省高速公路骨架网。加快高速公路连接线建设，完善高速公路路网结构。加强跨江通道和疏港道路建设，改造升级国、省干线公路及县乡道路，到2015年新增高速公路1500公里。加快实施一批铁路建设项目，到2015年新增铁路3000公里，提高安徽在全国铁路网的枢纽地位，改扩建合肥、芜湖、蚌埠、阜阳等主要铁路货运站场，提高运输吞吐能力。完善机场布局和功能，扩大航空运输服务覆盖范围，开辟欧美国际航线，加密东部地区航班。重点建设合肥新桥机场，形成华东地区重要的航空运输枢纽和国际定期航班机场。优化各种运输方式的规划布局，做好各种运输方式在线路、节点上的匹配和衔接，尽快建成一批功能完备、布局合理、集疏运体系完善的现代综合交通枢纽站场。积极推进铁路、公路、港口等多种方式统筹布局的货运枢纽站场和物流中心建设，加快建设综合交通枢纽站场的集疏运网络。

（二）大力发展第三方物流

鼓励工商企业分离外包业务，将采购、运输、仓储、包装、配送等物流业务交由第三方物流企业承担，促进企业内部物流社会化。加强对现有运输、仓储、货代、批发、零售企业的服务延伸和功能整合，促进传统物流企业向现代物流企业转变。以现有发展基础较好、具有一定规模和先进管理理念的物流企业为重点，进一步完善功能、提升服务，培育形成一批具有核心竞争力、在国内有较大影响的第三方物流企业。引导省内大型企业集团与第三方物流企业加强合作，充分发挥现代物流降低成本、提高效率的作用。积极推动物流企业进行国家认证，培育一批符合国家物流标准的A级物流企业和若干家3A级以上企业。积极引进国内外知名第三方物流企业，鼓励安徽省企业与之合资合作，吸引大型外资跨国物流、货代企业进入安徽省，建立地区总部和采购中心，带动我省物流技术和物流管理水平全面提高。

（三）推动重点领域物流发展

加强重要矿产品及相关产品物流设施建设，建立煤炭、铁矿石、铜矿砂、水泥熟料等物流体系。围绕钢铁基地建设，建立钢材及深加工产品物流体系。大力推动汽车和零配件物流发展，建立科学合理的汽车综合物流服务体系，促进自主品牌汽车发展壮大。立足粮食、棉花生产优势，加快发展粮食、棉花现代物流，推广散粮运输和棉花大包运输。加强农产品质量标准体系建设，发展农产品冷链物流。完善农资和农村日用消费品连锁经营网络，建立农村物流体系。发展城市统一配送，提高食品、食盐、烟草和出版物等物流配送效率。实行医药集中采购和统一配送，推动医药物流发展。加强对危险化学品物流的跟踪与监控，规范危险化学品物流的安全管理。鼓励企业加快发展产品与包装物回收物流和废弃物物流，促进资源节约与循环利用。鼓励和支持物流业节能减排，发展绿色物流。

（四）加快国际物流和保税物流发展

继续促进外向型经济物流发展，拓展芜湖出口加工区保税物流功能，争取设立芜湖保税港区和合肥综合保税区。加快“电子口岸”建设，积极推进大通关信息资源整合，优化口岸通关作业流程，实行申办手续电子化和“一站式”服务，提高通关效率。

（五）创新物流业发展的体制机制

大力开展物流管理体制创新、企业组织创新、企业经营机制创新，变传统物流为现代物流，变物流自理为物流代理，变企业物流为物流企业，优化物流供给，引导物流需求，培育物流市场。加大对物流企业兼并重组的政策支持力度，缓解当前物流企业面临的困难，鼓励物流企业通过参股、控股、兼并、联合、合资、合作等多种形式进行资产重组，培育一批服务水平高、竞争力强的大型现代物流企业。鼓励中小物流企业加强信息沟通，创新物流服务模式，加强资源整合，满足多样性的物流需要。进一步推广现代物流管理，运用供应链管理与现代物流理念、技术与方法，实施采购、生产、销售和物品回收物流的一体化运作。积极发展连锁经营、物流配送和电子商务等现代流通方式，促进流通企业的现代化。

（六）推进物流信息化和标准化

充分利用现有的公共信息资源，打破地区、部门分割，建立全省统一的物流公共信息平台。推进各类物流信息资源的整合，推动与长三角及其他地区物流资源共享和信息互联互通。积极推进物流企业管理信息化，引导物流企业建设好内部信息网络，逐步实现与公共物流信息平台联网。促进先进物流信息系统和装备设施的广泛应用，鼓励物流企业运用仓储、运输、客户关系等信息管理系统，以及自动立体化仓库、自动导向车、射频识别技术等装备技术，进一步提高物流的速度和效率。加强工商企业物流信息系统建设，鼓励应用供应链管理、企业资源管理、电子自动订货、销售时点信息等软件系统，并实现与物流企业信息互联互通。加快物流标准化建设，以物流信息、服务和管理三个标准为切入点，集中研究制定一批对我省物流产业发展和服务水平提升有重大影响的物流标准。

（七）建立应急物流体系

建立应急生产、流通、运输和物流企业信息系统，应对重大疫情、严重自然灾害、社会动乱、军事冲突等突发事件，保障国民经济正常运转和人民生活正常进行。规划建设应对不同类别突发事件的物流安全保障体系，制定应急物资采购、储运、调拨预案，优化物流应急作业组织和程序，完善应急处理机制，提高综合应急减灾处理能力。建立多层次的政府应急物资储备体系，保证应急调控的需要。加强应急物流设施设备建设，提高应急反应能力。选择和培育一批具有应急能力的物流企业，建立应急物流体系。

五、重点工程

（一）物流园区建设工程

按照土地利用和城市总体规划，在物流枢纽城市、特色物流中心城市、地区性物流节点城市，规划建设一批用地节约、产业集聚、功能集成、经营集约的物流园区。依托港口和交通枢纽，建设枢纽转运型物流园区；依托产业优势和基础，建设产业基地型物流园区；依托大型商贸流通企业和专业批发市场，建设市场流通型物流园区；结合中心城市传统运输、仓储、批发零售业转型提升，建设都市配送型物流园区。省级重点支持30个物流园区发展。

（二）城市和农村配送工程

鼓励企业在大中城市发展面向流通企业和消费者的社会化共同配送，促进流通的现代化。加快建设城市物流配送项目，鼓励专业运输企业提高城市配送的专业化水平，解决城市快递、配送车辆进城通行、停靠和装卸作业问题，完善城市物流配送网络。加强城乡统筹，推进农村物流工程。进一步加强农副产品批发市场建设，完善鲜活农产品储藏、加工、运输和配送等冷链物流设施，提高鲜活农产品冷藏运输比例，支持发展农资和农村消费品物流配送中心。

（三）大宗商品物流工程

加快煤炭物流通道建设，以淮南、淮北、宿州、阜阳、亳州煤炭外运为重点，建设芜湖裕溪口、铜陵煤炭储配中心，完善煤炭物流体系。依托长江黄金水道和港口资源，围绕钢铁、有色、建材产业，建设铜铁矿石、水泥熟料、钢材及加工品、铜及深加工品等物流设施。强化汽车物流服务，扩建奇瑞汽车滚装码头和江汽物流园区。根据《安徽省粮食现代物流发展规划》，建设粮食物流通道和物流节点，推进粮食"四散化"，建立粮食现代物流体系。大力推进棉花质量检验体制改革，支持合肥国家棉花交易中心发展，促进棉花现代物流。加强食盐储运配送设施建设，推动食盐流通现代化。

（四）制造业与物流业联动发展工程

加强指导、大力促进制造业物流分离外包，支持制造企业改造现有业务流程，促进物流业务分离外包，提高核心竞争力。培育一批适应现代制造业物流需求的第三方物流企业，提升物流业为制造业服务的能力和水平。制定鼓励制造业与物流业联动发展的相关政策，组织实施一批制造业与物流业联动发展的示范工程和重点项目，促进现代制造业与物流业有机融合、联动发展。

（五）物流信息化工程

整合物流信息资源，打破地区、部门分割，建立全省统一的物流公共信息平台，逐步形成集物流信息服务、物流电子政务和物流电子商务功能为一体的安徽物流业门户网站。加快商务、交通、工商、税务、海关、检验检疫、银行、保险等部门和单位信息系统建设，并与省物流公共信息平台实现对接。完善行业物流信息系统和基础数据，建立港口、铁路、公路和航空货运综合信息系统。加快物流和工商企业信息系统建设，逐步实现与省物流公共信息平台及相互间的互联互通。

（六）物流标准和技术推广工程

积极参与相关物流国家标准的研究制定和宣传推广，争取先试先行。实施物流标准化服务示范工程，选择大型物流企业、物流园区开展物流标准化试点工作并逐步推广。加快对现有仓储、转运设施和运输工具的标准化改造，鼓励企业采用标准化的物流设施和设备，实现物流设施、设备的标准化。推广实施托盘系列国家标准，鼓励企业采用标准化托盘，支持开展托盘租赁回收业务。鼓励物流企业采用集装单元、射频识别、货物跟踪、自动分拣、立体仓库、配送中心信息系统、冷链等物流新技术，提高物流运营管理水平。

六、保障措施

（一）加强组织领导

加强对现代物流业发展的组织和协调，相关部门要各司其职、各负其责。建立由省发展改革委牵头、有关部门参加的全省现代物流工作联席会议制度，研究协调现代物流业发展的有关重大问题和政策。各市要相应建立协调机制，加强对本地现代物流业发展有关问题的研究和协调。

（二）强化政策支持

省物流业发展重点项目整体列入省“861”项目投资计划，各市要优先保证项目用地需要。物流企业在用电、用水、用气、用地等价格上参照工业使用价格执行。物流企业购置设备符合相关企业所得税优惠目录的，所购设备投资额的10％可以从企业当年的应纳税额中抵免，当年不足抵免的，可以在以后 5 个纳税年度结转抵免。将现代物流业作为服务业重点领域予以扶持，今后新增的省服务业发展引导资金主要用于省物流业发展六大重点工程项目建设。加大金融支持力度，定期组织银行与物流企业及物流项目对接，引导商业银行积极对物流基础设施项目和物流企业提供贷款支持，鼓励担保机构为物流企业提供信贷担保。对相关企业开发、研制、使用先进物流技术和设备的，可申请国家和省高新技术产业化资金。积极引进外资、民间资本投资物流产业。

（三）深化改革开放

继续深化铁路、公路、水运、民航、邮政、货代等领域的体制改革，规范运输、货代等行业的管理，促进物流服务的规范化、市场化和国际化。改革仓储企业经营体制，打破行业和地区限制，推进仓储设施和业务的社会化。清理物流业不合理收费，降低物流企业成本。加强监管，规范物流市场秩序，强化物流环节质量安全管理。积极吸引国际著名物流企业参与我省物流设施建设和物流市场经营，充分利用国外先进的物流理念、管理和技术，大力发展物流服务外包。加强与国际先进物流企业的合资、合作与交流，鼓励、支持有条件的企业"走出去"，在境外开展分销、运输、仓储、货代等物流业务。

（四）制订专项规划

省各有关部门要制订专项规划，积极引导和推动重点领域和重点地区物流业的发展。省发展改革委会同有关部门制订粮食、食盐、农产品冷链等专项物流规划，省能源局会同有关部门制定煤炭物流规划，省经济和信息化委会同有关部门、相关市制定钢铁、汽车、建材、家电等专项物流规划，省商务厅会同省供销社等有关部门制订商贸物流专项规划，省卫生厅会同有关部门制定医药集中采购物流规划，省质监局会同有关部门制订物流标准专项规划，省烟草专卖局会同有关部门制订烟草物流规划。物流业发展重点地区的各级地方政府也要制订本地区物流业规划，指导本地区物流业的发展。

（五）加快人才培养

采取多种形式加快物流人才的培养，发展多层次教育体系和在职人员培训体系。支持我省有条件的高等院校开展物流工程和管理本科教育，设立物流专业硕士和博士点，大力培养物流经营管理与技术开发人才。强化职业技能教育，加强对物流企业从业人员的岗前培训、在职培训，提高现有物流从业人员职业技能和业务水平。借鉴国际先进经验，开展物流领域的职业资质培训与认证。实施人才激励政策，引进国内外优秀物流专业人才尤其是物流管理和物流工程技术方面的复合型人才和熟悉国际物流业务运作的高级人才，为我省物流业的快速发展提供智力保障。

（六）完善物流统计

认真贯彻实施社会物流统计核算与报表制度，建立科学的物流业统计调查方法和指标体系，尽快实现我省物流数据的采集、汇总、核算和分析的制度化，全面掌握我省现代物流业的规模、结构和发展水平。及时监测分析现代物流业发展、运行状况，为各级政府部门制定现代物流业发展政策和战略规划、加强宏观调控提供依据。充分发挥行业组织的作用，促进物流业统计信息交流，建立健全共享机制，提高统计数据的准确性和及时性。

（七）发挥行业社团组织的作用

积极培育和发展物流行业中介组织，充分发挥各类行业协会在政府、企业间的沟通桥梁作用。按照市场经济的要求，强化物流协会的整合和建设，引导协会履行服务、自律和协调职能，发挥协会在规划研究、规范市场行为、统计与信息、技术合作、人才培训和咨询服务等方面的中介作用，促进物流行业规范自律，推动物流市场有序健康发展。

七、规划实施

省各有关部门要按照《规划》要求，尽快制定和完善各项配套政策措施，明确政策措施的实施范围和进度，加强指导和监督，确保实现规划目标。各市要按照《规划》确定的目标、任务和政策措施，结合当地实际抓紧制订具体工作方案，细化落实，确保取得实效。各市要将具体工作方案和实施过程中出现的新情况、新问题及时报送省发展改革委和交通运输、商务等有关部门。

附件：

有关部门工作分工表

<table>
<tr><th>序号</th><th colspan="2">工作任务</th><th>牵头单位</th><th>参加单位</th><th>实施时间</th></tr>
<tr><td>1</td><td colspan="2">建设与长三角对接的物流基础设施</td><td>省发展改革委</td><td>省交通运输厅、省民航机场集团公司</td><td>2009—2015 年</td></tr>
<tr><td>2</td><td colspan="2">大力发展第三方物流</td><td>省发展改革委</td><td>省经济和信息化委、省交通运输厅、省商务厅</td><td>2009—2015 年</td></tr>
<tr><td rowspan="4">3</td><td rowspan="4">推动重点领域物流发展</td><td>粮食、食盐、农产品冷链物流</td><td>省发展改革委</td><td>省粮食局、省盐务局</td><td rowspan="4">2010—2015 年</td></tr>
<tr><td>煤炭物流</td><td>省能源局</td><td>省经济和信息化委、相关市政府</td></tr>
<tr><td>钢铁、汽车、建材、家电等物流</td><td>省经济和信息化委</td><td>相关市政府</td></tr>
<tr><td>商贸物流</td><td>省商务厅</td><td>省供销社</td></tr>
<tr><td>4</td><td colspan="2">加快国际物流和保税物流发展</td><td>合肥海关</td><td>省商务厅</td><td>2010—2015 年</td></tr>
</table>

续 表

序号	工作任务	牵头单位	参加单位	实施时间
5	创新物流业发展体制机制	省发展改革委	省经济和信息化委、省国资委、省商务厅	2009—2015 年
6	推进物流信息化	省经济和信息化委	省发展改革委、省科技厅	2009 年启动
7	推进物流标准化	省质监局	省发展改革委	2010 年启动
8	建立应急物流体系	省政府应急办	省民政厅、省卫生厅、省交通运输厅、省水利厅	2010 年启动
9	加大对物流企业及项目支持	省发展改革委	省经济和信息化委、省国土资源厅、省物价局	2010—2015 年
10	加大物流业财税金融支持	省财政厅	省国税局、省地税局、人行合肥中心支行	2010—2015 年
11	加快物流人才培养	省教育厅	省人力资源社会保障厅	2010 年启动
12	完善物流统计	省统计局	省发展改革委	2010 年启动

023

合肥市人民政府关于印发《合肥市现代物流业发展“十二五”规划》的通知

合政〔2012〕172号

各县（市）、区人民政府，市政府各部门、各直属机构：

《合肥市现代物流业发展“十二五”规划》已经市政府同意，现印发给你们，请认真组织实施。

合肥市人民政府

二〇一二年九月七日

合肥市现代物流业发展“十二五”规划

合肥市人民政府

2012年9月7日

现代物流业是运用信息技术和供应链管理方法，将运输、仓储、装卸、加工、整理、配送、信息等基本功能进行系统整合和一体化运作的复合型产业。为进一步加快“十二五”期间我市现代物流业发展和产业转型升级，培育新的经济增长点，促进现代化新兴中心城市和区域性特大城市建设，根据国家和省相关文件精神，结合本市实际，制定本规划。

一、发展条件

（一）发展基础

1. 综合实力显著增强。“十一五”以来，合肥市经济保持快速发展，地区生产总值年均增长17%以上，在全国省会城市中位次由第18位跃升至第15位。经济发展对现代物流业的依存度不断提升，并为现代物流业发展奠定了坚实基础。

2. 区位优势愈加凸显。合肥市承东启西、连南接北，是沿海的腹地、内地的前沿，以合肥为圆心、500公里为半径，是我国最具活力的区域之一，具有发展现代物流业得天独厚的优势。

3. 物流设施不断完善。合肥市是全国重要的综合交通枢纽。现有6条铁路、7条高速公路在合肥交会，为华东地区与西部地区公路、铁路货运主要联系通道。水路运输是长江水系高等级航道布局方案“一横一网十线”和安徽省“两干三支”航道骨架体系的组成部分，1500吨级货轮可经巢湖通江达海，合肥港国际集装箱码头首年吞吐量即突破5万标箱。合肥骆岗机场是全国重要的国际备降机场，已开通30余条航线，合肥4E级新桥国际机场即将投入运营。合肥还是交通运输部和安徽省政府联合批准的七个重点建设货运站场之一，拥有上海铁路局最大货场。

4. 物流产业初具规模。2011年，全市共有运输、仓储及综合物流企业600多家，从业人员20万人，实现营业收入217亿元，完成增加值约100亿元，占地区生产总值近3%，占服务业7%。

（二）制约因素

1. 专业化程度较低。多数物流企业仍习惯于“大而全”、“小而全”的生产经营模式，物流活动主要依靠企业内部组织的自我服务来完成，服务能力较弱，企业规模普遍较小，缺乏主导市场发展的大型运输企业和核心竞争力强、带动作用明显、现代化程度高的第三方物流企业。

2. 信息化水平不高。不少物流企业信息化程度偏低、功能单一、管理水平和技术装备水平不高，在利用信息技术追踪货物、库存管理电子化、供应链全过程的信息技术支撑等方面相对落后。

3. 物流人才缺乏。专业人才紧缺，特别是既懂信息技术又懂现代物流管理的复合型人才稀缺，成为制约物流业上规模、上水平的关键因素。

4. 市场竞争不规范。物流发展缺乏统一协调的产业政策体系支持，进入物流行业的门槛过低，中小物流企业资质水平参差不齐，存在无序竞争现象，影响了物流资源的有效整合和一体化运作。

（三）发展机遇

1. 国家实施物流业调整和振兴规划。随着《物流业调整和振兴规划》的公布和实施，物流业作为“第三利润源”，呈现加快发展态势。2011年，全国社会物流总额158.4万亿元、同比增长12.3%，增加值3.2万亿元、同比增长13.9%。制造业与物流业加速融合，形成相互渗透、联动发展的格局。2011年，工业品物流总额143.6万亿元，同比增长18.5%，占社会物流总额90.2%。长三角、珠三角、环渤海及中西部地区物流合作不断紧密。全国物流业发展呈现的新态势为合肥物流业发展提供了巨大空间。

2. 安徽出台现代物流业发展规划。提出打造合肥物流圈和建设合肥物流枢纽，明确合肥物流圈主要依托和服务于合肥经济圈，建立跨区域的全国性物流集散和分拨、配送中心，形成公路、铁路、航空联运一体化的物流体系；强调依托合肥交通区位、技术优势和现有的经济基础，以公铁联运和航空运输为重点，规划建设合肥综合保税区、合肥空港物流园等综合性物流园区，加强与武汉、郑州物流中心的联动发展，共建中部物流城市群，将合肥建成重要的全国性物流枢纽。省规划对合肥的新定位，为合肥物流业发展提供了强大动力。

3. 国内外产业梯度转移态势。我市充分发挥中部地区崛起战略中重要的省会城市、全国科技创新型试点市、综合交通枢纽城市、皖江城市带承接产业转移示范区核心城市等政策叠加优势，大力承接国内外汽车、装备制造、电子信息、化工、家电、农产品加工等产业，建设全国重要的先进制造业基地、高新技术产业基地和现代服务业基地。随着合肥承接国内外产业转移规模的扩大和质量的提升，为合肥物流业发展提供了广阔市场。

二、指导思想、基本原则与发展目标

（一）指导思想

坚持以科学发展观为指导，围绕建设现代化新兴中心城市和区域性特大城市的总体目标，按照“创新驱动、转型发展”的要求，把现代物流业作为发展服务经济的重要内容，以降低物流成本和提高物流效率为核心，以培育有竞争力的物流主体为重点，以物流园区建设为载体，以供应链管理和信息技术为支撑，以物流体制机制创新为动力，进一步延伸产业链条、拓宽发展空间、优化发展环境，努力建设与我市经济社会发展和广大居民消费需求相适应的现代物流体系，到2015年，把合肥初步建设成为东中部地区物流中心城市及国家级物流枢纽城市。

（二）基本原则

——坚持市场主导与政府引导相结合。强化企业的市场主体地位，发挥市场配置资源的基础性作用，加强政府统筹规划和产业政策的宏观指导，着力为现代物流业营造良好的发展环境。

——坚持产业互动与融合发展相结合。加强现代物流业与先进制造业的互动，大力发展专业化、社会化的第三方物流，把握面向消费需求的生产转型趋势，促进二、三产业深度融合，切实降低全社会物流成本。

——坚持整体推进和重点突破相结合。以大型物流基础设施建设和大型物流企业培育为重点，在重要领域、重点区域和重大项目带动上率先突破，推动现代物流业整体协调发展。

——坚持高端带动与创新发展相结合。充分发挥我市的要素集聚和综合服务优势，大力发展技术、知识、资金密集型的高端物流服务，进一步强化信息化的基础作用和人力资本的关键作用，加快推动物流服务模式创新，带动我市物流业发展能级和服务水平的整体提升。

（三）发展目标

——全市物流业增加值年均增长速度高于GDP的年均增长速度。物流成本与GDP的比值下降2个百分点，物流效率居全国前列。

——重点培育和吸引一批服务水平高、市场竞争力强的物流企业，培育3～5家业务辐射全国、收入过10亿元的大型第三方物流企业；引进5～10家国内外一流的第三方物流企业；加快形成各种所有制物流企业有序竞争、优势互补的市场格局。

——建设以公共物流信息平台为基础的物流信息网络；企业应用现代物流信息技术的比重达90%以上。

三、发展重点

（一）工业物流

以工业转型升级需求为导向，以降低工业物流成本、提高供应链运行效率为目标，培育工业物流产业，构建一体化运作的供应链管理服务体系，促进工业和物流业融合发展，适应我市制造业高端化发展趋势，加快新型工业化进程，进一步提升工业的国际竞争力，提供强有力的物流服务保障。

积极推进工业物流服务外包，引导企业逐步将运输、仓储、配送等物流业务从主业中分离，不断降低企业经营成本；鼓励推动制造业企业与物流企业开展资产重组，提高第三方物流企业在各制造业领域专业化服务的能力；鼓励企业以物流资源的整合优化为起点，开展流程再造和技术升级，提升全市供应链管理的设备技术水平；优化生产布局，构建差异化的物流服务模式，不断增强制造业物流服务我市产业结构升级、布局调整优化的功能。

（二）商贸物流

围绕建设合肥“全国流通领域现代物流示范城市”，着力推进现代商贸配送物流体系建设，进一步优化由综合物流园区、大型配送中心、社区配送节点组成的城市配送网络，构建广泛覆盖城乡居民的城市配送物流体系。

培育一批具有区域性物流配送能力的商贸连锁集团企业，力争使流通领域现代物流成为合肥市商贸经济的核心竞争力；加大重点商贸物流园区和重点批发市场的建设改造，推进专业市场物流配送中心建设；积极推动电子商务与全社会物流资源紧密结合，不断增强电子商务物流服务智慧城市运行的功能；推进“绿色物流”体系建设，进一步提高物流运行安全和节能减排能力；加快物流服务模式和业务流程创新，积极推进商贸物流管理的信息化，建设完善的商贸流通物流服务网络体系。

（三）涉农物流

积极推进农产品物流体系建设，着力减少农产品流通环节和降低中间费用；强化农产品市场、农机市场、农资市场和农村消费网点的规划和建设，加快实施“村村通”、“万村千乡”和“新网工程”；加强涉农物流通道、物流节点和信息化建设，鼓励企业建设物流配送中心，为社会客户提供专业化的物流配送服务。

以各类粮食批发和交易市场为平台，不断扩大粮食购销的规模，促进粮食物流发展。完善以巢湖粮食物流园和合肥现代粮食物流园为主体的全市粮食物流中心配套功能，加快各县（市）超10万吨仓容的粮食物流园区建设，构造粮食物流绿色通道，采用先进的粮食运输工具，打通江海联运粮食物流通道。

四、空间布局

“十二五”时期，围绕城市功能建设和产业结构调整，根据现代物流业发展目标和发展重点，在合肥市域范围内形成“4＋10＋4”的物流节点空间结构，构筑四大物流园区，建设四个农产品物流园，打造十大物流中心，形成科学合理的物流业发展格局。

（一）构筑四大物流园区

1. 东城物流园区。位于肥东县撮镇境内，大众路以西，裕溪路附近。主要依托安徽合肥商贸物流开发区的政策吸引和集聚效应，利用裕溪路与合宁高速公路出入口、撮镇货运站、店埠河码头的有利条件，为全市及周边地区商贸企业提供物流配送服务，远期实现公水铁联运。

2. 新港物流园区。位于合肥经济技术开发区南部，方兴大道以南，邻近派河码头。主要依托千吨级货运码头、未来江淮运河黄金水道通江达海和内河航运物流成本较低的有利条件，为全市及周边地区先进制造企业提供物流服务，承担内河与公路、铁路转运功能；同时积极放大合肥出口加工区效应，推动保税物流中心建设，远期可引入铁路专用线，实现公水铁联运。

3. 空港物流园区。位于肥西县高刘镇境内，合淮阜高速公路以西、合六叶高速公路以北、新桥机场以东，邻近机场货运区。主要依托新桥国际机场的航空货运能力、机场周边高速公路高效的货物转运能力和合肥良好的区位条件，建设辐射全国及东亚地区的空港物流园区，打造东亚地区的航空转运中心，形成安徽省进出口货物集散的物流平台。主要发展快递服务、货物代理、包装加工等业务，争取建设空港保税物流园区。远期可引入铁路专用线，实现公铁空联运。

4. 北站物流园区。位于长丰县双凤经济开发区南部，邻近北货站。主要依托北货站扩建工程，为全市及周边地区先进制造企业提供物流服务，承担铁路与公路转运功能。同时考虑铁路物流的特点，建设集装箱货物、成件包装货物、散堆装货物及长大笨重货物作业区。

（二）建设四个农产品物流园

1. 合肥农产品国际物流园。位于合肥市东部，瑶海区大兴镇境内，裕溪路以北，二十埠河以西。主要依托裕溪路高架桥及邻近高速公路出入口的便捷交通条件，形成服务于安徽省乃至华东地区的区域性农产品物流中心。

2. 北城农产品物流园。位于合肥市北部，长丰县双凤经济开发区南部。主要依托阜阳路高架桥的便捷交通条件，形成服务于合肥市北部乃至皖北部分地区的农产品物流中心。

3. 肥西上派农产品物流园。位于合肥市西南深圳路附近，肥西县城南部。主要依托深圳路、合安路的便捷交通条件，形成服务于合肥市西南片区乃至六安舒城等县（市）的农产品物流园区。

4. 庐江同大农产品物流园。位于合肥市南部，庐江县同大镇境内，周边有国家级庐江现代农业示范区暨庐江台湾农民创业园。主要依托合铜公路便捷的对外交通条件，形成服务于合肥市南部乃至安庆、芜湖部分地区的农产品物流园区。

（三）打造十大物流中心

1. 店埠物流中心。位于合肥市长江东路与合宁高速公路交口东南，肥东县城东部。主要依托肥东县客货运铁路综合站及合宁高速公路出入口，形成服务于合肥承接产业转移示范园区的综合物流中心。

2. 长安物流中心。位于合肥高新技术产业开发区南部，方兴大道以东，铭传路附近。主要依托长安集铁路货运站，形成服务于合肥高新技术产业开发区的综合物流中心。

3. 南岗物流中心。位于合肥高新技术产业开发区南岗科技园，方兴大道以西，响洪甸路附近。主要依托新桥国际机场的辐射带动、长江西路的便捷交通条件及合肥高新技术产业开发区的产业优势，形成服务于合肥市西部片区的综合物流中心。

4. 桃花工业园物流中心。位于肥西县，创新大道以西，派河大道以南。主要依托深圳华南城项目，为纺织服装、皮革皮具、电子、五金化工塑料、印刷纸品包装等工业原材料交易中心提供仓储、配送、货运等物流服务，形成服务于华南城商贸企业的综合物流中心。

5. 三十头物流中心。位于合肥新站综合开发试验区三十头镇境内，新蚌埠路与合六叶高速公路交口东南。主要依托新蚌埠路与合六叶高速公路出入口，形成服务于合肥新站综合开发试验区平板显示基地的综合物流中心。

6. 下塘物流中心。位于长丰县下塘镇境内，淮南铁路以西。主要依托淮南铁路货运功能，形成服务于下塘新型重工业基地的综合物流中心。

7. 万山物流中心。位于庐江县万山镇境内，合安高速公路与军二公路交口附近。主要依托合安高速公路、合铜黄高速公路、军二公路、合九铁路便捷的对外交通条件，形成服务于庐江县的综合物流中心。

8. 庐南物流中心。位于庐江县龙桥镇东北部。主要依托西河码头及预留铁路专用线，形成服务于庐南循环经济产业基地的综合物流中心。

9. 裕溪河物流中心。位于巢湖市中心城区南部，港口大道与亚父路交口东南。主要依托裕溪河巢湖港码头，形成服务于巢湖市的综合物流中心。

10. 巢湖经开区物流中心。位于合肥巢湖经济开发区东部，合巢芜高速公路以东，兴业大道以南。主要依托105省道和合巢芜高速公路出入口，形成服务于合肥巢湖经济开发区的综合物流中心。

五、主要任务

（一）完善物流基础设施建设

加快以合肥为中心的铁路客运专线建设，实现客货分线运输，提高货运能力。加强铁路、公路场站建设，提高货物运输和配载效率。

完善陆路交通建设。加快高速公路网络和智能管理系统建设，改造提升干线公路和农村公路，加强中转站的建设，完善交通运输网络。

加强水运交通建设。加快建设合肥港综合码头和裕溪、巢湖复线船闸，提升合裕线航道通航等级，打造江淮流域的内河航运中心；推进“引江济淮”工程。

积极开辟国际、国内航线，加快合肥新桥国际机场全国重要的区域性航空货运枢纽建设。

（二）推动制造业与物流业联动发展

制定鼓励制造业与物流业联动发展的相关政策，组织实施一批制造业与物流业联动发展的示范工程和重点项目，选择一批不同行业、不同区域的企业，通过政策扶持，有重点、高标准地开展联动发展试点。

采取有效措施，引导物流企业功能整合和业务延伸，提升一体化服务水平；培育适应现代生产要求、具备一体化物流服务能力的物流企业。

（三）提升城市物流服务功能

完善城市商品市场体系。规范发展一批具有现代零售商业特征的大型连锁超市、仓储式商场等销售终端市场，形成功能完善的城市零售商业网点体系。规划建设一批集购物、餐饮、休闲、娱乐、物流于一体的大型购物中心。加快改造专业批发市场，提升市场档次，形成以区域性批发市场为龙头、地方性批发市场为基础的批发市场体系。

优化城市配送网络体系。以发展连锁经营、物流配送、电子商务为重点，积极推进流通方式变革。支持大型连锁企业通过资本运作、特许经营等方式，向规范化和集约化方向发展。推动大型连锁企业优化物流业务流程，积极发展统一配送，加快技术和设施设备改造升级，逐步实现仓储立体化、搬运机械化、分拣自动化、配送网络化，提高物流配送的社会化、专业化、集约化程度。

（四）培育现代物流企业

在现有物流企业中，以发展基础较好、具有一定规模和先进管理理念的物流企业为培育对象，进一步完善功能、提升服务、整合资源、扩大规模。培育一批具有核心竞争力、在国内外有较大影响力的现代第三方物流企业。引进一批具有现代物流理念与运作能力的国外大型物流企业、国内著名物流企业来合肥，设立地区总部。

积极发展绿色物流。倡导企业在生产和流通环节采用符合环保要求、可反复梯级利用的包装，逐步实现包装的模数化、集装化和多功能化。鼓励企业使用低公害车辆，建立高效的回收物流系统，综合利用再生资源，缓解资源约束，减轻环境污染，实现物流业的可持续发展。

（五）创新物流业发展的体制机制

推进物流管理体制、企业组织、企业经营机制创新，变传统物流为现代物流，变物流自理为物流代理，变企业物流为物流企业。加大对物流企业兼并重组的政策支持力度，鼓励中小物流企业加强信息沟通，创新物流服务模式，加强资源整合，满足多样性的物流需要。进一步推广现代物流管理，运用供应链管理与现代物流理念、技术与方法，实施采购、生产、销售和物品回收物流的一体化运作。

六、重点工程

（一）立体联动物流体系工程

利用信息化技术或多维网络手段，打造虚拟立体物流联运中心，最大程度地提高物流运转的效率。以合肥机场、铁路和码头为基础，以城市干道和内外环路为通道，以高速公路枢纽为依托，建立航空网、铁路网、高速公路网和水运航道网立体联动的实体物流网络，形成立体联运中心。一是水铁联运中心，在派河港码头与铁路货运站建立货运专属铁路，确保铁运和水运的连接通畅，建设铁路专用线通向派河物流园区。二是公铁联运中心，在北站物流园区构建适应公铁联运的铁路集装箱运输网络，优化铁路运输网络站点，适应铁路集装箱运价体制新模式，满足不同集装箱多式联运客户需要。三是公水铁联运中心，在东城物流园区内建设铁路专用线，并建设园区通往店埠河码头的公路通道，保证铁路、公路、水运的连接畅通。

（二）农产品批发市场与冷链物流工程

在瑶海大兴、长丰双凤、庐江同大、肥西上派建设 4 家大型农产品批发交易综合市场，形成与区域性特大城市相匹配的农产品批发市场体系。加强大型连锁企业与农业生产基地的对接，打造生产和市场主体稳定的产销关系，互通农产品市场信息，建立解决"买难"、"卖难"问题的协调机制。加强农产品流通标准化建设和品牌建设，完善蔬菜瓜果质量追溯体系，维护农产品市场平稳有序运行。

进一步加强冷链物流建设工程。重点支持冷库建设工程、低温配送处理中心建设工程、冷链运输车辆及制冷设备工程以及冷链物流企业培育工程。到 2015

年，全市将初步建成农产品冷链物流网络服务体系，果蔬、肉类、水产品冷链流通率将分别达到20%、30%、36%以上，流通环节产品腐损率分别降至15%、8%、10%。

（三）国际航空中转中心工程

全面提升合肥新桥国际机场在国际航空物流市场的整体地位。完善机场货运基础设施建设，增设机场收发货物集散点，建设空港物流园区东亚转运中心，实现快速集中便捷的货运地面延伸服务，提高机场转运能力；拓展国际货运航线网络，开通与东盟和日韩的货运航线，加强欧洲、北美、澳洲国际干线航班密度，提高国际干线的运力能力；优化空港货运发展政策，实施市场准入，降低机场收费，加强与国内发达地区机场合作，特别是和杭州、上海、南京等地机场互做备降机场；允许在空港物流园区内设立国际货运代理、航空代理企业，允许外资和民营资本参与空港物流园基础设施建设，吸引更多投资和货运企业落户空港物流园；实施高效便捷的通关政策，合理简化通关流程，延长服务时间，加快货物通关速度，创造便利的通关环境。

（四）中西部城市重要的虚拟海港工程

建设虚拟海港，探索建立将一线港口的服务功能延伸至陆路口岸的管理模式。一是加快“电子口岸”建设，推进大通关信息资源整合，通过电子商务、电子物流与电子政务的协同管理，优化口岸通关作业流程，实行申办手续电子化和“一站式”服务，提高通关效率，为“虚拟海港”的建设提供网络信息平台。二是设立综合保税区和保税物流园区，与沿海沿江港口实施区港联动，充分发挥保税区的政策优势和海港港口的区位优势，将海港港口的功能延伸到综合保税区，使港口与保税区之间相关手续简便，实行“无缝对接”，多种运输方式有效组合，货物快速流入流出，使合肥及其周边企业享受港口码头、船舶公司、货代公司提供的服务，减少物流时间、降低综合物流成本。

（五）物流信息化建设工程

建立全市统一的物流公共信息平台。整合全市各级、各部门、各系统物流信息资源，逐步构建由物流公共管理信息、物流业务信息交换和物流企业信息处理三级组成的物流公共信息平台；建立健全物流信息交换标准体系和电子商务安全认证体系；推进公共物流信息平台与电子政务系统、行业和企业信息系统及其他区域物流信息平台间的互联互通，实现资源共享、数据共用。

（六）物流标准和技术推广工程

积极参与相关物流国家标准的研究制定和宣传推广，争取先试先行。实施物流标准化服务示范工程，选择大型物流企业、物流园区开展物流标准化试点工作并逐步推广。加快对现有仓储、转运设施和运输工具的标准化改造，鼓励企业采用标准化的物流设施和设备，实现物流设施、设备的标准化。鼓励物流企业采用集装单元、射频识别、货物跟踪、自动分拣、立体仓库、配送中心信息系统、冷链等物流新技术，提高物流运营管理水平。

七、保障措施

（一）加强组织领导

成立合肥市促进现代物流业发展工作领导机构，负责全市现代物流业发展规划的实施，研究和制定全市现代物流业发展政策，协调解决全市物流业发展的重大问题等。市发改委作为物流业发展的主管部门，负责领导机构日常工作。

（二）强化政策支持

将现代物流业作为服务业重点领域予以扶持，进一步完善支持政策。落实国家和省出台的支持政策，研究制定合肥市促进现代物流产业发展的政策。加大金融支持力度，鼓励担保机构为物流企业提供信贷担保。积极引进外资、民间资本投资物流产业。

（三）加快人才培养

构建物流专业人才引进、培养和使用的激励机制，吸引海内外高层次物流人才。加快搭建高校和企业互动对接平台，支持在肥高校扩大物流专业招生规模，鼓励有条件的高校开设物流专业。大力推进产学研合作，支持建立多层次的物流综合培训体系、实验基地和人才孵化基地，积极把合肥打造成为区域性物流人才教育培训基地。

（四）完善物流统计

按照国家有关要求，建立完善全市物流业统计指标体系，研究科学统计方法，明确规范统计口径。加强物流统计基础工作，探索建立物流业统计调查与核算制度，及时监测分析现代物流业发展状况，定期发布全市现代物流业运行情况，全面掌握我市现代物流业的规模、结构和发展水平，为各级政府和部门制定现代物流业发展政策和规划提供依据。

（五）支持企业创新

积极支持企业创新业务流程和商业模式，推动大中型企业的物流资源和业务整合，加大对小微企业的扶持力度，加强对现代物流业务流程和商业模式创新的知识产权认定和保护。支持企业设立研发中心，加强对物流关键技术和设备的研制。完善物流企业申请高新技术企业、技术先进型服务企业认定标准，制定和推广物流基础设施、技术装备等方面的基础性、通用性标准，安全卫生和环境保护方面的强制性标准，各种物流作业和服务方面的专业标准，实现与国际物流标准接轨。

（六）发挥行业社团作用

积极培育和发展物流行业中介组织，充分发挥连接政府与企业的桥梁和纽带作用，加强在调查研究、政策咨询、服务企业、规范市场、合作交流、人才培训等方面的中介服务。建立合肥地区物流行业诚信建设协调机制，支持物流企业参加诚信守法及等级评估，促进物流行业规范自律，推动物流市场有序健康发展。

八、规划实施

市相关部门要按照本规划要求，制定完善实施办法和配套政策，加强指导服务和监督。各县（市）、区政府要按照本规划确定的目标任务，制定具体实施方案。

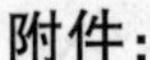

附件：

合肥市物流节点规划布局

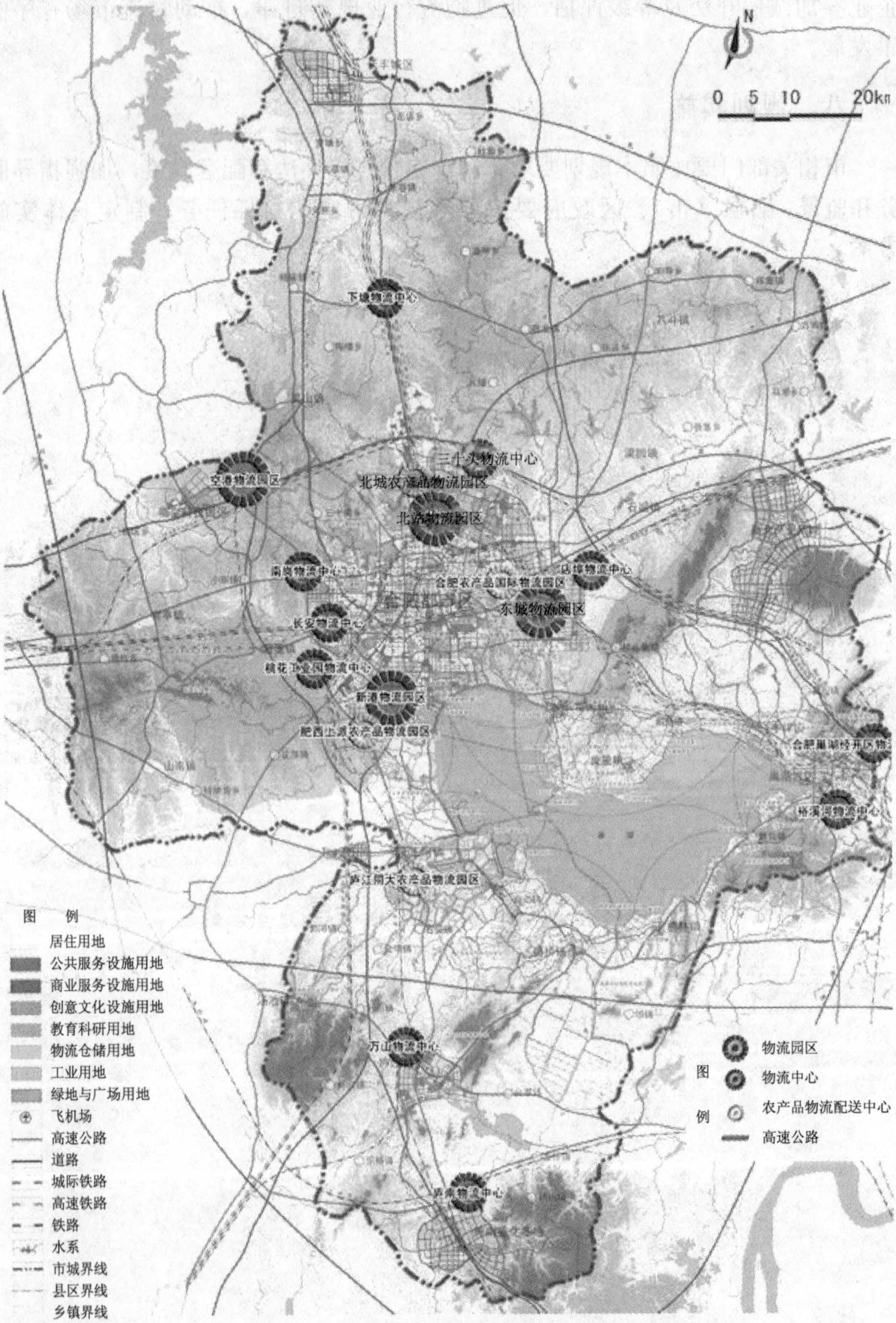

N

0 5 10 20km

下塘物流中心
三十头物流中心
空港物流园区
北城农产品物流园区
北站物流园区
南岗物流中心
店埠物流中心
合肥农产品国际物流园区
东城物流园区
长安物流中心
桃花工业园物流中心
新港物流园区
肥西上派农产品物流园区
庐江同大农产品物流园区
万山物流中心

图例
居住用地
公共服务设施用地
商业服务设施用地
创意文化设施用地
教育科研用地
物流仓储用地
工业用地
绿地与广场用地
飞机场
高速公路
道路
城际铁路
高速铁路
铁路
水系
市城界线
县区界线
乡镇界线

图例
物流园区
物流中心
农产品物流配送中心
高速公路

十四 福建省

024

关于印发《福建省“十二五”现代物流业发展专项规划》的通知

闽经贸运行〔2011〕685 号

各市、县（区）人民政府，平潭综合实验区管委会，省人民政府各部门、各直属机构，各大企业，各高等院校：

省经贸委、发展改革委制定的《福建省“十二五”现代物流业发展专项规划》已经省人民政府同意，现印发给你们，请认真组织贯彻实施。

福建省经济贸易委员会
福建省发展和改革委员会
二〇一一年十月十八日

福建省“十二五”现代物流业发展专项规划

福建省经济贸易委员会
福建省发展和改革委员会
2011 年 10 月 18 日

前　言

现代物流业是融合运输业、仓储业、货代业和信息业等的新兴复合型产业，其发展水平是衡量一个国家和地区核心竞争力的重要标志之一。编制和实施《福建省“十二五”现代物流业发展专项规划》（以下简称《规划》），对于深入贯彻落实科学发展观，提高国民经济运行质量，统筹协调和持续推进全省现代物流业发展，形成以港口为依托，以中心城市为重点的现代物流业“大网络、大服务、大产业”发展格局，促进海峡西岸经济区建设具有十分重要的现实意义。

根据省政府工作部署，省经济贸易委员会、省发展和改革委员会牵头组织有关部门，以《海峡西岸经济区发展规划》、《福建省国民经济和社会发展第十二个五年规划纲要》、《福建省促进现代物流业发展条例》为依据，与国务院《物流业调整和振兴规划》、《福建省“十一五”现代物流业发展专项规划》和《福建省物流业调整和振兴实施方案》相衔接，编制了本《规划》。本《规划》主要阐述规划期内全省推进现代物流业发展的目标任务、工作重点和政策措施，是推进现代物流业发展的指导性文件，是制定现代物流业发展相关政策和安排重点建设项目投资的重要依据。

本规划基期为2010年，规划期为2011—2015年。

第一章 发展现状

“十一五”期间，随着我省国民经济的持续快速发展和海峡西岸经济区建设步伐的加快，我省物流总量与效益不断提升，物流企业加快发展壮大，交通运输基础设施建设取得新突破，物流园区和物流配送中心等物流运作基础设施持续改善，信息化基础建设取得新发展，保税物流设施建设扎实推进，制造业与物流业联动发展项目加快实施，对台合作交流不断加强，服务中西部地区发展的物流通道逐步完善。厦门市和福州市分别列入全国性物流节点城市和区域性物流节点城市，以我省为主体的东南沿海物流区域和东部沿海物流通道成为国家重点建设的九大物流区域、十大物流通道之一。

2010年，全省社会物流总额31153.31亿元，比2005年增长114.7%；物流业实现增加值1018.01亿元，比2005年增长103.8%，占第三产业增加值的比重17.4%，比2005年上升了1.1个百分点；社会物流总费用2555.58亿元，与地区生产总值的比率为17.3%，比2005年下降了1.2个百分点；物流业固定资产投资额1504.49亿元，比2005年增长407.1%。各种运输方式完成货运量6.62亿吨，完成货物周转量2983.52亿吨公里，港口货物吞吐量3.31亿吨，港口集装箱吞吐量867.23万标箱；开通国际集装箱航线151条，国际集装箱航班852班；快递业务（含EMS）完成业务量10068.96万件。全省获评2010年度中国先进物流企业27家，通过国家3A级及以上物流企业综合评估的物流企业43家(其中5A级5家)。

“十一五”期间，我省完成了《福建省“十一五”现代物流业发展专项规划》的主要指标，出台并实施了《福建省物流业调整和振兴实施方案》，颁布了我国第一个地方物流法规《福建省促进现代物流业发展条例》，出台了一系列促进物流业发展的法规政策，物流业发展环境不断优化，为进一步加快发展奠定了坚实基础。

专栏1 “十一五”期间我省物流业发展主要指标完成情况

指标名称	单位	2005年	2010年
货运量	亿吨	4.04	6.62

续　表

指标名称	单位	2005年	2010年
货物周转量	亿吨公里	1576.12	2983.52
港口货物吞吐量	亿吨	1.98	3.31
集装箱吞吐量	万标箱	492.48	867.23
物流业固定资产投资	亿元	296.67	1504.49
社会物流总额	亿元	14438.99	31153.31
物流业增加值	亿元	499.60	1018.01
物流业增加值占地区生产总值比重	%	6.31	6.9
物流业增加值占服务业增加值比重	%	16.33	17.4
社会物流总费用与地区生产总值的比率	%	18.5	17.3

第二章　机遇与挑战

“十二五”期间是福建加快转变经济发展方式、推动跨越发展的关键时期，也是推进海峡西岸经济区建设的决定性时期。《福建省国民经济和社会发展第十二个五年规划纲要》提出把现代物流业培育成为带动国民经济发展新的主导产业，物流产业地位将进一步提升，我们要全面落实新要求，妥善应对新挑战，迎接我省物流业这一空前的发展机遇。随着我省“三湾、两带、十区”产业空间布局的形成，产业集聚效应不断凸显，将进一步拉动工业品和大宗物资物流需求。到2015年，我省地区生产总值将超过2.5万亿元，社会消费品零售总额年均增长14%，三次产业比例调整为7∶51∶42，先进制造业和服务业贡献率进一步提升。

同时，我省物流业的加快发展也面临挑战，主要是物流企业规模较小、实力偏弱；港口作为运输枢纽、物流节点的大规模集散作用没有充分发挥；物流相关行业固定资产投资额增长较慢；物流业高级人才缺乏；物流业规模化、专业化、信息化、社会化程度相对还较低；区域物流竞相发展，竞争加剧。

专栏2　2010年华东主要省市及广东、湖南物流业主要指标

项目	福建	江苏	浙江	山东	江西	广东	湖南
地区生产总值（亿元）	14737	40903	27100	39416	9435	45473	15902

续 表

项目	福建	江苏	浙江	山东	江西	广东	湖南
社会物流总额（亿元）	31153	116226	87500	105831	26541	111606	32640
社会物流总费用（亿元）	2555.58	6337.2	4770	7080.9	1817	6679.95	2919.08
社会物流总费用与地区生产总值的比率	17.3%	15.5%	17.6%	17.9%	19.3%	14.69%	18.36%
物流业增加值（亿元）	1018.01	2659.5	2550	2871.4	612	3055.77	1015.17
社会物流需求系数	2.11	2.84	3.22	2.68	2.81	2.45	2.05

第三章 指导思想、基本原则、战略定位和发展目标

一、指导思想

深入贯彻落实科学发展观，坚持先行先试，紧紧围绕省委省政府科学发展、跨越发展的战略部署，以降低社会物流成本、优化物流产业布局和壮大物流产业规模为目标，以加快转变物流发展方式、提升物流服务能力为主线，以现代信息基础和先进技术为支撑，为加快我省国民经济发展和海峡西岸经济区建设提供坚实的物流保障体系。

二、基本原则

1. 先行先试。充分发挥我省作为海峡西岸经济区建设的主体作用和比较优势，努力构筑对台交往、两岸物流合作的前沿平台和先行先试区域，服务、引导和促进区域物流协调发展，形成服务中西部地区发展新的重要物流通道。

2. 完善服务。改变“大而全”、“小而全”的企业物流运作模式，加快物流需求释放速度，扩大社会化物流需求。加大物流资源整合力度，加快向现代物流企业转型，大力发展第三方物流，完善物流服务体系。

3. 政策推动。充分发挥市场配置资源的基础性作用和企业的主体作用，加强政策引导和组织协调，着力解决制约物流业发展的体制、政策和设施瓶颈，营

造诚信经营、公平竞争的发展环境。

4. 创新引领。加快物流信息化和标准化进程，推广物联网技术在物流领域的应用，推进物流技术创新，发展绿色物流和低碳物流。

三、战略定位

1. 连接海峡两岸的综合物流枢纽。发挥福建省独特的对台优势和工作基础，实施先行先试政策，建设连接海峡两岸的综合物流枢纽，构筑两岸物流交流合作的前沿平台，加强海峡西岸经济区与台湾地区的物流全面对接。

2. 服务周边地区发展新的对外开放综合物流通道。发挥福建省在海峡西岸经济区中居主体地位优势，大力加强基础设施建设，构建以铁路、高速公路、海空港为主骨架主枢纽的海峡西岸现代化综合交通网络。

3. 支撑先进制造业基地和两岸产业合作基地的物流体系。促进物流业的结构调整和优化升级，提升专业化物流供给能力，制造业与物流业深度联动发展，形成支撑先进制造业基地和两岸产业合作基地的物流服务体系。

4. 培育主导产业。依托综合运输枢纽，建设连接两岸的现代物流中心，着力抓好现代物流载体建设，大力引进先进物流企业，培育物流龙头企业，运用先进运输组织方式，加快推进物流信息化、标准化建设，把现代物流业培育成为带动国民经济发展新的主导产业。

四、发展目标

围绕产业群、港口群和城市群建设，全力推进与央企、外企、民企三维项目对接，着力完成“优化物流业发展空间布局，构建开放型物流发展新格局、建设现代化物流基础网络、全面提升现代物流业竞争力”四大任务。到2015年，力争全省物流业增加值占地区生产总值的比重达到8%左右，占服务业比重达到20%以上；社会物流总费用与地区生产总值的比率降低到16%左右。物流信息化水平显著提高，现代物流管理水平明显提升，现代物流服务方式普遍应用，现代物流业成为我省主导产业之一，形成以港口为依托，以中心城市为重点的我省现代物流业“大网络、大服务、大产业”发展新局面。

专栏3　“十二五”期间我省物流业发展主要目标

指标名称	单位	2010年	2015年目标
港口货物吞吐量	亿吨	3.31	5
集装箱吞吐量	万标箱	867.23	1500

续 表

<table>
<tr><th colspan="3">指标名称</th><th>单位</th><th>2010 年</th><th>2015 年目标</th></tr>
<tr><td rowspan="10">主要大宗散货进出省量</td><td rowspan="4">港口</td><td>煤炭</td><td rowspan="4">万吨</td><td>4924</td><td>9400</td></tr>
<tr><td>石油</td><td>1850</td><td>6000</td></tr>
<tr><td>铁矿石</td><td>1215</td><td>2600</td></tr>
<tr><td>钢铁</td><td>1111</td><td>2200</td></tr>
<tr><td rowspan="3">铁路</td><td>煤炭</td><td rowspan="3">万吨</td><td>708</td><td>1220</td></tr>
<tr><td>钢铁</td><td>375</td><td>550</td></tr>
<tr><td>水泥</td><td>163</td><td>250</td></tr>
<tr><td rowspan="3">公路</td><td>煤炭</td><td rowspan="3">万吨</td><td>1767</td><td>2000</td></tr>
<tr><td>钢铁</td><td>565</td><td>800</td></tr>
<tr><td>水泥</td><td>236</td><td>350</td></tr>
<tr><td colspan="3">物流业固定资产投资</td><td>亿元</td><td>1504.49</td><td>3700</td></tr>
<tr><td colspan="3">社会物流总额</td><td>亿元</td><td>31153.31</td><td>70000</td></tr>
<tr><td colspan="3">物流业增加值</td><td>亿元</td><td>1018.01</td><td>2100</td></tr>
<tr><td colspan="3">物流业增加值占地区生产总值比重</td><td>%</td><td>6.9</td><td>8</td></tr>
<tr><td colspan="3">物流业增加值占服务业增加值比重</td><td>%</td><td>17.4</td><td>20</td></tr>
<tr><td colspan="3">社会物流总费用与地区生产总值的比率</td><td>%</td><td>17.3</td><td>16</td></tr>
<tr><td colspan="3">营业收入超过 10 亿元以上的本省物流企业</td><td>家</td><td>10</td><td>35</td></tr>
</table>

第四章　主要任务

一、优化物流业发展空间布局

按照我省功能区定位，统筹区域物流发展空间布局，建设分工明确、布局合理、功能互补、错位发展的“一带、二枢纽、十区域”网状物流空间格局，推动区域物流协调发展，形成我国重要的东部沿海物流通道和东南沿海物流区域。

一带：建设福建沿海物流发展带。利用市场化程度高、民营经济发达、产业集聚凸显的优势，积极推动福建沿海一线物流率先发展，形成南北两翼对接长三角和珠三角的桥头堡、连接台湾的前沿平台。

二枢纽：建设福州大都市区物流枢纽和厦（门）漳（州）泉（州）大都市区物流枢纽。以海港空港、铁路公路枢纽为重点，把福州和厦门建设成为全国性综合交通枢纽和我国重要的港口物流枢纽，加强铁路、公路、机场、水路的有机衔接，加快智能物流服务网络建设，强化货物多式联运，推进各类交通运输方式高效衔接、协调发展。

十区域：坚持重点突破、整体带动，培育发展环三都澳、闽江口、平潭综合实验区、湄洲湾、泉州湾、厦门湾、古雷——南太武新区、武夷新区、三明生态工贸区、龙岩产业集中区等重点发展区域的物流业，使之成为跨越发展的新增长点。

——环三都澳。以宁德城市为核心，依托环三都澳产业集中区，建设为机械、船舶、石化、冶金、钢铁等重点产业服务的港口物流园区、专业物流配送中心和煤炭接卸集散中心；依托海西宁德工业区和千万吨级钢铁项目与台湾石化、钢铁产业对接，重点建设石化、钢铁产品等闽台物流枢纽；重点建设为新农村建设和城市消费服务的物流配送中心群。

——闽江口。以福州中心城市为核心，依托闽江口产业集聚区，重点建设为电子信息、机械装备、纺织服装、冶金化工等产业集群服务的综合物流园区、专业物流配送中心。依托福州台商投资区、罗源不锈钢产业园、海峡两岸（福建）农业合作试验区、融侨电子产业园、青口汽车城与台湾汽车产业对接、福清台湾机电园与台湾机电产业对接，重点建设冶金、建材、电子、机械、汽车产品和水产品等闽台物流枢纽；重点建设为新农村建设和城市消费服务的物流配送中心。

——平潭综合实验区。推动平潭口岸对外开放，与台湾开辟双向航线，并展货运直航等业务，形成与台湾多点多线、客货并进、海空并举的格局。依托海峡西岸高新技术产业基地，重点建设为电子信息、新型医疗器械、船舶（游艇）修造、海洋工程装备、海洋产业等产业服务的综合物流园区、专业物流配送中心，逐步形成以平潭岛为中心，以福清江阴港和长乐空港为两翼，连接海、陆、空三位一体的海峡物流走廊。

——湄洲湾。以莆田市为核心，依托湄洲湾北岸产业集聚区，重点建设为石油化工、装备制造、林产加工业等产业集群，新农村建设和城市消费服务的综合物流园区、专业物流配送中心；依托港口、向莆铁路的交通优势，打造海峡西岸重要的矿石中转基地、东南沿海最大的木材加工贸易基地、亚太地区具有较大影响的油品储备基地、国家级 LNG 战略储备基地和湄洲湾大型煤炭中转基地。依托秀屿国家级木材贸易加工示范区与台湾木工机械产业对接，泉港、泉惠石化园区与台湾石化产业对接，重点建设木工机械产品、石化、农产品等闽台物流枢纽。

——泉州湾。以泉州市为核心，依托湄洲湾南岸、泉州湾产业集聚区，重点建设为纺织服装、食品饮料、建筑材料、电子信息、装备制造、新能源、新材料、新农村建设和城市消费服务的综合物流园区、专业物流配送中心；依托泉州台商投资区、海峡（两岸）农产品交易中心、装备制造产业园、休闲食品产业园、建陶及水暖器材产业园、泉州造船基地与台湾船舶产业对接、南安光伏产业基地与台湾光伏产业对接，重点建设光电、新材料、食品、轻纺、装备、农产品等闽台物流枢纽。

——厦门湾。以厦门经济特区为龙头，以漳州为发展翼，依托厦门湾产业集聚区，重点建设为电子信息、装备制造、新材料、新能源、生物与新医药等产业集群服务的综合物流园区、专业物流基地及各类物流配送中心；依托厦门台商投资区、厦门国家半导体照明产业基地与台湾光电产业、厦门国家汽车及零部件出口基地与台湾汽车产业零部件、龙海经济开发区、漳州招商局经济开发区与台湾金属及农副产业的对接，重点建设制造业、服务外包等闽台物流枢纽；重点建设为新农村建设和城市消费服务的物流配送中心，建设厦门象屿保税物流园区等保税物流设施群。

——古雷—南太武新区。以东山湾临港产业集中和南太武新区为龙头，以海岸沿线及港区后方陆域为依托，依托古雷半岛重点发展区域形成的产业集聚区，重点建设为石油化工、装备制造、新能源、新材料、海洋高新产业等产业集群、新农村建设和城市消费服务的综合物流园区、专业物流配送中心；依托漳浦台湾农民创业园、古雷石化产业基地、光伏玻璃及新材料产业基地与台湾石化、光电产业对接，重点建设石化、消费电子、交通运输设备、光电电子、节能环保新材料、农产品等闽台物流枢纽；依托物流基础设施，扩大向内地经济发展区以及周边经济协作区的辐射能力。

——武夷新区。以南平市为核心，依托武夷新区产业集聚区，重点建设为食品加工、轻工纺织、机械装备、电子信息、生物制药、工业设计、农产品等产业集群、新农村建设和城市消费服务的综合物流园区、专业物流配送中心；依托南平农林产业与台湾农业对接，重点建设农林产品等闽台物流枢纽。

——三明生态工贸区。以三明市为核心，围绕三明生态工贸区建设，重点建设为冶金机械、装备制造、纺织化工、林产加工、新能源、新材料、生物医药等产业集群、新农村建设和城市消费服务的综合物流园区、专业物流配送中心；依托金属及深加工产业园、机械装备产业园、永安汽车城、海峡两岸（三明）现代林业合作实验区、三明台商投资区、清流台湾农民创业园，重点建设汽车、农林产品等闽台物流枢纽。

——龙岩产业集中区。以龙岩市为核心，依托龙岩产业集中区，重点建设为装备制造业、钢铁和有色金属、节能环保、新能源、新材料等产业集群、新农村建设和城市消费服务的综合物流园区、专业物流配送中心群；依托龙岩工程机械及专用设备产业园、汽车及零部件产业园、上杭铜冶炼及深加工产业园，重点建设机械设备、汽车、铜产品等闽台物流枢纽。

二、构建开放型物流发展新格局

（一）加强闽台物流合作

加强闽台物流合作，建设连接海峡两岸的现代物流中心，实现“点与点、区域对区域”全方位的物流交流合作。

1. 加强两岸物流基础设施建设。积极鼓励、引导两地大型物流企业通过投资、合作、参股等形式，加大对闽台两地物流设施的投入，共同对内陆省份开展港口推介，争取台湾大宗货物由我省中转。拓展两岸集装箱班轮航线、散杂货不定期航线，加快发展对台客货运滚装业务，开通我省沿海港口与台湾主要港口间的直达航线。推动福州、厦门货运直航航点增加定期航班，推进其他机场列入对台空中货运直航航点、沿海主要口岸开放为对台海上货运直航航点。扩大两岸邮件运输空中直航范围，推动建立对台邮件总包交换中心，加快“福州邮政快件处理中心”、“海峡邮政第二枢纽中心”建设。建设大陆台资企业原辅料及零部件配送中心，进一步提升厦门、南安、东山和霞浦等台湾农（渔）产品物流中心功能。

2. 强化企业、协会间的交流合作。促进我省港口航运企业和物流企业到台湾岛内或金马澎设立办事机构及营业性机构。鼓励台湾海空航运企业、物流企业来闽投资兴业，提高我省综合物流服务能力。推动闽台物流行业协会和物流企业建立合作联系机制。支持福建省物流协会等社团和台湾全球运筹发展协会等台湾民间团体合作，采取多种形式在两地开展在职培训。鼓励我省大型物流企业引进台湾物流人才，支持闽台高校物流院系互派教师、交换学生、合作办学。

3. 推进海关特殊监管区域交流合作。研究制定闽台保税港区深度对接的具体实施方案，推动福州保税港区与基隆自由贸易港区、海沧保税港区与高雄自由贸易港区、象屿保税区与台中自由贸易港区的深度合作对接。积极推进在台商投资区和台资企业密集地区开展海关保税物流业务，争取设立对台保税物流园区和对台农产品物流加工保税区。争取在我省保税港区与台湾自由贸易港区之间先行试点，率先互认查验结果、通过数据、海关封志和原产地证明。规划建设加工转口区，吸引税率差别大的台湾商品到我省海关特殊监管区加工增值后复出口，发展加工转口贸易物流。吸引台湾自由贸易港区、出口加工区管理机构、运营商参与我省海关特殊监管区开发建设。推动落实闽台口岸通关物流信息平台合作协议，加快福建电子口岸平台和台湾关贸网络平台的全面对接。

（二）加强与境外物流合作

鼓励物流企业积极拓展发展空间，推进我省物流企业实施“走出去”的发展战略，加强国际物流合作，提升我省物流国际化水平。全力推进与外资物流项目的对接，拓展国际物流渠道，进一步挖掘大客户物流需求，开拓以服务跨国公司为主的高端物流业务，积极参与跨国公司在华的物流业务。

进一步推进闽港澳物流合作平台建设，加强闽港澳物流合作。发挥闽港闽澳经济合作促进委员会在推动闽港澳合作方面的主渠道作用，组织港澳物流企业来闽考察商洽投资项目，支持港澳物流企业在我省设立总部和建立物流中心，引入港澳资金、先进技术和管理经验，推进物流企业采取相互参股等方式强化企业间的联合，发展跨境物流网络。加强闽港、闽澳科教合作和物流行业协会的沟通交流，建立广泛的合作联系机制，做好赴港澳物流推介与对接工作，继续开展我省赴香港物流运作管理培训工作。

（三）加强区域物流合作

加强沿海港口与腹地战略合作，推进与港澳地区、长江三角洲地区和泛珠江三角洲的物流业合作，增强服务周边地区和中西部地区经济发展的物流能力。

1. 大力拓展腹地范围。积极争取国家在我省规划布局煤炭、矿石等大宗散货中转储备基地和石油战略储备基地，将沿海港口大型煤炭、矿石和原油码头项目纳入国家“十二五”沿海港口发展规划。实施“请进来、走出去”腹地拓展战略，鼓励省内港口企业和物流企业到内陆腹地承接大宗散货运输业务。充分发挥向莆铁路作为中西部物流大通道的作用，加快建设省内陆地港和公路港，拓展省外陆地港，吸引中西部地区企业到我省沿海港口建设“飞地港”，并做好闽赣合作的江西省海西大宗散货进口基地项目的建设运营，吸引更多的大宗散货从我省口岸进出。充分发挥湄洲湾、罗源湾大型散货泊位优势，积极拓展水水中转业务。

2. 强化区域间的协作配合。深入实施《海峡西岸经济区发展规划》，发挥福建省在海峡西岸经济区的主体作用，建立健全与广东、浙江、江西等周边省份和湖南、安徽等中西部省份的跨省区物流协作组织，建立更加紧密的区域合作机制。深化落实已推出的优惠政策，适时出台更有针对性的政策、措施，共同引导、推动区域物流、铁路、海运、货代和港口企业间建立战略合作机制。进一步加强部门合作，把跨省区进出口货物直通放行和区域通关拓展到中西部省份、沿海主要口岸和海西 20 个城市。大力推进以“属地申报、口岸验放”为主要内容的区域通关模式改革。

（四）加快发展国际物流

依托我省综合运输体系优势，提高国际货运集散能力，加快建设国际物流运作基础设施，提高口岸通关效率和能力，加大海关特殊监管区建设力度，构建多层次保税物流体系和新型保税物流监管体系，提升国际物流综合服务能力。

1. 提高国际货运集散能力。加强厦门、福州和湄洲湾港口及厦门、福州国际机场的国际物流服务能力。积极发展转口贸易，简化境外船舶进出港区手续，优化港口功能布局，吸引境内外大型海运、航空货运企业入驻，增加远洋集装箱和国际、国内航空货运航线、航班，提高我省海、空港口国际货运集散能力。

2. 提高通关便利化水平。拓展与中西部地区的区域通关协作，巩固和完善口岸大通关协调机制，建立健全大宗散货进出口口岸现场通关协调联动和应急处置机制；进一步完善口岸大通关评价体系，建立企业监督员制度。坚持繁忙口岸每周七天工作制和口岸通关部门 24 小时预约加班制，提高通关效率，减少收费项目，降低收费标准。进口大宗散货启运后，海关接受企业提前报关；对采取边运抵边装船的出口大宗散货，经海关批准，可以在规定的时限内提前申报；符合条件的诚信进口企业，海关可以在进口时先接受企业申报的税号、价格；对大宗散货进出口货物转关运输实行“一次申报、一次查验、一次放行”的模式；对进口大宗散货“AA”类企业，推行银行总担保模式；对重点企业提供个性化监管服务。检验检疫部门对进口大宗散货的船舶检疫、货物取样和重量鉴定等检验检疫工作实现无缝衔接，推行全程电子监控。边防检查部门对进出口大宗散货运输船舶实行预报预检和网络报检等制度，确保船舶靠岸即可作业。海事部门为大宗散货进出口运载船舶提供“船舶零待时”和“7 天 24 小时”服务制度。

3. 加快海关特殊监管区建设。加快整合厦门海沧保税港区和福州保税港区区域范围内的各个功能区，推动厦门海沧保税港区和福州保税港区无纸化通关。全面实施两岸经济合作框架协议及后续协议，设立台湾产品的境外加工区。推动泉州出口加工区、福州出口加工区向综合保税区转型，享受保税港区政策；推动泉州台商投资区、莆田湄洲湾港区和罗源湾港区适时申报设立海关特殊监管区。积极探索海沧保税港区与前场铁路物流园区、象屿保税物流园区与招银港区联动发展模式，促使保税物流功能向前场铁路物流园区、招银港区辐射。打破相邻监管区之间的分割，统一闸口管理。充分发挥保税监管场所的作用，支持符合条件的大宗散货经营企业设立露天保税仓库。提升武夷山陆地港运行质量，加快推进晋江、龙岩、三明陆地港建设。

三、建设现代化物流基础网络

（一）完善综合交通基础设施体系

加快建设以大型海、空港和综合运输枢纽为依托，以快速铁路、高速公路和国省干线公路为骨架的“两纵三横”综合交通运输通道，打造服务周边和中西部地区发展、拓展两岸交流合作的现代综合交通运输体系。

1. 发展壮大三大港口群。重点建设厦门、福州、湄洲湾三大港口群，构建分工合理、优势互补的集装箱、大宗散杂货、对台客货滚装运输系统。厦门港：推动以集装箱运输为主、散杂货运输为辅、客货并举的国际航运枢纽和国际集装箱中转中心建设，到2015年货物吞吐量突破2亿吨，集装箱吞吐量突破1000万标箱；福州港：积极推进福州、宁德港一体化整合，加快主要港区的专业化、规模化开发建设，建成集装箱和大宗散杂货运输相协调的国际航运枢纽港，到2015年货物吞吐量达到1.5亿吨。湄洲湾港：加快开发湄洲湾港，建设大宗散装货物接卸转运中心，建成以大宗散货和集装箱运输相协调的主枢纽港，到2015年货物吞吐量超过1.5亿吨。

2. 建设“三纵六横九环”铁路网。加快实施纳入国家中长期铁路网规划和海西铁路网规划的铁路建设项目，构建快捷出省的“三纵六横九环”海峡铁路网。加快新建干线铁路和支线铁路建设，积极推进铁路功能整合和扩能提速改造，建设一批连接全省主要港口、重要工业基地的铁路支线。到2015年，实现各设区市通快铁，铁路覆盖90%以上县市，全省铁路通车里程达5000公里，铁路进出省通道增至10个以上。

3. 建设“三纵八横”高速公路网。加强纵深推进、南北拓展的高速公路建设，加快建设绕城高速公路和联络线建设。到2015年，全省高速公路里程突破5000公里，实现县县通高速公路。全面完成“两纵两横”国道和“八纵九横”省道改造，加快县道改造步伐，形成主干线、干线、支线相连接、高效便捷的公路交通网络，实现与重要城镇、重大产业基地、交通枢纽和海陆口岸相连通。到2015年，全省公路网通车总里程突破10万公里。

4. 加快民航发展。完成5个既有机场扩能工程，加快推进厦门新机场、三明沙县机场、福州机场二期、武夷山机场迁建等项目建设，规划建设宁德、莆田、漳州机场军民合用工程，开展平潭机场前期研究，形成以福州、厦门国际机场为主的干支结合的空港布局。拓展国际国内航线航班，扩大厦门机场开放航权，争取福州机场开放航权。支持厦门航空公司发挥主力军作用，积极引入基地航空公司。

（二）建设三级物流运作设施网络

加强物流运作设施网络的建设，着力建设物流节点城市，各物流节点城市建设一批现代化综合物流园区和专业化物流配送中心、大型专业批发市场，形成“物流节点—物流园区—物流配送中心”三级物流运作设施网络，确保物流设施之间的相互衔接和良好运作。

1. 建设物流节点城市。依托中心城市、产业集聚区、货物集散地、综合运输枢纽和港口资源，建设厦门、福州全国性物流节点城市和泉州、莆田、漳州、龙岩、宁德、三明、南平、平潭区域性物流节点城市，发展成为我国物流系统的重要节点。

2. 建设综合物流园区。围绕建设东部沿海地区先进制造业重要基地的要求，依托“三湾、两带、十区”，建设福州保税物流园区、前场铁路大型货场、云霄光电物流园、泉州台商投资区临港物流园区、华南工业原料商贸城、武夷新区物流园区、三明现代物流产业开发区、海西龙门物流园区等一批综合物流园区；在湄洲湾、罗源湾布局建设石油化工、冶金能源、大宗散货中转储备基地。

3. 建设专业化物流配送中心。在电子、石化、装备制造等产业聚集区，煤炭、钢铁、重要矿产品、建材、纺织、水产、农资等专业化产品和规模生产优势突出的地区，建设福建省农业生产资料物流中心、海西福州快件处理中心、江阴港口物流中心、嘉里物流中心、厦门港务叶水福仓库、晋江陆地港、苏宁电器物流配送中心、福建三都澳水产品冷链物流等一批专业化物流配送中心，服务产业集群发展、新农村建设、城市消费和闽台产业对接。

（三）推进物流信息化

推进物流信息化，加快物流公共信息平台建设，加强企业物流管理信息化和电子口岸建设。

1. 加强信息化基础建设。加快信息业与物流业的融合，扶持一批物流信息服务企业成长，开发符合物流企业需求的软硬件产品，为物流企业信息化建设创造条件。推动建立物流信息采集、处理和服务的交换共享机制和物流信息数据中心，加快全省性、区域性和行业物流公共信息平台建设，鼓励区域间物流平台的信息共享。加快构建商务、金融、税务、海关、邮政、检验检疫、交通运输和工商管理等政府部门的物流管理与公共服务信息平台。

2. 推广应用物流信息技术。加大信息技术在物流领域的推广应用力度，推进物流信息标准化，鼓励物流企业广泛采用条码、智能标签、无线射频识别等自动识别和标识技术、电子数据交换技术、可视化技术、货物跟踪技术等，实现商品来源可追溯、去向可查证、流程可视化。大力推进企业物流管理信息化，推动物流企业建立信息系统，并与物流公共信息平台以及其他应用信息平台对接。

3. 加大电子口岸建设力度。以口岸服务项目为重点，以福建电子口岸为“门户”，统一标准、统一认证、统一品牌，加快建成融通关、物流、商务、监管等功能于一体的大通关信息平台，实现物流企业一个“门户”入网、一次认证登录、“一卡通”缴费和“一站式”服务；加快福州、泉州电子口岸二期应用项目建设，推动漳州、莆田、宁德、三明、南平、龙岩和平潭电子口岸一期应用项目建设，实现电子口岸覆盖全省；推进我省电子口岸与中西部省份电子口岸对接、与中国电子口岸的联网运行和数据交换；加快海关特殊监管区、陆地港信息化建设。

四、全面提升现代物流业竞争力

（一）培育壮大物流企业

1. 加强物流企业能力建设。实施重点物流企业培育扶持工程，促进第三方物流企业发展。引导、支持物流企业更新管理理念，建立相应的服务质量标准及质量保证体系，推进应用技术的集成创新和物流设施设备的机械化、自动化、标准化。鼓励物流企业不断扩大服务领域，提供物流技术、管理咨询、保险团购等增值服务，推广仓单质押融资、在途货物抵押等物流金融业务。推动物流企业到省外设立网点，购并省内外的物流企业或与之建立战略联盟，不断完善服务网络和信息网络。着力培育20家服务水平高、竞争力强、规模较大的物流企业，提高物流市场集中度。鼓励物流企业参与国家A级物流企业综合评估和参评全国物流先进企业，实施品牌战略。

专栏4　20家重点培育和扶持的物流企业名单
福建省交通运输集团、福建省盛辉物流集团有限公司、福建省盛丰物流集团有限公司、福建荣泰物流集团有限公司、福建八方物流股份有限公司、福建宏捷物流有限公司、福州市顺丰速运有限公司、福建万集物流有限公司、厦门象屿集团有限公司、厦门港务发展股份有限公司、建发物流集团有限公司、厦门国贸泰达物流有限公司、厦门弘信国际物流有限公司、叶水福物流（厦门）有限公司、嘉里大通物流（厦门）有限公司、厦门速传物流发展有限公司、福建兄弟物流有限公司、福建省邮政公司、中国外运福建有限公司、厦门中远物流有限公司

2. 提升物流总部经济效应。全力推进与央企、外企、民企三维项目对接，支持大型优势物流企业通过兼并重组等方式，对分散的物流资源进行整合，发展一批集运输、仓储、流通加工、配送、信息等多功能为一体的具有较高知名度的物流企业群。鼓励中小物流企业加强联盟合作，创新合作方式和服务模式，优化资源配置，提高服务水平，推进物流业发展方式转变。积极争取省外物流企业在我省设立总部机构、地区总部机构或职能型总部机构，扶持省内现有总部物流企业发展，引导总部在省外的物流企业在我省新设独立法人资格的子公司或将已在我省设立的分支机构改制为子公司，强化我省物流总部经济效应。以公共化、信息化、智能化为主要手段，构建第三方、第四方物流平台，推进商流、物流、资金流、信息流“四流合一”。

3. 推动造业与物流业联动发展。实施制造业与物流业联动发展工程，推进物流业与第一、第二产业对接，以物流业发展来支撑和服务其他产业的发展。支持物流企业加强与制造企业合作，全面参与制造企业的供应链管理，或与制造企业共同组建第三方物流企业。着力建设为产业集群服务、为新农村服务、为城市消费服务的现代化专业物流园区、物流配送中心和为产业集群提供原辅材料集中采购、统一配送等物流服务的工业品超市。

专栏5　制造业与物流业联动发展
大力推进制造业与物流业联动发展，引导鼓励制造企业按照分工协作的原则，专注核心业务，改造物流流程，剥离或外包物流业务，促进供应链各环节的有机结合。统筹规划和发展工业园区、经济开发区、海关特殊监管区域、高新技术产业园区等制造业集聚区的物流服务体系，积极引导区内企业将物流业务外包，扩大物流需求，推动区域内物流基础设施和信息平台等共享共用。制定引导物流业服务制造业产业集群的相关政策，建立我省制造业与物流业联动发展示范机制，推动10家百亿元重点制造企业物流业务逐步外包，实现30家以上重点工业集中区内的制造企业物流业务整体外包。

（二）加快发展商贸物流、农产品物流和快递物流

1. 加快发展商贸物流。完善城市货的等城市配送体系，实现城市配送与商贸服务网点、居民居住区的有效衔接。大力发展城乡一体化物流服务体系，充分运用社会物流资源，建立工业制成品、农产品、生产资料等大宗商品跨区域运输的城际配送网络，实现干线运输与城市配送有效衔接。支持商贸流通企业发展共同配送，降低配送成本，提高配送效率。支持大型连锁企业完善物流配送功能，发展统一配送；鼓励物流中小企业加强合作，创新物流合作方式和服务模式，发展共同配送。培育大型商品交易市场，力争5年内培育出10个年交易额超300亿元的大市场。

专栏6　重点培育的10个大市场名录
福州建材批发市场、福州农产品批发市场、石狮服装及布料批发市场、泉州建材水暖批发市场、泉州海峡西岸国际采购与区域物流中心（美旗城）、莆田工艺美术及珠宝批发市场、涵江国际商贸城（含小商品批发中心）、三明金属材料批发市场、漳州海峡两岸农产品批发市场、龙岩工业品批发市场

2. 优先发展农产品物流。把发展农产品物流业发展放在优先位置，加快建立畅通高效、安全便利的农产品物流体系。大力发展“农超对接”、“农校对接”、“农企对接”等产地到销地的直接配送方式，支持发展农民专业合作组织，加强主产区大型农产品集散中心建设，促进大型连锁超市、学校、酒店、大企业等最终用户与农民专业合作社、生产基地建立长期稳定的产销关系。发挥供销社和邮政等物流体系在农村的网络优势，积极开展“农资下乡”配送和农产品进城配送服务。鼓励大型物流企业从事农产品物流业，提高农产品物流业的规模效益。加大农产品冷链物流基础设施建设投入，加快建立主要品种和重点地区的冷链物流体系。推动农产品包装和标识的标准化，完善农产品质量安全可追溯制度。提高

粮食物流现代化水平，推进粮食储、运、装、卸的“四散化”，加快发展散粮铁水联运。

3. 加速发展快递物流。建立完善城乡快递服务网络，构筑区域协调、辐射海外的高效、快速、安全的快递服务平台，推动海峡西岸经济区快递服务实现一体化、协同化。支持快递企业在重要物流节点城市建设快件处理中心、航空及陆运集散中心等基础设施，提升运营能力，支撑快递物流网络。提升快递服务业层次，做优做精一批具有竞争优势、有特色的快递企业。引导快递企业加快进入制造业供应链服务领域，促进快递服务与电子商务融合发展，提升快递服务的信息化、标准化、规范化水平，增强服务能力，提高运行效率。

（三）建立应急物流体系

1. 强化应急反应和保障能力。针对突发事件特点，加强政府应急物流指挥调度和组织协调，建立应急物流体系，提高应急反应和保障能力。根据我省政府机构设置和物流的运作流程，整合相关机构，建立应急物流指挥系统，负责应急物资的供应保障工作，协调应急物流的运行和实施。

2. 构建应急物流基础性支撑体系。重点投资和建设交通运输薄弱环节，建立公路、铁路、水路、航空多维立体的运输网络，确保各种运输方式的及时补充替代。加强应急物流公共信息平台的建设，确保应急物流信息传递的稳定和抗干扰。加强应急食品、物资储备库的规划建设，建立应急物资储备管理信息系统。

3. 提升应急物流运作能力。在科学论证的基础上，在全省建立适当数量的应急物流中心，组建由福建盛辉、福建盛丰、福建万集3家物流企业组成的省级应急物流队伍，形成高效的应急物流运作系统。研究建立“军地物流一体化”应急物流模式，对军地物流资源进行有效整合，实现军地物流兼容部分高度统一、相互融合、协调发展。

4. 健全保障机制。完善应急商品储备、调运制度和应急处理流程，形成属地为主、条块结合、分级负责、与常态物流紧密结合的应急物流运行机制。制定完善应急物资采购、储备、运输预案，明确应急物流组织机构和运作相关主体责、权、利。

（四）提升物流服务水平

1. 推进物流技术创新。加强物流新技术的自主研发，重点支持货物跟踪定位、无线射频识别、物流信息平台、智能交通、物流管理软件、移动物流信息服务等关键技术攻关。适时启动物联网技术在物流领域的应用示范，不断创新物流服务，推动物流业走向高端服务产业。加快先进物流设备的研制，提高物流装备的现代化水平；鼓励企业加强物流装备更新和设施改造，采用先进物流技术，实现物流作业机械化、自动化，提高作业效率；支持高等院校、科研机构和物流企业研发先进物流技术，促进物流科研成果产业化。

2. 推进物流标准化。开展物流标准的推广、应用工作，组建福建省物流行业标准化分技术委员会，鼓励我省物流行业协会、物流企业参与国家、行业和地方物流标准的制定与实施工作；积极开展物流业标准化试点，建设一批国家级、省级物流业标准化试点项目；加强与国际物流技术标准接轨，推动物流企业在物流技术、装备、信息、管理、服务和安全等关键环节实行标准化管理和运作。

3. 发展绿色物流和低碳物流。按照环保、低耗、安全的要求，制定物流环保标准，规范物流作业流程，加快发展废弃物回收的逆向物流，鼓励企业实施绿色运输管理、绿色包装管理、绿色流通加工，走集约式、内涵式发展道路。

4. 创新运输服务方式。大力发展多式联运、集装箱运输、散货运输，推广应用厢式货车、集装箱车辆、专用车辆和甩挂运输方式，推行以托盘化为核心的单元装载方式，优化交通运输组织方式，提高物流效率。力争到2015年底，集装箱牵引车达1.3万辆，牵引车与挂车的比例达1∶2，实现甩挂运输货物周转量在干线陆路运输中的比例达10%以上。

第五章　保障措施

一、加快体制改革

加快推进物流管理体制改革，打破物流管理的条块分割。加强依法行政，完善政府监管，强化行业自律。结合相关法律、行政法规，在规范管理的前提下适当放宽对物流企业资质的行政许可和审批条件，改进资质审批管理方式。认真清理针对物流企业的资质审批项目，逐步减少行政审批。

破除地区封锁和体制、机制障碍，积极为物流企业设立法人、非法人分支机构提供便利，鼓励物流企业开展跨区域网络化经营。进一步规范交通、公安、环保、质检、消防等方面的审批手续，缩短审批时间，提高审批效率。对于法律未规定或国务院未批准必须由法人机构申请的资质，总部在我省的物流企业统一申请获得后，其非法人分支机构可向所在地有关部门备案获得。总部在我省的物流企业统一办理工商登记注册和经营审批手续后，其非法人分支机构可持总部出具的文件，直接到所在地工商行政管理机关申请登记注册，免予办理工商登记核转手续。调整完善物流企业申请高新技术企业的认定标准，具备条件的物流企业可以享受高新技术企业的相关政策。

全面贯彻落实物流业发展的相关法规政策，进一步加强物流业政策及法规体系建设，从国民经济行业分类、产业统计、工商注册、土地使用及税目设立等方面明确物流业类别，进一步确定物流业的产业地位。

二、强化要素供给

供电部门优先保障从事鲜活农产品储藏、加工的物流企业用电。完善价格政策，物流业、农产品批发市场和农贸市场的用水、用电、用气等实行与工业同价。

县级以上地方人民政府在土地利用总体规划和城乡规划中应当体现物流业用地布局。加大对仓储设施、配送中心、转运中心以及物流园区等物流基础设施的土地政策支持力度，对纳入物流业发展规划的物流园区、物流配送中心等的物流企业物流项目用地、为生产配套的仓储物流项目用地，享受工业用地政策。科学制定全省物流园区发展专项规划，提高土地集约利用水平，对纳入规划的物流园区用地给予重点保障。对各地区物流业发展规划确定的重点物流项目用地，应在土地利用总体规划修编时纳入规划统筹安排，涉及农用地转用的，可在土地利用年度计划中优先安排。对政府供应的物流用地，应纳入年度建设用地供应计划，依法采取招标、拍卖或挂牌等方式出让。积极支持利用工业企业旧厂房、仓库和存量土地资源建设物流设施或提供物流服务，涉及原划拨土地使用权转让或租赁的，应按规定办理土地有偿使用手续，经批准可采取协议方式出让。土地出让收入依法实行“收支两条线”管理。

大型散货码头项目建设用地符合《划拨用地目录》的，以划拨方式供地，其他的按规定以有偿方式供地；散货码头项目建设用海，列入省政府重点建设项目的，海域使用金地方留成部分减征30%；港口所在地政府对来闽建设大型散货码头的内陆企业，优先提供港口岸线资源。经批准开山填海整治的土地和改造的废弃土地，可优先用于发展物流业。利用旧工业厂房、仓储用房、传统商业街等存量房产兴办第三方物流，可暂不变更土地用途和使用权人。对规划布局的生产性物流业集聚区建设项目和物流业重大项目，优先保障用地指标。

农产品批发市场用地作为经营性商业用地，应严格按照规划合理布局，土地招拍挂出让前，所在区域有工业用地交易地价的，可以参照市场地价水平、所在区域基准地价和工业用地最低价标准等确定出让底价，土地出让后严禁擅自改变用途从事商业性房地产开发，确需改变用途、性质或者进行转让的，应当符合土地利用总体规划并经依法批准。

三、加大财税扶持

税务部门要切实落实新的企业所得税法和国家已出台的扶持现代物流业的相关税收优惠政策。自2011年1月1日起，对县及县以下依法登记设立的农村物流企业，3年内，根据其缴纳的营业税，属于地方级收入比上年新增部分的50%由当地政府给予奖励。对从事货运代理的，就其取得的收入按规定扣除费用后，计征营业税。对取得快递业务经营许可证的快递企业，其从事快递业务按“邮电通信业”税目征收营业税，并统一使用快递业务专用发票。对符合规定条件的省重点物流企业及公司制运作的省重点物流基地，经省有关部门认定后，可参照国家试点物流企业营业税差额纳税政策。缴纳城镇土地使用税、房产税确有困难的，按有关规定经有权机关审批后，可享受减免税优惠。对营业收入和纳税都增长特别突出的物流企业，由当地政府从该企业当年税收增量中给予一次性奖励。支持物流企业产品研发，企业开发新技术、新产品、新工艺发生的研究开发费用可在据实扣除的基础上，按照研究开发费用的50%加计扣除。对经省级物流牵头部门认定的重点物流企业，其集装箱车辆、专业货运车辆和配送车辆，在省内的道路（公路）车辆通行费按现行标准进行减征。

对符合条件的新引进的总部物流企业、省内现有总部物流企业、省外物流企业在我省新设独立法人资格的子公司或将已在我省设立的分支机构改制为子公司的，享受《福建省人民政府关于促进总部经济发展的意见》（闽政〔2011〕75号）规定的有关税费优惠政策。

制造企业剥离物流资产和业务，可根据《财政部国家税务总局关于企业重组业务企业所得税处理若干问题的通知》（财税〔2009〕59号）、《财政部国家税务总局关于企业改制重组若干契税政策的通知》（财税〔2008〕175号）和《财政部关于企业重组有关职工安置费用财务管理问题的通知》（财企〔2009〕117号）等文件规定，享受税收、资产处置、人员安置等相关扶持政策。

四、增加资金投入

各级人民政府要加大对物流基础设施投资的扶持力度，对符合条件的重点物流企业的运输、仓储、配送、信息设施和物流园区的基础设施建设给予必要的资金扶持。

集中财力加大对物流业的投入，安排并逐年增加省级物流业发展专项资金，并对涉及物流业发展的各项资金进行统筹使用。各设区市政府、平潭综合实验区管委会和县（市、区）政府也要安排一定数额的物流业发展引导资金，扶持物流业发展。积极争取中央财政促进物流业发展专项资金支持，推动物流业重大项目建设。

专项资金以补助、奖励、贴息等方式，主要用于支持物流公共信息平台建设、物流园区建设、制造业与物流业联动发展、重点培育和扶持的物流企业发展、国内外知名物流企业引进、国际海运新航线开辟、物流技术改造升级、物流人才教育培训、物流发展研究以及物流业发展需要重点扶持的其他项目。

五、加大金融支持

积极引导银行业金融机构加大对物流企业的信贷支持力度，加快推动适合物流企业特点的金融产品和服务方式创新，积极探索抵押或质押等多种贷款担保方式，进一步提高对物流企业的金融服务水平。完善融资机制，进一步拓宽融资渠道，积极支持符合条件的物流企业上市和发行企业债券。鼓励股权投资机构、创业投资机构以及规范的信用担保机构积极面向物流企业开展业务。组建和引入风险投资、创业投资基金，多渠道筹措物流业发展资金。

六、培养引进人才

教育、人力资源主管部门及有关部门应根据物流产业发展需要，研究制定加强人才培养培训工作的意见，加强物流学科专业、人才培养和实践基地建设，建立产学研合作培养物流人才的机制，培养物流业发展急需的专门人才。建立完善人才引进和激励机制，支持物流业领域龙头骨干企业和研发平台建立海西服务业人才高地，加大物流业高层次创业创新人才引进力度，引进符合条件的物流人才享受本省引进人才的有关政策待遇。对符合条件的新引进的总部物流企业、省内现有总部物流企业，享受《福建省人民政府关于促进总部经济发展的意见》（闽政〔2011〕75号）规定的人才激励政策。发展物流人才服务业，加大人才中介机构建设投入。制定物流培训计划，实现物流培训的组织化、常态化。

七、改善服务环境

提供通行便利。进一步降低过路过桥收费，加大对高速公路收费的监管力度，撤并不合理的收费站点，逐步降低偏高的高速公路收费标准。大力推行不停车收费系统，提高车辆通行效率。完善道路大型物件运输管理办法和超限运输车辆行驶公路规定，规范道路交通管理和超限治理行为，确定城市配送车辆的标准环保车型。研究制定城市配送管理办法，对物流快件企业、大型连锁经营和城市商贸物流配送企业，其城区内配送车辆经由当地物流牵头部门核定后，由公安交通管理部门发放统一标识，在城区行驶路线、停靠地点等实行绿色通道，给予市区通行权和停靠权。研究调整挂车交强险征收政策，促进甩挂运输发展。严格执行并进一步完善鲜活农产品“绿色通道”政策，进一步落实鲜活农产品配送车辆24小时进城通行和便利停靠政策。

提供口岸通关便利。港口、铁路、公路、海关、检验检疫、边检、海事、税务、交警等部门和金融、保险、物流、商贸中介等机构，要通过“降、减、免、贴”等措施，清理相关税费，有效减轻大宗散货用户负担。对闽台直航货物通关，口岸查验部门可以根据口岸实际，设立专用通道、专用窗口和专用查验区，对中西部省份经福建港口进出的大宗散货免征货物港务费。

研究农产品批发市场相关房产税政策，规范和降低农产品批发市场、农贸市场的摊位费等相关收费，必要时按法定程序将摊位费纳入地方政府定价目录管理，清理超市向供应商收取的违反国家相关法律法规的通道费。

八、完善基础工作

进一步发挥行业协会作用，推动未设立物流行业协会的设区市尽快成立市一级的物流行业协会，充分发挥物流行业协会在物流规划、政策建议、行业自律、统计与信息、技术合作、人才培训、咨询服务和对外交流合作等方面的作用。

尽快完善物流调查统计和信息管理制度，建立物流统计台账制度。继续开展我省社会物流统计核算工作，完善“福建省物流统计网上直报系统”，不断加强物流业发展的分析监测、预测、预警制度建设。

第六章　组织实施

一、加强组织领导与协调引导

加强组织领导。各市（县、区）、平潭综合实验区要相应建立促进物流业发展领导机构，加快形成省、市、县（区）三级联动促进物流业发展的工作机制，明确分工和责任，共同促进物流业发展。县级以上地方人民政府应将物流业发展纳入本地区国民经济和社会发展规划及年度计划，建立健全相关协调机制，协调解决物流业发展中的重大问题。

注重规划引导。省直有关部门和各设区市、平潭综合实验区要围绕全省物流业发展目标，编制重点领域物流发展专项规划、行业发展规划和地区发展规划，明确发展目标、重点任务、重大项目和保障措施，并把发展任务分解到年度工作计划中，落实目标责任。

二、制定完善各项配套政策

省直有关部门、设区市人民政府和平潭综合实验区管委会要以本规划作为政府审批核准重大项目、安排政府投资和财政支出预算、制定特定领域相关政策的重要依据。省直有关部门要按照本规划的任务，尽快制定完善各项配套政策措施和工作方案；各设区人民政府、平潭综合实验区管委会要按照本规划确定的工作重点和政策措施，结合本地实际制定具体落实方案，及时研究出台促进物流业发展的政策意见，确保取得实效。

三、建立完善检查评估机制

省经贸委牵头按照本规划的发展目标和工作任务，建立评估制度，每年度及期中对本规划的执行进展情况及其成效进行总结评估，并对本规划建设项目实行滚动管理。各设区市人民政府、平潭综合实验区管委会、省直有关部门要将本规划实施过程中出现的新情况、新问题及时报送省经贸委、省发改委。

附件：

1.“十二五”现代物流业重点规划建设项目表（略）

2.“十二五”现代物流业空间布局图（略）

十五 江西省

025

江西省人民政府办公厅关于印发《江西省现代物流业“十二五”发展规划》的通知

赣府厅发〔2012〕58号

各市、县（区）人民政府，省政府各部门：

《江西省现代物流业“十二五”发展规划》已经省政府同意，现印发给你们，请认真贯彻执行。

江西省人民政府办公厅

二〇一二年七月二十六日

江西省现代物流业“十二五”发展规划

江西省人民政府办公厅

2012年7月26日

“十二五”时期是我省推进科学发展、加快绿色崛起，建设富裕和谐秀美江西的重要时期，也是加快我省物流业调整和振兴的重要机遇期。以国务院《物流业调整和振兴规划》和《江西省国民经济和社会发展第十二个五年规划纲要》、《鄱阳湖生态经济区规划》和《江西省物流业调整和振兴规划》等规划文件为指导，结合我省“十一五”现代物流业发展情况，制定本规划。规划期为2011—2015年。

第一章　发展现状

一、发展成绩

“十一五”时期我省现代物流业发展取得长足进步，主要体现在以下方面：

（一）现代物流业规模和效益不断提高

“十一五”时期我省物流业呈平稳较快增长态势。2006—2010年，物流业增加值由296亿元增加到612亿元，占全省生产总值的比重保持在6.5%左右。物流货运量持续增加，全社会货运量从3.32亿吨增加到8.84亿吨，年均增长21.6%；货物周转量从881.6亿吨公里增加到1847.33亿吨公里，年均增长16.3%，港口货物吞吐量从1.4亿吨增加到2.1亿吨，其中集装箱吞吐量从5.99万标准箱增加到17.2万标准箱，年均增加23.5%。据测算，2010年全省社会物流总额为26541亿元，同比增长31.8%，全社会物流需求的旺盛，物流总量呈逐年扩大态势。与此同时，全社会物流成本逐年下降，2010年全省物流总费用与生产总值的比例为19.3%，比2006年下降1.8%。企业流动资产和商品库存周转速度有所加快，经济运行质量和效益不断提高。

（二）综合交通支撑体系日渐完善

全省形成了水陆空立体运输网络。到2010年底，全省公路总里程为14.06万公里，公路网密度0.842公里/平方公里。以南昌为中心，以国、省道为主骨架，省、市、县、乡相连接的公路网络基本形成，其中高速公路3405公里，初步形成“三纵四横”高速公路主骨架。全省铁路营业里程2735公里，铜九铁路江西段建成，京九北段、浙赣线电气化改造已完成，向莆铁路、衡吉茶铁路、赣韶、赣龙扩容项目正在建设中，逐步形成了“五纵五横”的铁路运输格局，并全面建立了货运信息系统；水路通航总里程5716公里，拥有19个年吞吐量超过百万吨的码头，其中九江港年吞吐量超过4000万吨，初步形成了比较完整的水运体系；建成5个民用机场，在建1个，辟有45条航线。不断完善的交通设施为物流业发展提供了重要支撑。此外，发达的通信网络为现代物流业提供了信息技术支持，基本适应当前物流业发展需求。

（三）市场主体多样化发展格局基本形成

“十一五”以来，通过改造传统国有运输、仓储企业，发展民营物流企业，引进外资物流企业，以及实现生产流通企业物流社会化等途径，我省现代物流业已基本形成多种所有制市场主体共同发展的格局，第三方物流企业得到了较快发展。一些大物流企业和大船公司的分支机构或办事处都已进入江西，很多企业通过整体改造、整合内部物流资源，以我省为基地组建了第三方物流公司；我省本地企业也通过合资合作等资产重组方式形成了一批国有控股和民营的物流企业。通过各类物流企业的专业化服务和运作，支撑相关产业和连锁商业发展的物流配送体系正在逐渐形成。截至2010年底，我省登记注册的物流企业近万户。企业营业额、利税平均以15%以上的速度增长。物流企业的服务能力不断增强、服务功能不断完善，服务水平不断提高，代表着专业化、社会化发展方向的第三方物流比重不断提高。一些企业开始接受现代物流理念，积极探索加强物流管理的有效形式和方法。部分大企业将企业采购、仓储和配送功能统一整合，实行一体化供应链管理，降低企业采购成本，提高仓储利用率，加快资金的周转。有些企业还把物流业务从核心业务中分离，实行业务外包或与物流企业建立长期合作伙伴关系，摆脱繁杂的运输、仓储事务，集中精力抓主业发展和市场竞争。

（四）重点物流园区开发建设扎实推进

我省物流园区建设起步较晚，但“十一五”时期建设速度加快，基本符合《江西省现代物流业“十一五”发展专项规划》中提出的“重点建设一批综合型物流园区和物流中心”的要求，取得了一定的成绩，发挥了良好的社会和经济效益。南昌保税物流中心（B型）、赣州市综合物流园区、九江城西港物流园区、江西银燕物流基地等一批现代化物流园区已建成并发挥作用，已经产生明显的经济效益，为周边众多的商贸、制造等相关企业提供一体化的物流服务，大大带活了区域相关产业的发展，为当地经济发展做出积极贡献。

（五）发展软环境不断改善

“十一五”时期我省建立了由省发改委牵头的全省现代物流工作联席会议制度，为发展现代物流提供了组织保障。省政府先后出台了《关于加快我省现代物流发展若干意见的通知》、《江西省现代物流业“十一五”发展专项规划》、《江西省物流业调整和振兴规划》等文件。南昌、赣州、九江等市也相继出台了一系列扶持物流业发展的政策。口岸大通关形成的区域快速通关平台，实现了省内通关一体化、区域通关快速化，建立了与周边主要口岸“属地申报，口岸验放”的通关模式，开通了“赣粤港”直通口岸通道。出台了鲜活农产品绿色通道优惠政策，货物进出口的物流时间明显缩短，费用大幅下降。

（六）公共信息平台建设初具雏形

省政府及相关部门高度重视全省物流公共信息平台建设，采取政府引导、企业化运作的建设模式，委托专业公司建设江西省物流公共信息平台。2010年2月，江西省物流公共信息平台正式运营。平台集物流电子政务平台、物流电子商务平台、物流电子监管平台功能为一体，从无线增值服务、在线交易服务、物流媒体推广、系统解决方案四个方面展开建设和运营，整合了全省物流信息资源，提升了全省物流信息化水平。

二、存在问题

虽然我省现代物流业在“十一五”时期取得了快速发展，但总体来看仍处于起步阶段，与快速发展的经济，与日益增长的物流需求还不相匹配。在看到取得成绩的同时，还应该认识到我省现代物流业的发展也存在着以下不足：

（一）企业规模小，设备落后，服务水平不高

据调查，我省多数物流企业的从业人数在20人以下，注册资金在50万元以下。年销售收入过亿元、纳税过千万元的企业很少，绝大多数物流企业规模较小、设备简陋、技术落后、服务功能单一，主要提供运输和仓储等基本的服务，在流通加工、信息应用、库存管理、成本控制等增值服务方面，尤其在物流方案

设计和全程物流服务等方面难以提供良好服务。部分企业固守传统的思维定式，追求大而全、小而全，在物流管理和运作上习惯于自成体系，自我服务，导致企业物流成本居高不下，现代物流市场发展缓慢。

（二）基础设施投入不足，系统功能不全

除了交通运输设施外，我省近年来物流基础设施建设投入不大，形成的格局与产业布局不完全适应，现有物流基础设施无论在规模、质量、功能上，还是分布、连接、配套方面，与国民经济发展需要、现代物流要求有较大的差距。已有物流设施布局分散、投资效益不高，债务及人员负担较重，加上部门和行业分割导致设施之间配套性和兼容性差，使得全省物流设施难以形成体系，系统功能残缺，不同运输方式之间缺少有效连接，区域性综合物流枢纽和多功能、大型物流中心缺乏。部分园区对物流规划缺乏论证，园区物流基础设施投入偏少，对物流项目招商引资不够重视，导致规划缺失、建设滞后、物流社会化程度低。

（三）现代物流信息化水平不高

虽然我省已经建立全省物流公共信息平台，但平台的营运还处在初级阶段，信息化应用水平不高。很多中小物流企业还停留在传统的信息化水平，对现代物流信息化先进设备的运用方面还较为陌生。多数信息系统的成本太高，中小企业的信息化起点低，市场上缺少适应中小企业发展的信息系统，终端市场尚不具备开发价值。多数物流企业仍采用传统运作方式，内部物流信息管理和技术手段落后，缺乏必要的公共物流信息交流平台，难以做到资源共享、数据共用、信息互通，极大地影响了企业运作效率和行业整体竞争力的提高。

（四）与制造业协调联动发展程度低

物流业主要是为制造业服务，我省制造业与物流业发展差距较大，制约着物流业与制造业协调联动发展。物流企业发展理念和服务水平与制造企业的需要衔接不畅，难以同步发展。物流业、制造业、商贸业各自为政，资源缺乏有效整合，配送能力不够、增值服务不力、仓储场地分散、运营规模不大的问题较为严重。

（五）专业人才缺乏

物流业是一个综合性产业，需要各种人才，包括企业管理人才、科技人才、理论研究人才、复合型人才等。我省大专院校对物流人才的培养和引进尚未得到足够的重视。物流人才的长期培养和短期培训相脱节，物流从业资格认证工作尚未规范。我省发展环境和薪资条件与沿海发达地区相比存在较大差距，国内外高素质物流人才的引进不足。专业人才的紧缺在很大程度上制约了我省现代物流业的发展。

（六）与周边兄弟省份相比各项指标还有一定差距

我省物流总量小，产值低，效益差，与周边兄弟省份相比，发展处于较低层次和水平。

第二章　指导思想、基本原则和发展目标

一、指导思想

以邓小平理论和“三个代表”重要思想为指导，深入贯彻落实科学发展观，推进科学发展、加快绿色崛起，建设富裕和谐秀美江西。加快推进江西现代物流业的发展，坚持以市场为导向，以企业为主体，以现代信息技术为支撑，大力发展以物联网技术为代表的新技术，运用现代物流理念，建设河海联运、海铁联运、陆海联运等多式联运集成设施，寻求新的发展机会和物流服务创新，形成物流业与制造业、物流业与零售业、物流业与战略型新兴产业融合联动发展的新格局，优化资源配置，改善投资环境，提高企业竞争力，构建业态先进、结构优化、辐射面广、竞争力强的现代物流体系，为“十二五”时期建设全面、和谐、可持续发展和全面建设小康社会提供坚强的物流基础和保障。

二、基本原则

（一）科学引导协调发展原则

以科学的规划为引导，科学规划现代物流业发展，并与经济发展、产业布局相协调。

（二）统一规划分步实施原则

杜绝重复建设，避免资源浪费。把物流园区、物流中心、配送中心的建设作为规划需要掌控的重点，优先协调重点区域、重点项目的投资建设，按规划、分步骤地建设一批有示范效应、有较强辐射功能、具备相应层次功能的物流项目。

（三）整合存量与优化增量相结合原则

在优化整合和利用现有物流基础设施资源、提高资源利用效率的基础上，进一步加大投入，规划建设一批高水平、高质量、高科技的物流基础设施，以增量优化促进存量整合，提升物流服务水平。

（四）统筹协调与突出重点相结合原则

一方面加强区域之间、产业之间和项目之间的统筹协调与衔接，优化物流业发展区域布局，避免资源浪费和重复建设；另一方面加快发展一批具有带动示范作用的重点物流园区、重点物流项目和龙头物流企业，推进整个产业的集约发展和企业转型升级。

（五）对外开放与自主发展相结合原则

大力引进国内外知名物流企业和先进管理理念，鼓励省内骨干物流企业集聚发展，通过多形式、多层次的合作，促进本土物流企业自主发展，建立优势互补

和协作共赢的物流服务体系。

（六）政府引导企业为主原则

发挥政府鼓励、引导和支持作用，营造现代物流业发展的良好环境和必要氛围，充分发挥企业在物流市场中的主体地位，鼓励企业，尤其是骨干龙头企业在市场竞争中自主创新，提高服务质量，增强企业核心竞争力，做大做强。

三、发展目标

（一）总体目标

到2015年，构建较为完善的现代物流服务体系，主要包括建成与经济发展相适应的，与国际通行规则接轨的社会化、专业化现代物流网络，形成多种运输方式相协调的物流运输格局，建设一批重点物流基础设施，培植一批现代物流龙头企业。

（二）主要指标

——到2015年末实现物流总额5万亿元。

——物流增加值年均增长13%，到2015年末达到1130亿元。

——物流总费用占GDP比重下降1.2到1.5个百分点，降低到18%左右。

——第三方物流总收入占全社会物流总收入比重达到40%。

——物流企业使用现代技术比例达到60%。

——到2015年底国家A级物流企业40家。

——主营业务收入1亿元以上物流企业达到10～20个，3亿元以上物流企业达到5～10个，10亿元以上的物流园区5～10个。

——培育物流业上市公司1～2个。

——具有国家级水平的重点物流园区达到2～3个。

第三章 发展思路和空间布局

“十二五”时期我省现代物流空间布局结构：以南昌为核心枢纽，以服务鄱阳湖生态经济区城市群和产业集聚区为基础，构建支撑中部地区物流发展，服务全国的现代物流体系。建设五大物流服务大通道，突出现代物流业的服务功能，将行业内生发展与对外开放相结合，将我省鄱阳湖生态经济区城市群和产业集聚区与周边发达地区最具活力的经济区域相连接，促进我省与发达地区的产业对接。如下图所示（略）：

一、赣北物流服务大通道

以南昌、九江为枢纽，以对内服务好“南昌核心增长极”、“九江沿江产业带”和“昌九工业走廊”，对外对接武汉城市圈、皖江经济带为主要任务，建设赣北物流服务大通道。

南昌是我省经济的核心增长极，到2015年要初步形成以现代物流基地为核心，以功能性物流中心和多层次配送中心为节点的现代物流架构，进而上升为中部地区现代物流的主要枢纽。南昌要立足城市区位和产业布局，完善现代物流体系和基础设施，构建以赣江和公路外环线为主干，以南北双向出入和沟通“一城双核”为重点，物流网络各节点布局合理、功能完善的现代物流体系，建成鄱阳湖生态经济区及我国中部地区的区域性现代物流中心城市，大力发展综合物流以及第三方物流、冷链物流、保税物流、农村现代物流等专业物流和绿色物流，加强消费终端公共配送中心建设和社区物流网点建设，构建为现代制造业、商贸流通业、会展旅游业、现代农业发展和城市生活消费服务的物流网络，形成辐射全省及周边经济区域，承接东西、贯通南北的开放型现代物流体系。到2015年，全市综合物流能力基本达到国内同类城市先进水平。规划期内重点建设昌北“航空、铁路、公路、水运口岸联运的国内、国际货运型物流基地”、昌南“铁路、公路联运的国内、国际货运枢纽型物流基地”、昌西南“铁路、公路、水路联运的货运枢纽型物流基地”。

九江是省内唯一能通江达海的港口城市，是长三角、武汉城市圈和皖江经济带结合部，也是沿长江产业带的组成部分和重化工、能源工业基地。九江现已初步形成以港口集装箱物流为中心，综合型物流和保税物流配套的现代物流框架，力争使九江成为连接长三角，辐射鄂、皖、湘的现代区域性物流枢纽城市。九江市沿江产业经济带和昌九工业带形成的“T”型区位条件优越，经济基础较好，产业布局特色鲜明，物流重点发展区域据此布局，逐步形成九江保税、湖口港口、九江城南、城东、城西综合物流园等物流园区的合理布局，建成完善各类商品市场，承载全市，辐射四省，完善功能、合理布局，构筑九江大物流发展平台体系。

建设赣北物流服务大通道，以建设河海联运、海铁联运、陆海联运等多式联运集成设施为主要任务，连接南昌、九江两大城市，不仅为“南昌核心增长极”、“九江沿江产业带”和“昌九工业走廊”的自身工农业产品提供物流服务，而且为全省产业物流和商贸物流提供服务。同时，将“昌九”作为一个整体与我省北部具有经济活力的武汉城市圈和皖江经济带相连接，实现区域经济协同发展。

二、赣东北物流服务大通道

以上饶、景德镇为枢纽，以对内服务好鄱阳湖生态经济区东北产业集聚区、对外连接长三角经济区为主要任务，建设赣东北物流服务大通道。

上饶位于赣、闽、浙、徽四省交界处，交通区位优势明显。浙赣铁路、皖赣铁路、横南铁路、合福铁路、杭南长客专，沪昆、济广、杭瑞、昌德、上德、上武高速，320、206国道，东西横贯，南北穿行，鄱阳湖沟通23条航道，北出长江，内河湖泊通航一千多公里，上饶三清山机场、宁德上饶港出海码头在“十二五”期间建成。全市已形成了水、陆、空立体交通运输体系，承东启西、沟通南北。“十二五”时期重点规划发展三大物流基地：一是上饶中心城区物流基地，以信州区为中心，发挥浙赣铁路、沪昆高速、320国道及建设中的合福、杭南长客专的作用，成为长三角、海西经济区接洽江西的物流门户。二是鄱余万物流基地，以鄱阳县为中心，包括余干县、万年县，发挥皖赣铁路、济广高速、206国道、昌德高速的作用，利用南昌、九江地区物流集散和辐射，沟通湖北、安徽及中西部地区。三是德婺物流基地。以德兴为中心，包括婺源，发挥皖赣铁路、杭瑞高速、上德高速及建设中的合福高铁的作用通达皖、浙。

景德镇地处鄱阳湖生态经济区东北部，是国内飞机制造、微型车和陶瓷产业重要基地。区内交通十分便利，皖赣铁路从区内穿过，济广、杭瑞高速横贯全境，机场有通往国内部分大城市的定期航班。争取开通从景德镇至上海、宁波、厦门等沿海口岸城市的铁海联运班列。“十二五”时期规划重点发展以陶瓷为核心的专业物流，并大力推进汽车、机电、焦化、农产品等综合性物流项目建设。

建设赣东北物流服务大通道为上饶、景德镇提升做强传统产业，布局战略性新兴产业提供物流保障，同时对接长三角，承接长三角地区产业转移，实现区域协调发展。

三、赣东南物流服务大通道

以鹰潭、抚州为枢纽，以对内服务好鄱阳湖生态经济区东南产业集聚区，对外连接海峡西岸经济区为主要任务，建设赣东南物流服务大通道。

鹰潭紧邻海峡西岸经济区，是东南沿海发达地区通向中西部地区的战略要冲。浙赣、皖赣、鹰厦三大铁路干线在此交汇，沪昆、济广高速，320、206国道呈井字形交叉，交通区位优势明显。“十二五”时期要积极发挥鹰潭铁路枢纽优势，形成以综合性物流园区为重点，多层次配送中心相配套的格局，成为连接东南沿海重要物流通道。规划重点建设铜特色产业物流、粮食及农产品物流中心、城市配送中心，形成覆盖城乡辐射周边地区的物流配送体系。积极推进以运带储，努力发展仓储批发产业，培育新的经济增长点。大力推进汽车货运企业战略联盟。切实加强对汽车货运企业的指导，促进汽车货运企业实现战略联盟。大力引进、培育一批能满足物流需求的具有较高物流服务能力和服务质量的第三方物流企业。积极发展国际多式联运。依托独特的交通区位优势和四通八达的铁路、公路交通网络，开通鹰潭至长三角主要港口的集装箱“五定”班列，建立铁海联运体系，拓宽陆路运输通道，促进公铁紧密衔接，完善物流服务功能。

抚州是我省优质粮仓和新兴制造业基地，“十二五”时期规划依托向甫铁路，积极推动抚州—九江城西港水运口岸通道、南昌—抚州—福州港通道建设和抚州北站铁路口岸作业区建设；加强与福建莆田合作，推进抚州“无水港”和国际集装箱货场建设，积极参与湄洲湾集装箱货运专用码头建设，实现铁公海联运。重点规划抚州铁路物流和煤炭转运物流，建设邮政、农贸、医药配送中心。整合现有物流资源，完善和推广特色鲜明的“广昌物流模式”。

建设赣东北物流服务大通道为鹰潭、抚州提升做强传统产业，布局战略性新兴产业提供物流保障，同时，连接海西经济区，实现融入海西共同发展。

四、赣西物流服务大通道

以新余、宜春、萍乡为枢纽，以对内服务赣西产业区，对外对接长株潭城市群为主要任务，建设赣西物流服务大通道。

新余位于我省中西部，浙赣铁路横贯东西，沪昆、赣粤、大广三条高速公路交汇。新余外向型经济发达，工业门类齐全、基础雄厚，是我省的钢铁基地和世界光伏生产基地。新余进出口总额列全省前茅，有大量物资在此进出，物流基础坚实。“十二五”时期规划新余为赣西物流中心枢纽城市。积极提升铁路运能，推进建设新余至吉安铁路；加快袁河开发，建设袁河四级航道；发展“公铁海空”多式联运体系；整合全市各种物流资源重点推进建设赣西（新余）中心物流园区。

宜春市是赣西的经济、文化、交通中心，有较完善的公路、铁路网络，机场建设列入了国家“十二五”规划，“路铁空港”大交通运输网络正在形成，对周边城市辐射能力强。宜春钽铌、锂、硅石灰、富硒温泉、建陶、原煤、盐化工、医药、建材、机电、轻工、食品等资源丰富，潜力巨大，随着宜春经济的快速增长，“路铁空港”交通运输大网络的建立，大型物流园区的需求日益强烈。“十二五”时期在宜春重点规划建设集商品批发、货物集散、中转、社会化仓储、配送、商务会展及信息服务等功能于一体的综合性国际型物流园区。

萍乡是我省西大门，与长株潭城市群相邻，是我省重要工业城市，是全省煤炭、钢铁、建材、烟花、工业陶瓷产业基地，与长株潭城市群有很强的经济互补性。将萍乡规划建设成赣西跨省物流通道上的重要节点。

新余、宜春和萍乡产业基础较好，交通基础设施便利，建设赣西物流服务大通道，为赣西地区自身产业发展提供物流服务，同时连接湖南长株潭城市群，谋求产业互补和共同发展。

五、赣中南物流服务大通道

以赣州、吉安为枢纽，以对内服务好吉泰走廊、赣南原中央苏区，对外对接珠江三角洲为主要任务，建设赣中南物流服务大通道。

赣州地处我省南大门，区位条件相对优越，境内有京九、赣龙铁路，赣粤、厦蓉高速，105、206、319、323国道，是珠三角、厦漳泉地区的直接腹地和内地通向东南沿海的重要通道。赣州矿产资源丰富，是国内乃至国际钨、稀土等重要的资源型产业基地，也是江西南部工业重镇和货物进出、加工、贸易和承接产业转移的重要基地。赣州正处于产业转移加快推进和工业化、城镇化加速发展阶段，市场开发潜力大，“十二五”时期国家将赣州发展定位于建设成为稀有金属产业基地、先进制造业基地和特色农产品深加工基地。

吉安地处我省中部腹地，京九线横穿全市，赣粤高速、大广高速、105国道、319国道穿越其中，赣江航道和井冈山机场构成了水、陆、空立体交通网络。拥有电子、食品、医药、电力、建材等支柱产业，是全省重要的商品粮和农副产品生产加工基地。

赣中南物流服务大通道就是以赣州、吉安城区为中心，以吉龙南—定南、井冈山—新干为两翼，在赣州、吉安中心城区建设一个大型现代综合物流园区，在每个县市区建立一个物流配送中心，重点培育和扶持规模以上物流企业。加快构建综合交通运输体系，把赣州建设成为赣粤闽湘四省边际现代物流网络体系中的重要枢纽和节点城市。建设赣中南物流服务大通道，对内连接吉泰走廊，为自身产业发展提供物流服务，对外连接珠三角经济区，推动高端物流服务发展。

五大物流服务大通道不是孤立的，通道与通道之间以高速公路、铁路和水路相连接，共同构筑成我省有机的物流网络。

第四章 发展重点和主要任务

一、完善综合交通体系，提供基础保障

物流的基础是交通，完善综合交通体系。着眼于提高路网密度、提升线路等级，推进新一轮铁路、公路建设，加强等级航道建设，稳步推进机场新建和改造，着力推进陆、水、空各种交通方式一体化协调发展，形成连接南北、沟通东西的综合运输通道格局，构建高效便捷的综合交通运输体系。铁路，以快速客运铁路和干线铁路建设为重点，加快出省通道、省内城际快速通道和重要客运设施建设，加快推进铁路干线电气化改造、客运专线和城际铁路建设，进一步加强省内支线、专用线建设。公路，完善国家高速公路网、加快地方高速公路加密线建设，提高高速公路覆盖密度，因地制宜推进中心城市轨道交通、环城高速、城区主通道、城市组团快速通道、大运量地面公交系统建设，加强国省道升级改造，积极推进农村公路建设，扩大农村路网通畅覆盖面。航道，进一步推进长江干流、鄱阳湖、赣江、信江航道整治，提高航道技术等级，改善通航条件。加强九江、南昌港口及五河干流重要港口建设，加快形成联系紧密、运行高效、通江达

海的内河运输体系。机场，建设南昌国际航空港，扩建井冈山机场、赣州机场，建成宜春明月山和上饶三清山机场，启动赣东南支线机场建设前期工作。

二、整合多种运输方式，提高协助能力

在国内，除国家控制的大型运输企业外，其他运输企业不论是公路、水运、航空、铁路都是单一运输企业，势单力薄，资源分散，成本高，效率低，竞争能力不强，发展后劲有限。只有将不同运输方式企业整合起来，优势互补，形成规模和能力才能更大范围、更具实力的发展。物流运作的核心或本质就是资源整合。低成本、高效率和高效益是通过整合发挥出来的潜力。对全省分散在工业、商贸、物资、交通、邮政等部门的物流资源通过联合、兼并、拍卖、撤销等多种形式进行整合，改造提高，完善功能，发挥效益。对不同运输方式之间和同一种运输方式内部，通过协调，形成合理分工。鼓励联合经营，合作经营，发展多式联运，实现优势互补，提高综合效率，形成多种运输方式相互协调衔接的物流运输平台。

三、加快物流项目建设，提升发展后劲

以项目建设为核心，推动我省现代物流业调整和振兴。“十二五”时期我省物流项目的规划建设要遵循以下原则：一是位于城市中心区的边缘地带，一般在城市道路网的外环线附近；二是位于内外交通枢纽地带，用地充足、成本较低，留有发展余地；三是位于城市物流节点附近，现有物流资源基础较好，一般有较大物流量产生，如工业园区、大型卖场等，可利用和整合现有的物流资源；四是有利于整个地区物流网络的优化和信息资源利用。严格以规划原则为项目建设的基础，严格控制重复建设、盲目建设的行为。“十二五”时期重点加强以下综合性服务性物流项目的建设，作为全省物流项目的示范。

四、推广信息技术应用，加强技术支撑

继续推进全省物流公共信息平台建设，同时推进商务、金融、税务、海关、邮政、检验检疫、交通运输、铁路运输、航空运输和工商管理等政府部门之间的物流信息共享，在网络上监控和管理物流行业发展。积极推进企业物流管理信息化，建立物流信息采集、处理和服务的交换共享机制，促进信息技术的广泛应用。积极推进物流企业管理信息化，引导物流企业建设内部信息网络，支持企业运用现代化信息技术；推广应用先进物流信息系统和装备设施，支持物流企业采用自动化、智能化物流设施设备，进一步提高物流运作效率。大力推广物联网技术在多式联运、大型物流园区、城市配送、冷链物流等方面的应用，探索利用物联网技术对物流环节的全过程管理，不断提高物流智能化水平，扶持一批物流信

息服务企业成长。

第五章 保障措施

一、提高认识，加强组织领导

现代物流业是一项跨行业、跨地区、跨部门的综合性工作，也是一项系统工程，涉及面广、政策性强，需要各级政府和有关部门关心和支持物流业的发展，加强领导，提高认识，协调配合，形成合力。在完善现行省级现代物流联席会议制度的基础上，由省发改委牵头，要继续组织有关厅局和设区市政府领导、综合协调和总体指导，研究协调物流业发展中的重大问题，协调资源整合、产业布局和跨行政区域的重点项目建设，推进规划实施。建立政府、企业、社会联动实施机制，把政府职能和社会力量结合起来，形成推动规划实施的合力，明确部门分工，强化管理职能，同时要以建设鄱阳湖生态经济区建设为龙头，加强与省鄱阳湖生态经济区建设领导小组办公室的沟通联系，充分发挥鄱阳湖生态经济区建设的核心带动作用，做好环鄱阳湖区域物流发展，并带动全省物流业发展。

二、完善政策，增强发展后劲

完善支持物流业发展政策。在贯彻国务院和国家有关部委现行促进物流业发展政策的基础上，结合我省实际，由省发改委牵头会同全省现代物流联席会议成员单位，研究制定出台“十二五”促进全省物流业发展的政策措施细则。发挥骨干龙头企业的示范作用，研究制定支持全省重点物流企业和A级物流企业优惠政策。把物流业作为投融资政策支持的重点产业，引入市场竞争机制，拓宽融资渠道，通过政策引导，外引内联，鼓励不同所有制投资者，尤其是民营企业和外资企业参与物流设施项目的建设和发展物流企业。财税、交通、公安、物价等部门在税收、交通管理、收费、用水、用电等方面研究和出台相应优惠政策；城市交通管理部门研究制定配送车辆在市区内通行和停靠的具体措施，为城市物流配送车辆通行提供便利。

三、形成合力，夯实基础工作

根据国家实施物流标准化的进程，加快制定和推广物流基础设施、技术装备、物流信息及物流管理等方面的基础性、通用性标准，安全卫生等方面的强制性标准，各种物流作业和服务方面的专业标准，完成一批具有我省地方特色产品物流地方标准的制定，如：陶瓷、光伏产品、烟花鞭炮等，实现与国际物流标准接轨，促进物流体系的建立。进一步发挥行业协会作用，推动和帮助未设立物流行业协会的设区市尽快成立市一级的物流行业协会，充分发挥物流行业协会在物流规划、政策建议、行业自律、统计与信息、技术合作、人才培训、咨询服务和对外交流合作等方面的作用。全面贯彻落实物流业发展的相关法规政策，进一步加强物流业政策及法规体系建设，从国民经济行业分类、产业统计、工商注册、土地使用及税目设立等方面明确物流业类别，进一步确定物流业的产业地位。尽快完善物流调查统计和信息管理制度，建立物流统计台账制度。继续开展我省社会物流统计核算工作，建设和完善“江西省现代物流业数据库”，打造“江西省统计网上直报系统”，不断加强物流业发展的分析监测、预测、预警制度建设。

十六 山东省

026

关于印发山东省现代物流业“十二五”发展规划的通知

鲁经信交字〔2011〕208号

各市人民政府，各县（市、区）人民政府，省政府各部门、各直属机构，各大企业，各高等院校：

经省政府同意，现将《山东省现代物流业“十二五”发展规划》印发给你们，请认真组织实施。

山东省经济和信息化委员会
二〇一一年四月二十七日

山东省现代物流业“十二五”发展规划

山东省经济和信息化委员会
2011年4月27日

根据《山东省人民政府办公厅转发省发展改革委关于开展国民经济和社会发展第十二个五年规划编制工作的意见的通知》（鲁政办发〔2009〕109号）要求，结合《国务院关于印发物流业调整和振兴规划的通知》（国发〔2009〕8号）、《山东省人民政府关于印发山东省现代物流业振兴发展规划的通知》（鲁政发〔2009〕61号）精神和“十一五”全省现代物流业发展情况，特制定本规划。

一、物流业发展现状

“十一五”期间山东省经济快速增长，2010年全省生产总值（GDP）实现39416.2亿元，平均增长13.12%，经济总量一直位于全国前列，三次产业结构比例为9.1∶54.3∶36.6，工业拉动作用突出，是经济增长的主要因素。产业集群特色鲜明，产业联动趋势强劲，为我省现代物流业的快速发展提供了有力支撑。

1. 物流业快速发展。近几年来，我省各级、各部门把发展现代物流业作为转方式、调结构的重要措施，先后出台了一系列发展现代物流业的规划及政策措施，对促进现代物流业快速发展起到了重要的推动作用。2010年，我省社会物流总额105831亿元，同比增长22.7%；物流业增加值2871亿元，占GDP的7.28%，占服务业增加值的19.9%；社会物流总费用7080.9亿元，与GDP的比率下降为17.9%；物流产业投资2190亿元，同比增长25.7%。铁路、公路、水运、航空共完成货运量30.18亿吨，增长6.11%，有力地支持了国民经济快速发展和发展方式转变。

2. 物流综合运输网络进一步完善。经过多年的建设，我省铁路、公路、海港、内河水运、航空、管道交通四通八达。“五纵四横一环八连”高等级公路网主骨架初步形成，公路通车里程22.98万公里，其中高速公路4285公里；港口基础设施逐步完善，沿海港口生产性泊位达到473个；铁路里程为3800公里，专用线450余条；民航机场8个，航线236条，其中国内航线218条、国际航线18条。全省四纵四横和城际铁路正在规划建设当中，纵贯南北、横跨东西，布局合理、快捷高效的现代化铁路运输体系即将形成。各地结合经济发展的需要，不断加大对物流园区（中心）建设的投入，已建成物流园区245个，在建园区94个，规划新园区37个；在建和规划物流中心407个。各种运输方式有机衔接，为现代物流业的发展奠定了良好的基础。

3. 物流企业的实力不断增强。近几年来，我省各类物流企业成长迅速。目前，从事物流业务的企业达到1.7万多家，骨干物流企业661家，形成了由多种所有制、不同经营规模和各种服务模式构成的、具有行业特色的物流企业群体。先后有23家企业进入全国物流百强企业，62家企业列为全国物流税收试点企业，69个物流品牌被评为“山东服务名牌”。国外知名物流企业如丹麦马士基、日本伊藤忠、英国铁行集团、新加坡胜狮、以色列以星轮船、韩国韩进海运以及美国普洛斯物流地产等入驻我省，成立合资物流公司，开展物流业务，物流企业的核心群体初步形成。

4. 物流新技术和信息系统得到推广与应用。目前，在一些大型物流企业中，全球卫星定位系统（GPS）、条形码技术、电子自动订货系统（EOS）、自动分拣系统（ASS）、地理信息系统（GIS）、射频识别（RFID）、无线手持终端等物流技术装备逐步得到推广与应用。许多物流企业开发了自营性质的物流信息收集与发布平台。新技术和物流信息系统的应用对于提升物流现代化水平和专业化程度起着重要作用。

5. 制造业与物流业联动稳步推进。大部分制造企业采用现代物流管理的理念和方法实施流程再造，并在仓储、运输和配送等多个环节上实施了物流服务外包。2010年，在全省范围内开展了制造业与物流业联动发展示范工程，第一批已经启动40个项目，制造企业物流供应链一体化管理、物流业务剥离外包进一步推进，物流企业承接物流外包的能力不断提升。

6. 农村物流网络体系建设成效显著。自2008年开始，在“村村通”工程的基础上，交通运输等有关部门安排专项资金，开展了农村物流试点。目前，参加试点的县（市、区）达到41个，试点县（市、区）初步建成了由县级物流中心、乡镇物流站场、农村物流网点构成的三级交通物流网络。邮政系统积极参与农资配送服务，依托遍布农村的邮政物流网络，建设乡镇农资配送中心，大力发展三农服务站，基本建成了覆盖乡村的农村邮政物流网络体系。

7. 商贸物流体系基本形成。近年来，我省商贸企业得到迅速发展，限额批零企业12000家，连锁总店116家，门店总数8960家，涉农服务网点9万余家。全省现代商贸物流体系基本形成，商品集散和配送功能进一步增强。

8. 初步建立了物流人才培养体系。职业教育、本科教育、研究生教育和在职技能培训等多层次的人才培养体系已经基本形成。目前，全省各类学校物流管理及相关专业的全日制在校生达到4.5万人左右，其中，高职专科3.8万人、本科0.5万人、中专技工0.2万人、研究生200人左右。

我省物流业发展中仍存在一些问题，如物流管理体制和环境有待完善；物流多式联运尚未实现无缝连接，对多种运输方式的一体化运作形成障碍；第三方物流企业规模普遍较小，基础设施和技术装备条件较差，服务水平不高，总体竞争力较低；物流业标准化和信息化水平不高，物流公共信息网络系统建设相对滞后；物流统计指标体系需进一步完善，等等。

二、指导思想、基本原则和发展目标

（一）指导思想

坚持以科学发展观为指导，围绕转方式、调结构的总体部署，以市场为导向，以企业为主体，以服务经济和社会发展为主线，以改革创新为动力，以先进技术和信息化为支撑，按照整合、改造、提升、发展的基本思路，建立工农商贸企业与物流企业联动发展机制。整合物流资源，加快物流园区（中心）等基础设施建设，培育物流龙头企业，提升物流企业整体水平，加快多式联运工程建设，努力构建高效生态节能的现代化物流服务体系，促进我省经济又好又快发展。

（二）基本原则

1. 政府规划引导，市场配置资源，营造发展环境。加强政府在物流业发展过程中的组织、规划、政策和环境等方面的引导作用。依据现有物流基础设施，兼顾国内与国际、城市与农村、农业、商贸和工业与物流业协调发展，统筹规划，合理布局。完善政策、法律、法规，为物流企业营造一个良好的发展环境。

2. 深化改革开放，理顺管理体制，打破条块分割。通过改革开放，进一步理顺目前的管理体制，破除各地、各部门原有的利益保护，打破行业间、部门间、地区间、城乡间的分割封锁，实现行业、部门、地区、城乡间真正的协调配合与无缝对接。

3. 推进标准化和商标战略，采用先进信息化技术，提高物流效能。采用先进的物流信息技术，加快推进物流设施与设备的标准化，发展品牌物流，实施商标战略，促进操作流程的规范化，实现供应链上下游企业之间的信息共享，降低物流运营成本，提高物流效能。

4. 加强基础设施建设，发展综合运输体系，实现物流畅通高效。进一步加快公路、铁路、水路、航空和管道物流通道建设，打通不同运输方式之间的瓶颈，合理布局物流园区、物流中心和配送中心，建立综合立体的多式联运体系，实现物流的畅通高效。

5. 整合存量，优化增量，创新服务。采取有效措施，促进不同隶属关系、不同所有制物流资源的有效整合。充分利用物流存量资源，改造、提升、完善物流服务功能，提高物流运作效率。引导社会资本向重点地区、重点物流企业倾斜，坚持走集约式、内涵式的发展道路，增强物流业的可持续发展能力。

6. 推进行业协调，促进产业联动，发展特色物流。推进制造业内部物流资源整合，加快企业物流剥离外包，促进物流服务社会化。大力发展专业化物流，积极建立重点领域和特种行业的物流体系，满足制造企业个性化需求。

（三）发展目标

继续贯彻落实国发〔2009〕8号文件和鲁政发〔2009〕61号文件，把我省建成全国九大物流区域之一，发挥我省在全国七大物流通道作用，建设一批物流节点城市和物流基地，培育一批物流名牌企业，为建设经济文化强省提供坚实物流体系保障。到2015年，社会物流总额完成18万亿元，年均递增12%；物流业增加值完成4800亿元，年均递增11%，占GDP的比重达到8.5%以上，占第三产业的比重达到22%以上；全社会物流总费用占GDP的比重下降到17%左右；培育100家具有国际、国内竞争力的大型综合物流企业，扶持150家制造业与物流业联动发展示范企业。基本形成城市与农村相结合、物流业与农业、工业、商贸业联动发展，布局合理、信息畅通、技术先进、管埋规范、节能环保、安全有序的现代物流服务体系。

三、物流区域布局

（一）物流区域

根据我省的自然地理条件、行政区划、各地经济发展特点和物流业发展的实际情况，把我省的物流发展区域划分为六大物流区域，即港口群物流区域、鲁中物流区域、鲁南物流区域、鲁西南物流区域、鲁北物流区域和黄河三角洲高效生态经济区物流区域。

1. 港口群物流区域。港口群物流区域是山东半岛蓝色经济区的主体，是发展国际物流的主要通道，具有发展现代物流的条件和优势。充分发挥港口设施功能完备、经济外向度高、发展潜力大的优势，重点发展外向型和辐射型物流，继续加快疏港铁路和公路的规划和建设，提高港口的集疏运能力。以发展现代物流为重点，加快沿海港口大型矿石、油品泊位建设，强力推进内河航道、港口建设，提高综合通过能力和内河港航整体实力；鼓励港口与大物流企业、临港物流园区的合资合作，实现有机结合、互动发展，推动港口腹地“无水港”体系建设，实现港口腹地向全国、全世界扩展，为山东半岛蓝色经济区的高效生态产业、高端产业、临港产业服务，为全省及全国产业发展和对外贸易服务。

2. 鲁中物流区域。以济南、淄博为核心，以泰安、莱芜为重点，大力发展综合运输，推进多式联运，着重发展陆路综合物流、城市配送物流及辐射全国的中转物流。形成连接省内各主要城市，辐射冀、豫、苏、皖等周边省份的物流中转基地。加快与半岛港口城市的通道对接，合作实施“大通关工程”，形成一条畅通的国际物流通道。构建完善的农村物流网络，大力发展农村物流，建设有利于农产品交易、加工、包装、存储、运输的物流系统。尽快形成以城市配送物流、中转物流和航空物流为特色的综合物流枢纽。

3. 鲁南物流区域。以临沂为核心，以日照为重点。临沂重点发展商贸物流，通过发展商贸经营、会展、电子商务等物流方式，进一步做大做强商贸流通业，形成辐射华东、华北、中原等地区的商品集散地。日照重点发展矿石、煤炭等大宗物资港口物流，建设临港产业，形成港口与内陆腹地的进出口货物集疏运中心。日照与临沂应充分发挥兖石铁路和高速公路的作用，加强经济联系，搞好物流对接，发展大港口、大商贸、大物流，实现合作双赢。

4. 鲁北物流区域。以德州为中心，以聊城、滨州、东营为重点，大力发展连接东部沿海和中西部内陆的中转物流、农产品物流。特别是滨州和东营作为黄河三角洲高效生态经济区的核心城市，应该重点发展以有利于生态环境保护的产业，优先发展现代物流业，促进服务业的发展，在全省率先实现经济结构转型。

5. 鲁西南物流区域。以济宁为核心，以枣庄、菏泽为重点，利用京杭运河水运成本较低的优势，大力发展内河水运物流，推进公铁水联运物流项目建设，建立和完善以煤炭、矿石、石膏等大宗物资为主的转运型物流中心。规划建设专业物流配送中心，搞好化肥、农药、种子、塑料薄膜等农资物流配送，做好种植、饲养、加工、销售等环节物流衔接，为建设农业、林业、牲畜业基地服务。在鲁西南地区，进一步推广现代物流管理理念和技术，推进传统物流向现代物流转型升级，缩小鲁西南物流业与东部地区之间的差距。

6. 黄河三角洲高效生态经济区物流区域。黄河三角洲高效生态经济区物流区域以东营、滨州为核心，以莱州市、潍坊市寒亭区、寿光市、昌邑市、乐陵市、庆云县、高青县为重点，发展服务于黄河三角洲高效生态经济区的高效生态物流，成为连接山东半岛、京津冀、辐射东北亚的物流枢纽。依托交通枢纽、中心城市和重要货物集散地，完善物流基础设施，重点建设东营、滨州、潍坊、莱州4个临港物流基地，大力发展临港产业，促进临港物流业快速发展。发挥油盐化工、纺织、造纸、装备制造、农副产品加工等产业的优势，引导企业主辅分离，物流业务外包，积极发展专业化物流，支持产业提高核心竞争力。依托胜利油田和中海油，重点发展辐射全省的石油管道物流。建设一批高效生态特色物流园区、物流中心和配送中心。积极推广现代物流管理技术，建立和完善物流网络和信息平台，提高物流信息化和标准化水平，引导物流企业向专业化、规范化和国际化发展。

（二）物流节点城市

根据各地的产业特点、发展水平、设施状况、市场需求等因素，确定2个国家级物流节点城市、7个省级物流节点城市、8个地区性物流节点城市和29个县级物流节点城市。各级节点城市应搞好物流规划，有针对性地建设货运服务型、生产服务型、商贸服务型、综合服务型的物流园区（中心），促进产业集聚，努力提高物流服务水平，形成全国性、区域性和地区性物流中心，促进大中小城市、城市与农村物流业协调发展。

1. 国家级物流节点城市2个。

济南：发挥省会城市的政治文化中心、区域中心城市和南北交流、东西交流、国内外交流的三重枢纽地位的优势，加快发展转运和分拨物流，形成北连京津大都市圈，南通长江三角洲经济区，西与山西、河南等能源基地相通、东与山东半岛相接的多种运输方式交汇的陆路中转物流中心城市。重点发展商贸、交通装备、机械装备、建材、钢铁专业物流，打造专业化、标准化、信息化的物流品牌。加快推动盖世物流、佳怡物流和零点物流港等知名物流企业扩大规模、提升档次，带动本地及周边地区物流业快速发展。建立适合多式联运发展的物流中心、场站，大力发展多式联运。加快西部现代、北部盖家沟、东部郭店（董家镇）3大物流园区的规划建设。重点围绕主城区经济发展，规划建设邢村、高新区、空港、药山、崔寨、经济开发区6个专业性物流中心。在城市周边地区或物流园区内，规划建设商贸物流配送中心，支持大型连锁超市的发展。

青岛：以建设东北亚综合航运枢纽和国际物流中心为目标，发挥青岛港为龙头的港口群带动作用，依托布局合理和功能配套的物流基础设施，构建起辐射东北亚地区的国际物流服务体系，形成具有国际竞争力的物流中心。加快建设港口物流、空港物流、铁路物流和陆路物流4大系统。加强港口与陆路运输的协调，发展公铁水联运、国际集装箱多式联运。依托港口、机场和铁路中心站布局物流园区，重点规划建设完善董家口物流园、前湾国际物流园区、前湾保税港物流园区、胶州湾国际物流园区、城阳空港物流园区、城阳综合物流园区和李沧娄山物流园区。依托主要工业产业及运输枢纽布局物流中心，规划建设胶南董家口物流中心、胶南临港经济开发区物流中心、西海岸出口加工区物流中心、胶州三里河物流中心、青岛市应急物流中心、青岛出口加工区物流中心、青岛高新区物流中心、即墨田横物流中心、即墨商城物流中心、莱西姜山物流中心和平度新河物流中心。结合城市商贸网点建设，设置一定数量满足城市生活与生产需要的专业化物流配送中心。构建现代物流业发展框架，物流发展水平达到国内领先，在我省的物流业发展中起龙头示范作用。为“环湾保护、拥湾发展”战略，为山东半岛蓝色经济区、高端产业集聚区建设，提供强有力的支撑和保障。

2. 省级物流节点城市7个。

(1) 东营：发挥处于京津唐与山东半岛两大经济区及黄河经济带与环渤海经济圈结合部的地理优势，抓住黄河三角洲开发国家战略、天津滨海新区开发建设和半岛城市群经济跨越发展新机遇，构建立足黄河三角洲，面向晋冀和环渤海地区，海陆空相结合的物流运输网，形成区域性物流中心和环渤海经济圈的重要物流城市。依托胜利油田和中海油，重点建设和发展辐射全省的石油管道和化工物流。大力发展现代物流业，使其成为资源型城市经济结构转型升级的引擎与支柱。

(2) 烟台：依托烟台港、烟大铁路轮渡、铁路和高等级公路网优势，加强公路、铁路、港口、民航的相互连接，发展成为面向内陆腹地、东北三省和东北亚的重要物流枢纽城市。重点推进汽车甩挂运输、保税物流、农村物流和中韩车载物流试点工作，重点发展钢铁、食品、机电产品、高新技术产品、服装等大宗出口商品物流。建立适合多式联运发展的物流园区（中心、场站），大力发展多式联运。依托港口，重点规划建设烟台港芝罘湾港区物流园区、西港区物流园区、龙口港区物流园区、莱州港物流园区、福山物流园区、蓬莱港物流园区、栾家口港物流园区、烟台保税港物流园区、桃村商贸物流园区、莱阳国际绿色食品物流园区、潮水国际机场物流园区和牟平奥威国家冷链物流示范园区。

(3) 潍坊：充分发挥作为山东半岛物流枢纽城市作用，继续推进“青烟潍物流一体化”发展，协调建立青岛港、烟台港与潍坊港物流发展一体化战略协作关系。重点支持鲁东物流中心、滨海物流港建设，努力打造服务环渤海、辐射全国的现代临港物流基地。依托寿光地区蔬菜基地、全国重要的纺织工业基地、国家级半导体照明特色产业基地的优势，重点发展农产品物流、纺织品物流、半导体物流。利用交通和地理优势，建立适合多式联运发展的物流中心、场站，大力发展多式联运。在重点物流节点和综合交通枢纽区域，有选择性地建设重点综合物流园区及中心。

（4）济宁：发挥京杭大运河北段上重要枢纽城市作用，依托京杭运河“黄金水道”优势，发展公铁水多式联运，形成煤炭为主、多元发展的港口物流业，打造“运河物流”品牌。建成鲁西南煤炭外运和晋东南煤炭外调分流，鲁南地区对外物资集散，发挥该市以重化、冶金工业为重要依托的枢纽基地作用。重点建设济宁临港物流园区、济宁高新区物流园、兖州北站铁路物流园区、任城医药物流园区、山东瑞中医药有限公司物流中心和济宁新华物流中心。

（5）临沂：充分发挥在区位、交通和商贸流通等方面的比较优势，建立连接江苏、辐射长江三角洲，联通日照、连云港的商贸物流基地，服务于省内外商贸流通和经济建设。以商贸物流和会展物流为龙头，带动地方产业和城市的发展，形成国内外现代物流业发展的重要节点，成为重要的区域性物流枢纽和商贸物流中心。重点建设市区西部物流园区、市区东部物流园区、莒南临港物流园区、苍山物流中心、沂水物流中心、蒙阴物流中心和平邑物流中心。

（6）德州：充分发挥铁路、公路连接京津塘交通枢纽城市的优势，承接国家贯通南北物流通道节点的任务，建立以服务于工业、农业、商贸等为主的综合性物流园区。发展成为我省连接东北、华北的商品物资交流的重要物流基地。重点建设华北商贸物流城、京铁物流园、资通国际陆港综合物流园和规划建设齐河的山东盖世物流中心、禹城的山东国际商贸港、庆云的红云高新技术产业园物流中心。

（7）淄博：地处鲁中腹地，发挥位于环渤海经济圈、山东半岛蓝色经济区、黄河三角洲高效生态经济区以及省会城市经济圈结合部的区位优势和地缘优势，依托济南、潍坊机场，青岛、烟台、威海、日照、连云港、天津等港口，利用海、陆、空、铁联运，国际、国内物流兼营的综合运输网络和物流产业基础，在淄博建设大型疏港物流基地和为港口配套的货物分拣包装配送中心，打造服务周边的“旱码头”。重点发展石油化工、机械装备、纺织（丝绸）服装、建材、陶瓷等特色物流，带动特色产业升级和促进区域经济发展。重点规划建设鲁中国际保税物流园区，鲁中公铁联运物流园区、齐鲁化工物流园区、鲁中商贸物流园区和轻纺物流、机电物流等物流配送中心。

3. 地区性物流节点城市8个。

（1）枣庄：依托京沪铁路、高速公路和内河航运交通运输的优势，以水铁联运作为物流业发展的重点，建立水铁联运的煤炭、建材物流运输体系，建立农村物流配送体系，建立城乡统一配送体系。整合资源，重点发展现代物流产业，以物流产业的发展带动区域产业结构的优化，促进本地经济又好又快发展。重点规划建设鲁南铁水联运物流园区、峄城临港物流园区、高新区汽车物流中心、枣庄临港物流中心和山亭农副产品物流中心。

(2) 泰安：充分发挥泰安地处京沪交通要道，京津与苏浙沪联系的必经之地，省内南北交通联系聚集点及京杭运河北延工程开工建设的得天独厚区位和交通优势，结合当地产业特色，重点发展汽车配件、煤炭、钢铁加工、石膏等制造行业物流。重点规划建设泰山物流园区、泰山钢材物流园区。

(3) 威海：建立以港口联盟为依托，以航空、铁路、公路为基础的港口物流节点城市，服务于区域内橡胶轮胎、造船修船、纺织、海洋食品等行业物流发展。发挥威海是中国大陆距韩国最近的沿海城市的地缘优势，推动中韩陆海联运汽车运输，发展成为全省乃至全国对韩国经贸物流的集散地。重点建设威海国际物流园和威海汇峰现代物流园。

(4) 日照：建立以铁路、公路为基础的港口物流节点城市，大力发展煤炭、矿石、钢铁、木浆、大宗货物商品及进出口物流基地，服务于国家东西通道的集疏运。发挥以日照港为新亚欧大陆桥头堡与国内西北地区联盟的经济带作用，建立西北地区新疆、陕西、甘肃、宁夏等能源及物资调入和进出口的港航物流周转基地，促进我省蓝色经济区与西北地区双向物流体系的建设。规划建设日照保税物流中心（B型）、日百物流配送中心、日照华丰仓储保税仓库、岚山孚宝液体化工保税仓库、三运物流园区和三运市北物流园。

(5) 莱芜：搞好港口、铁路、高速公路的衔接，大力发展多式联运，在产业集聚区、交通枢纽规划建设物流基础设施，打造成为产业服务的区域性物流中心。重点发展矿石、生产、储存、加工、配送一体化工程，提高钢铁生产各环节的物流效率，降低物流成本，支持钢铁产业规模扩大和效益提升。重点规划建设钢城区钢铁物流园区、开发区物流园区和莱城工业园物流园区。

(6) 聊城：结合本地产业优势，建设煤炭、有色金属、汽车、农用车和粮食等综合物流园区，发展成为冀鲁豫交界地区综合物流服务枢纽。重点发展外销北京、天津、济南等大型城市的粮食、棉花、蔬菜、水果等农产品物流。引进先进物流企业，提升物流产业层次，带动区域产业结构优化，促进本地经济又好又快发展。重点建设聊城物流园区、聊城百亿钢材物流中心、茌平综合物流园区。

(7) 滨州：充分发挥纺织、造纸、有色金属、汽车零部件、交通装备、通用航空器、油盐化工等产业优势，依托港口、铁路、高等级公路，积极发展专业物流、农产品物流、城市配送，形成对接天津滨海新区、融入济南城市圈、辐射环渤海经济圈和半岛城市群、服务黄河三角洲经济区的鲁北物流中心。重点建设滨州临港物流园区、滨州开发区物流园区、东城物流园区、邹平物流中心和大高航空物流中心。

(8) 菏泽：依托新菏兖日铁路、京九铁路、日照至东明高速公路、济南至菏泽高速公路及京杭运河支线航道等骨干通道，发挥辐射江苏、安徽、河南周边地区的优势，重点建设农产品、农资、商贸综合物流园区（中心），成为鲁苏豫皖交汇地区的商贸物流基地、特色农副产品加工集散基地。积极完善农资、农产品配送网络体系，支持农业生产，调整农业结构，实现农业由大变强。提升本地物流企业的实力和水平，引进先进物流企业进入，以物流产业的发展带动区域产业结构优化，促进本地经济快速发展。重点建设菏泽铁路现代综合物流园区、鲁之翼物流园区、巨野煤化工物流中心、东明石油化工物流中心、郓城煤化工物流中心、曹县庄寨木材加工物流中心。

4. 县级物流节点城市 29 个。从经济基础条件好的县市区选择 29 个作为县级物流节点城市，分别是：章丘市、胶州市、淄博市临淄区、桓台县、滕州市、广饶县、龙口市、莱阳市、青州市、寿光市、兖州市、嘉祥县、金乡县、新泰市、肥城市、文登市、荣成市、日照市岚山区、莱芜市钢城区、郯城县、禹城市、齐河县、临清市、茌平县、博兴县、邹平县、曹县、单县、东明县。在县级节点城市，可以根据产业和社会服务需要，适当建设物流中心、配送中心。

四、物流基础设施规划建设

（一）物流交通通道规划建设

1. 公路。完善“五纵四横一环八连”高速公路网，提升干线公路网，统筹农村公路网，推进智能交通建设，构建强有力的路网综合保障体系。加快东西、南北大通道、省际高速通道建设，加快疏港公路建设。进一步完善山东半岛蓝色经济区、黄河三角洲高效生态经济区公路网络，整合打造山东滨海公路明珠线，形成北接河北及天津滨海新区，南达长三角地区北翼，串联 7 个沿海城市的环海通道。合理布局中心城市对外出口通道，进一步完善通往港口、铁路、机场的公路建设，形成四通八达的公路运输网络。

2. 铁路。加强与港口、公路的衔接，发展多式联运，提高货物流通速度。重点构造“四纵四横”铁路骨架，使铁路覆盖全省大多数城市、重要港口和工矿企业集聚区。加大济南、青岛两大货运枢纽建设，实现铁路与其他运输方式货物运输的无缝衔接。建成京沪、胶济、菏兖日 3 条超亿吨铁路货运通道。推进黄大铁路，德龙烟铁路、京沪高铁山东段等铁路建设。加快现有铁路复线和电气化改造，发挥大宗货物铁路骨干运输优势。“十二五”末，全省铁路营业里程达到 5500 公里以上；铁路货运发送量与到达量均超过 2 亿吨。

3. 水路。以青岛港为中心，以日照、烟台港为两翼，全力构建沿海港口集装箱、矿石、原油、煤炭、旅客 5 大运输系统，稳步推进中韩、中日陆海联运汽车运输项目，加快黄河三角洲高效生态经济区港口建设。加大沿海港口资源整合的力度，促进国内外港口间业务合作。大力推进内河航运发展，重点建设京杭运河东平湖至济宁段航道，升级改造济宁至台儿庄段航道，加快支线航道建设，推进京杭运河黄河以北段复航工程论证工作。大力发展航运业，壮大山东航运骨干力量，提高远洋、沿海和内河运输能力。

4. 航空。加大开放程度，提高吞吐能力和竞争力，优化航空运输网络，形成以济南、青岛区域性枢纽机场为骨干、支线机场为补充的航空运输格局。积极吸引航空公司扩大运力投放，开拓航线，提高货运能力，增强竞争力。重点发展国内外航空货机运力，增加客机腹仓运输量，积极开拓航空运输市场，完善空港物流中心建设，促进航空物流业快速发展。

5. 管道。发挥管道运输的优势，抓住国家调整能源布局的机遇，完善天然气、石油等管道运输。建设烟台—淄博、黄岛—潍坊、东营港—滨州、日照港—东明的原油管道。规划建设淄博—济南—德州—聊城鲁北成品油管道和威海（镆琊岛）—烟台—潍坊—淄博—济南成品油管道。协调推进西气东输泰青威线主管道、分输站及传输管道项目建设。“十二五”末，建成较完善的原油、成品油、天然气管道运输体系，原油年输送能力达到1.21亿吨，成品油年输送能力2000万吨。

（二）综合运输网络体系规划建设

坚持着眼长远、统筹规划、突出重点、配套完善的原则，优化综合交通布局，加强交通网络规划和重大项目建设的衔接，推进水陆联运、水铁联运、空铁联运等多式联运协调发展加快物流运输资源整合，完善跨省、跨地区的交通通道，构建完善综合运输信息化网络，建立安全、便捷、通畅、高效的现代化立体交通运输体系。

（三）物流园区规划建设

物流园区建设要从实际需要出发，充分考虑物流市场需求，把整合现有物流资源与新建物流项目有机结合，规划建设一批布局合理、用地节约、产业集聚、功能集成、经营集约的大型物流园区（中心），提高物流服务效率，降低物流成本。鼓励在产业园区、开发区内、港口、交通枢纽规划建设物流园区（中心），提高货物的集疏运能力。

1. 生产服务型物流园区。根据产业发展状况，在工农业生产集聚区建立生产服务型物流园区，主要为制造业提供供应、生产、销售、回收物流服务，促进企业主辅分离，提高供应链管理水平，降低物流成本，提升竞争力。

2. 货运服务型物流园区。依托港口、铁路、公路、机场等交通枢纽，规划建设以水运、铁路、公路和航空运输为主，便于实现多种运输方式有效衔接的货运服务型物流园区。

3. 商贸服务型物流园区。根据各城市规划布局、消费规模、消费层次，建设以采购、交易、物流集散、商业配送为主的商贸服务型物流园区。通过商贸服务型物流园区建设，支持大型连锁超市扩张，实现大商贸、大物流、大流通的商贸流通业发展态势。

4. 综合服务型物流园区。在位于城市交通运输主要节点上，规划建设服务于城市配送、生产制造、商贸流通等具有提供多种物流服务功能的综合物流园区。在国家级、省级、区域性、地区性物流节点城市，重点支持建设30个集储存、货运、加工、商贸、货代、信息与金融服务于一体的综合性物流园区。

（四）物流中心和配送中心规划建设

物流中心规划与物流园区应有一定空间距离，补充物流园区的服务功能；在产业聚集区有针对性地建设一批煤炭、钢铁、建材、冶金、石化、汽车零部件、医药、农副产品等专业物流中心。配送中心规划与区域内物流园区、物流中心布局规划有效衔接，便于发挥末端物流服务功能。有选择性地在县级交通枢纽城市、商贸集散地、农副产品产区建立物流配送中心，形成全省统筹规划、城乡结合的省、市、县（市、区）、街道（乡镇）四级物流运营网络。

五、重点行业物流和特种物流

根据我省重点产业的需求和社会经济发展的需要，在“十二五”期间，需要大力培育发展石化、煤炭、矿石、建材、商贸、农产品等重点行业的物流，发展和完善产供销一条龙服务的冷链物流配送体系，建立具有现代物流管理理念的危险品和应急物流体系。

（一）重点行业物流

1. 制造业物流。推动制造业企业充分利用现有的物流资源，按照现代物流管理方式，进行有效的物流系统的整合、优化，实现企业内部的物流一体化。整合上下游物流资源，建立与客户、供给商的协调机制，逐步实现企业间供应链整合；鼓励制造企业物流流程再造和物流业务分离外包，培育一批适应制造业发展需要为钢铁、汽车船舶、纺织、轻工、装备制造业、电子信息、冶金等行业服务的专业化物流企业。推动制造业与物流业联动发展，推广潍柴动力等制造业与物流业联动发展的示范工程，扶持50个省级重点企业物流管理中心，重点支持中国重汽、济南机床二厂、海尔集团、青岛啤酒、玲珑橡胶、西王集团、京博物流、力诺物流、三角集团、金猴集团等企业物流建设。

2. 农业物流。建立覆盖全省乡镇、村的农产品物流服务体系。支持邮政物流网络发展，依托覆盖面广的公路运输优势，建立农副产品进城、工业和农资产品下乡、城乡结合的双向绿色物流体系。以信息技术为支撑，逐步完善农业物流信息化网络，建立城乡一体化物流信息平台，完善县、乡镇、村三级物流服务网络。利用先进的物流技术，促进乡镇农副产品流通和加工基地建设。扶持涉农批发市场、农贸市场建设，充分发挥物流节点优势，与重点涉农物流企业联动发展，实现农产品物流快捷高效。

3. 商贸物流。支持商贸流通企业积极发展新型流通业态，开展连锁经营、电子商务和物流配送，促进商贸流通业繁荣发展。支持传统批发企业与零售企业联合，实现商品批发、物流配送、零售一体化运作。加快商贸物流基础设施建设，进一步完善和提升服务功能，形成覆盖所有连锁超市的物流配送体系。重点扶持银座商城、利群商贸配送中心、潍坊百货集团、山东家家悦物流公司、临沂商贸城、青岛维客商贸配送中心等企业大力发展商贸物流配送。

4. 石化物流。以港口、油田、炼油厂为基点，合理布局建设石油管线，发展管道物流，减轻陆路运输的压力，降低物流成本。建设化工产品的仓储、运输、装卸、消防等基础设施建设，提高专业化水平，确保生产、运输、存储等环节的安全性。对于生活消费品的化工产品，要与农资、商贸流通领域的物流系统接轨，建立社会化、规模化和高效化的物流系统。依托油田、炼油企业、大型化工企业，整合物流资源，建设具有化工产品特色的物流园区，实现聚集发展。

5. 煤炭物流。在国家级和省级物流节点城市及大型火力发电厂，新建或改建煤炭配送中心。建立电厂用煤、生产用煤和生活用煤的协调和应急调度机制，确保满足生产和城乡居民生活需求。鼓励煤炭生产企业与电厂、用煤大户合资建设煤炭配送中心，促进生产和需求的有效衔接。支持煤炭生产企业逐步实现生产资料的采购、仓储和配送业务外包剥离，建立专业化、社会化的物流配送中心。加强储煤场与铁路、港口的衔接，积极推进“路企直通”，加快建设战略装（卸）车点和物流基地，建立煤炭销售、运输、配送一体化的物流服务体系。

6. 建材物流。建材产品品种多、产量大，要根据其特点，建设物流设施，发展物流系统。突出抓好水泥物流园区（中心）建设，发展专用运输车辆，建立散装水泥、预拌混凝土、预拌砂浆物流配送体系，运用现代信息技术手段，搞好散装水泥生产、运输、储存、使用各环节衔接，提高安全环保水平和物流运行效率。在陶瓷主产区，改造提升现有陶瓷批发市场，组建陶瓷专业物流中心，实施经营、批发、物流配送一体化。对各地的装饰材料、家居市场（卖场）进行改造，增加服务功能，向超市经营、连锁经营、物流统一配送方向发展，提高市场的竞争力。

7. 医药物流。支持医药企业运用现代物流与供应链管理理念，整合医药企业的上下游业务，建立功能完备的现代医药物流体系，降低医药流通成本。加快建设医药物流中心，发展厢式货车、冷藏车，提高医药仓储、运输卫生标准，完善医药物流系统，确保快捷高效和药品安全。建设医药物流信息系统平台和电子商务平台，建立基本覆盖医药企业、医院和医疗网点的医药采购、存储、配送以及医疗废弃物的转运系统，扶持山东海王银河医药等一批物流配送中心，提高医药物流供应链管理水平。

8. 邮政物流。支持传统的邮政企业重组和资源整合，加快向现代物流企业转型，发展成为我省物流业的骨干力量。鼓励邮政物流企业依托邮政资源和网络优势，承接农产品进城、农资和工业品下乡的城乡一体化物流配送体系，做大做强农村邮政物流，切实搞好为“三农”服务。支持邮政物流与高端制造企业合作，提供供应链一体化服务，发展体积小、附加值高的工业品物流配送，提高经营规模，增加经济效益。

（二）特种物流

1. 冷链物流。加快冷库工程、低温配送中心工程、冷链运输车辆及制冷设备工程、冷链物流全程监控及追溯系统工程建设。到“十二五”末，不断完善冷链物流水平，加强资源整合，拓展物流服务网络，提高冷链物流企业的规模和竞争力，重点培育一批发展潜力大、经营效益好、辐射带动能力强的冷链物流企业。规范冷链物流市场，提高冷链物流企业的准入门槛，建立对冷链物流企业的考核和监督机制，促进冷链物流业快速发展。

2. 危险品物流。根据国家颁布的《危险品管理条例》，加强危险品仓储、运输、装卸、信息监控等设施设备建设，提高危险品物流能力和安全标准。严格规范危险品物流企业准入条件，根据市场需求，合理布局物流企业，优化危险品存储、配送和运输网络。积极推进新技术和新装备的应用，运输车辆安装 GPS 设备，建设危险品物流信息系统，实现对危险品生产、存储、运输等各个环节的全程监控和管理，确保人民生命和财产安全。

3. 应急物流。采取政府行为与市场化相结合的原则，建立应急物流体系。选择规模大、技术装备先进的生产、运输、仓储、物流园区（中心）等企业，作为应急物流的主要基地，建立军民结合、平战结合、企业联盟、以政府为主体的应急物流保障体系。建设市场兼容的物资储备体系和运输配送网络，平时由企业经营，兼顾政府应急征用，实施动态储备管理。加强应急物流信息化和组织指挥系统建设，建立应急快速响应机制。

六、重点任务

（一）推进物流服务专业化和社会化

鼓励大型工业企业、商贸企业引入现代物流理念，应用现代物流技术与管理方式，优化企业内部资源配置，完善自营物流设施与功能，逐步实现供应、生产、销售、回收物流的一体化，构建统一、协调、高效的自营物流系统，提升物流专业化水平，为实现物流服务的社会化奠定基础。选择大中型工业企业进行物流管理改革试点，针对市场需要和企业实际，实施流程再造，积极参与供应链管理，推进物流外包，主动寻求社会化的物流服务。商贸流通企业根据连锁门店经营的需要，可自建物流配送中心，但从节约投资、降低成本角度看，主要是鼓励利用社会物流资源，开展配送业务。发展农产品从产地到销地的直销和配送，支持涉农物流企业开展农产品进城、工业品下乡的双向统一配送。鼓励物流企业参与工业企业、商贸企业的采购、生产、销售活动，为企业提供物流一体化服务，促进企业物流服务社会化。

（二）培育壮大龙头物流企业

支持龙头物流企业以兼并联合、股票上市、发行债券等多种融资渠道，尽快壮大规模，形成物流企业集团。在钢铁、化工、家电、汽车、机械、纺织、医药、建材、造纸等行业中发展一批专业物流骨干企业，带动全省物流业的整体发展水平。加大政策扶持力度，鼓励物流企业以多种形式进行资产重组，流程再造，培育一批服务水平高、竞争力强的大型现代物流企业。鼓励物流企业同国际、国内先进物流企业的合资、合作与交流，提高国际、国内竞争力。鼓励现有运输、仓储、货代、联运、快递企业进行功能整合和服务延伸，加快向现代物流企业转型。扶持中小物流企业创新物流服务模式，加强资源整合，走多样化物流服务的路子，逐步发展壮大。完善物流企业信用评价指标体系，建立物流企业诚信监督制度，引导我省物流企业健康发展。

（三）完善城乡一体化配送体系

大型超市、商场配送中心加快与物流园区、物流中心相对接，提高配送效率，促进商贸流通业发展。大力推广银座超市、家家悦超市、金德利早餐等商业连锁配送经营模式，创建和完善早餐、食品蔬菜、医药等生活日用品的物流综合配送体系。支持商贸流通企业积极发展电子商务，开展网上订购、物流配送到客户。鼓励物流配送企业在大中城市发展面向工商企业和消费者的社会化共同配送，促进流通的现代化。推广“农超对接”工程，建立农产品进城快捷通道，形成生产超市化、经营连锁化、加工链条化的农成品物流网络体系。有选择地建设50个大型农产品批发市场，通过标准化和信息化提升市场的配送能力。以城市连锁超市、大型商场和农村市场为依托，以城市商贸企业、农村合作组织和涉农企业为载体，以信息平台为支撑，通过合资、合作形式，创建城乡一体化商贸流通体系和城乡一体化物流配送体系，减少流通环节，提高流通效率，缓解农产品流通难、城市消费品贵的问题。

（四）加强多式联运工程建设

加强新建铁路、港口、公路和机场转运设施的统一规划和建设，合理布局物流园区，完善中转联运设施，防止产生新的不合理布局，促进各种运输方式的衔接和配套。依托现有重点港口、铁路、公路、机场及货运场站等交通运输设施，建设一批集装箱多式联运中转设施和连接2种以上运输方式的转运设施，实现多种运输方式“无缝衔接”，提高物流设施的系统性、兼容性，减少空载率，降低物流成本，提高物流效率。完善海陆集疏运系统，重点建设青岛、烟台等港口与内陆腹地的转运设施，发展集装箱海铁联运。大力发展甩挂运输、滚装运输等先进物流运输方式，建设甩挂运输示范工程，提高综合运输水平。

（五）大力推动物流业与其他产业联动发展

搞好重点制造企业物流管理改革试点，推动350户大企业集团带头剥离物流服务环节，鼓励重点制造企业集团设立统一的物流业务管理机构，实施物流一体化运作。加强对制造业物流运行评价体系研究，建立物流成本和服务水平考核制度，定期核查对比物流外包企业和自营物流企业的物流成本变化情况，激发制造企业物流管理改革的积极性，促进物流业务外包剥离。引导制造企业与物流企业以资产重组、合资、合作等形式，组建第三方物流企业，建立供应链战略联盟，为制造企业提供优质高效的物流服务。农业、商贸流通业等产业要积极与物流业对接，合作开展物流服务，提高物流质量，增强企业核心竞争力。

（六）积极推广物流标准化

各级物流主管部门要加强与标准化主管部门合作，委托高校和专业研究机构、行业协会、龙头企业，制定具有我省特色的物流行业的地方标准。推行和修订物流基础类、技术类、信息类、管理类、服务类等技术标准，建立健全物流标准化门类。加强国际标准、国家标准的推广，积极制定地方标准，完善标准体系。开展物流服务标准化试点示范工作，支持企业采用标准化的计量、分类、标识、设施设备、信息系统和作业流程等，提高物流的标准化程度。通过集中培训、经验推广等方式做好物流标准化宣传普及工作。

（七）提升物流信息化水平

引导物流企业、专业软件开发企业加快研发物流信息系统，建设物流综合信息服务平台。推广应用具有开放性、通用性和标准化的物流信息平台。鼓励物流协会与软件企业、物流企业合作开发物流服务综合信息平台，开展政策咨询、提供车源货源信息、业务合作等在线物流服务，提高行业信息化水平，增强行业的凝聚力。物流企业应增加投资，加快企业信息系统建设，提高物流业务运作的效率和服务水平，增强企业竞争力。引导工商企业完善企业内部信息系统，并与上下游企业实现数据信息共享，实现供应链一体化管理。

（八）加快研发和推广物流新技术、新装备

科研院所、高校和企业搞好协作，加强产学研联合，积极开展物流新技术、新装备的研发和推广。支持物流企业淘汰落后装备，进行技术改造，实现技术和装备的更新换代。在物流企业中大力推广RFID、电子数据交换（EDI）、GPS、货物自动分拣、移动终端等新技术，鼓励物流企业使用专用装备，推广物联网新兴技术的应用，实现物流企业管理自动化。开展集装、托盘租赁回收业务，实现集装、托盘社会化运营。支持举办物流新技术、新装备展览，为研发机构、生产企业、物流企业提供交流平台，加快物流新技术、新装备的推广应用。

（九）加快物流人才培养

省高等院校根据情况和社会需求，合理设置文理科物流专业，开展物流专科、本科、研究生教育，为社会培养各层次的专业人才。支持重点高等院校与国内外企业、行业协会合作，开展物流专业培训和职业认证，使在职人员基本掌握物流理论和操作技能。加强校企合作，鼓励企业和学校之间合作，进行物流人才的订单式培养，提高培养的针对性；支持企业为大学生实习提供方便，增强大学生就业的适应能力。

七、保障措施

（一）建立和完善现代物流业发展的环境

各级政府要理顺管理体制，建立现代物流业联席会议制度，明确牵头部门和分工，研究制定政策措施，形成推动现代物流业发展的强大合力。除国家法律、法规明确规定禁止的，允许外资、社会资本采用独资、合资、合作、合伙等方式从事物流业经营。建立健全政府监管、协会监督与行业自律相结合的机制，加强物流企业诚信体系建设，为我省物流企业的健康发展提供有力保障。进一步加大治理公路“三乱”的力度，遏制对物流企业的乱罚款、乱收费行为，减轻企业负担。

（二）财政税收政策

1. 财政。各级财政要继续加大对物流业发展的资金扶持，对省物流规划确定的重点物流项目给予优先扶持。

2. 税收。继续扩大物流企业缴纳营业税差额试点工作，对纳入试点名单的物流企业进行跟踪，及时解决有关问题，把政策落实好。对跨地区经营的直营连锁物流企业，税务部门按照国家税法及有关政策规定落实跨区域经营企业汇总缴纳所得税、增值税的政策。进口物流设备可按国家有关规定免征关税、进口环节增值税。加强调研督导力度，把促进物流业发展的税收政策落到实处。

（三）投资金融政策

1. 投资。对列入省规划的重点物流基础设施、物流园区、物流中心、城乡物流配送中心、物流新技术工程等项目，应纳入基本建设和技术改造重点项目规划给予扶持，争取中央国债资金支持。

2. 金融。鼓励、引导金融机构围绕物流业发展规划，进一步加大对物流企业的贷款授信，支持其快速发展。组织开展多层次、多形式的政银企对接活动，及时跟踪签约项目贷款到位情况，努力提高贷款到位率，实现物流政策与信贷政策的有效对接。鼓励物流企业通过股票上市、发行债券、兼并重组、中外合资等途径筹集建设资金，引导和吸引更多的社会资金投向现代物流业。

（四）土地、通关、城市通行政策

1. 土地。坚持依法依规用地和节约集约用地的原则，严格控制集聚区内制造企业自营物流用地。对符合省物流产业规划，在新型工业化示范区、经济开发区、出口加工区、高新技术产业园区等产业集聚区内规划建设的物流项目用地，可参照工业仓储用地有关政策执行。对列入省重点规划的大型物流园区、物流中心、物流配送中心新增用地，有关部门要给予支持。鼓励在原市区内的物流企业到城郊结合部建设物流中心，原有土地由政府按土地利用有关政策规定处置，对其土地及附着物进行评估补偿，扶植新建物流中心。

2. 通关。减化通关手续，依托电子口岸，推行物流企业与口岸通关监管部门信息联网，对进口货物及符合条件的出口货物实行"提前报关、货到验放"。提倡海关、国检、代理、报关公司、场站等部门实现"一站式"联合办公和"一条龙"服务，并协调解决好跨省、跨地区的转通关，减少通关时间，加快通关速度。

3. 城市通行。有关部门要制定科学的城市货车通行管理办法，为重点物流企业的小型配送车辆在市区通行、停靠提供便利条件。进一步落实鲜活农副产品绿色通道政策，提高物流效率，降低腐烂变质损失。

（五）推动制造业与物流业联动发展政策

认真贯彻《山东省人民政府办公厅转发省经济和信息化委关于加快推动制造业与物流业联动发展的实施意见的通知》（鲁政办发〔2010〕51号）。支持工业企业实施二、三产业分离，分离后的税负如高于原税额，由各地财政视情况对该企业予以适当扶持补助，鼓励分离后的服务业企业为社会服务；其所购置的固定资产符合技术进步、产品更新换代较快的，经税务部门审核，可以加速折旧。

（六）加快行业协会组织建设

鼓励采取新建或整合的方式，建立和完善物流协会组织，发挥其在企业与政府间的桥梁纽带作用，增强为行业服务、为企业服务的职能。协会应在推广物流行业标准、推广新技术、重点物流园区和物流企业评审认定、教育培训、从业人员资格认证等方面发挥作用。

（七）建立和完善物流业统计制度

各地要建立由物流主管部门牵头、交通、统计等部门参加、物流协会参与的工作机制，建立现代物流业统计指标体系和物流统计制度，加强信息的收集、核算和分析工作，提高物流统计的科学性、准确性和权威性。选择部分大企业作为物流统计试点，实行直报制度，逐步扩大范围，提高统计的覆盖面。加强物流统计信息的预测和分析，及时监测分析现代物流业发展、运行状况，为政府部门制定物流政策提供依据。

（八）建立规划落实考核机制

各地要根据当地政府的部署，结合省“十二五”现代物流业发展规划的总体要求，编制本地现代物流业“十二五”发展规划。物流规划的实施要纳入地方政府的考核体系，增强规划的引导性。建立规划实施的督促检查机制，对有关部门进行明确分工，落实责任，相互配合，齐抓共管。

027

黄河三角洲高效生态经济区现代物流业发展规划

山东省经济和信息化委员会

2011 年 7 月 15 日

根据国家颁布实施的《黄河三角洲高效生态经济区发展规划》，结合黄河三角洲高效生态经济区发展实际和我省现代物流业“十二五”规划的总体思路，为贯彻省政府“转方式、调结构”的战略部署，科学引导区域性现代物流业快速、有序、健康发展，特制定本规划。

一、发展现状和优势条件

（一）发展现状

1. 物流贡献率迅速提高。近年来，黄三角地区经济快速增长，物流需求持续上升，规模加速扩大。2010 年，全区域生产总值实现 5612.4 亿元，物流产业增加值实现 336.76 亿元。“十一五”期间，物流产业增加值占 GDP 的比重由 4.5%提高到 6%，对国民经济的支撑作用明显增强。

2. 物流基础设施不断完善。“十一五”期间，交通基础设施加快建设，形成了以高等级公路为主框架的公路网络，东营、滨州至胶济铁路已经联通，德（州）龙（口）烟（台）铁路、黄（骅）大（家洼）铁路等加快建设，管道网达到 1500 余公里，拥有东营、潍坊 2 个机场，莱州港已建成 10 万吨码头，东营港、滨州港、潍坊港初步建成。各类物流园区已初具规模，寿光农产品、莱州临港、东营临港、庆云商贸、滨州京博等物流园区已在当地物流系统中发挥着重要作用。

3. 现代物流管理逐步加强。目前，重点工业企业在不同层次、不同环节采用了现代物流管理方法，物流运行质量明显提高，物流成本持续下降。魏桥创业原材料和产成品运输都实行了招标外包，盟威集团、亚光集团等企业建设自动化立体仓库、ERP 等先进物流设施和管理信息系统。侨昌化学、愉悦家纺、环宇集团等企业物流运输业务几乎全部外包，产成品库存周转率大幅提高。

4. 物流龙头企业快速成长。近年来，黄三角地区积极发展物流产业，龙头物流企业带动作用明显。京博物流、银河物流、中邮物流、诚源海运、胜利物流、寿光农产品物流园、沾化皮革工业园物流公司等物流企业快速发展，中海港务等国内知名物流企业陆续入驻，以银座商城、烟草物流、海王医药等商业流通企业为主的物流配送、连锁经营、电子商务等现代流通网络初具规模，形成了一批具有一定实力的物流企业，有力地支持了经济快速发展。

（二）优势条件

1. 区位地缘优势。黄三角地区地处环渤海经济圈与山东半岛城市群的复合地带，是山东省海上北大门，北接天津滨海新区，南连胶东半岛经济区，东辐射环渤海经济带，西融济南都市圈，处于东北亚经济圈的重要位置，是“海上山东”建设的重要组成部分，开发建设前景十分广阔。

2. 交通便捷优势。该地区通过完善的公路、铁路、水运等交通网络，与北京、天津、辽宁、济南、青岛、烟台等城市和地区相对接。规划建设中的港口与青岛、烟台、天津、黄骅等港口优势互补。德龙烟铁路、地方铁路、沿海高速公路等重点工程建成后，该地区物流将辐射京津冀、东北、中原、胶东半岛等重要经济区域。

3. 产业发展优势。“十一五”期间，黄三角地区生产总值年均增速高于全省平均水平，预计“十二五”期间将持续增长，主要理由是胜利油田等中央大型能源企业稳定增长，魏桥、西王、华泰、滨化、亚光等制造业企业迅速膨胀，对油盐化工、棉纱、纸浆、粮油、煤炭、农资、有色金属等大宗货物的需求不断增加，物流需求增长强劲；农业基础较好，农产品、水产品、畜产品持续增长，农业物流将快速发展。

“十一五”期间，黄三角地区物流业虽然有了较快发展，但从总体上看，尚处于快速起步阶段，目前还存在着许多制约因素，需要在今后发展中着力加以解决。一是规划滞后。从政府层面看，各市物流业发展规划有待进一步完善。从企业层面看，供产销各环节物流整合缺乏系统规划，物流外包主要局限在运输、仓储等环节。二是水平较低。从发展质量看，目前，黄三角地区社会物流总费用占GDP的比重高达20%以上，高于全国平均水平。从发展规模看，本地区物流企业承担的物流业务量只相当于本地发生量的60%左右，影响了本地物流企业的发展壮大。从发展水平看，本区域物流业发展不平衡，许多县（市、区）物流业发展还处于起步阶段。三是瓶颈制约。铁路、水运和航空等运输方式薄弱，运输量所占比重较小，亟待加快基础设施建设，实现与全省、全国互联互通。物流政策少，且力度不够，对促进产业发展的作用有待进一步增强。物流企业规模小，管理能力弱，技术装备水平和信息化水平不高，物流服务功能单一，缺少在全国具有竞争能力的大企业集团。物流专业技术人才匮乏。地区间、行业间、不同所有制企业间存在壁垒，物流业多头管理，社会化物流发展缓慢。

二、指导思想、基本原则和发展目标

（一）指导思想

围绕黄河三角洲高效生态经济区建设的总体要求，坚持整合资源、高效生态、企业为主、集群发展、信息支撑、逐步推进、政府引导的方针，以推动企业主辅分离与物流业融合协调发展为主线，以发展高效生态循环产业物流为重点，以物流园区建设和物流企业培育为突破口，以技术创新和信息化为保障，加快构建以综合运输网络、物流园区为依托，以物流信息平台为支撑，以物流企业为主体的社会化、专业化、规模化、信息化现代物流服务体系，尽快把现代物流业培育成为区域服务业的支柱产业、区域经济发展的重要支撑产业。

（二）基本原则

1. 政府推动、市场拉动。坚持企业在物流业发展中的主体地位，加强政府在组织、规划、政策和环境等方面的引导推动作用，充分发挥市场配置资源的基础性作用，培育壮大物流产业。

2. 统筹规划、合理布局。根据全国、全省物流业发展布局，结合黄三角地区发展基础和条件，兼顾产业、行业及城乡物流协调发展，统筹规划物流服务网络，优化物流园区等重点基础设施的布局，构建立体综合物流体系，推动物流业发展。

3. 整合资源、科学发展。打破物流资源分割格局，促进地区间、部门间、行业间资源整合，严格节约利用土地，营造环保绿色物流，避免盲目投资和重复建设，实现物流产业的优化组合，提升区域物流整体效益。

4. 立足当前、着眼长远。立足区内现有产业布局和发展基础，坚持规划高起点、高标准。要抓住机遇，落实国家和省一系列的优惠政策，发挥区域物流建设的优势，突出重点，加快发展物流产业，努力适应国民经济发展的需要。按照科学发展观的要求，着眼产业长远发展，努力解决制约物流业发展的深层次矛盾，实现物流产业的可持续发展。

5. 标准化、信息化带动。加强物流信息化和标准化体系建设，推动先进物流技术和设备应用，整合物流各环节功能，促进物流服务一体化建设，提高物流产业的整体服务水平。

6. 生态优先、高效可持续发展。根据区域功能定位和产业空间布局，遵循循环经济理念，引导产业进园区，突出生态、高效特色，将园区经济发展与物流园区建设相结合，实现优势产业与物流业联动发展。

（三）发展目标

按照国家区域发展规划和全省“十二五”国民经济发展的总体要求，确定黄河三角洲高效生态经济区现代物流业中长期发展目标。

到2015年，建设12个物流园区、18个物流中心，产业集聚度显著提高，不断完善物流综合服务信息平台，培育和引进20家具有国际、国内竞争力的大型综合物流企业集团，物流的社会化、专业化水平明显提高。物流业增加值完成593.5亿元，年均递增12%，占GDP的比重达到8.5%左右，全社会物流总费用与GDP的比率明显下降，初步建立起快捷高效的现代物流服务体系。

到2020年，重点规划的物流园区、中心基本建成并配套，形成现代物流业保障体系，物流业增加值年均递增11%，占GDP的比重达到8.5%以上，全社会物流总费用与GDP的比率下降到17%左右，将物流业发展成为支撑经济发展的重要产业。

三、区域发展重点任务

（一）做大做强重点产业物流

1. 油盐化工物流。重点发展石油化工和海洋化工物流，逐步发展形成油盐化工循环产业链物流优势，引导黄河三角洲经济区循环经济发展。发挥资源优势，积极发展原油、原盐、电石泥、石灰石、煤炭等原材料散杂货物流，扶持京博物流、华泰通和物流、诚源海运等龙头企业，做好沥青、烧碱、PVC、环丙烷、聚氯乙烯等危化品物流。在开发四个沿海新区时，在产业区中心地带布局油盐化工物流项目，周边布局产业项目，以较完整的物流作业链条为突破口，实现原材料储存、生产供应、加工和产成品配送等物流作业环节紧密衔接。

2. 农副产品物流。加快建设常温库、冷藏库，发展冷链运输车辆，形成种植、加工、仓储、配送一体化的农副产品物流系统。重点抓好蔬菜物流、粮油物流、畜水产品物流和林果物流发展。依托蔬菜交易中心，积极发展生态农业和农副产品加工业，形成以蔬菜为主、兼顾水果和海产品的全国综合性农副产品集散中心。以粮油加工企业供应物流为突破口，积极推进东北大豆、玉米等仓储中心和进口粮油保税仓库项目建设，逐步发展粮油物流一体化。依托畜水产品加工业规模优势条件，以牛肉、海产品等优势产品供应和销售物流为突破口，整合物流资源，鼓励发展冷冻仓库和运输。鼓励发展林果保鲜气调库和保鲜运输，发展保鲜冷链物流，延长鲜果销售和林果加工业原材料供给周期。

3. 纺织物流。重点发展纺织产业链物流，积极推进纺织物流向上下游产业及关联产业链延伸，拓展物流服务领域，引领相关产业发展。通过"抓两端、带中间"，建立起黄河三角洲纺织产业链物流体系。抓两端，即重点发展位于产业两端的棉花、原皮等大宗原材料供应物流，纺织品、皮革、服装等产品销售物流，尽快构筑起纺织物流的发展基础。以纺织业棉花供应物流为重点，以棉花仓储物流为突破口，积极推进新疆棉仓储中心和进口棉保税仓库项目建设，努力形成面向全国和世界的棉花采购供应中心。依托阳信牛肉和高青小黑牛生产基地，积极推进原皮物流中心项目建设，适时启动进口原皮保税仓库，努力形成面向全国的原皮供应中心，推动皮革产业规模化发展。积极推进坯布、家纺、服装等产品物流配送中心项目建设，打造形成面向全国和世界的产品物流集散中心。带中间，即纺织产业生产物流重点是推动企业内部物流流程再造，加快物流业务外包的步伐，逐步实现原材料、辅料、再制品、产成品等物流服务的一体化、社会化。

4. 装备制造产业物流。以风力发电、电气机械及器材、油盐化工、纺织、石材等产业专用设备为基础，积极推进制造业与物流业联动发展，提升专用设备制造业竞争能力，促进制造业物流发展。积极发展汽车零部件、造船和商用飞机等交通装备产业物流。以滨州、广饶和潍坊汽车零部件产业集聚区为载体，积极融入京津和山东半岛汽车产业链，积极推进汽车零部件物流配送中心项目建设，支持汽车零部件产业发展。在沿海和内河港口合理安排造船业，建设造船用中厚钢板物流配送中心，完善配套服务设施，把造船业做大。利用好国家放开低空区域、大力发展通用航空的机遇，大高航空公司与飞机零部件制造商合作建设物流中心，加快大高航空通用商务飞机发展，努力形成通用商务飞机产业集群。

5. 造纸产业物流。在造纸产业中，重点抓好两个物流链条，一个是育林、加工、制浆、造纸、销售物流链；一个是进口木浆、造纸、销售物流链。华泰集团、晨鸣纸业集团等龙头企业要建设兼顾国内、国际物流链条功能的物流中心，剥离企业内部物流资产，整合资源，建立独立核算、自负盈亏的物流公司，开展造纸专业化物流服务，促进产业快速发展。

6. 商贸物流。商贸流通企业应利用商贸流通渠道和仓储、运输等传统物流基础条件，积极应用以电子商务为主要形式的现代信息技术，优化商品供应和销售，开展供应链一体化的物流配送服务，提高市场占有率和经济效益。批发企业和零售企业要加强合作，建立共用的物流中心或配送中心，提高投资效率。加快农村物流发展，建立县乡村三级商贸流通网络体系，实现生产资料、生活资料和农副产品双向流通。加速推进“万村千乡”市场工程实施，培育和发展一批为农村服务的专业化物流企业，逐步建立和完善农村商贸流通网络和服务体系，不断完善农副产品配送功能，促进农副产品生产的标准化和产业化，拓宽农产品销售渠道，确保农民增产增收。

7. 物流金融。物流园区、物流企业积极引进金融机构和保险公司进驻，围绕制造业和物流业发展，以仓单质押、物流保险等方式，积极开展物流金融业务，加快发展物流增值服务，形成物流企业新的经济增长点。

（二）积极培育物流龙头企业

按照引进、剥离相结合的发展思路，打破条块分割和行业垄断，通过改造、改组、兼并，整合盘活现有物流资源，实现物流企业组织创新，重点培植龙头物流企业，提高黄河三角洲物流服务的规模和水平。大力扶持传统的运输、仓储、货代、邮政等企业，整合可利用资源，扩大增值服务功能，发展成为现代综合物流企业。重点培植滨州和东营交运集团、中海港务、东营盛运等龙头物流企业发展，并吸引招商局物流公司、中棉总公司、中国储运总公司等国内外知名的物流企业入驻。大力实施工业企业内部物流再造工程，重点是把物流系统与生产制造系统分离开来，组建有行业特色的物流公司，在为本集团搞好服务的同时，积极开展社会化物流服务。根据黄河三角洲实际，重点培植京博物流、诚源海运、华泰通和物流公司、魏桥创业集团物流公司、东营港中海油物流、海王药业物流、山东海化物流、寿光农产品物流园、潍坊交通物流园、盟威集团物流公司等龙头企业，发展成为有专业特色的物流企业，为重点产业链发展提供专业化的物流服务。

（三）加快物流园区建设

充分发挥市场机制的作用，整合现有物流基础设施，盘活存量资产，加快物流园区、中心建设，提高物流业务的集中度。按照区域布局，在交通枢纽、物流节点城市附近，有选择地建设 12 个集储存、货运、加工、货代、商贸、信息和金融服务于一体的综合性物流园区。在产业聚集区有针对性地建设 18 个煤炭、建材、冶金、石化、汽车和零部件、纺织、造纸、医药、农副产品等行业物流中心。此外，建设部分物流配送中心、物流配送站点，形成城乡结合的市、县、乡镇三级物流运营网络。

（四）进一步完善综合交通运输体系

围绕提高物流运作效率，进一步加快各种运输方式建设，加强对不同运输方式之间的整合，形成一个相互协调、功能完善、优势互补的综合运输网络体系。一是干线公路网建设。重点抓好连接山东半岛和京津冀经济区的高速公路建设，畅通快速运输通道；按照一级公路标准，加快区内重点公路的改扩建工程，完善区域公路基础设施条件；在实现"村村通公路"的基础上，进一步提升农村公路的等级，实现城乡物流配送的快捷高效。二是铁路网建设。重点建设德州—龙口—烟台铁路、黄骅—大家洼铁路，提高铁路网的辐射能力，融入全国铁路骨干网。加快现有地方铁路的改造，完善基础设施，扩大运输能力。抓好铁路向港口和沿海新区延伸工程，构建起铁路运输与港口海上运输的联运通道。三是港口建设。东营、滨州、潍坊和莱州港口应明确功能定位，积极融入青岛、烟台、天津和大连港口的发展，形成周边主要港口的协作港。沿黄河、徒骇河和套尔河逐步向海岸延伸，积极推进内河港口建设，为制造业和渔业服务。四是机场建设。对东营机场、潍坊机场的改扩建进行论证，尽快启动扩建工程，提高机场等级，开辟更多的客货运航线，改善区域内运输结构。五是管道建设。对胜利油田及莱州港、东营港、潍坊港原油码头输油管网进行合理规划和建设，建立健全管道运输协调制度，明确主管部门，加强管理，避免重复、无序建设，确保管道运输安全。

搞好货运场站新建、扩建规划，加快公路主枢纽场站建设，提高公路集疏运能力。重点建设铁路集装箱中心和大宗生产资料货运场站，充分发挥铁路运输的骨干作用。重点抓好各物流园区主干道建设，使物流园区集疏运与交通网络有效衔接。今后5年重点建设多式联运及转运设施，促进各种运输方式的衔接和配套，实现“无缝对接”。在重点铁路货站、港口、机场建设集装箱中转站、货物转运站，使铁路、港口、机场货物与公路运输有效衔接，实现综合交通运输方便快捷，运转高效。

（五）打造物流信息网络平台

整合政府、企业和社会各类信息资源，采用现代化的网络信息技术和标准，建立资源共享的物流信息系统。搞好政府部门之间、企业之间和政府与企业之间的数据交换，实现货运物流网、车辆信息网、商贸流通网等互联互通，实现商流、物流、信息流和资金流的高度融合，提高物流运作效率和服务质量，逐步建成完善的开放式的物流网络信息平台。物流公共信息平台采取由政府牵头、信息软件企业开发、物流企业参与建设的模式。按照总体规划、分步开发、逐步完善的要求，“十二五”期间，东营、滨州市要基本建立起物流公共信息平台，并与周边市县区联网，提升物流产业发展水平。行业物流信息重点建设公路货运综合信息系统、铁路货运综合管理信息系统、航空货运综合信息系统、商贸流通综合信息系统，整合管道运输信息资源，逐步完善行业信息网络。物流企业要建设好内部信息系统，积极应用条形码、电子数据交换、全球卫星定位系统、地理信息系统、无线射频技术、客户关系管理、客户服务中心等先进适用的信息技术，提高物流业务操作的现代化水平。

（六）加快油田与地方物流产业融合发展

胜利油田物流资源向地方开放，地方物流资源向胜利油田开放，实施双开放战略，加快油田与地方物流产业融合发展。鼓励油田将其空置物流资源，如仓库、运输车辆等设施设备，逐步向社会开放，同时鼓励地方物流企业积极承接油田物流外包业务并提供良好服务。地方政府为油田物流业发展在土地、税收、规划等方面提供政策支持。同时还要发挥好物流主管部门和行业协会的协调作用，促进区域物流产业又好又快发展。

（七）建立技术与标准支撑平台

物流技术体系建设。改革传统的货物散装运输方式，大力推广集装技术和单元化装载技术，积极采用托盘装载运输方式。支持物流科技企业自主创新，积极开展新型专业物流装备的研发、新型物流系统软件的开发和设计；积极利用系统软件技术对物流设备进行集成，提升物流系统操作的现代化水平。物流企业应积极采用仓储管理系统、运输管理系统、条码、射频技术、电子数据交换、全球卫星定位系统、地理信息系统、智能交通等先进适用信息技术，促进物流管理水平的提高。物流装备要向技术先进、节能环保、标准化、信息化方向发展。大力发展集装箱车、重型载货汽车、大吨位厢式货车、节能环保货车及专用运输车辆。推广甩挂运输、多式联运、回程配载运输等组织方式，提高实载率，降低物流成本。

物流标准体系建设。以物流信息标准、服务标准和管理标准为切入点，参照国际通行标准，集中精力研究制定一批对黄河三角洲高效生态经济区物流产业发展和服务水平提升有重大影响的物流标准。充分发挥企业在制定物流标准中的主体作用，调动标准化研究机构、大专院校的力量，推动物流业基础性、通用性标准和当前社会急需标准的制修订工作，完善物流标准化与质检体系。对国家、省和市已出台的标准，加快推广步伐，鼓励企业和有关方面采用标准化的物流计量、货物分类、物品标识、物流装备设施、工具器具、信息系统和作业流程等，提高物流的标准化程度，以物流的标准化促进物流的现代化。

四、区域发展布局

（一）总体布局

按区位优势、产业集群特点、交通条件和发展潜力等因素，确定各市及县市区物流整体功能定位。打造东营、滨州两个物流中心区域；依托东营、滨州、潍坊、莱州四个港口，建设环渤海湾物流产业发展带；以黄河为中心线，加速发展北翼的乐陵、庆云、滨城区、惠民、阳信、无棣、沾化、利津、河口等县市区的物流产业，壮大南翼的的邹平、高青、博兴、广饶、垦利、东营区、寿光、寒亭、昌邑、滨海开发区、莱州等县市区的物流产业，构筑黄河三角洲经济区“两中心、一带、两翼”的物流业发展布局。

1. 东营市。积极融入东北亚和环渤海经济圈物流系统，重点建设东营中心城物流园区、空港物流园区、广饶物流园区、利津物流园区和广利港渔业交易中心，打造石油化工和交通装备等物流业优势品牌。积极发展石油装备与精密部件物流、钢材建材物流、快递物流、农产品物流、城市配送与保税物流等，建成黄河三角洲高效生态经济区重要的物流中心城市。

2. 滨州市。充分发挥优势制造业产业链优势，按照循环经济要求，重点建设滨州开发区物流园区、东城物流园区、邹平物流园区和大高航空物流中心，打造纺织家纺、油盐化工等物流业优势品牌，积极发展有色金属、交通装备、国际物流、城市配送等物流业发展增长点，形成融入济南都市圈、向内地延伸发展的物流中心城市。

3. 沿海物流产业发展带。依托东营、滨州、潍坊、莱州四个港口，规划建设临港综合物流园区，形成黄河三角洲的沿海物流产业发展带。各港口总体定位于临港经济区的产业港，是对外开放的窗口，是青岛、烟台、天津、大连、黄骅等骨干港口的协作港。东营港重点以石油化工和装备制造物流为主，兼顾建材物流发展；滨州港重点以油盐化工、冶金和建材物流为主；潍坊港重点以盐化工、石油、机械制造及煤炭物流为主；莱州港依托大吨位码头，以石油、矿石、集装箱、散杂货为主，建设临港综合物流园区。

4. 北翼突出各地特色产业优势，加快发展现代物流产业。乐陵市建设乐陵物流中心，重点发展机械制造、农副产品加工和小商品贸易等优势产业物流。庆云县建设庆云物流中心，重点发展商贸物流，并延伸发展制造业物流。惠民县建设惠民物流中心，重点发展绳网、农副产品、机械装备等优势产业物流。阳信县建设阳信物流中心，重点发展石化、农副产品等优势产业物流，并加快构建以牛肉产品为主的畜产品冷链物流系统。无棣县建设无棣物流中心，重点发展油盐化工、交通装备等优势产业物流，并加快构建水产品冷链生产和商贸物流系统。沾化县建设沾化物流中心，重点发展冶金、化工等优势产业物流，并加快构建林果产品冷链生产和商贸物流系统。滨城区以建设东城区物流园区为重点，完成物流园区规划和基础设施的配套建设，形成物流企业进驻规模。大力发展石油化工、机械、纺织等产业物流和商贸物流配送。利津县建设利津物流园区和陈庄物流中心，主要发挥德龙烟铁路、黄大铁路、荣乌高速公路和东营港的优势，重点建设农机、农副产品交易中心和发展城市物流，开展工业、农副产品的储藏、加工、运输、配送。河口区建设城北仓储物流中心，重点建设化工仓储、重化工原料及产品运输、商贸物流配送。

5. 南翼壮大发展现代物流业，以适应经济快速发展的要求。邹平县建设邹平物流园区，重点发展纺织、农副产品加工、机械制造、冶金等优势产业物流，形成济南都市圈县级物流节点城市。高青县建设高青物流中心，以纺织、农畜牧产品加工、陶瓷建材及花卉等为重点，建成集批发、中转、配送、休闲于一体的综合性物流中心。博兴县建设博兴物流中心，重点发展石化、石材加工机械、农副产品加工等优势产业物流，积极发展黑白铁、厨具现代商贸物流。垦利县建设垦利物流中心，重点发展轮胎、石油化工、水泥等产业物流，抓好危险品物流，确保原油和化工产品安全。东营区建设西郊货场物流中心和胜利物流中心。西郊货场物流中心发展原材料和配件器材供应与配送，煤炭、成品油、大宗原材料运输、中转集散，发展加工贸易和第三方物流等。胜利物流中心发展成为油田专用物资配送、专业化生产资料物流、大宗工业品跨区域物流、第三方物流服务基地。广饶县建设广饶物流园区和华泰国际物流中心，华泰国际物流中心依托华泰货场，主要以纸张、轮胎、化工品、钢铁、金属制品、煤炭、木材、棉花等产品为重点，建成仓储、加工增值服务、物流配送、物流信息处理等功能于一体的大型物流中心。寿光市重点建设寿光农副产品商贸物流园区、渤海物流园区，形成以蔬菜、水果和海产品为主的集交易、仓储、加工、运输、信息服务等于一体的综合性农副产品物流园区。寒亭区建设寒亭物流中心，以食品药品、民俗产品为重点，建成集仓储、配送、交易、综合服务于一体的大型医药食品交易中心、集散配送中心。昌邑市建设昌邑物流中心，建成以海产品、原盐海洋化工产品为主的商品集散中心。滨海开发区重点发挥石化盐化一体化、潍柴机械、瑞驰汽车等产业优势，规划建设占地80平方公里的临港物流区，推进潍坊港向亿吨大港目标迈进。莱州市建设莱州临港物流园区和莱州物流园区，重点发展油品、矿石、煤炭、散杂货、集装箱等大宗货物物流，加快推进港口物流体系和商贸物流体系建设。

（二）建设物流园区

1. 东营港临港物流园区。位于东营市东北部、渤海湾西南海岸的东营港经济开发区内，依托东营港，承接青岛、烟台港部分功能，建设成为集国际货运、商品展示、场站服务、流通加工、原油及成品油储存、保税仓储、金融与信息支持于一体的综合性物流园区。物流园区功能包括辅助港口功能、中转枢纽功能、仓储物流功能和综合服务管理功能，主要服务东营市，辐射鲁北、鲁中及晋冀部分地区，着力打造成为东营市重要物流产业园区、环渤海地区重要区域性物流中心和物资集散地。

2. 东营中心城物流园区。选址于东青高速以西、西一路以东，面向工商企业和居民，重点服务于东营经济开发区、胜利工业园、中心城区工商企业、胜利油田和市区居民，建成集商业物流、城市物流配送于一体的综合性物流园区，形成仓储与配送相结合、中转与加工相结合的物流配送基地，逐步成为连接山东半岛与京津冀的主要物流枢纽。

3. 东营空港物流园区。位于东营市永安机场周围，依托东营永安机场，形成以国内外邮件快递、加工制造业精密部件、生物制药、高科技小型机电产品、鲜活水产品等为主的高端产品航空物流基地，是黄三角地区与外部沟通的重要枢纽。

4. 广饶物流园区。位于广饶县大王镇华泰工业园内，以华泰物流为基础，整合区域物流资源，服务于造纸、化工、橡胶轮胎、纺织、机电、农副产品加工六大主导产业，打造集批发交易、仓储、运输、电子网络配送于一体的工业产品集散中心和配送基地，成为鲁北地区重要的区域性物流集散地。

5. 利津物流园区。位于利津县经济开发区，充分发挥区位和交通优势，依托黄大铁路、德龙烟铁路、疏港铁路货运专线，发展以棉花、畜产品、纺织品、化工品等大宗货物为主的运输市场，建设功能齐全的高标准物流园区，成为黄河三角洲地区重要的物流枢纽。

6. 滨州开发区物流园区。选址在滨州市经济技术开发区，以纺织和汽车装备产业链的延伸为重点服务对象，以制造业一体化物流服务为特色的综合型物流园区。园区是开发区和西部新城区重要的物流基础设施，是黄河三角洲经济区融入济南都市圈发展的主要物流枢纽。充分发挥园区的区位交通优势，整合周边物流资源，高起点规划园区的功能和空间布局，以纺织和汽车零部件产业发展为依托，重点发展纺织服装、纺织机械及配件、汽车及零配件物流，形成全国重要的纺织、纺织机械、汽车产业物流中心。

7. 滨州东城物流园区。由三个组团构成的分散性物流园区，即秦皇台乡：依托火车站货运站，建设集煤炭、石化、农资、建材为主的物流片区。梁才办事处：依托义乌国际商贸城、海华物流、宇航物流、银河物流等物流企业，主要建设以石油、化工、机械、纺织、商品配送为主的物流片区。市东办事处：依托香港豪德光彩购物广场、东海国际新天地、东区客运中心、永强煤炭储运等企业，打造以商品储运、购物为主的物流片区。

8. 滨州临港物流园区。拟选址在滨州港区的延伸区域，重点服务滨州北海新区城市和产业发展，建设以港口货物集散和区域生产物流配送为主的海港型物流园区。园区是滨州港实现港区联动的重要载体，是北海新区发展重要组成部分和支撑条件，是黄河三角洲经济区对接天津滨海新区，融入环渤海经济圈发展的重要物流枢纽。

9. 邹平物流园区。选址在邹平开发区东部铁路货运站及周边地区，以纺织、农副产品加工、煤电产业链的延伸发展为重点，服务于邹平开发区，是以生产资料交易和物流配送为主的综合性物流园区。以魏桥创业、西王集团等大企业集团为依托，重点发展为工业企业服务的生产物流、采购物流和营销物流，形成特色鲜明的生产配送物流园区，引领产业链延伸发展，实现生产要素的有效集聚，促进邹平开发区快速发展。适时发展国际物流业务，完善黄河三角洲经济区国际物流服务体系，带动外向型经济发展。

10. 莱州临港物流园区。选址于莱州工业园区，重点服务莱州市及其周边区域，以及鲁中和鲁西北地区，以港口货物集散、区域生产、加工配送为主的临港物流园区；重点建设以液体化工品、散杂货、制造业产品为主的集仓储、加工、转运为一体的物流区域，形成山东省液体化工品物流中心、散杂货物流中心、特色粮食物流中心和装备制造业产品物流中心。

11. 莱州物流园区。重点服务莱州产业和城市发展，以粮食、建材物流和城市物流配送为主的综合型物流园区；依托莱州粮食物流中心项目，建立粮食储存、加工、运输和交易系统，形成环渤海地区重要的粮食物流基地，建设区域性粮食物流中心；发展矿石、建材加工和钢材深加工物流，建设中国北方最大的建材物流中心。

12. 寿光农副产品物流园区。位于寿光市城北外环西首，重点服务于长江以北、辐射全国的市场，形成以蔬菜、水果和海产品为主的集交易、仓储、加工、运输、信息服务等于一体的综合性农副产品物流园区。遵循生态、环保、高效理念，发展绿色蔬菜、食品，加强宣传营销，逐步建成全国最大的农副产品交易配送中心。

（三）建设物流中心

1. 滨州大高物流中心。选址在滨州市大高航空城附近，依托航空城基础设施条件、周边产业发展优势，重点服务于产业链延伸发展，努力打造形成具有高新技术产业特色的航空物流中心。

2. 博兴物流中心。在京博物流基地的基础上，扩大规模和服务领域，建设形成以公铁联运场站为主的集散型物流中心。并在博兴黑白铁及橱柜市场附近，建设集商贸物流和制造业物流于一体的全国最大的黑白铁和橱柜物流基地。

3. 沾化物流中心。选址在沾化开发区，重点发展金属冶炼、油盐化工和林果加工等产业链物流，形成专业物流基地，并建设下洼、冯家、高尔、城西等农副产品专业物流站点，以及皮革工业园皮革产业专业物流站点。

4. 无棣物流中心。选址在无棣开发区，重点发展油盐化工、农副产品等产业链物流，并规划建设一批专业物流站点。地方铁路规划建设应与无棣物流中心发展相衔接，实现多种运输方式的高效运作。

5. 阳信物流中心。选址在阳信开发区，重点发展石油化工和金属餐具等工业产业链物流，形成专业化工业物流基地，并在阳信肉牛屠宰和牛肉加工产业集聚区，集中建设肉制品冷冻和水果、蔬菜保鲜仓储设施，形成农副产品加工及冷链物流基地。

6. 惠民物流中心。选址在惠民开发区，积极推进与中国重汽集团的战略合作，建设重型汽车零部件生产和销售配送中心，并规划建设李庄绳网等一批专业物流站点。

7. 庆云物流中心。选址在庆云国际商贸物流园，重点发展区域商贸物流，形成集物流信息中心、商品集散中心和货物分拨中心于一体的区域商贸物流中心，并在庆云红云高新产业园重点发展优势制造业物流。

8. 乐陵物流中心。由多个专业物流中心构成，逐步建设黄河三角洲（乐陵）会展物流中心、天地红辣椒电子交易市场、丁坞工业物流园、西段农业物流园、杨安镇调味品物流中心、郑店镇蔬菜物流中心、朱集红枣物流中心等各有特色的物流中心。

9. 利津陈庄物流中心。选址在胜利黄河公路大桥北侧、荣乌高速公路陈庄出口以南，重点发展农机、农资和农副产品交易，形成加工、仓储、交易、配送于一体的综合性物流中心，并规划建设盐窝畜牧蔬菜物流站点。

10. 东营西郊货场物流中心。选址在东营火车站，主要以原材料和配件器材的供应与配送，煤炭、成品油等物资的集散、运输，形成公铁联运型物流中心。

11. 胜利物流中心。选址在东营区北一路以南、菏泽路以北、西四路以西、西五路以东，主要以制造业物流服务、胜利油田专用物资配送、专业化生产资料物流、大宗工业品跨区域物流、第三方物流服务基地。

12. 东营经济技术开发区物流中心。在东营市东八路以东、南二路以北。主要发展制造业物流服务、保税仓储、城市物流配送、第三方物流服务基地。

13. 河口物流中心。选址在河口区城区北部，重点建设化工原料及工业产品的仓储、运输、物流配送，服务河口区经济开发区、沿海盐化工基地、河口区工商企业及北部产业集聚区，并向周边辐射。

14. 垦利物流中心。选址在县城外环，重点发展轮胎、石油化工、水泥等产业物流，提高原油和化工产品物流业务集中度，建设安全设施，确保原油和化工产品安全，为产业发展服务。

15. 东营广利港渔业交易中心。在东营市广利港，位于沿港路北段东侧、广利港管理局以北。重点发展鲜活、冷冻、干制等水产品物流，扩大水产品交易规模，逐步形成鲁北地区重要的水产品交易中心。

16. 寒亭物流中心。位于潍坊寒亭区泊子社区驻地，东靠央赣路、北至泊南路。主要建设货物配载中心、仓储配送中心、综合服务中心等多项物流服务项目，建成山东半岛重要的医药食品等产品交易集散中心。

17. 高青物流中心。选址高青县城南外环，建成以纺织、陶瓷建材、花卉、农副产品为主要经营对象，集批发、中转、配送、休闲于一体的综合性物流中心。

18. 潍坊滨海黄河三角洲交通枢纽物流中心。在潍坊港临港物流园区，建设融运输、仓储、装卸、配送、加工、包装、信息、交易服务于一体，集合多种运输方式的枢纽型综合物流中心。

五、政策措施

（一）切实加强组织领导

成立由省直有关部门、各市组成的黄河三角洲高效生态经济区现代物流业发展领导小组，负责物流业发展的组织领导和各市之间的统筹协调，定期召开例会，研究制定物流业发展规划和重大政策措施。领导小组办公室主要负责领导小组的日常工作，负责组织实施国家、省和市有关政策措施，统筹协调解决物流业发展中出现的困难和问题，督察落实领导小组议定事项。各市（县市区）要建立相应的组织领导体系，进一步明确物流业发展工作牵头部门，明确分工、落实责任、齐抓共管。

（二）实施积极的财政扶持措施

1. 各市有关主管部门在年度政府投资计划中设立物流业重点投资项目，并安排专项资金，用于支持现代物流业发展。省服务业发展引导资金应向黄河三角洲地区物流业倾斜。

2. 在物流园区注册经营的物流企业，其前三年内上交的地方税金，可享受不同比例的财政奖励。

3. 对重点物流企业用地，可享受工业用地政策。

4. 支持工业企业实施二、三产分离，分离后的税负如高于原税额，由各地财政视情况对该企业予以适当补助，鼓励分离后的物流企业为社会服务；剥离后新组建的物流企业购置的固定资产符合技术进步、产品更新换代较快的，经税务部门审核，可以加速折旧。

5. 加大各级财政对物流产业基础设施的投入。以科学发展和可持续发展为目标，制定合理的财政投入比例，建设物流产业基础设施和相关配套项目。

（三）营造公平、有序的市场环境

按照市场规则，建立政府引导、企业为主、整合资源、优化结构等促进物流业发展的政策环境。除国家法律、法规明确规定禁止的，允许外资、社会资本采用独资、合资、合作、合伙等方式从事物流业经营。进一步加大治理公路“三乱”的力度，遏制对物流企业的乱罚款、乱收费行为，减轻企业负担。

（四）建立科学完善的物流统计体系

现代物流业作为服务业的支柱产业，迫切需要建立反映物流业发展状况的统计指标体系。各市统计部门会同行业管理部门，加快制定科学的物流统计指标制度，建立健全现代物流业统计信息收集、发布和监测体系。通过科学全面的物流统计和调查，及时准确地反映物流供求状况和变动情况，为黄河三角洲地区现代物流业的发展和宏观经济调控提供依据。

（五）创新招商引资方式

依据区域物流业发展的特点，发挥物流园区和当地产业的优势，本着高效生态、节能环保区域发展的要求，采取优惠的招商引资政策，吸引物流大企业、大集团到黄河三角洲地区落户，培育龙头物流企业，促进区域物流业繁荣发展。

（六）拓宽人才引进渠道

利用物流业发展的政策，引进国内外物流经营管理人才。支持大专院校设置物流专业，鼓励物流企业与大专院校联合办学，采取订单式培养的方式，为物流领域培养急需的各种经营管理人才。组织物流企业积极参与各类物流人才教育和培训，尽快培养一大批熟悉物流业务管理和掌握先进技术的专业人才，提高物流人员的素质和技能，以适应现代物流业发展的需要。

（七）加强规划的组织实施

各市应根据黄河三角洲物流业发展的总体规划，研究制定本市（县市区）现代物流业发展规划。各市是规划执行的主体，建立规划实施的督促检查机制，督查年度规划的执行情况，不断总结经验，及时发现问题，提出督导的意见和建议。

十七 河南省

028

河南省人民政府关于印发河南省现代物流业发展规划的通知

豫政〔2010〕38号

各省辖市人民政府，省人民政府各部门：

现将《河南省现代物流业发展规划（2010—2015年）》（以下简称《规划》）印发给你们，请认真贯彻实施。

现代物流业是融合运输、仓储、流通加工、配送、信息处理等物流环节，实现物流运作一体化、信息化、高效化的复合型服务业，是现代产业体系的重要组成部分，是我省战略性新兴产业。制定和实施《规划》，对促进我省现代物流业健康快速发展，发挥现代物流业对制造业及其他产业的支撑和服务作用，加快构建现代产业体系，调整优化产业结构，转变经济发展方式，扩大就业和改善民生，提升我省经济社会整体发展水平具有重要战略意义。

各省辖市、各有关部门要切实抓好《规划》的组织实施。各省辖市要加快专业物流园区及配送体系建设。郑州市要加快制定完善郑州国际物流中心建设实施方案，加快物流园区和基础设施建设。省发展改革委牵头负责全省物流业发展工作，要加强对《规划》实施的组织协调，推动物流重大项目建设；要会同有关部门抓紧研究制定支持物流业发展的具体政策措施，报省政府批准后实施。省交通运输厅、郑州铁路局、省民航办等部门要加快交通基础设施建设，增强物流通道通行能力。省商务厅、工业和信息化厅、农业厅、粮食局、卫生厅、邮政管理局、省政府国资委等部门要加快推进行业物流发展。省质监局要加强行业及地方物流标准的制订工作。省统计局要会同有关部门建立完善物流业统计制度，加强物流业统计工作。要建立物流行业联合会，积极发挥其纽带作用，加强沟通，搞好服务，共同推动我省现代物流业快速发展。

附件：河南省现代物流业发展规划（2010—2015年）

河南省人民政府

二〇一〇年四月二日

附件：

河南省现代物流业发展规划（2010—2015年）*

为贯彻实施国家《物流业调整和振兴规划》，促进我省现代物流业快速健康发展，加快构建现代产业体系，培育新的经济增长点，结合物流产业发展趋势和我省物流业发展实际，特制定本规划。规划期为2010—2015年，展望至2020年。

第一章　总论

现代物流业是利用先进信息技术和物流装备，有机整合运输、储存、装卸、包装、流通加工、配送、信息处理等物流环节，实现物流运作一体化、信息化、高效化的复合型服务业，是现代产业体系的重要组成部分。近年来，经济、金融、物流的全球化进程向纵深发展，跨国物流企业面向全球布局，我国主要经济区域、各大中心城市在物流领域的竞争日趋激烈。我省区位交通优势突出，物流资源丰富，劳动力和仓储成本较低，市场潜力巨大，随着我国产业由东向西梯度转移步伐加快和促进中部地区崛起战略实施，我省发展现代物流业具有良好的基础和机遇。但同时也面临思想观念落后、产业结构层次不高、经济开放度较低等问题和挑战。未来5～10年，是我省加快发展现代物流业，获取物流领先优势的关键时期，也是我省把区位、交通、资源等传统优势转化为产业、物流、市场等综合竞争优势的战略机遇期。抢抓机遇，迎接挑战，促进现代物流业快速健康发展，对于我省调整升级产业结构、转变经济增长方式、增强区域核心竞争力和提高人民生活水平具有重要作用。

一、加快发展现代物流业的重要意义

（一）加快发展现代物流业，是培育新的经济增长点和调整经济结构的重要内容和紧迫任务

物流业是现代服务业的重要组成部分，正迅速发展成为促进国民经济与社会发展，特别是推动第三产业快速增长的重要力量。发展现代物流业，不仅能够直接带来物流业的规模扩张，同时，将为金融保险、商贸流通、信息服务、餐饮、会展等相关服务业带来客观的配套服务需求，从而推动第三产业的整体发展，提

---

* 本文为节选。

高服务业在经济总量中的比重。另外，发展现代物流业有利于促进商品流通，繁荣区域市场，扩大居民消费，增强消费对经济增长的拉动作用。因此，大力发展现代物流业，对于培养发展新的经济增长点，推动经济结构调整，转变经济发展方式，提高国民经济运行的质量和效益具有重要意义。

（二）加快发展现代物流业，是推动制造业优化升级的重要抓手

物流连接着制造业的采购、生产、储运、销售各环节，随着社会化大生产快速发展和社会分工不断细化，制造业与物流业日益有机融合、互动发展。发展现代物流业，有利于优化生产要素配置，推动制造业供应链一体化，降低企业采购商品成本，提高企业采购商品可得性，提高产业附加值。便捷高效的现代物流体系是一个地区高端制造业发展的重要条件，也是现代产业专业化分工和生产效率提高的必要条件。因此，物流业与制造业既相互依托又相辅相成，制造业的发展可以带动物流业规模扩张，现代物流业的发展反过来促进制造业产业升级和持续发展。

（三）加快发展现代物流业，是提升区域经济竞争力的重要途径

作为极具发展潜力的新兴产业，现代物流业的发展水平已经成为衡量一个国家和地区综合竞争力的重要标志。有条件的地区通过加快发展现代物流业，增强物流配套服务能力，可以有效降低社会物流成本，从而促进招商，吸引资金，聚集高端产业，优化第二产业结构，提升本地区制造业层次；还可以吸引更多商品在区域内集散，繁荣区域市场，从而实现产业、物流和市场联动发展，全面提升区域经济运行效益和核心竞争力。

（四）加快发展现代物流业，是提升人民群众生活水平和质量，促进经济社会又好又快发展的客观需要

物流业衔接生产和消费，产业关联度高，劳动就业吸纳能力强，拉动消费作用大。发展壮大物流产业，有利于扩大社会就业；有利于有效获取、分配和使用运输、仓储、包装、配送等物流要素，从而提高各种生产资料和产成品的利用效率，降低能源消耗和碳排放，推动资源节约型和环境友好型社会建设；有利于提高商品流通效率，降低居民生活成本，满足人民群众对多样化、高质量的商品及其物流服务需求。

总体上看，现代物流业作为具有广阔发展空间的新兴产业，有效连接生产与消费，是推动国民经济持续快速增长的重要力量。加快发展现代物流业，对于降低社会物流成本，提高商品流通效率，优化资源配置，促进经济结构调整和经济增长方式转变，推动第三产业乃至整个国民经济快速健康可持续发展都具有十分重要的意义。

二、国内外现代物流业发展趋势

（一）国际物流业发展趋势

随着经济全球化进程加快和信息技术的发展，国外物流业出现了一系列新的发展趋势和特点。

1. 全球特别是亚太地区物流业发展速度加快。2003—2008 年全球跨国间物流货运量年均增长 8.2%，第三方物流发展尤为迅速，年均增长 13.1%。2008 年，美国和欧洲第三方物流服务支出分别达到 1100 亿美元和 1750 亿美元，各占全球第三方物流服务支出的 22%和 35%，未来五年年均增速将达到 10%～15%；亚太地区（包括中东地区）第三方物流服务支出 1750 亿美元，预计未来五年将以 18%～23%的速度增长。

2. 行业集中度和地域集中度逐步提高。近年来，国际物流业整合步伐加快，物流企业并购、重组频繁，物流资源加速向大型优势物流企业集聚。跨国物流企业不断完善全球物流网络，面向全球布局，投资港口、码头、物流园区等物流基础设施，强化了跨国物流干线、支线衔接，实现了物流网络高效对接，占据了世界高端物流市场，主导、支配着世界物流业的发展。从地域分布看，物流需求、物流资源和物流服务向物流发展条件优越的大城市集中，大型物流企业以大城市为中心发展多式联运，区域分拨和本地配送变得更加便捷，物流服务效率大幅提高。

3. 物流业发展出现一体化趋势。近年来，制造业企业为赢得竞争优势，剥离外包内部物流业务，社会物流需求大幅增加。各大物流企业积极引入供应链管理理念，广泛运用现代信息技术，对仓储、运输、货代、包装、装卸、搬运、流通加工、分拨配送、信息处理等物流业务采取一体化运作，为顾客提供一站式服务，提高了物流效率，降低了物流成本，有效地满足了社会物流服务需求。传统储运企业在搞好运输、仓储、装卸等传统业务基础上，积极参与工商企业原材料与零配件采购、生产、储运、配送和售后服务等各个环节，加快向现代物流企业转型。

4. 物流业的信息化、专业化程度逐步提高。为提高物流服务效率和客户满意度，发达国家物流企业积极采用先进物流技术，大力发展集装化、单元化运输，基本实现了物流业机械化、自动化、标准化和智能化，海空公铁多式联运的效率得到了很大提高。美国率先将现代信息技术引入物流运作的全过程，实现了物流的集成化和便捷化。据统计，近年来美国因物流领域技术创新所带来的运输、库存等费用的节约，促使其制造业成本降低了 1～2 个百分点。随着经济全球化加快和市场竞争加剧，预计未来物流业信息化、专业化趋势将更加明显。

（二）国内物流业发展趋势及特点

目前，国内物流业发展趋势与国际发展趋势基本吻合，但也表现出一些新的特点。

1. 国内物流业尤其是第三方物流发展迅速。2008 年我国物流业实现增加值 2 万亿元，比 2000 年增长 1.9 倍，年均增长 14%，高于同期 GDP 增速 3.8 个百分点。预计未来五年我国物流业增速仍将快于 GDP 增速，年均增速达到 14%以上，第三方物流年均增速将达到 20%。

2. 物流运行效率逐步提高。我国传统物流企业积极进行功能整合和服务延伸，加快向现代物流企业转型。一些领先物流企业运用现代信息技术，对采购、储运、加工、配送、物流金融等进行一体化运作，同时针对服务行业特点，积极发展专业化的物流服务，物流成本下降，物流效率逐步提高。我国全社会物流总费用与 GDP 的比率，由 2000 年的 19.4%下降到 2008 年的 18.3%。预计未来较长时期内，我国全社会物流总费用与 GDP 的比率将继续下降。

3. 我国中西部地区物流业增速将快于东部地区。改革开放以来，我国东部地区制造业、商贸业发展迅速，有力地促进了物流业的快速崛起和集聚发展。由于区位、政策优势和产业基础雄厚，广州、大连、上海、青岛、天津、厦门等沿海港口城市逐渐发展成为我国的物流中心。随着“西部大开发”、“促进中部地区崛起”等国家战略的实施，东部地区制造企业将加速向中西部地区进行战略布局，带动中西部地区物流需求迅速上升。武汉、重庆、西安和郑州等地物流设施、物流园区建设步伐加快，未来一个时期，在我国中西部地区将形成一些新的物流中心。

4. 国内外物流企业在全国范围内战略布局加快。近年来，一些大型物流企业加紧在全国布局，不断完善物流节点网络，跨区域发展势头迅猛。国外物流企业已经在我国东部地区一线城市完成布局，并占据我国高端物流市场，目前正向东部地区二线城市和中西部地区扩张。在中西部地区，郑州、武汉、重庆和西安承接国内外物流企业发展的条件互有优劣，未来几年内竞争将趋于激烈。

（三）对国内外物流发展趋势的综合分析

综观国内外物流业发展历程、发展特点、发展趋势，有以下几个主要结论：

1. 未来一个较长时期国内外物流业仍将保持快速发展态势。随着制造企业流程再造和物流外包，社会物流需求大幅上升，第三方物流将以更快的速度发展。

2. 物流中心城市、大型物流企业先发优势突出。现代物流标准化、信息化、专业化、一体化程度逐步提升，并向大城市、大企业集中，催生了一批世界性、全国性或区域性的物流中心和大型跨国物流企业，具有很强的先发优势，进一步加快物流向这些大城市和大企业的集中，同时必然排斥物流要素向其他大城市和大企业集中。

3. 未来产业的竞争力将更依重于物流运行效率的提高。物流业快速发展将大幅提高物流运行效率，降低全社会物流成本，对扩大市场需求，改善投资环境，促进制造业、商贸业调整升级和增强整个产业竞争力水平具有重要作用。物流业与制造业、商贸业联动发展是国内外产业发展的共同趋势，是现代产业体系形成、完善的必由之路。

三、我省现代物流业发展现状和基本判断

深入分析我省现代物流业发展现状及特点，联系国内外物流业发展趋势，慎重做出判断，是科学谋划我省现代物流业发展的重要前提。

（一）我省现代物流业发展现状

近年来，我省物流业呈现良好发展势头，对国民经济发展的推动作用逐步增强。

1. 物流业发展速度较快。2008 年，全省社会物流总额达 3.7 万亿元，2005—2008 年年均增长 16.92%；物流业实现增加值 793.2 亿元，2005－2008 年年均增长 14.17%，高出同期生产总值增速 4.5 个百分点；物流业增加值占第三产业增加值比重为 15%，仅交通运输、仓储和邮政业从业人员就有 204.5 万，占第三产业总从业人员的比重达 14.4%；全社会物流总费用与生产总值的比率为 16.5%，比全国平均水平低 1.7 个百分点。

2. 物流业调整优化步伐加快。目前我省第三方物流企业发展较快，除仓储、运输业务外，优势物流企业积极向采购、流通加工、信息服务、咨询服务、物流金融等领域拓展。物流业与制造业、商贸业联动发展加快，先进物流业态不断涌现。物流技术设备水平明显提高，物流信息化建设取得新的进展，传统物流业加快向现代物流业转型，一大批新型骨干物流企业迅速成长。目前，我省已经拥有 2A 级以上物流企业 29 家，其中 4A 级物流企业 12 家。中国远洋、天地华宇、国药集团等省外优势物流企业进入河南发展，豫鑫物流与日立物流合作开拓高端物流市场，华丰钢铁与太钢、邯钢、安钢战略合作，以先进业态进入物流领域，为我省物流业发展增添了新的活力。

3. 特色行业物流取得长足进展。随着食品、装备制造、汽车、钢铁产业的快速发展，服务特定行业、具有明显特色的专业第三方物流蓬勃发展。双汇、众品、省邮政速递等一批行业龙头企业加快设点布局，完善物流网络，“冷链配送＋连锁零售”、“网络化冷库＋生鲜加工配送”、“快递＋电子商务”等业态模式得到迅速推广；医药物流、家电物流稳步增长，信息化、自动化、专业化水平逐步提高；粮食物流散装、散卸、散运、散储和跨省运输发展较快，钢铁物流升级势头强劲，郑州华丰钢铁已经把物流服务延伸到多品种剪切加工、配送运输、信

息处理、物流金融等领域。

4. 物流业呈现出集中化发展趋势。从全省范围看，我省经济、人口、交通、物流设施和物流活动呈现向以郑州为中心的大中城市集聚态势；从城市内部看，物流设施和物流企业出现向物流园区集中趋势。“物流中心城市一节点物流城市”、“物流园区一专业物流中心”的互动、协调发展格局初步形成。随着铁路、公路、航空等交通网络的逐步完善以及中原城市群城际交通的一体化，物流企业、物流设施等要素逐步向郑州综合交通枢纽汇集。

但是，我省现代物流业发展的总体水平相对较低，与沿海发达地区相比还有一定差距。一是现代物流业作为生产性服务业的支柱产业，总体发展水平滞后。2008 年我省物流业增加值占服务业的比重比全国平均水平低 1.6 个百分点。二是物流服务结构性供给不足，企业物流外包比重低，“大而全”、“小而全”的企业物流较为普遍。据测算，全省企业自营物流占整个市场规模的 60%以上。第三方物流发展水平较低，低端物流市场恶性竞争，高端物流服务不能满足企业需求。三是物流基础设施不足和物流资源缺乏整合的问题同时存在。物流资源空间布局分散，缺乏有效衔接，物流基础设施建设起点低、规模小，公路、铁路、航空协调配套运行能力较差，多式联运尚未得到充分发展。四是物流企业竞争力不强，本土企业小、弱、散，目前尚无一家 5A 级物流企业，全省资本不足 100 万元的物流企业占到 80%以上，大多数物流企业仅能提供简单的运输和仓储服务，缺乏流通加工、信息服务、库存管理、成本控制等物流增值服务能力，难以满足物流服务专业化、社会化要求。

（二）我省现代物流业发展的优势与挑战

当前，我省物流业既具备加快发展的一系列优势条件，也面临着日益激烈的竞争压力。

1. 我省现代物流业发展优势和发展潜力巨大。

一是我省经济实力强，产业基础雄厚，生产物流发展空间巨大。我省是经济大省、重要的能源原材料基地和未来的制造业大省，经济总量、制造业规模、商贸业规模均居全国第 5 位，食品、医药、纺织服装、煤炭化工、有色金属、装备制造在全国具有重要地位，发展现代物流的产业基础雄厚。我省社会物流总额与生产总值的比率由 2005 年 1.93 倍上升到 2008 年 2.01 倍，经济发展对物流业的推动作用不断提升。随着国家促进中部地区崛起战略实施和“三个基地一个枢纽”建设步伐加快，预计今后一段时期，我省经济仍将保持较高增长速度，为我省生产物流发展提供了巨大的空间。

二是人口多、市场大，消费品物流发展前景良好。我省是人口大省，经济腹地广阔，近 1 亿人口本身就可以带来庞大的消费市场，2009 年全省社会消费品零售总额达 6746 亿元。近年来，我省城乡居民收入快速增长；商贸流通业迅速发展；以郑州为中心的中原城市群工业化、城市化进程不断加快，经济实力快速提高，对全省及周边地区的辐射带动作用明显增强。随着我省工业化、城镇化进程的加快和居民消费水平的提升，消费品市场规模不断扩大，消费业态不断创新，消费品物流发展潜力巨大。

三是区位优势突出，立体交通网络完善，分拨物流发展前途广阔。我省地处中部核心区域，承东启西，陆路交通发达，航空运输快速成长，是距离天津、青岛和连云港等港口最近的省份之一，具有发展物流产业的区位交通优势，有望发展成为我国中西部地区现代物流中心。全国铁路主通道有“三纵三横”贯穿河南，铁路通车里程近4000公里，郑州至西安、石家庄至武汉铁路客运专线等项目建成后，郑州将成为全国唯一的“双十字”铁路中心；现有公路通车总里程24万公里，其中高速公路通车里程4841公里，居全国首位，实现了全部省辖市和90％以上的县（市）通达高速公路；郑州国际机场基础设施不断完善，客货吞吐量快速增长，已被国家确定为全国八大区域枢纽机场之一；铁路、公路、航空、水运、管道等运输方式有机衔接的综合交通运输体系基本形成，具有发展公铁海多式联运的天然优势。

四是物流资源丰富，物流产业发展具有较强的支撑。我省拥有3个一类口岸、9个二类口岸、亚洲最大的铁路编组站郑州北站、全国最大的铁路零担货物中转站郑州东站、郑州铁路集装箱中心站、郑州出口加工区、河南保税物流中心。另外，建设中的郑州国家干线公路物流港、郑州国际航空港等重要物流基础设施初具规模。全省“四纵四横”的信息高速公路基本框架初步形成，电子政务、电子口岸、行业信息平台建设取得较快进展。

五是劳动力、仓储等成本低，物流人才可得性高。我省仓库租金水平、在岗职工工资水平都比较低，具有物流成本优势。劳动力资源丰富，每年全省高校物流相关专业毕业生达12000多人，其中郑州高校占90％以上，发展现代物流业所需的专业人才可得性较高。

2. 我省发展物流业面临的挑战。

一是发展观念相对落后，外部环境有待优化。发展观念滞后是制约现代物流业发展的最重要因素。我省处于内陆地区，思想观念不够解放，对现代物流业在国民经济发展中的重要作用认识不到位，一些地方存在重生产、轻流通的现象，没有将发展现代物流业摆上重要位置。对现代物流业的内涵把握不准，往往简单理解为传统的交通运输模式，推动新兴物流业态发展不力。物流业体制机制改革滞后，存在着条块分割和行业垄断，尚未形成统一、规范、高效的物流大市场。支持物流业发展的产业政策体系尚不健全，已有的政策措施落实不到位，部门协调联动不够，未能形成合力。

二是产业和消费结构不尽合理，制约现代物流业快速发展。生产物流是物流业发展的重要领域，但在我省产业结构中，能源原材料产业比重偏大，制造业发展相对滞后，生产物流以传统低端的大宗生产资料的运输、仓储为主，高附加值、高技术含量的流通加工、库存管理、物流成本控制、信息咨询等物流服务，尤其是为制造业提供供应链管理服务的市场规模有限、服务能力不足。我省消费市场广阔，但传统市场比重偏大，商品交易和物流配送方式落后，新兴消费模式发展不足，制约了现代化的分拨、配送、包装、电子商务等消费物流发展。

三是经济开放度低，参与国际国内经济循环不足。随着全球经济一体化，国际分工与专业化协作的程度越来越高，推动了物流与经济的大融合。我省作为中部省份，虽然拥有良好的交通区位优势，但发展外向型经济的意识不强，外贸依存度较低，外资规模较小，与境外企业、央企和兄弟省份的合作不够，充分利用两种资源、开发两个市场、积极参与国际国内经济大循环明显不足，直接影响了我省现代物流业的跨越发展。

四是先发优势不明显，区域竞争日益激烈。随着我国区域经济快速发展，各省加大对现代物流业发展支持力度，抢占现代物流业发展的制高点。我省在基础设施、企业规模、政策环境等方面，与沿海发达地区甚至部分周边省份都有一定差距。郑州物流业规模低于武汉、重庆和西安，有竞争实力的物流企业不多，湖北省 2A 级以上物流企业有 26 家，其中 23 家集中于武汉，明显多于郑州。随着国家《中长期铁路网规划》实施，武汉、重庆的铁路枢纽地位将进一步强化，郑州乃至我省发展跨区域物流将面临周边省市的激烈竞争。

（三）对我省发展物流业的基本判断

目前，国际大型物流企业在我国东部地区布局已经基本完成，正加快向中西部地区转移和布局，预计未来 3 年内将完成在我国的节点布局，未来 5 年内国内大型物流企业将完成全国性布局。未来 5～10 年将是我省现代物流业发展的重要战略机遇期，也是面临周边重点城市激烈竞争的压力集中期。遵循物流要素向大城市、大企业集聚和先发优势排斥后发优势的规律，我省物流业发展必须在今后 5 年左右的时间内形成赶超发展态势，占据中西部地区物流发展高地，才能有效防止被边缘化和形成周边物流中心喂给市场的危险。

因此，今后一个时期，必须从战略高度充分认识加快发展我省现代物流业的重要意义，把区位、交通、资源等传统优势转化为产业、物流、市场等综合竞争优势，将现代物流业培育成为我省国民经济社会发展的重要支柱产业；必须抢抓发展机遇，紧紧抓住未来 5～10 年物流业加速发展的关键时期，打牢发展基础，取得发展优势；必须坚持集聚发展，中心城市与其他物流节点城市之间，应避免同构竞争，努力形成分工合作、互为补充的发展格局；必须着力解决影响现代物流业发展的深层次问题和体制性障碍，加快实施促进全省现代物流业发展的多项战略举措，在新的起点上推进物流业跨越式发展。

四、我省现代物流业发展思路、目标及布局

（一）战略定位

把现代物流业作为我省国民经济发展的战略性新兴产业，着力培育，加快发展，打造新的经济增长点，推动我省经济跨越式发展。把现代物流业作为推动制造业转型升级和提升整体竞争力的重要抓手，实现与制造业及其他产业的联动发展。以郑州为龙头，加快建设连接世界、辐射我国中西部地区的内陆型国际物流中心，带动全省发展成为业态先进、结构优化、辐射区域广、竞争能力强的现代物流业发展高地。

（二）总体思路

深入贯彻落实科学发展观，推进物流业与制造业及其他产业联动发展，增强物流业对国民经济的支撑、服务作用，加快完善现代产业体系。以“1＋10”为重要抓手，以“三联互动”为主线，全力推进郑州国际物流中心建设，重点抓好十大行业物流发展，加快传统物流改造与业态提升，积极营造良好发展环境，培育壮大物流企业，构建与国际接轨的现代物流服务体系，逐步提升郑州在全国物流格局中的枢纽功能和地位，为中原崛起提供坚实的物流体系保障。

——突出一个中心。把郑州国际物流中心建设作为我省现代物流业发展取得领先优势和竞争优势的战略重点，高水平规划，高起点建设，确保郑州国际物流中心建设在未来3～5年内取得突破性进展。

——抓好十大行业。把食品冷链、医药、钢铁、汽车、家电、纺织服装、邮政、粮食、花卉、建材十大物流行业作为我省发展现代物流业的主要抓手和建设郑州国际物流中心的突破口，一业一策，各个突破，争取在未来3～5年内奠定我省在重点物流行业的领先地位。

——实现“三联互动”。即物流、产业、市场的联合，物流中心、分拨中心、配送终端的联网，对外集输与对内集配的联动。以现代物流理念和技术改造提升传统物流，优化企业自营物流系统，创新第三方物流服务方式，鼓励企业物流业务外包；积极发展食品冷链、纺织、汽车、粮食等行业物流，形成物流业与我省重要优势产业联动发展格局；大力发展连锁经营、物流配送、电子商务等新型流通方式，完善城乡各类市场体系的物流服务功能，推进物流、产业和市场的融合。优化全省物流节点服务网络，强力推进郑州国际物流中心建设，科学合理布局物流基础设施，推动物流中心城市与其他城市物流分拨节点的设施共享和功能互补，不断完善生产资料、日用工业品、农产品等产品的物流终端配送体系，提高物流配送的社会化、专业化、集约化程度，形成高效便捷的对外集输和对内集配物流网络，提升我省

在区域经济发展中的物流竞争力。

——加快业态提升。坚持引进战略合作伙伴和提升现有业态两手抓，运用现代物流理念、技术和方法，提高物流企业信息化、专业化、社会化程度和行业集中度，加快传统物流向现代物流转型，以先进业态推动物流企业加速成长。

——优化发展环境。做好物流基础设施建设与发展的协调和衔接，强力推进物流领域对外开放，不断完善促进物流业发展的政策措施，营造物流业发展的良好外部环境。

（三）发展目标

——总量发展目标。2012 年全省物流业增加值达到 1400 亿元左右，年均增长 15％；2015 年全省物流业增加值达到 2200 亿元左右，年均增长 16％，社会物流总费用与生产总值的比率下降至 15％以下。

——结构优化目标。到 2015 年，第三方物流比重显著提升，引进培育一批国内外领先物流企业，形成结构优化、业态先进的企业群体。培育 4A 级物流企业 20 家以上，5A 级企业 3～5 家，引进国内领先的物流企业 40 家。

——郑州国际物流中心建设目标。郑州国际物流中心建设快速推进，基础设施、信息平台支撑能力大幅提高。到 2015 年，郑州物流业增加值达到 450 亿元左右，国际多式联运得到长足发展，将郑州初步建成覆盖中西部的内陆“无水港”、辐射中亚欧洲的“东方陆港”，国际航空货运基地和辐射中西部地区的区域分拨中心、物流配送中心初具规模。

——物流基础设施建设目标。物流园区建设快速推进，服务功能不断完善，物流集聚效应显著增强，到 2015 年形成 8～10 个业务收入超 100 亿元的大型物流园区。物流企业信息化水平得到较大提高，基本实现与公共信息服务平台的对接和互通。公铁海空多式联运体系基本形成。

到 2020 年，全省物流业增加值超过 4300 亿元，社会物流总费用与生产总值的比率下降至 14％以下。物流服务能力进一步增强，把郑州建设成为全国一流的内陆型国际物流中心，我省现代物流业在中西部地区居领先地位，为加快河南发展、实现中原崛起提供优质、高效的物流服务支撑。

（四）全省现代物流业发展布局原则

根据物流业发展总体思路，我省物流业发展布局主要遵循以下原则：一是有利于发挥各地区位、交通、产业和资源优势，最大限度地将比较优势转化为现代物流业发展的竞争优势。二是有利于集聚发展。遵循物流要素向中心城市和大企业逐步集中的规律，在规划布局上充分考虑强化物流资源整合、引导企业集聚发展的需要。三是有利于防止同构竞争。在一定辐射半径内的不同城市，注意避免物流功能和重点物流行业布局上同构，以防止资源浪费和同构竞争。四是有利于优化城市功能和便捷配送。城市自身的配送中心布局要在考虑城市发展总体规划和城市交通、配送效率等因素的基础上科学合理安排。

根据上述原则，结合国家现代物流业发展布局，对全省层面现代物流业发展，实行“郑州国际物流中心－物流节点城市”的总体布局，即郑州以区域性国际物流中心为基本定位，着力建设辐射中西部地区的内陆“无水港”、连接中亚欧洲的“东方陆港”和国际多式联运中心、国内集散分拨中心、区域物流配送中心，强化公、铁、海、航等多种运输方式的有效衔接，加快物流园区和专业物流中心建设，构建与国际接轨的现代物流服务体系，不断扩大物流辐射半径和覆盖范围，发展成为连接世界、辐射中西部地区的国际物流中心。其他各省辖市根据自身产业特色和区位、市场优势，差异化发展专业物流和区域内物流配送，发展成为服务本地、辐射周边的重要物流节点城市，形成郑州物流中心与各物流节点城市分工合理、配合紧密、互为支撑、互动发展的物流节点城市网络。

各省辖市现代物流业发展实行两级布局，即“物流园区－城市配送中心”布局。城市物流园区主要根据现实物流量大小，考虑未来物流量增长趋势，在最具交通优势的城郊，规划布局适度规模的物流园区，建设物流基础设施，疏浚物流通道，引导市区内物流企业、物流设施向物流园区集聚，实现物流资源优化配置和集聚规模效应。城市配送中心布局主要根据不同城区的物流需求，本着交通便捷、配送高效、成本最低的原则合理规划，形成高效便捷的“最后一公里”配送网络。

各重点行业的物流布局，主要根据行业特点、产业基础、集聚功能和合理辐射半径等因素，遵循布局集中、服务联动、集聚发展的原则，规划布局物流分拨配送区域、节点城市和配送网络，推动重点行业物流发展，为相关产业发展提供强力支撑。

第十三章　保障措施

现代物流业发展事关全省经济社会发展大局，围绕现代物流业发展思路和战略布局，培育壮大物流企业，创新物流业发展模式，提高物流专业化服务能力；加快重点物流项目和重大物流基础设施建设，促进物流公共信息平台建设和物流装备技术应用，形成多式联运相衔接的物流集疏运网络；完善政策措施，优化发展环境，构筑全方位、多层次、强支撑的承载体系，推动全省现代物流业跨越发展。

一、培育壮大物流业市场主体

培育壮大物流企业，是发展现代物流的关键所在。依托我省重点发展的冷链、钢铁等十大物流行业，通过政策引导和扶持，加大资源整合力度，推动物流企业创新服务模式，提升核心竞争力，支持物流企业做大做强。力争到2015年，培育5A级龙头企业3～5家，4A级骨干企业20家。

（一）加快物流企业兼并重组

积极吸引国内外优势物流企业在我省建立总部基地和营运中心，与本土物流企业形成战略合作联盟，实现强强联合、优势互补。加大对物流企业兼并重组的政策支持力度，鼓励物流企业通过参股、控股、兼并、联合、合资、合作等多种形式进行资产重组，培育一批服务水平高、竞争能力强的大型现代物流企业。鼓励中小物流企业加强信息沟通，创新物流服务模式，加强资源整合，满足多样性的物流需要。

（二）增强重点物流企业核心竞争力

围绕我省十大重点物流行业，选择一批重点物流企业，加快体制机制创新，提高技术装备和管理水平，壮大企业规模，增强自主创新和可持续发展能力，培育国内知名物流品牌。一是引导物流企业创新经营理念、运营机制和管理模式，优化业务流程，将自身优势与当地特色产业相结合，全面提高综合物流服务水平。加大技术改造力度，广泛应用先进物流技术与设备，加强物流信息网络建设，提高企业技术装备和信息化水平。二是支持重点物流企业整合社会物流资源，加强市场开拓力度，健全集散分拨、信息网络及客户服务体系，推进物流企业精细化管理、网络化经营、集团化发展。三是创新服务模式。鼓励物流企业积极发展多式联运、甩挂运输、单元化运输和重点物资的散装运输等现代物流配送方式，拓展物流金融、流通加工、信息服务等增值服务，提高企业资本运营效率、抗风险能力和核心竞争力。

（三）推进物流服务的社会化和专业化

鼓励大型生产和商贸企业按照分工协作的原则，剥离物流业务和资产，整合物流资源，促进企业内部物流社会化。推广双汇发展现代物流模式，组建独立运作、独立核算、具有行业特色的第三方物流企业，承担企业集团物流业务，积极开展面向社会的物流服务。鼓励现有运输、仓储、货代、联运、快递企业整合功能、延伸服务，加快向现代物流企业转型。支持大型物流运输企业在农村设立物流网点，带动农村物流发展。

二、加大物流业载体建设力度

（一）加快物流通道网络建设

加快铁路、航空、公路、城际快速通道等重大交通基础设施建设。加快构建“四纵五横四辐射”铁路网络，形成以郑州为中心的中原城市群“半小时”交通圈、全省“1小时”交通圈，衔接北京、西安、武汉、济南、太原、合肥等周边中心城市的“两小时”交通圈。强化郑州国际机场全国八大区域枢纽机场的战略地位，将郑州新郑国际机场逐步建成国际货运集散中心，尽快形成以郑州国际航空港为中心，以洛阳、南阳等机场为支撑的“一干多支”航空物流体系。以打通跨省及区间通道、拓宽改造国道主干线为重点，完善提高干线公路路面质量和车辆通行效率，进一步提高农村公路通达深度和技术标准，形成以“686”高速公路网为骨架的高密度、网络化的便捷公路运输体系。疏通内河航道，加快淮河、沙颍河、涡河、沱浍河航运开发，形成四条直达华东地区的水上通道。依托郑州航空货运枢纽和航空一类口岸，适时建设铁路中心站至航空港的铁路专用线，积极发展公铁航联运，疏通跨区域和出海物流通道，扩大郑州国际物流中心辐射范围。

积极发展多式联运体系，统一协调公路、铁路、航空等货运场站布局和货运道路的规划建设，提高物流设施的系统性和兼容性，促进各种运输方式的衔接和配套，实现公路、铁路、机场“无缝对接”，构建以铁路运输为重点，公路、航空运输为支撑的多式联运体系，做好各种运输方式相互衔接，发挥组合效率和整体优势，形成布局合理、发展协调、便捷高效的现代综合交通体系，构筑以郑州为中心，覆盖全省、辐射周边、服务全国的快速物流通道。

（二）加快物流园区、分拨节点、配送网点体系建设

结合国家和省现代物流业发展布局，各省辖市根据自身产业特色、发展区位以及市场优势，错位发展专业物流和区域内物流配送，发展成为服务本地、辐射周边的重要物流节点城市，形成与郑州物流中心分工合理、互为支撑、互动发展的物流分拨节点城市。

在加快推进郑州国际物流园区、郑州航空港物流园区等重点物流园区建设的同时，结合其他省辖市交通区位、产业特点、发展规模、设施状况、功能定位等实际情况，有针对性地规划建设一批货运服务型、生产服务型、商业服务型、国际贸易服务型的特色物流中心，促进物流布局集中、产业集聚、功能集成，推动物流企业与生产、商贸企业联动发展和供应链各环节高效衔接，提高产业集聚区的集群效应和产业带的物流服务水平。支持豫鑫物流配送中心、长通物流配送中心、郑州交运物流中心、洛阳大一物流园、许昌万里物流园等一批重点物流中心建设，完善城市物流配送网络，积极开展面向生产、流通企业和消费者的社会化共同配送，建成具有示范带动效应的物流园区和物流中心。各省辖市物流园区要根据不同城区的物流需求，本着交通便捷、配送高效、成本最低、网络优化的原则合理规划，形成高效便捷的“门对门”配送网络。

（三）推动物流重点项目建设

按照规划布局，加快建设一批能够带动产业升级、促进集约发展的重大工程和项目。以项目建设作为发展我省物流业的重要抓手，增强物流业发展支撑能力。建立物流业重大项目建设推进制度，将物流业重点项目列入省政府重大项目督查范

围，推动建设一批，筹备开工一批，谋划储备一批，坚持每年滚动抓好60个投资亿元以上的物流业重点项目建设。"十二五"期间，重点在冷链、医药、钢铁、汽车、家电、纺织服装、邮政、粮食、建材、花卉等领域，建成500多个重点物流项目，完成投资1000亿元，形成一批推动现代物流业发展的增长点。

三、加强和完善现代物流业发展支撑体系

（一）推进体制机制创新

创新物流管理体制，完善政府服务职能，营造健康市场环境，以竞争机制促使企业优胜劣汰，加快物流企业的技术创新和资源整合，充分发挥市场在资源配置中的主导地位。推进工商企业物流业务剥离，促进企业物流社会化、专业化，提高企业核心竞争力。鼓励企业运用供应链管理理念、方法和技术，实施采购、生产、销售和物品回收的物流一体化运作，提升社会物流系统的运行效率。加快物流信息化进程，实现物流与信息流的交互协同，降低社会物流总成本。

改革物流行业管理体制，消除地区封锁和行业垄断，清理和废止各类不符合国家法律法规、不适应现代物流业发展要求的政策规定。加强物流企业经营资质、经营行为监管和检查，加快信用体系建设，规范物流市场经营秩序。搭建高效综合服务平台，一是按照"物畅其流、便捷高效"的原则，加强口岸部门之间的协作，建设"大通关"平台，优化口岸通关作业流程，创新货物联运联检的监管模式，开展海关监管、商品检验检疫、出口退税等一站式服务，提高国际物流时效；二是完善物流园区综合行政服务功能，引导相关部门对物流园区实行"一体化管理"、"一站式服务"，形成统一开放、规范高效、区域协调的综合服务体系，支持物流园区和物流企业加快发展；三是建立重点物流项目审批快速通道，对符合国家政策和当地相关规划的重点物流项目，实施联审联批，加快推进项目建设。

完善物流企业经营机制，推动物流企业加快建立现代企业制度，健全法人治理结构。加快传统物流企业向现代物流企业转变，鼓励现有运输、仓储、货代、联运、快递等企业的资源整合和服务延伸，进一步提高物流服务水平。支持工商企业剥离和外包物流业务，促进社会化、专业化的第三方物流发展。通过企业组织创新、企业经营机制创新，变传统物流为现代物流，变物流自理为物流代理，变企业物流为物流企业。鼓励物流企业兼并重组，支持物流企业通过参股、控股、兼并、联合、合资合作等方式进行资产重组，组建综合性现代物流企业集团。

（二）强化政策措施支持

土地政策方面，做好物流业发展规划与土地利用总体规划的协调衔接，对列

入规划的重点物流园区和重大物流项目保障用地供应。鼓励城区内发展受限的物流企业“退城进区”（物流园区或产业集聚区），鼓励和引导新上的物流项目集约、节约利用土地。科学预留物流发展用地，加强物流用地论证，跟踪监督企业用地行为，阻止和避免盲目圈地。

财税政策方面，加大财政资金的扶持力度，支持重大物流工程建设、大型物流企业培养、传统物流业态改造提升、公共信息平台的建设等。支持制造业企业剥离内部物流业务，因剥离物流业务新增的地方税收部分，可由同级财政按一定比例奖励给原企业。切实落实国家已出台的对物流企业的各项税收优惠政策，防止出现政策棚架。我省物流企业在省内不同区域设立的非法人分支机构，其企业所得税按国家有关规定由总部统一进行汇算清缴。

投融资政策方面，加强银企合作，鼓励金融机构加大对重点物流企业及物流项目金融支持力度。建立完善企业信用担保制度，鼓励社会担保机构为中小物流企业提供信贷担保。创新融资方式，在物流园区和大型公共物流基础设施建设中，推行 BOT 等融资方式。鼓励银行、保险等金融机构和物流企业探索物流金融业务新模式，联合打造物流金融服务平台。

价格收费政策方面，切实落实支持现代物流业发展的价格政策，物流企业在用电、用水、用气等方面实行与工业同价政策。进一步规范收费行为，全面清理面向物流企业的各类行政事业性收费、政府性集资等项目，取消不符合国家规定的各种收费项目。

交通运输管理政策方面，统一规划建设城市配送车辆和公路货运车辆停车场站，优先向城市物流配送车辆发放货车通行证，在规定的时段给予市区通行权。在完善检验检疫机制的基础上，进一步放宽农产品运输“绿色通道”。完善甩挂车辆管理制度，营造甩挂运输发展良好环境，支持有条件的地区和企业开展甩挂运输试点，探索和总结经验，发挥示范引导作用。

（三）加快推进物流信息化进程

加快物流信息技术的推广应用，鼓励和扶持企业积极应用先进适用的信息技术，提高企业信息化水平。引导企业开发和应用 ERP、SCM、CRM 等先进管理系统，建设以供应链管理为基础的信息平台。推进企业物流管理信息化，积极引导、鼓励郑州交运、许昌万里、豫鑫物流等骨干物流企业运用电子信息技术改造传统业务流程，建立以信息采集、处理、存储、传输和交换为主要内容的物流管理信息系统，全面提高物流企业的管理服务水平。

按照“政府推动、企业投资、市场运作”的原则，构建能够整合供应链各环节物流信息、物流监管、物流技术和设备等资源，面向社会提供信息服务、管理服务、技术服务和交易服务的物流公共信息平台，进一步扩大信息网络覆盖范围，通过信息共享降低物流成本。推进物流公共信息平台与电子政务系统、物流公共信息平台与企业信息系统、物流公共信息平台之间的互联互通，实现资源共享、数据共用，以信息化推动物流业现代化。

（四）提高物流技术和标准化水平

加快物流自主创新体系建设。以企业、科研机构、高等院校等为主体，建立产业技术创新战略联盟，围绕实用型物流关键技术创新开展紧密的技术合作和联合攻关。加大对物流技术设备研发的支持力度，省自然科学基金对物流关键技术研究给予资助。

加快物流标准化进程。根据国家实施物流标准化进程，推广物流基础设施、技术装备、物流信息及物流管理等方面的基础性、通用性标准，安全卫生和环境保护方面的强制性标准，各种物流作业和服务方面的专业标准。引导企业采用标准化、系列化、规范化的物流设施、设备、技术和服务，尽快实现与国际物流接轨。

（五）加强现代物流业人才培养

发展多层次教育体系和在职人员培训体系，鼓励和支持有条件的高等院校设置物流相关专业、开办物流相关课程，引导企业、行业组织及民办教育机构参与物流急需人才的教育培训。

加强与国际物流领域的交流与合作，鼓励和支持物流企业引进国内外优秀物流专业人才，特别是熟悉国际物流业务运作的高级人才。构建与国际接轨的物流人才认证机制，鼓励从业人员参加国家物流人才职业资格认证。

四、抓好规划组织实施

各级政府要从全局和战略高度抓好现代物流业发展工作，抓好重大问题研究、重点工作部署、重大措施落实。要从实际出发，统筹重点突破与整体推进的关系，选准突破口，形成带动力。要抓紧研究制定现代物流业发展考核办法，把现代物流业发展纳入各级政府目标考核范围。完善省现代物流业工作联席会议制度，做好现代物流业规划推进、政策制定和重大问题、重大项目协调工作。

各省辖市、省有关部门要切实抓好全省现代物流业发展规划组织实施。郑州市要加快制定完善郑州国际物流中心建设规划和实施方案，加快物流园区和基础设施建设；各省辖市要加快专业物流园区及配送体系建设。省发展改革委作为全省现代物流业发展的牵头负责部门，要加强规划组织、实施的协调，推动物流重大项目建设；省交通运输厅、郑州铁路局、省民航办等运输管理部门要加快交通基础设施建设，增强物流通道通行能力；省商务厅、工业和信息化厅、农业厅、粮食局、卫生厅、邮政管理局、国资委等行业管理部门要加快推进行业物流发展；省政府金融办、省财政厅、国土资源厅、公安厅、工商局、省科技厅、教育厅、国税局、地税局等部门要抓紧制定出台支持物流业发展的具体政策措施，进一步优化物流业发展环境；省质监局要加强行业及地方物流标准的制订工作；省统计局要会同有关部门建立完善物流业统计制度，加强物流业发展统计工作。组建省物流业联合会，积极发挥纽带作用，加强沟通，搞好服务，共同推动我省现代物流业快速发展。

十八 湖北省

029

湖北省人民政府办公厅关于印发湖北省现代物流业发展“十二五”规划的通知

鄂政办发〔2011〕127号

各市、州、县人民政府，省政府各部门：

《湖北省现代物流业发展“十二五”规划》已经省人民政府同意，现印发给你们，请结合实际，认真组织实施。

湖北省人民政府办公厅

二〇一一年十二月二十三日

湖北省现代物流业发展“十二五”规划

湖北省人民政府办公厅

2011年12月23日

为推动全省现代物流业持续、快速、健康发展，培育新的经济增长点，增强经济综合竞争力，把湖北建设成为全国重要的现代物流基地，加快构建促进中部地区崛起重要战略支点，依据《湖北省经济和社会发展第十二个五年规划纲要》和《湖北省服务业发展“十二五”规划》，特制定本规划，作为指导全省“十二五”时期现代物流业发展的行动纲领。

一、产业现状与发展趋势

（一）“十一五”物流业发展现状

“十一五”期间，全省物流业发展势头强劲，由起步阶段向快速发展阶段过渡，逐步成为服务业的重要支柱，为全省经济社会发展作出了重要贡献。但是，全省物流业总体发展水平仍然偏低，与东部沿海发达省份相比差距较大，还存在着增长方式比较粗放、服务体系不够完善、服务水平和质量有待提高等问题。

1. 物流业规模和效益逐步提高，但物流运行效率仍然较低，与沿海省份的差距较大。“十一五”期间，全省社会物流总额和物流业增加值保持平稳较快增长，物流产业已初具规模。2006—2010年，社会物流总额从17586亿元增加到35275亿元，年均增长14.2%；物流业增加值从542亿元增加到1100亿元，年均增长14.6%，占全省地区生产总值（GDP）的比重保持在7%左右。物流货运量持续扩大，2006—2010年，货物运输量从5.29亿吨增加到9.69亿吨，年均增长16.3%；货物运输周转量从1730亿吨公里增加到3367亿吨公里，年均增长18.1%。2010年，物流总费用占GDP比重为17.6%，比2006年下降0.6个百分点，略优于全国平均水平，但与东部沿海地区14%左右的水平相比仍有差距。

专栏1 湖北省2006—2010年物流指标表

指标	单位	2006年	2007年	2008年	2009年	2010年
社会物流总额	亿元	17586	21158	24813	27309	35275
物流业增加值	亿元	542	660	799	903	1100
物流业总费用占GDP比重	%	18.2	18.1	18.1	17.7	17.6
货物运输量	亿吨	5.29	5.85	7.58	8.27	9.69
货物运输周转量	亿吨公里	1730	1911	2700	2808	3367

2. 物流网络基础不断完善，但物流业标准化、信息化建设相对滞后。“十一五”期间，全省加强交通运输设施建设，完善综合运输网络布局，促进多种运输方式的衔接和配套，形成以武汉、宜昌、襄阳、恩施等机场为依托的航空物流网，以武汉新港、宜昌新港、汉江干线码头等为依托的内河物流网，以京珠、沪蓉、闽乌高速及107、318国道等为依托的公路物流网，以京广、京九、汉渝、焦柳、武合、武广等为依托的铁路物流网。2010年底，全省铁路营运里程3300公里，公路199400公里，通航里程8465公里，港口吞吐能力2.4亿吨，机场6个，油气管道3063公里。由于全省尚未建立统一的物流行业规范和标准，物流业务衔接不够顺畅，物流信息平台建设缓慢，物流企业信息化建设相对滞后。

3. 物流市场主体快速发展，但物流企业“小、散、乱”的状况尚未改观，服务能力和质量有待提高。“十一五”期间，全省物流业已基本形成多种所有制市场主体，“大、中、小、特”多类物流企业共同发展的格局，第三方物流企业得到了较快发展。联邦快递、DHL、TNT、嘉里大通等国际知名物流企业纷纷进驻我省，中远物流、中邮物流、中外运、中铁物流、招商局物流、长航集团等中央企业也在我省设立分支机构，参与全省物流市场的竞争和发展。华中航运、武汉商贸控股、九州通、武汉捷利、武汉世通等省内传统的运输、仓储、货代企业加快向现代物流企业转型。目前，全省各类物流企业达7000多家，其中5A级企业3家，4A级企业19家，3A级企业18家。但全省物流企业发展参差不齐，还未根本改变“小、散、乱”的局面，大多数物流企业的主要服务内容还是以传统的仓储、运输、配送、流通加工为主。

4. 物流基地建设稳步推进，但物流园区的发展存在一定的盲目性，区域布局不尽合理。“十一五”期间，全省稳步推进物流基地建设，基本形成物流圈—物流节点城市—物流基地（园区）—物流中心的现代物流网络体系。武汉新港阳逻物流园、东西湖保税物流园、宜昌金东山商贸物流园、襄阳国邦物流园等相继投入运营并取得初步成效。但部分物流园区在前期市场调查、研究分析上不够充分，缺乏明晰的商业模式和准确的目标、功能及客户定位，导致物流资源不同程度的浪费，园区运营率明显低于东部沿海地区。

5. 物流业发展环境明显好转，但物流业发展的政策法规、体制机制、人才队伍建设有待加强和完善。“十一五”期间，国家和全省相继出台《物流业调整和振兴规划》、《物流业调整和振兴实施方案》。物流统计核算、物流标准化、物流人才培养和技术创新等行业基础性工作取得明显成效。全省电信网、电子政务网实现全面覆盖，综合信息处理能力明显增强。电子数据交换技术（EDI）和地理信息系统（GIS）研发走在全国前列，为现代物流业信息化建设提供了有力支撑。但是，全省促进现代物流业发展的相关政策有待进一步完善。省内部分院校开设了物流专业，但是以物流科技创新和知识型物流人才为核心的物流教育目标体系还未形成。物流人才培养、引进、激励机制尚不健全，物流人才尤其是中高级人才短缺。

（二）“十二五”物流业发展趋势

“十二五”时期是深入贯彻落实科学发展观、加快转变经济发展方式的关键时期。加快发展现代物流业，不仅是物流业自身结构调整和产业升级的需要，也是推动全省经济社会科学发展、跨越式发展的必然要求。

1. 加快发展的机遇期。一是国家政策扶持力度加大。近年来，国务院先后出台《物流业调整和振兴规划》、《关于促进物流业健康发展政策措施的意见》，进一步加大对物流业的扶持力度。二是全省经济呈现跨越式发展新态势。汽车、钢铁、石化、电子信息、纺织、食品、装备制造7个产业先后跨过千亿元规模，“十二五”时期全省地区生产总值将实现从1.5万亿到2.5万亿的跨越，产业规模和经济总量的大幅提升必将带动物流业跨越式发展。三是物流业自身加快发展趋势显现。“十一五”期间，全省物流业增加值年均增长14.6%，2010年达到15.6%，呈现出加快发展的态势。

2. 产业水平的提升期。一是发展方式的转变和产业结构的升级对提升物流水平提出了新要求。随着我省工业化的逐步推进，加快发展以物流业为骨干的服务业是大势所趋。二是物流新技术的应用为提升物流水平创造了条件。物联网技术引领的新一轮物流技术革命，运输、配送、装卸搬运、自动化、库存控制、包装等物流装备技术的加快应用，将有效提升物流产业发展水平。

3. 网络布局的形成期。一是“两圈一带”战略的推进实施将促进物流网络的完善，全省物流业发展的区域聚集和辐射态势将进一步形成。二是区位交通的新变化将促进物流网络的完善。武汉将向中部中心城市的建设目标迈进，全省可望实现由区域性的“九省通衢”向全局性的“九州通衢”的跨越，必将促进全省物流网络骨架的完善。三是国家和全省物流园区专项规划出台将促进物流网络布局的形成。

4. 开放协作的扩大期。一是经济全球化趋势要求物流业扩大对外开放。经济全球化的发展和我国融入世界经济的步伐加快，要求全省物流企业加强同国际国内先进物流企业的合作与交流。二是承接产业转移将促进物流业的合作与竞争。随着国际、东部发达地区的产业向中西部地区梯次转移，省际经济合作日趋紧密，区域经济协作不断加强，客观上要求全省物流业进一步加强省际联动和区域协作。

5. 体制机制的创新期。“十二五”时期，现代物流管理体制机制创新将进入攻坚阶段，全省将按照精简、统一、高效的原则和决策、执行、监督相协调的要求，建立政企分开、决策科学、权责对等、分工合理、执行顺畅、监督有力的物流综合管理体系，逐步建立统一开放、竞争有序的物流服务市场。

二、指导思想与发展目标

（一）指导思想和基本原则

以科学发展观为指导，认真贯彻落实国家物流业调整和振兴规划，抢抓促进中部地区崛起和“两圈一带”战略实施的重大机遇，紧紧围绕把湖北建设成为中部乃至全国重要现代物流基地的战略目标，以市场为导向，以企业为主体，以现代信息技术为支撑，积极营造有利于物流业发展的政策环境，促进物流资源的合理配置，提升物流业的社会化、专业化、信息化和标准化水平，建立快捷、高效、通畅、安全的现代物流服务体系，以物流服务促进其他产业发展，为实现全省经济社会跨越式发展提供坚实的物流体系保障。

——市场配置资源，政府营造环境。充分发挥市场配置资源的基础性作用，注重投资经济效益，政府营造良好的政策环境，扶持物流基础设施建设，支持现代物流业的发展。

——加强统筹规划，注重协调发展。坚持规划引导，加强物流基础设施建设的有效衔接，合理布局重大物流项目，促进现代物流业与其他产业的协调、联动发展。

——突出科技引领，促进转型升级。适应物流业与互联网融合发展的趋势，加快物联网的研发应用，推动电子商务与物流服务的有效集成，加强技术标准体系建设，大力培育高端物流功能及延伸服务，促进全省物流业转型升级。

——整合物流资源，提高物流效率。完善现代物流业管理机制，打破部门和地区分割，促进物流服务市场化和资源社会化，优化整合现有物流资源，提升物流设施服务功能，提高物流运行效率。

——突出发展重点，坚持分步实施。在总体规划基础上，围绕全省现代物流业发展的重点领域和重点工程，优先发展重要节点城市的物流基础设施，分步实施“十二五”现代物流项目。

（二）发展目标和主要任务

到2015年，充分依托湖北的区位优势、交通条件、产业基础和物流需求，逐步构建物流圈（带）—物流节点城市—物流园区—专业化物流中心为骨干的现代物流服务网络体系，发展辐射全国的中部物资集散中心、商贸流通中心和物流信息中心，建设南北物流通道中心枢纽和长江物流通道中心枢纽，力争建成以“一主两副”中心城市为核心，立足湖北、面向全国、连接国际的中部物流核心区域，确立现代物流业作为全省支柱产业之一的重要地位。

——物流业规模平稳较快增长。全省社会物流总额年均增长12%；到2015年，物流业增加值超过2000亿元，年均增长13%以上。

——物流整体运行效率显著提高。供应链管理能力明显增强，物流一体化运作水平显著提高，社会综合物流成本持续降低，社会物流总费用占GDP的比重下降1个百分点以上。

——物流市场主体进一步壮大。重点培育大型第三方物流企业和企业集团，引导物流市场需求进一步扩大。第三方物流的比重有所增加，培育5～6个国家级物流示范园区，发展5家以上5A级物流企业、10家以上4A级物流企业和25家以上3A级物流企业。

——物流网络布局进一步完善。根据市场需求、产业布局、商品流向、资源环境、交通条件、区域规划等因素，重点发展武汉（城市圈）物流圈、鄂西物流圈、长江物流带三大物流圈（带），建设长江、汉江物流通道和一批地区性物流节点城市，优化物流业的区域布局。

——物流科技应用水平进一步提高。加大无线射频识别、物流信息平台、智能交通、物流管理软件等关键技术的研发应用，启动物联网在物流领域的应用示范，推动智慧物流发展。加强物流标准的制定和推广，引导物流企业实施物流分类标准，加快推进全省物流标准化。大力推广绿色物流方式，加大绿色物流装备、设施和节能仓库的推广使用力度。

三、空间布局与功能配置

“十二五”时期，全省将着力构建物流圈（带）—物流节点城市—物流园区—专业化物流中心的现代物流网络体系。物流圈（带）包括以武汉为核心，辐射武汉城市圈及周边地区的武汉（城市圈）物流圈；依托鄂西生态文化旅游圈，以宜昌、襄阳两个省域副中心城市为支撑，辐射湖北西部及周边地区的鄂西物流圈；依托长江经济带，辐射带动长江沿岸及周边地区的长江物流带。物流节点城市围绕全省“一主两副”规划布局，武汉为全国性物流节点城市，襄阳、宜昌规划为区域性物流节点城市，其他 14 个市（州）规划为重点物流节点城市。

（一）武汉（城市圈）物流圈

充分发挥武汉城市圈的区位、交通、经济优势，以武汉为核心，依托 100 公里半径内的黄石、孝感、鄂州、黄冈、咸宁、仙桃、潜江、天门 8 个重点物流节点城市，建设以服务武汉城市圈经济发展为目标的“点一轴”式区域物流网络体系。重点服务武汉城市圈的产业发展，构建现代物流信息平台和基础设施平台，合理布局物流节点和物流网络，积极培育一批有国际竞争力的物流企业，加快形成物流产业集群，满足城市圈内物流需求。以武汉物流圈为中心，依托长江航道，沪蓉、京珠、福银高速公路，京广、京九铁路和武汉天河机场，对内连接鄂西生态文化旅游圈，对外辐射河南、安徽、江西和湖南等省份，将武汉物流圈打造成为服务中部地区产业链和连接区域间货物中转的物流枢纽区域，形成辐射国内乃至国际的现代物流中心。

——武汉市。进一步发挥和提升全国性物流节点城市功能，围绕服务武汉市及武汉城市圈现代制造业、商贸、旅游等产业，完善物流服务体系，积极推进武汉东湖综合保税区建设，提高物流服务水平，推进铁、水、公、空等多种运输方式高效衔接，加快重点物流园区和物流中心建设，建设全国物流产业示范区，建成全国重要的现代物流中心和中部地区重要的综合保税物流基地。重点建设东西湖保税物流园、武汉新港阳逻物流园、武汉天河空港物流园、东湖开发区物流园、武汉经济技术开发区物流园等物流园区。

专栏 2　武汉物流圈其他物流节点城市

——黄石市。服务冶金、建材、新能源、煤炭、农产品加工、食品及旅游等产业，重点建设黄石新港物流园区、花湖综合物流园区和罗桥综合物流园区。

——孝感市。服务农业、工业相关支柱产业、有机化工和商贸等产业，重点建设华中锦龙物流园、临空经济区凤凰物流园、云梦城北物流园和汉川金鼓城中部家居产业物流园。

——鄂州市。服务现代农业、机械、医药化工、建材、食品加工、服装业等产业，重点建设鄂东综合物流园区、三江港口物流园区、鄂州经济开发区物流园区和葛店高新物流园区。

——黄冈市。服务农业、农林产品加工、造船、钢构、医药化工、机械制造、电子等重点产业集群，重点建设黄冈楚江物流产业园和黄梅中部物流园。

——咸宁市。服务特色农业、电力、纺织、森工、机电、汽配、冶金、建材等产业，重点建设咸宁经济开发区物流产业园区、咸宁临江港口物流园区和咸宁永安商贸物流园区。

——仙桃市。服务纺织、服装、精细化工、机械电子、无纺布及医用卫材、食品加工等产业，重点建设江汉物流产业园、仙桃农产品暨水产品大市场和富迪物流园。

——潜江市。服务石油开采加工、化工医药、冶金机械及汽车零部件制造、纺织服装、农副产品深加工等产业，重点建设潜江市园林物流园和泽口物流园。

——天门市。服务农业及农产品加工、纺织服装、汽车零部件制造、机械电子、医药化工和商贸等产业，重点建设竟陵物流园区和仙北物流园区。

（二）鄂西物流圈

以省域副中心城市襄阳、宜昌为两核，依托200公里半径内的荆州、十堰、荆门、随州、恩施、神农架6个重点物流节点城市，建设服务鄂西生态文化旅游圈经济发展的区域物流网络体系。立足圈内丰富的农林、矿产、生态文化和旅游资源，较好的汽车、化工、电力等产业基础，提升各类资源要素的流通速度，促进物流产业迅速发展，降低物流成本，构建一体化的物流网络体系。依托鄂西圈与河南、陕西、湖南及重庆接壤的区位交通优势，承担服务周边省市货物中转流通的功能，将鄂西物流圈打造成为中西部地区重要的现代物流枢纽。

——襄阳市。充分利用襄阳市作为国家煤炭转运中心和国家粮食储备中心的战略条件，发挥襄阳的铁、水、公、空交通优势，围绕服务农副产品、汽车及零部件、纺织服装、食品工业、电子电器、装备制造、冶金建材等产业，构建具有综合运输、仓储配送、信息服务、物流金融等集成功能的现代新型物流体系，建成鄂豫陕渝毗邻地区物流中心和全国区域性物流节点城市。重点建设襄阳现代综合物流园、襄阳汽车产业物流园、余家湖能源化工物流园和襄阳经济开发区（空港）物流园等。

——宜昌市。紧紧抓住长江“黄金水道”开发的战略机遇，充分发挥宜昌市位于三峡航运枢纽坝首的航运、物流资源优势，以及处于长江中上游和中西部地区物流组织结合部的区位优势，围绕服务农副产品加工、电力、化工、食品、医药、装备制造、旅游等产业，创新三峡区域通航货物分段和直航运输相结合的物流运作模式，有效提高过坝货物和区域货物运输的组织化率，着力打造铁、水、公、空多式联运格局，建成全国区域性物流节点城市和长江中上游重要的区域性物流中心。重点建设三峡现代物流中心的花艳综合物流园区、太平溪港物流园区、茅坪港物流园区、云池物流园区。

专栏3　鄂西物流圈其他物流节点城市

——荆州市。服务农副产品及加工、汽车、石油机械、纺织、造纸、精细化工、食品加工、旅游等产业，重点建设浩然楚都物流园区、两湖平原农产品交易物流中心和长江物流园区。

——十堰市。服务汽车、水电、旅游、生物医药、绿色食品等产业，重点建设汉江物流园区和白浪汽车零部件现代物流中心。

——荆门市。服务农业、农副产品加工、化工、建材、食品、机电、纺织、汽车、体育用品等产业，重点建设荆门港物流园、李宁物流园、仪邦农贸物流城和京山粮食物流工业园。

——随州市。服务特色农业、农产品加工业、改装汽车及零部件制造、医药化工、纺织服装、轻工、食品、电子信息产品制造业、旅游等产业，重点建设三友香菇冷链物流园和随州市天立汽车钢铁物流园。

——恩施州。服务农业、工业、生态文化旅游等产业，重点建设恩施市火车站物流园区和利川市商贸物流园区。

——神农架林区。服务林业、绿色产品加工、矿山、化工、生态旅游等产业，重点建设神农架林区松柏综合物流园区和神农架阳日物流中心。

（三）长江物流带

以湖北长江经济带为依托，充分发挥长江“黄金水道”和区域综合交通运输体系优势，大力发展沿江现代物流业，建设辐射长江沿岸及周边省市的长江物流带。以武汉为龙头，宜昌、荆州等为支撑，加快长江、汉江沿岸地区物流园区（中心）建设，加快武汉新港建设，加强长江沿线物流企业的合作与联盟，建成服务湖北、衔接东西的水运物流带，形成辐射长江上下游、面向全国乃至世界的现代物流区域。

专栏 4 长江物流带主要物流基地

——武汉枢纽物流基地。包括武汉新港阳逻物流园及钢铁和冶金产品专业化物流中心、郑店—大桥综合物流中心、常福汽车及机电产品专业化物流中心、后湖—丹水池生产资料及日用品专业化物流中心、白浒山石油化工产品及危险品专业化物流中心和白沙洲农产品及装饰建材专业化物流中心等。

——宜昌枢纽物流基地。包括花艳综合物流园区、太平溪港物流园区、茅坪港物流园区、云池物流园区、红花套物流园区、枝城港物流园区、三峡机场空港物流园区等。

——荆州枢纽物流基地。包括大宗农产品（粮、棉、油、蔬菜、水产品）产地交易中心及地区性工业品和生活用品物流配送基地等。

——黄石枢纽物流基地。包括辐射鄂东、赣北的生产资料转运型物流基地。

——鄂黄枢纽综合物流基地。包括白浒山—三江港区保税物流中心、黄冈唐家渡港区物流基地、鄂东农产品配送及加工型物流基地。

——咸宁枢纽特色农产品物流基地。包括辐射鄂南、湘北、赣西的特色农产品区域物流中心。

四、重点行业与重点领域

（一）重点行业

1. 工业物流。结合工业行业发展规划，促进工业企业的物流系统与生产制造系统分离，实现工业物流服务机构规范化、市场化运作。对工业供应物流、生产物流和销售物流实行一体化管理，实现工业物流跨区域管理，建设支撑工业发展的现代物流体系。形成"一核五带"的现代工业物流服务网络，即以武汉为核心向鄂东南辐射的武汉—鄂州—黄石冶金建材物流服务带，向鄂西北延伸的武汉—随州—襄阳—十堰汽车及零部件物流服务带，向江汉平原延伸的武汉—潜江—荆门石油化工及盐化工物流服务带，向东西辐射的襄阳—荆州—荆门—武汉—鄂州—黄石纺织服装和家用电器物流服务带，向鄂西辐射的武汉—宜昌食品医药及磷化工产业物流服务带。大力发展化学危险品、煤炭、石油及制品、特大件、药品、回收物、废弃物等特种物流。

2. 农业物流。加快农村物流配送体系建设，加强农产品批发市场和农贸市场建设，鼓励发展农产品冷链物流和农产品电子商务，推动农产品物流标准化建设，构建符合区域经济发展和农村居民消费需求的城乡物流配送体系。整合现有农业物流资源，推动传统农业物流向现代农业物流转型，建设农业物流配送中心，构建农业物流服务的网络节点以及涉农物流通道，充分发挥交通物流节点功能，以农村客运站为依托，新改、扩建为农村综合运输服务站，推进县乡村三级农村交通物流节点建设，全面完善农副产品配送网络；培育现代化的农业物流服务企业，每县引导1～2家专业交通运输企业利用农村综合运输服务站和农村客运网络开展物流配送，并在运输管理、信息服务和节点配货等方面提供便利，积极引导物流企业深入农村市场，构建以农产品、畜牧产品、农产品加工、农业生产资料和农机为重点的涉农物流体系，加快农产品物流服务示范工程和农业物流园区的建设。服务以武汉、襄阳、荆州、荆门、潜江等地为主的江汉平原粮油产区，以荆州、潜江、天门等地为主的优质棉主产区，以黄冈、鄂州、荆州、宜昌等地为主的沿江淡水产品产区，以仙桃、天门、安陆等地为主的江汉平原腹地禽类养殖区，以宜昌、荆州、武汉等地为主的宜昌至武汉沿线畜类饲养区，以武汉、宜昌、黄冈等地为主的牛奶及乳制品、果蔬饮品、罐头食品加工区，鄂西、鄂西北、鄂东南薇菜、莼菜、魔芋、银杏、竹笋、板栗等特色农副产品深加工区，形成全省优势特色农产品物流服务体系。

3. 商贸物流。以武商、中百、中商、富迪等骨干流通企业集团为主导，提升商贸配送物流服务水平，提高商贸企业物流统一配送率，扩大商贸物流配送规模，搭建高效的商贸物流信息平台，为大市场、大流通提供完善的商贸物流服务。发展与各商业网点相匹配的物流网络，完善商贸物流服务基地建设，形成企业内部物流配送中心、专业加工配送中心、综合物流园区三个层次的商贸物流服务基地节点。建立多层次、覆盖全省和周边地区的商贸物流配送网络体系，以武汉为商贸物流核心，重点发展武汉城市圈商贸物流，宜（昌）荆（州）荆（门）和襄（阳）十（堰）随（州）商贸物流，重点建设城区2小时快速商贸物流配送网络和城市社区配送体系，加快建设省内8小时商贸配送网络。以武汉城市圈为基点，建设国家级商贸物流服务基地，形成中部地区重要的商贸物流和交易中心。

（二）重点领域

1. 保税物流。加快全省综合保税区的建设和资源整合，建立高度信息化、智能化和网络化的高效联动口岸综合物流信息系统。提高口岸效率和竞争力，简化通关程序，鼓励扩大关关合作、关企合作，实行通关“一站式”服务，进一步加强区域通关协作。完善保税物流功能，拓展保税物流服务腹地，提升保税物流服务能级，扩大保税物流规模，形成包括国际中转、国际采购、国际配送和国际转口贸易的综合保税物流服务。完善东西湖保税物流中心（B型）、阳逻港保税仓库、沌口出口加工区的功能，加快建设武汉东湖综合保税区，争取建立襄阳、宜昌、黄石保税物流中心，推进口岸物流发展，建立综合协调机制，推动保税区、保税物流园区、物流加工区等特殊监管区域进行“功能整合、政策叠加”的试点，把湖北建成以武汉为核心的、中部地区重要的保税物流基地。

2. 中转物流。优化航空、航运、铁路、公路等运输集散方式，提高各式运输的装卸和中转能力，完善各式运输的配套服务，在物流中转节点建设物流服务基地，提供中转物流的分拣调拨、加工包装等高附加值服务。实现各类交通方式的有效衔接和便捷转换，简化路桥过关的检查程序，逐步降低相关收费标准，提高一站式物流服务水准，整合港口、仓储、运输、货代、包装、加工、集装箱服务、金融结算等环节，吸引中转货源物流，发展国内国际中转物流。充分发挥区位优势，完善各种运输方式的站场设施布局，形成多式联运物流基础设施网络，构建全省中转物流体系，使我省成为铁、水、公、空功能齐备的中转物流中心，辐射中西部的商品物资集散中心。

3. 快递物流。充分利用邮政物流设施，加快快递物流配送网络的建设。推进民营快递物流的发展，发挥社会快递物流资源和第三方物流网络的作用，提高快递企业机械化、自动化水平，加强快递物流服务网络建设，建立区域快递服务协调和监管机制，实现快递物流网络规范化运行。依托“大交通”平台，整合快递服务资源，拓展全省的国际快递业务，建设国际快递物流在我省的分拨中心。依托电子商务，培育快递服务新增长点。根据全省高技术产业和商贸业的需求，发展快速、安全、高效的原材料、产品以及社会小件商品快递物流配送网络。

4. 应急物流。建立和完善应急指挥调度系统和处置实施系统，完善应急物资的筹措、采购、储备、运输、配送及信息管理系统。建立快捷高效的应急反应机制，制定并落实完善的应急管理预案体系，提高政府保障公共安全和处置突发事件的能力。依托全省在救灾物资储备体系中的战略地位和区位优势，以国家战略物资储备华中地区应急物流基地为支撑，发挥武汉作为中央级救灾物资储备库点的作用，建设应对全省突发事件的物流系统，使湖北成为全国应急重要储运和调配中心。

五、重点工程与重大项目

（一）重点工程

1. 物流业信息化建设和物流技术应用工程。适应物流业与互联网融合发展的趋势，加快物联网的应用示范，通过传感器、射频识别技术、全球定位系统等技术，将物体接入信息网络，随时随地进行可靠的信息交互和共享。利用云计算、模式识别等各种智能计算技术，适时启动智慧物流的前瞻性研究工作，实现对物品和过程的智能化感知、识别和管理。加快建设全省物流公共信息平台，建立开放的物流公共信息查询系统、物流电子政务信息系统和物流电子商务信息系统，实现信息资源共享和物流在线跟踪与过程控制，提高政府监管服务水平、货物通关效率和物流处理效率。鼓励省内物流企业开展信息发布和信息系统外包等服务业务。支持高等院校、科研院所、重点企业加强物流新技术的自主研发，重点支持货物跟踪定位、智能交通、物流管理软件、移动物流信息服务等关键技术攻关，提高物流技术的自主创新能力。加快先进物流设备的研制，提高物流装备的现代化水平。引导企业推广应用国家标准化托盘，在重点领域鼓励开展托盘的租赁回收业务。鼓励企业采用集装单元、射频识别、货物跟踪、自动分拣、立体仓库、配送中心信息系统、冷链等物流新技术，提高物流运作管理水平。实施物流标准化服务示范工程，选择大型物流企业、物流园区开展物流标准化试点工作并逐步推广。

2. 多式联运、转运设施工程。依托武汉、襄阳、宜昌等重要港口，京广、京九等铁路动脉，京珠、沪蓉等高速路网，武汉机场、襄阳机场、宜昌机场等航空枢纽，统筹规划，全面推进多式联运中转设施和连接两种以上运输方式的转运设施建设。积极支持武汉新港、宜昌三峡物流中心、襄阳现代综合物流园、黄石新港物流园等重点物流项目建设，充分发挥道路运输网络和长江、汉江“黄金水道”作用，提高公路、铁路集装箱运输能力，重点解决各种交通方式衔接不畅以及交通枢纽相互分离带来的货物在运输过程中多次落地、拆装等问题，促进物流基础设施协调配套运行，实现多种运输方式“无缝衔接”，逐步形成以武汉为龙头，以沿江、沿线为轴线，以全国性、区域性和地区性物流中心城市为节点的物流基础设施网络，提高综合运输效率。

3. 物流园区工程。按照全省城市发展规划和土地利用总体规划的要求，结合各地产业布局的特点，充分利用已有运输站场、仓储基地等基础设施，统筹规划建设物流园区工程。积极推进海关特殊监管区域整合发展和保税监管场所建设，加快发展武汉东西湖保税物流园，争取建立襄阳、宜昌、黄石保税物流园区。通过统筹规划，重点建设武汉新港阳逻物流园、武汉天河空港物流园、襄阳现代综合物流园、襄阳余家湖能源化工物流园、宜昌花艳综合物流园、云池物流园等一批布局集中、用地节约、产业集聚、功能集成、经营集约的物流园区，完善专业化物流组织服务，实现长途运输与短途运输的合理衔接，提高物流运作的规模效益。物流园区建设要严格按规划进行，充分发挥交通运输优势，综合利用已有、规划和在建的物流基础设施，完善配套设施，防止盲目投资和重复建设。

4. 城市配送工程。积极鼓励武汉中百集团、武商集团、九州通集团等重点物流企业应用现代物流管理技术，适应电子商务和连锁经营发展的需要，发展面向流通企业和消费者的城市配送工程。加快建设招商物流武汉阳逻分发中心、中百集团 8+1 城市圈物流配送等重点城市物流配送项目，鼓励专业运输企业开展城市配送，提高城市配送的专业化水平，解决城市快递、配送车辆进城通行、停靠和装卸作业等问题，完善城市物流配送网络，缓解城市交通压力。

5. 大宗商品和农村物流工程。加快钢铁、汽车及零部件等大宗商品物流通道建设，完善大宗商品物流服务体系。加强武汉、宜昌等重要商品港口物流设施建设，改善大型物流装备设施条件。加快国家粮食物流（武汉）基地和荆州、襄阳、荆门、宜昌粮食物流中心等项目建设，建设全省重要粮食物流节点。加强城乡统筹，推进农村物流工程。进一步加强武汉白沙洲、汉口北四季美、孝感南大、荆州两湖平原、荆门通源、襄阳庞公、襄阳洪沟、宜昌茶城、十堰堰中、鄂州蟠龙、咸宁温泉、仙桃农产品暨水产品、随州香菇、恩施特色农产品等大型农副产品市场建设。加快以银丰集团为主体的棉花仓储物流中心建设。加快武汉山绿集团冷链物流、黄石鄂东农产品冷链物流、襄阳鄂西北冷链物流、宜昌鄂西冷链物流、荆门众诚冷链物流等冷链物流项目建设，完善鲜活农产品储藏、加工、运输和配送等冷链物流设施，提高鲜活农产品冷藏运输比例。积极支持省农资公司、富迪集团、湖北新合作、荆门东方百货、十堰新合作、黄冈黄商、襄阳鼓商等企业及“万村千乡市场工程”承办企业开展农资和农村消费品物流配送。

6. 制造业与物流业联动发展工程。加强对制造业物流分离外包的指导，围绕工业产业集群发展物流业，支持武钢、武石化、荆门石化、东风、宜化、全通涂镀板、江钻股份等制造企业改造现有业务流程，促进物流业务分离外包，提高核心竞争力。加快传统运输、仓储、货代企业向现代物流企业转型，培育一批适应现代制造业物流需求的第三方物流企业，提升物流业为制造业服务的能力和水平。制定鼓励制造业与物流业联动发展的相关政策，组织实施中烟湖北公司物流中心、东风自主品牌整车及备品配送中心、华中钢铁物流基地、华中钢铁大市场、长江金属交易中心、黄石新兴现代钢铁物流项目、十堰汽配物流中心、荆门化工产品物流园、仙桃无纺布物流中心、东风十堰和襄阳风神物流项目等一批制造业与物流业联动发展的示范工程和重点项目，促进现代制造业与物流业有机融合、联动发展。

（二）重大项目

“十二五”期间，全省规划投资额1亿元以上的现代物流业重大项目563个，总投资2815亿元，占全省“十二五”规划重大项目库总投资8.52万亿元的3.3%，占全省“十二五”服务业重大项目总投资1.77万亿元的15.9%。其中：“十一五”结转在建项目241个，新开工项目259个，前期和策划储备项目63个；物流业信息化建设和物流技术应用项目21个，多式联运、转运设施项目44个，物流园区项目125个，城市配送项目66个，大宗商品和农村物流项目176个，制造业与物流业联动发展项目61个，农产品冷链项目70个。

六、保障措施与实施路径

（一）保障措施

1. 加强组织领导和协调。在相关部门各司其职、各负其责的基础上，充分发挥全省现代物流工作联席会议制度的作用，定期或不定期召开会议，集中研究解决区域物流发展中的重大问题，推进重点物流园区和项目建设；加强部门之间的协调合作，研究制订符合全省实际的政策措施，推进全省现代物流业快速健康发展。各地也要建立相应的协调机制，加强对现代物流业发展有关问题的研究和协调。

2. 完善物流政策法规体系。健全市场监管体系，明确各部门职责分工，规范物流行业秩序；进一步加大税收试点物流企业资格认定工作力度，合理确定物流企业营业税计征基数，认真落实国家有关税收优惠政策。对符合城市发展规划和土地利用总体规划的重点物流园区、物流中心、配送中心以及重点物流企业项目建设所需用地，要在提高土地集约利用率的基础上，优先安排年度用地计划指标，比照工业用地价格和程序依法保障物流用地。简化物流企业设立时的前置审批手续，依法进一步放宽对使用统一标识的城市配送车辆的交通管制；继续建设好农产品“绿色通道”，切实保障鲜活农产品运输畅通。在现有“大通关”政策的基础上，简化口岸手续，提高工作效率，逐步实现全天候通关和一站式通关。比照工业用水、用电、用气价格，制订促进物流业发展的优惠价格政策。建立物流企业综合信用评价制度，加快物流市场诚信和服务规范建设，强化物流环节质量安全管理，构建物流市场诚信体系。加强物流业政策法规体系建设，促进物流业健康发展。

3. 制订落实物流专项规划。按照国家物流业调整和振兴规划，结合全省城市发展规划、土地利用总体规划及产业布局特点，制订相关专项规划，积极引导、推动重点领域和区域物流业的发展。加快制订粮食物流、商贸物流、农产品批发市场、农产品冷链、物流园区、应急物流等专项规划。各地也要制订本地区物流业规划，指导本地区物流业的发展。

4. 增加对物流业发展的投入。加大物流基础设施投资项目扶持力度，对符合条件的重点物流企业运输、仓储、配送、信息设施和物流园区基础设施建设项目，积极争取中央和省级财政资金支持。加大对物流企业的信贷支持力度，创新金融产品和服务方式，满足物流企业个性化资金需求。完善物流企业融资机制，支持物流企业上市融资，鼓励物流企业发行企业债券融资，加强银行间市场债务融资工具产品及政策的宣传和推广，指导物流企业结合自身情况灵活选择融资工具，不断拓宽融资渠道。

5. 推进全省物流业对外开放与合作。积极推进全省物流业对外开放与合作，加大物流业招商引资力度，大力引进国际国内知名物流企业来鄂投资，参与省内传统物流企业的重组和改造，引进资金、先进技术和管理经验，提高全省物流业现代化水平。积极支持有条件的物流企业实施“走出去”战略，提高我省物流企业竞争实力。

6. 加快物流人才培养和引进。采取多种形式，加快物流人才的培养。采取长期培养和短期培训相结合，正规教育和在职培训相结合的方式，培养物流市场急需人才。加强物流人才需求预测和调查，制订科学的培养目标和规划。发挥省内大专院校科研优势，加强与国内外物流教育与培训机构的联合与合作，鼓励企业与大学、科研机构合作，编写精品教材，提高实际操作能力，强化职业技能教育，开展物流领域的职业资质培训与认证工作。积极面向国内外引进高素质物流人才，加快全省物流企业技术更新和管理创新。

7. 加强物流统计核算工作。进一步完善物流业统计调查和信息管理制度，建立科学的物流业统计调查方法和指标体系，对全省物流统计工作给予必要的经费保障。继续组织实施社会物流统计核算与报表制度，加强社会物流统计核算和重点企业物流统计调查工作，提高统计数据的准确性和时效性。

8. 发挥物流行业组织的作用。加强物流行业协会建设，明确物流协会在服务、协调、自律等方面的职能，积极支持物流协会制定行业规范，维护行业合法权益，开展行业宣传、咨询、调研、统计、培训等工作。充分发挥物流协会在规范市场竞争秩序、加强行业自律、物流技术引进与合作、人才培养等方面的重要作用。物流行业协会要协助政府有关部门加强行业监管和服务，为政府提供促进行业发展的政策建议，成为政府与企业联系的桥梁和纽带。

专栏5　规划实施重点工作责任分工　重点工作牵头单位参加单位

1. 加强组织领导和协调省发展改革委省现代物流联席会议成员单位

2. 完善物流政策法规体系省发展改革委省现代物流联席会议成员单位完善物流企业税收管理省财政厅省国税局、省地税局等制订物流业用地优惠政策省国土资源厅省发展改革委等加强道路交通安全管理及农产品"绿色通道"建设省公安厅省交通运输厅、省农业厅、省商务厅等制订促进物流业发展的用水用电用气价格政策省物价局省发展改革委等推进国有物流企业改制重组省国资委省发展改革委、省经信委、省交通厅、省商务厅、省粮食局、省供销社等

3. 制订落实物流专项规划省发展改革委省现代物流联席会议成员单位及相关单位

4. 增加对物流业发展的投入省发展改革委省财政厅、人行武汉分行、湖北银监局、湖北证监局、湖北保监局等

5. 推进物流业对外开放和合作省商务厅省发展改革委、省物流协会等

6. 加快物流人才培养和引进省发展改革委省现代物流联席会议成员单位及省人社厅、省教育厅等

7. 完善物流统计制度和指标体系省统计局省发展改革委、省物流协会等

8. 发挥行业组织作用省发展改革委省商务厅、省物流协会

（二）实施路径

围绕"十二五"全省现代物流业总体发展目标，以物流企业培育为核心，以

物流业集群化发展为方向，以物流园区（中心）规划建设及运营为抓手，按照全省城市发展规划布局，结合各地产业特色，着力打造国家级和省级物流示范园区；制定和发布重点物流企业认定办法，开展重点物流企业认定工作，培育重点物流企业；认真实施物流业重大项目，加快推进物流业重点工程建设。通过建设示范物流园区、发展重点物流企业、实施重大物流项目，发挥示范和带动作用，实现物流园区支撑物流节点城市，进而形成物流圈（带）一体化发展路径。实施规划中期评估制度，在规划实施的中期阶段对规划实施情况进行中期评估，并根据评估情况适时对规划进行修订和调整。

十九 湖南省

030

湖南省人民政府办公厅关于印发《湖南省“十二五”物流业发展规划》的通知

湘政办发〔2011〕70号

各州市、县市区人民政府、省政府各厅委、各直属机构：

《湖南省“十二五”物流业发展规划》已经省人民政府统一，现印发给你们，请认真组织实施。

湖南省人民政府办公厅

二〇一一年十月十二日

湖南省“十二五”物流业发展规划

湖南省人民政府办公厅

2011年10月12日

“十二五”时期，是全省加快转变经济发展方式、推进“四化两型”建设的关键时期，也是全省物流业加速发展的机遇期。根据《湖南省国民经济与社会发展第十二个五年规划纲要》，制定本规划，规划期为2011—2015年。

一、发展现状

（一）物流业规模快速扩张

初步测算，2010年末，全省社会物流总额27066亿元；实现增加值946.03亿元，比2005年的498.47亿元增加了447.56亿元，增长89.79%，年均增长13.67%；社会物流总费用2962亿元，增长1.42倍；完成货运周转量2958亿吨公里，增长78.1%；港口完成货物吞吐量26267.16万吨，增长3.97倍；物流行业从业人员135万人，成为吸纳社会就业的重要产业之一。

（二）综合运输体系初具规模

到2010年末，全省公路总里程227998公里，高速公路在建和通车总里程6450公里，其中，已通车里程2386公里；公路密度105.8公里/百平方公里，增长1.82倍；铁路通车里程4893公里，增长1.74倍；内河通航里程达11968公里，居全国第3位，千吨级航道达到607公里，建成千吨级泊位87个；形成了以长沙黄花国际机场为中心、5个机场相互配合、辐射全国的航空运输网络。

（三）物流市场主体进一步壮大

到2010年底，全省法人物流企业3100多家，注册资本金千万元以上的170多家，有62家物流企业通过国家A级标准评估，其中2家5A级企业，15家4A级企业。湖南一力股份有限公司、湖南湘通物流有限公司、湖南金霞粮食产业有限公司物流主营业务收入超过10亿元，长沙金霞现代物流园被列为全国物流示范基地。

（四）物流业集聚化发展趋势明显

从全省看，交通、物流设施和物流活动呈现向以长沙为中心的大城市集聚态势；从城市内部看，物流设施和物流企业出现向物流园区集中趋势。随着铁路、公路、航运、航空等交通网络的逐步完善和长株潭“3＋5”城市群城际交通一体化，物流企业和设施等要素逐步向长株潭综合交通枢纽汇集的趋势愈加明显。

（五）物流业发展环境逐步改善

省委、省政府出台了《关于促进生产性服务业加快发展的指导意见》和《关于进一步加快现代物流业发展的若干意见》、《湖南省物流业振兴与实施规划(2009—2011)》等文件，建立了推进现代物流业发展的协调机制，大力推广现代物流理念，物流业发展的环境逐步改善。

但是，我省物流业发展起步晚，仍存在不少问题：一是物流企业竞争力不强，普遍存在散小弱差的状况，服务功能单一，社会化、专业化程度不高，大多数物流企业仅能提供简单的运输和仓储服务，缺乏流通加工、信息服务、库存管理、成本控制等物流增值服务能力，低端物流市场恶性竞争，高端物流服务不能满足市场需求。二是第三方物流发展缓慢，企业物流外包比重低，生产、商贸企业物流服务内部化。据测算，全省企业自营物流占整个物流市场的60％以上。三是物流基础设施衔接不够，物流基础设施建设起点低、规模小，公路、铁路、航运等缺乏有效衔接，多式联运尚未得到充分发展。四是影响物流业发展的税收、收费、融资等方面问题比较突出，支持物流业发展的政策措施还不够完善。

二、发展形势

（一）经济社会发展为物流业快速发展提供了巨大的空间

“十二五”末全省经济总量将突破2.5万亿，比“十一五”末净增1万亿以上，特别是随着工程机械、轨道交通、汽车、有色、钢铁、食品、烟草、光电等优势产业进一步发展壮大，对生产性物流服务提出了更高要求。同时，国民收入水平突破人均3000美元大关，城镇化速度进一步加快，国家重视民生，居民收入不断提高，对方便居民的生活物流服务提出了新的要求，因此“十二五”将成为我省物流业快速发展时期。

（二）独特的区位条件为湖南物流业发展提供了巨大的机遇

我省北枕长江，南临粤港，东接沿海，西邻渝蜀，具有承东启西、贯通南北，通江达海的区位交通优势，特别是“十二五”时期一批重点高速公路、高速铁路、空港机场、内河码头的开工建设和建成投产，使得我省交通基础设施更加完备，综合运输体系更加健全。这种区位优越、交通设施快捷的优势为湖南向区域性物流中心发展提供了极好的机遇。

（三）“两型社会”建设对我省物流业发展提出了更高要求

随着经济社会发展，产业结构逐步优化升级，专业化、差异化、精细化的物流需求不断扩大，对物流服务需求的模式和组织管理形式提出了新的要求。“两型”社会建设要求发展绿色物流，实现低碳发展；物联网技术的应用要求提高物流的信息化程度，实现对物流服务的全程控制；物流服务系统化要求物流企业从单一“点”的服务向提供全程“链”的供应链管理服务方向转变。必须大力发展第三、四方物流，为经济社会发展提供高端物流服务。

（四）国内外知名物流企业入湘推动我省物流业向高层次发展

随着我省对外开放力度不断扩大，一批国内外知名物流企业入湘设立了分支机构，这些具备先进管理技术经验和先进物流设备设施的物流企业参与我省物流市场竞争，必将进一步激发和提高我省物流业管理水平，增强服务能力，促进我省物流服务由低端向高端发展。

三、指导思想与目标

（一）指导思想与基本原则

1. 指导思想。以邓小平理论和“三个代表”重要思想为指导，深入贯彻落实科学发展观，紧紧围绕“四化两型”建设战略目标，以满足物流需求、降低物流成本、保障物流安全和提高物流效率为目的，以加快发展第三方物流、大力建设省级物流园区、着力培育龙头物流企业为重点，积极利用物联网技术，通过资源整合、技术创新、集聚发展和项目带动，加快优化“一核三区”物流空间布局，构建业态先进、结构优化、辐射面广、竞争力强的现代物流体系，为全省经济社会发展提供坚实的物流服务保障。

2. 基本原则。加快发展与突出两型相结合。既要进一步集聚省内外物流资源，强化物流资源优化配置，加快物流业健康安全发展，更要突出“两型社会”建设要求，积极推广与应用先进物流运作方式和装备技术，建设符合循环经济、绿色环保要求的现代物流体系，不断提升物流业发展水平。

整合存量与优化增量相结合。在优化整合和利用现有物流基础设施资源、提高资源利用效率的基础上，进一步加大投入，规划建设一批高水平、高质量、高科技的物流基础设施，以增量优化促进存量整合，提升物流服务水平。

统筹协调与突出重点相结合。一方面加强区域之间、产业之间和项目之间的统筹协调与衔接，优化物流业发展区域布局，避免资源浪费和重复建设；另一方面加快发展一批具有带动示范作用的重点物流园区、重点物流项目和龙头物流企业，推进整个产业的集约发展和企业转型升级。

改革开放与自主发展相结合。大力引进国内外知名物流企业和先进管理理念，鼓励省内骨干物流企业集聚发展，通过多形式、多层次的合作，促进本土物流企业自主发展，建立优势互补和协作共赢的物流服务体系。

改造提升与服务创新相结合。积极引导物流企业改变传统经营观念与运作方式，推动传统物流的改造升级，加强第三方物流发展。鼓励物流企业加强自身服务网络建设，强化供应链一体化服务，推动物流企业服务理念、服务内容和服务方式创新，提高服务质量和水平。

（二）发展目标

基本建成基础设施完备、资源整合有效、空间布局合理、行业发展集聚、产业联动顺畅、运作技术先进、创新能力突出，符合“四化两型”建设要求，立足湖南、面向全国、联通国际的现代物流体系。大力发展第三方物流和物流金融服务，努力实现物流产业规模不断扩大，物流服务能力逐步增强，物流运作效率显著提高，物流社会化、专业化、标准化、信息化、智能化水平明显提升，为湖南经济社会发展提供服务保障。

到2015年末，全省社会物流总额实现55000亿元，物流业增加值达到1900亿元，全社会物流总费用占GDP的比重下降1.5%～2%。建成物流收入过50亿元物流园区2～3个，国家A级物流企业150家以上，其中年物流收入过20亿元的物流企业2～3家，过10亿元15家，过亿元的100家以上。

四、主要任务

（一）优化物流发展总体布局

围绕“四化两型”战略要求，结合省内不同区域经济发展特点和产业特色，在有效整合资源、强化集约发展的基础上，重点发展长株潭核心物流区以及环洞庭湖、大湘西和泛湘南等“一核三区”四大物流区域。在推进重点物流区域发展和省级重点物流园区建设的同时，结合各地物流业发展实际，强化物流业发展与城市规划、产业结构、节能降耗、交通管理、居民生活等方面的有机衔接，合理布局区域性物流基地和配送节点，形成层次清晰、衔接合理、运作高效的现代物流网络，促进我省现代物流业布局与区域产业发展、城乡居民生活需求相适应。将比较优势转化为竞争优势，推进集聚发展，防止同构竞争，实现科学发展。

（二）创新物流业发展模式

运用现代物流理念、方法和技术，积极推广采购、生产、销售和物品回收的物流一体化运作方式；鼓励物流业实施流程再造，提高供应链的核心竞争力；鼓励现有运输、仓储、货代、联运、快递等企业进行功能整合和服务延伸，加快推进传统物流向现代物流企业转型，进一步提高物流服务能力和服务水平；积极发展多式联运、甩挂运输等现代运输方式，建立高效、安全、低成本的运输系统；大力倡导绿色物流理念，鼓励和支持物流业节能减排；鼓励物流企业服务创新，满足多样化、个性化的物流需求。

（三）着力发展第三方物流

鼓励物流企业通过参股、控股、兼并、联合、合资、合作等多种形式进行重组，有效整合现有物流资源，实现规模经营，形成一批骨干龙头企业。鼓励生产、商贸企业自办的物流企业与原企业分离，以现有发展基础较好、具有一定规模和先进管理理念的物流企业为重点，进一步完善功能，提升服务，着力扶持一批具有核心竞争力、规模较大物流企业集团。引导生产型企业与物流企业实现多业联运，培育一批第三方物流企业。积极引进一批国内外知名物流企业。

（四）加强物流基础设施建设

积极营造环境，搭建高效物流平台。进一步完善综合运输体系建设，实现多式联运的有效衔接。加强新建铁路、港口、机场、公路和管道转运设施的统一规划和建设，优化站、场布局，完善中转联运设施和集疏运体系，实现各种运输方式的有效衔接。重点抓好一批物流园区、物流中心和物流节点的建设。改造和新建一批现代化的仓储设施和配送中心，通过资源整合、功能拓展和服务提升，满足精细化、高质量的物流组织与管理服务需要。

（五）积极推动实施物流标准化

认真推广应用物流基础设施、技术装备、物流信息化及物流管理等方面基础性、通用性标准，建立规范的物流作业和服务专业标准，实现与国内及国际标准的统一和接轨。在省级重点物流园区和骨干物流企业中启动一批物流标准化示范工程，加快对现有仓储和转运设施的标准化改造，鼓励企业采用标准化的物流设施和设备，促进物流设施、设备的标准化。注重发挥我省在电子信息、装备制造等方面的优势，逐步推出一批地方物流标准成果和产品。

（六）大力发展国际物流和保税物流

抓住经济全球化和区域经济一体化历史机遇，充分利用国际、国内“两个市场、两种资源”，大力发展国际物流，为承接沿海产业转移、参与国际和区域竞争与合作提供有力支撑。统筹规划、合理布局，积极推进各地海关特殊监管区和保税监管场所建设，规划和预留保税物流项目建设空间。加快保税物流中心及大通关基地建设，建立“大通关”长效运作机制，建设集海关监管、商品检疫、地面服务于一体的货物进出境快速处理通道。

（七）不断提高信息化水平

加快建立全省物流公共信息平台，推进各类物流信息资源整合；积极推进物流企业管理信息化，引导物流企业建设内部信息网络，支持企业运用现代化信息技术；推广应用先进物流信息系统和装备设施，支持物流企业采用自动化、智能化物流设施设备，进一步提高物流运作效率；大力推广物联网技术在多式联运、大型物流园区、城市配送、冷链物流等方面的应用，探索利用物联网技术对物流环节的全过程管理，不断提高物流智能化水平。

（八）优化物流发展环境

积极推进市场化改革和体制创新，增强物流企业发展活力；打破地区封锁，构建公平、规范、有序的物流市场，促进物流资源合理流动；加强地方立法，制定相关政策，解决干线运输、城市物流配送车辆通行难、物流企业负担重等问题；加强信用体系建设，增强物流企业信用意识和风险防范意识；加强物流安全管理，强化消防安全教育，落实安全职责制度、操作规程和应急疏散预案。

五、重点工程

（一）物流园区建设工程

基本目标：建成物流收入过 50 亿元的物流园区 2～3 个，物流收入过 10 亿元的物流园区 5 个以上。

主要任务：按照土地利用和城市总体规划，在物流枢纽城市、特色物流中心城市、地区性物流节点城市，规划建设一批用地节约、产业集聚、功能集成、经营集约的物流园区。依托港口和交通枢纽，建设枢纽型物流园区；依托产业优势和基础，建设产业基地型物流园区；依托大型商贸流通企业和专业批发市场，建设商贸流通型物流园区；结合中心城市传统运输、仓储、批发零售业转型提升，建设都市配送型物流园区；依托出口加工区，建设为进出口货物提供保税和监管服务的保税物流基地；依托空港，建设为航空及快递货物提供中转的空港物流基地。

行动计划：按照有效整合物流资源，强化集约、集聚发展要求，重点建设长沙金霞、长沙空港、株洲石峰、湘潭九华、岳阳城陵矶港、郴州湘南国际、衡阳白沙洲、常德德山、怀化狮子岩、娄底湘中 10 个省级重点物流园区，支持建设一批具有优势产业支撑和区域特色的物流园区。

（二）物流业联动工程

基本目标：培育年物流收入过 20 亿元的物流联动企业 2～3 个，年物流收入过 10 亿元的物流联动企业 8～10 个，年物流收入过 5 亿元的 20 个以上。

主要任务：针对省内不同区域经济发展特点和产业特色，构建与区域内产业紧密配套的物流联动保障体系；加强与泛珠三角区域的物流交流与合作，促进区域内物流一体化。搭建制造企业与物流企业联动互动交流平台，促进重点优势制造业物流业务分离外包，加快发展第三方物流，推动物流业与制造业联动发展。支持大型专业化市场物流服务的整合，形成一体化物流服务体系，推动物流业与商贸业联动发展，大力推进物流业与农业产业化的融合，实现多业联动发展。

行动计划：选择长株潭地区开展物流业与其它产业联动的试点，培育一批物流业与其它产业的多业联动示范企业。

（三）商贸流通工程

基本目标：初步建立高效畅通、协调配套的现代商贸物流体系，形成城乡配送有效衔接，国内外市场相互贯通的商贸物流网络。培育10～15家物流收入过5亿元的商贸物流企业，建设5～10个商贸物流示范基地；规模以上连锁超市商品统一配送率达70%，农村“万村千乡”农家店商品统一配送率达到60%，农资连锁经营企业商品配送率达70%以上。

主要任务：推动商贸企业发展连锁经营、物流配送和电子商务等现代流通方式，促进企业内部物流社会化；加强仓储设施建设和改造升级，大力支持设立钢铁、有色金属、粮食等期货交割库，引导大型仓储场所退出城市主城区；鼓励农产品通过直销和配送形式实现产销对接，继续实施“万村千乡市场工程”，推进农村流通现代化；加快经济落后地区商贸物流基础条件建设，大力提升商贸物流发展水平。

行动计划：在全省主要消费中心城市的商贸集聚区打造一批特色商贸物流中心，完善落后地区和县级商贸服务设施。

（四）多式联运、转运设施工程

基本目标：全省水路、铁路、航空、公路运输之间基本实现“无缝衔接”，发展多式联运，提高物流运作效率。

主要任务：依托已有港口、铁路和公路货站、机场等交通运输设施，选择重点地区和综合交通枢纽，建设一批集装箱多式联运中转设施和连接两种以上运输方式的转运设施；加强各种运输方式之间、省内与省外之间、干线与支线之间、线路与节点之间的中转衔接；提高铁路集装箱运输能力，重点解决港口与铁路、铁路与公路、民用航空与地面交通等枢纽不衔接以及各种交通枢纽相互分离带来的货物在运输过程中多次搬倒、拆装等问题，促进物流基础设施协调配套运行，提高运输效率；大力发展多式联运、集装箱运输、散货运输、航空快递运输；推行以托盘化为核心的单元装载方式，统一托盘标准，开发托盘共用系统。

行动计划：以长株潭和重要铁路、水运交通枢纽为核心，重点建设一批多式联运基础设施，培育一批多式联运龙头企业。

（五）冷链物流工程

基本目标：全省果蔬、肉类、水产等农产品冷链流通率分别达20%、30%、35%，冷藏运输率分别提高到30%、50%、55%左右，流通环节产品腐损率降到15%、8%、10%以下。

主要任务：完善已有的冷链物流节点，合理布局冷链物流网络；培育一批经济实力雄厚、经营理念和管理方式先进、核心竞争力强的大型冷链物流企业，加快培育第三方冷链物流企业；推广冷链物流操作规范和技术标准，积极推行质量安全认证和市场准入制度，建立以HACCP为基础的全程质量控制体系；积极发展覆盖生产、储存、运输及销售整个环节的冷链，建立全程“无断链”的肉类冷链物流体系；依托各类生鲜农产品优势产区、重要集散地区和大中城市等集中消费地区，建立区域性各类冷链物流公共信息平台，实现数据交换和信息共享，逐步建立冷链物流产品监控和追溯系统。

行动计划：加强冷链物流基础设施建设，建设一批设施先进、节能环保、高效适用的冷库，在重要农产品的主产区建立重点农产品冷链物流系统，在大中城市周边规划建设一批具有低温条件下中转和分拨功能的配送中心，购置一批冷藏运输车辆，大力培育冷链物流人才。

（六）粮食物流工程

基本目标：初步建成适应现代粮食流通需要的全省粮食物流通道和物流节点，重点建设散粮物流通道和散粮物流节点，形成粮食“四散化”流通体系，全省原粮流通量中散粮达到60%以上。

主要任务：依托现有粮食流通设施，完善重要通道和节点的配套设施，推动形成多种运输方式高效衔接，集收纳、集并、中转、运输、储存、发放各个环节一体化的粮食流通体系；在全省主要粮食集散地和交通枢纽，建成一批适应散粮散卸的主要粮食物流节点，扩大仓储能力，完善散粮运输网络；根据粮食流出流入方向及流量，加强流出地区散粮发放能力和流入地区散粮接收能力建设；加强粮食流通技术装备研发；发展粮食网上交易，完善粮食应急调控体系。

行动计划：在主要粮食物流节点，新建和改造部分粮食流通设施，改造一批骨干收纳库，新建一批适应现代粮食物流需要的中转库、储备库、港口库、中转站、码头的散粮接收和发放设施；适应国家“北粮南运”要求，在长沙、岳阳、衡阳、益阳、怀化建设东北、黄淮海地区玉米、小麦等进入湖南的粮食战略卸车点；购置散粮火车、汽车和内河散粮船舶，建设粮食物流信息平台和质量检测设施。

（七）农产品物流工程

基本目标：基本形成布局合理、功能完备、安全卫生、机制健全、信息灵敏、交易方式先进、运行规范、统一高效、竞争有序的农产品批发市场体系，扩大鲜活农产品农超对接比率。

主要任务：在主要农产品批发市场组织实施升级拓展工程，推进市场地面硬化、水电道路系统改造、交易厅棚改扩建、储藏保鲜设施、加工分选及包装设施、客户生活服务设施、市场信息收集发布系统、市场管理信息化系统、质量安全检测系统、卫生保洁设施等基础设施建设；积极推行"农改超"，提升市场档次；大力发展社区便利店，建立新型农产品零售网络；引导农业产业化龙头企业、批发市场和大型农产品流通企业实施农产品集中采购、统一配送；鼓励农民专业合作经济组织在城市建立农产品品牌直销连锁店；发展农产品电子商务，稳步推动农产品期货市场发展，增加农产品期货交易品种。

行动计划：重点对大中城市现有农产品批发市场进行提质改造或搬迁升级，推进集贸市场"农改超"，在主产区建设一批产地农产品批发市场。

（八）物流配送工程

基本目标：基本形成网络化、组织化、规范化的现代城市物流配送体系，城市配送覆盖率不少于60%。

主要任务：建立完善城市配送物流体系，重点建设配送中心、中转分拨场站、社区集散网点等配送设施，不断提高城市配送网络覆盖率和运作效率；加强对各类配送主体的引导规范，发展适应电子商务终端配送的新型业态，不断提高城市配送的满意程度。重点发展面向流通企业和消费者的社会化共同配送，促进流通现代化，扩大居民消费；支持城市智能交通管理平台建设，建立基于地理信息系统（GIS）的城市配送查询系统。适度调整城市快递、商业配送等货运车辆的道路通行规定，重点解决城市快递、配送车辆进城通行、停靠和装卸作业问题。

行动计划：重点建设一批大、中城市物流配送中心项目，培育一批城市大型物流配送企业。

（九）应急物流建设工程

基本目标：基本建成覆盖全省的响应快速、满足需要、高度柔性的紧急保障应急物流系统。

主要任务：建立健全应急物流指挥系统，协调应急物资的保障供应；建设应急物流协调组织信息系统平台，全面提升应急物流信息化水平；建立完善应急物资采购、储备、运输、管理的法律法规，加强应急物资储备；合理布局物资储备，发挥市场机制作用，充分利用社会资源，实现应急物资储备的专业化与社会化的有机结合。

行动计划：在主要交通枢纽城市和易发事故的中心城镇，布局建设一批应急物资储备仓库，选择培育一批骨干应急物流企业。

（十）物流业信息化工程

基本目标：初步建成物流公共服务信息平台，60%以上物流企业拥有综合管理信息系统，50%的运输车辆配备 GPS 系统。

主要任务：采用国家标准和国际通用规范，统一信息采集、交换标准，建立物流信息共享机制。整合省内科研力量，加强物联网技术研究，重点推进物联网技术在物流业的应用，提高企业物流管理信息化水平。支持建设全省物流信息平台，加快建设物流园区信息平台、电子口岸、大宗商品交易平台、交通物流信息平台和物流行业门户网站等行业性、区域性物流公共信息平台。

行动计划：重点建设省级物流信息平台，支持建设一批市场化社会物流信息服务设施，促进物流信息技术开发。

六、实施与保障措施

（一）加强组织协调

充分发挥省推进现代物流业发展领导小组作用，加大组织协调力度，确保实现“十二五”物流业规划目标。领导小组成员单位要按照工作职责分工，制定和完善各项配套措施，形成工作合力。各市、州要尽快建立或完善相应的组织领导体制，加强对物流业发展的指导和协调。

（二）注重规划引导

物流业发展重点地区要加强与国家、省产业规划的衔接，抓紧制定本地区物流业发展规划和具体实施方案；省有关部门要制定专项规划，积极引导和推动物流业发展。城市规划、交通规划、土地利用总体规划和城市道路规划等在制定和修编时，要充分考虑现代物流业发展需要，合理规划布局城市物流功能区、物流园区和配送中心以及相关设施。原则上每个县可规划一个综合性物流项目，区域性中心城市可规划 1～3 个综合性物流项目，市级可规划 3～5 个综合性物流项目。县级城市物流项目用地规模控制在 100～300 亩，市级城市物流项目用地规模控制在 300～450 亩，省会城市综合物流项目用地控制在 750 亩以下，特殊项目，如具有保税、通关功能的项目视具体情况核定用地规模。强化规划实施的严肃性，重大物流基础设施项目布局，必须符合规划要求，避免重复建设和资源浪费。

（三）完善物流业发展支持政策

在大力执行现有促进物流业发展政策的基础上，结合国家对物流业发展支持政策和我省实际，省发展改革委牵头会同有关部门，研究制定出台促进全省物流业发展的政策措施。为发挥骨干龙头企业的示范作用，研究制定省重点物流企业认定办法及相应的支持政策。经信、国土、财税、工商、交通、公安、物价等部门在物流企业用地、用水、用电、税收、交通管理收费等方面出台相应优惠政策，并落实到位；城市交通管理部门研究制定配送车辆在市区内通行和停靠的具体措施，为城市物流配送车辆通行提供便利。

（四）拓宽物流发展投融资渠道

省财政预算每年应安排物流发展专项引导资金，用于引导扶持现代物流业发展，主要用于重点物流企业发展和重点物流项目建设，以及公共物流信息系统、物流人才培训、物流标准化、物流统计体系建设等。鼓励符合条件的物流企业通过上市、发行债券、增资扩股、内联引资、中外合资、仓单质押、股权质押贷款以及供应链融资等途径筹集项目建设资金。积极引导和鼓励金融机构对重点物流项目予以信贷支持，在控制风险的前提下，加快开发物流业发展金融产品。

（五）积极培养和引进现代物流专业人才

采取多种形式宣传普及现代物流知识，提高全社会现代物流意识和知识水平；鼓励和支持高等院校、职业学校开设物流相关专业，培养现代物流管理人才和专业技术人才；支持开展物流先进技术产学研一体化研究，建立校企结合的物流综合培训和实验基地；采取灵活多样方式，积极开展物流企业从业人员岗前培训、在职培训，完善物流领域职业资质认证体系；研究制定相关激励措施，引进国内外优秀物流专业人才来湘工作和创业。

（六）完善物流业统计制度

认真贯彻实施社会物流统计核算与报表制度，进一步完善物流业统计调查制度和信息管理制度，建立科学的物流业统计调查方法和指标体系，实现全省物流数据的采集、汇总、核算和分析的制度化，及时监测分析物流业发展、运行状况，为政府制定物流业发展政策和战略规划、加强宏观调控提供依据。

（七）发挥物流行业中介组织作用

积极培育和发展货代、船代、报关、报检等物流中介服务组织，为物流企业提供社会化、专业化服务。支持专业人才创办从事物流信息、物流技术服务、从业人员培训、市场行情分析、国际物流交流、法律规章咨询等方面中介物流服务组织。充分发挥各类行业协会在政府、企业间的桥梁沟通作用。引导湖南物流与采购联合会、湖南现代物流学会等行业组织履行服务、自律和协调职能，在规划研究、规范市场行为、统计与信息、技术合作、人才培训和咨询服务等方面发挥中介作用，推动物流市场健康有序发展。

二十 广东省

031

广东省人民政府办公厅关于印发推进珠江三角洲地区物流一体化行动计划（2014—2020年）的通知

粤办函〔2014〕525号

广州、深圳、珠海、佛山、惠州、东莞、中山、江门、肇庆市人民政府，各有关单位：

《推进珠江三角洲地区物流一体化行动计划（2014—2020年）》已经省人民政府同意，现印发给你们，请认真组织实施。实施过程中遇到的问题，请径向省发展改革委反映。

广东省人民政府办公厅

二〇一四年十一月七日

推进珠江三角洲地区物流一体化行动计划（2014—2020年）

广东省人民政府办公厅

2014年11月7日

为贯彻落实《珠江三角洲地区改革发展规划纲要（2008—2020年）》（以下简称《珠三角规划纲要》），推进珠三角物流一体化发展，构建珠三角现代物流体系，制定本行动计划。

一、总体要求和总体目标

（一）总体要求。以建设与港澳地区错位发展的国际物流中心为目标，以物流市场一体化、物流网络一体化、物流产业一体化、物流信息一体化、物流标准一体化、物流营商环境一体化为重点，以主辅分离、联动发展为抓手，推进珠三角物流业逐步实现社会化、专业化、标准化、智慧化，构建布局合理、技术先进、节能环保、便捷高效、安全有序的珠三角现代物流体系。

（二）总体目标。到 2015 年，珠三角建成三小时物流经济圈，形成网络健全的物流一体化体系；到 2017 年，社会物流总额和物流业增加值年均增长 10%以上，社会物流总费用占 GDP 比重下降到 14.5%，初步建成产业链条完善、信息化水平较高的现代物流体系；到 2020 年，基本建成物流标准统一、营商环境优良，覆盖华南、影响东南亚、辐射全世界的现代物流体系。

二、推进物流市场一体化

（一）目标：到 2015 年，建立交通顺畅、物流通达、统一开放的珠三角物流大市场。

（二）措施：

1. 积极培育物流市场。引导、鼓励制造企业、商贸服务企业、农业企业主辅分离，外包物流业务、释放物流需求。鼓励现有运输、仓储、货运代理企业进行供应链功能整合，延伸服务范围，加快向现代物流企业转型升级，培育物流龙头企业。（省经济和信息化委牵头，省交通运输厅、商务厅及珠三角九市政府等参与）

2. 健全物流服务价格体系。依托行业组织，建立公正、合理的物流服务价格体系，保障物流企业开展有序竞争，确保提供优质物流服务。（省发展改革委牵头，省经济和信息化委、交通运输厅、商务厅、地税局、工商局，省国税局、邮政管理局及珠三角九市政府等参与）

3. 消除物流市场地区分割。推动区域内物流企业注册、税收征管、报关报检等均等待遇，统一办税流程。鼓励多式联运发展，推动整合各种物流运输方式。通过共同配送、夜间配送等模式解决外地车辆进城问题，切实消除地方保护。（省商务厅牵头，省发展改革委、经济和信息化委、交通运输厅、地税局、工商局，省国税局、邮政管理局及珠三角九市政府等参与）

三、推进物流网络一体化

（一）目标：到 2015 年，基本实现物流节点和物流基础设施及城乡物流一体化，物流效率全面提高。

（二）措施：

1. 加快物流基础设施一体化。统筹规划、建设物流基础设施，合理布局物流节点，促进海、陆、空多种运输方式有效对接。加快建设和完善连接粤东西北地区的物流通道。加强城市配送和冷链物流基础设施建设，规划建设一批城市共同配送中心。（省发展改革委、交通运输厅牵头，省经济和信息化委、商务厅，省供销社，省邮政管理局及珠三角九市政府等参与）

2. 推进城乡物流一体化。合理配置城乡物流资源，推进城乡配送中心、农超对接等工作，构建城乡一体的物流服务网络。实施省供销合作联社和区域内试点县区综合改革，推进经营和服务创新，加强农超对接中的信息化和物流配送体系建设，重点加快建设一体化运营的农产品购销网络、日用消费品配送网络以及三农经营服务综合平台。（省商务厅牵头，省交通运输厅、农业厅，省供销社，省邮政管理局及珠三角九市政府等参与）

3. 培育建设一批省级物流园区。以物流服务需求为导向，以产业集群、保税区等为依托，规划建设一批专业性强、综合程度高、功能复合的省级物流园区。（省发展改革委牵头，省经济和信息化委、商务厅，省供销社及珠三角九市政府等参与）

4. 统一设置省外物流节点。打造“珠三角物流园区”品牌，鼓励和引导区域内物流园区加强联合互补，建立和完善在省外、国外的物流节点布局，抱团参与省外和国际物流市场竞争。（省商务厅牵头，省发展改革委、交通运输厅及珠三角九市政府等参与）

四、推进物流产业一体化

（一）目标：到 2017 年，物流供应链一体化程度明显提高，初步实现物流产业一体化。

（二）措施：

1. 推广供应链管理。以广州、深圳市供应链管理龙头企业为引领，促进区域内物流企业延伸供应链，推动采购物流、生产物流、销售物流和逆向物流的一体化。（省经济和信息化委牵头，省交通运输厅，省邮政管理局及珠三角九市政府等参与）

2. 加强企业协作。以物流企业联盟等形式，推动物流企业在资本、技术、服务等方面进行交流、合作，防止恶性竞争。（省经济和信息化委牵头，省交通运输厅、商务厅，省邮政管理局及珠三角九市政府等参与）

3. 强化产业联动。大力发展第三方物流，推动物流业与制造业、物流业与商贸业联动发展，大力开展现代物流技术应用示范和城市共同配送工作，培育一批产业联动发展示范企业。加快农业生产资料、农产品、大宗矿产品、重要工业品、生活必需品、药品等领域物流发展。推动快递业与电子商务、制造业协同发展。（省经济和信息化委、商务厅牵头，省交通运输厅、农业厅、商务厅，省邮政管理局及珠三角九市政府等参与）

五、推进物流信息一体化

（一）目标：到 2017 年，建成一批区域性和行业性物流公共信息平台，基本形成物流一体化信息体系。

（二）措施：

1. 建设物流一体化信息系统。以南方现代物流公共信息平台为基础，扩大平台应用和对外交流合作，逐步实现省交通运输物流公共信息平台与广州、深圳、中山、江门、惠州物流公共信息平台、佛山市中小型船东企业经营管理云平台、高栏港物流公共信息平台等信息平台无缝对接，集成企业间和企业内的供应链管理系统、企业资源计划管理系统、客户关系管理系统以及销售管理系统等，形成物流一体化信息系统。在大通关、多式联运、食品安全追溯、危险品运输管理等领域继续开展重点示范项目。积极拓展泛珠三角物流市场，同时以粤港澳合作、粤新合作和粤港澳一东盟合作为基础，广泛开展国际互联应用。（省经济和信息化委牵头，省交通运输厅、商务厅及珠三角九市政府等参与）

2. 试点建设供应链管理信息平台。支持物流龙头企业建设供应链系统，通过供应链管理信息平台，共享需求信息、交货情况、生产能力计划、生产进度、促销计划、需求预测和装运进度等，实现协同受益。（省经济和信息化委牵头，省交通运输厅及珠三角九市政府等参与）

3. 推动物流通关信息一体化。继续强化南方现代物流公共信息平台功能，完善省电子口岸建设，推进外贸各环节网络化运作，实现外贸、商务、口岸、海关、检验检疫、边检、海事、工商、税务等部门数据共享和物流通关信息一体化。深化广东关区通关一体化改革，简化企业报关单证，加快通关作业无纸化改革，通关作业无纸化率力争超90%；加大跨境快速通关系统推广力度，优化公路转关模式，完善珠江内支线水运转关手续，促进“水水中转”；统一关检双方统计口径，查验结果互相通报、互相认可，推进实现“信息互换、监管互认、执法互助”和“单一窗口”；加强关际合作，促进执法规范统一，试点开展区域税收征管一体化和审单、归类、估价协调工作模式，重点解决归类、估价执法不一致问题，建立执法争议协调处理机制。（省经济和信息化委、商务厅牵头，省交通运输厅、口岸办、地税局、工商局，海关总署广东分署、省国税局、广东出入境检验检疫局及珠三角九市政府等参与）

六、推进物流标准一体化

（一）目标：到2020年，制订实施各类先进适用标准，在运输、配送、包装、装卸、保管、流通加工、回收及信息管理等各环节推行标准化规范管理，建立完善的现代物流服务标准体系。

（二）措施：

1. 强化物流标准化制度建设。充分发挥省物流标准化技术委员会作用，制订物流标准化体系建设规划，建立健全各物流业态的物流标准体系，确定物流标准化实施路线图。（省质监局牵头，省发展改革委、经济和信息化委、交通运输

厅，省邮政管理局及珠三角九市政府等参与）

2．完善物流标准体系。积极引导、支持企业参与物流国家标准体系和地方标准、行业标准的研究制定。依托区域内物流企业、行业组织、研究机构，制订适应物流一体化发展的物流技术标准、工作标准和管理标准。推动物流标识标准化，实现与交通运输业、农业、制造业、商贸业等其他行业标准，以及与银行、海关、质检等部门标准的衔接。完善物流安全标准体系研究。（省质监局牵头，省发展改革委、经济和信息化委、交通运输厅、农业厅、商务厅，省邮政管理局及珠三角九市政府等参与）

3．推广物流标准化。积极推广应用标准化物流技术和装备，加快对现有仓储、运转设施和运输工具的标准化改造；推行物流作业标准化，改善物流作业环境；以大型物流企业、物流园区为重点，开展物流标准化试点工作；建设标准化托盘循环共用系统。（省质监局牵头，省发展改革委、经济和信息化委、交通运输厅、农业厅、商务厅，省邮政管理局及珠三角九市政府等参与）

七、推进物流营商环境一体化

（一）目标：到2020年，建成与国际通行营商规则接轨，透明高效、竞争有序、公平正义、诚实守信的法治化国际化物流营商环境。

（二）措施：

1．营造物流一体化市场环境。降低市场准入门槛，加强市场服务和监管，推动形成公平竞争、开放有序的市场环境。建立与国际通行营商规则相适应的管理体制和运行机制，建设具有国际先进水平的市场服务体系、社会信用体系和市场监管体系。（省发展改革委、工商局牵头，省经济和信息化委、交通运输厅、商务厅、法制办，省邮政管理局及珠三角九市政府等参与）

2．营造物流一体化服务环境。实现物流投融资体系、物流支付体系、代收货款等物流金融的网络化服务，促进物流金融、流通加工、报关、商检、统计、法律咨询、资格认证等物流服务与国际通行规则接轨。（省商务厅、金融办牵头，省发展改革委、经济和信息化委、财政厅、住房城乡建设厅、交通运输厅、质监局，海关总署广东分署、广东出入境检验检疫局、省邮政管理局及珠三角九市政府等参与）

3．营造物流一体化诚信体系。以南方现代物流公共信息平台、货运物流诚信经营体系等为依托，加快建设物流信用信息系统，构建物流诚信体系。规范和完善物流信用信息征集、披露、评价、服务、管理工作，实行惩戒退出机制。加快推进物流实名制试点。开展诚实守信宣传教育，严厉打击不正当竞争和违法经营行为。（省工商局、交通运输厅牵头，省发展改革委、经济和信息化委、公安厅、财政厅、住房城乡建设厅、商务厅、地税局，省国税局、省邮政管理局及珠

三角九市政府等参与）

八、工作保障措施

（一）加强组织领导。珠三角各市政府、省各有关部门要加强对物流业发展的组织领导和统筹协调，深化物流管理体制改革，理顺部门职责关系，建立分工合理、执行顺畅、监督有力的物流综合管理体系。相关工作情况纳入实施《珠三角规划纲要》年度评估考核。

（二）完善协调机制。依托行业组织，建立珠三角物流发展联盟，协同物流发展产业政策，统筹区域物流产业发展规划，构建一体化产业链条，共同扶持物流龙头企业。建立珠三角物流一体化行动联席会议制度，协调物流基础设施布局、重大项目建设等重要事项，指导物流发展联盟开展工作。

（三）营造政策环境。珠三角各市政府要结合物流业实际发展情况，抓紧制订、修订相关政策文件，建立适应现代物流业发展、符合一体化发展趋势的政策法规体系。要认真贯彻落实国家推动物流业发展的有关政策，制订相关扶持政策，抓紧解决影响当前物流业发展的土地、价格、收费、融资和交通管理等方面问题。

（四）加大投资力度。加大财政支持力度，对符合条件的重点物流企业的运输、仓储、配送、信息设施和物流园区的基础设施建设给予适当倾斜。加大对物流企业的信贷支持力度，加快推动适合物流企业特点的金融产品和服务方式创新，积极探索抵押或质押等多种贷款担保方式，提高对物流企业的金融服务水平。进一步拓宽融资渠道，支持和鼓励符合条件的物流企业上市和发行企业债券。积极发展物流金融，为物流业发展提供全程金融服务。

（五）壮大行业组织。大力培育和扶持行业协会等行业组织，引导履行行业服务、自律、协调等职能。加快政府职能转移，加强后续监管，推进政府服务的社会化采购。建立珠三角各市物流行业组织间的沟通协调机制，发挥其在物流规划编制、政策研究、规范市场行为、标准制定、统计信息、技术合作、人才培训、行业考核、资格认证、咨询服务等方面的中介服务作用。

（六）加快培育人才。鼓励校企合作，依托大专院校、中等职业技术学校，采取订单式培育方式，培养急需的物流专业人才。加大行业从业人员培训力度，深入开展继续教育，提升物流人才队伍素质。

032

广东省人民政府办公厅印发广东省服务业发展“十二五”规划的通知

粤府办〔2012〕40号

各地级以上市人民政府，各县（市、区）人民政府，省政府各部门、各直属机构：

《广东省服务业发展“十二五”规划》已经省人民政府同意，现印发给你们，请认真组织实施。实施中遇到的问题，请径向省发展改革委反映。

广东省人民政府办公厅

二〇一二年四月二十日

广东省服务业发展“十二五”规划（节选）

广东省人民政府办公厅

2012年4月20日

推动服务业大发展，是我省在“十二五”时期加快转型升级、建设幸福广东的重要战略举措。为指导全省服务业又好又快发展，根据《珠江三角洲地区改革发展规划纲要（2008—2020年）》和《印发广东省国民经济和社会发展第十二个五年规划纲要的通知》（粤府〔2011〕47号）精神，编制本规划。

一、基础与环境

（一）发展基础

“十一五”期间，我省服务业取得了重大发展，总量不断扩大，质量不断提升，作用不断增强，较好地完成了“十一五”规划目标和任务。

——对经济增长贡献加大。“十一五”期间，全省服务业增加值年均增长11.7%，对经济增长的贡献率平均达到40.6%，年均拉动生产总值增长5个百分点。到2010年，全省服务业增加值达到20711.55亿元，占生产总值的45%，其中现代服务业占服务业增加值比重达到54.8%。全省地税收入中，来源于服务业（第三产业）的比重稳定保持在65%以上。服务经济进一步发展，继广州之后，深圳成为我省第二个服务业比重超过50%的城市。

——提供就业能力增强。“十一五”期间，全省服务业新增就业人员457.1

万人，占全部新增就业人员的 62.7%。到 2010 年，全省服务业从业人员达到 1954.02 万人，占全部从业人员的 34%，比 2005 年提高 4.2 个百分点。服务业成为吸纳城乡居民就业的主要渠道。

——固定资产投资力度加大。“十一五”期间，累计完成服务业固定资产投资 37409.22 亿元，占全省固定资产投资总额的 64.1%，年均增长 20.2%，比全省固定资产投资年均增长高 2.6 个百分点。初步建成并正式启用广州珠江新城金融商务区、广东金融高新技术服务区、广东工业设计城等一批项目，遴选产生并开工建设现代服务业 100 强项目，现代服务业发展水平得到了有力提升。

——对外开放水平进一步提升。“十一五”期间，我省服务业累计新签外商直接投资项目 18260 个，累计实际利用外资 324.52 亿美元，占全省实际利用外资总额的 35.8%，比“十五”期间提高 12.4 个百分点，年均增长 25.4%。粤港澳服务业合作加快推进，横琴总体规划、前海深港现代服务业合作总体规划已经国务院批准，粤港、粤澳签署合作框架协议，明确了粤港澳服务业合作重点。关于内地与港澳建立更紧密经贸关系安排（CEPA）实施以来，累计新批港澳到粤投资服务业项目 16821 个，合同利用外资 474.27 亿美元，实际利用外资 232.01 亿美元，分别占港澳全部投资的 45.0%、40.8%和 36.5%。粤台合作取得新进展，成功举办一系列经贸合作洽谈、商品采购等活动，东莞、汕头成为粤台金融合作试点区。与东盟合作日趋紧密，中新知识城落户广州。广州、深圳已成为跨国公司总部或分支机构落户我国的首选地之一。

——体制改革取得了重要进展。在 CEPA 框架下，积极实施服务业对港澳扩大开放政策在广东先行先试。按照《珠江三角洲地区改革发展规划纲要（2008—2020 年）》要求，推进广东省金融改革创新综合试验区、全国旅游综合改革示范区等建设。成功争取并推进广州、深圳市开展国家服务业综合改革试点。积极推进文化体制改革，组建一批文化传媒企业集团。清理一批不利于服务业发展的行政法规，削减一批行政审批事项，简化外商对服务业投资审批程序，发展环境得到进一步改善。

（二）发展环境

——国际环境。经济全球化和区域经济一体化深入发展，国际经济格局深度调整，主要发达国家将进一步扩大其服务输出，国际服务业产业转移加快，国际分工与合作进入新阶段，以服务外包为主要形式的国际服务贸易加快发展，服务业成为国际经济合作的重点领域。另一方面，科技创新孕育新突破，互联网、物联网、新一代信息技术等新技术迅速应用，促进了新兴产业的快速发展和新型业态的不断产生，并带来发展格局和消费模式的深刻变化。

——国内环境。经过 30 年的快速发展，我国经济发展在取得巨大成就的同时，资源环境约束日益明显，加快转变经济发展方式刻不容缓。国家明确要求，

“十二五”时期要坚持以科学发展为主题，以加快转变经济发展方式为主线。转变经济发展方式的主攻方向是推进经济结构战略性调整，发展和繁荣服务业是调整经济结构的重要突破口。国内经济政策调整形成的倒逼机制，工业化、信息化、城镇化和市场化深入发展形成的内生动力，居民收入和生活水平逐步提升形成的消费结构升级等，从根本上都有利于推动服务业加快发展。

——省内环境。2010年我省人均生产总值已经接近7000美元，进入产业转型升级的关键阶段。国家要求“十二五”时期我省单位生产总值能耗下降18%，任务十分艰巨，加快发展服务业成为必然选择。建设现代产业体系发展先进制造业和战略性新兴产业，需要高端生产服务业提供支撑。扩大内需促进就业，需要发展面向民生的服务业。粤港澳经济一体化进程加快，合作不断深化，服务业发展空间得到进一步拓展。“十二五”时期将是我省服务业加快发展重要又紧迫的时期。

但同时必须看到，“十二五”期间我省服务业发展也存在不少困难和问题。一是世界经济增长速度减缓，全球需求结构出现明显变化，围绕市场、资源、人才、技术、标准等方面的竞争更加激烈。二是在我国改革开放向纵深、全方位推进的新形势下，我省先发优势逐渐弱化，发展服务业将面临其他省市更加激烈的竞争。三是制约服务业加快发展的体制机制障碍依然较多，政策环境和制度环境有待进一步改善。四是从业人员素质仍然偏低，中高级人才严重不足，自主创新能力不强，制约了现代服务业发展。

二、指导思想与目标

（一）指导思想

以邓小平理论和“三个代表”重要思想为指导，深入贯彻落实科学发展观，围绕加快转型升级、建设幸福广东的核心任务，把推动服务业加快发展作为转变经济发展方式的战略举措、产业结构优化升级的战略重点和进一步提高人民群众生活水平的着力点，坚持生产服务业与生活服务业并重、现代服务业与传统服务业并举的方针统筹服务业发展，以市场化、产业化、社会化、国际化为方向，以改革开放和制度创新为动力，推进粤港澳服务业深度合作，完善服务业发展环境，提高服务业的比重和水平，推动服务业全面发展。

（二）发展目标

“十二五”期间，实现服务业发展提速、比重提高、水平提升，现代服务业发展加快，对全省经济社会发展贡献明显增强。体制改革进一步深化，发展环境日臻完善，粤港澳服务业合作不断深化，国际竞争力不断增强。产业体系进一步完善，初步建立起高效生产服务体系、优质生活服务体系、均等基本公共服务体系。

服务业增加值年均增长10%左右。到2015年，服务业增加值占生产总值比重提高到48%，基本形成“三二一”的产业结构；人均服务业增加值年均增长9%左右，2015年人均服务业增加值达到3.5万元以上；服务贸易年均增长20%以上；服务业从业人员占全社会从业人员比重力争达到38%左右。金融、现代物流、信息服务、科技服务、商务会展、文化创意、服务外包、现代旅游、健康服务等现代服务业领域得到迅速发展，现代服务业增加值占服务业增加值比重达到60%；传统服务业发展水平得到较大提升，先进适用技术和科学管理模式得到推广应用；公共服务得到明显加强，人均非盈利性服务业增加值比2010年提高60%以上，粤东西北地区与珠三角地区基本公共服务差距逐步缩小，初步实现基本公共服务均等化。现代服务业集聚化发展加快，基本建成100个产业集聚度高、服务功能集成、示范带动力强的现代服务业集聚区，形成10个年营业收入超千亿的大型现代服务业产业基地。

三、重点产业与领域

突出产业发展重点，带动服务业全面发展。优先发展现代服务业，提升发展传统服务业，培育发展新兴服务业，强化基本公共服务，构建与经济社会发展相协调、粤港澳地区优势互补、对外辐射能力强的现代服务业产业体系。

优先发展现代服务业。按照建立现代产业体系的要求，以抢占产业发展制高点、培育新的经济增长点为目标，重点发展金融、现代物流、信息服务、科技服务、商务会展、文化创意、服务外包、现代旅游、健康服务等现代服务业，着力培育高技术服务产业，形成高端服务业产业群，带动生产服务业和生活服务业全面发展。

——现代物流业。以建立社会化、专业化、信息化的现代物流服务体系为目标，加快物流基础设施和网络建设，打造以珠三角地区为主体的便捷高效现代物流网络。加快建设综合运输网络，推进白云空港、宝安空港等一批枢纽型空港物流园区建设，提升广州、深圳、珠海、汕头、湛江等沿海主要港口的物流集疏功能，建设省际边界现代物流中心，构建海、陆、空出省物流大通道。加强内河航运、沿海港口和机场建设，积极发展管道运输，加快建设和完善连接珠三角地区与粤东西北地区的综合运输通道。以珠江口湾区港口群、湛江港等为试点积极推进内陆“无水港”建设。充分发挥内河航运资源优势，依托产业转移（物流）园区大力发展内河港口物流。加强各类物流运输设施的衔接，实现铁路、港口、机场及公路运输的无缝对接，打造华南地区多式联运枢纽，促进空港物流、海港物流和陆港物流的一体发展。大力发展大宗商品、重要产品和农村物流体系，推进应急物流体系建设。积极发展城市物流配送网络，鼓励珠三角地区和其他区域性中心城市发展建设规模合理、运作规范的现代化城市配送中心。发挥邮政现有网络优势，大力发展邮政快递物流，加快建立快递物流体系。鼓励物流信息化和智能化技术的研发和应用，加快物联网等新技术和条码等自动识别技术的应用和推广，加快建设南方现代物流公共信息平台等各类物流信息共享平台，促进物流环节和行业区域物流信息交换和共享。鼓励企业加快对现有仓储、转运设施和运输工具的标准化改造，推广应用标准化的物流设施和设备，实施物流标准化服务示范工程，开展大型物流企业和物流园区标准化试点工作。大力发展第三方物流，鼓励现有运输、仓储、货代、联运、快递企业整合功能和延伸服务，加快向现代物流企业转型，培育一批主业突出、服务水平高、国际竞争力强的物流龙头企业。统筹物流园区规划建设，充分利用并整合现有的交易中心、运输站场、仓储基地等基础设施，规划建设一批用地节约、功能集成、经营集约的大型物流园区，重点培育30个省级示范物流园。积极拓展保税物流功能，推动保税物流园（中心）向分拨中心、配送中心和采购中心发展。

033

深圳市现代物流业发展“十二五”规划

深交〔2011〕1045号

前　言

现代物流业是利用信息技术和管理技术实施一体化运作，融合仓储、运输、装卸、搬运、货代、配送、包装、流通加工等环节的复合型服务业，其涉及领域广、吸纳就业人数多、促进生产和消费作用大，已成为我国国民经济和社会发展重要支柱性产业。加快现代物流业发展是适应社会化大生产和模块化分工的客观要求，是连接生产和消费、体现社会民生福利“幸福感”的重要环节，是发挥深圳中心城市控制力、促进“深圳质量”创造的重大举措，对深圳加快转变经济发展方式和全面建设现代化国际化先进城市具有重要意义。

为推动深圳市现代物流业又好又快发展，依据《珠江三角洲地区改革发展规划纲要（2008—2020年）》、《深圳市综合配套改革总体方案》、《深圳市城市总体规划（2010—2020）》、《中共深圳市委关于制定深圳市国民经济和社会发展第十二个五年规划的建议》、《深圳市国民经济和社会发展第十二个五年规划纲要》等，编制本规划。

本规划是指导深圳市现代物流业未来五年发展的行动纲领。通过本规划实施，依托海陆空铁综合交通优势，大力发展高端物流业，努力把深圳建设成为具有国际资源配置功能和国际商务营运功能的全球物流枢纽城市、具有产业支撑功能和民生服务功能的全国优秀物流服务都市、亚太地区重要多式联运中心和供应链管理中心以及与香港共同建设国际航运中心。

一、发展基础和形势

改革开放以来，深圳经济特区发挥了全国对外开放“窗口”作用，推动了现代物流业成为连接国内国外两个市场、两种资源的支柱产业。“十一五”期间，深圳现代物流业发展取得显著成绩，服务环境不断优化，服务能力不断提升，“双港”物流跃上新台阶，现代物流产业支柱地位进一步巩固。

（一）发展基础

1. 现代物流产业初具规模。“十一五”期间，深圳现代物流业以大物流综合交通管理体制为保障，以海空双港为龙头，以物流园区为载体，以产业集群为依托，经受住了全球金融海啸冲击，实现了持续快速发展。2010 年，全市物流业增加值达到 926 亿元，“十一五”期间年均增长 14.74%，比同期 GDP 增速高出 1.7 个百分点；物流业增加值占 GDP 的比重达到 9.74%，比“十五”期末提高 0.29 个百分点；港口货物吞吐量 22097.69 万吨，年均增长 7.56%；港口集装箱吞吐量 2250.97 万标准箱，年均增长 6.80%；社会货运量 26175 万吨，年均增长 21.69%；机场货邮吞吐量 80.91 万吨，年均增长 11.64%。

2. 物流服务能力显著提升。“十一五”期间，深圳港航运输、道路运输、航空运输等运输方式获得进一步发展，现代物流服务能力显著提升，初步形成了“计划—采购—制造—交付—回收”一体化供应链服务体系。截至“十一五”期末，深圳已拥有各类物流企业 14800 家，其中供应链管理企业 300 多家。传统物流服务加速向综合第三方物流和供应链管理服务转变，涌现出了华南城、顺丰、怡亚通、飞马、越海、腾邦等一批以深圳为总部的现代化、规模化、品牌化物流领军企业。深圳现代物流企业“走出”全球和全国布局的趋势日益明显，对 487 家样本企业进行调查发现，这些企业在国内及海外设立的营业网点近 2 万个。

3. 物流基础设施明显改善。“十一五”期间，海陆空运输网络进一步完善，物流园区建设进一步加快，物流信息化建设跃上新台阶，深港之间港航资本深度合作。深圳港口集装箱吞吐量连续 8 年位居全球第四，初步形成以深圳港为基本港的华南水运、转运、喂给体系。国际集装箱班轮航线由 154 条增至 230 条，集装箱专用泊位由 23 个增至 44 个，盐田国际集装箱码头三期、蛇口集装箱码头三期、大铲湾港区集装箱码头一期、铜鼓航道一期等港口工程建成投入使用。“七横十三纵”的高快速公路体系加快构建，完成盐排、龙大等一批高速公路建设，厦深铁路建设顺利推进，陆路交通枢纽功能进一步完善。航空货邮吞吐量由 47 万吨增至 81 万吨，通航城市由 77 个增至 106 个，通航航线由 108 条增至 156 条，基地航空公司由 2 家增至 9 家。深圳机场综合实力连续 8 年位居国内机场第四，是世界单跑道最繁忙机场之一。机场 B 型保税物流中心、快件监管中心扩建等货运设施建设 完成，国家干线机场地位进一步提升。前海湾保税港区一期工程封关运作，机场、盐田、平湖、龙华、笋岗－清水河等物流园区加快建设。“大通关”平台和电子口岸建设不断深化，电子标签及标准化立体仓库、自动拣选设备等物流技术装备得到逐步推广和应用。

4. 物流政策体系基本确立。为促进现代物流业发展，深圳市政府颁布了《关于加快深圳现代物流业发展的若干意见》，明确提出了促进现代物流业发展的项目认定、投资立项、用地优惠等政策。“十一五”期间，相继出台了《深圳市现代物流业发展专项资金管理暂行办法》、《深圳港航产业发展财政资助资金管理暂行办法》、《深圳航空业财政奖励资金管理暂行办法》、《深圳市道路集装箱运输行业财政资助管理暂行办法》、《深圳市物流项目建设用地控制标准》等专项资金管理办法及相应扶持政策，全方位支持现代物流产业发展壮大。现代物流业发展专项政策与全市总部经济、民营经济、中小企业、高层次专业人才等相关政策构成一套相对完整的物流政策体系。

5. 全国领先地位巩固提升。深圳地处珠江水系主要出海口和珠三角地区发展主轴线，毗邻香港和澳门，深港现代物流业务合作和人员交流日益密切，接近国际海运主航道，拥有世界第四的国际集装箱港和华南货运门户机场，优越的区位优势和地缘优势凸显。“十一五”期间，深圳在国家批准的2010—2020年城市总体规划中被确定为全国经济中心城市，在国家物流业调整和振兴规划中被确定为全国物流节点城市。美国UPS、德国汉莎、丹麦马士基等知名物流企业落户深圳，IBM、沃尔玛等一批国际知名企业纷纷在深圳设立全球采购中心，物流国际化程度大幅提升。深圳物流管理模式创新、供应链金融、国家5A级物流企业建设位居国内城市前列，物流全国影响力显现。由国家交通运输部与深圳市政府联合主办、国家发展改革委、国家外专局支持的中国（深圳）国际物流与运输博览会，成为唯一由国家部委主办和参与的国际性综合物流与运输展，从2007年开始连续四年成功举行，参展国家和地区增至30多个，参展商增至1000多家。

6. 物流带动作用日益显现。“十一五”期间，深圳现代物流业开始由服务产业发展转向带动产业发展，体现在其不仅促进了生产要素及产品的高效流通，有效降低了制造业等相关产业发展的物流成本，更重要是依托供应链优化组合和合理配置，极大带动了金融、商贸、高新技术、电子商务等相关产业创新发展，进而提升了整个区域经济和产业的竞争力。研究数据表明，深圳物流业增加值每增加1亿元，带动相应的GDP为10.38亿元。深圳航空出港货物每增加1万吨货运量，带动相应的GDP为12亿元。

（二）存在问题

1. 行业龙头企业不多。深圳各类物流企业14000多家，总体规模小、分布散乱、经营效率低，管理模式粗放，无序竞争明显，尚缺乏更多具有强劲带动力和竞争力的行业“龙头”，制约了行业高端突破发展。

2. 高端增值服务不足。深圳物流业务大部分停留在简单运输、仓储、搬运等低端服务，物流增值服务能力还比较弱，能够提供完整全程物流服务的第三方物流企业还比较少。

3. 有效用地监管不够。深圳物流用地出让前期缺乏土地利用评价标准，而后期缺乏土地利用监控机制，致使部分物流用地出现后续开发不力、更新改造困难等问题，进而影响了土地利用效率和产业结构升级。

4. 物流专业人才短缺。与现代物流业发展相匹配的从 业人员素质有待进一步提高。深圳大学和深圳职业技术学院物流专业学生规模还比较小。城市高生活成本影响了深圳对高端物流人才吸引力。

5. 高水平的信息化支撑乏力。与全球发达物流枢纽城市相比，缺乏全流程、自动化、一体化公共物流信息网络，开展及时响应、预时送货、随时查询等增值业务的信息整合成本高位运行，影响了物流行业整体组织效率和管理水平的提升。

6. 环境更加优化的要求突出。深圳对外贸易出口额长期高于进口额，导致集装箱空箱调运在整个集装箱运输系统中占据较大比重。物流园区周边交通设施仍欠完善，货运交通与城市交通相互干扰。深圳物流业与其他产业缺乏有效联动机制，导致诸多物流环节割裂和脱节，造成社会物流运作成本提高和效率降低，抑制了社会专业化物流发展。现代物流业向高端升级的引导政策尚未形成，物流基础设施还不完善，行政审批效率有待进一步提高。区域物流发展同质低水平竞争，交通设施、物流设施、物流标准等领域存在衔接协同问题。

（三）面临形势

“十二五”时期是深圳建设现代化国际化先进城市的关键时期，促进现代物流业高水平发展，不仅是深圳物流业自身结构调整和产业升级的需要，也是全市国民经济与社会又好又快发展的必然要求。

1. 国际发展形势。一是全球经济格局深刻变化对国际物流需求产生重大影响。当前，世界经济复苏基础并不牢固，发展不确定性仍比较大，金融危机深层次影响依然存在，全球贸易保护主义有所抬头，国际物流需求增长放缓。主要发达国家失业率居高不下、消费不振，一些国家开始倡导储蓄、鼓励出口，推行产业回归和制造业再造，全球物流流向将有所变化。产业升级速度加快，产品生命周期缩短，大规模定制与模块化生产越来越成为跨国生产组织体系的主流形态，多批次、小批量物流需求增加，对全球物流效率和质量提出了更高要求。全球新兴经济体获得强劲恢复性发展，其自身物流需求规模将持续扩大，物流需求层次将不断提升。二是世界信息科技突飞猛进为现代物流发展创造有利条件。全球金融危机正在催生新的科技革命，世界已处于创新集聚爆发时期，计算机、通信、媒体相互渗透融合将信息技术开发推向一个崭新的发展阶段。下一代互联网技术、新一代通讯技术、物联网技术、超级计算技术等信息技术在社会生产、生活各个领域应用初露端倪，基于快速反应、功能集成的现代物流升级发展将获得更加可靠有效的现代信息技术的强力支撑。三是国际低碳发展日益突显为物流绿色运作提供现实需求。全球气候变暖与石化能源短缺是当今时代全人类共同面对的严峻问题，绿色经济、低碳技术等加速兴起，抢占未来发展制高点的竞争日趋激烈。同时，交通阻塞、交通事故、废气污染等使得城市环境趋于恶化。现代物流业作为交通使用、能源消耗的重要领域，不仅需要与社会系统相协调，降低物流运作中能耗和排放，而且承担打造更广泛绿色供应链、支持低碳理念下生产方式和生活方式的责任。

2. 国内发展形势。一是实施扩大内需战略为物流均衡发展奠定坚实基础。为有效应对复杂多变国际形势，国家突出了坚持扩大内需特别是消费需求的战略，着力破解制约扩大内需的体制机制障碍，加快形成消费、投资、出口协调拉动经济增长新局面，国际物流和国内物流、进口物流和出口物流将获得更为均衡的发展。二是健全改善民生政策为发展民生物流提供重大机遇。在人均GDP超过3000美元的新发展阶段，我国把保障和改善民生作为加快转变经济发展方式的根本出发点和落脚点，农产品流通、医疗卫生、社会救助、生活用品服务等民生物流面临重大发展机遇。三是促进服务业大发展为现代物流业振兴提供强大战略支撑。新时期国家以推动服务业大发展作为产业结构优化升级的战略重点，将重点推进服务业规模化、品牌化、网络化经营，不断提高服务业比重和水平，2009年颁布实施十大产业振兴规划之一的《物流业调整和振兴规划》，现代物流业发展政策环境获得极大改善。四是加强区域协调发展为优化物资流通创造良好条件。为加强区域经济和社会协调发展，国家着力实施区域发展总体战略和主体功能区战略，"十一五"期间已先后批准颁布十余个区域性规划或指导性意见，促进了要素资源优 化配置，推动了各类物资便捷流通，扩大了区域物流需求规模，同时也为区域物流业合作创造了良好条件。五是海洋经济迎来黄金发展期为临港物流拓展开辟崭新领域。国务院批复广东国家海洋综合开发试验区、山东半岛蓝色经济区、浙江海洋经济发展带作为国家海洋经济发展试点区，围绕黄海、东海、南海的海洋开发加快，将为传统临港物流开辟新领域。六是各省市高度重视物流发展使现代物流业竞争态势初步显现。伴随着国内产业梯度转移和"人口红利"趋于弱化，越来越多省份和城市意识到发展现代物流业已成为优化产业结构、推进城乡发展、改善投资环境、强化区域辐射的重要手段，纷纷出台物流业振兴规划或实施方案，建立和健全物流业政策与措施，大力发展各类先进的物流业态，继制造业之后在物流领域的发展竞争日益激烈。

3. 深圳发展形势。一是城市发展使命对现代物流发展提出更高要求。在经济特区三十年发展的新历史起点上，深圳肩负为全国科学发展探索新路的历史使命，把"深圳质量"作为新导向和标杆，着力打造现代化国际化先进城市，建设国家经济中心城市和国家创新型城市。现代化国际化先进城市建设要求以现代物流加速全球性拓展，国家经济中心城市建设要求以现代物流实现全国性联络，国家创新型城市建设要求以现代物流满足创新要素和创新模式优化配置需求。根据投入产出系数测算，2015年深圳内外部物流需求超过了1500亿元。二是产业结构升级对高端物流发展提出派生需求。"十二五"期间深圳将实施高技术产业和现代服务业"双轮驱动"，加快产业结构优化升级，构建"高、新、软、优"产业特色，带来高效库存管理、及时市场供应、物流金融服务等高端物流需求。电子信息、先进制造、传统优势等产业升级发展需要现代物流支持，电子商务、生物医药等战略新兴产业和现代金融、商贸会展等现代服务业发展要求高端物流配套。三是都市物资保障为都市物流服务开拓广阔空间。伴随着深圳经济特区扩大至全市，经济特区一体化深入实施，都市物流对节约城市能源、缓解交通压力、改善居民生活等领域作用日益重要。以建设罗湖国际消费中心城区为重点，打造辐射全国、亚太知名的国际消费中心，带来都市商品流通和商贸集散的需求不断增大。2011 年世界大学生夏季运动会在深召开，保障大运会高效运转，建设高效都市物流服务的任务更加迫切。四是区域经济合作为物流错位发展创造良好条件。伴随着《珠江三角洲地区改革发展规划纲要（2008—2020 年）》、《粤港合作框架协议》、《推进珠江口东岸地区紧密合作框架协议》、《前海深港现代服务业合作区总体发展规划》等政策文件的颁布，深港、深莞、深惠等城市间区域合作日益密切，现代物流发展改变了区域产业价值结构，决定了区域经济合作地理空间范围，按照区位优势和产业基础、促进物流业错位发展具备良好外部条件。

综合判断国际、国内形势和深圳发展阶段特征，深圳现代物流业迈入了可大有作为的发展战略机遇期，需要紧紧围绕创造“深圳质量”的核心理念，顺应时代发展的潮流和产业发展的规律，加快推进现代物流业高端化、国际化、信息化、低碳化和联动化步伐，不断提高物流运作效率与服务增值能力，为把深圳建设成为中国特色社会主义示范市和现代化国际化先进城市贡献力量。

二、指导思想与基本原则

（一）指导思想

深入贯彻落实科学发展观，按照深圳建设现代化国际化先进城市要求，以加快科学发展为主题，以转变发展方式为主线，以创造“深圳质量”为统领，发挥市场在资源配置中的基础性作用，强化规划和政策引导，突出物流产业结构升级，突出物流枢纽城市建设，突出物流服务都市发展，突出关键物流载体提升，突出物流发展环境优化，加快构建具有国际竞争力的现代物流业体系，培育深圳现代服务业重要增长极，打造全球性物流枢纽城市和全国优秀物流服务都市。

（二）基本原则

1. 高端化提升原则。深入贯彻落实《珠江三角洲地区改革发展规划纲要（2008—2020 年）》，结合深圳经济发展方式转变和区域经济合作态势，重点发展供应链管理、物流总部经济、航运衍生服务等高端物流业态，提高现代物流业发展核心竞争力和服务辐射力。

2. 国际化延伸原则。加快深圳国际化城市建设步伐，支持企业“走出去”开拓国际市场，大力发展世界级集装箱枢纽港、华南地区航空门户机场。以前海深港现代服务业合作示范区建设为契机，加强深港现代物流业合作，促进 CEPA 深化实施，强化功能互补、错位发展，增强深圳现代物流业国际竞争优势和国际资源配置能力。

3. 低碳化引领原则。强化绿色物流发展理念，加快从“高消耗、高排放、高污染”到“低消耗、低排放、低污染”低碳化发展。融合战略性新兴产业发展要求，大力推进新能源、物联网和新一代信息技术的应用，优化传统仓储、运输、配送方式，引领低碳技术创新应用潮流，促进节能减排和经济的可持续发展。

4. 联动化发展原则。大力延伸物流产业链条，推动现代物流业与制造业、商贸业、金融业等相关产业联动发展，促进战略合作与有机融合，释放社会物流需求，提高物流运作效率。扩大物流服务领域，提升物流服务能力，为社会民生创造更优的服务环境。

5. 信息化带动原则。坚持以信息化为主要手段，加强先进信息技术应用，完善物流信息平台建设，加速企业信息化步伐，促进物流资源优化整合和配置，实现信息共享、数据共用和信息互通，提高物流信息化整体水平。

三、发展目标

（一）总体目标

物流龙头企业培育取得重大进展，物流用地产出效率取得大幅提升，物流发展环境建设取得显著成效，把高端物流业打造成为现代物流业主导业态，基本建成具有国际资源配置功能和国际商务营运功能的全球性物流枢纽城市、具有产业支撑功能和民生服务功能的全国优秀物流服务都市、亚太地区重要的多式联运中心和供应链管理中心以及与香港共同建设国际航运中心。

表1　“十二五”期间现代物流业发展预期目标

项目	2011年	2012年	2013年	2014年	2015年
物流业增加值（亿元）	1020	1123	1237	1362	1500
物流业增加值占GDP比重（%）	9.79	9.84	9.89	9.95	10.00
全社会物流总费用（亿元）	1498	1633	1780	1940	2115
全社会物流总费用占GDP比重（%	14.38	14.31	14.24	14.17	14.10
社会货运量（万吨）	31568	38072	45917	55378	66789
港口集装箱吞吐量（万标准箱）	2351	2456	2566	2680	2800
港口货物吞吐量（万吨）	23169	24292	25470	26705	28000
航空货邮吞吐量（万吨）	86	91	97	103	110

至2015年，深圳市物流业增加值达到1500亿元，年均增长超过10%。深圳

物流业增加值占GDP的比重达到10%，比“十一五”期末提高0.26个百分点。物流业增加值结构进一步优化，贸易业、流通加工、包装业等新兴业务对物流业增加值的贡献率达到57%，比“十一五”期末提高8个百分点。全社会物流总费用达到2115亿元，占GDP的比重达到14.1%，比“十一五”期末下降0.3个百分点。社会货物量达到66789万吨，年均增长20.6%。港口集装箱吞吐量达到2800万标准箱，年均增长4.5%。港口货物吞吐量28000万吨，年均增长4.8%。航空货邮吞吐量达到110万吨，年均增长6.3%。

（二）目标分解

1. 各区预期目标。至2015年，深圳市物流业增加值达到1500亿元，其中福田区物流业增加值240亿元，占16%；罗湖区物流业增加值105亿元，占7%；南山区（含前海）物流业增加值255亿元，占17%；盐田区物流业增加值150亿元，占10%；宝安区物流业增加值360亿元，占24%；龙岗区物流业增加值270亿元，占18%；光明新区物流业增加值45亿元，占3%；坪山新区物流业增加值75亿元，占5%。

表2　“十二五”期间各年物流业增加值各区预期目标　单位：亿元

项目	2011年	2012年	2013年	2014年	2015年
福田区	175	193	201	218	240
罗湖区	94	101	103	104	105
南山区（含前海）	163	180	215	230	255
盐田区	128	134	135	145	150
宝安区	245	270	297	327	360
龙岗区	172	192	215	240	270
光明新区	12	15	22	30	45
坪山新区	31	38	49	68	75

2. 各行业预期目标。至2015年，交通运输业增加值480亿元，占物流业增加值的32%；仓储业增加值90亿元，占物流业增加值的6%；邮政业增加值75亿元，占物流业增加值的5%；贸易业增加值600亿元，占物流业增加值的40%；流通加工、包装业增加值255亿元，占物流业增加值的17%。

表3　“十二五”期间各年物流业增加值各行业预期目标　单位：亿元

项目	2011年	2012年	2013年	2014年	2015年
交通运输业	326	359	396	436	480
仓储业	61	67	74	82	90
邮政业	51	56	62	68	75
贸易业	408	449	495	545	600
流通加工、包装业	173	191	210	232	255

（三）目标支撑

1. 基础支撑。实现现代物流业总体发展目标的基础设施、先进技术、主体培育、服务能力、人才素质、市场环境等支撑条件基本具备。

物流基础设施进一步完善。发挥海陆空铁综合交通优势，形成多式联运有效衔接和保税物流功能充分发挥的现代物流网络体系。完成盐田港集装箱码头三期工程、大铲湾港集装箱码头工程等一批港口物流设施重大工程。完成厦深铁路等一批通道工程建设。完善盐田港物流园区、机场物流园区等一批重要物流节点建设。

物流先进技术进一步强化。开发并推广应用现代物流信息技术、物流装备技术、低碳物流技术、绿色物流技术、物联网技术、供应链管理技术等一批物流先进技术，为物流业的高端化发展提供技术支撑。

物流主体培育进一步加快。促进中小企业专业分工、发展壮大，形成各种所有制物流企业有序竞争、相互促进的市场格局。培育和引进一批服务水平高、国际竞争力强的物流企业，力争在“十二五”期间新增3～5家物流企业上市。

综合服务能力进一步增强。加强现代物流供应链服务一体化建设，依托前海深港现代服务业合作区建设，深化深港现代物流业务合作，实现物流服务模式的延伸。建成电子商务平台，提高现代物流业服务辐射范围，促进现代物流业与相关产业联动发展，最大限度提升物流服务增值能力。

物流人才素质进一步提升。强化深港物流人才交流，引进一批物流人才尤其是综合型、专业型的高端物流人才，初步建成物流人才认证体系，形成产学研一体化良性发展的人才培养体系，为深圳现代物流业的可持续发展提供人力资源保障。

物流市场环境进一步优化。市场规制不断健全，诚信体系不断规范，物流产业政策引导效果凸显，初步形成统一开放、规范高效、区域协调符合国际惯例的物流业发展环境，为现代物流业高端发展创造良好外部条件。

2. 企业支撑。至2015年，全市物流相关业务企业近万家。营业收入排名前

1000 家物流企业实现物流业增加值占全市物流业增加值总额的 70%以上。在千家物流企业中，根据重点物流企业申报条件和认定情况，“十二五”期间拟认定重点物流企业 100 家，至 2015 年实现增加值 600 亿元，占全市物流业增加值 40%以上。在百家重点物流企业中，拟认定高端物流企业 10 家，至 2015 年实现增加值 200 亿元。即“十二五”期间，依托全市“十、百、千、万”物流企业全面发展，确保规划目标实现。

3. 项目支撑。以企业为主体、以市场为导向，组织和实施一批高质量、高水平的物流项目，促进全市高端物流业发展和物流服务都市、物流枢纽城市建设，力争至 2015 年新增高端物流项目形成增加值占全市物流业增加值的 10%以上。

表 4　深圳市现代物流业发展“十二五”规划调控指标体系

类别	序号	指标	2015 年调控目标	指标属性
总量目标	1	物流业增加值（亿元）	1500	预期性
	2	物流业增加值占 GDP 比重（%）	10.00	预期性
	3	全社会物流总费用（亿元）	2115	预期性
	4	全社会物流总费用占 GDP 比重（%）	14.10	预期性
	5	社会货运量（万吨）	66789	预期性
	6	港口集装箱吞吐量（万标准箱）	2800	预期性
	7	港口货物吞吐量（万吨）	28000	预期性
	8	航空货邮吞吐量（万吨）	110	预期性
行业发展	9	交通运输业增加值（亿元）	480	预期性
	10	仓储业增加值（亿元）	90	预期性
	11	邮政业增加值（亿元）	75	预期性
	12	贸易业增加值（亿元）	600	预期性
	13	流通加工、包装业增加值（亿元）	255	预期性
区划分解	14	福田区物流业增加值（亿元）	240	预期性
	15	罗湖区物流业增加值（亿元）	105	预期性
	16	南山区（含前海）物流业增加值（亿元）	255	预期性
	17	盐田区物流业增加值（亿元）	150	预期性

续 表

类别	序号	指标	2015年调控目标	指标属性
区划分解	18	宝安区物流业增加值（亿元）	360	预期性
	19	龙岗区物流业增加值（亿元）	270	预期性
	20	光明新区物流业增加值（亿元）	45	预期性
	21	坪山新区物流业增加值（亿元）	75	预期性
企业项目	22	千家物流企业实现物流业增加值占全市物流业增加值总额比重（%）	≥70	预期性
	23	拟认定重点物流企业数（家）	100	预期性
	24	重点物流企业实现增加值（亿元）	600	预期性
	25	拟认定高端物流企业数（家）	10	预期性
	26	高端物流企业实现增加值（亿元）	200	预期性
	27	新增高端物流项目形成增加值占全市物流业增加值比重（%）	≥10	预期性

四、主要任务

按照现代物流“一高、两市、三中心”战略定位要求，发挥外源性经济优势，抢抓机遇、超前布局，以点带面、以能促效，全面提升深圳现代物流业发展质量，增强深圳城市吸引力、辐射力和竞争力。

（一）加快高端物流发展

依托抢占技术高端和管理高端，强化模式创新与体制创新，着力促进具有高效益、高附加值、高带动力、低资源消耗、低环境污染特征的高端物流发展。

1. 抢占物流技术高端。加强物流机械设备、运输工具、站场设施等硬件技术更新改造，提高机械化、自动化和系统性、兼容性，促进各种硬件的衔接和配套，降低对人工需求的依赖。加强物流系统工程技术、价值工程技术等软件技术开发利用，重点发展条形码技术、无线射频技术、智能标签技术、恒温运输技术、电子数据交换技术等物流技术以及仓库管理系统、全球定位系统等知识系统。加强高端技术和服务标准推广应用，推动低碳物流技术的开发，支持物联网、云计算等物流技术和相关物流设备试点示范，开发建设智能可追溯网络系统、智能配送可视化管理系统、局域性智能控制自动操作系统。

2. 抢占物流管理高端。加强社会物流管理创新，强化物流预测、物流决策、物流评价、物流控制和标准建设，重点发展行政管理、人才管理、资本管理、转运分拨等物流总部业态，促进保税物流、冷链物流、农产品物流、汽车物流、药品物流、服装物流、电子商务物流等领域物流专业化发展，积极培育低碳物流、闭环物流等新兴物流业态。加强企业物流管理创新，支持企业发展供应商库存管理（VMI)、销售与 运营计划（S&OP)、协同计划预测与补货（CPFR）等管理方法和工具，降低非增值物流浪费，提高供应链管理效率，提高客户满意度。

3. 强化物流模式创新。顺应全球经济大规模定制、模块化生产要求，依托海陆空铁立体交通网络，强化现代物流综合集成优势，重点发展供应链管理、第三方物流、第四方物流，促进现代物流业与关联产业联动发展。围绕深圳六大战略性新兴产业和现代服务业发展，加强物流技术与商业模式融合创新，强化对互联网、生物等战略新兴产业和商贸、会展等现代服务业物流配套服务能力，突出现代物流对电子商务的强大支撑作用，支持物流企业发展 B2C、B2B 垂直电子商务和供应链金融、咨询、信息管理等增值服务。建设现代低碳物流体系，加强行业联盟协作，研究低碳物流绩效考量指标体系和认证服务体系，探索碳排放交易和碳限制制度。

4. 强化物流体制创新。强化行业管理体制创新，构建“十百千万”行业管理架构①，制定项目建设或土地开发前带物流（含货运）的交通评价制度，建立定期座谈研讨和企业调研制度，并支持物流行业协会等中介组织开展行业统计、标准起草、学术研讨、信息交流等活动。强化企业资助体制创新，对满足条件的物流企业或项目实施分层、分类针对性资助，并建立政府扶持项目的评价考核及修订体系和重点及高端企业的统一政府宣传机制。强化部门协调体制创新，构建深圳物流产业发展联席会议议事制度，覆盖物流管理相关政府部门和单位作为成员单位，研究协调重大事项。

（二）布局现代物流网络

依托海空双港提升、拓展延伸陆港，完善海铁联运、公铁跨越、城市配送体系，大力发展物流总部经济，着力构建全球、全国、全市功能完备、布局合理的三级现代物流网络，扩大深圳物流的覆盖面和影响力。

1. 布局直通全球国际物流网络。借鉴上海国际航运中心建设，拓展国际海运航线网络，支持和吸引世界知名班轮公司、船舶管理公司进驻深圳，巩固欧美优势航线、开拓新兴市场航线，拓展深圳港的国际中转业务。丰富国际航空航线网络，支持航空公司在深圳开通货运航线，增加在深圳机场的运力投放，拓展国际航空市场，并争取国家民航主管部门支持，突破深圳机场空域及航班容量受限

① “十百千万”行业管理架构是指在工商注册物流企业万家、纳入政府或协会备案并获认可的物流企业千家、评选认定重点物流企业百家、评选认定高端物流示范企业十家。

瓶颈。深化深港澳台及东盟现代物流业务合作，支持深港澳台货运代理企业建立企业协作联盟，抓住中国一东盟自贸区全面建成契机，将深圳打造成中国与东盟间的物流集散枢纽，增辟中国一东盟主要物流通道。引进采购、货运等国际代理机构，借力国际中介机构自身资源，加快建设跨国采购中心、国际配送中心以及全球供应链管理中心。

2. 布局覆盖全国的国内物流网络。根据国家物流资源跨区整合要求，重点建设云贵、川渝、湘鄂等区域至深圳出海的三大物流通道。拓展内贸海运航线网络，深化与中远、中海等国内大型船公司的战略合作，鼓励中远、中海等船公司在深圳港加大内贸集装箱运输业务，同时鼓励国内其他中小型班轮公司与深圳港进行内贸战略合作，尽快形成干支结合的沿海内贸航线网络。深入实施“珠江战略”，加强与珠江水系各港口的联盟关系，完善珠江水系驳船运输网络，力争华南公共驳船快线覆盖整个珠三角地区的核心内河码头。拓展港航货源腹地网络，以集装箱枢纽网络为支撑，推动港航企业与国内城市合作建立内陆无水港体系。构筑覆盖全国的陆路物流服务网络，鼓励有实力的物流企业以深圳为基地，以大中型城市为节点，大力发展多式联运和省际、市际干线运输，到2012年建立300个以上的城市配送中心、分拨中心、采购中心。加快推进港、深、莞、惠交通一体化，加强区域物流标准对接、物流通道对接、物流设施对接以及物流服务对接。

3. 布局遍布全市的都市物流网络。优化物流节点布局，按照特区一体化要求，规划建设临港、笋岗、临空三大物流总部基地，加快推进前海湾保税港区等五类九大物流园区，支持一批工业园区、商贸旺区、居民社区、专业市场专业配套物流中心发展。完善都市物流设施，规划布局都市车辆专用停车点和停车场，加强对都市物流车辆车型、标志和调度的管理。畅通都市物流通道，加强物流通道规划设计和组织实施，加快构建快线、干线、支线三个层次的都市物流通道系统。

（三）完善物流节点功能

按照货运服务、生产服务、商贸服务以及民生服务要求，加快重要物流节点基础设施建设，着力拓展物流增值业务，强化物流综合服务能力，促进现代物流业高端化、专业化和集约化发展。

1. 提升港口物流组织整合能力。依托深圳东、西部港区，强化商品、技术、资本、信息综合集散功能，着力推动衍生增值服务发展，加快供应链管理企业发展，引进为电子商务交易提供物流及相关增值业务的综合服务型企业，支持港口物流企业承接采购、销售等相关外包服务，搭建国际采购、国际配送和全球集拼分拨管理平台。

2. 加强机场物流高效输运能力。依托珠三角地区全球电子信息产业基地建设，充分发挥机场保税物流中心作用，加强联通世界、高效快捷的现代物流服务能力，开展保税仓储、融资担保、信息管理等物流增值服务，重点推动电子产品、通讯产品、生物制品、商务文件、鲜活产品等高端商品航空运输。

3. 提高物流园区综合服务能力。按照布局集中、用地节约、产业集聚、功能集成、经营集约的原则，加快五类九大物流园区基础设施建设，提升物流园区信息化水平，强化供应链管理、信息服务、设计咨询、金融配套、人才培训等功能，延伸物流服务链条，开展区域物流整合优化，进一步提高辐射范围和服务能力。

4. 加强物流中心专业配套能力。按照都市物流发展要求，有针对性规划建设专业物流中心，重点在电子信息、电子商务、黄金珠宝、生物医药、汽车、玩具、服装、家具、农产品、快速消费品十大优势领域，培育社会化、专业化、精细化的物流体系。结合电子商务平台，鼓励国内外大型连锁经营企业建立物流配送中心，引导专业运输企业开展城市配送，打造便捷的一小时都市圈物流配送体系。

（四）推动产业联动发展

依托物流业与制造业联动发展示范区、物流业与其他服务业联动发展示范区建设，加快物流业与制造业、商贸业等产业以及民生事业联动高效发展。

1. 加快物流业与制造业联动发展。规划建设宝安、龙岗物流业与制造业联动发展示范区，实施物流标准化服务示范工程，选择一批大型物流企业和重点物流园区开展物流标准化试点工作，支持制造业与物流业信息共享和标准对接，推广实施托盘系列国家标准，建设托盘共用系统，加强仓储、转运设施和运输工具标准化改造，鼓励制造企业采用标准化物流设施和设备。

2. 加快物流业与其他服务业联动发展。规划建设前海物流业与其他服务业联动发展示范区。加强物流业与金融业的合作，促进物流金融的专业化、规范化的开展，实现物流与金融的双向平衡发展。加强物流业与商贸业合作，促进商贸物流优质高效运作，提升商贸产品的空间与时间价值。加强物流业与会展业合作，提高会展货物短时集散能力，促进品牌展会专业化、国际化。加强物流业与服务外包业合作，满足软件与信息技术服务、产品与技术研发、工业及创意设计等高端服务外包业务的特殊物流需求。

3. 加快物流业与民生事业联动发展。按照建设民生幸福城市要求，创新具有小型、零散、多样特征的都市生活用品物流形态，高质量解决广大市民“菜篮子”、“米袋子”、“果盘子”等生活基本需求。支持企业搭建“农超对接”平台，实施科学农产品物流运作，降低物流环节成本，保障农产品供给和物价稳定。关注社区居民需求，完善社区物流体系，构建服务于民、方便于民、受益于民物流新模式，解决好物流行为中“最后一公里”问题。

4. 促进物流服务多元化和需求社会化。鼓励物流企业功能整合和业务延伸，满足社会多样化、多层次的物流需求。支持制造企业和物流企业以股权合作方式，开展资产重组和实施信息共享。鼓励大型物流企业做强做大，中小物流企业做精做细，促进物业企业专业分工和联合协作。支持制造、商贸企业实施物流业务分离外包，组织和实施一批联动发展示范重点项目。

（五）提升公共信息平台

充分利用物联网、云计算等技术手段，结合智能交通系统建设，依据先进性、开放性、实用性和安全性原则，改造提升公共物流信息平台，强化信息资源整合与共享，促进物流资源优化配置，提升物流服务整体水平。

1. 整合公共物流信息资源。按照“政府推动、政策配套、市场运作、企业经营”的原则，依托现有各类信息平台资源，整合相关部门或企业公共性物流基础信息数据，建设面向全社会、全行业的综合性公共物流信息平台，并支持物流或相关企业开发基于公共物流信息平台的物流信息增值服务。

2. 促进物流信息技术创新。支持建设物流信息技术服务平台试点，鼓励中小物流企业实施软件即服务（SaaS）、平台即服务（PaaS）等，加速物流业信息化、网络化发展。支持建设生物医药、危险化学品、烟草酒水等具有高附加值且需重点监控行业物联网应用试点。加强信息安全技术创新和应用，综合应用数字签名、电子水印、实时备份等技术，确保数据及系统安全性、稳定性和可靠性。加强物流企业、高等院校、科研机构以及中介机构之间产学研合作，组建电子商务与物流信息化发展研究机构。

3. 加强多式联运信息化建设。发挥深圳海陆空铁综合交通优势，围绕产业转移和区域合作，以重点区域、重要通道为突破口，建设“一票到底”、“无缝衔接”集装箱多式联运全程信息服务，推进集装箱多式联运的可视化和智能化管理，提高物品流动的定位、跟踪、过程控制等管理和服务水平。

4. 强化云计算供应链服务。依托公共物流信息平台，以云计算、云服务、物联网技术为手段，发展基于云计算的供应链一体化信息服务，建成“智慧深圳”标志性工程，促进货运网上交易、电子商务贸易、物流应用系统服务等，实现全市物流业的信息化、社会化、智能化，成为华南乃至全 国物流信息化的引领者。

（六）打造前海发展制高点

全面落实《前海深港现代服务业合作区总体发展规划》，坚持深港合作、高端引领、服务广东、面向全球的战略取向，促进深港两地现代物流业的深度合作，形成高端物流业的集聚区，打造亚太地区有重要影响的供应链管理中心和航运衍生服务基地。

1. 建设国际供应链管理中心。利用前海深港现代服务业合作区特殊开发政策，借鉴国际通行做法，依托前海保税港区积极探索海关特殊监管区域的政策和制度创新。完善市场准入机制和政策配套机制，重点发展提供融资咨询、融资担保、资金结算、报关通关、信息管理及相关增值服务的供应链管理企业。鼓励引进为电子商务交易提供物流及相关增值业务的综合服务型企业。鼓励区内企业承接采购、销售等相关外包服务，搭建国际采购、国际配送和全球集拼分拨管理平台。

2. 建设国际航运衍生服务平台。依托香港国际航运中心，推动深港两地海空港紧密合作，拓展港口服务功能，拓展国际航运服务。支持发展航空交易市场，开展航材租赁、航材交易、民用飞机融资租赁等多种创新服务。积极引进航运业务管理中心、单证管理中心、结算中心、航运中介等机构和业务。推动航运航空金融创新发展，支持组建航运产业基金、航运金融租赁公司、航运保险机构，促进民用飞机及航材金融租赁业务发展。允许注册在前海企业申请境内银行开设离岸专用账户或特殊账户。支持在前海服务航空、航运的金融租赁公司进入银行间市场拆借资金和发行债券。

3. 建设区域产业联动示范区。加强体制创新与模式创新，深化深港现代服务业合作，依托前海南方物流信息交换中枢和国际电子商务中心建设，以强化供应链管理为主线，大力发展生产组织服务、供应链金融服务、商业模式创新、市场营销推广等，打造现代物流业与制造、金融、商贸等产业联动发展示范区。

五、空间布局

按照深圳城市总体规划要求，结合全市现代物流业发展趋势，加快整合和盘活资源，强化集约与高效发展，加快形成现代物流业发展的“3521”空间布局①。

（一）物流总部基地

依托区位及产业优势，大力推进临港物流总部基地、笋岗物流总部基地、临空物流总部基地，充分发挥总部基地的资源集聚及配置功能，实现物流海港、陆运、空运的协调发展。

1. 临港物流总部基地。将前海深港现代服务业合作示范区、盐田港商务区、宝安中心区打造临港总部经济区，探索保税物流与创新金融、物流与国际采购、配送与国际电子商务科技产业的结合，实现高端发展和模式创新。重点引进国际20强的班轮公司和国际100强的物流和供应链龙头企业，发展与港航相关的金融、保险、咨询、海运服务、救援、货代、信息处理、流通性加工等增值服务。

2. 笋岗物流总部基地。整体推进笋岗—清水河—八卦岭片区改造，在笋岗

① “3521”空间布局，即三个基地、五类园区、两类中心、一张网络。

片区实施"容积率换空间"等城市更新政策，在城市中心片区完善城市功能，形成新的经济增长点，重点打造高端物流、大宗商品交易市场、现代物流配送、供应链管理总部基地。

3. 临空物流总部基地。在航空城（宝安区）打造临空总部基地，依托 UPS 亚洲转运中心和深圳机场基地航空公司，吸引国际性物流、代理、快递、金融服务等企业设立管理型和运营型总部，适度发展与航空运输依存度较高的电子、生物医药、名贵花卉、海鲜等高附加值产品加工业，形成特色鲜明的临空物流总部基地。

（二）综合物流园区

依托海港、陆路、航空、货运场站等交通基础设施，以优化整合为原则，完善园区功能，提高服务能力，重点布局 5 类 9 个物流园区。

1. 港口综合物流园区。包括前海湾保税港区、盐田港 物流园区、大铲湾物流园区，加快推进盐田保税港区申报和建设，重点提供集装箱中转、拆拼、仓储、保税、简单增值加工、海关查验等物流服务功能。

2. 航空综合物流园区。机场物流园区（含空港保税物 流园区）。以处理国内、国外航空货物为主，集货站、快件货场、海关查验场物流功能区为一体，进一步引导大型物流 企业在园区集聚。发挥保税区、区港联动区的保税物流中心作用，推进空港保税物流园区建设。

3. 铁路综合物流园区。平湖物流园区。连接东、西部港区，发展公铁联运、海铁联运，面向珠江三角洲及国内其他地区，形成中远距离货物集疏运、内地与香港中转的物流基地。同时，在东西临港区域建设分别连接平盐铁路、平南铁路的中小型物流园区，以方便处理进出港的铁路拆拼箱货物、仓储、集装箱堆存、车辆摆放等。

4. 陆路口岸物流园区。龙华物流园区。重点打造以提供集装箱中转，空、重、冷藏箱堆放，海关进口保税，出口监管等主要服务功能的综合物流园区。

5. 城市配送物流园区。包括笋岗－清水河物流园区和宝安、龙岗配送中心 3 个物流园区。以服务城市生产、生活消费物流为主，是城市消费配送集中的物流节点。

（三）专业物流中心

重点推进园区物流中心和商贸物流中心两类专业物流中心建设，形成若干区域性、节点型物流中心和配送中心，加强配套物流服务专业化，强化物流产业的聚集功能，完善物流网络体系。

1. 园区物流中心。包括"区港联动"盐田港保税物流中心、"空港联动"机场保税物流中心 B 型、华南国际保税物流中心 B 型、平湖保税物流中心 A 型、观澜保税物流中心 A 型以及各类产业园区内的配套物流中心等。以园区为依托，加强专业配套与服务，不断完善园区或区域物流功能。

2. 商贸物流中心。凭借地理位置、区域规划、扶持政策、专业服务、完善配套等优势，重点发展龙岗平湖李朗、罗湖东门、福田华强北等商贸物流中心，为商贸产业配套提供专业物流服务。

（四）内陆物流网络

实施“物流一体化服务网络工程”，鼓励有实力的物流企业以深圳为基地，以国内主要经济区域为重点，以大中型城市为节点，构筑覆盖全国的内陆物流网络。

1. 布局内陆港和无水港。以深圳国际陆港建设为统筹，重点布局内陆港和无水港，完善陆路物流运输体系，密切深圳码头、口岸、机场等物流战略节点与腹地经济联系，促进陆路物流规模化、集约化、现代化、品牌化，推动陆、海、空港同步协调发展。以集装箱枢纽网络为支撑，推动港航企业与内陆城市合作建立内陆无水港体系。重点推进成都、重庆、昆明、长沙、南昌、贵阳、韶关等珠三角地区内陆港和无水港的建设。

2. 打造多式联运中心。适应国家扩内需的政策导向，打造区域性多式联运中心，重点实施海铁联运、江海联运，提升多式联运的内涵功能和辐射范围。加强与珠江水系码头的合作，大力发展驳船运输，提高华南驳船网络的覆盖面和运作效率。建设专业化的内贸集装箱码头，推动江海联运，形成干支结合的沿海内贸航线网络，拓展东西部港区的内贸货源。

3. 优化经营网点布局。以兼并重组、战略合作等形式布局沿海港口网点，拓展港口海运、集装箱运输、保税物流等业务。布局长江航运、珠江航运经营网点，开展驳船运输、货运代理、供应链金融等业务。布局道路运输网点，开展仓储、运输、包装、配送、信息服务等业务。

六、重大工程

依托重大项目，落实重点任务，立足前瞻性、战略性要求，实施高端物流、都市物流等物流工程，全面提升深圳物流质量。

（一）高端物流工程

按照“两高两新”的高端物流内涵要求，规划和实施一批高端物流工程，发挥示范和带动效应，促进现代物流业高端化发展。

1. 冷链物流工程。结合现代快节奏生活的需要，依托保惠农产品冷链物流园、泛亚物流国际果蔬物流中心等项目，研究冷链物流行业标准，加快具有更高技术和资金要求的冷链物流发展，保证食品安全、减少流通损耗，扩大进出口冷链物流份额。

2. 汽车物流工程。把握深圳及全国汽车产业发展机遇，依托长航丰海、比亚迪汽车、盐田港集团、招商国际等公司，规划建设汽车滚装码头和仓库，投资建设汽车运输船队，探索发展汽车保税业务。规划建设华南汽车配件用品物流基地，促进汽车配件至维修厂或营业点流通。

3. 电子商务物流工程。结合深圳战略性新兴产业发展和传统优势产业升级要求，依托华强北电子交易市场、华南城原料采购中心等商务平台和顺丰快递等快递企业，发展和提升电子商务物流服务，构建电子商务物流支撑平台。

4. 供应链服务创新工程。按照实施区域生产组织管理发展目标，依托越海全球华南供应链服务基地、怡亚通供应链整合研发中心、朗华（物流）供应链外包基地与虚拟生产中心、深圳市信利康全球供应链服务物流园等项目，加快供应链服务创新，增强对全球供应链的管控能力。

5. 前海高端物流集聚工程。以前海深港现代服务业合作示范区开发为契机，发挥前海保税港区和合作示范区政策叠加优势，规划实施前海湾综合交通枢纽、港深国际航运服务平台以及合作示范区公共物流信息平台、商务交易应用服务平台等项目，促进高端物流业集聚发展。

（二）物流创新工程

加快物流技术与物流模式融合发展和推广应用，实施物流信息平台、产业联动、科技创新、低碳物流四大创新工程。

1. 信息平台工程。规划建设基于云计算、云服务、物联网技术的道路集装箱运输公共信息平台、海运物流公共应用综合服务系统（海商网）、公共舱单数据服务系统等全市性公共物流信息平台。规划建设基于云计算、云服务、物联网技术的前海湾保税港区物流通关信息系统、深圳机场保税物流中心（B型）通关应用项目、盐田港国际资讯中心项目、深圳市航空物流信息平台、平湖物流园区公共信息服务平台、笋岗物流园区公共信息服务平台等园区或港区信息平台项目。

2. 产业联动工程。规划建设前海物流业与其他服务业产业联动示范区以及宝安、龙岗物流业与制造业联动发展示范区，加强对制造业和服务业物流分离外包引导力度，推广应用规范物流标准体系，完善产业园区、商贸片区和居住社区的物流配套，支持相关企业申报全国制造业和物流业联动发展示范项目。

3. 科技创新工程。依托深圳大学、中科院深圳先进技术研究院等大专院校和科研院所，结合深圳现代物流业发展实际需求，重点开展集装单元、射频识别、货物跟踪定位、智能交通、物流管理软件、移动物流信息服务等关键技术攻关，启动物联网的前瞻性研究和先进物流设备的工作，提高深圳物流技术创新能力。

4. 低碳物流工程。加快建设低碳物流绩效考量指标体系和认证服务体系，鼓励低碳技术在物流领域的应用，提升全市物流发展质量。重点推进盐田港拖车

“油改气”项目，液化石油气（LPG）仓储区和液化天然气（LNG）应急储备基地建设。

（三）都市物流工程

结合深圳经济特区一体化建设，以打造全国优秀物流服务都市为目标，规划和实施一批都市物流工程，提高城市物流效率，提高民生物流质量。

1. 都市物流集运工程。依托南方集联国际物流中心、深业物流平湖多式联运中心、深业进智现代物流分拨中心、深圳铁路集装箱中心站等项目建设，构建覆盖全市的物流集运系统，有效提高都市物流集运能力。

2. 都市物流配送工程。依托宝安、龙岗、光明、坪山等物流配送中心和货运场站的规划建设，合理布局全市商业连锁配送网点，加快商业连锁配送、电子商务物流发展，同时探索发展逆向物流。

3. 都市物流信息工程。基于全市公共物流信息平台，引入现代无线通讯技术、卫星导航技术、智能车辆调度指挥技术、物联网和服务互联网技术等，建设都市物流调度指挥中心，优化物流线路，提高物流效率。

4. 城际都市物流工程。抓住厦深铁路、深中大桥、港珠澳大桥等项目建设契机，结合深圳国家经济中心城市建设，以企业为主体、以资本为纽带，重点加强深港、深莞惠以及珠三角其他地区的区域合作，加快布局城际物流配送网点，打破物流业区域束缚。

（四）物流枢纽工程

充分发挥深圳地处太平洋海上交通要道、珠江水系主要出海口区位优势，建设面向全球物流集疏运体系，强化现代物流业国际竞争力，提升对国内外市场辐射广度与深度。

1. 海港物流工程。加快推进盐田港区西作业区集装箱码头工程、盐田东港区陆域形成及地基处理工程、深圳港大铲湾港区二期集装箱码头工程、深圳港蛇口太子湾片区改造工程、深圳港宝安综合港区一期工程、东宝河港区码头（一期）工程、深圳港铜鼓航道二期工程等工程项目，巩固深圳港国际集装箱枢纽港和干线港地位。

2. 空港物流工程。加快推进深圳机场飞行区扩建陆域形成及软基处理工程、深圳机场飞行区扩建工程、深圳机场航站区扩建工程、深圳机场新航站区轨道交通枢纽土建预留工程，强化航空物流本地集散功能、门户枢纽功能和国际中转功能，加快发展临空经济，打造现代航空城。

3. 陆路物流工程。落实“内贸战略”、“珠江战略”，依托盐田港集团、招商局国际等大型港口物流企业，加强深圳与国内城市港航合作，深化“五定班列”[①] 3运作机制，强化华 南公共驳船快线品牌效应，加快内陆港和无水港建设，合理布局物流战略节点。研究利用城际高速铁路和城市轨道交通开展高端物流业务方案和技术。加快推进深业物流平湖多式联运中心、东方嘉盛华南分拨中心、龙岗公路货运枢纽等项目建设。

（五）物流设施工程

加快完善物流基础设施建设，提升重要物流节点战略支撑功能，为深圳高端物流业发展和全国优秀物流服务都市、全球性物流枢纽城市建设创造良好条件。

1. 物流园区工程。结合城市片区功能优化，加快坪山、光明新区物流园区规划建设，推进固戍配送物流园区、深圳机场物流园区、盐田港普洛斯国际物流园（二期）、西部第三方物流基地、康纳辉仓储物流基地、中油深圳仓储物流配送服务基地、恒路平湖物流基地、粤信尾货物流城、华南国际工业原料城二期、人人乐石岩生鲜物流配送中心改扩建、华南国际物流中心、盐田港现代物流中心、平湖木古货站物流中心、保惠物流出口监管仓等项目建设。

2. 公路通道工程。按照“七横十三纵”[②] 干线路网格局，加快骨架路网建设，重点推进广深沿江高速公路深圳段、广深沿江高速公路机场连接线、国道205深圳段改建工程、南坪快速路、龙观快速路、盐田港疏港专用道、大铲湾港区疏港专用通道、机荷高速西延段、龙盐快速路等公路通道项目。加快深中大桥规划建设。

3. 铁路通道工程。加强深港铁路有效衔接，促进香港与内地铁路网络的融合。加快厦深铁路西延跨珠江铁路通道、深圳北站交通枢纽工程、深圳东站综合交通枢纽、深圳铁路集装箱中心站建设。依托高速铁路建设，打造深圳至长沙和厦门的3小时铁路交通圈、深圳至武汉和福州的5小时铁路交通圈、深圳至北京和天津的12小时铁路交通圈。

4. 交通枢纽工程。加快推进福田综合交通枢纽、福田口岸综合交通枢纽及配套工程、前海湾综合交通枢纽工程、深圳湾口岸综合交通枢纽及配套工程等项目，强化交通枢纽交通组织和运营协调功能。

5. 港口后方陆域综合服务区工程。加快推进深圳东、西港口后方陆域综合服务区规划和建设，加强港口集装箱集中堆放管理，提供拖车缓冲、检修等服务

① “五定班列”是指在主要城市、港口、口岸间铁路干线上组织开行的“定点（装车地点）、定线（固定运行线）、定车次、定时（固定到发时间）、定价（运输价格）”的快速货物列车，它包括集装箱“五定”班列 和普通货物“五定”班列两种组织形式。

② “七横”：外环高速公路、机荷高速公路－深汕高速公路、南坪快速路、北环快速路、南环快速路、沿一线 快速路。“十三纵”：沿江高速公路、海滨大道、南沙快速路、广深高速公路、南光高速公路、福龙路－龙大路、龙观快速路、皇岗路—梅观高速公路、盐排高速公路、清平快速路、丹平快速路、龙盐快速路、深惠高速公路—东部过境高速公路。

和火车集结、编组等作业，并拓展单据交换和金融服务等港口物流衍生增值服务。

（六）应急物流工程

发挥政府主导作用，强化社会广泛参与，加快应急物流系统建设和完善，保障经济和社会发展中由突发性因素所导致的应急物流需求。

1. 应急物流基地工程。依托综合物流园区建设，在全市东、中、西部各规划布局一个应急物流基地，用于储备、调控和集疏应急物资和装备，强化全市应急保障和应急反应能力。

2. 应急物流信息工程。依托全市物流信息平台建设，联结应急生产企业和应急物流企业信息系统，以现代信息技术为支撑手段，加强政府与市场有效应急合作与协调，满足突发事件发生时紧急调用需求。

3. 企业应急物流工程。借鉴全球跨国公司应急物流实践模式，选择和培育一批具有应急能力的物流企业，形成完整的应急物流供应链系统，加强对应急物资的有效管理，最大限度地提升应急物流时效。

（七）物流培育工程

以企业和人才培育为主要抓手，加快提升现代物流业发展质量，为深圳现代物流业高端化、专业化发展提供动力源泉和智力保障。

1. 企业培育工程。按照“做大重点企业，做强高端企业，培育中小企业”要求，实施“梧桐计划”和“榕树计划”，引进一批国内外知名交通物流企业在深圳设立国际总部、地区总部以及面向华南区域的进口商品配送、分拨基地，培育、壮大一批本土综合服务型交通物流企业和高端供应链管理企业。

2. 人才培育工程。落实全市引进海外高层次人才“孔雀计划”和国内人才引进培育扶持计划，全方位引进专业型、技术型、实用型高端物流人才。落实深圳市博士后资助资金管理办法，引导物流企业设立博士后科研流动站或博士后创新实践基地，推动以企业为主导的高层次物流人才队伍建设。建立深圳市十大杰出物流人才评选制度。依托深圳大学、深圳职业技术学院、深圳市物流与供应链协会等大专院校和协会组织，建立物流职业资格认证制度和物流人才认证培训体系，提高从业人员职业能力和素质。

七、政策措施

完善和强化政府服务、高端引导、优势培育、产业联动、行业统计、信息支撑六大政策措施，规范市场发展环境，保障规划任务全面落实，促进发展动力全部释放，顺利实现深圳现代物流业发展宏伟蓝图。

（一）强化政府服务职能

按照建设服务型政府要求，加强政府服务企业能力建设，营造良好的物流业发展政策环境，促进现代物流业快速健康可持续发展。

1. 完善产业政策。实施现代物流业发展“立体新政”，制定“1+X”新政策文件，加强与国家和广东省物流政策衔接。结合全球经济发展新形势和深圳城市建设新要求，修订2002年由市政府印发的《关于加快发展深圳现代物流业的若干意见》(深府〔2002〕174号)，并研究制定《关于建设物流枢纽城市的实施办法》、《关于促进都市物流发展的实施办法》、《关于促进高端物流发展的实施办法》、《深圳市高端物流企业认定管理暂行办法》、《深圳市应急物流管理暂行办法》等实施办法。

2. 加强行业监管。按照“十百千万”行业管理架构，建立和完善物流企业从业档案，加强企业城信管理，规范物流市场经营秩序，实施“重点保证基础、专项奖励高端”。探索建立项目立项或土地开发前物流（含货运）的交通评估“一票否决制”。完善物流用地项目前期评价机制，并构建后期监控机制。加快物流企业孵化器、行业公共技术平台建设，促进现代物流企业公平竞争和良性发展。完善物流用地审批流程，按照产业业态和技术条件，适度提高物流用地容积率。加强行业协会、物流联盟等行业组织建设，促进物流行业发展的协调自律和自我治理，构建政府与企业联系桥梁和纽带。

3. 强化人才政策。依托深圳市现代物流业发展专项资金，设置深圳市十大杰出物流人才奖、物流师培训考试补助 资金，鼓励集聚顶尖现代物流人才，提高行业整体从业人员素质。

（二）引导高端物流发展

按照“技术高端、管理高端、模式创新、体制创新”，引导现代物流业高端化发展，提升深圳现代物流业发展质量。

1. 建立评价体系。按照高端物流“两高两新”的内涵和“三高两低”的特征，设立高端物流企业和项目评价标准，并建立高端物流企业和项目申报和评审程序以及高端物流企业动态考核制度，使高端物流企业成为引领和示范全市物流业创新发展的“风向标”。

2. 支持企业创新。按照国家级高新技术企业要求，支持现代物流企业申报国家级高新技术企业，鼓励现代物流企业提高研发投入比例、加大设备更新改造，开发与应用具有自主知识产权的物流管理技术、应用技术和信息技术，创新物流发展模式，开展供应链贸易、金融、信息等综合服务或专业服务。在现代物流项目认定中增加低碳环保、地均产出指标，并将认定材料与立项材料相衔接。

3. 完善保税政策。借鉴国际自由贸易港成功经验，制定适合前海湾保税港区政策功能实现的配套政策，以绿色通道方式快捷办理行政审批手续，加快相关项目审批手续和配套设施建设。研究将西部港区统一纳入到扩区的前海湾保税港区，在西部港区全面启用统一的关区代码。探索注册在前海湾保税港区和盐田保税物流园区内的航运企业免征营业税优惠政策，争取在保税港区内试点开展境内人民币贷款等业务。建设保税港区与各口岸间的“绿色通道”，实现保税港区与深圳关区各口岸之间的货物直通，提升口岸间流转车辆通关效率。

4. 促进低碳发展。结合深圳国家低碳城市、国家生态城市建设，探索建立低碳物流认证体系，实施碳足迹记录和披露计划。构建深圳碳排放交易体系和碳限制体系，鼓励企业减排计划，落实节能减排责任制，推动绿色供应链构建。综合运用土地政策、税收政策、规费政策、资金政策等政策，出台低碳物流鼓励与扶持法规政策，加强低碳物流的推广与应用，为发展低碳物流创造良好的政策环境。

（三）大力培育优势企业

借助“梧桐计划”和“榕树计划”实施，营造更有利于激发现代物流企业活力的发展环境，加快具备国际竞争力、占据行业制高点的优势企业涌现。

1. 壮大龙头企业。深入实施“梧桐计划”，落实全市总部企业引进计划，引进国际知名物流企业设立中国业务总部、国内大型物流企业设立国际业务总部，培育发展本土大型企业集团总部，鼓励优势企业实施行业并购和重组，重点发展综合性物流、供应链管理、速递配送、仓储分拨、第三方物流、国际货代、信息服务、现代运输型、深圳基地海运和港口投资型十大类50家大型物流总部企业，打造一批总资产过100亿元的综合型物流总部企业、总资产过50亿元的职能型物流总部企业和总资产过10亿元的成长型物流总部企业。

2. 做强中小企业。深入实施“榕树计划”，促进中小物流企业功能整合和服务延伸，支持参加全市中小企业上市培育计划、融资计划、产业链配套计划、人才与创新支持、市场开拓等专项计划，以及中小企业上市公司和拟上市公司总部基地建设计划，拓宽中小企业的融资渠道，支持提高物流技术水平，全面提升中小物流企业创新发展和快速成长的能力。

3. 鼓励园区开发。结合全市产业升级、旧城改造和新城规划，按照产业发展和城市建设的实际需求，以现代物流园区（中心）开发项目为载体，引入社会资金，创新土地政策，简化审批手续，优化融资环境，促进民营专业物流园区（中心）发展。

4. 促进外贸均衡发展。抓住国家实施扩大内需战略、深港前海现代服务业合作示范区建设的重大机遇，完善海外代理网络和优化服务流程，大力引进国内外知名进口货运代理物流企业，促进进出口物流均衡发展，改变企业开展国际物流业务的外贸环境。

5. 促进区域物流合作。以珠三角地区为核心，以交通衔接重点，探索建立开放、统一、公开、透明的物流市场，依据空间区位特点和资源禀赋特征调整物流产业分布结构，促进现代物流产业集聚及错位发展，协调产业升级与产业转移、产业集中与疏散之间的关系。

（四）加强产业高效联动

把握科技发展和产业融合趋势与规律，加强物流业与制造业、物流业与其他服务业、物流业与民生事业联动发展，促进构建具有国际竞争力的现代产业体系。

1. 研究联动资助政策。研究探索制造、商贸等企业物流资产和业务从主业分离的税收优惠政策，并争取在深圳先行先试。研究制定产业联动发展示范工程和重点项目的专项资助政策。研究和制定产业联动以专项资助、贷款贴息等为主要方式的财政扶持政策。研究制定混合产业用地政策，促进产业空间融合。

2. 规范物流流程标准。规范各类型企业物流运作的流程和标准，提高不同类型企业物流便利对接。规范物流行业发展秩序，完善市场准入制度，引导物流企业强化一体化服务能力，创新物流和供应链运作模式，提高物流服务的能力和水平，为物流社会化重组改造创造良好条件。

3. 强化联动宣传力度。利用深圳市交通主管部门网站等网络平台以及中国（深圳）国际物流与运输博览会等会展平台，加强物流业与制造业、服务业联动研讨、培训和宣传，依托行业协会搭建交流平台，促进制造业、服务业物流业务分离外包。

（五）完善物流统计工作

结合深圳现代物流业发展需要，做好现代物流业发展的统计工作，奠定促进市场理性预期和实施政府行业管理的良好基础。

1. 完善统计制度。完善现代物流业统计调查制度和信息管理制度，建立科学的统计调查方法，贯彻落实社会物流统计核算与统计报表制度，完善物流统计网上系统直报系统。加强市统计部门和物流主管部门对现代物流业统计业务指导，推动全市各区全面开展规范有序的现代物流业统计工作。充分发挥行业组织作用和力量，提高统计数据的准确性和及时性。

2. 健全统计指标。结合深圳高端物流、低碳物流的发展，健全相关统计指标，提高监控与考核可操作性。充实统计调查内容，完善货代、供应链管理、冷链物流、汽车物流、烟草物流等物流环节的统计方法与统计内容。研究物流业对其他行业或领域的贡献，增加现代物流业发展相应社会效益指标。

3. 提升统计服务。加强统计数据分析，编制时局性好、时效性强统计分析和监测报告，为政府决策和行业管理提供更加科学可靠的参考依据。提高物流统计的权威性和公信力，增加物流统计数据公开性和透明度，充分发挥统计资源的社会效益。

（六）促进信息技术应用

强化现代物流业发展信息支撑作用，促进公共信息平台建设和企业信息化步伐，实现信息共享、数据共用和资讯互通，全面提高物流运作效率。

1. 制定信息共享协议。以国家信息化发展战略为指导，根据物流信息系统总体结构分析，研究深圳物流信息系统分类编码标准体系，并根据相关物流信息平台功能，制定物流信息共享协议，确定参与各方对有关物流相关信息的认定、提取、存储、维护、发布和应用等各项责任与权利。

2. 建设公共信息平台。完善海关报关系统、深圳电子口岸等物流信息系统，建立物流税务信息管理与报送系统、工商信息管理与报送系统、行业统计信息管理与报送系统、银行电子汇兑系统、企业信用管理信息系统等共享系统，并探索按照“统一品牌、统一管理、统一标准”原则，整合现有公共信息平台资源，建设基于云服务的功能齐备、信息共享、互联互通的全市物流公共信息平台，促进电子商务、电子认证、信息申报、审批监督及客户服务等功能的相互融合。

3. 促进企业信息化建设。以重点物流企业为突破，建设一批物流企业信息化示范工程，推进行业网络运作与管理模式创新。加强对中小物流企业信息系统外包的扶持力度，提升全行业的信息化水平。加大政府引导力度，推广无线射频识别（RFID）、智能标签、智能化分拣、条码技术等物流新技术的应用。顺应数字化、网络化的监控趋势，推广港口安防技术的应用与创新。

八、实施保障

明确规划实施主体，构建监控评估与反应调整机制，制定规划实施办法，保障深圳现代物流业发展“十二五”规划有效实施。

（一）规划实施机构

规划实施由深圳市交通运输委牵头，市政府相关部门予以配合支持。成立深圳物流产业发展联席会议，建立深圳物流产业发展联席会议议事制度，协调现代物流发展中的重大问题，强化政府综合协调能力。深圳物流产业发展联席会议在市交通运输委物流处设立工作办公室。充分发挥物流产业发展联席会议及其办公室对全市现代物流发展的指导和综合协调作用。

（二）监控评估机制

由深圳市交通运输委按照现代物流业规划任务及项目，编制年度工作计划，明确牵头部门、协助部门以及具体任务或项目内容和时间要求，并动态监控评估规划的执行落实情况。建立规划实施考核与激励机制，对实施部门进行绩效考核和评估。

（三）应变反应机制

根据客观发展环境重大变化，由深圳市交通运输委负责对规划目标及任务做出适当调整，并根据调整情况指导下一年度计划的制订。至 2013 年针对规划实施三年效果进行系统科学的评估，总结规划实施经验，纠正规划实施偏差，确保规划目标实现。

（四）制定实施办法

为了切实保障规划顺利实施，由深圳市交通运输委研究制定《深圳市现代物流业发展"十二五"规划实施管理办法》，以制度形式确立组织领导、目标落实、跟踪评估、动态调整的机制和政策，保障规划实施的权威性和可操作性。

深圳市交通运输委员会

深圳市发展和改革委员会

二〇一一年十一月

二十一　广西壮族自治区

034

广西壮族自治区人民政府关于加快广西物流业发展的实施意见

桂政发〔2010〕74 号

各市、县人民政府，自治区农垦局，自治区人民政府各组成部门、各直属机构：

为贯彻落实国家和广西物流业调整和振兴规划、《中共广西壮族自治区委员会、广西壮族自治区人民政府关于进一步加快服务业发展的决定》（桂发〔2010〕34 号）精神，大力发展现代物流业，推动产业结构调整和升级，提升我区经济综合实力，提出如下实施意见：

一、指导思想

坚持以科学发展观为指导，全面贯彻落实党中央、国务院关于深入实施西部大开发的战略举措和《国务院关于进一步促进广西经济社会发展的若干意见》（国发〔2009〕42 号），积极实施国家和广西物流业调整和振兴规划，以建设中国　东盟区域性物流中心为目标，优化物流区域布局，大力培育物流市场，构建现代物流服务体系，加快重大物流项目建设，推动制造业与物流业联动发展，积极营造有利于物流业发展的环境，打造服务于西南、中南、华南，辐射内地，连接东盟的出海出边物流通道和区域性物流中心，为我区经济社会持续发展提供重要支撑力量。

二、主要目标

到 2012 年，物流总额年均增长 15%以上，物流总费用占 GDP 比重逐步降低。到 2015 年，培育出一批经营理念先进、功能完善、应用技术先进、服务水平高、竞争力强的物流龙头企业，物流专业化、社会化水平显著提高，物流业总体实力显著增强，物流业发展环境持续改善，现代物流服务体系不断完善，出海出边物流通道基本构成并发挥积极作用。到 2020 年，在我区建立起具有引领带动力的国际区域性物流中心，现代物流产业成为我区具有竞争力的支柱产业。

三、工作重点

（一）优化布局，构建与“两区一带”相适应的物流区域格局

根据国发〔2009〕42号文件确立的北部湾经济区、西江经济带和资源富集区“两区一带”区域发展格局，积极优化我区物流区域布局，重点建设广西北部湾经济区、桂中、桂东北、桂西四大物流区域，把南宁市打造成为全国性物流节点城市，全力构建柳州、桂林、北海、防城港、钦州、崇左六个地区性物流节点城市，以及梧州、贵港、玉林、百色、贺州、河池、来宾七个专业性物流中心，配套建设若干个物流集散节点，建立与区域经济发展相适应的现代物流体系，力争在“十二五”末形成广西北部湾物流圈、西江经济带物流圈、资源富集区物流圈，带动辐射华南中南西南、连接东盟的区域物流业发展，促进区域综合经济实力的提升。

1. 打造全国性物流节点城市。充分发挥南宁作为首府城市和广西北部湾经济区核心城市的辐射带动作用和强大的集散功能，集聚东盟和华南、西南、华中的物流资源，引进国内外著名物流运营商，构建区域性物流信息网络和国际化物流服务平台，大力发展国际物流、保税物流、商贸物流，把南宁全力打造成为国际区域性交通运输枢纽和全国性物流节点城市。

2. 构建沿海物流体系。围绕发展大港口、大交通、大物流，发挥北部湾港口出海通道的龙头作用，整合港湾资源，加快沿海物流体系建设，大力发展港口物流和物流增值服务；依托临海产业布局，规划建设相配套的物流园区等物流设施；发展石化、钢铁、新能源、再生资源、林浆纸、粮食、食糖、果蔬等行业物流和专业物流，促进产业集聚和发展；加快沿海主要港口海运业务发展，以特殊优惠政策吸引国内外著名船运公司、物流运营商入驻，进一步开辟连接东盟、日韩等主要港口的航线，提升国际中转能力，拓展国际物流发展空间，尽快把沿海港口建成面向东盟的大型国际物流枢纽港。

3. 建设沿江沿边物流体系。加快发展沿（西）江物流体系建设。柳州要充分发挥作为西南工业中心城市、区域性先进制造业基地和华南西南交通枢纽的地位作用，建设区域性的现代物流枢纽城市和西南制造业物流中心城市。桂林要依托国际旅游城市的地位，发挥旅游资源、生态资源和区位优势，促进现代物流业与旅游业及相关产业的联动发展，建设服务广西，辐射华中华南的多功能现代物流综合枢纽。梧州、贵港要依托西江黄金水道，充分发挥国内区域性综合交通运输枢纽的作用，与玉林、来宾、百色和贺州沿江各市进一步整合资源，构建沟通珠三角经济中心的物流体系，积极承接东部产业转移，大力发展工业物流、商贸物流、旅游物流，打造优势和特色产业物流中心，推动制造业与物流业融合，集聚优势，提升产业竞争力。崇左要把握凭祥－同登跨境经济合作区作为中国－东

盟自由贸易区下的“一区两国”先行先试的跨境合作示范区机遇，充分发挥沿边区位和口岸优势，加快发展口岸物流体系，建设连接内地、面向东盟的国际物流网络和地区性物流节点城市。

4. 构造资源富集区物流网络。百色、河池、崇左等市既要充分发挥资源优势，又要注重环境保护，建立与资源型产业和环境保护相适应的现代物流体系，发展矿产及有色金属、农产品物流，引导资源富集地区产业可持续发展，加速形成矿产、有色金属、农产品等特色产业集聚区。

（二）夯实基础，加快构建西南出海出边物流大通道

加快综合交通运输基础设施建设，建立和完善多式联运系统，建设重点工业品、重要农产品等物流通道基础设施，推进货运服务型、生产服务型、商业服务型、国际贸易服务型和综合服务型的物流园区建设和整合，完善物流基础设施，加快建设西南出海出边物流大通道，为推进物流业快速发展奠定基础。

1. 构建综合交通运输网络体系。按照以南宁国际综合交通枢纽为中心，以海港、空港为龙头，以泛北部湾海上、南宁－新加坡陆路和南宁通往东盟国家航空三大通道为主轴，以广西通往广东、湖南、贵州和云南方向运输通道为主线的“一枢纽两大港三通道四辐射”的出海出边国际大通道体系的发展目标，加快建设综合交通基础设施，构建综合交通运输网络体系，为加快物流业发展奠定基础。

2. 建设多式联运系统。铁路水路联运方面：重点建设和完善北部湾海港，以及南宁、贵港、梧州、柳州、百色、崇左等内河港口铁水联运设施，突出抓好沿海港口后方集疏运设施建设，通过新线建设和路网改造，进一步完善铁路运输组织，进一步提高我区沿海港口后方铁路疏解能力。公路铁路联运方面：重点建设南宁、柳州、桂林货运枢纽和玉林、百色、崇左、河池、北钦防、梧州、贵港、贺州等大型公铁联运基地。陆路航空联运方面：重点建设南宁、桂林、柳州等航空物流联运设施。

3. 建设优势产业和重要商品物流通道。

（1）构建重点工业品物流通道。钢铁要重点抓好为北部湾港、柳州钢铁基地配套服务的大宗生产资料物流体系建设；汽车和机械要重点推进柳州、桂林和玉林汽车、工程机械物流体系发展，优化供应链管理；有色金属要加快桂西南大能力运输通道和防城港、钦州、百色、河池有色金属工业基地配套基础设施建设，建立适应有色金属产业发展的物流通道；石化要依托沿海大型石化项目，加快石化基地配套基础设施建设，构建石化产品物流通道；建材要加快以水泥、建筑陶瓷为重点的西江建材水运通道建设；糖业要建设以柳州、崇左、来宾为重点的面向全国的食糖仓储、配送、信息平台等设施；原油和成品油要建设和完善面向西南地区的原油和成品油沿海码头和储备、管道输送设施；煤炭要规划以我区及华

南地区为主要市场的煤炭物流通道，建设大型煤炭专业物流中转和配送中心；矿产品要结合西南、华南地区对铁矿石、煤炭等矿产品的市场需求，以北部湾港、贵港、南宁、百色、崇左及其边境口岸为依托，构建面向西南地区的铁矿石物流通道。食品和药品要规划面向华南、西南地区及东盟市场的医药、食品物流通道，建设大型专业中转物流配送中心；轻工产品要抓好以日用陶瓷、服装为主的轻工产业物流通道建设。

(2) 健全和完善战略性商品或大宗农产品物流通道。粮食物流通道要以国家华南沿海粮食流入通道建设为契机，重点建设和完善以防城港为龙头，南宁、柳州、北海、贵港、桂林、梧州为主要节点的粮食仓储、转运、加工、配送设施体系；大宗农产品物流通道要建设中国－东盟农产品采购配送中心，重点在我区建设服务于国内外市场的大宗农产品物流设施，抓好南宁、玉林、凭祥、东兴、百色、梧州及沿海各市的通关、信息、仓储、装运、批发配送、加工、冷链配送系统、安全质量追溯系统等设施建设。

4. 构建物流信息平台。构建海关、科技、商务、税务、交通管理、银行、工商、质检等部门物流公共信息平台。建立公路、水路、铁路、航空、邮政等运输物流服务信息网络，并逐步实现行业之间信息共享。重点增强物流企业信息收集、发布、跟踪等物流服务功能，积极探索物联网在物流业发展中的运用，大力促进信息服务和现代物流业的融合。

5. 推进物流标准化体系建设。开展物流通用设施、技术标准、数据传输标准、物流运作模式、管理和服务等标准的研制和普及工作，推动托盘、集装箱、各种物流装卸设施、条形码等通用性较强的物流标准和装备的应用推广。建立企业标准体系，推动采用国际标准和国内外先进标准，组织制定一批符合广西实际的地方标准作为国家、行业标准的补充，重点抓好运输机具操作规程及作业标准和交通运输服务标准的制定与实施，实现资源共享。

(三) 整合资源，全力培育物流市场

进一步整合物流资源，促进要素的合理流动和优化配置，培育物流市场需求。

1. 重点扶持大型及龙头物流企业发展。选择一些成长性好、竞争力强、运作规范的物流企业在资金、政策等方面予以重点扶持，推动大中型企业的物流资源和业务整合，扶持优势物流企业开展企业重组和并购，逐步培育形成若干家具有较大规模和先进管理水平的现代物流企业，增强企业整体实力和抵御市场风险能力。积极吸引国内外优势物流企业在广西建立总部基地和营运中心，形成战略合作联盟，鼓励骨干物流企业创新完善供应链管理模式；培育一批为汽车、机械、钢铁、石化、有色金属、建材、医药、制糖、农产品、林业等产业发展提供专业服务的物流企业，增强重点产业的核心竞争力。到 2012 年培育 50 家，2015

年增至100家全区示范性的大型龙头物流企业。

2. 提升中小物流企业能级。加大对中小物流企业调整和扶持力度，积极推进中小物流企业业务流程和服务模式创新，提高企业诚信运作和专业化服务的水平，盘活资源，激发活力；支持国内外知名物流企业来广西合资合作，带动中小企业提升能级，实现互利共赢，共同发展。

3. 扩大物流社会化需求。推动钢铁、汽车、机械、有色冶金、化工等大企业集团率先将内部物流分离外包，优化供应链流程，逐步将原材料及零配件采购、运输、仓储、产成品整理、配送、回收等物流服务业务有效分离，降低物流总成本，通过国有企业示范和带动作用，逐步扩大社会物流需求。

4. 提高物流专业化服务能力。以柳州制造业和物流业联动试点为带动，积极推进上汽通用五菱、柳工、柳钢等一批制造企业与专业化物流企业对接，在全区范围内支持一批生产性物流服务企业加强与制造企业深度合作，建立战略联盟，促进制造业与物流业有机融合、互动发展。重点在汽车、机械、钢铁、石化、有色金属、建材、医药等产业以及煤炭、大型商业连锁配送等领域推行供应商管理库存模式，大力发展第三方物流，推动物流服务专业化和社会化。

（四）加强协作，大力发展优势产业和重要商品物流

根据规划目标和产业发展的特点和需求，推进优势产业物流发展，完善重要商品物流体系。

1. 建立与我区做大做强做优工业构架相配套的物流体系。重点在柳州、桂林、钦州、防城港、玉林等地规划建设钢铁、汽车、汽配及机械配件等物流园区和配送体系；以钦州、南宁、柳州、百色、北海为基点，建设石化物流园区，形成产业集聚，延长石化产业链，壮大石化产业；在北部湾港、百色、河池、崇左等地建立煤炭、有色金属等重要矿产品储运、加工、配送中心，完善贵港、钦州等煤炭物流配送中心的功能；依托西江黄金水道，重点在贵港、玉林等建设以建材为主的配送设施，推动相关产业集聚发展。

2. 建设重要商品的物流体系。推进防城港、南宁、柳州、贵港、北海等全国散粮物流节点的仓储、装卸、运输、检测等基础设施建设，提高粮食快速中转能力，增强维护国家和广西粮食安全的能力，提高粮食现代物流业水平；进一步完善食糖储备和物流配送体系，加快南宁、崇左、北海、钦州、贵港等地食糖物流基础设施建设；按照统筹城乡共同发展，加快培育农村物流市场需求的原则，深入推进“万村千乡市场”工程，加强农村流通基础设施建设，整合邮政、粮食和供销社系统等物流资源，加快农村物流配送体系尤其是配送中心建设，开拓农村物流市场需求，促进农村物流业快速发展；发展城市统一配送，加快大中型商贸企业特别是连锁企业内部物流配送中心建设和改造提升，扩大经营范围，延伸服务领域，形成提供社会化服务的专业配送中心，提高食品、食盐、烟草和出版

物等物流配送效率。利用电子商务创新物流业务模式，将物流配送服务向信息化、数字化方向转变，实现电子商务与物流配送的有机结合。

3. 建立保障经济社会和谐稳定的应急物流体系。健全和完善粮食、蔬菜等应急物资生产、加工、销售等系列的物流体系，确保经济社会和谐发展。

（五）发挥优势，加快发展国际物流

加紧建立钦州保税港区、凭祥综合保税区、南宁保税物流中心等全区保税物流系统运行协调机制，探索海、陆、空保税物流领域优势互补的发展途径。争取设立梧州出口加工区，推动建设东兴、凭祥跨境经济合作区。

加快建设和整合支撑国际物流和保税物流基础设施，形成综合运输通道、物流园区、配送中心、通关口岸、信息服务为一体的低成本、高效率的国际物流通道网络。

以钦州保税港区、凭祥综合保税区、南宁保税物流中心、北海出口加工区等为重点，构建多功能、一体化的保税物流网络，加快拓展国际物流服务的主要货种、地区和企业，形成自身的特色优势，切实使保税港区、综合保税区、保税物流中心成为重要的国际分拨、配送的物流枢纽。

加快南宁、桂林空港物流产业园区的基础项目规划建设，争取在较短时间内完成各项配套，以发挥空港对国际物流业的拉动作用。

（六）抓好项目建设，争取新的突破

抓好物流重点领域、重要环节项目建设，特别是继续注重抓好保税物流体系建设、多式联运系统等重点基础设施建设和完善，加快推进生产性物流发展。2010—2015年全力推进柳州钢铁物流中心、柳州现代汽车工业物流园、南宁空港物流产业园、横县六景物流中心、钦州港综合物流加工区、梧州赤水港综合服务物流园区、凭祥综合保税区物流项目、玉林豪德物流园区、中国一东盟（田阳）国际现代农业物流园、广西煤炭应急储备配送基地等重点物流项目建设，加速我区现代物流发展进程。

四、主要措施

（一）加强领导和组织协调

建立全区现代物流工作联席会议制度，并在自治区发展改革委设立联席会议工作办公室。联席会议制度的主要任务是理顺物流业管理体制，整合各部门物流管理资源，强化部门配合沟通，统筹协调解决物流业中全局性和体制性的关键问题，协调相关政策措施的制定和实施，各市要进一步明确现代物流工作牵头部门，理顺协调组织部门，明确分工，落实责任。

（二）制定专项物流规划和意见

为贯彻落实全国物流业规划，进一步引导我区行业物流发展，明确今后一段时期的任务，争取国家对重点行业物流的扶持，结合我区实际，自治区发展改革、工信、商务、农业、北部湾办、质监等部门应做好全区物流园区、保税物流体系、煤炭物流、农产品冷链物流、汽车机械物流、物流标准化、物流信息化等一批专项物流规划，并根据规划引导和规范行业物流项目布局建设。各市及其他相关行业部门，也要结合实际，组织制定本地和本部门促进现代物流业发展的意见。

（三）强化物流基础工作

自治区质监局应结合我区实际开展物流术语、计量、设施技术标准、数据传输标准与管理标准的普及工作，推广应用信息技术，抓紧搭建物流公共信息平台；自治区科技厅应加强鼓励物流新技术和先进设备的开发和推广应用，加大物流新技术的应用力度，提高物流装备的现代化水平；自治区统计局和广西物流与采购联合会应建立和完善我区物流运行监控系统，开展物流统计工作，充分发挥专业部门和行业部门组织的作用，为物流发展奠定基础。

（四）加强物流人才培养和引进

推动建立企业与院校合作培训办学机制，支持有条件的高等院校提升物流管理（工程）的专业水平，加快培养各层次物流人才。加强物流从业人员的在职培训，提高物流从业人员的专业化水平。重视高端和复合型现代物流人才的引进，以人才促进我区物流企业发展。

（五）增加对物流业的投入

各级政府要加强对物流业基础设施建设的支持，对物流发展带有全局性的示范工程，物流重大项目和关键工程给予优先扶持。加强对符合国家资金投向的物流项目和物流企业的引导和帮助，做好前期工作，争取国家资金的支持。自治区财政预算内资金加大对物流业发展支持力度，对重点领域和重点行业的物流项目予以倾斜支持。各地也应根据财政状况，安排一定量的物流业发展扶持资金。要建立和完善物流业发展的融资平台。积极推动物流企业股份制改革，支持利用优先上市、发行债券等方式扩大融资范围。

（六）进一步落实现代物流发展的扶持政策

土地支持方面，重点保障自治区确定的重大物流项目建设用地指标。根据城市规划需要对市区内的重点物流园区（中心）易地搬迁到城郊新建物流园区（中心）的，收回的划拨土地由政府给予合理补偿，并在城市物流规划用地上给予安排。税收方面，加大物流企业列入国家发展改革委和国家税务总局联合确认税收试点企业工作力度，用好试点政策，提高试点效果；采取措施，进一步落实西部大开发税收优惠政策以及《广西壮族自治区人民政府关于促进广西北部湾经济区开放开发的若干政策规定的通知》（桂政发〔2008〕61号）所列的优惠政策。金融方面，建立物流业发展的融资平台，研究制定适合物流企业的融资担保条件，加大金融机构信贷支持力度，增强对民营物流企业的融资能力。注册登记方面，简化注册程序，除国家法律、行政法规和国务院发布决定规定外，取消对物流企业登记前置性审批和国际货运代理企业资格审批。放宽物流企业集团登记条件，支持现有物流重点企业进行资源整合。

各有关部门要根据国家已出台和将要出台的鼓励物流业发展的促进政策，尽快研究制定符合广西物流业发展特点的贯彻实施办法，重点研究解决物流业发展的土地、财税、收费、投融资、运输管理、设施衔接等方面问题。

附件：广西物流业调整和振兴重大项目表（略）

广西壮族自治区人民政府

二〇一〇年十二月十九日

035

南宁市人民政府办公厅关于印发南宁市商贸物流发展“十二五”规划的通知

南府办〔2012〕26号

各县、区人民政府，市政府各部门，各管委会，市级各双管单位，市直各事业、企业单位：

《南宁市商贸物流发展“十二五”规划》已经市十三届人民政府第6次常务会议审议通过，现印发给你们，请结合实际，认真组织实施。

南宁市人民政府办公厅

二〇一二年二月十日

南宁市商贸物流发展“十二五”规划

南宁市人民政府办公厅

2012年2月10日

导　言

根据《中共南宁市委员会关于制定国民经济和社会发展第十二个五年规划的建议》和《南宁市人民政府办公厅关于印发南宁市十二五规划编制工作方案的通知》（南府办〔2009〕40号）精神，南宁市商务局组织区内研究机构、高校专家及本局有关人员组成规划编制组，在市直相关部门的参与和支持下，编制了《南宁市商贸物流发展“十二五”规划》（以下简称“规划”）。

本规划使用的“商贸物流”概念的内涵，包括了“商贸”和“物流”两个方面，其中“物流”特指商业贸易物流，是在商业贸易过程中产生的物流过程，主要是与批发、零售、住宿、餐饮、居民服务等商贸服务业及进出口贸易相关的物流服务活动。商业贸易物流属产业物流，是商品流通的重要组成部分。

本规划编制的主要依据有：《国务院关于进一步促进广西经济社会发展的若干意见》（国发〔2009〕42号）、国务院《物流业调整和振兴规划》（国发〔2009〕8号）、商务部国家发展改革委供销总社《商贸物流发展专项规划》（商商贸发〔2011〕67号）、《商务部关于加快流通领域现代物流发展的指导意见》

（商改发〔2008〕53号）、《广西北部湾经济区发展规划》、《广西国民经济和社会发展第十二个五年规划纲要》、《中共广西壮族自治区委员会 广西壮族自治区人民政府关于进一步加快我区服务业发展的决定》（桂发〔2010〕34号）、《广西物流业调整和振兴规划》、《南宁市2008—2020年城市建设总体规划》、《南宁市国民经济和社会发展第十二个五年规划纲要》、《南宁市区域性商贸基地发展规划（2008—2020）》、《南宁市区域性国际物流基地建设规划（2008—2020）》、《中华人民共和国城乡规划法》、其他法律法规及有关技术规定。

本规划共分六大部分，主要内容是在回顾“十一五”时期南宁市商贸业、物流业发展成就和准确分析判断现有发展环境的基础上，科学提出我市“十二五”时期发展商贸业及物流业的总体要求、发展目标和重点任务，最后提出实现目标任务需要采取的有针对性的保障措施。

一、“十一五”南宁市商贸物流发展回顾

（一）主要成就

1. 商贸服务业持续快速发展

（1）商贸服务业规模快速扩张，消费对全市经济发展的拉动进一步增强。“十一五”期间，我市大力开展“月月美食节”、“月月汽车展”、“家电下乡”、“消费购物节”等促销活动，落实扩大内需、促进消费各项举措，取得明显成效。2006—2009年全市社会消费品零售总额连续突破400亿元、500亿元、600亿元、700亿元，2010年更突破900亿元，达到905.93亿元，比上年增长20%，比2005年增长1.38倍。“十一五”期间全市社会消费品零售总额年均增长18.96%，比规划确定的目标快5.96个百分点，完成“十一五”规划目标任务的129.42%。消费对全市经济发展的拉动作用进一步增强，以商贸服务业为主的第三产业在全市地区生产总值中的比重稳定在50%以上。

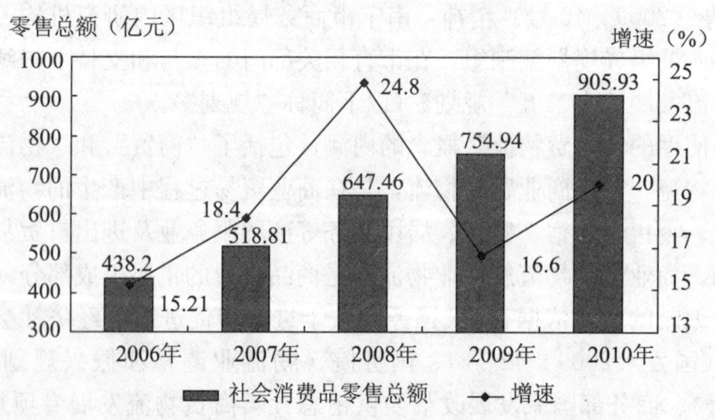

2006—2010年社会消费品零售总额及增速图

（2）现代商品市场体系初步形成，市场辐射力不断增强。“十一五”期间，我市以开展商贸活市百亿工程、打造区域性商贸物流基地为抓手，加快商贸基础设施建设，商品市场体系不断完善。“十一五”期末全市建成专业市场、农副产品批发市场以及各类农贸市场650个，营业总面积达到480多万平方米。商圈打造成效显著，朝阳商圈成为广西第一商圈，埌东—凤岭商圈吸引众多高端服务品牌进入，五一商圈提升江南商贸服务层次，五象新区商圈规划建设稳步推进。商贸流通服务聚集区培育初见成效，邕江水系沿岸商贸带、快速环道沿线商贸带、轨道交通商贸带等新的商贸流通服务聚集区初步形成。商贸设施档次提升，地王国际商务中心、航洋国际城、金源CBD现代城、万达购物广场等中高端商贸服务设施投入使用。虚拟市场建设进展明显，南宁（中国—东盟）商品交易所、广西食糖中心批发市场等虚拟市场发挥独特作用。农村商贸基础设施建设加速，开展“万村千乡市场工程”和农村商务信息服务体系建设，建成1291个农家店、8个配送中心，城乡一体化的工业品下乡、农产品进城市场网络进一步完善。市场辐射力不断增强，2010年全市有3个市场年成交额超100亿元、26个市场年成交额超亿元，虎丘城北钢材市场等专业市场已成为区域内重要的交易中心，我市区域性消费中心城市地位更加突出。

（3）新型业态快速发展，商贸流通业加速升级。“十一五”期间，全市批发零售业呈现百货零售稳步发展、连锁超市份额扩大、专业商店等新型业态迅猛发展的态势。超市、连锁经营、购物中心、仓储式商场、专卖店、便利店等商贸流通新型业态正逐步取代传统商贸流通模式，为人民群众提供了更加方便、快捷、实惠的购物消费服务。代理、租赁、拍卖、典当等经营方式日益普及，连锁经营、特许经营、物流配送、电子商务等现代流通方式方兴未艾。现代商贸流通新型业态满足了城市居民多样化、多层次的消费需求，极大地推动我市商贸流通业向更高层次和水平发展，销售终端（POS）、管理信息系统（MIS）、条形码、冷藏设备等新技术、新设备在大型超市中广泛采用，网络购物成为消费新宠，居民消费结构由生活消费品为主向汽车、住房、餐饮、旅游、文化等大宗消费、休闲消费为主快速转变。

（4）会展经济日趋兴旺，成为拉动消费新动力。受中国—东盟博览会永久落户南宁带动，“十一五”期间我市会展业快速发展，会展经济增加值、展会场次、规模、交易额、会展公司等各项指标都有较大幅度增长。2000年前我市本地注册的会展公司不到10家，到2010年，在我市注册的展览公司及其他具有办展资质的机构达150多家，从业人员1000多人，全市会展场馆建筑总面积达28.9万平方米（其中室内展区面积近10万平方米），已形成南宁国际学生用品交易会暨中国·东盟（南宁）国际教育展览会、南宁—东南亚国际旅游美食节、中国—东盟（南宁）国际汽车展览会、中国（南宁）国际时尚博览会、中国国际茉莉花文化节、华南城轻工产品展销会等一批具有一定影响力的会展品牌。会展经济加快发展，拉动我市消费品市场进一步扩大。

（5）对外贸易规模扩大，加工贸易发展迅猛。“十一五”期间，我市对外贸易更加活跃，到2010年我市已与世界170多个国家和地区建立贸易往来关系。2010年全市进出口总额22.13亿美元，其中出口15.93亿美元（含市属企业出口13.18亿美元），进口6.19亿美元（含市属企业进口6亿美元），出口额中亚洲市场占57.69%、欧美市场占36.89%。2010年全市进出口总额比“十五”末增长207.68%，年均增长25.20%。“十一五”时期是我市加工贸易发展的历史最好时期，提升了我市对外贸易质量。2007年国家对加工贸易政策实行东部地区与中西部地区差别对待和2008年我市被商务部确定为中西部地区加工贸易梯度转移重点承接地以来，我市加工贸易一年跨越一个台阶，出口由不足1亿美元增加到2010年的3.03亿美元。加工贸易出口商品从低附加值产品向以耳机、CPU散热器、电感线圈为代表的高附加值产品转变，机电产品成为加工贸易企业出口的主力军，加工贸易方式从以来料加工为主向以进料加工为主转变，深加工结转业务长足发展，加工贸易国内增值率从2005年的143%提高到2009年的218%。

（6）对外经济合作初见成效，区域合作融入步伐加快。“十一五”期间，我市以东盟国家为重点，着重加强与亚洲国家以及政局相对稳定的非洲国家合作。充分利用国家的政策，结合自身比较优势和发展战略，贯彻执行“走出去”战略初见成效。截至2010年底，我市已有50家外经企业出境和出国投资合作，其中到东盟国家投资的有27家，成立办事处8家，投资总额11184.15万美元，占总投资的91.43%。境外投资累计带动设备、原材料出口6765.91万美元，全市先后派出工程劳务人员3000人次。对外经济合作开拓了企业的市场空间，推动我市外向型经济发展，加速我市融入中国—东盟自贸区、泛北部湾经济合作、大湄公河次区域合作、中国南宁—新加坡经济走廊等区域合作的步伐。

2. 现代物流业起步并快速发展

（1）物流设施加快建设，为现代物流业发展提供有效支撑。经过多年建设，目前南宁市已经初步形成公路、铁路、水运和民用航空共同组成的水陆空立体交通运输网络，综合交通枢纽初步形成，在中国—东盟区域综合交通网络中的地位和作用逐步显现。铁路编组站和铁路货运站、公路货运站、机场、码头等经过改扩建后服务能力明显提高，中国—东盟国际物流基地和江南、安吉、金桥综合物流园区4个现代物流园区初具雏形，华南城等一批重点物流项目加快建设或投入使用，现代物流业发展的硬件框架体系初步建立。

（2）物流总量稳步增长，物流需求趋于多样化。经济发展使社会物流需求不断增加，物流基础设施的不断完善提升了满足社会需求的能力。“十一五”期间，南宁市货运量以年均23%的速度递增，2010年，全市货运总量达到19171.05万吨，比上年增长23.76%。各类运输方式中，铁路货运量590.85万吨，占货运总量的3.08%；公路货运量为16591万吨，占货运总量的86.54%；水运货运量1986.1万吨，占货运总量的5.14%；航空货运量3.1万吨，占货运总量的0.01%（表1）。物流服务需求日趋多样化，商贸物流、生产物流增长迅速，国际物流、口岸物流发展加快，保税物流逐步增加，制糖、石油、水泥、煤炭、化工等行业物流外包比例提高，第三方物流逐步壮大。

“十一五”期间南宁市全社会货运输量

运输方式	类别	2005年	2010年	增长（%）
货运总量	货运量（万吨）	7236	19171.05	164.94
	货物周转量（万吨公里）	684270	—	—
公路	货运量（万吨）	5728	16591	189.65
	货物周转量（万吨公里）	485700	2453307	405.11
水路	货运量（万吨）	1074	1986.1	84.93
	货物周转量（万吨公里）	198570	538920	171.40
铁路	货运量（万吨）	432.13	590.85	36.73
民航	货运量（万吨）	1.7	3.1	82.35

资料来源：南宁市统计局。

（3）物流企业数量规模增加，服务能力不断提高。“十一五”期间，通过改造传统运输、仓储企业，发展民营物流企业，以及实现生产流通企业物流社会化等途径，专业化物流企业得到发展，目前全市共有160家专业物流企业，涌现出了超大、运德、翁氏八达等几家规模较大的物流企业，初步形成了不同所有制形式、不同经营模式和不同经营规模的专业物流企业共同发展的格局。物流企业服务功能逐步细分，包括综合性物流、口岸直通、国际货代、储运、配送、货运信息服务等，特别是整合利用社会物流资源从事物流经营的第三方物流企业已开始在南宁市现代物流发展进程中发挥积极作用，成为物流市场的生力军。

（4）南宁“无水港”初步建成，口岸大通关体系不断完善。南宁机场是国家一类口岸，是我国重要的省会干线机场，也是我国面向东盟的国际门户枢纽机场和国际备降机场。2005年以来，南宁空港已陆续开通直达雅加达、金边、新加坡、马尼拉、吉隆坡、胡志明、万象以及香港、澳门、台湾等国际和地区航线，飞机出入境架次和旅客出入境人次快速增长。2010年南宁空港口岸共验放出入境飞机2561架次，比2005年增长107.2%，其中，入境飞机1280架次，出境飞机1281架次；验放出入境旅客211398人次，其中，入境旅客103955人次，出境旅客107443人次。南宁内河水运口岸是国家二类口岸，目前500吨位的船只可直达香港、澳门进行散货和集装箱运输。2008年国家批准建设南宁保税物流中心，2009年中心封关运行，南宁“无水港”初步建成，使我市具备完善的航空、水路、陆路口岸功能，口岸通关体系更加便捷，为国际物流、保税物流快速发展创造了条件。

（二）“十一五”南宁市商贸物流发展存在的问题

“十一五”期间，我市的商贸服务业虽有了长足发展，但也存在一些问题，主要表现在：商贸物流基础设施相对落后；商贸方面，城市商贸设施不完善，农村市场网点建设相对滞后。物流基础设施方面，大部分还处在起步阶段。商贸物流企业仍相对较小；物流社会化程度不高，真正意义上的第三方物流尚未形成；城乡商贸物流配送体系不健全；商贸物流人才匮乏；外贸规模偏小，“走出去”步伐缓慢。

二、“十二五”南宁市商贸物流发展的有利条件与不利因素

（一）“十二五”南宁市商贸物流发展的有利条件

1. 日趋向好的国际国内经济形势将为商贸物流发展营造良好的宏观环境

从国际来看，目前全球性的金融危机影响正在逐渐减少，新兴经济体复苏强劲，亚洲各国成为全球经济增长亮点，将启动新一轮的经济发展周期。从国内来看，国内经济运行中的积极因素不断增多，经济形势总体回升向好，我国发展仍处于可以大有作为的重要战略机遇期。同时，随着国家实施新一轮西部大开发政策，继续坚持中央财政转移支付、中央投资、重大产业布局等向西部倾斜，西部地区经济将进入新一轮增长期。从广西来看，2010年全区经济总量上了一个新台阶，可持续发展的基础更加坚实。从我市来看，我市实施建设区域性国际城市和广西“首善之区”发展战略，为商贸流通业发展注入新活力。中国—东盟博览会、商务与投资峰会连续八年在我市成功举办，打响了中国与东盟开放合作的“南宁渠道”品牌，南宁城市国际化进程明显加快，在区域合作中的辐射力和影响力不断提升。

2. 多层次区域合作成为加快商贸物流发展的大好机遇

我市正在加快建设完善的航空、铁路、公路、内河航运的现代化综合交通网络和口岸体系，参与区域合作的能力不断提高。我市抓住机遇加快参与融入大湄公河次区域合作（GMS）、泛北部湾合作、中国南宁—新加坡经济走廊、中越“两廊一

圈”、泛珠“9+2”经济区等多层次区域合作，与港澳深化合作，与台湾拓展经贸文化交流合作。尤其是中国—东盟自贸区已如期建成，我国与东盟国家的经贸合作将不断加强，特别是与越南的交通、物流、贸易和旅游往来更加频繁和密切，将改善我市对外经贸合作环境。我市面临更广阔的产品市场，更多元的资源渠道，更宽广的产业合作空间，货物贸易、服务贸易、投资发展更加频繁和紧密，更加有利于资源集聚，有利于加快调整优化经济结构，推进构建现代产业体系，加快产业的国际化进程，增强我市综合经济实力，从而加快发展大商贸物流。

3. 国家战略性政策措施为商贸物流业发展提供良好的政策环境

规划期内，中央把经济结构战略性调整作为加快转变经济发展方式的主攻方向，着力构建扩大内需长效机制，促进经济增长向依靠消费、投资、出口协调拉动转变。《国务院关于进一步促进广西经济社会发展的若干意见》的出台，对西部地区的补偿、补助和支援将进一步加强，在政策、项目、资金等方面给予广西经济发展巨大支持。国务院《物流业调整和振兴规划》将我市定位为21个全国性物流节点城市之一，同时，2010年2月，南宁市被商务部确定为“全国流通领域现代物流示范城市”，明确了我市在全国物流业中的战略性地位。商务部出台的《商贸物流发展专项规划》提出建立一套现代商贸物流服务体系。国家赋予我市构建内陆开放型经济战略高地的定位，有利于我市进一步扩大对外对内开放，促进“三基地三中心”加快建设。这些将为南宁发展大商贸物流提供良好的政策环境。

4. 广西实施新一轮西部大开发为我市商贸物流发展迎来重大机遇

广西将把北部湾经济区开放开发、南宁内陆开放型经济战略高地建设、以西江黄金水道建设带动西江经济带发展、广西资源富集区开发建设作为广西实施新一轮西部大开发的重点和热点。南宁作为北部湾经济区核心城市和西江黄金水道邕江段上的重要城市，北部湾经济区和西江经济带加快发展，将有利于促进南宁与沿海城市的钢铁、石化、能源等重大产业项目的对接，布局与之相对应的产业链延伸加工配套和服务项目，加快推进总部基地建设；有利于南宁市加快建设完善港口码头等水运基础设施和临江物流园区基础设施。自治区出台的《广西物流业调整和振兴规划》，进一步理清了我市物流发展思路、科学规划布局物流园区。自治区出台《关于进一步加快我区服务业发展的决定》及13个配套文件，提出了要重点发展包括商贸流通、物流、会展、服务外包等九大重点领域，进一步明确商贸物流业工作方向和重点。

5. 我市经济平稳快速增长为商贸物流加快发展提供了坚实基础

改革开放以来，特别是“十一五”以来，我市经济保持快速增长，2010年全市人均地区生产总值（GDP）达到25624元，城镇居民人均收入超过18000元，农村居民人均纯收入超过5000元，居民消费能力显著提高。全市医疗、教育、养老等保障制度已经建立，并逐步完善，居民消费意愿进一步释放。商贸流通设施和消费环境不断提升，为满足居民消费需求提供了现实条件。

（二）“十二五”南宁市商贸物流发展的不利因素

1. 国际国内经济形势发展仍然存在不确定性

金融危机导致的经济衰退还在困扰全球，对经济社会的影响依然存在。从国际形势看，危机留下的创伤对全球经济体系带来深远影响，全球经济复苏分化，发达经济体增速放缓，发达国家可能进入低增长、低就业、低通胀、低利率的“四低”状态。世界经济在向好的过程中，依然充满众多不确定性，使当前国际经济形势愈加复杂和严峻，对外贸易增长不稳定。从国内来看，我国经济增长未来将呈现适度减速。随着整体通胀水平上移，人口红利拐点的临近，未来可能出现“内需不足，外需萎缩”，投资和出口的成本将呈上升趋势等问题。这些对南宁市商贸物流业未来的发展可能带来不利影响。

2. 现有产业基础对商贸物流发展的支撑力不足

与全国物流重镇北京、上海、广州、天津、武汉等城市相比，支撑南宁市物流业发展的经济基础薄弱。比较而言，南宁市经济发展水平还比较低，城乡居民收入差距较悬殊，消费水平不高，商贸产业集聚度不够，产业关联度较低，一些正在建设的物流项目面临缺乏产业基础支撑的问题，工业总量偏小，辖区内大型企业较少，很难成为生产中心或销售中心，商贸物流发展缺乏强大的经济基础和产业支撑。

3. 政策因素制约

目前政府在财税、土地、融资等方面政策实施效果受到限制，一定程度上影响了商贸物流业的发展。受财税政策制约，近年来，我市财政对商贸物流业的投入虽有所增长但仍显不足，并且税费优惠力度有限，企业负担较重。受土地政策制约，引进国内外知名的大物流、大市场、大企业进驻邕城时，无法提供足够的连片建设用地，项目难以顺利落地。同时，土地出让金高、收费项目多、征地困难等问题也制约了部分项目的发展。受融资政策制约，信用担保体系不健全，中小企业融资难、授信额度低、信贷项目少等问题仍比较突出。

4. 周边竞争形势加剧

国际方面：随着中国—东盟自由贸易区的如期建成和东盟一体化的发展，这为双方相互开放市场提供了有利条件，对深化两国的经贸合作起到了积极促进作用，但同时也势必存在一定的竞争。国内方面：主要有两类，一类是广西北部湾经济区内城市的竞争；另一类是区外周边类似城市的竞争。尤其区外周边城市如昆明市与我市无论在对东盟开放合作还是在商贸物流发展上竞争都在加剧。

三、“十二五”南宁市商贸物流发展总体要求与发展目标

（一）总体要求

以邓小平理论和“三个代表”重要思想为指导，深入贯彻落实科学发展观，全面贯彻党的十七大、十七届五中全会精神，以建设区域性国际商贸物流基地为目标，以转变经济发展方式为主线，以发展大商贸、搞活大流通、开拓大市场、培育大集团为重点，以深化商贸流通业转型升级、制度创新、扩大开放、技术进步为动力，抓住国家实施新一轮西部大开发和中国—东盟自贸区如期建成等重要战略机遇，着力建设产业门类丰富、结构完整、功能完善、布局合理、具备明显区域和国际性特征的现代商贸物流产业体系，扎实推进商贸流通业全面、协调、快速、可持续发展。

（二）基本原则

1. 提高层次，优化结构

以建设区域性国际商贸基地为目标，大力发展加工贸易、服务贸易、对外贸易，带动我市商贸业结构的调整；以建设国家级物流节点城市和中国—东盟区域国际物流中心为目标，整合社会物流资源，大力发展第三方物流，培育第四方物流，带动物流业结构的调整。

2. 完善功能，适度超前

抓住我国实施新一轮西部大开发战略机遇，把南宁建设成为产业体系完善、结构完整、功能完备、开放型特征鲜明的区域和国际性商贸物流基地。

3. 构建网络，强化辐射

加快建设一批大型专业市场，物流园区、物流中心和配送中心建设，以铁路、航空、水运、公路运输枢纽为核心，构建立足于广西、辐射西南、面向东盟的区域性商贸物流基地。

（三）发展目标

1. 对经济和社会发展的贡献

到2015年，商贸服务业增加值占全市GDP比重20%，从业人数占社会总从业人数30%以上，商贸服务业税收占全市财政的30%；物流业增加值达到280亿元左右；社会物流总成本占GDP的比重下降到18%左右。

2. 社会消费品零售总额

“十二五”期间，全市社会消费品零售总额年均增长15%。到2015年，全市社会消费品零售总额突破1800亿元，达到1820亿元。

3. 外贸进出口规模

“十二五”期间，外贸进出口总额年均增长21%，其中，出口额年均增长20%。到2015年，外贸进出口额57.40亿美元，其中外贸出口额39.64亿美元。

出口额超1亿美元的企业达到4家，1000万美元以上的20家；机电产品出口比重提高到50%，高新技术产品出口比重提高到10%。

4. 市场体系建设

推动城乡市场一体化建设。规划期内新增大型商场、超市、市场等商业服务设施建筑面积约800万平方米，新培育年交易额超100亿元的市场2家，超50亿元的市场3家，超10亿元的市场5家。深化实施“万村千乡”市场工程，推动连锁店、专业店进乡镇、进农村，促进城市与农村之间商品的双向顺畅流通。

5. 物流体系建设

到2015年，建成5个物流园区、5个县域物流中心以及5个大型仓储物流配送中心。培育和引进5家国家4A级以上物流企业；引进3家以上投资过1亿元的大型第三方物流企业。

四、“十二五”南宁市商贸发展方向和重点

优化商贸业布局，实施《南宁市区域性商贸基地建设规划》，中心城区实行“三圈三带三级”布局①，县域实行两级商业布局。

（一）加强城乡市场体系建设

1. 突出特色打造亮点，加快商贸服务业集聚发展

加快中心城区市场体系建设。重点提升和发展朝阳商圈、埌东—凤岭商圈、相思湖商业区、五象新区商业区、江南五一商圈等商贸服务业集中区，着力打造邕江沿岸、快速环道—环城高速等商贸经济带。重点提升朝阳商圈，加快推进商圈旧城改造，完善购物、餐饮、观光、商务、休闲等综合功能。到2015年，凸显区域性商贸基地核心商圈地位。完善埌东—凤岭商圈，发展中高档商业业态，提升区域影响力和辐射力，打造成为城市综合服务核心区。发展五象新区商圈，规划建设大型购物中心。

加快推进“10＋1”商业大道、南宁·中国—东盟商务区商业街、台湾街、青秀山东南亚美食街区、邕州老街、民歌湖休闲街等一批特色商业街建设。引进国内外大型连锁企业、知名品牌，培育一批具有国际竞争力的企业集团，推进一批大型城市商业设施项目建设。

2. 结合交通物流设施，建设一批大型专业交易市场

优化市场结构，加快改造原有的服装、鞋帽、日常消费用品等小商品市

---

① “三圈”即“三层商圈”，内圈以零售、商务、休闲等综合功能为主；中圈一方面围绕居民区布局社区商业设施，另一方面升级改造或新建物流仓储设施、配送中心；外圈以布局大型专业批发市场为主。“三带”即邕江水系“休闲游览带”、快速路及高速路环带、轨道交通商业带。“三级”即指广域型、区域型和社区型三个层级的商业功能区。

场，结合高速路、快速环道带以及铁路和水运港口等交通设施，建设一批服务广西北部湾经济区、辐射西南、全国乃至东盟国家的区域性大型现代化市场。重点筹划建设一批为生产和消费服务及业态缺失的大型市场，如：工业原料及本地产业特色钢材、林产品、橡胶、铝产品、汽车机电、大型二手车、成套设备、粮油、农产品、花卉、服装鞋帽、小商品、建材装饰等。加快大宗商品交易市场建设，依托现有南宁市大宗商品交易所，建设大宗商品交易平台，提升交易所等级，将商品交易的种类由食糖、钢材等扩展到原油、橡胶、木材、铜矿、铁矿、塑料等。

3. 加强县域市场体系建设，完善城乡市场一体化功能

加快农产品现代流通体系建设，开展农产品现代流通综合试点内容，探索建立适合我市市情的农产品现代流通模式。大力引导城市大型商贸企业、现代物流企业到农村发展，推进农村发展农产品、农业生产资料和消费品连锁经营，建立以集中采购、统一配送为核心的新型营销体系。深化实施“万村千乡”市场工程，完善城乡、城际市场网络，充分发挥供销系统传统优势，提升农村商品流通网络服务水平，引进一批超市、连锁店、专业店进驻农村市场，建设林产品、畜禽、水产、水果、茉莉花、茶叶、服装鞋帽、小商品等一批具有当地产业特色的专业批发市场。广泛开展联合、合作经营，培养新型农村流通组织，积极发展农产品网上交易，引导发展“农超对接”、“农批对接”、“农批批对接”产销模式，为农产品流通和农民生产生活资料供应提供服务。

（二）大力发展电子商务

积极推进电子商务与加工制造、现代物流、产品交易等产业融合，推动电子商务向纵深发展。加快电子商务国际化，重点在物流业推广电子商务运用，综合运用信息技术、仓储技术、物流技术，推广建立电子化国际贸易平台。整合现有信息资源，规划构建物流信息体系。建设以电子商务服务为核心的第四方物流系统，加快建设一批规范化的快递、运输、仓储等符合电子商务要求的快速物流系统。鼓励商贸企业积极建设网上电子商务平台，引导商贸企业和消费者使用银行卡、电子账户、电子钱包等电子支付工具。着力引进国内外知名电子商务服务企业设立运营中心、结算中心、研发中心，建设一批有特色的电子商务体系。重点建设食糖、酒精和淀粉等大宗商品电子交易市场、矿产资源和有色金属电子交易市场。做大做强中国—东盟商品交易所（NCCE），借助其先进的集合竞价交易模式，提升其集散和价格发现功能，形成若干具有权威性的工农业产品“南宁价格”，使之在全国、东盟以及更大范围产生影响力。

（三）扩大内需　促进居民消费

一是鼓励新型商贸流通业态和现代流通方式发展。鼓励超市、连锁经营、购物中心、仓储式商场、专卖店、便利店、社区商业等新型商贸业态和连锁经营、

特许经营、物流配送、电子商务等现代流通方式的发展。二是培育新的消费热点。加大培育住房、汽车、休闲健身、文化娱乐、旅游、教育、家庭服务等新的消费热点，不断满足居民对高层次消费的需求。三是拓宽消费市场。努力挖掘城市市场的同时，进一步开拓农村市场，把促进农村消费作为扩大内需的重点。四是创新促销手段，提高居民消费积极性。继续办好南宁消费购物节等各种节庆促销活动，深入贯彻实施汽车、家电“以旧换新”优惠政策，借助税收、补贴等政策手段，提高居民消费积极性。五是以新技术、新理念支持和引导新消费。重视智能技术、生物技术、物联网、新能源、低碳等领域的技术进步，创新产品，创新供给，开拓新的消费领域和手段。

（四）实现对外贸易跨越式发展

1. 注重进出口产品结构调整，转变外贸发展方式

优化市场结构，进一步实施市场多元化战略，在稳定传统市场的同时，大力开拓成长性好、潜力大的东盟、非洲等新兴市场。培育壮大优势企业，在充分发挥大企业作用的同时，加大对中小企业扶持力度。优化商品结构，实施以质取胜和科技兴贸战略。支持 IT 等电子产品、铁路机车、船舶、汽车产品、电工器材等传统优势机电产品、计算机与通信技术产品等高新技术产品出口，加大农用机械、机电设备、化工、铝箔及铝型材、罐头食品等自主知识产权、自主品牌产品的出口促进力度，努力造就一批年出口额超 1000 万美元的拳头产品，形成具有竞争力的出口产品体系。

2. 大力发展加工贸易

发挥加工贸易梯度转移重点承接地优势，利用南宁保税物流中心优惠政策，加快发展加工贸易，在保税物流中心附近，建立加工贸易工业园，重点承接东部转移的铝深加工、电子 IT、机械汽配、消费品工业、食品工业、服装和家具“七大产业”。引进国内外特别是大型的外向型企业落户，力争发展一批加工贸易出口额 1000 万美元以上的骨干企业，培育加工贸易出口额 1 亿美元以上的龙头企业。

3. 加快发展我市服务外包产业，打造国家级服务外包基地城市

制定服务外包产业发展相关优惠政策，积极培育服务外包企业，推动服务外包业集群化发展。将承接业务流程外包服务（BPO），特别是物流和采购业务流程外包、客户关系（IT 呼叫中心、客户支持及销售）作为南宁市服务外包发展重点，同时开拓信息技术外包（ITO）和知识流程外包（KPO）市场，着重开拓面向东盟的服务外包业务。近期以境内外包特别是面向北部湾经济区的服务外包为主导，同时开拓近岸与离岸外包市场，远期境内与近岸、离岸外包并重。推进服务外包园区建设，加快集聚一批规模较大、影响和示范带动作用明显的国际服务外包及软件出口龙头企业，规划建设和申报国家级服务外包基地。

4. 鼓励和扶持企业“走出去”

进一步完善对外投资合作服务体系，提高公共服务能力，优化发展环境，强化协调服务。继续培育“走出去”的经营主体，协助企业用足用好各项优惠政策，积极争取政策性金融机构对我市“走出去”企业的信贷、保险支持。加强同市有关部门的协调配合，帮助解决企业在“走出去”过程中遇到的各种问题，共同搭建“走出去”的绿色通道。鼓励企业增强自主创新能力，提高出口产品的科技、质量和品牌附加值；充分利用中国进出口商品交易会、中国—东盟博览会等多种平台，增强市场开拓能力。

5. 完善通关模式，促进外贸发展

鼓励建立集海关监管、商品检疫、地面服务一体化的货物进出境快速处理机制。推行物流企业与口岸通关监管部门信息联网，对出口货物实施“提前报检、提前报关、货到放行”的通关新模式。海关、检验检疫、税务等管理部门要在有效监督的前提下简化作业程序，实现信息共享，提高通关速度，减少非关税壁垒，促进外贸发展。

（五）主动融入多区域合作

目前，在中国—东盟自由贸易区中已经形成了大湄公河次区域合作(GMS)、泛北部湾合作、南宁—新加坡经济走廊、中越“两廊一圈”合作、桂台合作、泛珠“9+2”经济区等次区域合作。我市位于中国与东盟国家合作的次区域范围内，处于这些次区域合作的前沿，把自身发展同区域合作紧密结合起来，积极主动融入多层次区域合作。积极推进南宁—新加坡经济走廊建设，深化南宁—谅山—河内—海防—广宁经济走廊合作，积极参与大湄公河次区域合作(GMS)、泛北部湾经济合作区等次区域合作，继续巩固和扩大港澳市场，积极开拓欧美等新兴市场。充分发挥我市连接西南、华南、中南以及东盟大市场的重要枢纽作用，依托大西南经济区，融入珠三角、长三角经济区，深入推进广西北部湾经济区建设，全面加强以“北钦防”为重点的区内合作。

（六）大力发展会展业

加快制定南宁会展业发展的中长期规划，加强会展业规划布局。加快建设新的会展场馆，整合场馆资源。对现有的南宁国际会展中心、广西展览馆以及体育场馆、专业市场等场馆资源进行整合，统一对外宣传包装，统筹使用，发挥综合效益。加快建设完善能够承办大型国际国内会议的宾馆和酒店设施。做大做强会展企业，培育会展配套服务业。发挥中国—东盟博览会的品牌效应，不断拓展会展市场资源，提高办展的数量、规模与层次，积极办好一系列高水平的大型会议和展览，鼓励企业创新展会运作新模式，提升影响力和带动力。大力扶持、培育一批高水平的会展经营和会展服务企业。鼓励民营资本投资会展业设施建设。引导和鼓励国际会展企业到南宁设立会展机构或企业，单独承办或与本地会展企业联合举办各种高规格的展会。加大本土展会培育扶持力度，将南宁国际学生用品交易会、南宁·东南亚国际旅游美食节等打造成为知名会展品牌。做大做强横县茉莉花节、宾阳炮龙节、武鸣“三月三”歌圩等具有地方特色的节庆活动，形成品牌打包、促销一体、资源共享、互融互通、产业配套的会展品牌运作体系。

（七）进一步加快餐饮业发展

通过政策引导和资金扶持，培育一批特色鲜明并具有较大影响力的本地名店、名厨、名菜及品牌企业，加快发展有南宁特色的餐饮服务业。积极引进国内外管理先进、特色突出、知名度较高的餐饮企业，优化餐饮业结构，提升餐饮业档次和水平。建设完善青秀山东南亚美食街，改造中山路风味小吃街，打造具有少数民族风情、富有东南亚异国情调的特色美食街区。精心策划办好“南宁·东南亚国际旅游美食节”等1～2个主题鲜明的大型美食文化节，提升南宁饮食文化品味，树立“美食天堂”的品牌。结合旅游景区（点）建设，支持鼓励各县区建设一批地方文化特色鲜明、整洁美观的美食文化街（区），以及具有少数民族风情、民俗浓厚、生态环境优美的“农家乐”。

五、“十二五”南宁市物流发展方向和重点

加快实施《南宁市区域性国际物流基地建设规划（2008—2020年）》，规划期内进一步建设完善“五园区”（见附件一表1、略），大力发展“五中心”（见附件一表2、略）以及专业物流中心，逐步建成以重点物流园区为中心，以县域物流中心为支撑，铁路、公路、水运、航空等多种运输方式有效衔接的物流网络。

（一）建设一批物流园区

在物流园区建设方面，中国—东盟国际物流基地着重发展保税物流，开办进出口货物保税仓储、国际物流分拨配送、简单加工和增值服务及其他经海关批准的国际业务；南宁空港物流产业园区着重发展面向东盟和辐射西南的临空国际及区域物流，临空商贸服务如仓储、商务、展会等，重点发展高附加值的电子产品，食品、水产品、鲜花等保鲜要求较高的货品的配送；安吉综合物流园区着重发展以商贸物流为主、工业物流为辅的现代化物流中心，重点发展钢材、建材、五金等产品的物流服务；江南综合物流园区着重发展涉农产业商贸物流服务；金桥综合物流园区着重发展包括仓储、物流加工、分拣、重组、打码、包装、运输、配送等综合物流服务。

在物流中心建设方面，武鸣国际物流中心着重为轻工食品、烟草业提供包括仓储、包装、配送等服务；宾阳黎塘物流中心着重为粮食、食糖、面粉、纸品、水泥、煤炭、木材及制品等大宗物资提供仓储、配送、中转、交割、信息等综合物流服务；横县六景物流中心着重为石化、造纸、制糖及农副产品加工业等提供

包括仓储、包装、配送、中转、交易、信息等物流服务；隆安那桐物流中心着重提供公共仓储、流通加工、物资配送、成品配送等物流服务；牛湾多式联运中心着重提供公路长途整车、零担运输、配货等服务，发展大型仓储、中转、配送业务，为大宗货物运输服务。

（二）建设物流公共信息平台

政府引导，企业参与，通过信息技术将与物流活动有关的信息采集，信息传输和信息共享等整合起来，为物流企业和社会提供公共物流信息发布、会员服务、在线交易、数据交换、智能配送、GPS货物跟踪、物流供应链管理等各项服务，建设高效率的物流公共信息平台。

（三）大力发展国际物流

进一步完善和提升南宁保税物流中心，加快建设南宁“无水港”，积极推进南宁空港物流园区的运作，从而实现水陆空多式联运体系，构筑以该体系为核心的国际物流高速公路。努力建立国际物流信息交易系统，该信息系统包括国际物流商品、余缺商品调剂、加工、仓储、金融、配送、服务反馈等信息。吸引国际物流企业进驻南宁，鼓励发展第三方物流，积极发展第四方物流。

（四）大力发展城市配送

整合城市的物流资源，通过新建配送中心或改建老式仓库等方式改善南宁市配送中心的网点布局，加快建设25个配送中心（见附件一表3、略），形成现代化城市配送网络，完善城市配送中心的功能，开展同城共同配送业务；加大同城配送企业的信息化程度，推进信息技术的应用。

（五）大力发展城乡物流

以物流园区、物流配送中心及专业市场为节点，依托专业物流公司和商贸连锁企业，建立城乡物流网络体系。统一城乡物流发展规划，发挥城市物流对农村物流的辐射和带动作用，培育农村物流有效经营主体，加大对农村物流的财政和金融支持力度，积极探索城乡物流对接新模式，鼓励农村个体企业、民营企业进入城乡物流市场，促进城乡物流之间的合理分工。

（六）建立立体化的开放口岸体系

依托南宁保税物流中心和南宁空港物流产业园区，加快规划建设以空港口岸为主导，内河、铁路、公路口岸相配套的立体化开放口岸体系，加快建设南宁口岸电子信息平台和“无水港”步伐，并加强与广东各口岸、广西北部湾经济区各口岸、广西西江亿吨“黄金水道”各口岸以及东兴、凭祥、龙邦、水口等边境一类口岸的密切配合，实行港区联动，将南宁市建设成为广西与东盟各国以及港澳地区经贸往来的桥梁。完善大通关体制，实现国际物流通关的便利化，对进出口货物实施“提前报检、提前报关、货到验放”的通关新模式。

六、实施南宁市商贸物流发展“十二五”规划的主要措施

（一）加强领导，建立机制，为商贸物流业发展提供有力保障

将商贸物流业发展列入全市的长远发展规划，建立重大商贸物流项目市长联席会议制度。建立规划编制会商制度，避免商贸物流规划与其他相关规划冲突。建立商务主管部门提前介入商贸项目规划评审的工作机制。加大规划的实施力度。以强有力的手段保障规划实施，将规划提出目标任务分解落实，有效实施年度监测、中期评估、终期评估等工作监督。

（二）吸引多方投资，加快商贸物流基础设施建设

采取“政府引导、企业投资、市场运作”的发展模式，积极拓宽资金筹措渠道，优先建设规划确定的重点项目，围绕重点打造区域性商贸基地、物流基地，建设一批特色商业街、专业市场以及商圈、商带。建设、改造一批仓储、分拣、流通加工、配送、信息服务等功能齐备的商贸物流园区，促进现代物流企业向园区集中，促进商贸物流产业适度集聚。适应互联网和物联网发展趋势，大力推进商贸物流公共信息化基础设施建设。

（三）整顿商贸物流市场秩序，营造公平有序的竞争环境

加强对商贸物流领域的立法研究，制定适合商贸物流发展需要的法律法规。尽快与相关部门建立信息共享制度，切实加强市场监管，建立部门间合作机制，加大联合执法力度，积极开展商贸物流市场专项整顿行动。加强对商贸物流产业的宏观调控和运行监测，建立商贸流通市场监测制度。

（四）加大财政支持力度，促进商贸物流大发展

规划期内，坚持借助外力与启动内力相结合，多渠道筹措建设资金，加大投入，促进商贸物流大发展。逐步增加服务业、会展业发展专项扶持资金，设立物流业专项扶持资金。充分发挥财政政策的引导作用，对全市重大商贸物流项目的规划建设、项目招商以及企业的建设发展给予资金支持，带动社会投资，推进商贸物流业快速发展。灵活运用小额信用担保贷款等信贷方式，通过财政扶持手段，对中小商贸物流企业给予融资支持。

（五）用好税收政策，做大做强商贸物流企业

在税收政策方面，将国家针对西部地区、少数民族地区、沿海开放、北部湾开放开发等优惠政策落实到企业。在收费政策方面，采取措施降低商贸物流企业在项目建设、车辆运营、船舶运输等方面的收费，减轻企业负担。

（六）统一规划与管理土地，满足商贸物流项目用地需求

加强对全市大型项目用地的统一规划与管理，对符合南宁市区域性商贸物流基地发展规划的重点商贸物流项目，优先安排土地供应指标。根据实际情况，适

时制定和完善符合商贸物流发展要求的土地政策体系。

（七）大力引进和培养商贸物流人才，营造干事创业的良好人才环境

引进一批高水平、高层次的现代商贸物流策划、管理和营销人才；联合我市高职院校，培养一批本土专业型人才；加大对商贸物流优秀人才激励力度，为现代商贸物流中心的构建提供坚实的人才保障。

二十二 海南省

036

中共海南省委 海南省人民政府关于进一步加快发展服务业的若干意见

琼发〔2014〕2号

为了全面贯彻党的十八大、十八届三中全会和习近平总书记视察海南重要讲话精神，落实省第六次党代会和省委六届五次全会部署，促进服务业发展提速、比重提高、水平提升，构建具有海南特色的现代产业体系，争创发展开放型服务业的实践范例，结合我省实际，现提出如下意见。

一、提高思想认识，增强加快发展服务业的紧迫感

（一）加快发展服务业是稳定增长、改善民生、创造就业的必然要求。国际旅游岛建设上升为国家战略以来，我省服务业发展取得明显成效。2012年，服务业增加值占地区生产总值的比重由2009年的45.3%增长到47%，服务业从业人数占全社会从业人数的比重由2009年的35.5%增长到40.07%。服务业已成为拉动我省经济增长和改善民生、扩大就业的主要动力。

（二）加快发展服务业是转变经济发展方式、促进产业升级，构建海南特色经济结构和现代产业体系的战略选择。近年来，我省已形成“三二一”的经济结构。但是，海南工业底子薄、成本高、环境资源约束明显，农业占经济总量的比重较小，吸纳就业的空间越来越有限。加快发展服务业，能培育新的经济增长极，支撑海南长期可持续发展。

（三）加快发展服务业是节能减排、保护生态环境，实现科学发展、绿色崛起的有效途径。良好的生态环境是海南发展最大的竞争优势，保护生态环境也是海南发展必须坚持的第一原则。服务业资源消耗少、环境影响小、产出效益高。加快发展服务业，能促进经济发展与环境保护的有效结合，推动资源节约型和环境友好型社会建设，实现科学发展、绿色崛起。

（四）加快发展服务业是推进国际旅游岛建设，进一步扩大开放的迫切需要。发达的服务业，是国际旅游岛的显著标志，也是建设国际旅游岛的核心任务。随着世界经济一体化的不断加快，海南作为全国最大的经济特区和岛屿型经济体，

必须进一步扩大开放，突破现有体制机制的束缚，发展适应国际需求的现代服务业。加快发展服务业，能吸引更多的人才、技术和资金，帮助海南企业和产品走出去，融入国际化服务行列。

二、理清发展思路，明确指导思想、基本原则和发展目标

（五）指导思想。以邓小平理论、“三个代表”重要思想、科学发展观为指导，紧紧围绕国际旅游岛建设目标，把服务业大发展作为产业结构优化升级的战略重点，深化改革，扩大开放，突出发展特色现代服务业，重点建设海口、三亚服务业核心区和洋浦、博鳌、国际旅游岛先行试验区等若干个服务业产业集聚区，强化人才和科技支撑，加快形成特色鲜明、可持续发展能力强的服务业产业体系。

（六）基本原则。坚持开放改革。用足用好国家赋予海南的开放政策，深化改革，破除体制、机制障碍，率先实现服务业若干领域的对外开放，以开放引领服务业的跨越式发展。实施品牌战略。制定服务业品牌建设的扶持措施，培育和引进一批国际知名品牌，推动以品牌为纽带的兼并重组，打造“海南服务”品牌。

强化项目带动。以项目为抓手，加大招商引资力度，策划、建设一批产业关联度高、影响力大、技术先进的服务业重大项目。

推动集聚发展。加强规划引导、政策扶持、机制创新和资源整合，打造一批定位科学、特色鲜明、功能完善、竞争力强的现代服务业集聚区。

夯实人才基础。开展多层次、多形式的院校教育、职业培训和再就业培训，营造拴心留人的创业环境，引进服务业紧缺人才，培育一支适应服务业发展需求的人才队伍。

（七）发展目标。确保服务业增速高于地区生产总值增速。到2020年，服务业增加值占地区生产总值的比重达到60%，服务业从业人数占全社会从业人数比重达到60%；金融、信息服务、文化创意、健康服务等现代服务业发展明显加快；形成一批具有先导性、示范性的服务业新兴产业，一批主体功能突出、带动作用强、影响力大的服务业核心区和集聚区，一批水平高、业态新、品牌优的服务业龙头企业。服务业发展的环境明显改善，形成促进服务业加快发展的长效工作机制。

三、坚持规划引领，优化服务业发展总体布局

（八）突出“南北两极”服务业发展核心区。将海口市打造成全省现代服务业中心。围绕建设环北部湾和国际旅游岛中心城市的目标，重点发展总部经济、金融、现代物流、信息服务、文化创意、商务会展、教育培训等现代服务业，打

造全省现代服务业中心。

将三亚市打造成具有国际竞争力的旅游度假胜地。以国家服务业综合改革试点为抓手，以海棠湾等现代服务业产业园区为载体，重点发展休闲度假旅游、商贸会展、文化创意、医疗健康养生、金融和总部经济等现代服务业，打造具有国际竞争力的旅游度假胜地。

（九）建设重点服务业产业集聚区。总部经济区。不断完善交通、信息等基础设施，发挥生态、气候、开放政策等优势，吸引跨国公司、国内大型企业在海南设立地区总部、分支机构或职能总部，重点建设海口、三亚等大型商务区，为总部经济的形成奠定基础。

特色旅游休闲集聚区。依托优越的滨海资源，建设高端滨海度假休闲旅游集聚区；以国家森林公园为载体，建设森林旅游集聚区；融合热带农业与渔业发展，建设生态休闲度假复合型乡村旅游集聚区；弘扬优秀民族风情文化，建设民族风情旅游集聚区；挖掘康体养生、文化娱乐、旅游购物资源，建设特色旅游集聚区。

国际医疗健康集聚区。用好医疗旅游开放政策，引进一批国内外一流的医疗、科研和高端再教育机构，发展生命养护产业和健康管理服务产业，重点建设博鳌乐城国际医疗旅游先行区和三亚海棠湾医疗健康城。

信息服务集聚区。抓住国家促进信息消费的契机，发展软件研发、软件外包、IT 培训、互联网媒体等信息服务，打造旅游信息化、国家应急管理产业、服务外包和 IT 人才培训基地，重点建设海南生态软件园、三亚创意产业园、清水湾国际信息产业园等信息服务产业基地。

创意产业集聚区。完善创意产业发展环境，培育创意产业主体，大力发展设计创意、文化创意、网络与信息创意服务业，打造区域性创意产业研发、制造、产品评估中心和交易中心，重点建设海口、三亚等创意产业集聚区。

现代物流集聚区。推进产业基地和物流基地协同发展，建设一批分工互补、功能配套、多式联运融合的现代物流集聚区，重点建设洋浦保税港区、海口综合保税区和金马物流园等现代物流集聚区。

文化体育服务集聚区。引进和培育龙头企业，建设一批影视制作、出版发行、演艺娱乐、体育休闲等文化产业园区和基地，打造文体赛事中心、文化与体育旅游品牌和全国重要的冬季训练基地，重点建设国际旅游岛先行试验区、海口观澜湖旅游文化集聚区。

四、突出重点行业，带动服务业转型升级

（十）旅游业。全面提升旅游业的知名度和竞争力，建设世界一流的海岛休闲度假旅游目的地。加快北部、中部、西部旅游开发，创建一批国家 4A 级以上

景区（点），打造海洋旅游、热带海岛森林旅游、乡村旅游、康体养生旅游、文化体育旅游和民族风情旅游六大旅游品牌，发展主题公园、购物中心、医疗保健、邮轮游艇等高附加值的旅游业态，构建具有世界标准、海南特色、观光与度假结合、产业与文化兼容的旅游产品体系。在重点旅游城市、景区（点）建立健全集旅游咨询与服务、旅游投诉处理、旅游应急救援、旅游监管等功能为一体的公共服务体系，规范旅游市场秩序，提升旅游公共服务水平。推进旅游服务标准化和国际质量认证，促进旅游企业转型升级，提升旅游软实力。扩大旅游业交流与合作，定期在世界各地举办旅游业交流活动，开拓旅游新线路、新市场。加强与港澳台、泛珠区域及旅游大省的合作，推进一程多站等无障碍旅游。

（十一）健康和养老服务业。抓住国内消费升级和国家促进健康服务业发展的历史机遇，引进项目、技术、资金和人才，将健康服务业培育成重要的支柱产业。大力发展医疗服务，提高基础医疗水平，创建一批中心医院、康复医院、老年病医院等医疗机构，发展康复护理、老年护理、家庭护理等护理服务。发展预防医疗（体检）、健康咨询、康复疗养、运动健康服务、亚健康调理服务等生命养护产业和营养保健指导、健身、医学美容等健康管理服务产业。引进医学、科研和高端再教育机构，建立健康服务业产学研基地、世界新型医疗与健康组织常驻地和国际论坛。积极发展多样化健康保险服务，开发商业健康保险产品，构建商业保险医疗服务网络。发展养老服务业，支持社会力量投资养老服务业，加强养老服务基础设施建设，健全养老服务网络，构建以居家为基础、社区为依托、机构为支撑的养老服务体系。统筹利用各种养老资源，充分发挥海南生态、气候优势，促进养老服务与保险、教育、健身、旅游等产业互动发展，拓展养老服务内容，开发老年用品用具和服务产品，创新度假养老、异地养老等新业态，培育养老产业集群，打造国内一流的养生、养老基地。

（十二）文化体育和创意产业。推进文化创意与旅游的融合发展，建设国际文化交流的重要平台。创新节庆和赛事的举办模式，将海南岛欢乐节、环海南岛国际公路自行车赛、海南“金椰子”杯高尔夫公开赛、环海南岛国际大帆船赛等打造成为具有国际影响力的文化活动和体育赛事品牌。规范发展高尔夫产业，大力发展游艇、潜水、帆船、帆板、冲浪、垂钓、沙滩排球、沙滩足球等滨海运动项目和房车、自行车、登山、漂流、野外拓展等户外运动项目，培育体育休闲市场，做大做强特色体育休闲产业。大力发展创意产业，发展广告设计、工业设计、服装设计、城市与建筑设计等创意设计，鼓励原创游戏产品的创作和研发，开发以游戏为内容的衍生产品和服务，发展数字化传媒产业，加快开发移动文化信息服务、数字娱乐产品等增值业务。承接国内外大型影视作品的后期制作。

（十三）信息服务业。积极争取创立国家级信息服务业试点园区，努力打造全球服务外包研发交付中心，将信息服务业培育成服务业增长的新引擎。完善互联网、通信、广电等基础网络，推进“三网融合”，实现高速宽带无线网络覆盖全岛，加快万宁等试点智慧城市建设。拓展信息服务领域，培育基于移动互联网、云计算、物联网等环境下的新兴服务业态，大力发展移动支付、位置服务、社交网络服务等信息服务，提高旅游、金融、物流、商贸等行业信息化水平。发展软件与信息服务外包，建设海南软件出口基地，推动软件开发与管理咨询相融合，重点发展信息技术外包（ITO）、业务流程外包（BPO）和知识流程外包（KPO）。推进物联网开发与应用，加快建设商用物联网网络系统、海南物联网示范工程等一批物联网公共服务平台、物联网技术应用孵化基地，构建物联网基础服务平台和公共服务体系。

（十四）商贸会展业。围绕建设国际购物中心的目标，加快商贸服务业的升级改造，培育会展品牌，将商贸会展业打造成扩大内需、拉动消费的重要产业。优化商贸服务体系，建设一批国际免税城、商贸中心、大型综合批发市场和专业商品批发市场等骨干流通基础设施，大力发展购物中心、超市、便利店和社区商业，不断完善商业网点，加快发展电子商务，开展跨境电子商务服务业务试点，推行连锁经营、特许经营、直销配送等新型商业模式，构建便利消费、便民生活服务体系。推进农村商业发展，引导连锁企业向镇、村延伸，积极发展生活消费品和农业生产资料连锁店、便利店，构建农村现代商业网络。提升餐饮服务业水平，大力推进餐饮业连锁经营和品牌创建，打造特色美食街（区），开拓大众化餐饮市场。统筹建设海口、三亚、博鳌的会展设施，引进和策划具有国际影响力的会议、论坛和展览，重点发展热带农业、旅游、海洋、游艇和高尔夫等主题展会，培育中国（海南）国际热带农产品冬季交易会等会展品牌。

（十五）金融业。继续推进金融“五个一”（即设立一家海南地方法人银行、一家面向全国的股份制商业银行、一家总部位于海南的保险公司、一家海南信托公司、一家海南大宗商品期货交易中心）工程，逐步构建机构健全、产品丰富、创新活跃、特色鲜明、开放度较高的金融服务体系。完善金融组织体系，组建海南银行，鼓励境内外金融机构来海南设立分支机构和后台服务中心、财富管理中心等，引进培育金融租赁、信托、财务公司等非银行金融机构，积极发展村镇银行、小额贷款公司、农村资金互助社等金融服务平台。提升金融服务水平，创建风险投资、私募股权投资等各类基金，发展保险公司、保险中介机构，拓展保险品种，构建保险市场体系。建立企业上市“绿色通道”，积极推进企业上市，做大证券市场的“海南板块”。积极推动金融创新，培育和发展股权交易、旅游产品交易、橡胶产品交易、知识产权交易等各类资本要素市场。推进跨境贸易人民币结算试点和居民个人本外币兑换特许业务试点。

（十六）现代物流业。突出港航物流的战略地位，努力把海南打造成面向东南亚、背靠华南腹地的航运枢纽、物流中心。加快构建现代立体交通体系，集约建设专业化公共物流基础设施，逐步完善各种运输方式的无缝衔接和高效联运，促进物流为中心城市、新型工业和现代农业生产基地服务，形成以海口、洋浦为核心，东方、三亚为重要节点的现代物流布局。加快洋浦港、马村港、八所港等码头泊位、港航设施、疏运体系建设，推动琼州海峡跨海通道工程前期工作，引进国内外航运龙头企业，鼓励航运企业新开航线，大力发展中转物流、保税物流。培育骨干物流企业，到2020年，培育30家3A级以上物流企业，鼓励企业加快对仓储、转运设施和运输工具的标准化改造，加强物流新技术应用。积极发展第三方物流、第四方物流和供应链管理模式。加快海口城市共同配送体系建设，构建中心城市多层次共同配送网络。发展大宗商品交易，做强橡胶等大宗商品交易中心，建立洋浦石油石化产品交易所。

（十七）农业服务业。围绕建设好“五基地一区”（即国家冬季瓜菜生产基地、天然橡胶基地、南繁育制种基地、热带水果和花卉基地、水产养殖与海洋捕捞基地、无规定动物疫病区），大力发展农业服务业，推进海南现代农业规模化、特色化、品牌化。加大政策和资金支持力度，鼓励农村发展合作组织，利用电子商务平台推动传统农业生产方式向组织化、集约化的现代农业生产方式转变。推进多元化农业社会化服务体系建设，延伸化肥、农药、种子、种苗服务链条，加强农资使用监管，健全动物疫病防疫和植物病虫害绿色防控体系。加大农业科技投入，发展以农业科研院所、农业企业、农业专业性服务组织为主要内容的新型农技服务体系，壮大农机服务队伍。加强集农业资源、科技、市场、监管于一体的现代农业综合信息平台建设，完善农产品质量检测、追溯系统，建立农村土地管理信息平台和流转市场，推进农产品销售电子流通体系建设。扩大农业服务功能，建成生产标准化、经营集约化、服务规范化、功能多元化的休闲农业产业体系。扩大农业保险范围，加大政策性保险力度，建立农业重大风险保障机制，增强农业抗风险能力。

（十八）海洋服务业。充分发挥海洋资源优势，以建立南海资源开发和服务基地为目标，谋划发展海洋服务业。大力发展海洋旅游业，发展滨海度假、海洋观光、海上运动、休闲渔业等特色旅游，有序发展无居民海岛旅游，适度开发三沙旅游，举办渔民节、南海开渔节等民俗节庆，开发妈祖文化、疍家文化、祭海仪式等海南特色海洋文化。开辟国际邮轮赴新加坡、马来西亚、越南、中国香港等国家和地区的旅游航线。发展海上救助公共服务，加强海上交通管理、航运通道安全保障、海上交通事故处置、打捞清淤监督管理。推动海洋安全基础设施建设，加快建立海洋渔业生产安全通讯保障体系、海洋灾害预警预报和搜救系统。发展海洋船舶修理与补给服务业，引进国内外大型船舶修理企业，在渔业发达的临港地区建设大中型船舶修理基地。支持建设开放性、商业性海上补给基地，发展渔业服务船，促进外海渔业的发展。

（十九）房地产业。加快房地产业的转型升级，优化结构、提升品质、把握时序，促进房地产业科学健康发展。加强房地产市场宏观调控，修订《海南省房地产业发展战略与中长期规划》，进一步明确全省房地产发展布局、规模、重点和时序，发挥好土地利用总体规划和城乡规划对房地产用地的管控作用。加快调整产品结构，继续推进保障性安居工程建设，积极发展度假酒店、度假村、康体养生等经营型旅游房地产，适度发展酒店式公寓等高端旅居型产品，培育和发展产权式酒店、分时度假酒店等特色投资型房地产，大力发展商业地产，构建多元化的房地产产品体系。加强设施配套建设和物业服务管理，提高房地产基础设施、服务设施和商业设施水平，提升房地产开发品质；培育物业服务市场，促进物业服务均衡发展，努力提高全省物业服务覆盖率。进一步规范房地产市场秩序，严格商品房预售许可管理，制定《商品房预售资金监管暂行办法》，完善预售资金监管机制，建立商品房市场动态监管制度，加大对违法建设、违规销售等行为的查处力度。

除以上行业外，还要进一步发展现代职业教育、国际教育等教育培训业，规范发展广告、法律咨询、会计审计、工程咨询、信用评估、租赁等商务服务业，大力发展节能服务、环境咨询、环境风险防范、环保性能认证服务等节能环保服务业，培育更多的服务业新增长点。

五、加快开放改革，提高开放型服务业发展水平

（二十）实施更加开放战略。用好用足国家赋予的保税港区、离岛免税、邮轮游艇、体育彩票、离岸金融、落地免签等各项开放政策。在开展以现代物流业和高技术服务业为重点的现代服务业综合试点、最大程度释放离岛免税政策效应、依托洋浦开发区石化行业开展自由贸易园区政策试点、将有条件的信息产业园列入国家级试点园区、开展离岸金融业务试点、创新体育彩票运营等若干领域，积极争取国家支持，取得体制、政策上的重大突破，以开放引领现代服务业的跨越式发展。

（二十一）加快服务业改革创新。以激活市场活力，消除市场壁垒为目标，推进服务业综合配套改革。实行统一的市场准入制度，尽快制定服务业负面清单，允许各类市场主体依法平等进入清单之外领域，拓宽民间投资领域和范围。探索对外商投资实行准入前国民待遇加负面清单的管理模式。开展商事登记制度改革，削减资质认定项目，降低服务业企业设立门槛。经省级行业主管部门认定，建筑、信息、商务服务等领域的龙头企业在海南设立的独立法人机构，可参照其母公司的资质，参与各项招标、采购。深化行政审批制度改革，进一步精简和下放行政审批事项，优化行政审批程序，推行联合审批、网上审批。减少行政干预，清理阻碍服务业发展的各种行业性、地区性、经营性壁垒政策，探索旅游

运输车辆、服务业企业跨行政区域经营办法。

六、抓住关键环节，夯实服务业发展基础

（二十二）着力打造服务业品牌。实施服务业品牌发展工程，制定推进服务业品牌建设实施意见，完善对服务业企业商标注册和专利申请、知名品牌引进和收购、产品与质量管理认证、知识产权保护以及品牌推介活动的扶持措施。积极创建服务业企业品牌，引导和鼓励服务业企业注册和使用自主商标，争创“中国名牌”、“中国驰名商标”、“海南名牌”和“海南著名商标”，到2020年，在旅游、商贸服务等领域培育30个具有较强影响力的“海南服务”品牌。开展“服务业标准示范活动”，抓好重点领域、新型业态服务标准的制（修）订、实施和推广，积极推进服务业标准化示范项目，建设一批服务业标准化示范单位，形成服务业标准化工作机制。

（二十三）加快服务业重点项目建设。制定《海南省现代服务业产业指导目录》（以下简称《目录》）。对《目录》鼓励类的重点项目，在行政审批、土地供应、资金扶持等方面给予支持和倾斜。科学谋划服务业重大项目，加强招商选资，合理安排项目实施计划，形成竣工一批、启动一批、储备一批的滚动机制。建立重点项目建设绿色通道，规范执法部门对重点项目的检查，加大项目组织实施力度和考核监督。

（二十四）推动服务业集聚发展。立足全省区域功能定位和产业布局，编制实施服务业集聚区规划。在服务业集聚区内推进体制机制创新，出台扶持政策，加大财政投入，加强集聚区基础设施建设，提升公共服务功能，增强服务业集聚区要素吸附能力、产业支撑能力和辐射带动能力。提高产业集聚度，大力引进行业龙头企业和“旗舰”项目，带动产业链相关企业集聚集中。

（二十五）加强引进和培育人才。强化对服务业人才的培养，根据市场需要，有计划地在高等院校和中等职业学校开设服务业急需的专业，扩大招生规模。鼓励和引导行业协会等社会力量投资兴办各类就业培训和职业教育学校。依托一批重点企业和重点项目，建设人才培养基地和实习实训基地。积极引进服务业人才，定期举办现代服务业人才交流专场会。研究制定引进和留住人才优惠政策，完善人才激励机制，积极推进技术入股、管理入股、股票期权激励等新型分配方式。

七、加大政策支持，营造服务业发展的良好环境

（二十六）加大财政支持力度。整合优化促进服务业发展的各类专项资金，创新投入方式，发挥财政资金的引导、示范和杠杆作用。积极争取中央各专项资金的支持。使用好省服务业发展专项资金，根据省级财力发展状况，扩大资金规

模，支持现代服务业的关键领域、薄弱环节、自主创新和集聚区建设。各市县政府要在本级财政预算内安排相应的专项资金，支持当地服务业加快发展。引导民间资本扩大对服务业的投资。推动股权投资市场发展，研究设立服务业债权基金和创业投资风险基金。

（二十七）实行税收优惠政策。积极争取国家支持将海南列入西部大开发税收优惠政策的执行省份。切实贯彻落实国家已有的扶持金融、服务外包、软件产业等相关税收优惠政策。用好营业税改征增值税政策，利用政策导向引导现代服务业发展。对我省《目录》鼓励类的服务业重点项目，缴纳自用土地的城镇土地使用税、自用房产的房产税确有困难，符合减免税条件的，按规定申请减免。

（二十八）优先保障服务业用地。进一步强化土地利用计划管理，在安排的年度新增建设用地计划指标中优先保障现代服务业重点项目用地，并视情逐年增加。鼓励各级政府充分利用存量建设用地，优先用于发展我省《目录》鼓励类的重点行业、重点项目。鼓励用地单位在不改变土地权属、不重新开发建设的前提下，充分利用原有工业厂房、仓储用房、传统商业街等存量房产和土地兴办信息服务、研发设计、创意产业等现代服务业，土地用途可保持原状，不需办理改变土地用途手续。对经济转型升级具有重要带动作用，但自身盈利水平还不高的研发设计、仓储物流等生产性服务业项目用地，可参照工业用地的出让方式和出让价格执行。采取土地租赁等方式，满足现代物流、信息软件、健康医疗等现代服务业短期用地需求。

（二十九）加大金融支持力度。支持和引导金融机构创新产品和服务，加大信贷投入，优化信贷结构，重点加强对现代物流、健康服务、商贸会展、信息服务等现代服务业的支持。支持银行、担保机构和企业加强合作，加快中小服务企业信用担保体系建设，鼓励省级中小企业信用担保机构每年安排一定比例的担保资金用于中小微服务业企业。优先支持符合条件的现代服务业企业通过上市、发行企业（公司）债券等多种方式筹措资金，推进服务业上市公司再融资。大力发展服务业保险，创新保险品种，扩大对现代服务业的保障范围和力度。

（三十）完善价格和收费政策。推进服务业价格体制改革，完善价格形成机制和旅游淡旺季价格变动机制，优化服务业价格环境，合理减轻服务业企业负担。逐步推进服务业（特种行业除外）用水、用气价格与工业价格同价，进一步完善峰谷用电政策。加强对服务业企业的价格指导和服务，完善价格诚信评议和奖惩机制，促进服务业诚实守信、合法经营。清理规范各类收费，取消不合法、不合理收费项目。对我省《目录》鼓励类现代服务业企业的行政事业性收费，凡是收费标准有上、下限幅度规定的，原则上按下限额度收取。

八、加强统筹协调，凝聚服务业发展的合力

（三十一）加强组织领导。强化省加快发展服务业领导小组作用，完善领导

小组议事机制，统筹服务业规划编制与实施，定期研究加快服务业发展的政策措施，协调解决服务业发展改革中的重大问题，督促检查服务业发展政策的贯彻落实。省加快发展服务业领导小组办公室要加强综合协调，建立重点产业和重点工作推进机制，形成统一领导、各司其职、分工合作、齐抓共管的工作格局。各市县要结合本地实际，建立相应的领导机构，理顺服务业管理职能。

（三十二）建立和完善统计制度。建立健全省服务业统计联席会议制度，统筹协调各部门及行业协会的服务业统计工作。加强服务业统计队伍建设，加快建立服务业统计调查制度和信息管理制度，完善服务业统计调查方法和指标体系。加强服务业运行情况分析，定期发布相关发展报告。

（三十三）建立目标考核机制。每年将服务业增加值、增长速度和对经济增长的贡献率等重要指标以及推进服务业发展的重点工作进行责任分解，并纳入经济社会发展的考核体系，作为考核市县政府和有关部门的重要内容。考核工作由省服务业发展领导小组牵头组织，考核结果经领导小组会议审议决定。实施服务业提速奖励，对服务业发展提速、比重提高、结构提升方面成效突出的市县和部门给予表彰。

中共海南省委
海南省人民政府
二〇一四年一月十四日

二十三 重庆市

037

重庆市人民政府关于促进物流业健康发展的通知

渝府发〔2012〕112号

各区县（自治县）人民政府，市政府各部门，有关单位：

物流业是国民经济的基础性产业之一，是生产性服务业的主要内容。我市是国家定位的西南物流区域核心城市，高度重视物流业发展，先后出台了《重庆市人民政府关于印发重庆市贯彻国家物流业调整和振兴规划实施意见的通知》（渝府发〔2009〕108号）、《重庆市人民政府关于印发重庆市“十二五”基础设施及物流保障规划的通知》（渝府发〔2011〕67号）、《重庆市人民政府关于加快重庆市农产品冷链物流发展的实施意见》（渝府发〔2011〕95号）等12个文件，树立了供应链物流发展理念，明确了建设中国西部地区国际物流中心的战略目标。物流服务效率明显提升，全社会物流总费用占GDP的比重下降至19%。物流基础设施不断完善，五个级次的物流区域布局体系初步构建，“三基地四港区”国家级物流枢纽平台和市级重点物流园区的物流集聚效应初步显现。国际物流发展环境领先西部，两路寸滩保税港区、西永综合保税区建成投用，“一江两翼”国际物流大通道网络渐趋完善，“渝新欧”国际货运班列成功开行，航空国际物流加快发展。物流服务主体壮大，企业数量快速增长，重点现代物流企业和重点现代物流项目服务能力进一步提升。物流业总体实现跨越发展。

为深入贯彻落实国家有关文件精神和市委、市政府关于促进新型工业化若干意见的要求，着力提升物流业对工业的服务支撑能力，现就促进物流业健康发展有关事宜通知如下：

一、高度重视物流业健康发展

大力发展物流业是市第四次党代会提出的“一统三化两转变”战略的重要内容，是实现新型工业化的重要支撑，是提高工业经济运行质量和效益的重要手段。我市正处于工业化中期，以制造业为主导的产业体系格局不会根本改变。大力发展物流业，加快培育和促进现代化运输、大型集中仓储、物流加工、城市配送、冷链物流、供应链管理、功能型批发和第三方物流等为新型工业化服务的高端业态发展，加强统一规划、指导和调控，避免低水平重复建设，有利于优化新型工业化发展环境，促进制造业集群发展，实现制造业的横向整合、纵向整合和集群整合，有利于制造业资源要素的优化配置、促进制造业加快升级、增强核心竞争力，有利于提高制造业对市场的响应速度和产品供给时效、提升效率。全市上下要充分认识促进物流业健康发展的重要意义，高度重视，采取切实措施，提供政策保障，为物流业健康发展营造宽松环境。

二、加强财金支持

（一）为工业服务的物流项目和市级重点物流园区内的物流项目按照工业项目用地价格标准实行招拍挂有偿使用，参照工业项目收取征地统筹费。

（二）要加强市级重点物流园区规划与城市总体规划和土地利用总体规划的衔接。园区内的基础设施项目和物流项目建设用地优先纳入年度土地供应计划。

（三）在符合规划、不改变土地用途的前提下，对企业利用现有厂房改造建设，增加容积率用于仓储、包装、运输装卸等物流项目的，不再征收土地出让金，并按规定完善相关手续。

（四）统筹中央和地方物流资金用于促进物流业健康发展，专项支持市级重点物流园区、重点物流工程、重点物流企业，提高资金使用效率。

三、减轻税费负担

（一）从事西部地区鼓励类产业的物流企业，可按规定申请享受15%的企业所得税税率。市级重点现代物流项目的纳税人，纳税确有困难的，由纳税人提出申请，经地方税务机关批准后，定期减征或免征房产税。自2012年1月1日至2014年12月31日，物流企业自有的（包括自用和出租）大宗商品仓储设施用地，减按所属土地等级适用税额标准的50%计征城镇土地使用税。推进运输、仓储环节营业税差额纳税，扩大试点范围，提高试点企业覆盖面。

（二）两江新区工业开发区和经市政府认定的工业园区内的物流项目生产性用房（厂房和仓储用房）免征城市建设配套费和人防易地建设费。经市政府认定的工业园区外的市级重点现代物流项目生产性用房（厂房和仓储用房）免征城市建设配套费；确因地质和地形条件限制不能配套建设防空地下室的，生产性用房（厂房和仓储用房）免征人防易地建设费，其余部分全额收取。

（三）符合条件的物流企业新招用持《就业失业登记证》人员，与其签订1年以上期限劳动合同并依法缴纳社会保险费的，在3年内按实际招用人数予以每人每年4800元定额标准依次扣减营业税、城市维护建设税、教育费附加和企业所得税。

本通知由市发展改革委牵头执行。市发展改革委要充分发挥物流行业管理职能，会同市级有关部门按照有关规定共同认定市级重点物流园区、市级重点现代物流项目、工业园区内物流企业、为工业服务的物流项目。财政、规划、国土、税务、城建、人防等市级有关部门要根据职责分工，认真落实有关政策，切实促进物流业健康发展，助推全市新型工业化和经济社会全面发展。

重庆市人民政府

二〇一二年十月十一日

二十四　四川省

038

四川省人民政府关于印发《四川省西部物流中心建设规划》的通知

川府发〔2009〕36号

各市（州）人民政府，省政府各部门、各直属机构：

《四川省西部物流中心建设规划》已经省政府第38次常务会议审议通过，现予印发，请结合本地、本部门实际贯彻实施。

四川省人民政府

二〇〇九年十月十四日

四川省西部物流中心建设规划

四川省人民政府

2009年10月14日

前　言

物流业是复合型服务产业，是国民经济的重要组成部分，涉及领域广，吸纳就业人数多，促进生产、拉动消费作用大，在促进产业结构调整、转变经济发展方式和增强国民经济竞争力等方面发挥着重要作用。

物流中心是组织、协调、衔接、控制物流活动，具有一定规模、多功能和集约化的物流集散处，分为区域性物流中心和项目（企业）性物流中心。本规划所指的物流中心是按照建设区域性物流中心要求，包括了节点建设规划在内的区域性物流产业、物流基础设施、物流服务体系和物流信息网络等的建设规划。依托交通枢纽、产业集群和区位优势，发展现代物流，在四川建设中国西部物流中心，对降低物流成本、提高物流效率和促进商品交换、扩大内需具有重要意义，是建设西部经济发展高地的重大战略举措。

本规划编制的主要依据是《中共四川省委关于深入学习贯彻党的十七大精神的决定》（川委发〔2007〕32号），规划期限为2009—2012年。

一、发展基础

（一）交通优势

改革开放特别是西部大开发以来，我省综合交通运输体系已初具规模，为发展现代物流提供了重要基础。2008 年底，全省各种运输线路总里程达到 23.1 万公里。其中，铁路营运里程 3086 公里，高速公路 2162 公里，内河航道里程 1.2 万公里。民航大型枢纽机场 1 个、支线机场 10 个，国际国内空运航线 145 条。已形成进出川通道 15 条，其中：铁路 7 条、高速公路 7 条、水路 1 条。

2008 年，全省货运周转量 1073.8 亿吨公里，在西部排列第五，其中：铁路货运周转量 610 亿吨公里、公路货运周转量 402 亿吨公里、水运货运周转量 56.6 亿吨公里、航空货运周转量 5.2 亿吨公里。全省国家 A 级物流企业达 20 家，数量位居全国前五位。

（二）区位优势

四川位居长江上游，地处西南内陆，北通陕甘、南接云贵、东临重庆、西靠西藏，处于我国西南物流中心显要位置，具备三大区位优势：一是临近东南亚。四川是连接我国腹地与东盟、南亚和中亚的重要交汇点，是连接欧亚大路桥和泛亚大铁路的重要经济走廊，可以就近融入中国一东盟自由贸易区，参与欧亚经济合作；二是重要结合部。四川是西南、西北和中部地区的重要结合部，是长江流域经济带、泛珠三角经济区和环渤海湾经济区拓展西部市场的重要桥梁，可以有效承接国际、国内产业转移和外资西进、内资西移；三是西部大枢纽。四川是西部人口最多、经济总量最大、资源富集的大省，是西部最大的工业基地、消费市场和物资集散地，成都是西部地区重要的现代制造业基地、交通通信枢纽和商贸金融科教中心，具备构建辐射西部的综合交通和现代物流大枢纽的基础条件。

（三）产业优势

物流业是服务业的重要组成部分，其发展决定于实体经济的发展水平。四川是我国工业大省、农业大省和西部进出口大省，2008 年，全部工业增加值 4922.8 亿元，占全省生产总值的 39.4%，机械、电子、冶金等制造业在全国占有重要地位；粮食、油料总产量分别为 3500 万吨、249.9 万吨，均列全国第四位；猪肉产量 652.1 万吨，列全国第一位；进出口总额 220.38 亿元，列西部第一位。这些产业优势，为四川工业物流、农业物流的发展奠定了坚实基础，同时，汶川地震灾后恢复重建、扩大内需双拉动，还将带动建筑物流的快速发展。

构建西部物流中心，降低物流成本，改善投资环境，将四川的交通优势、区位优势、产业优势转换为发展优势，是四川建设西部经济发展高地的基础。

二、主要问题

（一）货物运输能力弱

进出川通道少，缺乏大能力进出川通道和快速通道，与渤海湾、长三角、珠三角三大经济区的运输通道不畅。铁路请车满足率长期只有40％左右，集装箱车辆、专用车辆、多轴重型货车明显不足。

（二）物流发展水平低

物流成本高，据测算，四川物流成本明显高于全国平均水平。专业化程度低，第三方物流企业仅占物流企业总数的4％。规模小，物流营业收入超过10亿元的只有2家。信息化水平低，80％以上的物流企业缺乏现代信息技术装备。

（三）融资方式较单一

物流企业大都以私人投资为主，抵押担保不足，既难获取银行贷款，又缺乏其他融资手段，90％以上的物流企业面临资金困难。

三、建设思路

（一）指导思想

贯彻落实科学发展观，坚持以市场为导向、企业为主体、改革开放为动力、先进技术为支撑、创新和优化服务为宗旨，以专业化、信息化、标准化为主线，通过强化基础设施、整合物流资源、优化组织结构，全面推动西部物流中心建设。

（二）建设原则

1. 科学布局。依托交通枢纽，配套建设仓储配送设施和物流信息平台，形成物流中心。依托交通网络，加强物流配套设施建设，形成以一级物流节点城市成都市为中心、二三级物流节点城市为支撑、四级节点城镇为终端的物流网络。

2. 突出重点。突出主要节点，强化一二级节点城市的物流设施建设。突出现代物流信息化、标准化，强化专业物流企业发展，加快物流公共信息平台建设。

3. 市场运作。在政府统筹规划下，通过市场配置资源，充分发挥企业在西部物流中心建设中的主体作用。

（三）发展目标

建成西部物流中心，以交通运输、仓储配送、物流信息三大平台为支撑，把四川打造为西部最大的商品集散地和经济走廊，到2012年货运周转量保持年均9％的增长速度。

形成高效快捷的物流体系，到2012年物流业增加值增幅高于同期GDP增幅2个百分点，社会物流总费用占GDP比重年均下降0.3个百分点。

培育大型物流企业，到2012年主营业务收入超过5亿元的物流企业达到10家，其中超过10亿元的达到3家。

四、建设重点

（一）建设物流园区

根据货物主要流向和物流发展需要，依据《西部综合交通枢纽建设规划》和四川产业布局，在重要物流节点城市、制造业基地和综合交通枢纽，布局建设物流园区。依托已有的港口、铁路和公路货站、机场等交通运输设施，建设多式联运、转运设施，实现多种运输方式“无缝衔接”，提高运输效率。

（二）建设物流集群

着力壮大为重大装备制造业服务的大件物流集群，为电子信息产业服务的电子物流集群，为白酒产业服务的酒业物流集群，为钒钛钢铁服务的钢铁物流集群，为农产品深加工服务的农产品冷链物流集群，为粮食散装、散运、散卸、散存服务的粮食物流集群，为快捷需求和零星需求服务的小件快递物流集群和零担物流集群等。

（三）建设物流信息平台

以统一采用规范的电子货单为重点，建立公路物流信息平台。以加强信息发布为重点，完善铁路、水运和航空物流信息平台。在整合专业物流信息平台的基础上，加快建设四川省物流综合信息平台。

（四）建立完善应急物流机制

1. 建立应急指挥机构。成立应急物流办公室，建立应急物流信息平台，负责应急物流的调度指挥。

2. 建立应急物资储备。完善四川粮油仓储和猪肉储备冷库设施，健全储备体系。在盆地腹心城市建立应急储备中心，在各节点城市建立应急储备点。

3. 建立应急运输队伍。结合国民经济动员体系建设，按类分等建立应急运输队伍。

（五）推进重大物流项目建设。

2009—2012年期间，西部物流中心建设计划实施80个重点项目。建立重点项目联系制度，协调解决项目实施中的重大问题。

五、空间布局

（一）建设区域物流中心

依托交通枢纽和特大城市的经济功能，把成都建成西部最大的区域物流中心，重点建设4大物流园区和4大物流中心。

成都航空物流园区。依托双流国际机场，建设服务四川、辐射西部、连接世界的枢纽型西部航空物流港。

成都国际集装箱物流园区。依托成都铁路集装箱中心站，建设服务四川、辐射西部、通达全球的枢纽型集装箱内陆港。

成都青白江物流园区。依托成都铁路枢纽大弯货站，建设服务四川、辐射西部、通达全国的枢纽型铁路散货集散地。

成都新津物流园区。依托成都铁路枢纽新津货站，建设服务川南、辐射西南、通达全国的枢纽型铁路散货集散地。

成都新都物流中心。依托城市北向公路主通道，建设服务于成都北部、辐射成德绵经济带、通达全国的公路物流港。

成都龙泉物流中心。依托城市东向公路主通道，建设服务成都东部、辐射成渝经济带、连接长江港口的公水联运货物集散中心。

成都双流物流中心。依托城市南向公路主通道，建设服务于成都南部、辐射西南的公路货物集散中心。

成都保税物流中心。依托成都出口加工区，建设服务于成都、辐射四川的保税物流中心。

(二）建设次区域物流中心

根据南、北、东、西四个方向的进出川通道和各地产业布局、商品流向、资源环境、区域规划等因素，建设八大次区域物流中心。

攀枝花物流中心。以矿产资源、钢材和农产品（冷链）物流为特色，辐射川、滇、黔交界区域。重点建设攀枝花市倮果散装货物（矿产品）物流中心等项目。

自贡—泸州—宜宾物流中心。以酒业、化工、机械、盐化工物流为特色，辐射川、滇、黔、渝交界区域。重点建设自贡板仓加工制造业物流园区、宜宾港志诚作业区一期工程、泸州高坝集装箱物流中心等项目。

达州物流中心。以天然气化工、农产品和再生资源物流为特色，辐射川、渝、陕、鄂交界区域。重点建设达州粮食物流中心等项目。

绵阳—广元物流中心。以电子产品、农产品物流为特色，辐射川、陕、甘交界区域。重点建设长虹信息化现代物流园区、广元现代粮食物流中心等项目。

南充—广安物流中心。以商业零售、农产品、建材物流为特色，辐射川、渝交界区域。重点建设南充小龙物流园区、广安新桥能源化工园区物流中心等项目。

遂宁—内江物流中心。以建设仓储配送设施为重点，形成为全省服务的物流配送中心。重点建设川渝合作物流园区、遂宁中国西部国际工业物流港等项目。

乐山物流中心。以大件运输为特点，形成水路联运的物流中心。重点建设乐山绵竹物流园区等项目。

雅安物流中心。以水电、矿业、机械加工、农产品物流为特点，形成辐射川西北、攀西地区的物流中心。重点建设华峰物流园区、雅惠物流仓储中心等项目。

（三）构建重点领域物流体系

依托四川产业特色和物流需求，构建重点领域物流体系。

农产品冷链物流体系。配合国家优质商品猪战略保障基地建设，依托省内大中型食品加工企业、区域性农产品批发市场、物流园区，构建四川农产品冷链物流体系。

粮食现代物流体系。以散储、散运、散装、散卸为重点，构建以成都、眉山、宜宾、达州、南充、攀枝花、广元为重要节点的四川粮食现代物流体系。

制造业物流体系。结合四川省重要战略资源开发基地建设、现代加工制造业基地建设、科技创新产业化基地建设、农产品深加工基地建设，组织实施一批制造业与物流业联动发展示范工程和重点项目，促进现代制造业与物流业的有机融合、联动发展。

商贸物流体系。推进物流企业与商贸企业互动发展，促进供应链各环节有机结合。在大中城市发展面向流通企业和消费者的社会化共同配送，促进流通的现代化，扩大居民消费。加快建设城市物流配送项目建设。发展农产品直销和配送，以及农资和农村日用消费品的统一配送，推动建立农村物流体系。

第三方物流体系。培育一批适应机械、重装、电子、建材、白酒等优势产业物流需求的第三方物流企业，做强做大。积极引进国内外大型第三方物流企业来川发展。

六、保障措施

（一）健全协调机制

健全物流发展协调机制，建立“四川省现代物流发展工作联席会议制度”，协调解决全省物流发展中的重大问题。联席会议日常工作由省发展改革委负责。各市（州）也应设立相应协调机构，及时解决当地物流发展中的有关问题。

（二）加大政策扶持

1. 提供税收优惠。切实落实国家已出台的扶持现代物流税收优惠政策。鼓励物流企业技术创新，企业为开发新技术、新产品、新工艺发生的研究开发费用，未形成无形资产计入当期损益的，在按照规定据实扣除的基础上，按照研究开发费用的50%加计扣除；形成无形资产的，按照无形资产成本的150%摊销。支持符合条件的物流企业参加全国物流企业税收试点，解决物流企业营业税重复纳税和增值税抵扣问题，减轻物流企业税务负担。

2. 多渠道增加对物流业的投入。物流业的发展，主要依靠企业自身投入。

省政府安排物流业发展引导资金，采取补助、贷款贴息等方式，支持和引导重大物流基础设施、物流信息平台、物流高新技术应用等项目建设。支持有条件的物流企业发行企业债券。加强物流企业诚信体系建设，吸引银行增加对物流企业的贷款投入。积极推动金融业对中小型物流企业的融资。

3. 增加土地供应。在每年的供地指标中，划出一定比例的土地用于支持物流项目的建设，对列入规划的重点物流项目优先保证用地。物流企业可利用原有的国有划拨用地依法办理国有土地出让手续，以国有土地使用权作为出资，建设物流配送中心。凡城市建设征收或使用企业的旧仓储等物流设施的，当地政府应依法进行合理补偿并在城市物流规划用地上给予相应安排。

4. 制订落实专项规划。有关部门要制订专项规划，积极引导和推动重点领域和区域性物流业的发展。省发展改革委会同有关部门制订农产品冷链、物流园区、应急物流等专项规划，省商务厅会同省供销社等有关部门制订商贸物流专项规划。物流业发展的重点地区，各级地方政府也要制订本地区物流业规划，指导本地区物流业的发展。

（三）坚持市场运作

1. 培育市场主体。鼓励生产和商贸企业按照分工协作的原则，剥离或外包物流功能，整合物流资源，促进企业内部物流社会化。推动物流企业与生产、商贸企业互动发展，促进供应链各环节有机结合。鼓励现有运输、仓储、货代、快递企业的功能整合和服务延伸，加快向现代物流企业转型。鼓励物流企业通过参股、控股、兼并、联合、合资、合作等多种形式进行资产重组，培育一批现代物流领域的大公司、大集团。

2. 规范市场秩序。放宽市场准入，除国家法律和行政法规外，物流企业登记注册的其他前置性审批事项一律取消。改革货运代理行政性管理，除危险品等特种货物外，取消经营国内铁路货运代理、水路货运代理和联运代理的行政审批，取消国际货运代理企业经营资格审批，同时加强后续监督和管理。尽快制订加快四川物流企业发展、加强和规范物流园区建设的管理办法。

3. 扩大对外开放合作。改善我省投资环境，鼓励外商、外资及国内知名物流企业进入我省物流领域。支持省内物流企业“走出去”，实施全球化发展战略，迅速把我省物流网络扩展到全国乃至世界。加强区域合作，务实推进与泛珠三角、大湄公河次区域的现代物流合作。

（四）加快技术进步

1. 提升信息化水平。积极推进企业物流管理信息化，促进信息技术的广泛运用。依托电子政务、电子商务和金融、税务、海关等行业信息系统，加快行业物流公共信息平台建设，实现物流信息共享。扶持一批物流信息服务企业成长。

2. 推进标准化进程。加快对现有仓储配送设施和运输工具的标准化改造，实现物流设施、设备的标准化。推广托盘国家标准，鼓励企业采用集装单元、射频识别、货物跟踪、自动分拣、立体仓库等物流新技术，提高物流运作管理水平，降低物流成本，提升物流服务质量和效率。支持物流企业参加全国物流标准化试点。

（五）加快人才培养

采取多种形式，加快物流人才的培养。发展学历教育，培养多层次的物流人才。强化职业教育，开展并规范物流职业资格培训和认证工作。开展技能培训，利用公务员社会化选学等方式，加强对政府部门物流管理人员的技能培训。加强与国内外物流教育机构与培训机构的联合与合作。

（六）完善物流统计体系

认真贯彻实施四川省社会物流统计核算与报表制度。积极推动全省物流统计工作，充分发挥行业组织的作用和力量，促进物流业统计信息交流，建立健全共享机制，提高统计数据的准确性和及时性。

附件：四川省 2009—2012 年重点物流项目表（略）

二十五 贵州省

039

贵阳市人民政府关于印发《贵阳市现代物流业发展规划（2008—2020年）》的通知

筑府发〔2008〕35号

各区、市、县人民政府、市政府各工作部门：

《贵阳市现代物流业发展规划（2008—2020年）》已经市委、市政府同意，现印发你们，请结合实际认真贯彻落实。

附件：《贵阳市现代物流业发展规划（2008—2020年）》

贵阳市人民政府办公厅

二〇〇八年二月十八日

附件：

贵阳现代物流业发展规划（2008—2020年）

贵阳市人民政府办公厅

2008年2月18日

1 贵阳现代物流业发展现状

1.1 发展背景

在经济全球化和区域经济一体化两大世界潮流推动和国家“非均衡协调发展战略”思想指导下，我国各地区域之间的经济要素流动和转移的速度正日益加快、领域不断拓宽、规模逐步扩大、层次逐渐提高，区域经济合作发展已成为当前地方政府的主攻策略。

贵州地处大西南内陆腹地，是我国重要的资源大省，参与周边地区经济合作的后发优势明显。然而，地理区位优势的缺失，特别是交通瓶颈的制约，使得贵州目前仍是一个经济欠发达、资源欠开发的落后地区。同时，自国家继续推进西部大开发以来，随着西部地区交通体系的建设和完善，贵州西南陆路交通枢纽的地位不断被弱化，正面临着被边缘化的危机。

贵州要实现跨越式发展，就必须首先改善交通条件，与经济发达地区建立快速通道，从时空上改变相对区位，借助外力扭转地理区位的劣势，坚持交通引领经济发展，实施开放带动战略和大中城市带动战略。为此，“十一五”期间除了完成黔桂铁路的扩能改造工程以及川黔铁路的复线建设工程外，贵州省委、省政府还特别提出建设贵阳至广州的快速铁路和厦蓉高速公路贵州段（以下简称贵广高速公路），以期加强贵州与珠三角的紧密联系。目前这两条快速通道已经纳入国家有关部委的“十一五”规划，于2007年开工建设，2010年建成通车。

贵阳作为贵州省会，是全省实施开放带动战略和大中城市带动战略的核心和排头兵。随着贵广新通道、贵阳环城高速公路、贵阳铁路枢纽和贵阳龙洞堡国际机场等一批重大交通项目工程的建设，贵阳的交通环境将明显改善，贵阳和泛珠三角核心区广州的时空距离将大大缩小，贵阳作为西南陆路交通枢纽和西南出海大通道区域中心城市的重要地位将进一步凸现。未来贵阳将在更大范围参与泛珠三角、南贵昆、成渝经济圈等区域合作以及中国—东盟自由贸易区等国际合作。可以预见，随着经济的发展，届时贵阳的物流吸引力将大大提升，物流需求量将急剧增加。

在最近召开的市委八届四次会议上，贵阳市委作出建设“生态文明城市”的决定，做大做强八大生态产业，现代物流业要取得突破性发展。这就对贵阳物流业的发展提出了更高更新的要求。原先由贵阳市商务局立项，由招商迪辰管理咨询（深圳）有限公司联合编制完成的《贵阳市现代物流业发展规划（2006—2015年）》已不能很好地反映新形势。为使物流规划能尽快有效实施并发挥作用，对原规划进行修编就成为贵阳市社会经济发展中的一项迫切任务。修编的目的在于明确新形势下贵阳物流业新的发展方向和重点内容，重新整合优化贵阳现有物流资源，进一步推进贵阳现代物流业的快速发展，为贵阳及贵州通道经济的发展提供有力支撑和保障。

1.2 基本条件

独特的地理区位和交通枢纽地位为贵阳现代物流业的发展创造了条件。

贵阳市是西部大开发的重点城市，中国—东盟自由贸易区的建立，使贵阳进一步成为泛珠三角经济圈与大东盟经济圈的汇合部。贵阳独特的区位优势，使其肩负着既为我国内陆地区提供便捷的出海通道，又为东南亚邻国提供深入我国内陆腹地的快速通道，促进双方经济大流通的历史重任。

贵阳市"十一五"综合交通规划的实施将给全市物流基础设施的建设提供新的机会。紧跟现代化的铁路、公路、航空综合运输网络建设，贵阳市将形成新的物流通道体系。届时，贵州及贵阳不仅是成都、重庆等周边城市地区南下广东最经济便捷的必经要道，而且是我国整个西部通往华南地区（粤港澳）、"三亚"地区（东亚、南亚、东南亚）的出海出境重要通道和陆路交通枢纽，是中国—东盟自由贸易区的交通咽喉；从世界范围看，未来还将成为沟通印度洋和太平洋最便捷的新亚洲大陆桥的重要结点。因此，贵阳作为全国特别是西南地区重要交通枢纽的战略地位将显著提升，贵阳物流的服务范围将不仅是贵阳市及贵州省，还要辐射西南地区及东南亚地区，从而实现货物快速、及时、安全的流通。

贵阳市经济总量的持续增长为现代物流业的发展提供了巨大的需求市场。

贵阳拥有较为丰富的自然资源，目前已初步形成了以铝、特钢为主的冶金工业，以磷、橡胶为主的化学工业，以绿色食品、卷烟为主的食品工业等支柱产业。近年来，随着产业结构的战略性调整步伐加快，以生物制药、电子信息产品制造、新材料、光机电一体化、环保等为代表的高新技术产业迅速发展，产业结构日趋完善。2006 年重工业实现增加值 140.63 亿元，轻工业实现增加值 86.75 亿元，高技术工业实现增加值 37.26 亿元，分别比上年增长 17.5%、11.5%和 11.9%。

从发展趋势看，未来随着新通道体系的建成，贵阳经济实力和对外辐射带动能力将逐渐增强，表 1—1 是贵阳市"十一五"期间工业和第三产业将重点发展的内容。

表 1-1　　贵阳市"十一五"重点发展的产业

行业	工业	服务业
重点发展内容	电子信息产业 新材料等高技术产业 磷及磷化工产业 铝及铝加工产业 煤及煤化工产业 烟草加工制造业 中药产业 特色食品加工业 装备制造及汽车零部件等先进制造业	旅游业 现代物流业 商贸流通业 金融、保险、信息、中介等现代服务业 房地产、社区服务等新兴服务业

"十一五"期间贵阳将依托自身资源优势，壮大特色产业，发展循环经济，走新型工业化道路，努力打造成大西南的新型能源工业中心，全国以资源加工转

换制造为基础的特色工业城市。届时，贵阳的物资集散需求量将快速递增，这无疑给贵阳物流业特别是行业物流的发展提供了丰富的需求源，为促进贵阳成为西部地区的资源集散中心提供了良好的机遇。

丰富的自然资源及其特色产业体系的发展为贵阳现代物流业发展提供了广阔的发展空间。

第一，在能源和矿产资源开发领域。贵阳的能源与矿产资源组合良好，铝及铝工业、磷及磷化工已初具规模，煤及煤化工发展前景广阔，可为珠三角地区和其他周边发达地区的发展提供能源、铝工业、磷化工、煤化工等资源性产品。

第二，在高新技术产业领域。贵阳将加强与周边区域特别是珠三角经济区的合作与配套，加强科技资源共享，促进科研项目协作，共同提升技术研发水平，推动高新技术产业加快发展。重点推进贵阳的汽车零部件、橡胶制品、装备制造、新型电子元器件和新材料等特色优势产业与相关地区企业的联合、合作或配套，力争开拓省外、海外市场。

第三，在旅游资源开发领域，贵阳市可充分发挥得天独厚的气候资源，发挥作为全省旅游服务中心和全国重要旅游目的地的优势，大力开拓大珠三角、东南亚等客源市场，加强区域性国际旅游领域的合作，共同打造无障碍旅游区和精品旅游线路，把贵阳市打造成为西南、华南地区特别是珠三角地区乃至全国和全世界的“中国避暑之都”“温泉之城”，促进全市旅游业加快发展。

第四，在民族药业和特色食品发展领域，积极推动制药企业整合，重点培育一批竞争力强的现代制药企业集团。大力发展卷烟工业，支持以“老干妈”为代表的特色食品企业发展。

第五，在现代生态农业领域，贵阳可针对广州及珠江三角、港澳地区的绿色农产品消费市场，重点发展贵阳具有优势的无公害绿色有机蔬菜、瓜果、花卉以及肉制品等，带动现代农业及农业产业化发展。

较丰富的物流运营资源为贵阳市物流业的发展提供了雄厚的物质基础。

贵阳市拥有众多的物流硬件设施和丰富的物流运营资源，这为发展物流业提供了雄厚的物质基础。50 年代国家在贵阳市修建了大量的仓库和铁路专用线，各系统仓库面积有资料统计数据就达 70 万平方米，堆场面积 100 多万平方米。拥有西南地区最大的货运编组站—贵阳南站，设计能力达 10000 辆/日，并且贵阳市内设有多个铁路装卸点和多条铁路专用线。除南站以外，拥有两个大型铁路公用货场：贵阳东站和贵阳西站，还有一些小型货场。传统储运企业形成了一定的产业规模，新兴现代物流企业也不断涌现，为推进整个贵阳市物流业的发展奠定了良好的基础。

具有现代物流经营理念的第三方物流企业发展迅速。

目前，贵阳市传统物流企业相继改造，现代物流企业不断涌现，虽然规模有限，但是发展迅速。主要存在以下几种模式：

一是以运输为主功能的物流企业：这类企业侧重于为社会提供运输及大范围区域配送物流服务，主要有三类：①干线运输或多式联运型物流企业，主要依托贵阳铁路枢纽的优势，开展联运、长途干线运输等服务；②专线运输型物流企业，一般依托大型专业市场，为市场内企业进行专线直达运输或配送服务；③运输配载型物流企业，一般依托大型货运站和停车场，用高效的信息平台为车主、货主提供供需信息，从事配载服务。

二是以仓储为主功能的物流企业：这类企业侧重于为社会提供仓储及相关服务，主要为大型交易市场服务的仓储企业，以仓储功能为主，并提供一些配套服务。

三是以货代为主功能的物流企业：这类企业拥有丰富的客户资源，依托贵州省唯一的货运口岸优势，结合现代信息技术，从事国际货运代理业务。

工商企业现代物流意识逐步增强，第三方物流市场正逐步形成。

从总体上看，贵阳市工业企业的物流运作方式基本还停留在自营物流的模式，而以物流公司为服务主体的比重较小。在外包的服务功能中干线运输是企业外包最多的功能，一体化外包的情况很少。企业中设立单独的物流管理部门比重不大，而这些物流管理部门的业务范围主要负责销售物流，而负责一体化物流管理的比重很小。

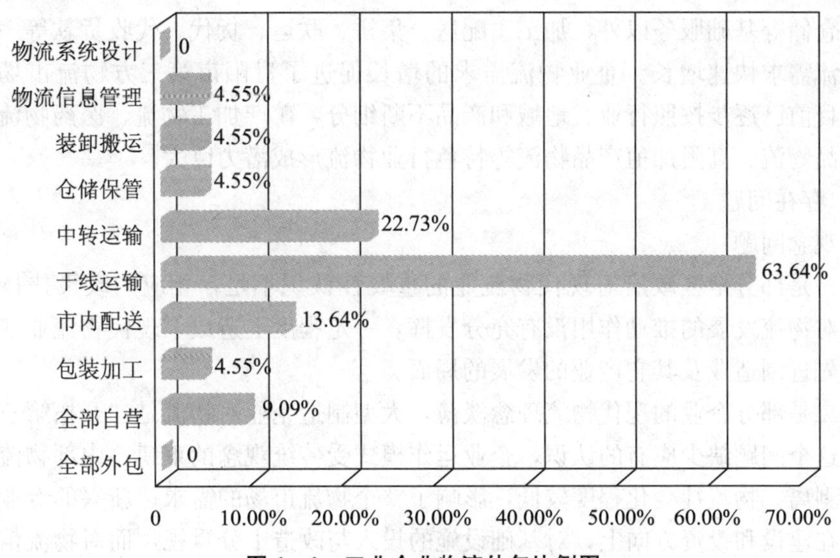

图 1－1　工业企业物流外包比例图

从商业企业的物流来看，大多数商业企业都有自己的仓库和运输车辆，企业自备的物流资源不能及时、有效地为社会所分享，使资源的利用率降低。企业物流业务的外包比重较小，其中运输（干线运输和市内配送）是商业企业外包率最高的物流功能，而信息处理和流通加工则是外包率最低的功能。大多数商贸企业表示外包配送业务是连锁企业的最佳选择，只是贵阳市目前缺少专业化的第三方配送物流企业。

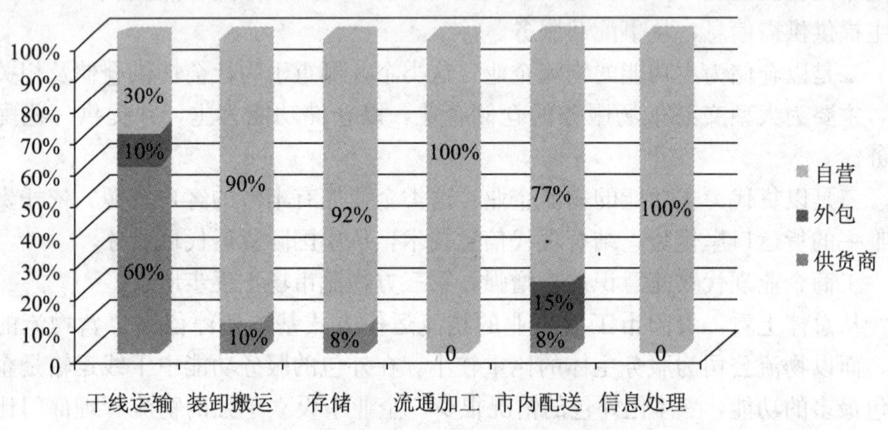

图 1-2　商业企业物流外包比例图

目前贵阳市工商企业对第三方物流服务的数量和质量要求越来越高，除了运输、仓储等基础服务以外，加工、配送、集拼、联运、货代、代收货款等一体化的物流需求快速增长。企业物流需求的增长促进了贵阳市第三方物流市场的形成。目前已逐步按照行业、地域和产品不断细分，矿产加工物流、医药物流、特色食品物流、高附加值产品物流等特色行业物流形成潜力巨大。

1.3　存在问题

观念问题

一是部分地区政府对现代物流业的重要性认识不足，相应的政策扶持不到位，对物流发展的推动作用没有充分发挥，一定程度上造成了现代物流业滞后于省内先进制造业及其它产业的发展的局面。

二是部分企业的现代物流理念淡薄，大型制造企业对物流是“开拓第三利润源”这个问题缺少应有的认识，企业运作模式受传统观念的束缚，内部物流难以完全剥离，物流社会化程度较低，影响了整个物流市场的需求；新兴的专业物流企业在建设和投资方向上，对基础设施的投入与改造十分重视，而对物流信息系统等“软件”的关注程度比较低。

体制政策问题

一是体制方面的障碍：目前贵阳政府部门对物流的管理体制还未完全理顺，

条块分割、多头管理的情况仍存在，统一有效的协调沟通机制尚未完全建立，导致现代物流产业的发展缺乏系统性，直接影响了全市物流工作的深入开展。

二是政策法规方面的影响：目前贵阳市发展现代物流业政策的保障力度不够，执行力度不强，宣传力度不广。2004 年，九部委正式下发的《关于促进我国现代物流业发展的意见》相关具体措施没有得到有效的执行，尤其在物流用地性质上仍然不明确。

物流需求问题

一方面，贵阳产业发展的集聚效应不明显，大型工业企业、大型交易市场数量少、规模小，中小企业配套加工能力较弱，难以形成大进大出的生产物流和销售物流。贵阳消费物流的辐射面相对狭小，消费人群有限，难以形成较大的商业物流。

另一方面，生产制造企业的专业化、社会化分工不明显，许多企业特别是国有企业由于工作惯性和利益局限，习惯于大而全、小而全的管理体系，企业的物流资产沉重，沉没成本高，大批工商企业不愿意将物流业务外包，第三方物流企业进入工商企业由于观念、体制和利益上的障碍，物流有效需求增长缓慢，第三方的大型龙头物流专业企业难以形成。

物流载体问题

一是规模：物流设施规模过于分散，集中度低，物流资源没有得到合理优化，缺少有影响力的大型现代化综合型物流基地。物流服务企业虽然数量众多，但分布较广，规模普遍偏小，整体实力不足，大多物流服务企业属于个体经营户，辐射能力有限，服务范围较窄。

二是功能：物流企业的物流管理技术能力、网络能力以及客户整合能力还比较弱，传统物流企业的比重非常大，功能单一，难以提供专业化和一体化的物流服务，管理思想和信息化管理手段落后，还不能有效地运用网络信息和电子技术进行现代企业管理。现有仓库设施陈旧，设备老化，仓库以平面库居多，占地面积大，但储存效率低，能适应机械化操作的立体化仓库设施极少。

物流人才问题

物流管理人才和物流经营人才严重缺乏，难以保证现代化物流业高起点和高水平发展。由于生产和流通企业中的相当企业领导层对现代物流业的作用认识不到位，物流知识的学习和培训工作相对滞后，造成物流业专业人才匮乏。

1.4　发展机遇

新通道体系的变化

贵州省委、省政府提出加快建设贵阳至广州的高速公路和快速铁路（简称快速通道），国家有关部委已确定把这两条快速通道纳入“十一五”规划，将于2007 年开工建设，2010 年建成通车。同时，贵阳与周边地区的交通运输网络也在不断完善中，目前正在抓紧黔桂铁路、川黔铁路的扩能改造，下一步即将规划修建贵阳到重庆的高速铁路（渝黔新线）。今后还将进一步完善贵州铁路网，包括规划长沙—贵阳和贵阳—昆明高速铁路（沪昆高速铁路的贵州段）；修建贵阳—思南—黔江—武汉或郑州的高速铁路、贵阳—凯里—靖州—永州—赣州—福州和厦门高速铁路、贵阳—遵义以及毕节—成都高速铁路。这些快速通道将大大缩小贵阳与泛珠三角核心区广州以及周边经济区域的时空距离，促进贵州更深度地融入区域经济合作中去，对加快实现全省经济社会发展的历史性跨越具有重要而深远的意义，对整个西南地区和珠三角的发展也将起到极大的促进作用，也给贵阳市的物流发展带来巨大的机遇，使贵阳市具备打造西南物流中心的坚实条件。

经济全球化背景下国际产业的大举转移

进入新世纪以来，在全球经济一体化的推动下，国际资本和产业格局发生了剧烈变化，世界经济结构加速调整，世界经济重心继续向亚太地区转移，以制造业为主的国际产业加快向中国及其周边国家转移，中国已成为世界经济发展中新的增长极。贵阳应抓住东南沿海产业转移、西部资源东输的有利时机，凭借贵阳新的交通优势，主动承接"泛珠三角"、"长三角"经济区产业转移，逐步成为国际产业链中的一个重要环节，成为这一轮国际产业转移的最大受益地区之一。从外资投向上看，贵阳工业拥有巨大的本土市场、丰富的劳动力资源和自然资源等比较优势，与周边地区特别是广东在物流、信息流、资金流和场站资源方面具有互补性，借助泛珠三角这个物流区域一体化平台，将极大地提高贵阳物流业的整体竞争力，实现贵阳全市现代物流业的跨越式发展。

后 WTO 时代的来临

随着后 WTO 时代的到来，我国入世时在分销和贸易权上的承诺将逐一履行，外资物流企业在华开展业务的限制不断放宽，面对着中国巨大的物流市场和发展潜力，更多的外资物流企业将直接进入国内运输、批发和零售等领域，开展各类物流业务，拉开全面进攻的架式，以实现全球战略目标。对贵阳而言，这一方面可以推动本土物流企业吸收国外企业先进的物流管理经验和技术，接轨国际，提高本土企业的整体素质和竞争能力，也将使物流行业市场化、法制化的进程加快；另一方面贵阳市现代物流业刚刚起步阶段，除少数知名度高、实力较强的大型物流企业和新兴的专业化物流企业之外，多数物流企业处于规模小、服务质量低、竞争力弱的状态。国际大型跨国物流企业的进入，必将使省内原本低效率、缺乏竞争力的物流体系受到冲击，整个物流业的格局将会因此发生重大变革，传统物流企业将受到前所未有的挑战，面临着巨大的生存危机。

在这种形势下，贵阳物流业必须尽快引入供应链管理思想并将其作为企业市场竞争的重要战略，通过供应链管理获取竞争优势。面对后 WTO 时代的机遇和挑战，贵阳只能正视挑战，抓住机遇，任何退缩或犹豫都会丧失发展先机，使自己处于不利位置。

国家“十一五”规划的制定

2006年3月全国十届人大四次会议通过《国民经济和社会发展第十一个五年规划纲要》，在第四篇“加快发展服务业”中单列一节重点提出“大力发展现代物流业”。这在全国国民经济和社会发展规划的历史上是第一次，标志着现代物流的产业地位在国家规划层面得以确立。随后在全国“两会”上，温家宝总理在政府工作报告中再次提出要加快发展包括信息、金融、物流在内的服务业，为现代物流业的发展指明了方向。随着国家对物流业重要性的认识不断加深，可以预见，“十一五”期间国内物流业将会迎来一个高速发展期。因此，在新的发展阶段，贵阳要集中精力发展现代物流业，以适应社会经济发展对物流服务在“质”和“量”上日益更新的高要求。

西部大开发战略的推进

南贵昆经济区是西部开发的三个重点区域之一，作为西南地区运输大通道重要节点城市和交通枢纽城市，西部大开发给贵阳市的进一步发展提供了良好的机遇，同时也为贵阳市物流业的发展提供了市场基础。贵阳铁路枢纽改造扩建，黔桂铁路改造扩能，贵阳至重庆高等级公路贯通，贵广快速通道的打通等交通建设项目的推进也增强了贵阳市物流业发展的运能基础。

区域经济一体化的推进

区域经济一体化意味着淡化行政疆域，重视区域内资源和能力的优化整合和配置，实现商流、物流、资金流、人流和技术流的有机统一。在世界经济走向区域化和一体化的过程中，在经济全球化和区域一体化发展趋势日益加强的大环境下，扩大区域经济合作首先要解决好物流的区域化和一体化问题。在物流走向区域一体化的过程中，中国—东盟自由贸易区、泛珠三角经济区、贵阳城市经济圈的构建将使区域内物流具有率先实现一体化的客观必要性和可能性，为贵阳市发展外向型经济，建设区域性物流中心提供了前所未有的机遇。

贵阳经济的新一轮快速增长

“十一五”期间，贵阳市将优化结构、提高效益和降低消耗，规划2010年全市生产总值突破1000亿元，人均生产总值突破3000美元；资源利用和生态环境得到明显改善；形成具有较强竞争力的优势产业、特色经济体系；市场化水平显著提高，开放型经济达到新水平；建立起较为发达的交通运输体系。贵阳经济的新一轮快速增长将推动现代物流业的跨越式发展。

1.5 面临挑战

西南三市的挑战

重庆是中国西部地区最大的内陆水运中心，三峡工程使这条黄金水道更发挥了空前的作用。重庆现代物流中心成为西南地区、长江上游、长江流域区域型的物流中心。依托长江经济带，公、铁、水、航空、管道运输并举，规划建设以五个物流基地为核心的完善的物流布局和层次丰富的物流网络体系。

成都由于其特殊的地理位置，宝成、成昆、达成、成渝 4 条铁路干线交汇于此，是西南最大的铁路客货枢纽；公路、航空发达，是西南重要的航空枢纽和客货集散地，具有了发展现代物流业完备的硬件设施。规划建设集铁路、公路、航空于一体的综合现代化物流体系。

云南依据构建面向东南亚现代物流中心的大战略，规划在未来 15 年建设三大通往东盟的铁路线，完成出省、出境主通道高等级公路的全部改造。形成以昆明为中心基地，面向世界，连通全国各省的干线航空网，连通省内各州市及周边地区机场的支线航空网。同时建设昆明、曲靖、玉溪、楚雄、大理、红河、景洪这七大云南物流基地。

重庆、成都、昆明三市的现代物流发展，对贵阳市国际化物流和区域物流发展是严重的挑战，三市物流发展基本处于起步和发展阶段，重庆和成都具有一定的先发优势，也是贵阳市物流发展的主要竞争对象。

贵州四市的挑战

六盘水、遵义、都匀、毕节成为新增的四个国家公路运输枢纽城市，在交通方面具有一定的优势，必然分担贵阳市物流量，随着六盘水、遵义、都匀、毕节四市现代物流的崛起和发展，也将弱化贵阳市在贵州省的物流枢纽地位，对贵阳物流业发展是一个潜在的挑战。

2　贵阳现代物流业发展总纲

2.1　指导思想

以科学发展观为指导，以市场为导向，以信息技术为支撑，以资源整合为手段，以降低物流成本和提高物流效率为目标，努力营造现代物流发展的政策环境和基础设施环境，加速全市现代物流业向社会化、专业化、现代化、信息化和国际化的方向发展，为全市的经济发展提供有力支撑，使贵阳逐步成为现代物流业中心城市。

“突出通道”：抓住新通道体系的建设给贵阳物流带来的重大机遇和战略影响，突出通道改变后贵阳在区位交通、产业、资源等方面产生的新优势，因地制宜地明确其物流发展战略定位与发展目标、空间布局、运作管理等关键内容，走一条创造性的发展之路，实现贵阳及贵州省的腾飞。

“整合聚优”：体现贵阳现代物流业通过现代化、专业化的物流基础设施条件和科学的管理体制，实现资源的有效整合和运作一体化，强调公路、铁路、航空等多种运输方式的一体化，各种物流功能和物流服务系统的一体化，发挥物流资源的积聚效应和规模经济效应，以“大物流”促进贵阳的“大发展”。

“区域协同”：突出贵阳物流发展中的区域关联性，在其贵阳物流系统的规划建设过程中，注重与周边区域物流体系以及经济合作的协同发展，同时注重一、二、三产业之间的协同发展，注重不同物流模式和运作方式的协同发展。

“生态和谐”：强调协调发展的思想，体现城市物流的规划建设与产业、经济、社会、环境、生态与区域等各个方面之间的协调，着重体现物流与环境系统的有机融合，在贵阳现代物流体系的规划建设中注重生态系统的保护和完善，传播和体现“绿色”物流的理念，以支撑贵阳建设“生态文明城市”的战略定位。

2.2　战略定位

立足贵阳和贵州发展、服务大西南及华南沿海、辐射东南亚，连接国内和国际两个市场，将贵阳建设成为：

——辐射西南地区的物流分拨中心；

——联结长江上游经济带与泛珠三角经济圈的陆路物流枢纽；

——面向东南亚的国际物流结点。

2.3　框架体系

为实现以上定位目标，贵阳需要重点“打造3大基础平台，建设9个物流结点，培育一批现代物流企业，形成三大现代物流服务体系”。

三大基础平台

——以现代综合交通体系为主的物流运输平台；

——以信息网络技术为主的物流信息平台；

——以引导、协调、规范、扶持为主的物流政策平台。

九大物流结点

——国际型物流结点：二戈寨物流园区；

——区域型物流结点：金阳物流园区、扎佐物流园区、三桥物流中心、竹林物流中心、清镇物流中心；

——市域型物流结点：白云物流中心、开阳物流中心、息烽物流中心。

一批现代物流企业

——改造提升一批传统物流企业；

——扶持一批核心竞争力强、规模较大的现代物流企业；

——引进一批国内外知名物流企业。

三大物流服务体系

——一个与澳港粤接轨的国际物流体系；

——一个高时效性的区域运输服务体系；

——一个提供快速、准时、多样化服务的市域配送服务体系。

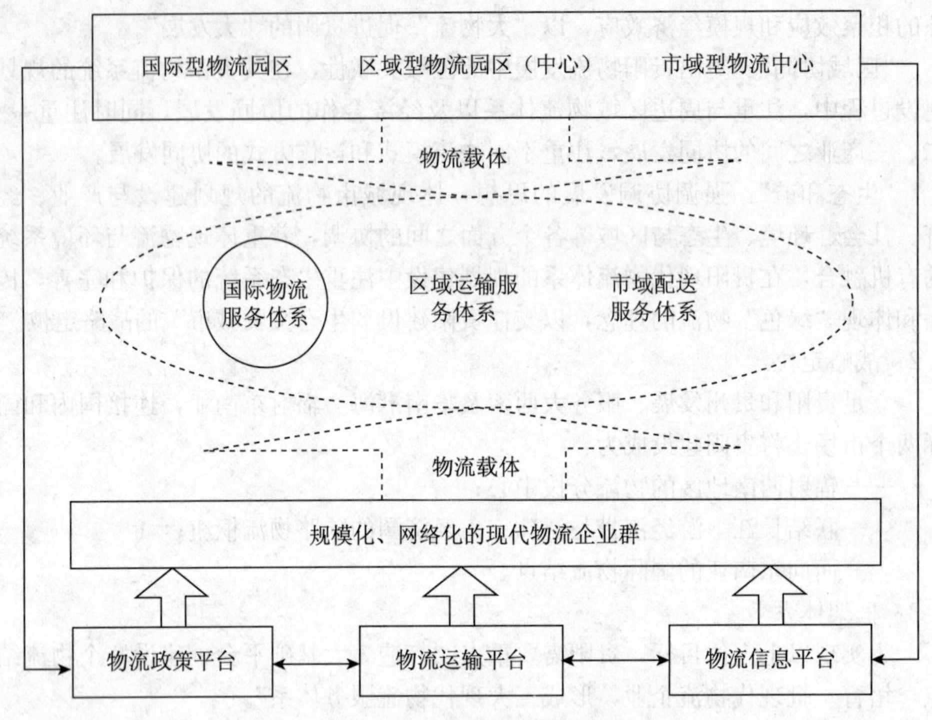

图 2-1　贵阳市现代物流业发展框架体系

2.4　总体目标

抓住大通道建设的重要机遇，加快构建以公路和铁路为核心的综合交通运输体系，有效整合现有各类物流资源，大力推进现代物流园区和物流中心建设，搭建物流公共信息平台并完善面向社会的服务功能，改善政策体制环境，尽快打造支持物流体系发展的各类基础设施平台。扶持一批重点物流项目，加快发展第三方物流，改制提升传统物流企业，培育具有服务品牌的现代物流企业与引进国内外知名物流企业；在建设中国－东盟自由贸易区、泛珠三角经济区和南贵昆经济区、贵阳城市经济圈的大背景下，以贵州省区域物流为立足点，加强与区域内城市的分工与协作，形成一个快捷、高效、通畅、安全并与国际接轨的区域性物流协作服务体系，将贵阳发展成为西南地区重要的物流中心。

到 2010 年，物流业贡献率达 8%左右；工商企业物流费用平均降低 10%左右；工商企业物流业务外包比例达到 10%左右。现代物流业逐步成为全市新的经济增长点，形成辐射全省的物资集散分拨中心，初步建成大西南陆路物流枢纽框架。

到 2015 年，物流业贡献率达 10%左右；工商企业物流费用平均降低 15%左右；工商企业物流业务外包比例达到 15%左右。现代物流业发展水平达到国内平均水平，区域物流的营运和服务能力大大提高，确立西南地区陆路物流枢纽城市的地位，初步构建国际物流服务体系。

到2020年，现代物流业发展水平超过国内平均水平，成为贵阳市国民经济的支柱产业之一，建成面向东南亚，并与澳港粤接轨的国际物流服务体系，成为重要的区域性国际物流结点。

2.5 发展重点

2.5.1 加快发展区域中转物流

新通道体系的建设将打通贵阳与周边区域的联系大动脉，对贵阳的整体物流基础设施布局和服务组织的发展产生长期影响。贵阳应凭借西南地区重要交通枢纽的地位，加快发展区域中转物流，构筑物流运输平台，发展以货运枢纽为核心的区域物流，力争成为大西南地区的物流枢纽和分拨中心。

加强物流基础设施建设，构筑物流运输平台

首先，要完善区域内部及对外的交通运输网络。其次，要加强多式联运网络建设，集成、组合多种运输资源，建立公路—铁路、公路—航空、铁路—公路—航空等多式联运枢纽，强化多式联运向国外和国内两个扇面的辐射功能，完善交通网络的合理配置，实现从散货到集装箱、从单一运输到多式联运的发展，形成以贵阳为枢纽的多式联运网络体系。

形成区域一体化的物流服务格局

贵阳在发展区域物流时，要全面加强与其他区域（包括国际物流）的交流与合作，形成区域一体化的物流服务格局，实现资源共享，促进共同发展。首先，要推进全省区域物流协调发展；其次，要加强省际间物流业务合作；最后，要积极发展国际物流。

2.5.2 着重发展特色行业物流

贵阳地处贵州腹地，旅游、生物、矿产、能源等资源都比较丰富，开发潜力很大。目前贵阳正大力发展循环经济，走新型工业化道路，特色行业和大宗产品物流在贵阳现代物流业发展中具有重要地位，应重点发展矿产加工、医药、食品、高附加值产品4类特色行业物流。

矿产加工物流

引导中国铝业股份有限公司，开阳磷矿等重点矿产加工生产企业不断优化物流流程，更新包装运输方式，提高流通效率。鼓励矿产原材料生产、流通企业延伸产业链，以资本为纽带，整合相关物流资源，培育大型矿产物流企业，进一步增强贵阳对铝、磷等原材料和产成品的集聚、辐射能力，扩大流通加工规模，为都市圈以及全省矿产加工生产企业提供全面、高效的物流服务。

医药物流

贵州药用植物种类十分丰富，是全国四大中药产区之一，以苗药、中药为代表的民族医药产业已被列为贵阳城市经济圈的特色优势产业，市场空间广阔。贵阳发展医药物流，一方面要优先发展药材基地，另一方面要积极推动制药企业整合，重点培育大型现代制药企业集团，鼓励大型医药工业企业与上下游企业合作，将有关服务环节特别是物流环节外包，积极构筑一体化供应链；同时鼓励药品连锁企业跨区域发展，推进药品连锁经营，引导有实力、有意愿的医药企业，依托其现有的配送机构，联合建设区域性物流中心和配送中心，发展和培育专业的第三方医药物流企业，开展药品第三方物流配送试点。

特色食品物流

烟酒和绿色食品工业是贵阳国民经济的支柱产业。围绕扩大特色食品工业的辐射范围，增强优势产业的竞争力，重点发展茅台等酒业物流，贵阳卷烟、老干妈、刺梨汁、精炼菜籽油等食品物流。扩大特色产品的辐射范围，增强企业实力，并引导企业逐步剥离物流业务，通过市场机制整合物流资源，培育大型食品物流集团，巩固贵阳及贵州省食品加工业的优势地位。

高附加值产品物流

电子信息、生物技术、新材料等高新技术产业是贵阳市“十一五”期间产业发展重点。鼓励第三方物流企业紧紧依托国家级、省级开发区，积极采用信息化技术、自动化技术、智能化技术，引进先进管理技术，围绕开发区企业在物流、供应链服务方面的不断创新，大力发展多层次、高效率、全方位的个性化物流服务体系，促进依托高新技术产品等知识密集型产业为主的国际物流的发展。

2.5.3　优先发展城市配送物流

贵阳城市经济圈是贵州省重要的产业基地，都市人口有密集化趋势，进出口规模和销售规模日益扩大，迫切需要一个畅通的城市物流渠道。新通道体系的规划与建设，带动了贵阳市及贵阳城市群交通运输系统建设，对城市物流配送系统向高效率方向发展创造了条件。贵阳建设现代化的城市配送物流体系，重点要做好以下几方面工作：

完善城市商品市场体系

规范发展一批具有现代零售商业特征的大型连锁超市、仓储式商场等销售终端市场，形成功能完善的城市零售商业网点体系。加快大型专业批发市场尤其是特色产品如旅游商品市场的建设，提升市场档次。在地方性批发市场的基础上鼓励发展一批集中贵州乃至西南具有资源优势的矿产品、农产品、原材料，向西南地区辐射的大型区域性专业市场，以增强贵阳市场体系的辐射能力。引导大型商贸企业转变经营理念和经营方式，积极拓展物流业务，推进商流与物流的有机结合。

发展新型流通方式

以发展连锁经营、统一配送、电子商务为重点，积极推进流通方式的变革。

支持大型连锁企业，通过资本运作、特许经营等方式，向规范化和集约化方向发展。推动大型连锁企业优化物流业务流程，积极发展共同配送，加快技术和设施设备改造升级，逐步实现仓储立体化、搬运机械化、分拣自动化、配送网络化。

优化城市配送网络体系

根据物流结点布局和商品运输特性，完善与城市物流配送相适应的城市综合道路网络，提升城市交通管理水平，实现市区货物 1 小时内快速送达。结合城市工商业和物流结点布局，重点构建由商贸批发、连锁零售两个层次和生产资料、日用生活品、农产品三类产品组成的物流配送体系，积极发展都市圈共同配送，逐步增加大型物流企业配送量占全社会物流配送量的比重和连锁企业销售总额占全社会消费品零售总额的比重，提高物流配送的社会化、专业化、集约化程度。

3　贵阳物流量预测

现代物流活动中运输贯穿于物流全过程，是物流的核心部分，因此利用社会货运量指标来衡量物流需求规模有一定的科学性。考虑到通道建设对货运量的影响，也对货运诱增量进行预测。

为保证预测的科学性和合理性，在定量分析的基础上，结合贵阳市和贵州省的相关规划进行了定性分析，综合确定预测数值，预测结果如表 3－1 所示。

表 3－1　　预测结果汇总表

特征年	2010 年	2015 年	2020 年
自然增长 GDP（亿元）	980	1700	2700
考虑通道影响的 GDP（亿元）	980	2242	4709
趋势货运量（万吨）	8000	10000	13000
诱增货运量（万吨）	/	2000	5000
货运总量（万吨）	8000	12000	18000
进入园区第三方物流作业量（万吨）	960	2000	4000

4 贵阳物流业发展的空间布局

4.1 “一环、三带、九结点”物流空间布局结构

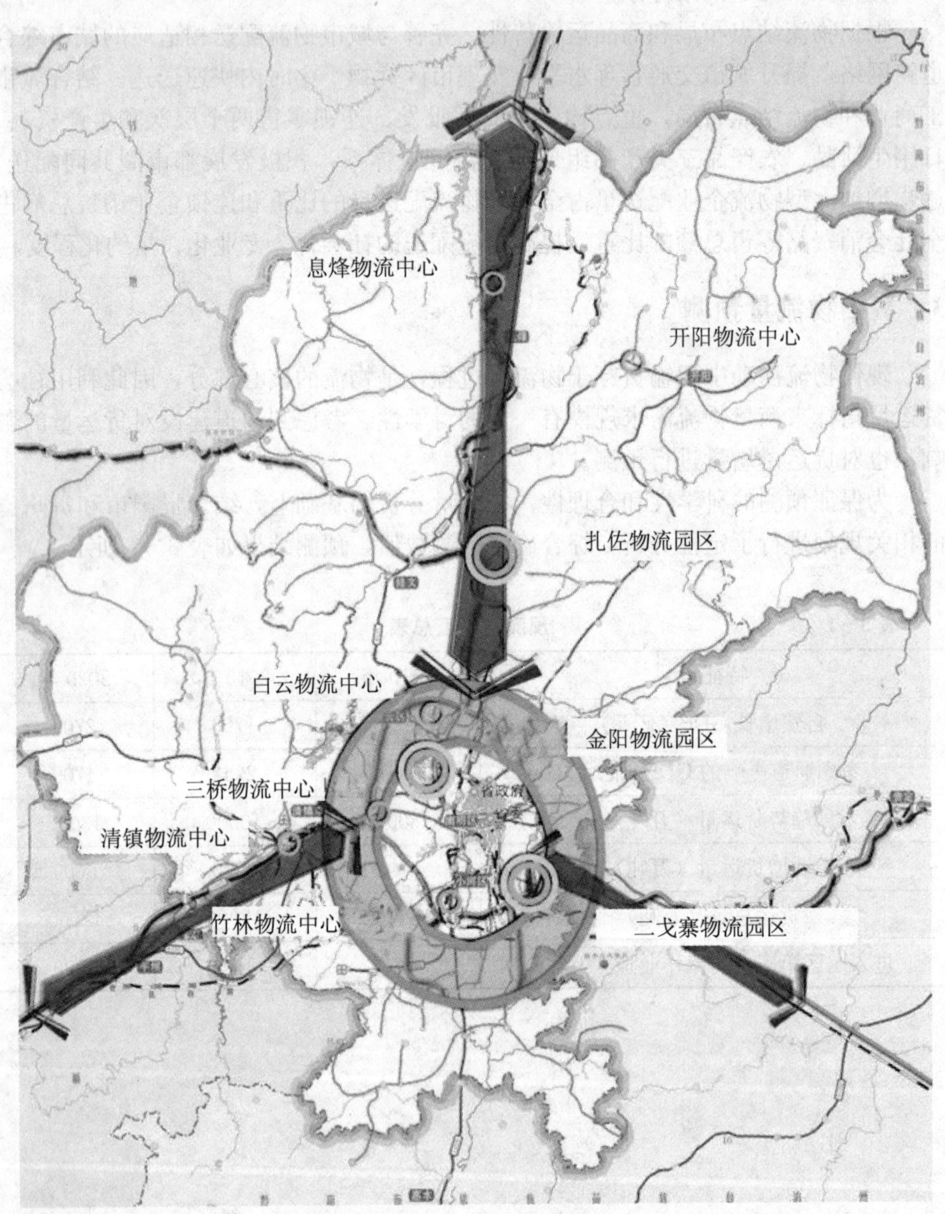

图 4-1 “一环、三带、九结点”空间布局示意图

"一环"：以环城高速为环，主要在环城高速周边布置物流结点，为三大国家级、省级开发区内部的生产制造企业和贵阳城区的商贸流通企业提供生活物资配送和生产企业供应链物流服务。分为三个物流区：南环线物流区、西北环线物流区和东北环线物流区。

南环线物流区：以二戈寨物流园区和竹林物流中心为核心，形成"二戈寨铁路转运中心—改貌集装箱物流中心—竹林物流中心"以公铁联运为主要运输方式的物流产业聚集区，主要为贵阳市中心区、二戈寨片区、花溪片区、小河片区及西南地区的商贸流通企业和制造企业提供高效、快捷的市域物流服务和区域分拨物流服务；

西北环线物流区：以金阳物流园区、三桥物流中心和白云物流中心为核心，形成"三桥物流中心—金阳物流园区—白云物流中心"以公路集散和铁路转运为主的物流产业聚集区，主要为贵阳市白云片区、金阳新区和三桥马王庙片区以及黔西北地区的工业集群和各类商贸市场提供综合物流服务；

东北环线物流区：以空港物流中心和小碧物流中心为核心，形成"小碧物流中心—空港物流中心—都拉营站"以航空为主、多式联运相结合的物流产业聚集区，主要为新天片区和龙洞堡片区的生产制造企业提供国际、国内准时、高效、便捷的物流服务。

"三带"：分为北向、东向和西向三大物流带，主要提供区域性专业化物流服务。

北向物流带：以扎佐物流园区为核心，形成各类物流资源向正北方向物流通道（川黔铁路、贵遵公路、G210）集聚的物流带，主要为贵阳市"三县"（修文县、开阳县和息烽县）、黔东北、黔西北地区及西部地区提供矿产加工物流、危险品物流服务、医药物流与特色食品物流服务；同时也为麦架—沙文—扎佐高新技术经济产业带提供物流服务；

西南物流带：以三桥物流中心和清镇物流中心为核心，形成各类物流资源向西南方向物流通道（贵黄公路、G320、贵昆铁路）集聚的物流带，主要为清镇、贵州西部地区和云南东北地区的铝加工产业、煤化工产业、中医药产业等提供生产物资物流服务，搭建公路干线集散平台和物流信息平台，提供高效、快捷、多样的物流服务；

东南物流带：以二戈寨物流园区为核心，形成各类物流资源向东南方向物流通道（贵广快速铁路、贵广高速公路、贵新公路、G210、湘黔铁路、黔桂铁路）集聚的物流带，面向"泛珠三角"经济区、"长三角"经济圈和"两广"出海通道，展开国际性和区域性物流服务。以铁路转运平台、集装箱集散平台、公路集散平台和空港集散平台四大公共作业平台为依托，为贵阳、广州等城市群提供国际化物流服务。

“九结点”：规划建设成集市域、区域和国际物流于一体，具有多式联运、集装箱中转、货运代理、保税仓储、分拨配送、流通加工、商品展示、信息服务等功能的综合物流体系。详见表 4－1、图 4－2。

表 4－1　　贵阳市物流结点规划布局结构

名称	类型	主要服务范围	规模（公顷）
二戈寨物流园区	国际综合型	贵阳城区、贵州东南部地区、“泛珠三角”经济圈和“长三角”经济圈、东亚地区	305
金阳物流园区	区域综合型	贵阳北部、“珠三角”经济圈	100
扎佐物流园区	区域专业型	贵阳北部和西部地区、贵州北部地区、我国西北部地区	150
三桥物流中心	区域专业型	贵阳三桥片区、清镇市、黔西南地区、云南东北部地区	55
竹林物流中心	区域综合型	贵阳、贵州省、西南地区以及华东、华南地区	25
清镇物流中心	区域综合型	清镇市、贵阳西部及黔西地区	70
开阳物流中心	市域专业型	开阳县及其周边地区	70
息烽物流中心	市域专业型	息烽县及其周边地区	40
白云物流中心	市域专业型	白云片区和金阳新区及其周边地区	40

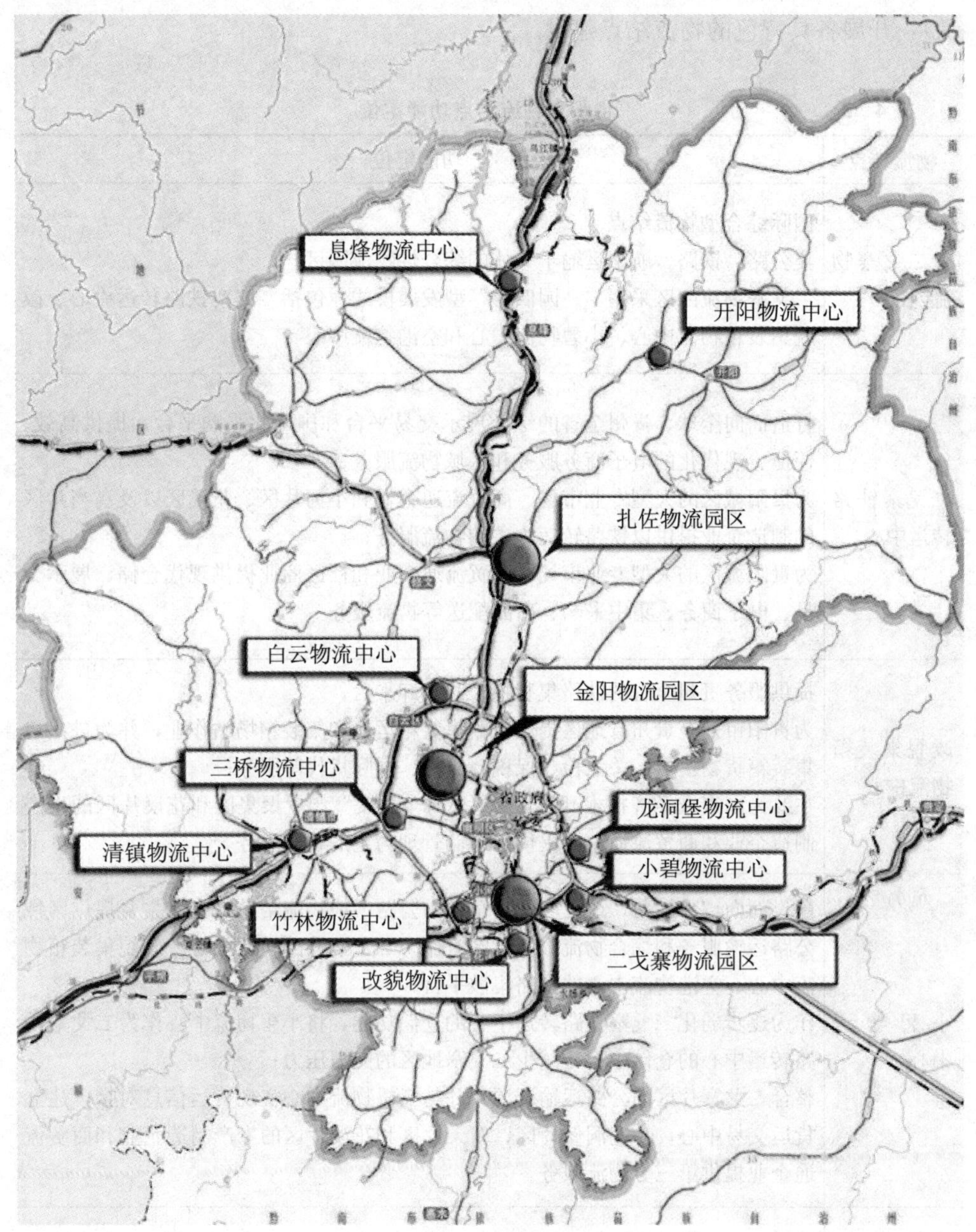

图 4-2　贵阳市物流空间结点分布图

4.2　物流结点建设规划

4.2.1　物流结点功能定位

重点抓好“九结点”的建设，根据各个物流结点的功能定位（如表 4-2 所示），开展各具特色的物流结点建设。

表 4-2　　贵阳市物流结点功能定位

物流结点	功能定位
★二戈寨物流园区	国际综合型物流结点 集公路、铁路、航空运输于一体的综合性物流园区。 二戈寨物流园区采用“一园四心”型发展模式，包括二戈寨铁路转运中心、改貌集装箱物流中心、小碧物流中心和空港物流中心
二戈寨铁路转运中心	打造面向全球、贵州全省的综合展示交易平台和国际化采购平台，提供高效、便捷、现代化的电子商务服务和区域物流服务； 为贵阳城区的大型专业市场、商贸流通企业和小河片区、花溪区以及乌当片区的制造企业提供以铁路转运为主的物流服务； 为贵阳城区的大型专业市场、商贸流通企业和社区商业提供现代仓储、展示交易、电子商务、集中采购、商品配送等物流服务
改貌集装箱物流中心	提供服务贵州全省的铁路集装箱公共装卸平台； 为贵阳市乃至贵州省地区提供铁路集装箱运输和集装箱场站作业，并为进出口集装箱货物提供一关三检、保税、监管、国际货代等服务； 主要为国家级经济技术开发区、“小河—孟关”产业聚集区和花溪片区的生产制造企业和商贸流通企业提供以仓储管理为主的物流服务
小碧物流中心	建设面向“珠三角”地区和贵州全省的公路干线物流集散平台，主要提供区域公路运输服务和综合物流服务，同时作为二戈寨铁路转运中心、改貌集装箱物流中心、空港物流中心的公路集散平台； 作为逐步弱化二戈寨铁路转运中心的仓储功能，将小碧物流中心作为二戈寨铁路转运中心的仓储中心，减少二戈寨地区的交通压力； 整合二戈寨片区的公路运输资源，并与三桥物流中心实现货运信息对接，建立货运交易中心，为龙洞堡片区、新天片区和花溪片区的生产制造企业和商贸流通企业提供第三方物流服务
空港物流中心	提供主要辐射东南亚地区、“泛珠三角”经济圈和西南地区的空港物流平台； 针对国际货运业务航班少的现状，发展保税＋JIT 配送的物流服务，以弥补国际航班的不足，同时又能吸引国外供货商和国内采购商； 作为贵州全省的航空枢纽，吸引周边地区包括邻近省份的航空货源，为其提供国内、国际航空货运物流服务

续　表

物流结点	功能定位
空港物流中心	为贵州全省提供以旅游商品和高新技术产品为主的展示、交易、电子商务等物流服务； 为新天科技工业园、贵阳国家经济技术开发区和特色农业产业基地的高附加值、时效性产品提供航空快递物流服务； 以拓展国内货运为基础，重点建设航空货运中心，形成航空物流载体平台、信息平台及服务平台，以信息平台为手段，综合开展航空、铁路、公路多式联运的供应链服务
★金阳物流园区	区域综合型物流结点 依托贵广快速铁路新客站，建设面向“珠三角”地区、连接西南地区的重要区域综合性物流结点，为贵阳周边城市和贵州省提供区域分拨物流服务，部分转移中心区承担的区域分拨物流功能，以减轻贵阳市中心区物流作业和交通压力； 为金阳新区、白云片区、三桥马王庙片区和中心区的大型批发市场、商贸企业和大型社区提供现代仓储、电子商务、共同配送等市域物流服务； 建设具有保税、监管、一关三检等功能的海关直通点，为金阳科技产业园提供原材料、产成品的进出口物流服务，同时提供保税、监管、国际采购、国际配送等物流增值服务
★扎佐物流园区	区域生产资料集散物流结点 为黔北、黔西北、黔东北地区的企业提供生产资料供应链物流服务； 重点为麦架—沙文—扎佐高新技术经济产业带的制造企业提供高附加值产品物流服务，同时为修文县、开阳县、息烽县和贵阳市区提供生产资料物流服务，开展矿产加工物流、医药物流、特色食品物流等特色行业物流服务，分担贵阳市城市物流功能和压力； 为毕节、铜仁等扎佐周边地区资源外运提供物流服务
★三桥物流中心	区域公路集散物流结点 为黔西地区及云南东北部地区提供公路干线运输和区域快速物流服务，打造区域公路集散中心，为贵阳三桥地区及周边地区生产制造企业、大型交易市场提供公路干线运输、仓储、城市配送等物流服务； 可作为金阳物流园区和竹林物流中心公路分拨辅助物流结点，分担两物流中心部分公路干线运输的职能，并以货运信息交易为核心功能，整合三桥马王庙片区的货运配载户，提供现代化货运物流服务

续　表

物流结点	功能定位
★竹林物流中心	区域物流分拨结点 整合铁路西站货运资源，开展行包专列为特色的公铁联运物流平台，为西南地区提供区域性分拨物流服务和面向华南、华东地区的高附加值产品物流服务； 为小河片区、花溪片区乃至贵阳市提供生产制造企业供应链物流服务和商业物流服务； 建立贵州省电子商务交易平台，开展以电器、食品、日化用品等生活资料为主的物流服务，提供高效的自动化仓储、分拣和全省范围内的“门到门”式配送服务
★清镇物流中心	区域综合型物流结点 依托清镇火车站，为清镇、贵阳市西部地区以及黔西地区提供铁路转运物流服务，并且提供化工、冶金、机械制造等特色行业供应链物流服务； 为清镇市及贵阳市西部地区的大型专业市场和商贸企业提供区域物流服务
★开阳物流中心	市域专业型物流结点 主要服务于开阳磷化工业产业带，以磷化工业企业的生产资料和工业产品配送服务为主，可作为扎佐物流园区在开阳的生产资料的次级物流结点，在相关物流运作上实现对接； 依托双流镇火车站危险品货场，为开阳县的磷煤复合化工产业提供原材料和化工产品的物流服务，并且依托开阳港，开展集“公铁水”多式联运于一体的危险品物流服务； 依托双流镇火车站，为开阳农产品、农用物资等大宗货物提供铁路转运和本地区物流配送
★息烽物流中心	市域专业型物流结点 主要服务于息烽磷化工业产业带，以磷化工业企业的生产资料和工业产品配送服务为主，可作为扎佐物流园区在息烽的生产资料的次级物流结点，在相关物流运作上可实现对接； 依托小寨坝火车站，为息烽县磷化工产品、煤化工产品、农产品、农用物资等大宗物资提供铁路转运和本地区物流配送
★白云物流中心	市域专业型物流结点 可作为扎佐物流园区在白云区的生产资料的次级物流结点，也可作为都拉营火车站的公路集散平台，在相关物流运作上可实现对接； 主要为金阳新区、白云片区和“白云—扎佐”工业集聚区的生产制造企业提供大宗物资的铁路中转物流服务，并为铝加工产业、新材料产业、高新技术等特色产业提供矿产加工物流、高附加值产品物流的特色行业物流服务

4.2.2　物流结点发展策略

（1）二戈寨物流园区发展策略

二戈寨物流园区的建设可以由市国资委对市属企业的资产进行有效整合，贵阳市相关政府部门成立二戈寨物流园区管委会，负责统筹整个物流园区的规划、建设、招商事项，争取各项优惠政策，实现政府对物流园区的领导。园区内各个物流中心之间进行信息共享和一体化管理，实现物流功能上的“无缝”衔接。

二戈寨铁路转运中心发展策略

鉴于二戈寨地区的交通现状，在贵广高速公路建成前，可整合现有的货运交易市场，将依托铁路运输的物流企业和市域配送企业整合到二戈寨铁路转运中心，为本地区提供公路集疏运服务和铁路转运服务，但在贵广高速公路建成后，可逐步减少本地区的仓储功能，剥离公路集散功能，建设商贸展示交易集聚区以及电子商务交易平台，开展集中采购、商品配送的物流服务，而将仓储、公路集散功能迁移至小碧物流中心；

吸引国内大型制造企业和跨国制造企业的分销商入驻，同时为国际国内知名的生产制造企业设立驻点销售处，提供全方位的金融服务、物流服务和信息服务并辅以餐饮、住宿、娱乐等辅助服务；

依托贵阳南站东货场已有铁路装卸优势，整合已有铁路专用线，搭建现代化铁路作业平台，设置全天候铁路装卸区、冷冻冷藏仓储区，为怕湿货物和保鲜货物提供专业化物流服务，可考虑由贵州商储公司进行起步运作，采用以贵州商储公司为主、多家经营的运作模式；

加强与小碧物流中心和改貌集装箱物流中心的合作，功能错位发展，将公路干线运输和集装箱物流两项物流功能剥离出二戈寨铁路转运中心，但是结点之间的衔接业务要保留和提升，可作为小碧物流中心公铁联运的转运点和改貌集装箱物流中心的集散点。

改貌集装箱物流中心发展策略

力争将改貌集装箱物流中心打造为集装箱跨省出海的陆路码头，重点发展集装箱（含国际集装箱）货物的集运、中转、堆存、集装箱拆拼加工、集装箱公铁联运等集装箱物流服务和相关配套物流服务，可考虑对贵州省物资储运总公司的现有基础设施进行改造，利用贵州商储公司已有的成熟经验，两家共同进行相关业务的起步运作；

充分利用改貌集装箱物流中心的有限空间打造集装箱作业平台，拆装箱过程中的货物集散所涉及的市域配送和区域公路干线运输可交由二戈寨铁路转运中心和小碧物流中心完成，铁路转运中心和小碧物流中心可作为改貌集装箱物流中心集装箱货物的集散点；

分离火车南站东货场的集装箱业务，把东货场的集装箱作业全部调整到改貌集装箱物流中心，解决原有东货场集装箱作业受局限的问题，并为二戈寨铁路转运中心提供铁路转运平台发展空间；

营造良好的集装箱发展软环境，贵州省政府和贵阳市政府应提出适应集装箱物流发展的优惠政策，同时改貌集装箱物流中心在发展初期也采用减免装卸费、租用费、停车费等营销措施，吸引集装箱货源，占领贵州全省集装箱市场，进而扩展到西南地区乃至西部地区的集装箱市场。

小碧物流中心发展策略

加强与三桥物流中心的合作，成为贵阳市货运“双心”，实现三桥物流中心与小碧物流中心的信息对接，在货运信息、货运跟踪、身份验证、货运电子交易等方面进行协作，共同建设贵阳市货运信息平台，实现部分信息技术共享；

由地区政府进行引导，整合二戈寨地区的大中小物流企业、运输公司、运输个体户和货运信息站，小碧物流中心也相应地提供优惠条件，吸引有实力的物流企业入驻物流中心，可考虑由贵州商储进行小碧物流中心的起步运作，以市场运作的方式对原有物流企业进行整合；

重点建设货运交易中心，实现物流中心车辆的优化调度和高效率的空车配货，降低货运车辆的空驶率，提高二戈寨物流园区在贵阳市及贵州省货运市场上的占有率，进而增强面向西南地区乃至全国货运市场的辐射覆盖能力。

空港物流中心发展策略

与二戈寨铁路转运中心、改貌集装箱物流中心和小碧物流中心实行物流信息共享，一体化管理，从而构成一个“无缝隙”的公路、铁路和航空的多式联运系统；

紧密依托高附加值产业，为旅游商品、农副产品加工和临空加工产业群提供配套物流服务；

通过空港物流基础设施与物流信息系统的建设，为航空公司、货运代理人、物流企业以及航空物流客户打造一个集各项物流服务功能于一体的现代化空港物流中心，将贵阳机场建设成为西南地区重要的航空货运枢纽之一；

积极寻求与各大航空公司及航空快递业巨头全方位合作的新途径，大力拓展航空货运市场，开辟新航线，使空港物流中心成为全球供应链中重要的物流结点之一。

（2）金阳物流园区发展策略

加强金阳物流园区与白云物流中心、三桥物流中心的合作。金阳物流园区主要承担区域性的商品分拨物流服务以及金阳新区和白云片区的商业物流服务，白云物流中心可部分承担金阳新区生产制造企业的供应链物流服务，而三桥物流中心则承担区域公路干线物流服务；

将金阳物流园区打造成面向“珠三角”地区连接西南地区的重要区域综合物

流枢纽，充分利用贵广快速铁路新客站的枢纽优势，加强与铁路部门的合作，重点发展公铁联运，提供工业产品和生活性商品的区域分拨服务；

为金阳新区和中心区提供市域物流服务，满足商贸流通企业和大型社区的物流需求，开展商品展示、交易、电子商务等物流增值服务。

（3）扎佐物流园区发展策略

园区建设初期主要为生产资料提供大批量物流服务，服务范围主要包括：毕节、铜仁、开阳、修文、息烽、白云片区等地区，随着新川黔铁路的开通和久长—铜仁公路修建，北向物流通道和横向物流通道货运能力将大幅度提升，扎佐物流园区的服务范围将辐射到黔北、黔西北、黔东北地区；

加强扎佐物流园区与麦架—沙文—扎佐高新技术经济产业带之间的联动式发展，物流园区可针对高新技术经济产业带的相关产品开展高附加值产品物流服务，主要建设以电子信息、新材料、环保产品为重点的物流服务平台，为相关生产制造企业提供个性化物流服务；

扎佐物流园区作为首期建设结点，要承担周边三个物流结点（息烽物流中心、开阳物流中心和白云物流中心）的部分职能，为该地区的一、二产业提供行业供应链物流服务。周边三个物流结点建成后，扎佐物流园区主要提供生产物资的区域分拨物流服务和集中物流服务，息烽物流中心、开阳物流中心和白云物流中心将承担本地区生产企业的部分物流服务；

充分利用原有交通基础设施和铁路作业设备，进行铁路作业平台和公路集散平台的建设，要考虑矿产品、煤炭、烤烟、农产品、粮食、农资、化肥，建设用材料等不同货物的不同仓储要求，设立不同类型的货场和仓库设施，防止散杂货物之间的相互污染和混合；

对矿产品、煤炭、化肥、建设用材料等生产物资进行集中式物流服务，在物流加工和运输的过程中，避免货物的遗漏和渗透，减少对贵阳市乃至贵州省生态环境的损害，尤其要注意避免对旅游区附近环境资源产生污染。

（4）三桥物流中心发展策略

可作为金阳物流园区、竹林物流中心公路分拨辅助物流结点，与金阳物流园区和竹林物流中心协调发展，进行信息共享，实现物流功能上的“无缝”衔接；

与小碧物流中心联合发展，成为贵阳市货运“双心”，实现三桥物流中心与小碧物流中心的信息对接，在货运信息、货运跟踪、身份验证、货运电子交易等方面进行协作，共同建设信息设施，实现部分信息技术共享；

由政府进行引导，整合三桥片区的货运市场，将贵阳三桥驾驶员城和华顺达货运场站的货运资源集聚到三桥物流中心，形成一个统一的货运交易中心，同时也解决了贵阳三桥驾驶员城由于用地性质改变而面临搬迁的问题和华顺达货运场站发展用地受到限制的问题；

重点建设货运交易中心，提供多样化、多层次、全方面的货运配套服务，提高西向、西南向和西北向货运市场的占有率，进而增强面向西南地区、西北地区货运市场的辐射覆盖能力。

（5）竹林物流中心发展策略

重点整合火车西站现有资源，以建设行包专列为特色的公铁物流分拨平台，为西南地区提供区域性分拨物流服务，同时为小河区和花溪区的生产制造企业提供高层次的供应链物流服务；

联合三桥物流中心协同完成公路干线物流服务，竹林物流中心主要经营大批量货物的公路专线运输；

建立电子商务交易平台和物流信息平台，强化物流中心与市场的互动效应，以物流中心带动周边商贸市场的建设和发展，以市场促进物流中心的功能建设和业务拓展；

围绕物流中心发展木材、家具、食品等大型的专业化批发市场，将物流中心和专业市场结合起来，充分发挥商业物流的能效；

竹林物流中心设置在贵阳市环城高速以内，主要考虑了该结点现有的建设条件，根据贵阳城市总体规划，贵阳主城区规模将进一步扩大，从城市与物流协调发展的角度考虑，该结点建设规模不宜再扩大，应在规划范围内重点开展商贸配送、电子商务、展示交易等物流服务。

（6）清镇物流中心发展策略

加强与二戈寨物流园区和扎佐物流园区的合作，为两物流园区的集货和分拨提供中转服务，同时为清镇市和贵阳西南地区提供生活资料、生产资料的市域配送；

围绕清镇市的经济发展，重点发展以能源、煤及煤化工、铝及铝加工、镁及镁加工、钢铁及铁合金、建材、现代制药、绿色食品加工等产业为主的矿产加工物流、医药物流、特色食品物流等行业物流服务；

依托清镇火车站，开展以公铁联运为主的物流服务，加强与三桥物流中心及其他的物流结点的协同合作，承担清镇及周边的物流服务，缓解贵阳城区的物流压力。

（7）开阳物流中心发展策略

加强与扎佐物流园区的合作，利用扎佐物流园区大宗生产物资的作业能力进行开阳生产原料的供给，同时为扎佐物流园区的集运提供开阳县和黔东北地区生产资料及产成品的中转；

与息烽物流中心相互协作，形成贵州省危险品物流“双心”，完成危险品从加工到销售整个过程的供应链物流服务，并提供集水路、公路和铁路于一体的危险品多式联运物流服务；

紧密围绕磷煤化工、氯碱化工、建材、能源、矿产加工等主导产业链开展针对不同产业的专项物流服务，着重打造服务于贵阳市开阳磷煤化工（国家）生态工业示范基地的开阳危险品多式联运；

开阳县政府要加快建设双流站危险品货运站场，完善现有路网与北向、横向物流通道快速连通，加快开阳县地方铁路支线建设，推动开阳港建设，打通开阳货物陆路和水运通道；

优化资源合理配置，实现贵阳市开阳磷煤化工（国家）生态工业示范基地与开阳物流中心合理对接，在产业与物流中心的布局、作业、物流运作等方面进行合作，降低物流成本。

（8）息烽物流中心发展策略

加强与扎佐物流园区的合作，利用扎佐物流园区大宗生产物资的作业能力完成息烽生产原料的供给，同时为扎佐物流园区的集运提供息烽县和黔北地区生产资料及产成品的中转；

与开阳物流中心相互协作，形成贵州省危险品物流“双心”，为息烽县的磷煤化工产业提供从加工到销售整个过程的危险品供应链物流服务；

强化危险品物流服务水平，避免危险品货物周转过程中对城区和贵州省自然景观带来污染和破坏。

（9）白云物流中心发展策略

加强与扎佐物流园区的合作，利用扎佐物流园区大宗生产物资的作业能力进行白云区辅助原料的供给，同时为扎佐物流园区提供贵阳城区北部地区生产资料及产成品的中转；

为白云区新材料加工基地和金阳科技产业园提供现代仓储、配送等物流服务，避免大宗货物周转对金阳新区和白云带来污染和交通压力；

与金阳物流园区相互协作，错位发展，着力打造大宗生产资料公路集散平台，为白云片区和金阳新区的生产制造企业提供物流服务，重点发展以工业为主的特色行业供应链物流服务，以铝加工产业为切入点，展开铝加工行业供应链物流服务；

加强白云物流中心与铝加工基地和新材料基地的合理对接，优化资源配置，在基地建设与物流中心的布局、运作、管理等方面进行合作，提高物流中心运作效率，降低产业物流成本。

4.3　贵阳市物流结点建设时序

4.3.1　近期

近期（2008—2010 年），贵阳将初步建立物流综合服务体系，物流结点主要服务范围为贵州全省，及我国西部、华东、华南部分地区。结点的具体建设内容包括：3 个区域物流结点（扎佐物流园区、竹林物流中心和二戈寨物流园区的二戈寨铁路转运中心）。

三个区域物流结点分别位于贵阳市区的北向、东南向和西南向三大主要货流方向上，物流结点建设后，所开展的业务内容涵盖了矿产加工物流、医药物流、特色食品物流、高附加值产品物流四类特色行业物流，基本能够满足近期贵阳城市建设与社会经济发展对物流的需求。近期建设的物流结点依托贵阳主要的交通设施，尤其是铁路货场，辅以各个物流结点规划的物流通道，初步构建起物流分拨与配送平台，形成快捷、高效的物流服务网络框架体系。

4.3.2 中远期

中远期（2011—2020 年），贵阳将进一步完善已有物流结点的服务功能和水平，通过增设新型物流结点，主要服务范围将扩展到“泛珠三角”经济区、“长三角”经济区和东亚地区。具体建设 4 个区域物流结点（金阳物流园区、清镇物流中心、三桥物流中心和二戈寨物流园区的改貌集装箱物流中心、小碧物流中心和空港物流中心）和 3 个市域物流结点（白云物流中心、开阳物流中心和息烽物流中心）。

表 4-3　　贵阳市物流结点建设时序表

建设时序（年）	08	09	10	11	12	13	14	15	16	17	18	19	20
★ 二戈寨物流园区	●	●	●	●	●	●	●	●	●	●	●	●	●
二戈寨铁路转运中心	●	●	●	●	●								
改貌集装箱物流中心			●	●	●	●	●	●					
小碧物流中心				●	●	●	●	●					
空港物流中心				●	●	●	●	●	●	●	●	●	●
★ 金阳物流园区				●	●	●	●	●					
★ 扎佐物流园区	●	●	●	●	●								
★ 三桥物流中心				●	●	●	●	●					
★ 竹林物流中心	●	●	●	●	●								
★ 清镇物流中心				●	●	●	●	●					
★ 开阳物流中心				●	●	●	●	●					
★ 息烽物流中心				●	●	●	●	●					
★ 白云物流中心				●	●	●	●	●					

5　贵阳市区物流运作主体物流发展战略

5.1　生产制造企业的物流再造战略

鼓励生产制造企业与第三方物流紧密合作，实现物流业务的一体化外包；

抓住不同工业部门的物流服务重点，提升专业化物流服务水平；

结合物流结点布局，增加生产制造企业和物流结点之间的联动；

以企业信息系统为媒介，加强生产制造企业和物流合作伙伴的对接；

完善制造企业绿色物流，保护城市生态环境。

5.2　商贸流通企业的物流再造战略

改进原有配送体系，增强批发业物流服务能力；

发展电子商务，改造传统市场商业模式；

开展共同配送，提高批发业物流资源的利用率；

发挥物流结点的配送功能，提升零售业配送效率。

5.3　物流服务企业的物流再造战略

5.3.1　传统物流服务企业物流再造战略

传统运输企业

结合当地工商企业对大笨重货物和危险品的运输需求，增加大型车和专用车辆等的比例，改善全市物流服务业的车型结构；

抓住贵广快速铁路和贵广高速公路规划建设的机遇，针对贵阳市工业产品的输出和广州生活消费品的输入产生的大量物流需求，加快发展专线运输业务；

加强与工商企业的合作，承接其物流业务的外包；依托各类商品交易、批发市场，提供系统化、网络化的高效配送服务。

货代企业

技术水平升级：学习珠三角等地区货代企业的成功经验，向综合化、网络化和信息化的方向发展；

合作拓展业务：寻找东盟、俄罗斯等地区合适的国外物流公司作为合作伙伴，组建合资企业；

网络化发展：在泛珠三角地区的其他城市设立分支机构，通过完善货代网络获得更丰富的业务资源。

传统储运企业

传统储运企业应对原有的低标准仓库必须进行标准化建设和仓储立体化改造，提高仓储管理水平，转变原来以仓储为主的单一经营思路，通过拓展企业的物流服务功能，逐渐转型为配送中心。为了适应城市发展对用地规划的需要，对于处于城市边缘占据大量城市用地的仓储，如二戈寨地区，可通过土地置换改造为具有商贸功能的城市消费品物流基地，并通过信息化建设发展电子商务，加强物流结点间的信息联系，转移集散功能至小碧等物流中心。

5.3.2 现代物流服务企业发展战略

构建具有区域性、国际性物流网络的第三方物流企业

鼓励第三方物流企业以兼并、合作的方式整合泛珠三角区域内的多个中小型物流企业，从加强与东盟、俄罗斯等贸易地区的物流业务入手，构建区域性、国际性的物流网络，发挥规模效应。

培育适应贵阳市产业发展特色的专业物流服务企业

贵阳市应针对本市产业布局和特色生产制造部门，有重点地培育几类专业物流服务企业：

依托服务于磷化工、煤化工产业集群的开阳物流中心和息烽物流中心，加强对各类危险品专业物流企业的培育。加强危险品运输的资格审核和标准化建设，淘汰不符合标准的物流设施设备，规划建设专门的危险品运输通道，实现危险品物流的安全高效运作。

作为珠三角的经济腹地，加强农副产品的物流服务企业建设，鼓励物流企业引进先进设备，并以税收抵免的方式支持该类企业的技术改造，加快生鲜绿色通道建设，发展一批具有专业冷链物流服务水准的物流企业。

建设社会化配送中心，促进连锁经营业发展

适应贵阳市日益壮大的连锁经营业的迫切需要，改造和新建一批社会化配送中心，更有效地满足市域内连锁经营业的配送需求。鼓励传统储运企业向配送中心的改造转型，鼓励大规模商贸流通企业物流资源的社会化运作，并有效引导服务于生活消费品配送的社会配送中心布局到所规划的物流园区（中心）内部。在运作中应特别注意配送中心的现代化、信息化建设，提高供应链管理水平。

6 贵阳市现代物流业发展的政策保障

6.1 完善贵阳市物流业发展的协调机制

企业层面的协调——贵阳市物流行业协会

由商务局牵头组织成立物流行业协会，以物流行业的龙头企业如商储、穗黔物流等为主要成员，聘请从事物流行业研究的专家、学者为顾问，邀请发改委、工商局、经贸委等相关政府部门的工作人员为协会监督员，广泛吸收物流及相关行业从业人员入会及参与议事，并设立常驻办事机构，处理政策推广、技术宣传、行业情况收集等日常事务。

政府层面的协调——贵阳市现代物流工作联席会议

为加强贵阳市现代物流业发展的组织领导和统筹协调，可建立现代物流工作联席会议制度，由市政府的主管领导召集相关部门参加，研究全市现代物流业发展重大事项，协调解决本市现代物流业发展中的重大问题，设置贵阳市现代物流

业发展领导办公室作为常设机构，负责现代物流业发展的统筹协调工作。

6.2　加快贵阳市物流信息平台建设

在全面提升城市信息基础设施建设水平的基础上，贵阳市应加快物流信息分类编码和信息技术标准化建设。鼓励和扶持企业信息系统建设，广泛采用信息网络技术和物流信息技术，建设物流公共信息平台，整合电子商务、电子物流与电子政务资源，提供“一站式”物流信息化服务。

6.3　扶持重点物流企业和重点物流项目

贵阳市应参考高新技术项目的认证模式和国内其他省市的重点物流项目认证制度，制订详尽的认定办法，并邀请来自专业研究机构、物流园区、政府相关职能部门的专家和学者组建专业咨询委员会，对重点物流项目和重点物流企业进行认定，并对获认定的重点物流项目实施年度考核制。

6.4　制定实施贵阳市物流业优惠政策

贵阳市政府应根据九部委正式下发的《关于促进我国现代物流业发展的意见》，并借鉴全国各省市促进物流业发展的政策和措施，确定全市物流服务业发展的优惠政策框架，在土地、审批、税收、水电、车辆管理、投融资等方面出台优惠政策。

土地政策

对物流项目用地采用工业用地标准；

实施物流项目用地的优先审批；

土地出让金额较大的，企业可申请分期缴纳；

企业申请上述用地政策支持的，必须提交省政府或省有关主管部门的相关文件，属于物流配送中心或物流企业的，必须提交省有关部门的确认文件；

加强物流项目用地监管，对于违规改变用地性质的企业收回用地，并处以罚款。

审批政策

工商行政管理部门在为物流企业办理登记注册时，除国家法律、行政法规和国务院公布决定规定的物流企业工商登记前置审批事项外，其他前置性审批事项一律取消。

对物流园区和物流中心内项目参照特色工业园区的审批方法，项目单位向市现代物流联席会议办公室提出书面申请，由市现代物流联席会议办公室组织有关成员单位进行会审。对重点物流企业和项目实施重点联系制度，及时跟踪、分类指导，协调解决经营和建设中的实际困难。

税收政策

贵阳市政府应运用税收手段对物流企业的发展、技术改造和信息系统建设提供支持和鼓励，充分发挥国家支援西部地区发展的政策优势，制定详尽的财税优惠政策。

水电政策

为了更好地保障物流服务业的正常运作，建议贵阳市政府在水电的使用上给予物流企业一定的优先地位，并结合重点物流企业和物流项目的认证工作，给予享受普通工业用电和工业用水价格的待遇，帮助物流企业进一步降低营运成本。

车辆管理政策

贵阳市政府交通管理部门可在保障城市正常交通的前提下，以颁发统一标识的方式，在城区的部分行驶线路、停放地点等向物流企业的配送车辆实施绿色通道待遇，过路、过桥费用减免等优惠。特别要抓紧规划专门的危险品运输通道和生鲜绿色通道，提高专业运输运作效率，减少对城市环境的影响。

投融资政策

物流园区、物流中心、配送中心等物流建设项目具有建设规模大、涉及经营范围广、占用土地多、资金投入大等特点，因此贵阳市各级政府部门应该给予必要的投融资支持，主要包括：

建立扶持现代物流业发展的专项资金，在财力允许的范围内加大对物流中心的投资力度；

协调各级银行为物流中心提供贷款，协调支持金融机构与物流中心开展金融质押等服务；

积极吸引社会资本和外资，对于参与物流设施建设的项目，给予长期低息贷款；

对参股参与项目建设的企业给予税收优惠，吸引社会资金向物流服务业的投入。

6.5 营造贵阳市物流业区域化发展环境

加快区域内物流通道、结点的协调建设

贵阳市应抓住泛珠三角区域规划共同编制的契机，明确自身功能定位，并在中央部门的领导和协调下，进一步对区域内的物流基础设施建设进行统一规划和协调。

建设一体化的现代物流信息网络

贵阳市政府要在构建和完善市域内的电子政务和公共物流信息平台过程中，积极联合区域内其他城市，加快实现区域内各省市政务系统、物流公共信息平台等的对接。

完善政府间物流行业协作机制

贵阳市应制定和完善相关的协作机制，落实区域一体化的政策支持，并在《泛珠三角区域合作框架协议》的大框架下，积极筹措召开区域内各省市物流主管部门的联席会议，尽快确立区域物流联动发展的协作机制和政策框架。

建立统一的税费标准和管理体系

贵阳市根据现代物流业的分类体系，倡导建立泛珠三角区域统一的物流业税费标准体系，形成区域无障碍物流链；积极推进区域公路运输一体化，加强区域联网收费、公路一体化管理、超限运输管理等方面的研究和实施。

6.6 推动贵阳市物流发展的国际化

6.6.1 运作载体的国际化

建立货物进出口快速处理机制，深化口岸通关改革

贵阳市应加快电子口岸建设，优化口岸通关作业流程，推行物流企业与口岸通关监管部门信息联网；海关、检验检疫、税务、外汇管理等部门要在有效监管的前提下简化作业程序，实现信息共享；鼓励建立集海关监管、商品检疫、地面服务一体化的货物进出境快速处理机制。

充分发掘保税物流的发展潜力，提高监管水平

贵阳市的保税物流要采用灵活、高效的监管方式，在充分发挥现有经营保税物流的企业的运作积极性的基础上，新建一批具有保税物流功能的物流中心和物流园区；不断推进保税物流监管制度的改革，优化保税物流监管流程；逐步建立和完善保税物流企业申报制度、保税物流税收担保机制和企业分类管理机制。

抓紧建设空港物流中心，发展空港物流

发展空港物流要结合空港物流中心的建设和运作，不断完善机场的物流设施，进一步拓展物流功能。有效协调海关、“三检”各部门的工作，实现“一站式”服务，加快货物通关的速度，提高国际空运货物的处理能力。

6.6.2 运作主体的国际化

贵阳市现代物流行业运作主体的国际化发展，从以下三个方面进行：积极创造良好的物流发展环境，吸引更多的跨国物流公司和国内大型物流企业来贵阳投资经营；充分利用本土物流企业在国内网络和本地业务上的优势，鼓励国内外物流企业之间的合作；培育有竞争力的物流企业向国际发展。

二十六 云南省

040

云南省现代物流业发展规划（2006—2020年）

前 言

现代物流是利用先进信息技术和物流设备整合传统运输、储存、装御、搬运、包装、流通加工、信息处理等物流环节，实现物流运作一体化、信息化、高效化运营的先进组织方式，也是降低物流消耗、提高劳动生产率以外的第三利润源泉。发展现代物流业是经济社会发展的必然要求，随着经济全球化和信息技术的迅速发展，其发展水平已成为衡量一个国家或地区综合竞争力的重要标志。

充分发挥云南省的区位和综合运输网络优势发展现代物流业，对促进全省经济的可持续发展，增强现有支柱产业的活力，提高综合竞争力具有重要的战略意义。为大力促进云南现代物流业发展，按照《云南省国民经济和社会发展第十一个五年规划纲要》的要求，制定本发展规划纲要，确定未来5～15年云南省现代物流业发展指导思想、基本原则、目标任务，推动我省现代物流业的全面、协调发展。

一、发展现代物流的基础条件与云南物流业现状

近年来我省物流业处于较快增长阶段，物流基础设施具备一定规模，综合运输网络体系初步形成，交通运输、仓储等传统物流业蓬勃发展，代表现代物流组织形式的第三方物流迅速兴起，发展现代物流的基础条件已经具备。

（一）区位优势突出为现代物流业提供了潜力巨大的发展空间

云南省毗邻越南、缅甸、老挝三国，与泰国、柬埔寨非常接近，共有国家一类口岸12个、二类口岸8个、各类通道90多条，这些口岸和通道大多具备良好的外接条件；对内与广西、贵州、四川等省相连。因而，在中国—东盟自由贸易区建设和泛珠三角“9＋2”区域经贸合作中，云南的区位优势将得到充分发挥，具备发展成为东南亚物流中心和泛珠三角“9＋2”区域合作的重要物流枢纽的区位条件，发展潜力巨大。

（二）经济快速增长为现代物流业奠定了物质基础

2005年云南省生产总值（GDP）3472.34亿元，固定资产投资1743.0亿元，进出口额47.4亿美元；社会消费品零售总额1034.4亿元；物流货物周转量656.49亿吨公里，其中：铁路270.37亿吨公里，公路381.96亿吨公里，航空1.23亿吨公里，水运2.93亿吨公里；旅客周转量331.6亿人公里。云南省烟草、矿产资源、花卉、果蔬农副产品、医药等特色产业市场潜力巨大，发展前景广阔。“十一五”期间，云南经济仍将保持较快发展。随着经济的快速增长，物流需求规模的不断扩大，为云南现代物流业的发展奠定了坚实的基础。

（三）综合运输网络基本形成为现代物流业发展创造了良好的条件

全省铁路、公路、水运、航空构成的综合运输网络基本形成。公路通车里程达到16.8万公里，为全国之最，其中建成高速公路1421公里；铁路运营总里程达到2327公里；民航机场10个，国内外航线160多条；内河通航里程2764公里。省委、省人民政府确定了将云南建设成为中国连接东南亚、南亚的国际大通道的发展目标。到2010年，云南省将完成出省、出境通道高等级公路的全部改造，实现出境澜沧江、红河及出省长江的航道升级，形成以昆明为中心的物流承接地。到2015年将分别完成南昆、贵昆、成昆、内昆、滇藏5条铁路云南段的改造与建设，由桂、黔、川、藏四省区五向入滇，经云南路网后，实现沿泛亚铁路东、中、西三向出境，经越、老、缅三国连接东南亚、南亚等地区的“五入滇、三出境”网络布局的战略构想。

（四）物流企业迅速成长为物流业发展提供了可靠的营运载体

随着经济发展，一批具有现代物流雏形的物流企业正在快速成长。全省共有各类物流企业400多家，逐步形成了四类物流企业群体：一类是传统运输与货代、仓储企业转型的物流企业；第二类是合资或独资物流企业；第三类是民营物流企业；第四类是生产企业建立的物流企业。烟草、花卉、制药、精细化工、橡胶等产业物流配送体系的建设也具有相当水平。这些企业正逐步发展成为我省现代物流业的中坚力量。

（五）信息技术和网络技术广泛运用为现代物流营运提供了强大的技术支撑

目前我省已拥有近2万公里的电信网络干线光缆和1万多公里的长途微波线路，覆盖了所有州市和90%以上的县（市、区）。同时，EDI、ERP、MRP、GPS等一些先进物流信息交流、管理和控制的技术得到了应用。云南在边境口岸实现了“大通关”，构建了新型便捷的通关模式；昆明国际机场、昆明火车东站集装箱货场等口岸，实行“一站式”服务。比较完善的信息和网络技术在生产管理中的应用，为现代物流业发展所必需的公用信息平台提供了强有力的支撑。

云南省物流业虽然取得了较快发展，但仍处于起步阶段，还存在着许多问题和制约因素，主要表现为：一是物流要素分属不同行业和管理部门，管理自成体系，导致物流资源分散，上、下游企业之间尚未形成良好的供应链关系；二是部门、地区分割现象较严重，广泛采用现代物流面临障碍；三是缺乏功能齐全、竞争力强的物流龙头企业；四是物流人才不足，高级物流人才匮乏，现代物流教育培训急需发展。

二、云南省现代物流业发展指导思想、原则和主要目标

（一）指导思想

充分发挥云南省的区位优势，以国际国内区域市场需求为导向、企业为主体，以提高物流效率、降低物流成本为核心，加大物流技术创新和组织创新，以现代物流的理念整合现有物流资源，合理布局物流产业，引进先进物流技术与管理方法，促进流通产业现代化，使之成为我省国民经济新的增长点。

（二）原则

“十一五”期间，我省现代物流业发展要坚持以下原则：

1. 统一规划、分步实施的原则。坚持以云南空间开发战略布局为依据，与城市总体规划、土地利用规划及交通基础设施建设规划相协调，与生产力布局、经济结构调整和可持续发展战略实施相配套，循序渐进、分步实施，逐步形成适应区域经济发展的现代物流网络。

2. 优势互补、协调发展的原则。充分发挥公路、铁路、水路、航空运输各自的优势，扬长避短，协调发展，强化各类各层次物流枢纽及节点之间的联系，大力发展多式联运，增强现代物流服务功能，实现物流枢纽、物流园区、物流中心与专业配送中心有机结合、互动发展。

3. 因地制宜、分类指导的原则。坚持因地制宜、分类指导的原则，促进物流产业合理布局和有序发展。充分利用现有物流资源，合理布局物流设施，建设层次分明、结构合理、布局科学、功能互补的物流产业体系，促进物流业在不同区域协调发展。

4. 信息化引领物流现代化的原则。信息化是现代物流的重要技术支撑，推进信息化是加快物流现代化的重要手段。结合云南实际，制定与国际接轨的现代物流信息标准。充分利用现有的信息基础设施，建立适应我省现代物流信息的综合处理平台。加快企业信息化，促进现代信息管理技术在企业内部物流管理中的应用，全面提高企业的信息管理水平。

5. 政府引导与市场化运作相结合的原则。政府侧重于制定规划，改革机制体制，出台促进现代物流业发展的相关政策，为现代物流业发展提供好的环境。企业努力提高自身业务素质，遵循市场规律，诚实守信、公平竞争，促进物流业快速、健康发展。

（三）发展目标

到2020年总体发展目标：

——通过整合资源、合理布局、扩大开放，加快物流基础设施和信息化建设，形成公路、铁路、水运、航空等多种运输方式有效衔接的物流基础设施网络。

——基本建立高效率、高质量的社会化、专业化、国际化的现代物流服务体系；把云南建设成为中国面向东南亚、南亚和泛珠区域的重要物流枢纽。

——现代物流在全省国民经济发展中的作用不断增强，成为带动全省经济发展的重要动力。

第一阶段（2006－2010年）：突破重点，奠定现代物流的产业基础

——公布全省现代物流产业发展规划，制定系统配套的现代物流发展政策，在昆明、蒙自、大理、西双版纳、玉溪、曲靖等条件好的中心城市，现代物流业发展走上正轨。

——建成功能齐全的物流信息平台。大力推进物流电子数据交换（EDI）的普及和应用，建立物流信息共享机制。

——大力发展第三方物流，初步形成以第三方物流企业为主体的现代物流企业体系，提高第三方物流业在物流业务中的比重。

——以烟草、花卉、野生食用菌、蔬菜水果、矿产、生物资源、交通运输等特色优势企业为龙头，整合社会资源，构建产业物流供应链。

——全省建立10家专业物流企业联系点，20～30家物流企业示范点，有5～10家物流企业进入国家4A、5A级行列，物流业对经济增长的带动作用明显增强。

——积极鼓励企业采用现代物流技术，实施传统物流向现代物流的转型，将物流成本占GDP的比重降低到20%左右。

第二阶段（2011—2020年）：把云南建成中国面向东南亚、南亚的区域性物流枢纽

——全面建设物流园区和物流配送中心体系，不断完善物流区的物流基础设施建设。

——完善和提升物流信息平台，将商流、物流、资金流和信息流整合为一体化的现代物流体系。基本形成云南连接省内外、辐射东南亚、南亚的物流信息网络。

——形成国际物流、区域物流、市域物流一体化的现代物流圈和物畅其流、快捷准时、经济合理、用户满意的社会化、标准化、信息化、专业化的现代物流服务网络体系。

——建立起强有力的物流政策支持系统，健全物流业的法律、法规，提高现代物流业的管理水平。

——形成以昆明为中心的滇中城市群物流圈；昆明、大理、蒙自三个物流枢

纽以及昆河经济带蒙自综合物流区、滇西口岸带转口（过境）与加工贸易物流区、滇西南澜沧江—湄公河国际物流合作区、以大理为中心的滇西北物流区和滇东北长江上游水陆联运物流区的“135”物流区域布局。

——现代物流产业体系进一步建立健全，行业经济效益和社会效益显著提高，物流产业成为云南省的新兴优势产业。

——努力将云南建设成为中国面向东南亚、南亚的国际物流枢纽，以及烟草、花卉等行业的区域性物流中心。

三、“十一五”时期现代物流业发展重点及任务

（一）大力发展支柱产业和特色优势产品的供应链体系

加快以出省出境大通道为重点的交通基础设施建设，解决运力不足和国际国内路网不配套问题。大力发展区域经济，推广现代物流，改变物流流向单一、多式联运不匹配的状况；与昆明新机场同步配套建设空港国际物流园区，鼓励组建航空货运机队，吸收第三方物流企业及需求方参与，努力开通国内国际全货运航班，提升航空货运能力，形成较合理的运价形成机制，保障鲜活农产品和高附加值产品高效快捷流通。

发展冷链运输体系和专业化、社会化的物流分拨、配送中心；降低花卉、果蔬等鲜活农产品物流服务成本、提高服务效率。

指导卷烟、食品、医药等行业，编制行业物流规划，建设专业物流中心或分拨配送中心；建立重点生产企业和物流企业的联系制度，帮助企业协调物流发展中的问题；完善产业物流操作规范等；建立适当的激励机制，促进供应链的有效发展并提供多样化的便利服务。

以烟草、花卉、蔬菜水果、生物制药等优势企业为龙头，推进矿产、生物资源、野生食用菌供应链建设，整合社会资源，构建产业物流供应链作为云南现代物流业发展的突破口。

（二）加快发展口岸贸易物流

结合大通道和口岸建设，大力发展口岸贸易物流，开拓东南亚、南亚等国际区域物流市场，在昆明、瑞丽、景洪、河口等地设立国际物流中心，配合大通关项目，提供流通加工、货物运输、报检、报关等配套功能，建立办公一体化的口岸；重点发展加工贸易区或储运中心转型的国际物流中心，扩大转口、过境与加工贸易的进出口量。重点在周边国家建立物流节点和合作伙伴关系，形成以区域合作为基础的物流区域联盟，与东南亚、南亚国家协商建立国际区域绿色通道，保障国际大通道沿线区域进出口商品畅通无阻，实现无障碍国际物流。

（三）加快物流资源整合，大力培育和发展现代物流企业

实施大企业、大集团带动战略。在规划中的核心物流圈、物流枢纽城市、物

流区重点建立一批以现代理念和现代设施武装起来的物流中心或配送中心；成立一批严格按照现代企业制度建立起来的物流专业公司；发展一批具有一定规模的物流企业。鼓励中小物流企业通过改制、兼并、联合等形式进行资产重组，发展具有一定规模的物流企业，积极迎接和参与国际竞争。将原来分属不同部门的物流资产和相关业务剥离出来，以市场为导向，吸收社会资金进行产权改造，组建若干个有特色的大型物流集团，实现规模化经营。

完善企业内部物流管理，引入现代物流管理理念，有效提高资金利用效率，降低物流成本，较大地提高经济效益。

支持云南省重点物流企业对优良物流资源进行整合，进一步优化资源配置，提高资源运营效率，加快打造我省现代物流业龙头企业，不断提高我省现代物流业的竞争力。

（四）大力发展第三方物流

积极培育和扶持专业化的第三方物流企业发展，加强规划引导和政策扶持，促进物流的社会化、专业化和规模化。

大力支持、鼓励民间投资创建民营第三方物流企业，鼓励民营传统物流企业和其他行业企业转型发展第三方物流企业。

鼓励工商企业逐步将原材料、配件的采购，产品仓储、运输等物流服务业务分离出来，由专业物流企业承担。引导企业通过社会招标的方式与物流企业建立战略性伙伴关系，充分利用社会化的物流设施和服务。

（五）加快建设物流园区

物流园区是物流业发展到一定阶段产生的新型物流集散方式，云南物流园区的建设主要以物流通道建设为基础，“十一五”期间，立足口岸交通优势，整合存量，利用资源，适度超前，统一规划，有序开发。通过重点物流园区的建设带动全省物流产业的发展，构筑起连接内地，辐射东南亚、南亚，联通泛珠合作区域的物流基础设施网络。

四、全省物流区域及功能定位

围绕把我省建设成为以口岸物流和支柱产业物流为重点的区域性物流中心和面向东南亚、南亚的国际物流枢纽的总体目标，根据全省物流流向、流量和区域物流市场发展潜力，在整合物流资源的基础上，加快构筑“一个物流核心圈、三大物流枢纽、五大物流区”（简称“135”布局），最终形成国际国内双向物流、区域分工合理、重点突出的现代物流服务网络和产业体系，促成物流业与支柱产业和区域经济联动发展的新格局。

（一）一个物流核心圈

以昆明为中心、滇中城市群为依托的滇中物流区，涵盖昆明（含东川）、曲靖、楚雄、玉溪等州市。该物流圈内的产业集中度高、城市经济发达、区位交通优势明显，各城市之间经济发展具有相似性和互补性，未来将带动整个滇中城市和云南省其他城市物流业的发展，同时促进相关产业的发展。在该物流圈内将重点建设昆明呈贡新城、玉溪滇南、楚雄和曲靖物流园区。同时规划发展花卉、烟草、果蔬、医药等专业物流中心，积极培育大型的第三方物流企业。

（二）三大物流枢纽

以昆明、大理和蒙自三大物流枢纽为支撑建设综合物流体系。建设发展重点为：满足多式联运需要的交通基础设施建设，提高货物吞吐和中转能力；建设区域性转运型枢纽物流园区，更好地服务周边地区；建设区域性公共物流信息平台，推广现代物流技术；积极引进和培育第三方物流企业，增强现代物流服务功能。

1. 昆明物流枢纽。随着国际大通道的建设完成，昆明国际交通枢纽地位更为突出，将成为中国与东盟交往中两个扇面（以昆明为圆点辐射内地和东南亚的两个扇面）的结合点。这两个扇面的形成，必将带来人流、物流、资金流及信息流的大量流动。昆明既是云南省物流的核心聚集区，同时也是云南省物流的核心辐射区。

2. 大理物流枢纽。随着物流基础设施和装备的现代化、物流信息网络的建设以及集中配送等新型生产组织方式的广泛采用，大理的传统物流业正开始向现代物流业转变，要加强物流网络建设，大力发展具有商品运输、仓储、配送、信息处理等系列功能的物流中心，加快培育规模化的物流企业群体，加大吸引外资对物流领域的投资与合作的力度，建成滇西物流枢纽。

3. 蒙自物流枢纽。蒙自是滇南中心城市核心区，昆河经济走廊上的重要城市，云南通往越南便捷通道上的重要枢纽，滇南经济圈产品通过广西的转运要道，泛亚铁路东线交通节点。在“做大蒙自、做强两市；统一规划，各展优势；三位一体，打造滇南中心城市”的城市发展战略部署下，将蒙自建成滇南面向东南亚、走向珠三角的重要物流枢纽。

（三）五大物流区

五大物流区的划分是根据各个区域的产业布局和区位优势，依托三大经济走廊、四大物流通道进行布局，旨在促进物流企业在不同区域协调发展。

1. 以大理为中心的滇西北物流区。以大理为中心的滇西北物流区涵盖大理、丽江、怒江及迪庆地区。作为滇西北中心城市，大理承担着区域货物分拨、转运、配送等职能，属于综合性物流枢纽，以服务滇西北地区为主，兼顾滇西、滇南地区。大理枢纽重点建设农资、建材、粮食、农副产品和日用消费品等综合物流中心；丽江重点建设面向滇西北的综合物流中心。

2. 滇西口岸带转口、过境与加工贸易物流区。滇西口岸带转口、过境与加工贸易物流区涵盖德宏、保山、临沧等州市，该区近期以缅甸市场为主，远期以南亚市场为重点，大力开展口岸贸易（转口、过境、加工）物流。重点建设德宏、保山物流园区，发展一批专业化的货代及配送企业，建设姐告、孟定口岸物流中心及以木材、矿产资源等特色专业物流中心。

3. 滇西南澜沧江－湄公河国际物流合作区。充分发挥该区域水陆空综合运输网络的优势，发展高效便捷、以农产品及其加工为主的国际区域物流，成为中国—东盟物流网络的重要节点。重点建设景洪港、思茅港和景洪机场物流基础设施，引进和培育从事商贸物流的第三方物流企业。与泰国、缅甸、老挝、马来西亚等国家和地区合作，建立共同开发、功能互补、统一运作的境外物流结点，最终建设成为中国－东盟零关税下的农产品中转、分拨物流中心。

4. 昆河经济带蒙自综合物流区。该区以建设中的昆（明）河（内）经济带为基础，个开蒙城市群为中心，蒙自为枢纽，包括文山、弥勒、河口、麻栗坡、金平等区域中心城市（镇）和边境口岸，是云南省走向东盟的三大国际通道之一。该区将以昆河铁路、公路、建设中的泛亚铁路东线及连接中越两国的红河水运为依托，以较为发达的内外贸易、迅速发展的中越区域经济为动力，重点建设蒙自、河口、天保口岸物流基础设施。整合滇东南传统物资商贸中心，搞好个开蒙城市群在物流体系中的分工协作，大力发展转口、过境与加工贸易，立足区域优势产业，建设连接国内外的一体化物流体系。

5. 滇东北长江上游水陆联运物流区。该区以长江、内昆铁路、昆水公路为依托，以昭通为中心、水富为重点布局物流基础设施。重点建设昭通物流园区、水富港物流中心以及便于公路、铁路、水路多式联运的物流节点，通过发展现代物流，密切滇东北地区乃至云南省与长江经济带的经济联系。

五、物流基础设施建设

依据规划总体布局，“2006－2020 年”期间重点规划建设以下综合物流园区、特色专业物流中心及口岸、港口物流中心。

（一）综合物流园区

根据物流市场的实际需求，本着整合存量资源、拓展增量资源、发挥比较优势的原则，重点建设以仓储、运输、配送为主的现代化、开放式和多功能的综合物流园区。

1. 昆明呈贡新城国际物流园区。积极争取国家支持，将昆明呈贡新城国际物流园区建设成为内陆具有国家口岸功能，集港口功能、国际集装箱多式联运、中转及第三方物流功能于一体的国际物流园区。

2. 昆明国际空港综合型物流园区。昆明国际空港综合型物流园区是昆明市的航空—公路—铁路国际货运枢纽型物流园区。通过该园区的建设，在航空运输的基础上，凭借周边发达的公路网络，辅以铁路运输，吸引从事国际国内货运分拨、配送、加工、仓储、展示等业务的企业入驻，建成集国内国际航空货代、货运、仓储、中转、分拨、配送、保税监管、信息等服务为一体的高标准、现代化、开放型的空港物流园区。

3. 玉溪滇南物流园区。该物流园区主要是结合铁路货站进行建设，为钢铁工业、镍铜有色冶金、磷复肥等矿冶化工产品的物流需求服务。玉溪物流园区发展定位为转运＋城市配送型。实现货物集散、中转、配送、物流信息服务、物流咨询与培训、商品展示交易、电子商务等功能。

4. 曲靖物流园区。曲靖市物流园区定位为转运＋城市配送型，覆盖曲靖、昭通及其周边地区，实现货物集散、中转、配送、物流信息服务、商品展示交易、贸易洽谈以及电子商务等功能。主要为曲靖及其周边地区的商贸流通企业服务。

5. 楚雄物流园区。楚雄物流园区近期立足于建设农产品批发交易市场，配套建设物流基础设施和技术装备，以最大限度地发挥其交易、集散、转运等功能。远期定位为转运＋城市配送型。实现货物集散、中转、配送、物流信息服务、物流咨询与培训、商品展示交易、贸易洽谈、电子商务等功能。

6. 大理物流园区。充分利用大理州区位、交通优势，“十一五”期间，重点加强大理物流枢纽的规划建设及物流业务运营，形成覆盖大理、丽江和辐射周边地区的转运＋城市配送型物流枢纽，核心功能是货物集散、中转、配送、物流信息服务、商品展示交易、贸易洽谈等。

7. 丽江物流园区。丽江物流园区定位为转运＋城市配送型。实现货物集散、中转、配送、物流信息服务和商贸洽谈等功能。

8. 德宏物流园区。“十一五”期间，通过整合现有市场资源，将德宏物流园区建设成为覆盖德宏、保山及其他地区的国际＋转运＋分拨型重要物流节点，实现货物集散、中转、配送、口岸报检报关、物流信息服务、咨询与培训、商品展示交易、贸易洽谈、电子商务、流通加工、转口、过境贸易等综合物流服务功能。

9. 保山物流园区。保山定位为覆盖保山，辐射周边的国际＋转运＋分拨型重要物流节点。实现货物集散、中转、配送、物流信息服务、咨询与培训、商品展示交易、贸易洽谈和电子商务等综合物流服务功能。

10. 西双版纳国际物流园区。园区以国际贸易为龙头，依托国际水陆大通道，以仓储物流为基础，以商品批发展示为中心，以商品分拨配送为重点，以信息网络为手段，建设中国—东盟自由贸易区物流分拨配送中心，形成辐射西双版纳、思茅、临沧以及其他地区的国际＋转运＋配送型重要物流节点。实现货物集散、中转、配送、口岸报检报关、物流信息服务、咨询与培训、商品展示交易、贸易洽谈、电子商务等综合物流服务功能。

11. 蒙自物流园区。蒙自地缘及交通优势突出，物流园区定位为国际＋转运＋城市配送型，覆盖红河州、文山州，通过泛亚铁路和河口口岸完成货物进出境。核心功能是货物集散、中转、配送、口岸报检报关、物流信息服务、物流咨询与培训、商品展示交易、贸易洽谈等。

12. 昭通物流园区。该园区依托已建设成的商品流通市场和仓储设施，发挥通道优势，以昭通经济条件和产业结构为基础，在2010年之前建设转运＋区域配送型的综合物流园区，加强物流业务的运作。2010年后发展成为覆盖昭通、四川宜宾的重要物流中心城市，实现货物集散、货物中转、配送、物流信息服务、物流咨询与培训、商品展示交易、贸易洽谈等综合物流服务功能。

（二）特色专业物流中心

依托云南省优势特色产业在全省布局特色专业物流中心。

1. 昆明花卉物流中心。在昆明现有花卉拍卖中心的基础上，有效整合现有花卉物流各个环节，为本地及外省市专业花卉物流企业入驻花卉交易市场创造良好的环境条件；积极推进和鼓励花卉生产企业与花卉物流企业建立长期合作关系；推广运用花卉保鲜技术与冷链运输，提高服务质量与时效保证；加强花卉物流服务市场环境建设，加强市场法规的建立健全与市场监管，鼓励企业开展公平竞争。

2. 昆明果蔬物流中心。昆明市是云南果蔬的主要生产和销售地。通过对现有交易市场进行改造，以信息系统建设为支撑，采用拍卖及电子商务等交易形式，促进物流服务与货物交易的有效连接；积极推进和开展各类果蔬保鲜技术与专用装备的推广与普及；逐步推进果蔬交易市场向专业化果蔬物流中心转化。由物流中心对进场果蔬交易后的全程（或分段）提供物流服务，提高物流效率，降低交易成本与物流成本。

3. 玉溪烟草物流中心。“两烟”及其配套产业是玉溪最重要的支柱产业。烟草物流中心定位于积极推进现有物流资源，尤其是烟草企业物流资源整体上的有效整合与合理配置，从引导行业内部的良性竞争与协调运作入手，推进各个生产企业对通用物资进行联合采购，并开展产品的共同配送，在总体上降低烟草产品的物流成本，吸引省内外专业化物流企业与网络化运输企业直接进入烟草物流中心。

4. 曲靖农产品物流中心。物流中心以提供曲靖市八县一市一区农业及加工产品物流服务为主，辐射周边地区。该农产品物流中心的建设，近期主要实现曲靖农产品的集散、转运和流通加工，“十一五”以后建设成为云南省最大的农产品专业物流中心。

5. 临沧茶叶蔗糖物流中心。临沧是昆明通往缅甸仰光的陆上捷径，有国家一级口岸孟定，国家二级口岸沧源、南伞以及清水河、河外、卖盐场等17条通道以及众多的边民互市点，是内地通往东南亚、南亚的重要门户。临沧是世界种茶的原生地之一，云南省重要的蔗糖生产基地，要将临沧建设成为全省最大茶叶蔗糖物流中心，实现货物集散、中转、配送、物流信息服务、商品展示交易、贸易洽谈等综合物流服务功能。

6. 西双版纳中泰果蔬农副产品物流中心。“十一五”期间西双版纳建成中泰最大的果蔬、农副产品经营交易平台。定位为国内外企业提供果蔬、农副产品的批发、零售交易、仓储、货物运输等服务。并依托东盟自由贸易区及西双版纳国际大通道的建设，向东南亚诸国市场进行贸易辐射。

7. 思茅茶叶物流中心。思茅是我国普洱茶原产地之一，也是茶叶生产、加工、科研基地和集散地。茶产业是思茅年产值上亿元的5个产业之一。依托普洱茶，物流中心定位为优质茶叶集散、中转、配送，商品展示交易、贸易洽谈，茶文化展示等。

8. 思茅木材建材经济作物物流中心。思茅是云南省人均林地面积和人均活立木蓄积量最多的市，是云南省热区土地面积最大的地区，除适宜种植水稻、玉米等粮食作物外，还适宜种植橡胶、咖啡、甘蔗、茶叶、烤烟、水果、南药、香料等经济林木和经济作物，并可从事瓜果蔬菜的反季种植。依托资源优势，在思茅规划建设木材建材经济作物物流中心。

9. 蒙自农产品物流中心。红河州农业资源比较丰富，是云南省粮食、甘蔗、烤烟、水果、蔬菜的主产区之一。蒙自作为红河州的州府，交通、区位和产业特色明显，发挥蒙自发达的综合交通运输网络优势，依托特色产业重点开展红河州乃至周边地区农产品集散、货运配载、储运与配送、流通加工、中转、展示交易。

10. 文山三七药材物流中心。在文山物流园区建成以三七为主的药材物流中心。该物流中心定位为三七及其深加工及产品集散、中转、配送、商品展示交易、贸易洽谈等。

（三）口岸、港口物流中心

充分发挥云南省联通泛珠三角区域、沟通中国—东盟的区位优势，大力发展口岸、港口物流。

1. 姐告国际物流中心。姐告是中缅、中印公路的交汇点，境内外交通十分便捷。东部、北部和南部与缅甸木姐市接壤，是中国对缅贸易最大的陆路口岸。中心规划建设物流商务中心、中缅国际货物交易中心、全省货运配载中心等。

2. 河口国际物流中心。河口地理位置优越，是国家一类口岸，也是国内、国际两大市场的结合部。河口口岸既是滇越铁路、昆河公路、红河航道与越南铁路、公路、水道连接的交通枢纽，也是中国西南进入东南亚、南太平洋最近的国际大通道。河口国际物流中心发展定位为口岸集散型的国际物流中心，形成覆盖红河州、文山州、乃至中国西南城市，辐射越南的国际物流中心。

3. 孟定口岸物流中心。孟定口岸是国家级一类口岸，与缅甸接壤，国境线长47.35公里，是云南省通往缅甸的陆上捷径，利用孟定独特的地理区位优势，将原有的市场进行改造和提升，建成集转口、过境、加工贸易、货物集散、交易为一体辐射缅北的口岸物流中心。

4. 磨憨口岸物流中心。磨憨口岸是我国通往老挝唯一的国家级陆地口岸及通向东南亚最便捷的陆路通道。磨憨口岸物流中心将主要担负西双版纳州和周边城市货物的进出口及货物集散任务。功能定位为融货物集散、转运及进出口功能于一体的，功能分区合理、配套设施完善、交通便捷、环境优美，特色鲜明的国际物流中心。

5. 天保国际物流中心。天保口岸既是国家一类口岸，也是云南进入越南和连接东南亚、南亚的重要陆路通道。在中国—东盟自由贸易区建设中，天保口岸处于云南和大西南开放的前沿，是对外开放的桥梁和纽带，是连接中国—东盟自由贸易区的重要枢纽，天保口岸依托国际大通道，建设为服务东南亚的国际物流中心。

6. 富宁港物流中心。依托临江沿边，背靠大西南，依托珠三角、面向东盟的优越区位条件，发挥港口特有的综合交通运输体系功能，构筑以港口运输为主体，公路、铁路、水运、航空等多种运输方式相配套的立体交通运输网络，建立多层次、布局合理、符合市场经济规律的社会化、专业化、规模化、现代化的港口物流服务体系，大力发展多式联运，提高集疏能力和效率，提供一站式物流服务，成为珠江航道重要物流港，云南东南部、广西西南部、越南北部的国际物资交易及分拨配送中心。

7. 水富港物流中心。水富是云南对外开放的北大门，将成为连接西南、华中、华东三大区的水路交通大动脉。水富港物流中心定位为口岸转运＋城市配送型物流中心，2010年之前加强口岸物流基础设施建设，2010年后，逐步建成覆盖云南省、辐射周边的物流中心，实现货物集散、货物中转、配送、物流信息服务、物流咨询与培训、商品展示交易、贸易洽谈、电子商务等功能。

六、现代物流业信息平台和标准化建设

（一）云南省物流信息平台建设和运营

物流活动中的信息流是伴随着物流的运作而不断产生的，作为物流的重要组成要素，为物流的正常运转、物流管理、物流决策以及制定物流战略等活动提供了重要支撑。云南省现代物流业的发展正处于起步阶段，物流信息平台的建设有利于整合物流信息资源实现系统间的数据交换，有利于信息共享、加强物流企业

与上下游企业之间的合作，形成并优化供应链，提高物流运作效率及物流活动的综合效益，推动电子商务的发展，扩大贸易。

云南省公用物流信息平台主要将各相关政府部门的业务进行集成，实现其在通关、工商管理、税收等领域的顺畅衔接；将货主企业与物流企业联系起来，与需求企业联系起来。

公用物流信息平台包括以下九个部分：

(1) 基础通信平台：提供网络通信、网络接入和虚拟专网（VPN）等功能。

(2) 资金结算与支付平台：提供物流活动中资金的电子支付结算功能。

(3) 物流通关平台：通过 EDI（电子数据交换）实现口岸国际物流作业的电子化，理顺海关、边防、检验检疫、外汇、财税、金融、工商和统计等政府部门的业务关系。

(4) 货物定位与跟踪平台：基于 GIS（地理信息系统）和 GPS（全球卫星定位系统）的货物定位跟踪环境，实现对货物和车船的定位跟踪。

(5) 物流信息采集平台：建立应用条码技术、射频识别技术（RFID）等技术环境，规范信息数据采集，形成统一的物流基础数据库，为数据交换和信息共享奠定基础。

(6) 物流信息发布平台：发布物流企业信息、政府指导信息和政府文件，以及运输价格、新闻、公告、政务指南、货源和运力、航班船期、空车配载、铁路车次、适箱货源、联盟会员、职业培训和政策法规等。

(7) 物流信息处理与咨询平台：针对收集的物流信息数据，进行加工处理，为政府决策服务，为企业和市场提供信息指导。鉴别、评估和比较物流战略和策略上的可选方案。

(8) 物流市场交易平台：物流供求双方发布各自的供求信息，通过系统撮合，网上或网下实现物流服务交易。

(9) 物流业务应用平台：为中小企业提供各种物流业务应用功能，实现业务的异地受理和网上管理等功能。

云南省物流信息平台的区域布局：在滇中城市群物流圈建设面向全省的核心公用物流信息平台，同时作为以昆明为核心的滇中城市群物流圈使用的信息平台；在滇西南澜沧江—湄公河国际物流合作区、滇西口岸带转口（过境）与加工贸易物流区、滇东南蒙自综合物流区、滇西北大理物流区、滇东北长江上游水陆联运物流区分别建设“物流信息平台”，主要为物流区服务，并与省级信息平台之间顺畅衔接。

公用物流信息平台建设充分利用已有的通信环境、资金支付与结算环境，坚持“企业建设、政府推动、标准规范、互联互通，谁建设，谁运营，谁受益”的原则。公用信息平台完全由相关企业建设，政府采用部分投资方式、政策优惠方式推动。政府制定项目建设的规划，提出项目建设的标准规范，采用招标的形式选择优势企业作为项目建设和运营单位。

（二）推进物流标准化建设

推进物流管理及技术地方性标准、法规的制定与实施，加快采用国际通用标准，引导鼓励企业广泛采用标准化、系列化、规范化的运输、仓储、装卸搬运、包装机具设施及条形码等技术，介绍推广先进适用的物流技术。

重点解决包装、装卸、运输、仓储等各物流环节之间的配合性问题；对现有物流设施装备进行改造利用以提高经济效益；协调标准化规划与社会和环境的关系。逐步实现我省物流系统各环节之间的相互协调和配套，促进我省物流业整体水平的提高，使我省物流业不仅能融入国内的现代物流大系统，同时也能无障碍地与国际物流大系统接轨。通过技术改造，将物流设施设备的标准化作为物流企业市场准入的必要条件，有计划、分步骤地实施标准化规划。开展物流标准术语、计量与设施技术标准、数据传输标准、物流运作模式与管理标准的普及工作，积极推动托盘、集装箱、各种物流装卸设施、条形码等通用性较强的物流技术和装备的标准化。加快推广普及国家各项物流标准，对国家标准尚未覆盖的领域积极引进和采用国际标准，或制定相应地方标准。

七、促进云南省现代物流业发展的政策措施

建立统一的管理和协调机构，加强对物流产业发展的政策引导，改善投资环境，培育物流市场主体，加快物流园区建设，大力培养物流人才。

（一）建立健全领导协调机构，促进物流产业发展

1. 云南省现代物流工作领导小组牵头，建立和完善现代物流业发展长效机制，制定相关政策，组织落实云南省现代物流业发展规划，促进部门协作配合，实现信息共享，积极与国家相关部门协调，推进云南国际大通道物流建设工作，全面推动云南省现代物流业的发展。

2. 由云南省泛珠三角区域合作与发展协调领导小组牵头，加强以泛珠三角区域为重点的区域物流合作，建立健全非政府间的横向协调机制，组建区域性行业协会和企业联合会，推进区域内物流基础设施的集约利用和生产要素自由流动，促进区域大交通体系、统一市场体系和公共服务体系建设，实现资源共享。

3. 加强云南省现代物流发展联席会议制度，抓紧落实国家发展改革委等九部委印发的《关于促进我国现代物流业发展的意见》，制定实施细则，认真组织实施。研究解决物流业发展中的重大问题，提出相应的物流发展对策。统一协调制定符合云南实际的各种物流标准、规章、制度，加强物流统计核算工作，建立和完善物流统计指标体系，统筹推进云南现代物流标准化、信息化等基础工作。

4. 对现有物流协会和组织进行清理、整合，进一步集中资源，规范管理，

成立云南省物流协会和专业物流委员会，赋予其行业自律、市场规范、职业咨询和培训、联系政府等方面的职责，使之成为制定和推广物流行业标准、推广先进物流技术和管理经验、开展物流信息统计、推进物流业发展、组织物流企业和从业人员资格认证和提供物流咨询服务的组织者和推进者。积极参与物流政策的制定，反映物流企业呼声，促进物流界与政府，物流企业与用户、科研机构、高等院校的沟通。

（二）规范管理，加快物流市场建设

1. 废除各类不符合国家法律、法规规定的由部门或地方制定的地区封锁、行业垄断、市场分割的有关规定，重点是压缩、规范审批权限，为物流企业的经营和发展创造宽松的外部环境。加强收费管理，全面清理向货运车辆收取的行政事业性收费、政府性集资、政府性基金、罚款项目，取消不符合国家规定的各种收费项目。

2. 调整、完善审批政策，规范企业登记注册前置性审批，在为物流企业办理登记注册时，除国家法律、行政法规和国务院发布的决定、规定外，其他前置性审批事项一律取消。改革货运代理行政性管理，取消经营国内铁路货运代理、水路货运代理和联运代理的行政性审批，加强对货运代理经营资质和经营行为的监督检查。取消国际货运代理企业经营资格审批，加强后续监督和管理。

3. 加快引入竞争机制，建立统一开放、公平竞争、规范有序的现代物流市场体系，开放运输和物流市场，降低进入门槛，通过强化市场竞争解决运输和物流成本高、效率低的问题，鼓励外资和民营物流企业到云南省投资创业。根据国家和省的物流企业资质认证标准，对物流企业进行资质认证。根据可持续发展原则和市场发展的需要确定进入物流市场的门槛，控制物流业规模盲目扩张，提高物流业整体素质。

4. 建立物流企业的信用评价机构，完善信用担保机构，形成健全有效的物流企业信用担保体系。加快物流企业信用体系建设，建立和完善有关物流企业信用方面的法规。物流协会等中介机构要通过计算机技术和网络技术，逐步建立企业行为档案，通过建立记录体系、公布“黑名单”等方式，加大惩罚力度，维护企业合法权益，促进企业公平竞争，诚信经营。

（三）提供服务，加大扶持

1. 鼓励和支持物流园区、物流中心、物流基地和重点物流基础设施建设。在规划布局指导下，积极支持企业投资物流园区、物流中心、物流基地和重要物流基础设施建设。企业投资项目，依据项目建设内容和资金性质，由省人民政府负责基本建设投资管理的部门审批、核准或备案。对列入规划的战略性、区域性重点物流园区、物流中心、基地和物流基础设施建设项目，视年度省级财政预算内基本建设资金情况给予一定的银行贷款贴息支持。

2. 基础设施和城乡发展规划，优先考虑物流园区，物流发展规划中确定的物流园区建设用地，实行一定时期的预留制度，规划的物流园区、物流中心和保税仓库等物流基础设施建设用地，在审批用地时应优先考虑。

3. 认真贯彻落实国家对物流企业发展的相关税收优惠政策，做好对物流企业的纳税服务工作。认真落实国家发展改革委等九部委印发的《关于促进我国现代物流业发展的意见》关于合理确定物流企业营业税计征基数、允许符合条件的物流企业统一缴纳所得税的精神；大力支持我省物流企业及所属企业进入物流企业试点范围。

4. 物流园区投资规模较大，具有较强的公益性，相关部门要统一规划物流园区内的交通、通讯、供水、供电、绿化、教育、娱乐等公用基础设施项目，负责园区前期的居民拆迁，配套建设相关设施。物流企业入驻物流园区的，优先办理登记注册，并在电信服务、申请城区配送车辆指标等方面提供便利。要加强对道路交通的科学组织，根据云南省的交通状况和物流业务发展情况，研究制定配送车辆在城镇地区的通行和停靠的具体措施，提供配送车辆在城镇地区通行、停靠的便利。帮助解决各物流园区的企业高级管理人员和技术人员户口等实际问题。

5. 在全省范围内选择 5～10 户具有一定经营规模和竞争优势，发展态势良好的大型物流企业作为我省现代物流行业的重点企业，在资金、土地、物流基础设施建设、铁路运力资源等方面给予重点扶持和政策倾斜，进一步提高企业的综合实力和核心竞争力，在行业中形成示范、带动效应，促进我省现代物流业的发展。

（四）简化程序，提高服务效率

优化口岸通关作业流程，完善口岸快速通关改革，推行物流企业与口岸通关监管部门信息联网，对进出口货物实施“提前报检、提前报关、货到验放”的通关新模式，提高信息化应用和管理水平。边防、海关、检验检疫、税务、外汇管理等部门要在有效监管的前提下简化作业程序，实现信息共享，加快通关速度。鼓励建立集海关监管、检疫检疫、地面服务一体化的货物进出境快速处理机制。

（五）加快物流人才的培养

针对云南目前物流专业人才匮乏、管理水平较低的突出问题，要采取多种形式，加快物流人才的培养。加强对物流企业从业人员的岗前培训、在职培训等，通过不同方式和各种渠道，培育市场急需的物流管理人才。要采取多种形式，加快物流人力资源的开发和物流人才的培养，加快发展学历教育，鼓励高等院校开展物流专业本科、硕士、博士等多层次的专业学历教育。借鉴或引进国外成熟的职业资格认证体系，积极探索物流职业资格认证工作。

（六）加强协调，认真组织实施

要大力宣传，强化规划的指导作用，完善规划实施的协调机制，加强省内各类专项规划互相衔接配合，加强对规划实施情况的跟踪分析和监督，组织开展规划中期评估，针对实施中出现的重大问题对规划内容进行动态调整，切实保证规划的有效实施，推动我省现代物流业健康发展。

二十七　西藏自治区

041

西藏自治区"十二五"时期物流业发展规划

西藏自治区人民政府

前　言

物流业是融合运输业、仓储业、装卸业、包装业、加工配送业、信息业等行业的复合型产业，是与一、二、三产业发展关联度较强的产业，是国民经济的重要组成部分，具有调整产业结构、转变经济发展方式、促进生产、拉动消费、增加就业等重要作用。

"十二五"时期（2011—2015 年），是我区深入贯彻中央第五次西藏工作座谈会精神，落实自治区"十二五"规划纲要部署，全面建设小康社会的攻坚时期，是进一步发展我区物流产业、提升物流服务能力和水平的重要机遇期。为贯彻落实好中央第五次西藏工作座谈会、西部大开发工作会议和自治区第八次党代会精神，根据国务院《关于印发物流业调整和振兴规划的通知》、《关于促进物流业健康发展政策措施的意见》、国家发展改革委《"十二五"支持西藏经济社会发展建设项目规划方案》和《西藏自治区"十二五"时期国民经济和社会发展规划纲要》，结合"十一五"时期我区物流业发展情况，制定本规划。

第一章　发展现状和面临的形势

"十一五"时期是我区经济快速发展、产业建设加速、居民消费稳步提升的五年，也是物流业基础设施不断完善、产业规模和效益逐步提高的五年。物流业日益成为促进我区国民经济和社会发展的新生力量，具备了较好的发展基础。

第一节　发展基础

（一）经济建设取得重大进展。"十一五"期间，我区地区生产总值（GDP）年均增长 12.4%，三次产业结构由 2005 年的 19.3∶25.5∶55.2 调整为 2010 年的 13.4∶32.3∶54.3。经济持续发展，产业分工不断深化，物流需求持续扩张。

农牧业方面，2010 年全区完成农林牧渔业总产值首次突破 100 亿元，比

2005增长42.8%（可比价格）；全年粮食总产量91.23万吨，油菜籽产量5.8万吨，蔬菜产量58.12万吨，青饲料31.78万吨，年末牲畜存栏达2321万头（只、匹），肉类总产量26.31万吨，奶类产量30.25万吨。2010年末农业机械总动力达411.99万千瓦时。农牧业及其产业化发展，形成了大量农产品和农资产品的流通。

工业方面，以建材、医药、食饮品、优势矿产为重点的产业建设取得积极成果。2010年实现工业增加值39.73亿元，比2005年增长91.8%（可比价格）。工业产品的产量有较大幅度增长，2010年铬矿石20.10万吨，水泥219.12万吨，啤酒13.33万吨，矿泉水8.52万吨，中藏成药1249吨，面粉1.3万吨，食用植物油1202吨，地毯3.2万平方米，服装1.2万件。工业的迅速发展及工业产品在区内外的流动，进一步扩大了工业物流市场。

消费品市场继续保持繁荣活跃。2010年完成社会消费品零售总额185.3亿元，是2005年的2.53倍（当年价格），烟酒类、中西医药类、石油及制品类、汽车类已成为消费主渠道；进出口贸易稳步增长，2010年全年实现进出口总值8.36亿美元，其中出口总额为7.71亿美元，以轻工业产品为主。国内商业和对外贸易的持续发展，伴随着商流形成了巨大的物流需求，形成了广阔的商贸物流市场空间。

（二）物流基础设施日渐完善。各种运输方式得到长足发展，覆盖面大幅度提升。2010年全区公路总里程58249公里，其中等级公路达到32826公里；县通油路率达到82.2%，乡（镇）、建制村公路通达率分别达到99.7%和81.2%，以“三纵两横、六个通道”为主骨架，以省道、口岸公路、边防公路和众多农村公路为基础的公路网络初步形成。邮路总长度1.68万公里，乡镇和行政村通邮率分别达到85.7%和75%。青藏铁路格拉段2006年建成通车，我区境内铁路运营总里程701公里，拉日铁路建设 进展顺利。林芝、阿里、日喀则机场相继通航，我区投入运营的机场达到5个，已开辟的航线达26条。公路、铁路、民航全面发展，为物流业提供了便利的交通基础设施条件。仓储基础设施资源丰富。经过多年持续投入，粮食、批零商品仓储设施基本成网。随着青藏铁路建成通车，铁路仓储设施在物流业中扮演着更积极的角色，拉萨西站是西藏最大的货物集散中心，那曲物流中心是藏北地区最大的综合物流中心。

（三）推进物流信息化的基础设施基本具备。2010年底全区通信光缆网络累计达到3.75万公里，固定电话普及率达15部/百人，移动电话普及率达55部/百人，互联网用户达到120万户，为物流信息化建设提供了坚实基础。随着信息基础设施的完善，信息服务能力不断增强，交通运输领域基于北斗卫星系统的卫星导航应用开始起步。部分工商企业和物流企业已建立起企业内部的信息管理系统，实现信息化管理。到2010年约有25.7%的企业实现了互联网接入、6.3%的企业建立了局域网、16.7%的企业建立了网站，企业信息化技术应用能力进一步增强，为现代物流业发展奠定了信息化服务基础。

（四）物流产业规模和效益不断提高。物流业增加值从2005年的9.8亿元增长为2010年的21.9亿元，占地区生产总值的比重由3.9%提升为4.3%，保持平稳较快增长。物流货运量持续扩大，当年完成邮政业务总量1.84亿元，电信业务总量62亿元；货物运输总量996.37万吨，其中铁路29.9万吨，公路952万吨，民航1.47万吨，管道13万吨；货物周转量达41.76亿吨公里装备水平。随着交通条件的不断改善，全社会物流成本有所下降，企业流动资产和商品库存周转速度有所加快，经济运行质量不断提高。

（五）市场主体多样化发展格局基本形成。物流企业不断成长，多元化主体已经形成。据不完全统计，截至2010年，区内共有各类物流企业150多家，其中从事第三方物流的企业22家，商贸物流企业98家。一些国有运输、仓储企业利用自身资源，通过企业重组和改制，拓展业务，向现代物流方向发展；私营企业积极发挥市场反应灵敏的优势，积极投身于现代物流行业；工商企业利用自身资源，通过整合和优化，开展社会化物流服务。“十一五”时期，全区累计新建和改造农家店1859家，建设商品配送中心20个，连锁经营、物流配送、特许经营等现代流通方式以及超市、便民店、专卖店等新型流通业态发展迅速，2010年末全区共有连锁店、超市2500家，比2005年增加953个，增长61.6%。

第二节 制约因素

（一）发展相对落后，物流服务需求不足，我区产业分工水平低，产业发展仍处于起步阶段，发展水平滞后，产业集聚效应不明显，存在一定的重生产、轻流通的现象，推动新兴物流业态的发展思路滞后。“大而全”、“小而全”的经营模式仍然存在，“重生产，轻物流，重自营，轻外协”的现象比较普遍，特别是采用第三方物流的企业少，难以形成较大规模的生产物流。同时，我区人口总量小、密度低、集聚程度低，消费物流市场小且分布分散，难以形成大的消费物流。由于现实需求不足，我区物流服务发展缓慢。

（二）运输成本相对较高、效益较低。我区位于青藏高原主体部分，高寒缺氧，地域广阔，区内及区外的商流、货物流运距远，产品生产成本和交通运输能源消耗高。受产业发育水平制约，区内与区外之间、区内各区域之间，物流的单向流动特点明显，造成较高的空返率，物流成本居高不下。

（三）物流业基础设施较落后。受历史、地理等因素制约，我区物流基础设施总体规模仍然很小，物流集散和储运设施很少，对物流业发展制约明显。交通网络不够完善，公路交通基础相对薄弱，公路技术等级偏低，货运站建设滞后，相关货运服务有待改善。

市场空间有待拓展。企业物流设施和装备标准化现代化、物流组织管理信息化程度很低，普遍未建立物流信息管理系统、货物跟踪系统。各种运输方式之间的联接、多式联运集疏体系的构建、进出藏物流通道的时效和成本无法满足市场竞争的要求。

（四）企业规模小，产业关联度低。无论多数传统运输和仓储流通企业，还是少数新型专业物流企业，其规模和实力普遍较小，网络化经营组织尚未形成。物流业仍以传统的仓储、运输为主，与其他产业关联性不强，总体还处于起步和发育阶段，尚不能为其他产业提供足够的支撑。各类物流企业90%以上的收入主要来源于基础性服务，而增值服务、物流信息服务的收入不足10%；服务质量和效率难以满足经济社会快速发展和人民群众生活质量不断提高的需要。

（五）协调发展机制不全。物流业还处于起步阶段，物流业部门间沟通和联系不足，缺乏统一的协调机制，产业扶持政策尚未形成合力；物流行业统计工作尚未启动；对重点物流项目和重点物流企业财政贴息规模和国家补助资金的扶持力度偏小，对重点物流企业税收返还扶持力度不大。

（六）物流管理人才缺乏。我区服务业人才相对集中于公共事业服务领域，面向现代物流业的懂信息技术和现代物流管理的人才少，两者兼备的复合型人才更是严重匮乏。物流人才培养工作滞后，区内各高校均没有开设物流管理专业，区外高校每年为我区培养输送的物流专业人才寥寥无几。

第三节　发展环境

（一）国内经济社会环境平稳。我国仍处于重要战略机遇期，社会发展稳定，人民安居乐业，经济发展将由"出口导向＋投资驱动"转向依靠"消费＋出口＋投资"协调拉动，立足扩大内需特别是国内消费需求将成为根本取向，并将着力调整经济结构，加快转变经济发展方式，有效增加城乡居民收入，完善民生保障，拉动服务性消费。

（二）政策环境有利。2006年3月，"大力发展现代物流业"被写入《中华人民共和国国民经济和社会发展第十一个五年规划纲要》，成为中国物流业发展的里程碑。近年来，《国务院关于加快发展服务业的若干意见》、《物流业调整和振兴规划》、《国务院办公厅关于促进物流业健康发展政策意见》等重大政策措施陆续出台。具体到我区，中央第五次西藏工作座谈会明确了"支持物流业发展"，自治区"十二五"规划纲要对"积极培育现代物流业"作出了具体部署。我区物流业发展有着良好的政策环境。

（三）物流业发展布局发生改变。随着"西部大开发"等国家战略的实施，东部地区制造企业将加速向中西部地区进行战略布局，带动中西部地区物流需求迅速上升。未来一个时期，在我国中西部地区将形成一批新的物流中心。

（四）区位环境独具优势。我区在经济上同时受成渝经济圈、陕甘经济带的辐射，并地处南亚贸易陆路大通道，沿边优势明显，是向南亚开放的前沿。青藏铁路建成通车以来，我区与西南、西北兄弟省份经济联系日益密切，伴随人流、商流、物流的进出，青藏铁路经济带稳步发育。基于全国物流的总体布局，拉萨被列为全国 17 个区域物流节点城镇之一。我区与周边省份间在物流领域的合作将继续加深，形成区域一体化的物流服务格局。

（五）区内市场环境向好。社会主义新农村建设的不断深化，尤其是“家电家具下乡”等一系列扩大内需政策的实施，必将促进商品流通体系 的发展。随着特色优势产业的加快发展，对物流的需求将不断增加，物流与农牧业、工矿业和服务业的交融互动将更加明显。未来物流需求将呈现多元推动的大好局面。

第四节 加快发展物流业的重要意义

（一）发展物流业，是培育新的经济增长点和调整经济结构的重要内容和紧迫任务。物流业是现代服务业的重要组成部分，发展迅速，已成为促进国民经济与社会发展，特别是推动第三产业快速增长的重要力量。发展物流业，不仅能够直接带来物流业的规模扩张，同时，将为金融保险、商贸流通、信息服务、餐饮、会展等相关服务业带来客观的配套服务需求，从而推动第三产业的整体发展，提高服务业在经济总量中的比重。发展物流业有利于促进商品流通，繁荣区域市场，扩大居民消费，增强消费对经济增长的拉动作用。有利于培养发展新的经济增长点，推动经济结构调整，转变经济发展方式，对于提高国民经济运行的质量和效益具有重要的现实意义。

（二）发展现代物流业，是推动产业优化升级的重要抓手。物流连接着相关产业的采购、生产、储运、销售各环节，随着社会化大生产快速发展和社会分工不断细化，发展物流业，有利于优化生产要素配置，推动相关产业供应链一体化，降低企业采购商品成本，提高企业采购商品可得性，提高产业附加值。便捷高效的物流体系是一个地区产业发展的重要条件，也是现代产业专业化分工和生产效率提高的必要条件。

（三）发展物流业，是提升区域经济竞争力的重要途径。作为极具发展潜力的新兴产业，物流业的发展水平已经成为衡量一个国家和地区综合竞争力的重要标志。有条件的地区通过加快发展物流业，增强物流配套服务能力，可以有效降低社会物流成本，从而促进招商，吸引资金，聚集高端产业，优化第二产业结构，提升本地区产业层次；还可以吸引更多商品在区域内集散，繁荣区域市场，从而实现产业、物流和市场联动发展，全面提升区域经济运行效益和核心竞争力。

（四）发展物流业，是提升人民群众生活水平和质量，促进经济社会又好又快发展的客观需要。物流业衔接生产和消费，产业关联度高，劳动就业吸纳能力强，拉动消费作用大。发展壮大物流产业，有利于扩大社会就业；有利于有效获取、分配和使用运输、仓储、包装、配送等物流要素，从而提高各种生产资料和产成品的利用效率，降低能源消耗，推动资源节约型和环境友好型社会建设；有利于提高商品流通效率，降低居民生活成本，满足人民群众对多样化、高质量的商品及其物流服务需求。

第二章　总体要求

加快发展物流业，是落实科学发展观、促进我区要素市场和商品市场发育、深化产业分工和区域分工的重要途径，也是提高资源配置效率、降低企业运行成本、提高核心竞争力的必由之路。立足现有基础，把握有利内外环境，克服不利因素，“十二五”时期物流业迎来新的发展时期。

第一节　指导思想

坚持以科学发展观为统领，深入贯彻中央第五次西藏工作座谈会、西部大开发工作会和自治区第八次党代会精神，按照自治区“十二五”规划纲要的总体要求和着力推进“提升一产、壮大二产、做强三产”的产业发展思路，紧紧围绕产业建设和群众消费需要，坚持政府引导、企业为主、市场化运作，以改革开放为动力，以降低物流成本和提高物流效率为核心，依托综合交通运输网络，加强基础设施建设，加快发展产业物流和专项物流，合理布局物流产业，逐步培育现代物流体系，促进物流业专业化、社会化、区域化、规模化发展，为产业建设、扩大消费和吸收就业提供有力支撑，逐步将物流业培育成为我区国民经济新的增长点。

第二节　基本原则

“十二五”期间，我区物流业发展坚持以下原则：统筹规划，合理布局。物流业是前期投入大、回报周期长、综合效益高的系统工程。在物流业发展过程中，要始终坚持经济效益、社会效益和生态效益相统一，合理确定建设目标及任务，并从实际情况出发，制定相关的保障措施和实施步骤，实现综合效益；要依托全区现有交通运输网络，加强规划指导，结合农牧业、工矿业、服务业产业布局，科学合理安排物流业布局，形成产业互动格局；要统筹区内与区外、城镇与乡村、物流与其他产业协调发展，充分发挥物流促进生产、引导消费的作用，形成与区域经济发展相适应的现代物流网络。

政府引导，企业主导。发挥政府鼓励、引导和支持作用，加大政府在培育市场需求、规范市场秩序及引导扶持物流企业发展等方面的力度，营造现代物流业发展的良好环境和必要氛围。充分发挥企业在物流市场中的主体地位，坚持并完善投资主体多元化格局，坚持市场化运作，调动市场主体投资新建、改扩建物流设施的积极性，引导投资者和经营者把握我区物流业发展机遇，顺应现代物流业的趋势和要求，围绕物流效率提升，积极采用新技术、新装备，应用新理念。因地制宜，整合资源。加大协调力度，打破隶属关系、行业部门和地区界限。根据国内外物流发展趋势、市场供求变化情况，及时修改、调整规划的目标及任务，切实把握物流发展方向。依托资源优势和区位优势，充分利用既有的物流基础设施和物流市场资源，优化资源配置，运用现代信息化技术和先进管理手段，加强物流中心与专业配送中心建设的有机结合，建设层次分明、结构合理、布局科学、功能互补的物流产业体系，促进物流业在不同区域协调发展。突出环保，低碳发展。针对我区生态环境脆弱、环境承载能力差的实际，注重物流与生态环境的协调发展，树立低碳物流、绿色物流新理念。坚持以提高人民生活质量为核心，注重物流中心设置与环境、交通的自然和谐，充分考虑区域之间、城乡之间的物流需求和不同运储方式的特点，适应物流发展规律和发展趋势，寻求物流服务与公共服务的契合点，实现便民利民。支持环保型物流技术装备的推广普及，提高运输工具效率，降低消耗，减少污染，增强可持续发展能力。

第三节　发展目标

以构建布局合理、技术先进、节能环保、便捷高效和安全有序的物流服务体系为目标，力争在基础设施、发展规模、服务质量和效率等方面取得新的成绩，为我区物流业的健康有序发展奠定坚实的基础。

1. 加快培育物流市场体系。积极建设拉萨、日喀则、昌都物流中心建设，重点培育和引进一批服务水平较高、竞争力强的区内外物流企业，形成 2～3 家年营业额上亿元的物流龙头企业。有 1～2 家物流企业进入国家 4A 级行列，物流业对经济增长的带动作用明显增强。

2. 产业布局更趋合理。力争至“十二五”末期初步建成以拉萨为枢纽，日喀则、那曲地区为区域节点，以青藏铁路 和青藏、川藏、中尼、滇藏、新藏公路为纽带，连接林芝、山南、昌都、阿里地区次物流节点的多层次、多功能、专业化、社会化、信息化的现代物流服务网络体系。

3. 到 2015 年，物流业增加值达到 50 亿元，占地区生产总值的比重由 2010 年的 4.3%提升为 5.3%；社会消费品零售总额达到 370 亿元；货运量达到 1588 万吨，其中进入物流中心的适站物流量有所提高。全社会物流总成本有所下降。

第三章　物流业发展布局

结合我区现代服务业和特色产业布局基础，有效整合资源，强化集约发展，突出强调物流企业的市场主体地位，发挥市场配置资源的基础作用，通过市场主导、企业主体和政府引导，加快形成物流业发展的合理空间布局。

第一节　物流业布局的总体要求

“十二五”时期，我区物流业发展布局主要遵循以下原则：一是有利于发挥各地区区位、交通、产业和资源优势，最大限度地将比较优势转化为物流业发展的竞争优势。二是有利于集聚发展。在规划布局上充分考虑强化物流资源整合、引导企业集聚发展。三是有利于防止同构竞争。在一定辐射半径内的不同地区，注意避免物流功能和重点物流行业布局上同构，以防止资源浪费和同构竞争。四是有利于优化城市功能和便捷配送。城市自身的配送中心布局要在考虑城 市发展总体规划和城市交通、配送效率等因素的基础上科学合理安排。“十二五”期间优先培育三大物流区域，重点建设四大物流节点，努力形成八大物流网络，构建多层次、广覆盖的现代物流布局体系。

第二节　优先培育三大物流区域

综合考虑我区交通格局、区域经济发展、城市规划、与南亚国家的经贸联系等因素，优先培育三大物流区域。

充分利用拉萨作为全国区域性物流节点城镇、交通枢纽和自治区产业集聚、商品集散、中转配送、货源辐射地等有利条件，积极培育和发展规模化、网络化现代物流企业群，力争把拉萨打造成西南、西北省区通向南亚的陆路物流枢纽和辐射带动山南、林芝地区的综合性商贸流通物流中枢。

发挥那曲地区作为西北经济区连接带的区位优势，依托青藏铁路和青藏公路的便利交通条件，密切与格尔木的联系与合作，加快仓储转运中心、居民重要生活必需品应急储备基地建设，力争把那曲地区建设成辐射带动昌都、阿里地区的区域性物流枢纽中心。

发挥日喀则、阿里地区的沿边优势，围绕南亚贸易陆路大通道和中尼跨境经济合作区建设，加快建设日喀则地区的机电产品、日用百货、家电、纺织品、自产产品出口商品集散中心，力争把日喀则地区打造成带动阿里辐射南亚地区的区域性出口商品物流集散中心。

第三节　重点建设四大物流节点

（一）拉萨物流中枢（含贡嘎空港）。抓住拉萨被列入 17 个全国性区域物流节点城镇之一的政策机遇，依托拉萨市交通便利、人才集中、产业发达等比较优势，发挥其商贸经济发达、各类商品市场数量多、规模大、辐射面广的作用，围绕特色农牧产品、高原特色食饮品、建材、藏药、矿精粉、工艺美术品、现代商贸等物流需求易于释放的产业，以培育第三方物流为重点，以基础设施、信息网络和优惠政策为支撑，重点发展商业物流、建材物流、医药物流、农产品物流、航空物流、矿产物流、再生资源回收利用物流等物流项目，增强物流业辐射能力，扩大物流业发展规模，建设形成公路、铁路和航空多种运输方式有机衔接，集交易、运输、仓储、配送、转运中心及配套服务功能于一体，辐射区内其他地域、连接内地及周边省区的大型现代化综合物流基地，成为全区现代物流业发展龙头，发挥积极的示范带动作用。功能定位：青藏高原重要商业中心和陆、空交通枢纽，努力建成全国性区域物流中心、全国二级物流节点。

（二）那曲物流中心。充分利用已建成的那曲物流中心的良好交通与物流基础设施条件，依托那曲地区及周边丰富的畜牧产品、矿产品和虫草等资源优势，发挥那曲作为西藏北部门户，辐射和服务昌都、阿里地区的区位优势，整合周边物流资源，发挥往来货物集散、仓储和进出藏货物分流等功能，重点建设辐射带动区内其他地域、连接周边省区的畜牧产品、矿产品物流和保税物流基地，加快推进那曲保税物流中心的实施步伐。功能定位：青藏铁路沿线重要物流节点，区内的区域性物流中心和全国二级物流节点城镇。

（三）日喀则物流中心。依托日喀则地区的农牧产品资源，发挥联结南亚市场的沿边优势，以日喀则市为节点，以中心县城和口岸为配套节点，重点服务外贸物流、涉农物流和工矿产品物流，建设集交易、信息、运输、仓储、加工、配送为一体的，沟通中部经济区与西部经济区、中国与南亚的区域性物流中心。

功能定位：连接中部经济区与西部经济区、面向南亚的重要国际贸易和物流节点，区内的区域性物流中心，藏中区域性商贸物流基地。

（四）昌都物流中心。充分利用昌都作为全国交通枢纽的有利条件，依托昌都地区丰富的水电、矿产品资源优势和资源开发型企业不断增长的物流需求，发挥昌都地区与川、滇、青三省区毗邻的区位优势，建设集现代物流设施、现代物流技术为一体，服务于藏东资源开发，并与周边省份协作的内陆型重要资源开发配送物流基地。

功能定位：连接川、滇、青三省区的重要物流节点，区内的区域性物流中心。

第四节　努力形成八大物流网络

（一）邮政物流网络依托邮政业现有的实物运递网、信息网的独特优势、物质基础和技术条件，以仓储管理、物流运输、区域配送等功能性物流服务为基础，以一体化物流服务、供应链管理、物流解决方案设计及各种增值服务为重点，促进网络布局优化，引导网络逐步向地区、县拓展，提高网络覆盖率和稳定性，整合各种资源，开发新的服务产品，依托交通枢纽、生产基地、商贸市场，建设形成多点分布、连锁经营的大型综合性第三方物流网络。发挥邮政行业的特点和优势，推动与公路、铁路、民航等运输方式的对接，努力实现与各类物流中心（中枢）、物流配送中心的衔接与融合。

（二）农业生产资料物流配送网络。依托西农集团农资供应网络，重点在各地市中心城镇、农牧林业经济大县、交通节点县布设农牧业生产资料物流配送中心，为周边区域提供农牧业生产资料及防抗灾物资配送服务。

（三）粮油碘盐物流配送网络。依托国家粮食储备库和自治区粮食储备库，重点发展拉萨、林芝、日喀则、昌都、江孜、拉孜六个区域粮油物流，引导集聚粮食批发及仓容设施、检验检测系统、粮油食品深加工等市场主体。拟选择20家骨干粮食经营企业和5家粮食加工企业作为全区骨干粮食应急供应网点和骨干粮食应急加工企业。在昌都、日喀则、山南、那曲、林芝、阿里六个地区建成碘盐配送中心，积极推广一级批发、直达零售的销售模式，建设乡镇碘盐代售点7011个，逐步形成全区统一的食盐批发经销配送网络。

（四）医药物流网络。适应国家医药卫生体制改革需要，按照“安全、可及、高效”的原则，构建药品供应保障体系，减少流通环节，积极培育医药物流企业，鼓励有条件的医药企业发展医药仓储、分拨、配送、信息等综合物流服务。在条件相对成熟的地市试点建设药品配送中心，逐步建立全区药品配送体系。

（五）商业连锁网络。发挥“万村千乡市场工程”中的龙头企业的带动作用，服务于社会主义新农村建设，加强农牧区市场流通体系建设，加大农产品流通基础设施投入，支持大中型流通企业经营网点向农牧区延伸，扩大“万村千乡”农家店覆盖面，基本实现“村村有农家店”（纯牧区“乡乡有农家店”）。推进“万村千乡”网络与农资、邮政、碘盐等网络的结合，积极开展农副产品购销、配送和农牧区日用消费品的统一配送工程建设，构建连接城乡双向流通的农牧区物流服务体系。继续实施农产品批发市场升级改造工程和县级农贸市场建设工程。

（六）建材物流网络。适应我区城乡各类基础设施建设需要，密切联系内地建材市场，积极服务区内重点建材企业，按照专业化、便利化、集群化发展要求，调整优化市场布局，加快各地市的建材市场改造，推动建材交易市场与物流企业联动发展，积极发连锁超市、品牌专营、网络销售等新兴物流经营业态，逐步形成覆盖全区城乡的建材物流分拨配送网络。

（七）冷链物流网络。积极发展牛羊猪鸡等畜禽肉类冷链物流，水果、食用菌、蔬菜等果蔬冷链物流，蛋奶等副食冷链物流，以及加工食品冷链物流。加强冷链设施建设，鼓励发展各类农产品生产加工、冷链物流、农产品流通企业及生产基地，积极改造和利用现有低温储藏设施，建设一批适应现代流通和消费需要的冷冻、冷藏和保鲜仓库。依托七地市集散型批发市场，建设一批综合性冷链物流配送中心。

（八）成品油物流网络。充分考虑西藏成品油的需求现状及发展变化趋势，围绕减少流通环节和提高流通效率，发展成品油现代流通方式，积极扩大铁路、公路成品油传输能力，继续新建和改建油库，稳步扩大库容量，满足我区经济社会跨越式发展需要，并保障应急需要。

第四章　主要任务

"十二五"期间，我区物流业发展要牢牢把握加强基础设施和物流市场建设、形成一批竞争力较强的市场主体、巩固提高物流业信息化水平和产业层次三个关键环节，稳步提升物流业服务能力和水平。

第一节　构建综合交通运输网络

按照运输方式合理、通道顺畅、枢纽（场站）有机匹配、综合效能高、运输成本合理的要求，统筹运输网络和站点布局规划，力争形成公路、铁路、航空联运网络。

公路物流通道。整治改建新藏、川藏、滇藏、中尼公路和吉隆口岸公路，推进滇藏公路新通道建设，完善省际、国际陆路物流通道。建设以拉萨为中心的4小时经济圈快速交通干线网，提高主干路网等级，形成基于公路主骨架的物流主通道；继续建设通县油路，加快建设通乡、通村和沿边公路，努力实现区内公路物流通达通畅，提高公路物流运营效率。统筹研究重大工程建设和应急响应中重型装备的物流运输方案。以现有交通条件为基础，依托货运枢纽发展仓储、包装、加工、货物专项配送等物流服务，完善信息和配送设施，把货运站场逐步建设成多式联运和区域性现代物流中心。提高运输组织化程度，鼓励发展公路配载物流、公路集装箱物流和物流信息化。

铁路物流通道。建成拉萨至日喀则铁路，开工建设川藏铁路拉萨至林芝段。充分挖掘既有线路运能，适时对青藏铁路扩能改造，重点提高矿石、机电设备、轻工业产品、粮食等重要大宗物流的运输能力。适应现代物流要求，发挥综合运输作用，加强铁路物流枢纽能力建设。加强运输管理，提高铁路系统的物流运输能力，逐步实现铁路货运物流化，重点发展基于铁路运输的物流增值服务。支持青藏铁路公司依托现有场站设施，按市场化运作模式，发展第三方物流。

空港物流通道。完善现有机场设施，改扩建拉萨贡嘎机场、昌都邦达机场、林芝米林机场，新建那曲机场。增加国内外航线，发展区内支线航空运输。大力加强航空物流市场开发，重点发展小件贵重物品物流、生鲜食品（果蔬、肉类与水产品）物流。口岸物流通道。鼓励建立集海关监管、检验检疫、地面服务一体化的货物进出口快速处理机制。推行物流企业与口岸通关监管部门信息联网，对出口货物实行"提前报检、提前报关、货到放行、选择申报、口岸验放"的通关新模式，提高通关效率。重点支持吉隆、樟木、普兰三个一类陆路口岸、拉萨一类空港口岸、亚东边贸通道及市场的基础设施和海关监管场所的建设。加快那曲保税物流中心（B型）的申报工作，引导保税物流企业入园经营，鼓励企业开展加工贸易。

第二节　加快社会物流资源整合

提升物流市场化社会化服务能力推进物流企业发展。大力发展连锁经营，鼓励有条件的企业，通过联合、兼并、拍卖、参股、控股、合资、合作等多种形式整合分散的部门物流资源，改造升级，完善功能，发挥效益。鼓励联合经营、合作经营，发展多式联运，实现优势互补，提高综合效率，形成多种运输方式相互协调衔接的物流运输机制，重点推进拉萨、日喀则等地区的中小物流企业资源整合，服务规范化等工作。引导工商企业将低效的运输仓储等物流业务外包，促进企业释放物流需求，为第三方物流发展培育市场需求基础。在产业结构转型升级中鼓励工矿业、商贸流通业与物流业联动发展，积极发展专业化、社会化物流服务企业。推动物流企业与生产、商贸企业互动发展，促进供应链各环节有机结合。

第三节　促进物流业与各产业融合互动

贯彻落实“提升一产、壮大二产、做强三产”产业发展要求，服务于特色优势产业建设，整合物流相关产业，重点构筑工业物流、涉农物流、商贸物流和会展物流等产业物流体系。

（一）工业物流。密切围绕“十二五”时期“藏中地区发展以铜矿、铬铁矿为重点的矿业基地、建材、矿泉水、藏药、绿色食饮品、民族手工业；藏东地区发展有色金属基地和农副产品加工、建材、藏药、民族手工业；藏东南地区发展林下资源、高原生物、藏医药；藏北及藏西北地区发展盐湖矿、牦牛、绵羊、绒山羊等肉、奶、毛原料基地、高原生物业（虫草）；藏西地区发展盐湖矿、硼砂矿”的工业布局，突出物流业的生产性服务业性质，加快工业企业、服务业企业与物流企业的联动发展，围绕工业产业集群发展物流业。

积极引导矿业、建材、食品加工、藏药等企业（集团），依托企业采购和销售网络，整合内部物流资源，改造现有物流业务流程，加大主辅分离力度。鼓励和引导生产制造企业建立自营物流系统，协调与供应、销售、生产调度等其他业务部门之间的关系，统一管理企业的采购物流、制造物流和销售物流。健全物流管理信息系统，与供应商、销售代理商、运输代理商之间做好对接，提高物流管理的信息化水平。通过科学管理，规范物流服务行为，减少运输、储存、装卸、简单加工、包装等方面的物流费用，减少从事物流活动的人员，减少储运等物流资源的配置，降低生产成本。鼓励生产制造企业发展物流业务外包。

（二）涉农物流。针对涉农物流的物流量大、季节性强、方向性突出、涉及地域范围广泛分散、储运成本高等特点，以农产品市场、农资市场和农牧区消费网点的规划和建设为主，加强涉农物流通道建设、物流节点建设和信息化建设，加快“万村千乡”工程网点建设速度。依托配送中心建设，积极开展农副产品购销、配送和农资及农牧区日用消费品的统一配送工程、销售网络、售后服务网络建设，重点实施全区县级农贸市场建设和部分农贸市场功能完善改造工程。开展农产品批发市场信息采集发布系统和检验检测系统的建设，促进农产品市场建设管理标准化、入市农产品质量的等级化、包装规格化。提高涉农物流效率，构建连接城乡、双向流通、布局合理、功能齐全的涉农物流体系。

（三）商贸物流。鼓励和支持本地连锁经营企业以网点优势和营销能力为支点，进一步完善物流配送体系，做到连锁与物流双轮驱动，共同发展，带动食品、乳品等商业物流的深度配送。整合批发和零售市场，促进连锁经营和集中配送一体化发展。围绕建立南亚贸易陆路大通道的总体目标，重点建设吉隆口岸，稳步提升樟木口岸，积极恢复亚东口岸，逐步发展普兰和日屋口岸，实施边贸市场建设工程。继续加强口岸公路建设，提升物流通过能力和效率。在拉萨、日喀则和口岸建设外贸物流基地、实现外贸升级。

（四）会展物流。结合拉萨国际会展中心的建设，引进国内大型物流企业，加强展览前后的仓储、包装、国内运输，展览中的装卸、搬运及全过程信息流等会展物流服务。着力培育区内会展物流企业，严格规范会展服务行为，为区内举办的各类展会提供优质物流服务，促进我区会展事业不断发展。

第四节　提升物流业社会价值和社会效益

适应经济社会发展所引发的物流业趋势，积极发展绿色物流、应急物流和冷链物流等专项物流，在实现物流业“第三利润源泉”的同时，提升物流业的社会价值和社会效益。

（一）绿色物流。顺应低碳物流趋势，针对我区生态环境脆弱，一旦破坏往往难以恢复的特点，坚持从节约资源、保护环境的目标出发，制定绿色物流战略，利用先进的物流技术、物流规划和现代管理，实施包装、运输、仓储、装卸搬运、流通加工、配送和废弃物回收等绿色物流活动。充分考虑环境的承受能力，鼓励和支持物流企业节能减排，支持绿色环保物流技术的推广和普及，降低废气排放和噪音污染。开展绿色仓储，做到仓库布局合理，采用先进的保质保鲜技术，提高保管养护技术，减少无效物流活动，减少工作中人为造成的污染。合理布局货运网点、配送中心，通过缩短路线、降低空载率和多式联运的无缝衔接，实现节能减排。支持再生资源回收利用企业完善以废旧物资回收为主的逆向物流服务系统，鼓励企业加快发展产品与包装物回收物流和废弃物物流，推进城区生活垃圾分类回收工作。

（二）应急物流。结合我区多灾易灾的实际，科学制定应急物流保障预案。统筹制定总体预案和应急物流动员预案、运输预案、应急机动保障预案、应急物流指挥编组预案等多个专业预案，形成应对突发公共事件预案体系。以民政、商务、粮食储备，合理规划应急物资储备库建设，实行市场化储备和政府储备相结合，发挥国家储备的主体作用、地方储备的补充作用、市场储备的辅助作用及家庭储备的基础作用。逐步建立集物流指挥调度、物资筹措、物资运输、物资仓储、物资配送于一体，各环节顺畅衔接、一体联动，高效快捷、及时可靠的应急物流体系。到 2015 年，我区应急物流体系应当具备应对一起Ⅰ级（特别重大），或同时应对两起Ⅱ级（重大）突发公共事件的能力，并基本保证事发地以外区域社会经济正常运转和人民生活正常进行。

第五节　完善城乡物流配送体系

立足拉萨市和各中心城镇的经济优势，全面发挥铁路、公路、航空等运输方式的作用，开展覆盖全区乡镇的物流配送业务。在各中心城镇主城区及交通节点加快建设一批规模合理、运作规范的现代化配送中心，规划解决城镇快递、配送车辆进城通行、停靠和装卸作业问题，完善物流配送网络。鼓励专业运输企业开展城乡配送，提高配送专业化水平。鼓励发展面向流通企业和消费者的社会化共同配送，促进流通的现代化，扩大城乡居民消费。鼓励企业应用现代物流管理技术，大力推进商品配送操作自动化、管理科学化和服务标准化。适应电子商务和连锁经营发展的需要，加快发展城乡物资统一配送，提高食品、食盐、烟草、药品和出版物等商品的物流配送率。

第六节　培育重点物流企业扶持物流龙头企业

按照“企业自主、政府引导、重点培育、动态管理”的原则，逐步培育一批经营规范、规模大、技术先进、服务水平高、竞争力强的物流龙头企业。通过兼并重组、强强联合，发展一批竞争力较强，跨行业、跨地区、跨所有制的大型物流企业集团。鼓励工商企业与物流企业、物流企业与物流企业之间结成合作联盟。明确重点物流企业的类型和划分标准，出台相关优惠政策予以引导和扶持。

第七节　建设物流信息网络

积极推进我区物流管理信息化，促进信息技术的广泛应用。根据国家物流信息技术标准和信息资源标准，建立我区物流信息采集、处理和服务的交换共享机制。结合我区物流业实际，大力开展物流信息化和试点示范工作。加快行业物流公共信息平台建设，积极推进全区性公路运输信息网络、航空货运公共信息系统、区域性物流信息平台建设，逐步构建商务、金融、税务、海关、邮政、检验检疫、工商行政管理等政府部门的物流管理与服务公共信息平台。

第八节　提高物流标准化现代化水平

推广应用物流新技术强化标准的实施，大力推广先进适用的物流业国家标准、行业标准，同时加强地方标准研究。鼓励我区企业推进运输设备标准化和现代化。加快推进单元装载化，推行以托盘化为核心的单元装载运输方式。逐步实现在运输过程中集装箱（包括冷藏集装箱）、卡车车厢、仓库货架的标准化，互相 配套，适合机械装卸，实现在公路、铁路运输方式间的直接转换。推进包装和物流设施标准化。完善并推广物品编码体系，广泛应用条形码、智能标签、无线射频识别（RFID）等自动识别体系，加强物流信息系统安全体系研究。鼓励企业采用仓储运输、装卸搬运、分拣包装、条码印刷等专用先进物流技术装备，不断提高物流装备的标准化现代化水平。

第五章　保障措施

本规划是政府履行职责，引导和规范我区物流业发展的指导文件。要完成好各项目标任务，在发挥企业的市场主体作用的同时，政府各部门应准确定位，不缺位不越位，通过规划和政策引导、深化改革扩大开放、加强基础建设等方面培育形成社会良好预期，切实保障物流业快速发展。

第一节　加强组织协调

物流业是一项跨行业、跨地区、跨部门的综合性工作，也是一项系统工程，涉及面广、政策性强，需要各级政府和有关部门加强领导，提高认识，协调配合，形成合力关心支持物流业的发展。自治区政府组织建立以自治区发展改革委为主，其他相关部门共同参与的协调机制，实施自治区物流业发展规划，研究制定土地、工商注册、金融、财税、运输车辆管理等方面的优惠政策和其他扶持政策，研究协调全区物流发展的重大问题。

第二节　加大资金支持力度

积极筹措项目资金，努力开拓融资渠道，积极争取国家资金扶持，贷款贴息、财政补助等方式，对符合条件的重点物流企业发展和重点物流项目、物流公共信息系统、物流人才培训、物流标准化、物流统计体系建设，以及具有示范效应、核心竞争力强的物流企业，采用物流管理信息系统、自动分拣系统等先进物流技术和设备给予支持。

对重大物流基础设施建设项目，鼓励其通过银行贷款、增资扩股、企业兼并、吸引内外资等途径筹集建设资金。加强银企合作，积极向金融部门推荐物流项目。金融部门按照商业化原则，合理配置信贷资源，在风险可控的条件下加大对现代物流项目的信贷支持力度，对具备较高信用等级资质的物流企业建设项目给予重点支持，加快推动适合物流企业特点的金融产品和服务方式创新，积极探索抵押或质押等多种贷款担保方式，进一步提高对物流企业的金融服务水平。融资担保机构为物流企业提供信贷担保。支持有条件的物流企业利用境内外资本市场融资或募集资金。支持民间资本参与物流项目建设。

第三节　落实税费优惠

列入国家鼓励发展产业中的物流业的税收减免，税务部门要按政策规定做好贯彻落实工作。物流企业将承揽的运输业务分包给其他单位或个人的，以其取得的全部价款和价外费用扣除其支付给其他单位或个人的运输费用后的余额为营业税的计税依据。物流企业凡符合《国家税务总局关于物流企业缴纳企业所得税问题的通知》（国税函〔2006〕270号）有关规定的，企业所得税可在总部统一缴纳。对于符合国家减免税政策的物流企业，需引进国外先进设备的，可按规定享受国家和自治区规定的进口自用物资相关关税政策。规范和降低农产品批发市场、农贸市场的摊位费等相关收费，必要时按法定程序将摊位费纳入地方政府定价目录管理，清理超市向供应商收取的违反国家相关法律法规的通道费。

第四节　保障物流项目建设用地

物流项目的选址必须符合当地城市总体规划中划定的物流仓储用地的相关要求，选址应当充分考虑城市各种功能需要。对符合物流发展规划、主要提供公共服务、具有公益性质的物流中心、货运枢纽场站、口岸设施等重要的物流设施项目，及利用旧仓库、旧厂房改造为物流项目的，主辅分离改制的物流企业使用原主体企业的行政划拨土地，在符合《土地管理法》和土地利用总体规划的前提下，各级政府应全力支持，按照相关行业标准提供用地；对新增建设用地的，在年度用地计划指标中统筹安排，采取出让方式给予供地。政府收取的土地出让金按照收支两条线的原则报经政府批准后可用于物流项目建设。根据实际情况，适时制定和完善符合物流发展要求的土地政策体系。

第五节　深化物流管理体制改革

优化物流业运营环境。制定完善道路大型物件运输管理办法和超限运输车辆行驶公路规定，规范道路交通管理和超限治理行为。参照保障快递车辆顺利通行的政策，按照依法、高效、环保的原则，研究制定城市配送管理办法，确定城市配送车辆的标准环保车型，放宽对物流运输车辆的城镇交通管制，有效解决城市中转配送难、配送货车停靠难等问题。对于跨区域物流运输车辆，在车辆审验和管理方面提供便利支持。对物流企业生产运营时段的用电、用水、用气价格与工业企业基本实现同价。鼓励海关、检验检疫、货运代理、报关报检、场站服务等部门实行“一站式”服务。依法制止和查处滥用行政权力阻碍或限制跨地区、跨行业物流服务的行为，逐步建立统一开放、竞争有序的物流服务市场，促进物流资源的规范、公平、有序和高效流动。

第六节　建立物流统计指标体系

加强物流统计基础工作，开展物流统计理论和方法研究。认真贯彻实施社会物流统计核算与报表制度。积极推动地方物流统计工作，促进物流业统计信息交流，建立健全共享机制，提高统计数据的准确性和及时性。为物流业的宏观决策和微观管理提供数据支持。

第七节　加快物流人才队伍建设

加快物流业人才培养，要采取长期培养和短期培训相结合，正规教育和在职培训相结合的方式，全方位推进物流人才教育工程，培养市场急需人才。一是学历教育，鼓励区内相关院校开设现代物流专业；二是职业培训与岗位教育，针对不同层次的物流工作人员，开展相应的物流职业资质培训认证与岗位技能教育，使物流人才的培养与物流业的发展相适应；三是加强我区与周边省区在物流教育与培训等方面的联合与合作；四是开展并规范物流职业资质认证工作。

各地（市）、自治区各有关部门要充分发挥各自职能，切实按照《规划》要求，做好统筹协调、完善政策、优化布局和物流重点工程建设等各项工作，确保《规划》目标的实现，确保各项工作取得实效，促进物流业健康发展。具体实施过程中出现的新情况、新问题要及时报送自治区发展改革和商务、交通等有关部门协调落实。

二十八 陕西省

042

陕西省人民政府办公厅关于促进物流业健康发展的实施意见

陕政办发〔2012〕88 号

各设区市人民政府，省人民政府各工作部门、各直属机构：

为真贯彻落实《国务院办公厅关于促进物流业健康发展政策措施的意见》（国办发〔2011〕38 号）等文件精神，促进我省物流业健康快速发展，经省政府同意，现提出以下实施意见：

一、切实减轻物流企业负担

（一）认真实施物流业税收优惠政策。实施好增值税扩大抵扣范围改革，用好新一轮西部大开发税收政策，落实物流企业营业税、城镇土地使用税、房产税、企业所得税等税收优惠政策。鼓励省内符合条件的物流企业参加营业税差额纳税试点，扩大试点范围。对从事运输、代理、仓储、装卸、配送等一体化服务物流企业，在西部大开发政策规定范围内享受减按 15％的税率征收企业所得税，在投资总额内进口的自用设备，免征关税。认真落实《财政部国家税务总局关于物流企业大宗商品仓储设施用地城镇土地使用税政策的通知》（财税〔2012〕13 号），对符合条件的物流企业自有的（包括自用和出租）大宗商品仓储设施用地，减按所属土地等级适用税额标准的 50％计征城镇土地使用税。为国家、省上鼓励类产业集聚区服务的占地较大的现代物流园区、中心、企业，按规定缴纳城镇土地使用税确有困难的，可依法申请城镇土地使用税困难减免。

（二）清理涉及物流业的各类收费。由物价部门牵头，对涉及物流业的各类收费项目进行检查清理，从严控制出台新的针对物流业的收费项目。公安、交通部门在依法过程中，要在坚持依法行政的前提下，谨慎使用扣车、扣照、扣货措施，切实提高工作效率。

二、确保物流建设用地

（三）合理安排物流业用地。对纳入国家和省上物流业发展规划的物流园区、物流配送中心、为生产配套服务的仓储等物流项目用地，在符合土地利用总体规划、城市建设总体规划的前提下，土地资源部门要在本地土地储备或土地利用年度计划指标内优先予以保障，用地享受工业仓储用地政策。积极支持利用工业企业旧厂房、仓库和存量土地资源建设物流设施或提供物流服务，涉及原划拨土地使用权转让或租赁的，应按规定办理土地有偿使用手续，经批准可采取协议方式出让。土地出让收入依法实行“收支两条线”管理。

三、促进物流车辆便利通行

（四）降低物流车辆通行费用。清理整顿各类过路过桥收费，控制收费公路规模，逐步取消政府还贷二级公路收费。及时撤销核定收费时限已到期、贷款已还完以及对保畅影响较大的收费站。对已出让经营权的繁忙路段，应择机回购经营权。逐步降低偏高的高速公路收费标准。

（五）提高通行效率。大力推行不停车收费系统，在全省高速公路全面设置ETC通道。交通运输、公安、发展改革、工业和信息化等部门要进一步完善超限运输管理体制，尽快建立治超长效机制，提车辆检测效率。要建立不可解体大件运输联络机制，及时掌握大件运输信息，在确保路桥安全的前提下，简化大件运输审批程序，做好大件运输保障服务工作。积极落实挂车交强险征收政策，支持物流运输企业使用甩挂运输等先进生产方式组织物流运输。鼓励我省物流货运企业通过安装车载卫星定位系统提高对物流车辆的动态调度和监管水平，结合手机定位技术实现对货物的跟踪管理，提高物流车辆的实载率和节能减排效益。

（六）加快建立城市物流配送体系。交通运输、公安等部门要按照依法、高效、环保的原则，尽快研究制定城市物流配送管理办法，确定城市配送车辆的标准环保车型。全面禁止将客运车辆改装为货运车辆，进一步规范车辆通行审批手续。有关部门要结合城市规划和停车场、停车泊位建设，在大型超市、市场等物流集中区域划定物流专用车位，解决城市配送车辆“行路难”、“停靠难”、“卸货难”等问题。

四、推进物流技术创新和标准化建设

（七）加快推进物流业信息化。加快建设全省物流公共信息平台服务体系，实现物流企业信息系统、行业物流公共信息平台以及其它应用信息平台的对接。各有关部门要积极向物流公共信息服务平台提供必要的信息，并及时更新。积极推动有关部门、重点制造企业、商贸企业及物流企业不断提高物流信息资源的开发和利用水平。鼓励物联网技术和产品在物流领域的应用，组织实施物联网应用示范工程，加快建设智能物流园区，支持货物跟踪定位、无线射频识别、智能交通等先进物流技术、设施设备的研发。支持物流企业申请高新技术企业认定并享受相关政策。加快推进西安国际港务区物联网应用示范基地建设，不断探索应用创新模式，努力建成国内一流的智能物流园区。

（八）加强物流业标准化程度。积极开展物流业标准化试点，推进物流通用基础类、物流技术类、物流信息类、物流管理类、物流服务类等标准的制定和完善，建立健全物流标准化体系。指导和帮助企业建立涉及计量、货物分类、物品标识、物流装备设施、工具器具、信息系统和作业流程的标准体系，促进物流业的标准化程度不断提高。

五、有序做好物流资源整合

（九）鼓励物流企业加强联合。积极推动我省物流企业进行物流资源和业务整合。支持大型优势物流企业通过兼并重组等方式，对分散的物流设施资源进行整合。鼓励中小物流企业建立联盟合作，创新合作方式和服务模式，通过联盟合作实现优化资源配置，提高服务水平。引导物流企业利用行业系统内的仓储和运输设施开展社会化物流服务，支持商贸流通企业发展共同配送。积极引进国内外大型物流企业来陕发展，加快培育一批服务水平高、发展后劲足、具有较强竞争力的大型现代物流企业。支持省物流集团做大做强。鼓励省内物流企业参与A级物流企业和物流企业信用评级认定活动，对A级物流企业设备更新改造、大型专业物流设备引进和信息系统建设等给予支持。

（十）加快物流基础设施整合。完善全省综合运输体系，实现公路、铁路、航空等运输方式的有效衔接。优先在交通枢纽或货站周围规划建设物流网点。推动各重点物流园区之间和联运、转运设施之间加强配套衔接，实现功能互补、协同发展。优化快递网络布局，加快建设航空、陆路快递枢纽及航空快递支线、干线等多级航空转运中心。加大对西安综合保税区和西咸空港物流园区等园区建设的支持力度，促进国际物流和保税物流发展。

六、优先发展农产品物流

（十一）创新农产品流通方式。加快建设畅通、高效、安全、便利的农产品物流体系。大力发展“农超对接”、“农校对接”、“农企对接”等产地到销地直接配送方式。积极发展“订单农业”，推动农产品电子商务等现代交易方式加快发展。加快推进农民专业合作组织、农业产业化龙头企业与批发市场、农贸市场和社区蔬菜直供点等直接对接。充分利用供销社、邮政等联通城乡的流通网络，开展“农资下乡”和农产品进城双向配送服务。依托西安雨润、西部欣桥等农产品集散中心，加快发展果品、蔬菜、肉等鲜活农产品连锁配送物流中心，支持建立一体化冷链物流体系。加强粮食和棉花仓储、运输、质检等现代物流设施建设，提升粮食和棉花物流水平。

（十二）加强农产品流通设施建设。继续加大对农产品物流和冷链设施建设的投入力度。抓好农产品批发市场、农贸市场和社区菜市场的规划和建设。新建城市居住区要严格按照相关规定，同步配套建设社区菜市场或相应的商业设施，不得随意改变用途。农产品批发市场用地作为经营性商业用地，应以招拍挂方式取得，所在区域有工业用地交易地价的，可以参照市场地价水平、所在区域基准地价和工业用地最低价标准等确定出让底价。土地出让后严禁擅自改变用途从事商业性房地产开发，确需改变用途、性质或者进行转让的，应当符合土地利用总体规划并经依法批准。规范和降低农产品批发市场、农贸市场的摊位费等相关收费，必要时按法定程序将摊位费纳入地方政府定价目录管理。清理超市向供应商收取的违反国家相关法律法规的通道费。认真落实农产品批发市场相关房产税优惠政策和农产品批发市场、农贸市场及冷链物流中心的用水、用电、用气、用热价格实行与工业同价政策。落实好免征蔬菜流通环节增值税政策。

（十三）提高农产品流通效率。继续严格执行并完善鲜活农产品运输“绿色通道”政策，改进技术手段，提高车辆检测水平和通行效率。落实鲜活农产品配送车辆 24 小时进城通行和便利停靠政策。改善农村物流基础设施条件，提高农产品流通效率。加强农产品质量安全管理，加快推进省、市、县三级农产品质量安全检验检测体系建设，建立和完善农产品质量安全追溯制度，支持骨干农产品批发市场信息系统及检验检测系统建设。

七、大力推进制造业与物流业联动发展

（十四）鼓励融合发展。积极推进制造企业与物流企业有机融合，联动发展。鼓励陕汽、西电、龙钢等制造企业整合优化业务流程，分离物流业务，创新物流管理模式。引导制造企业逐步将整合后的部分或全部物流业务外包给专业物流企业。鼓励陕西通汇、陕西大件运输、宝鸡东运、咸阳林鑫等物流企业发挥设备、管理优势，加强与制造企业合作，鼓励应用供应链管理技术，促进物流业向制造业的采购、配送、销售等环节渗透。在西安、宝鸡、汉中等地积极开展制造业与物流业联动发展试点。支持我省企业积极参与国家物流业与制造业联动发展示范工作，对列入试点的企业优先扶持。制造企业剥离物流资产和业务，可根据《财政部国家税务总局关于企业重组业务企业所得税处理若干问题的通知》（财税〔2009〕59 号）、《财政部国家税务总局关于企业改制重组若干契税政策的通知》（财税〔2012〕4 号）和《财政部关于企业重组有关职工安置费用财务管理问题的通知》（财企〔2009〕117 号）等文件规定，享受税收、资产处置、人员安置

等相关扶持政策。

（十五）合理布局建设生产服务型物流园区（中心）。依托西咸新区和高新技术开发区、经济开发区、工业园区等制造业聚集区，统筹规划建设生产服务型物流园区（中心），建立和完善综合物流服务体系，实现制造业聚集区内物流基础设施、物流信息平台共享共用。生产服务型物流园区（中心）要充分发挥园区布局集中、用地节约、功能集成、经营集约等优势，面向周边制造企业，提供专业、安全、便捷的物流服务。

八、加大对物流业发展的投入力度

（十六）扶持重点项目建设。对事关物流业长远发展的基础平台和服务保障体系项目，以及列入国家和省上物流发展规划的全国性、区域性物流基础设施重点项目，省级物流业发展专项资金要重点予以支持。各市（区）要视财力情况，逐步设立专项资金，加大对物流业发展的支持和投入力度。

（十七）拓宽物流业投融资渠道。积极引导银行等金融信贷机构加大对物流企业的信贷支持力度，对信用记录好、市场竞争力强的物流企业优先提供信贷支持。加快推动适合物流企业特点的金融产品和服务方式创新，积极探索抵押、仓单质押等多种贷款担保方式。进一步拓宽融资渠道，完善融资机制，积极支持符合条件的物流企业上市和发行企业债券。研究设立物流业股权投资基金。鼓励和引导民间资本进入省内物流领域，开展社会化物流服务，投资建设运输、仓储、配送、物流信息化以及物流园区等物流基础设施项目。

九、加快推进物流管理体制改革和服务创新

（十八）加快推进物流管理体制改革。有关部门要进一步创新管理方式，在规范管理的前提下，适当放宽对物流企业资质的行政许可和审批条件，提高审批效率，改进资质审批管理方式，促进物流企业做大做强。鼓励物流企业开展跨区域网络化经营。对于法律未规定或国家未批准必须由法人机关申请的资质，物流企业总部统一申请获得后，其非法人分支机构可向所在地有关部门备案获得。物流企业总部统一办理工商登记注册和经营审批手续后，其非法人分支机构可持总部出具的文件，直接到所在地工商行政管理机关申请登记注册，免于办理工商登记核转手续。

（十九）强化行业基础工作。统计、工商、税务等部门要按照国家有关法规政策，抓紧从国民经济行业分类、产业统计、工商注册、税目设立等方面明确物流业类别。完善物流调查统计和信息管理制度，鼓励和引导企业建立物流统计台账，及时填报物流统计及核算报表。开展物流运行景气指数监测工作，建立物流统计数据定期发布制度。

（二十）着力改善通关环境。加强西安咸阳国际机场口岸、西安国际港务区口岸、宝鸡口岸的建设和运营管理，加快建设榆林口岸，积极争取设立渭南、汉中、延安口岸。口岸、海关、检验检疫等部门要推动“属地申报，口岸验放”的通关模式，为企业提供通关便利。规范物流企业、监管场所、运输工具的审批备案手续，建立 24 小时预约查验、通关及服务热线制度，提高物流企业通关效率。

（二十一）加强物流人才培养。加强全省物流人才队伍建设，建立科学、系统的物流人才培养、管理、使用体系。鼓励省内有条件的高等院校开展物流管理教育，设立物流专业硕士、博士点。加强物流业人力资源开发和管理，制定优惠政策，积极引进国际国内高端物流管理人才。支持物流领域行业组织的发展，引导物流行业组织加强自身建设，发挥应有作用。

十、加强组织协调

（二十二）由省发展改革委牵头，加强协调指导和督促检查，抓好全省物流业发展工作。各地、各有关部门要结合本地、本部门实际，进一步细化政策措施，认真抓好落实，共同推动我省物流业实现健康快速发展。

二十九 甘肃省

043

甘肃省人民政府办公厅关于印发《甘肃省"十二五"物流业发展规划》的通知

甘政办发〔2011〕301号

各市、自治州人民政府，省政府有关部门，中央在甘有关单位：

《甘肃省"十二五"物流业发展规划》已经省政府同意，现印发给你们，请认真组织实施。

甘肃省人民政府办公厅

二〇一一年十二月十九日

甘肃省"十二五"物流业发展规划

甘肃省人民政府办公厅

2011年12月19日

现代物流业是利用先进信息技术和物流装备，有机整合运输、储存、装卸、包装、流通加工、配送、信息处理等物流环节，实现物流运作一体化、信息化、高效化的复合型服务业，是优化经济结构的基础性支撑产业和拉动经济增长的先导性产业，是现代产业体系的重要组成部分，正迅速发展成为促进国民经济与社会发展，特别是推动第三产业快速增长的重要力量。同时由于现代物流业涉及领域广，吸纳就业人数多，促进生产、拉动消费作用大，对加快我省产业结构调整、转变经济发展方式和增强区域经济实力具有重要意义。为贯彻落实《物流业调整和振兴规划》（国发〔2009〕8号）和《国务院办公厅关于进一步支持甘肃经济社会发展的若干意见》（国办发〔2010〕29号），促进我省物流业快速发展，根据《甘肃省国民经济和社会发展第十二个五年规划纲要》（甘政发〔2011〕21号），特制定本规划。

一、"十一五"时期物流业发展成就

"十一五"期间，在省委、省政府的坚强领导下，全省上下认真贯彻科学发展观，按照“四抓三支撑”的总体工作思路和“中心带动、两翼齐飞、组团发展、整体推进”的区域发展战略，开拓进取，扎实工作，综合经济实力大幅增强，全省物流业也进入了整合、推进和提升的新时期，为“十二五”期间现代物流业的发展奠定了良好基础。

（一）物流行业规模快速扩大

2010年，甘肃省社会物流总额达到12399.63亿元，全社会货运量达2.91亿吨，货物周转量达1607.25亿吨公里，以公路和铁路运输为主的货物运输量分别占总运输量的82.91%、16.98%；全省从事物流的各类企业近3000家，从业人员30多万人，占全省总就业人数的1.34%左右；新兴第三方专业化物流发展迅速，年业务增长率保持在12%以上，物流外包趋势明显。中铁快运、中铁行包、中铁现代等一批国内大型专业化物流企业纷纷落户甘肃。

表1　　甘肃省2005—2010年物流业主要指标表　　单位：亿元

年份 内容	2005	2006	2007	2008	2009	2010
总收入	420.85	477.54	534.97	620.23	712.83	828.88
增加值	125.39	143.69	168.29	204.5	238.09	286.47
占服务业增加值比重	15.84%	16.08%	16.33%	16.46%	17.33%	18.66%

（二）物流基础设施水平不断提升

“十一五”期间，我省物流基础设施建设有了较快发展，铁路、公路、民航、水运和管道运输方式组成的立体物流运输网络初具形态。陇海、兰新、甘青、甘武、宝中等铁路线和10条国道、30余条省道、900余条县乡公路、1300多公里内河航道、4000多公里输油（气）管线以及快速发展的民用航空共同构筑的多层次综合运输网络覆盖全省，基本形成了铁路运输干线化、公路运输网络化、民航运输辐射化、管道运输系统化的布局。全省范围内涌现了一批以发展现代物流为核心的物流园区、物流中心和配送中心，货运场站、货物分拣中心、大型仓储配套设施等日趋完善。以新式自动化仓库、托盘、货架、集装箱、自动分拣装备为代表的新型物流技术装备和工具开始应用，物流效率有了较快提升。

表 2　　**2006—2010 年甘肃省各种运输方式货运量**　　单位：万吨

年份	各种交通运输方式完成货运量							
	公路	所占比例（%）	铁路	所占比例（%）	航空	所占比例（%）	水运	所占比例（%）
2006	23826	86.589	3634	13.207	1.29	0.005	55	0.199
2007	25325	85.832	4126	13.984	1.36	0.005	53	0.179
2008	18201	79.943	4512	19.818	1.44	0.006	53	0.233
2009	20812	81.65	4646	18.227	1.33	0.005	30	0.118
2010	24050	82.906	4926	16.981	1.13	0.004	31.7	0.109

（三）物流信息化建设步伐日益加快

随着经济发展和技术进步，全省公用通信网的通信能力和技术水平明显提高，初步形成了较为完备的数字化信息资源体系，为现代物流业发展提供了全面的信息支持和技术保障。2010 年完成邮电业务总量 456.34 亿元，比上年增长 25.52%，其中，电信业务总量 447.85 亿元，增长 25.97%；邮政业务总量 8.49 亿元，增长 5.39%。2010 年末固定电话用户 411.9 万户，比上年末下降 9.26%，其中，城市 265.36 万户，下降 7.2%；农村 146.54 万户，下降 12.77%；移动电话用户 1390.08 万户，本年新增 195.71 万户；互联网宽带接入用户达到 109.52 万户，比上年末增长 26.45%。与此同时，甘肃省道路信息化建设较快发展，省运输信息中心及 14 个市州级道路信息中心、86 个县市区级信息站、150 个运输企业信息站相继建成，初步实现了公路运输四级联网运行。“甘肃运输信息网”、“甘肃电子商务网”、“甘肃物流网”、“甘肃邮政网”等一些专用物流信息网络相继建成开通，全球卫星定位系统、车辆跟踪服务系统、道路运输视频系统投入使用，物流公共信息平台建设得到较快发展。

（四）物流政策环境大幅改善

省委、省政府高度重视发展现代物流业，将现代物流业作为新的经济增长点，重点培育发展，先后印发了《关于大力推进流通现代化的意见》（甘政办发〔2002〕53 号）、《关于加快我省现代物流发展的意见》（甘政办发〔2002〕65 号）、《关于推动农村邮政物流发展支持邮政服务“三农”的实施意见》（甘政办发〔2009〕122 号）等文件，通过用地保障、财税扶持、融资支持、便利通行等政策扶持，推动物流企业的发展，促进了传统物流向现代物流的快速转变。

二、加快发展现代物流产业的优势、机遇和挑战

（一）优势

1. 地理区位优势。甘肃位于中国东中部地区与西部地区的接合部，地处西北地区的中心位置，具有承东启西、南拓北展、坐中联七、濒藏临疆的区位优势，是中原联系新疆、青海、宁夏、内蒙古的桥梁和纽带，沟通西南、西北的交通枢纽，对西北地区乃至整个西部地区的经济发展具有较强的辐射和带动作用，其市场辐射范围约 345 万平方公里，覆盖人群超过 1 亿人。新亚欧大陆桥横贯甘肃全境，1200 公里的甘肃段占据陆桥中国部分总长度的 1/3。省会兰州位于新亚欧大陆桥中国段核心位置、黄河经济带一级开发轴线和陇海、兰新经济带二级开发轴线的交汇处，是进入新疆、青海的咽喉要道，是陇海线、兰新线经济带的重要支点和辐射源。

2. 综合交通枢纽优势。甘肃是西北地区铁路、公路、航空、水运、管道运输兼备的综合性交通运输枢纽，是联系全国并通向中亚、西亚的重要交通枢纽、邮电通讯枢纽和能源运输大通道。陇海、兰新、包兰、兰青 4 条铁路干线和国家四大主干光缆在此交汇，312、212、109、310 等 10 条国道主干线在省内纵横交错，4 条输油管道、5 条输气管道主干线通过甘肃境内，以兰州中川机场为中心，敦煌、嘉峪关、庆阳、夏河等覆盖大部分市州的支线机场为触角的航空网络正在形成。今后几年，随着兰渝铁路、兰成铁路、西平铁路、天平铁路、兰新铁路第二双线、宝鸡至兰州客运专线等铁路建设项目和兰州铁路集装箱中心站、兰州枢纽编组站、兰州新客站等铁路枢纽配套工程的建设完成，以及公路、航空建设力度的加大，甘肃区域综合交通运输网络将进一步完善，南来北往、东进西出的交通要冲和物流集散地位更加突出，必将成为西北地区物资商品的后勤保障、实物配送的重要物流枢纽。

3. 产业体系优势。甘肃产业基础较好，形成了以石油化工、有色冶金、煤炭电力、机械制造、电子电器、轻纺食品、国防军工等为主的比较完备的产业体系。特别是近几年来，甘肃利用自然条件优势，大力发展风电、光伏发电、太阳能、生物质发电等新型能源产业，打造千万千瓦级风电基地和 10 兆瓦光伏发电基地，由此带动电力装备制造业的快速发展，工业企业原材料供应与产品生产形成了对工业物流的强大需求。同时，甘肃丰富的光热水土资源适合发展特色农业，已成为全国最大的种子产区、第三大马铃薯产区和五大牧区之一，也是种植酿酒葡萄的最佳生态区之一和高原夏菜、瓜果、中药材的生产加工基地，为发展现代物流业提供了非常丰富的农副产品资源。

表3　　2010年主要工业产品产量情况

产品名称	单位	产量	比上年增长（%）
卷烟	万箱	80	2.04
原煤	万吨	4547.2	14.2
原油	万吨	382.14	14.05
原油加工量	万吨	1383.54	-3.71
发电量	亿千瓦小时	791.53	14.28
水电	亿千瓦小时	250.2	16.71
粗钢	万吨	626.36	21.44
钢材	万吨	644.54	10.44
十种有色金属	万吨	172.64	6.03
铝	万吨	94.79	2.7
镍	万吨	13	25.85
铜	万吨	41.89	14.24
铅	万吨	3.02	42.93
锌	万吨	19.85	-6.59
水泥	万吨	1816.1	15.52
硫酸	万吨	253.26	24.66
乙醇	万吨	69.38	-1.1
化肥（折100%）	万吨	80.99	16.65
发电设备	万千瓦	9.51	-69.1

表4　　2010年主要农产品产量情况

产品名称	产量（万吨）	比上年增长（%）
粮食	958.3	5.8
油料	64.05	9.41
油菜籽	33.22	0.34
棉花	7.56	-20.8
甜菜	22.02	7.81
烤烟	1.01	-0.23
药材	52.65	4.55

续　表

产品名称	产量（万吨）	比上年增长（%）
水果	299.46	7.89
蔬菜	1235.46	7.87
肉类	83.32	5.19

（二）机遇

1. 经济持续快速发展，为物流产业发展提供了经济支撑。随着我省经济总量扩大、基础设施改善、城市化步伐加快、外贸依存度提高，尤其是特色优势产业（有色金属、大宗农副产品、陇东煤炭和石油天然气）的快速成长和三大基地建设，必然带来物流需求总量的急剧增加。“十二五”期间，全省国内生产总值预期年均增长12%以上，到2015年突破7500亿元。按照经济发展与物流需求的关系初步测算，届时我省物流需求将达到1700亿元左右。

2. 区域一体化进程加快，为物流产业发展提供了市场支撑。西部大开发战略实施以来，西部地区发展速度不断加快，地区生产总值年均增速为全国四大区域之首。随着我国区域一体化趋势明显加快，大生产、大市场、大流通、大协作日益成为经济生活的常态。积极推行扩大内需政策，也为区域一体化提供了新的动力，产业梯度转移步伐将不断加快，东西协作将进一步密切。

3. 信息技术、运输装备快速发展，为物流产业发展提供了技术支撑。我省物流业和物流信息化已经进入一个快速发展期。条形码、智能标签、信息管理系统、全球定位系统、信息扫描及射频识别技术、道路交通信息通信系统、不停车自动缴费系统、智能交通系统等现代管理技术在物流行业中得到不同程度的应用，为加快现代物流业发展提供了电子信息基础。

4. 国家支持力度加大，为物流产业发展提供了政策支撑。《国务院办公厅关于进一步支持甘肃经济社会发展的若干意见》明确了甘肃五大战略定位，其中连接欧亚大陆桥的战略通道和沟通西南、西北的交通枢纽，全国重要的新能源基地、有色冶金新材料基地和特色农产品生产与加工基地，促进各民族共同团结奋斗、共同繁荣发展的示范区三大战略定位，物流业是直接受益的行业。国家出台的《物流业调整和振兴规划》确定了九大物流区域，其中就包括以兰州等省会城市为中心的西北物流区域，还确定兰州为21个全国性物流节点城市之一，予以重点支持。同时在《关中—天水经济区发展规划》（发改西部〔2009〕1500号）中，天水作为次核心城市辐射带动平凉、陇南、庆阳等地区，交通枢纽地位明显。2011年6月，国务院出台了进一步支持物流业健康发展的“国八条”，从税收、土地、交通收费、市场准入、资源整合、技术创新、加大投入和农产品物流八个方面提出了支持物流业发展政策措施，物流业又迎来一次新的发展机遇。

（三）挑战

1. 经济总量小，发展能力弱。我省人口占全国的1.91％，而生产总值仅占全国的1.04％左右。与2000年相比，2010年我省除进出口总值和财政收入占全国的比重有所提高外，生产总值、全社会固定资产投资和社会消费品零售总额等其他主要指标占全国比重均低于2000年，发展能力弱的问题还十分突出。

表5　　甘肃主要经济指标占全国的比重　　单位：％

	2000年	2005年	2010年
生产总值	1.1	1.06	1.04
全社会固定资产投资	1.35	0.99	1.21
财政收入	0.81	0.8	0.9
进出口总值	0.12	0.19	0.25

2. 收入水平低，消费能力弱。2010年，我省城镇居民人均可支配收入、农民人均纯收入都处在全国后列，城镇居民人均可支配收入相当于全国平均水平的69.02％，与全国的差距由2000年的1364元拉大到5920元；农民人均纯收入仅相当于全国平均水平的57.86％，与全国的差距由2000年的825元拉大到2494元；社会消费品零售总额在全国的份额由2000年的1.06％下降为0.87％。

3. 基础条件差，物流成本高。交通基础设施总量少、水平低、性能差是制约甘肃物流业发展的重要因素。铁路覆盖密度小，干线通过能力不足，铁路运力明显不能满足经济社会发展需要；公路网密度不足，等级结构不合理，农村公路通行条件差，全省还有31个县没有通二级以上公路，乡乡通油路、村村通公路的任务还十分艰巨。民航客货吞吐量小，机场等级低，基础设施建设不完善；交通运输场站建设滞后，运输装备条件不高，制约了交通运输功能的整体发挥；邮政电信服务水平与全国相比仍存在一定差距；物流成本高，省会兰州距天津2000余公里、距阿拉山口2500公里、距连云港近2000公里，每吨商品仅铁路运费比东部沿海要高出200元左右。

4. 经济结构不合理，互动能力弱。第二产业比重低，第三产业不发达，重型工业结构刚性强，产业链短；城乡二元经济结构明显，城市化进程慢，农业人口多；工业增加值中的非公比重、中小企业比重分别约占20％左右，低于全国平均水平；各地发展不平衡，特别是革命老区、少数民族地区、高寒阴湿山区发展落后。经济开放程度低，参与国内外经济循环不足，省际之间、省内区域之间、城乡之间、三次产业之间互动性不足。

5. 企业缺乏现代物流理念，第三方物流发展滞后。我省部分大型工业企业拥有自己的运输物流部门，未充分意识到第三方物流对企业降低成本、提高效率、改善服务方面的重要性，缺乏对企业内部物流业务进行重组剥离的热情，在很大程度上限制了社会化、专业化物流服务的产生和发展，致使企业大量潜在的物流需求不能转化为社会化有效的市场需求，从而制约了第三方物流市场的形成和物流企业业务发展空间的扩大。

6. 物流产业自身还存在较多制约因素。主要有：①基础设施建设依然滞后。仓储设施比较陈旧落后，现代存储技术方面建设不足，集装箱、散装运输发展速度比较慢，高效专用运输车辆较少，大部分都是普通货车，运输车辆现代化程度较低，能耗大、效率低，装卸搬运的机械化程度较低。②行业专业化程度不高。物流企业还没有从根本上转变“大而全”、“小而全”的观念，整体上处于小、少、散、弱的状态，并且大多数物流企业仅能提供简单的运输和仓储服务，缺乏流通加工、信息服务、库存管理、成本控制等物流增值服务，无法满足物流服务专业化、社会化要求，难以形成有效的社会服务网络。③专业人才匮乏。物流业的快速发展，需要一大批懂经营、会管理、富有开拓创新精神的物流企业家与各类物流专业人才队伍。我省物流专业教育与培训力量相对薄弱，而且现有人才流失严重，制约了全省现代物流业的快速发展。④发展不平衡。主要表现在物流业地区发展不平衡和行业发展不平衡。从地区分布看，我省现有近3000家物流企业，其中一半以上集中在兰州市，陇南、甘南、临夏等市州物流企业数量还较少。从行业分布来看，目前我省已有的物流企业主要以仓储运输为主，且市场中成规模的物流企业大多是铁路运输、交通运输、航空运输部门所属的企业，或与有关企业联合形成的物流配送企业，缺乏真正意义上的现代物流企业，尤其是第三方物流企业。⑤物流信息化水平不高，货运信息不对称。由于缺乏整体物流信息服务网络，物流企业获取信息的渠道十分有限，造成货运信息不对称，导致货运车辆空返现象严重，影响整体运输效率的提高。⑥体制机制不完善。缺乏统一的、权威的物流发展规划，政府管理职能整合力度不够，物流业发展基本是沿着原有轨道进行，条块分割、部门分割、地区分割现象突出；一哄而上搞物流，低水平重复建设，多数物流建设项目属于供应能力的数量扩张，而不是通过整合原有资源来提升协同供应能力，不能有效地进行资源共享。

此外，在现代物流业法律法规制度的建设、标准化体系建设等方面也比较滞后。

三、物流业发展的指导思想、基本原则和发展目标

(一) 指导思想

深入贯彻落实科学发展观，按照国家《物流业调整和振兴规划》和国务院关

于促进物流业健康发展的要求，围绕“中心带动、两翼齐飞、组团发展、整体推进”的区域发展战略和《甘肃省国民经济和社会发展第十二个五年规划纲要》确定的“一主五副、两大重要节点”（“一主”即建设兰州西北区域物流中心；“五副”即建设酒嘉、天水、平庆、金武、张掖地区性物流中心；“两大重要节点”即建设临夏、陇西物流节点）物流业发展布局，坚持以市场为导向，以政府为引导，以企业为主体，以现代信息技术为支撑，以调整结构、整合资源、强化基础为手段，以提高物流效率、降低物流成本为目的，努力营造物流业发展的良好环境，大力推进物流业的社会化、专业化、现代化、信息化、规模化、国际化，建设布局合理、配套完善、服务高效的现代物流产业体系，形成区域分工合理、重点突出的现代物流服务网络，促成物流业与支柱产业和区域经济联动发展的新格局。

（二）基本原则

1. 坚持政府引导与企业主导相结合。发挥政府鼓励、引导和支持作用，营造现代物流业发展的良好环境和氛围，培育和扶持一批物流龙头企业。充分发挥企业的市场主体作用，鼓励企业尤其是骨干龙头企业创新物流运作模式，提高服务质量，增强企业核心竞争力，扩大市场占有率。

2. 坚持开发开放与整合资源相结合。进一步扩大开放，积极引进国内外著名物流企业共谋发展，培育一批物流骨干企业和知名品牌。鼓励我省物流企业通过多形式、多层次的合作，加大资源整合力度，推进物流资源的优化配置，促进物流企业做大做强做优，建立优势互补和协作共进的物流服务体系。

3. 坚持全面推进与重点突破相结合。在全省不同地区、不同行业、不同层次积极整合供应链上下游企业，大力发展现代物流业。重点打造一个物流核心圈、四大物流通道、六大物流枢纽、六大物流集聚区，重点发展有色冶金、煤炭、石油化工、新能源、新材料、特色农产品物流，重点建设物流节点城市、综合物流园区、专业物流中心和城乡配送系统。

4. 坚持总量扩张与结构优化相结合。加大“上争”、“外引”、“自融”力度，千方百计扩大投资强度，加强物流项目建设，培育市场主体。推动各类物流企业积极向采购、流通加工、信息服务、咨询服务、物流金融等领域拓展，推动物流中心、分拨中心、配送终端的设施共享和功能互补。

5. 坚持服务发展与壮大自身相结合。结合我省支柱产业、特色优势产业培育，服务于构建“六大片区”为主体的工业化城镇化格局和“一带三区”为主体的农业格局，大力发展第三方、第四方物流，支持物流企业全面参与相关行业、相关企业的供应链管理，不断提升一体化服务水平，加快向现代物流服务提供商、供应链集成商转变，形成物流业与我省重要优势产业联动发展格局。

（三）发展目标

经过5～10年的努力，打造一个物流核心圈、四大物流通道、六大物流枢纽、六大物流集聚区，构建物流基础设施、物流技术信息、物流政策三大平台，实施九大物流工程，形成与经济发展相适应、贯通东西、连接南北、服务西部、辐射中亚的社会化、专业化的现代物流体系。

1. 阶段目标

——到2013年，初步形成以物流园区和大型综合性物流基地为核心，以专业化物流中心为配套，以城市配送中心为延伸的层次分明的现代化物流空间体系框架，实现甘肃既有物流资源整合的突破。

——到2015年，基本建成服务高效、快捷、优质的现代物流体系，并将甘肃建设成为全国重要的物流节点，提高物流业自主创新能力，物流业发展水平达到国内平均、西部领先水平。

2. 预期指标

——力争全省物流业增加值年均增长15%以上，全社会物流增加值由2010年的286.47亿元增加到2015年的600亿元。

——大幅度降低物流成本，使全社会物流总费用占地区生产总值的比重从2010年的18.5%下降到2015年的15%以下。

——力争到2015年底，经营规模10亿元以上物流企业集团达到5家左右，1亿元以上物流企业超过10家，5000万元以上物流企业超过30家；达到国家3A级标准的物流企业不少于30家，4A级物流企业不少于20家，5A级物流企业达到10家；建成15个大型物流园区，创建国家两业联动试点单位10家，国家物流营业税差额纳税试点企业30家。公共物流区处理的货物量占全社会货物处理量的比例提高到20%左右，物流业对全省经济增长的贡献率达到8%。

四、甘肃物流产业布局

根据全省产业布局、区域规划和各市州资源、区位和商品物资流向等因素，按照建设大通道、构筑大枢纽、发展大物流的思路，着力构建“物流核心圈—物流通道—物流枢纽—物流聚集区”等多层次、广覆盖的现代物流布局体系。重点建设“一个物流核心圈、四大物流通道、六大物流枢纽城市、六大物流聚集区”，建设一批特色物流中心，最终形成主干线贯通、支线流畅、覆盖全省、服务西部、面向中亚西亚的多层次、全方位、多功能并与区域经济联动发展的物流产业新格局。

（一）建设一个物流核心圈

立足区位交通优势，充分发挥兰州作为西北商贸中心和国家级物流节点城市的作用，建设以兰州为中心、兰白都市圈为依托的物流核心圈。突出东部沿海与西北地区物流通道、西北与西南地区物流通道交汇点作用，加快西北商贸中心和全国性物流节点城市建设进程，把兰州建成国家开发新疆、西藏、青海等边疆省区的战略后方基地、物资供应和转运基地，以及与中亚各国和欧亚大陆桥沿线国家合作发展的国际物流中心。

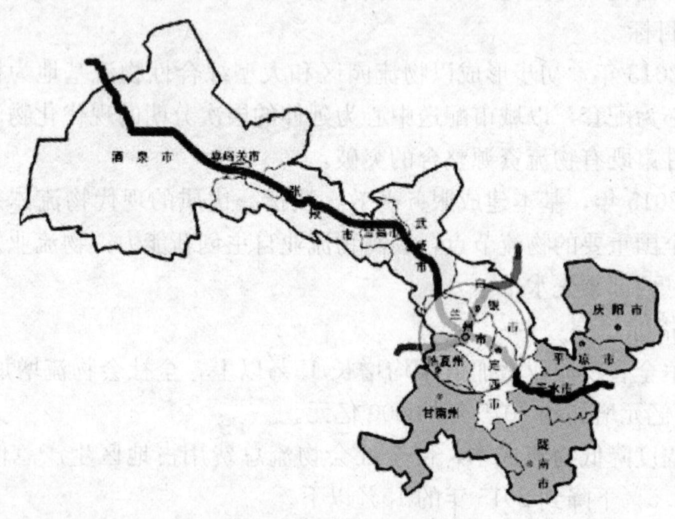

图 1 物流核心圈示意图

（二）建设四大物流通道

1. 新亚欧大陆桥物流通道。以兰新、陇海两条铁路干线和连霍高速、国道 312 线、国道 310 线等 3 条公路干线为主线，以兰州铁路运输枢纽、兰州国家公路运输枢纽、兰州中川机场、兰州水运港口和天水、陇西、武威、张掖、酒嘉铁路、公路运输枢纽为核心，以金昌、敦煌、嘉峪关机场和马鬃山边境口岸为依托，全面强化与天津港、连云港和内蒙古、新疆各口岸的协作，构建横贯甘肃东西的新亚欧大陆桥物流国际大通道。

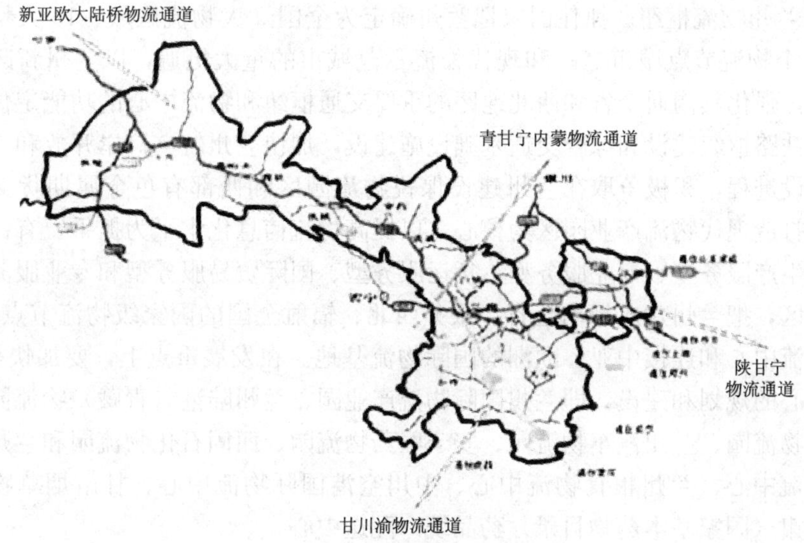

图 2　四大物流通道示意图

2. 甘川渝物流通道。以宝成、兰渝、兰成（规划在建）3 条铁路和国道 213 线、国道 212 线，兰海高速（在建）、兰郎高速 4 条公路干线为主线，以兰州铁路枢纽、公路运输枢纽和民航枢纽为核心，以甘南、临夏、陇南道路运输物流中心，夏河机场和将要建设的陇南机场为依托，辅之陇南、临夏水运，构建甘肃入蜀通渝、紧连省会兰州的省际物流通道。

3. 青甘宁内蒙物流通道。以包兰、兰青、干武、金武、嘉策 5 条铁路以及京拉高速、国道 109 线、兰营高速（规划）、双营高速、金武高速、金大快速通道 6 条公路干线为主线，以兰州铁路运输枢纽、兰州国家公路运输枢纽、兰州中川机场为核心，以白银、武威、金昌铁路运输中转站、道路运输物流中心和兰州、白银两大水运港（规划）为依托，构建连接青甘宁内蒙的物流大通道。

4. 甘陕宁物流通道。以宝兰铁路干线、西平铁路、银西铁路和兰青—福银—青兰高速、国道 309 线为主线，以兰州、天水铁路枢纽、民航枢纽、国家公路枢纽和平（凉）庆（阳）公路运输物流中心、庆阳机场为核心，构建甘陕宁金三角物流通道。

（三）六大物流枢纽

依据中心城市的功能定位、经济发展水平和基础设施等条件，以资源带动、产业推动、消费拉动、交通枢纽联动等模式，重点建设兰州、天水、庆阳、金（昌）武（威）、酒（泉）嘉（峪关）、陇西六个区位优势明显、基础设施完善、物流规模较大、市场发育较好的物流枢纽，并依托甘肃省优势特色产业建设专业物流中心。

1. 兰州物流枢纽。抓住国家把兰州确定为全国 9 大物流区域、10 大物流通道、21 个物流节点城市之一和现代物流示范城市的重大机遇，以兰州新区建设为契机，强化其沟通全省和西北地区的重要交通枢纽和物流中心的功能定位，推进兰州铁路枢纽建设和综合交通基础设施建设，加快兰州航空口岸开放和“无水港”建设进程，积极争取在兰州建设保税物流园区和西部有色金属期货交易市场，以打造现代物流产业园区为核心，以提高物流信息化水平为抓手，有针对性地建设生产服务型、商业服务型、货运服务型、国际贸易服务型和专业服务型的物流园区，把兰州建成带动全省、服务西北、辐射全国的国家级物流节点城市、区域物流中心和连接中亚、欧洲的国际物流基地。在发展重点上，要加快推进 6 园 5 中心的规划和建设，即兰州国际物流产业园、兰州陆港（青藏）物流园、兰州钢材物流园、兰州汽车物流园、安宁医药物流园、西固石化物流园和兰州农副产品物流中心、兰州粮食物流中心、中川空港国际物流中心、甘肃烟草物流中心、甘肃（国家基本药物目录）药品统一配送中心。

2. 天水物流枢纽。根据《关中—天水经济区发展规划》，依托天水机械制造、电工电器、电子信息等先进的装备制造业集群，建设装备制造物流基地；依托天水市农业高新技术产业示范区和中国航天育种基地的科技优势，努力打造特色农业物流。重点抓好天水道路运输物流园区、天水甘泉物流园、中国供销物流园、秦州西十里物流园区、星火机床物流园、天水华天微电子物流园、中国花牛苹果城、陇东南区域粮食现代物流中心等项目建设，构建甘肃东部物流枢纽。

3. 庆阳物流枢纽。立足资源优势，以服务石油、煤炭资源开发和深加工为中心，依托庆阳能源化工基地建设，抓好庆阳能源化工基地物流园区、庆阳综合物流园、西峰现代物流园、正宁周家煤电工业集中区物流中心等项目建设，整合物流资源，加强石油、煤炭、重要矿产品等专业物流建设，建立科学合理的专业化物流服务体系。

4. 金武物流枢纽。依托金昌国家级经济技术开发区和国家新材料产业化基地、国家新材料高技术产业基地、国家新型工业化产业示范基地的优势，突出资源型城市的特征，积极推动工业企业与物流的剥离，大力发展第三方物流企业。加快河西堡太西煤业集团 500 万吨物流园区、武威千万吨级煤炭集疏中心、武威农产品物流园区等项目的实施，规划建设有色金属原料交易市场和化工产品集散中心等项目。

5. 酒嘉物流枢纽。充分发挥矿产、风电、冶金工业基地和国家级公路主枢纽的优势，重点发展清洁能源、石油化工、特色农产品加工、商贸物流和现代服务等产业为主的通道经济，重点抓好嘉峪关大友物流园区、酒泉风光谷现代物流、酒泉风电工业园区、酒泉春光农产品批发市场和酒泉特尔鲜、大敦煌物流、宏峰物流配送等项目建设，形成区域物流枢纽。围绕风光电总装企业“超大、超长、超重”设备的运输业务，重点建设为新能源装备制造企业提供产品供应链集成的现代物流聚集区，形成以酒泉为中心，辐射带动新疆、张掖、武威、白银和周边国家的新能源装备制造产业物流。

6. 陇西物流枢纽。依托陇西中天医药产业园构建一个区域中心（主园区），打造两个发展平台（文峰、首阳），建设两条长廊（316 国道、长安路），形成一个辐射中心，带动定西、陇南、临夏的陇药产业物流，把陇西建成全国重要的中药材现代物流中心、中药材提取加工基地和现货期货交易市场，打造成全国中医药产业物流中心。

（四）六大物流集聚区

1. 兰白定物流集聚区。强化兰州、白银之间的协调配合，联手解决兰州发展空间不足和白银经济转型产业升级面临的突出问题，充分发挥定西市马铃薯规模化生产和中药材资源丰富、品质优良的优势。该区域重点发展能源及石油化工、有色冶金、装备制造、特色农产品加工、生物制药及中藏药、物流信息平台、无水港等现代物流基地，力争把该区域建设成为国家级的交通枢纽和商贸物流中心，成为带动全省物流业发展的龙头地区。

2. 酒嘉物流集聚区。该区域具有资源、交通、区位、产业基础等优势，应围绕冶金、煤炭、石化、新能源开发及装备制造、棉花、酿酒葡萄、蔬菜等特色农产品加工，建设现代物流基地，重点发展新能源装备、钢铁生产供应链物流和农副产品、商贸物流，使之成为带动我省西部物流业发展的重要区域以及联结新疆、青海、西藏和中亚各国的桥头堡。

3. 天成物流集聚区。该区域物流业的发展要围绕区内矿产资源丰富、装备制造企业密集和特色农产品资源优势，建设装备制造业、生态农业及绿色农产品加工等现代物流基地，成为支撑和带动我省东部区域物流业发展的重要区域以及联结陕西、宁夏、大西南和我国中东部地区的前沿。

4. 金张武物流集聚区。该区域是西陇海兰新经济带甘肃段重要的节点，是国家重要的有色金属加工基地和稀贵金属冶炼中心，是甘肃重要商品粮产区，同时也是我省重要的农产品生产加工基地。该区域的物流业发展应围绕有色金属、煤炭、粮食、酿酒葡萄和农产品加工等，建设相应的现代物流基地。

5. 平庆物流集聚区。该区域具有丰富的石油、天然气和煤炭资源，是我国新兴的石油化工和能源基地、陇东商品粮基地、出口型特色农产品生产加工基地，该区域的物流业发展应围绕石油化工、煤炭、粮食和特色农产品加工等，建设相应的现代物流基地。

6. 南部物流集聚区。以临夏、甘南为中心，依托农业、养殖业和旅游业，发展以特色农产品、牛羊肉等养殖产品为主的冷链物流，促进旅游消费品物流发展，构建南部冷链和鲜活农副产品综合物流基地。

五、现代物流业发展的重点任务

(一) 积极推进交通基础设施建设

以建立智能型现代综合交通运输体系为目标，协调发展铁路、公路、航空和管道运输，逐步形成分工合理、优势互补、多式联运的现代运输网络。

1. 陆路通道。完善公路路网结构，以高速公路和农村公路建设为重点，构建“一横六纵”综合运输大通道，大力发展农村公路，改造升级干线公路，加快高速公路建设，形成市市通高速公路、市县通二级及二级以上高等级公路、乡镇通沥青（水泥）路的公路网络。到 2015 年，全省公路通车总里程达到 13 万公里，其中高速公路达到 3600 公里。铁路建设方面，强化路网主骨架建设，加快省内重点干线和支线建设，增加路网密度，改善技术条件，实现干线快速化和大能力化。到 2015 年，全省铁路运营里程达到 6000 公里以上，力争实现铁路覆盖全省 14 个市州。

2. 水运通道。调整优化港口结构，拓展港口功能，明确港口定位。“十二五”期间，全面落实《国务院办公厅关于进一步支持甘肃经济社会发展的若干意见》的安排部署，通过兰州新港建设、黄河兰州段梯级改造、刘家峡港区航运工程建设、黄河白银段与宁夏段省际间通航建设 4 项工程，实现兰州、白银、宁夏通航。发挥内河水运优势，重点建设兰州、临夏、陇南、白银四大港口码头服务体系。

建设以黄河为主的水上运输大通道，依托黄河、嘉陵江“两大水系”，重点实施水运“四大工程”建设，力争到 2015 年，全省内河航道通航里程达到 1000 公里，其中等级航道里程达到 800 公里。

3. 航空通道。合理布局省内机场，进一步拓展民航运输网络规模，大力发展支线航空。以兰州中川机场和敦煌机场为中心，建设金昌、庆阳、夏河、张掖、陇南等支线机场，基本形成以兰州国际空港为中心的干支结合的航线网络。大力发展国际航空货运和航空快递，拓展航空过境、中转和直达运输等各类服务。

4. 管道运输通道。发挥管道运输的独特优势，抓住国家调整能源布局的机遇，配合国内油气资源开发和油气进口，完善省内管道网络，加快发展天然气、石油、煤制气等各类管道运输，形成完善的原油、成品油、天然气管线网络。实现全省 14 个市州通天然气的目标。

5. 交通运输枢纽。发挥区位优势，加快国家级和区域性综合运输枢纽建设，继续提升兰州在国家交通网中的枢纽地位，加强酒嘉、天水、平庆、金武、张掖等区域性综合运输枢纽建设，增强合作、武都、陇西、敦煌等地区级交通枢纽中心功能，实现客运“零距离换乘”和货运“无缝衔接”，形成以兰州枢纽为核心、区域枢纽为中心、地区级枢纽相配合的多层次综合交通运输枢纽。

（二）大力促进物流信息化建设

1. 建设物流公共信息平台。积极推进信息技术的广泛应用，加强物流信息化的宣传、交流与推广，加大公共物流信息平台建设的投资力度，通过统筹整合各部门政务信息系统，构建政府主管部门、金融、税务、海关、工商、检验检疫、交通运输、邮政等与物流相关行业的综合信息平台，建立物流信息共享机制。以建立电子口岸、综合运输信息平台和大宗商品交易平台为突破口，加强与大型物流园区（中心）和大型生产、流通企业的融合，实现行业之间资源共享和信息共用，为现代物流业的发展提供保障。

2. 推动企业物流信息化。引导和支持企业加大信息技术应用水平，运用现代物流理念优化业务流程，开发和应用企业资源计划、供应链管理系统，实现物流管理的集成化和智能化，以信息化构建物流服务核心产业竞争力。大力发展条形码、智能标签、电子数据交换、全球卫星定位系统、道路交通信息通讯系统、不停车自动缴费系统等新技术，提高现代物流信息体系的技术水平。引导物流企业大力发展网络系统，实现网络与用户、制造商、供应商、物流企业及相关的银行、财税、工商、海关等单位联结，对物流各环节进行适时跟踪、有效控制和全程管理，全面提高物流服务信息化水平。

（三）发展培育物流市场

1. 鼓励大型工业企业分离外包物流业务。积极推动工业企业开展流程再造，运用供应链管理理念、模式和技术，实现物资采购、生产组织、产品销售以及再生物品回收的一体化运作。以订单为中心，改造现有业务流程，提高对市场的响应速度，降低库存，加快周转，提高市场竞争力。大型二产企业要逐步把物流系统与生产制造系统分离开来，将原材料及零配件采购、运输、仓储、产成品整理、配送、回收等物流服务业务有效分离，实现主辅业务分开。有条件的企业可把分离的物流系统组建为有行业特色的物流企业，同时为其他企业提供物流服务，实现企业物流向物流企业的转型。积极支持生产企业实行物流业务外包，将物流业务委托给第三方物流企业经营，促进企业物流向专业化、社会化发展。

2. 积极培育大型龙头物流企业。按照“扶大、扶优、扶强”原则，实施大企业、大集团带动战略。在规划中的核心物流圈、物流枢纽城市、大型物流园区重点建立一批以现代理念和现代设施武装起来的、按照现代企业制度建立起来的物流专业公司。同时通过政策扶持，引导企业改造升级或兼并重组，在各行业、各物流领域和各重点物流环节重点培育一批主业突出、综合服务水平高、竞争能力强的龙头物流企业，使之率先发展成为物流业的骨干力量，以带动全省物流业的整体发展。

3. 扶持发展中小物流企业。通过改善金融物流服务，建立中小物流企业融资担保机构，支持现有运输、仓储、货代、联运、快递行业的中小物流企业完善功能和延伸服务，充分发挥自身的优势，改善组织管理，更新物流理念，找准市场定位，加快企业升级改造步伐，通过资产重组，业务融合和流程再造，创新个性化服务模式，扩展物流服务网络，满足多样化的物流市场需要。

4. 培育壮大第三方物流企业。放宽市场准入，取消对物流企业经营范围的限制，促进现有运输、仓储、货代、外贸、批发和零售企业的服务延伸和功能整合，加快传统物流企业向现代物流企业转变。积极发展农产品、生产资料和医药等行业物流。鼓励各类物流企业通过参股、兼并、联合、合资等多种形式进行资产重组，扩大经营规模。逐步培育一批服务水平高、竞争力强的跨国、跨地区、跨所有制的大型专业第三方物流企业。鼓励和支持第三方物流企业与工商企业之间的合作，共同构建物流服务体系，实现物流企业经营主体、投资主体的多元化和物流服务形式的多样化，满足工商企业的综合性、全过程物流服务需求。

（四）积极转变物流增长方式

1. 发展高端物流，提高行业附加值。调整物流行业内部产业结构，大力发展关联度强、贡献率大、科技含量高的高端物流行业。鼓励我省物流企业进入大型企业的分工协作体系，参与高端物流业务的竞争。重点发展航空快递运输、集装箱运输、多式联运、第三方物流、物流咨询和国际货代等业务。

2. 坚持可持续发展，推进绿色、循环、低碳物流。节约用地、用能、用水，通过科技手段和管理创新，走集约式、内涵式发展道路。按照无污染、低能耗、更安全的要求，进一步规范物流作业流程、提高物流效率。制定物流环保标准，鼓励企业实施绿色运输管理、绿色包装管理、绿色流通加工，大力发展绿色物流。推动资源节约、资源综合利用，加快发展废弃物回收的逆向物流，为加快建设资源节约型、环境友好型社会提供支撑。

3. 发展新型运输服务方式。鼓励创新运输服务方式，解决由于运输方式落后和各种运输方式衔接不畅带来的多次搬倒、多次拆装等问题。加快综合运输体系建设，大力发展多式联运、集装箱运输、散货运输、航空快递运输。推广应用厢式货车、集装箱车辆，开发使用专用车辆。优化交通组织，提高运输速度和效率，降低成本和减少浪费。加快推进单元装载化，推行以托盘化为核心的单元装载方式，统一托盘标准，开发托盘共用系统。鼓励物流企业采用仓储运输、装卸搬运、分拣包装、条码印刷等专用物流技术装备，提升物流装备技术水平。

（五）加快完善现代物流体系

1. 大力发展产业物流。积极发展商贸物流。结合城市建设和发展目标，建设一批有示范效应、有较强辐射能力、具备相应层次功能的城市商贸服务产业物流项目。鼓励企业应用现代物流管理技术，适应电子商务和连锁经营发展的需要，发展面向消费者的社会化共同配送，支持城市大型连锁企业加强内部物流配送中心建设，特别是生鲜食品配送中心的建设，结合商品批发企业和储运企业的改组，鼓励其延伸服务功能，建设统一采购、统一管理、统一核算和统一配送的商品、物资配送中心。大力发展连锁超市、便民店、专营店等多种新型商业模式，逐步构建安全、快捷、运作规范的现代商贸城市物流配送体系，力争到2015年，全省连锁企业销售总额占社会消费品零售总额的30%左右。大力发展农产品物流。加快以粮食物流、烟草物流和鲜活农产品冷链物流为重点的农产品物流建设步伐，构建农业生产资料储备配送和农副产品、日用消费品连锁经营体系。进一步加强农产品批发市场规划建设，鼓励和支持重点骨干农产品批发市场提高信息化水平和食品安全检验检测水平，鼓励建设和改造一批与农业专业化生产、产业化经营相配套的农产品批发市场，大力发展“农超对接”、“农校对接”、“农企对接”等产地到销地的直接配送方式，加强主产区大型农产品集散中心建设，促进大型连锁超市、学校、酒店、大企业等最终用户与农民专业合作社、生产基地建立长期稳定的产销关系；积极发展粮食现代物流，加快我省“一体两翼”（以兰州粮食现代物流聚集区为主体，以河西区域粮食现代物流中心和陇东南区域粮食物流中心为两翼）粮食现代物流体系建设，努力实现粮食“四散”化（散装、散卸、散存、散运）作业，提高粮食流通率；积极发展烟草物流业，在我省现有比较完善的烟草物流配送基础上，整合资源，优化流程，提升功能，努力打造具有鲜明特色的烟草物流联网和现代卷烟物流体系；大力发展鲜活农产品冷链物流，围绕我省马铃薯、洋葱、高原夏菜、果品、中药材、牛羊活畜等特色大宗农产品的优势，新建和扩建一批冷藏保鲜库，配置相应的冷藏保鲜车，保证生鲜蔬菜、水果、肉类、水产品在收购、储藏、加工、运输、销售的各个环节都处于所需低温环境，减少物流过程中的变质和污染损耗，保障生鲜农产品上市质量。建设“高原夏菜、西菜东调”生产和销售基地。构建农产品“旺吞淡吐”调控平台，引导农产品均衡上市，有效保障城乡居民“菜篮子”。积极发展医药现代物流，依托我省丰富的药材资源优势，强化医药物流企业与医药生产企业、连锁零售药店及其他医药批发企业战略合作，加大医药物流技术设备投入，积极引进、研发、推广货物跟踪、自动分拣、立体自动化仓库等现代医药物流技术和设施设备，积极发展医药仓储、分拨、配送、信息等综合物流服务。支持本土医药物流企业积极参与省内外医药物流网络建设，加快推进陇西“天下药仓、华夏药都”建设。积极利用陇西全国首家中药材期货市场，使之成为西北最大的中药材集散地，成为汇集中药材物流、人流、资金流、信息流为一体的交易平台和辐射全国、面向世界的中药材物流中心。大力发展邮政物流。支持邮政企业开展农村邮政物流业务，着力打造管理集约化、网络规模化、服务社会化的现代农村邮政物流综合服务平台，积极支持邮政企业发展农村生产资料、日用消费品、医药产品、中小学教材等连锁配送服务。

2. 积极推进区域物流。充分发挥甘肃作为全国地理中心和物流节点的优势，加强与周边省区和国家之间的联系与合作，充分利用国内外两种资源、两个市场，鼓励企业开展能源、矿产、生产性原材料和农产品的国际采购、加工、出口、配送等业务，加快制造业、流通业与国际物流体系的融合。适应东部产业转移趋势，加强与省外物流企业的合作，重点在天水、兰州、白银、嘉峪关、玉门建设承接东部产业转移基地，建立符合转移产业生产经营模式的物流服务体系。加快对外开放的窗口建设，争取“十二五”期间兰州中川机场航空口岸对外籍飞机开放，敦煌机场实现对外通航。积极推进在兰州、嘉峪关、金昌、天水等条件成熟的地方建立“无水港”、保税物流中心、保税物流园区等海关特殊监管区。争取在金昌、天水设立海关，将兰州作为加工贸易梯度转移重点承接地，建立出口加工区。进一步降低货物进出物流成本，提供快捷畅通的贸易便利条件。加快多种运输方式的有效衔接，营造良好的开放型经济发展环境，以适应区域经济合作的需要。

3. 建设公共物流应急体系。结合实际，建设应对不同类别突发事件的物流安全保障体系，就应急物资的采购、储运、调拨，制定应急预案，优化物流应急作业组织和程序，完善应急处理机制，切实保障城市居民正常生活和城市经济正常运行，提高城市综合应急减灾处理能力。

（六）实施九大物流工程

1. 多式联运、转运设施工程。加强新建铁路、公路和机场转运设施的统一规划和设计，完善中转联运设施建设，促进各种运输方式的衔接和配套，提高多种运输资源使用和物流运行效率。要加快建立多式联运建设和运营协调机制，促进物流基础设施协调配套运行。依托现有铁路、公路、机场及货运场站等交通运输设施，建设一批集装箱多式联运中转设施和连接两种以上运输方式的转运设施，尤其是新建、改造一批铁路专用线和装车点，重点解决铁路与公路、民用航空与地面交通等枢纽不衔接以及各种交通枢纽互相分离带来的货物在运输过程中多次搬倒、拆装等问题，提高物流设施的系统性、兼容性，减少空载率，降低物流成本，提高物流效率，实现多种运输方式“无缝衔接”。

2. 物流园区工程。按照集中与分散相结合的原则，依靠铁路、空港、公路场站等交通枢纽优势，围绕产业集聚区和开发区、专业市场和产业集群等物流需求集聚地，在重要物流节点城市、制造业基地和综合交通枢纽，根据城乡发展规划的要求，充分利用已有运输场站、仓储基地等基础设施，统筹规划建设一批以布局集中、用地节约、产业集聚、功能集成、经营集约为特征的物流园区。依托物流园区建设，培育一批现代化、规模化、专业化的物流企业，形成一批具有一定规模和较强竞争力的现代物流企业集团。争创一批知名物流服务品牌，提高物流服务影响力和知名度。物流园区建设应严格按照规划进行，防止一哄而上、盲目投资和重复建设，同时也要防止出现新的“圈地”现象。

二十九　甘肃省

表 6　　甘肃省重点物流园区规划表

序号	重点物流园区	兰州
1	兰州农副产品的物流中心	兰州
2	甘肃省烟草物流中心	兰州
3	兰州鑫港金属建材物流园	兰州
4	兰州汽车物流圈	兰州
5	兰州无水港	兰州
6	兰州凤凰山钢材物流园	兰州
7	兰州国际建材家居博览园	兰州
8	兰州新区省级物流示范园	兰州
9	嘉峪关大友物流园区	嘉峪关
10	圈钢现代工业物流园区	嘉峪关
11	肃州区圈嘉物流中心	泗众
12	瓜州广汇能源综合物流有限责任公司物流园区	泗众
13	甘肃玉门市顺兴国际物流中心	泗众
14	甘肃陇西中药材物流园	定西
15	甘肃亭臻物流集团有限公司	定西
16	定西市安定区兰州公路主枢纽东部物流园区	定西
17	武威煤炭集成中心	武威
18	内蒙古太西煤集团金昌物流中心	金昌
19	金昌有色金属材料及化工产品集中仓储交易中心	金昌
20	天水甘泉物流园区	天水
21	水市秦州区西十里物流园区	天水
22	甘谷县中国供销物流园区	天水
23	张掖市新区物流园区	张掖
24	庆阳西峰区肖金物流园	庆阳
25	庆阳西峰区彭原空港物流园	庆阳
26	庆阳驿马农副产品物流园区	庆阳
27	临夏黄混湾物流园区	临夏
28	安多藏区物流仓储及配送中心	甘南

3. 城市配送工程。调整优化城市物流配送设施布局，完善城市一级市场向二级市场的物流配送网络建设，鼓励企业应用现代物流管理技术，适应电子商务和连锁经营发展的需要，在大中城市发展面向流通企业和消费者的社会化共同配送。支持发展专业化物流，加快建立食品、药品、蔬菜、日用消费品、图书、建材、鲜活冷链等物流配送体系；重点培育专业商贸物流企业，采用物流信息系统，整合商贸供应链上下游关系，提高运转效率；优化邮政服务网络资源，提升城市与农村、商贸与工业相结合的现代邮政物流服务水平；支持和鼓励专业运输企业开展城市配送，提高配送的专业化水平，解决城市快递、配送车辆进城通行、停靠和装卸作业问题，完善城市物流配送网络；加快发展城市居民重要消费品连锁配送服务，发展小批量、多频次、时效性强的直接配送、“门到门”配送；积极推广放心主食工程，鼓励龙头企业建立统一的主食加工、配送中心，政府帮助其优化整合市场，取缔不符合规定的加工窝点，确保广大居民能吃上放心主食；加快建立城市应急物流体系，制定应急物流预案，建立和完善覆盖全省的应急物流保障系统，选择和培育一批具有应急能力的物流企业，提高危机状态下的快速反应能力。

4. 大宗商品和农村物流工程。在重要物流节点城市、物流集聚区和交通枢纽，加快大宗商品物流系统建设，形成若干个如粮食、煤炭、化肥、棉花、矿产品、农产品、钢材、机电、建材、机械装备等物流系统。积极支持大宗工业消费品和生产资料贸易与物流方式的创新，鼓励大型流通企业与品牌生产企业加强合作，发展总经销、总代理等现代贸易方式；支持流通企业发展销售和物流网络，鼓励发展直达供货、加工配送等现代物流方式，减少仓储运输环节，降低物流成本。加强大宗商品物流基础设施建设，主要包括仓库、货场、铁路专用线、加工机械、装卸设备和运输车辆等。加快农村现代物流体系建设，重点建设农村日用消费品连锁经营、农资连锁经营、农副产品流通三大服务网络，大力发展农村新型合作经济组织，努力构建连接城乡、双向流通（农产品进城，工业品下乡）、布局合理、功能齐全的农村现代流通服务体系。“十二五”期间，新建和改造一批物流中心、专业市场、连锁网点，组建一批大型农资流通企业，扩建一批县域连锁超市、配送中心和乡镇超市、村级农家店，形成以大型龙头企业为骨干、区域性配送中心为支撑、遍布乡村的放心店为终端的现代物流服务网络。

5. 制造业与物流业联动发展工程。加强对制造业物流分离外包的指导和促进，引导生产与流通企业改变大而全、小而全的传统经营方式。运用现代物流理念、模式与技术改进企业现有业务流程，将企业的物流资产、物流业务从主业中分离出来，实现原料采购、供应、销售、运输、仓储等一体化运作，同时要积极创造条件向社会开放，开展社会化物流服务，以提高企业市场应变能力。积极支持物流企业加强与制造企业合作，全面参与制造企业的供应链管理，或与制造企业共同组建适应现代制造业物流需求的第三方物流企业，提升物流业为制造业服务的能力和水平，促进现代制造业与物流业有机融合、联动发展。

6. 物流标准和技术推广工程。做好物流标准化的协调和组织工作，按照国家标准，尽快研究制定适应我省物流业发展需要，与国际、国内接轨的物流技术标准和工作标准，促进各种物流技术标准和服务规范标准协调一致。鼓励企业加快对现有仓储、转运设施和运输工具的标准化改造，推广应用标准化的物流设施和设备。实施物流标准化服务示范工程，开展大型物流企业和物流园区标准化试点工作。鼓励物流企业和有关方面采用标准化的物流计量、货物分类、物品标识、物流装备设施、工具器具、信息系统和作业流程等，提高物流的标准化程度，以物流的标准化促进物流的现代化。完善物流业统计调查和信息管理制度，加强物流统计基础工作，贯彻实施社会物流统计核算与报表制度，建立科学的物流业统计调查方法和指标体系。

7. 物流公共信息平台工程。加快建设有利于信息资源共享的行业和区域物流公共信息平台项目，重点建设电子口岸、综合运输信息平台、物流资源交易平台和大宗商品交易平台。建立物流信息采集、处理和服务的交换共享机制。鼓励城市间、行业间和企业间物流平台的信息共享。支持物流企业应用信息技术改造业务流程，对物流各环节进行实时跟踪、有效控制和全程管理，实现企业物流管理信息化。积极支持企业开展信息发布和信息系统外包等服务业务，建设面向中小企业的物流信息服务平台。

8. 物流科技攻关工程。加强物流新技术的自主研发，重点支持货物跟踪定位、无线射频识别、物流信息平台、智能交通、物流管理软件、移动物流信息服务等关键技术攻关。适时启动物联网在物流领域的应用示范。加快先进物流设备的研制，提高物流装备的现代化水平。积极推广集装箱技术和单元化装载技术，推行托盘化单元装载运输，大力发展集装箱车、重型载货汽车、大吨位厢式货车和甩挂运输等组织方式，降低物流成本。鼓励物流企业采用条形码、智能标签、立体仓库、电子数据交换、全球卫星定位系统、地理信息系统等先进适用技术，提高物流管理水平。加强物流技术装备的研发与生产，支持物流企业自主创新，鼓励企业采用仓储运输、装卸搬运、分拣包装、条码印刷等物流技术设备，提高物流技术装备水平。

9. 应急物流工程。建立应急生产、流通、运输和物流企业信息系统，以便在突发事件发生时能够紧急调用。建立多层次的政府应急物资储备体系，保证应急调控的需要。加强应急物流设施设备建设，提高应急反应能力。选择和培育一批具有应急能力的物流企业，建立应急物流体系。

六、保障措施

（一）加强领导协调

成立由分管副省长任召集人的甘肃省现代物流联席会议制度，研究协调物流业发展中的重大问题，协调物流资源整合、产业布局和跨区域的重点项目建设，推进本规划的实施，形成推动物流业发展的强大合力。联席会议成员单位要按照工作职责分工，尽快制定和完善各项配套政策措施，并加强指导和监督，努力形成各部门密切配合、齐抓共管、共同推进的工作机制，确保实现本规划确定的各项目标任务。

（二）加大政策支持力度

各级政府和有关部门要进一步加大对物流业的扶持力度，加快研究制定促进物流业发展的投资、土地、税收等方面的政策措施。各级政府在财政资金安排上，要支持重点物流项目建设、物流人才培养、物流科技研发和物流基础性工作，通过建立重点物流项目库，设立"甘肃省物流业发展引导资金"，对符合条件的重点物流企业的运输、仓储、配送、信息设施和物流园区的基础设施建设给予必要的资金扶持。积极争取国家在中央投资补助和贷款贴息等方面对重点物流项目的扶持政策，对采用物流信息系统、开展物流标准化试点的，优先列入各级政府科技创新资金和技术改造项目计划，享受相关优惠政策。国土部门要加大土地政策支持力度。在编制土地利用规划和城市规划时，对纳入规划的物流重点项目用地给予重点保障，涉及农用地转用的，可在土地利用年度计划中优先安排。对政府供应的物流用地，应纳入年度建设用地供应计划，依法采取招标、拍卖或挂牌等方式出让。积极支持利用工业企业旧厂房、仓库和存量土地资源建设物流设施或提供物流服务，涉及原划拨土地使用权转让或租赁的，应按规定办理土地有偿使用手续，经批准可采取协议方式出让。土地出让收入依法实行"收支两条线"管理。税务部门要抓紧完善物流企业营业税差额纳税试点办法，并在总结试点经验、完善相关配套措施的基础上全面推广。结合增值税改革试点，尽快研究解决仓储、配送和货运代理等环节与运输环节营业税税率不统一的问题。研究完善大宗商品仓储设施用地的土地使用税政策，既要促进物流企业集约使用土地，又要满足大宗商品实际物流需要。铁路部门要积极参与地方经济建设，对于地方政府重点支持的物流园区、工业企业物流设施，需要与铁路接轨的，应当积极支持，在接轨政策和运力计划安排上给予倾斜；要积极支持工业企业和物流企业改造提升现有铁路专用线资源，鼓励企业发展战略平台，实现铁路和地方经济良性互动发展。

（三）改善经营环境

完善物流法规政策体系，制定物流配送车辆通行便利措施和降低物流企业规费负担的政策，积极清理向货运车辆收取的各种费用，严禁违规对物流企业乱检查、乱收费、乱罚款、乱评比。进一步降低过路过桥收费，按照规定逐步有序取消政府还贷二级公路收费，控制收费公路规模，优化收费公路结构。加大对高速公路收费的监管力度，撤并不合理的收费站点，逐步降低偏高的高速公路收费标准；大力推行不停车收费系统，提高车辆通行效率，促进物流车辆便利通行；加快研究制定城市配送管理办法，有效解决城市中转配送难、配送货车停靠难等问题。进一步完善物流市场准入制度和交易规则，规范经营行为，清理和废止各类不符合国家法律法规、不适应现代物流发展的政策规定，在规范管理的前提下适当放宽对物流企业资质的行政许可和审批条件，改进资质审批管理方式，缩短审批时间，提高审批效率。规范物流企业的经营行为，倡导合法诚信经营，创造物流业发展的良好环境，建立统一开放、公平竞争、规范有序的现代物流市场体系。

（四）拓宽投融资渠道

制定完善相关政策，创新服务方式，拓宽融资渠道，引入市场竞争机制，通过政策引导，外引内联，鼓励不同所有制投资者，尤其是外资企业和民营企业参与物流项目的建设和发展物流企业，把物流业发展的立足点放在鼓励民营、吸引民（外）资、利用民力、发展民企上。支持符合条件的物流企业通过银行贷款、股票上市、企业债券、兼并重组、合资合作等途径筹集建设资金。积极搭建物流银企对接合作平台，完善物流企业信用担保机制，加大金融机构信贷支持力度，缓解物流企业融资难问题。

（五）扩大开放与合作

加快推进物流管理体制改革，打破物流管理的条块分割，加速我省物流业国际化进程。合理规划全省陆路航空口岸布局，改善口岸通关管理，提高通关效率，促进国际物流和保税物流发展。加强同国际先进物流企业的合资、合作与交流，引进和吸收国外先进的物流组织形式、管理方法和管理模式，加快与国际物流业接轨，提高物流业的全球化与区域化程度。

（六）积极培育和引进物流人才

采取多种形式加快物流人才的培养，发展多层次教育体系和在职人员培训体系。支持我省有条件的高等院校通过开展物流工程和管理的本科教育等方式加强物流相关学科建设和产学研基地建设，深化物流领域方面的课题研究，同时要进一步加大校企合作力度，努力培养物流经营管理与技术开发人才，拓宽人才培养模式。强化职业技能教育，加强对物流企业从业人员的岗前培训、在职培训，提高现有物流从业人员职业技能和业务水平。借鉴国际先进经验，不断改进和完善物流领域的职业资质培训与认证体系，全面推行职业资格证书制度，有计划地对现有人员进行知识技能等方面的专业培训，加强商贸物流从业人员的职业道德教育，提高从业人员的职业素质。实施人才激励政策，引进国内外优秀物流专业人才，尤其是物流管理和物流工程技术方面的复合型人才和熟悉国际物流业务运作的高级人才，为我省物流业的快速发展提供智力保障。

（七）发挥行业社团组织的作用

积极培育和发展物流行业中介组织，充分发挥行业协会在政府、企业间的桥梁纽带作用。按照市场经济的要求，强化物流协会的整合和建设，引导协会履行服务、自律和协调职能，发挥协会在规划研究、规范市场行为、统计与信息、技术合作、人才培训和咨询服务等方面的中介作用，促进物流行业规范自律，推动物流市场健康有序发展。

044

青海省人民政府办公厅关于进一步加快现代物流业发展的指导意见

青政办〔2013〕56 号

西宁市、各自治州人民政府，海东行署，省政府各委、办、厅、局：

为促进我省现代物流业加快发展，建立社会化、专业化现代物流服务体系，推动产业结构调整和升级，更好地服务和支撑经济发展，提高经济发展的质量和效益，经省政府同意，现就进一步加快全省现代物流业发展提出如下指导意见。

一、指导思想和总体目标

（一）指导思想

认真贯彻落实党的十八大精神，以科学发展观为指导，坚持“政府规划、市场引导、项目带动、政策激励、管理规范”的原则，突出重点和特色，优化功能布局、促进产业升级、增强企业活力、改善发展环境，加快传统物流业向现代物流业转型，逐步形成“布局相对集中、空间规模适度、服务功能配套”的发展格局，努力构建高效生态节能的现代化物流服务体系。

（二）总体目标

“十二五”期间，全省物流业社会总额年均增长 15%，增加值年均增长 15%，投资年均增长 30%以上，物流总费用增幅控制在 15%以内；培育 20 家 A 级物流企业，扶持 30 家制造业与物流业联动发展示范企业，形成 5 家年主营业收入超过 10 亿元的企业。

二、基本布局和主要任务

（一）基本布局

按照“物流区域—物流园区—物流节点—物流中心”的布局模式，围绕东部、柴达木、环湖、三江源四大物流区域，坚持“功能提升，优化重组，适度超前，统一规划，有序开发”的原则，规划建设西宁、海东、海西三大物流园区和专业物流中心，完善公铁航物流设施。

1. 西宁物流园区：依托良好的交通条件、物流基础设施及已经形成的物流市场，建设集交易、运输、仓储、配送、转运中心及配套服务功能于一体，辐射全省、连接内地及周边省区的青藏高原地区最大的现代化综合物流基地，使之成为全国综合性物流枢纽城市。重点打造朝阳高端生活资料物流园、北川工业物流园、多巴综合物流园。

——朝阳高端生活资料物流园主要提升发展以食品、药品、家具等城市生活资料为主的高端现代物流业，建设物流企业总部基地及物流金融区、生活消费品分拨配送中心、物流装备租赁与展销区、冷链物流区、高原特色商品展示加工与仓储配送区、快递分拣区、建材家居物流区等，推进集仓储、联运、配送、信息处理等为重点的现代化市场建设，成为城市配套生活资源的高端现代物流园区。依托现有的信息平台，建设由商品交易服务系统、货运交易信息系统、车辆定位与货物追踪系统、车辆紧急救援维修协调系统、物流业务应用托管系统组成的公共信息服务平台。

——北川工业物流园在已建成的百万吨生产性服务业物流体系的基础上，新建民爆器材仓储物流配送、甩挂站场，改扩建铁路专用线，提升发展以工业原材料为主的仓储、分拨、转运和配送服务，重点满足北川工业园、生物产业园和装备制造园原料的仓储物流和需求供应。

——多巴综合物流园通过109国道将甘河工业区物流中心和双寨货运中心有机连接起来，建成集生产资料、农畜产品、粮油加工和有色金属物流为一体的综合物流园。并承载入青疆煤的转运和仓储功能。物流园以青藏铁路为界分为两部分，铁路以北结合现有油菜籽加工和储存，规划建设粮油仓储区和农畜产品仓储区；铁路以南规划建设以大宗生产资料和产品为主的生产资料仓储区。

2. 海东物流园区：依托海东工业园区和曹家堡空港优势，配套完善公铁航基础设施，面向国际开展物流配送、进出口贸易和出口退税等。同时，承载全省钢材、建材等大宗生产型物资，使之成为立足东部城市群、服务青海，面向青藏高原、影响全国的综合性物流园区。重点打造临空保税物流园、青海商贸综合物流园和民和兰西经济区物流码头。

——临空保税物流园利用临近曹家堡机场及周边铁路公路交通发达便利的区位优势，以青海省和兰西经济区产业发展为依托，主要建设青海曹家堡保税物流中心（B型）及综合配套工程项目，使之成为集保税仓库、简单加工增值服务、国际物流配送、物流信息和咨询、进口和转口贸易、出口退税等功能为一体的多功能一站式服务园。

——青海商贸综合物流园主要在海东工业园区建设以建材、轻工、小商品和汽车为主体产业，以“退城入园”为发展战略，承载全省钢材、石材、木材等大型建材与生产资料，形成及物资仓储、加工、配送、分拨和转运为一体的商贸综合现代物流园。

——民和兰西经济区物流码头利用原民和镁厂厂房设施和原民和火车站及铁路专用线，改造建设矿产资源物流区和农机汽车配件交易区、建材商品交易区、期货和铁路、汽车货运物流区、农畜产品物流区和以商贸交易、商品流通为主的商贸交易物流区，使之成为具备1000万吨仓储及运输能力，涵盖农畜产品加工、汽车配件、小商品集散等领域和功能为一体的大型综合物流园。

3. 海西物流园区：依托海西地理位置和现有的交通优势，重点发展以盐湖化工、石油天然气、煤炭和非金属矿产等工业品为主的生产型物流园区，建设成为连接西藏、新疆和全省的重要大宗工业品集散地。重点发展格尔木综合物流园、德令哈综合物流园、饮马峡煤炭和化工物流园。

——格尔木综合物流园利用青藏铁路和即将建成的格敦铁路以及后期实施的格库铁路、格成铁路交汇枢纽和G109、柳格高速（G3011）在园区交汇的物流通道便利条件，建设格尔木城南综合物流区。主要发展工业物流（公路运输物流为主，并辅以公铁联运）、商业物流及农副产品批发物流。利用格尔木火车站引出的铁路专用线，建设昆仑物流区，主要包括堆场、仓库和物流管理中心，成为格尔木工业园需要通过铁路编组运输的（没有引入铁路专用线的企业）工业产品集散地。利用与格尔木铁路站点距离近的优势，建设察尔汗城镇物流区，为进出城镇的货物和工业生产作业区提供全方位的现代物流服务。通过三个物流区建设，把格尔木物流园建成集仓储、运输、配送、信息等综合服务功能，以生产资料物流为主、生活资料物流为辅，服务于柴达木资源开发并辐射西藏、新疆地区的区域性物流基地。

——德令哈综合物流园建设工业物流区和食品及农副产品综合物流区。德令哈工业物流区按照德令哈工业园区企业货物就近运输和交通配套便利性的要求，重点发展以农副产品及食品（冷链物流）、盐碱化工、冶金、建材四大专业物流为主体，集物料仓储、加工、分拣和城市及工业废品处理及循环利用为一体的物流区。德令哈食品及农副产品综合物流区重点发展食品、农副产品、商贸等生活性物流，主要建设粮食及食品批发及加工区、仓储区、货运代理和配送服务区，快件物流服务区等。

——饮马峡煤炭和化工物流园依托饮马峡周边丰富的煤炭资源和化工企业，重点建设和发展集煤炭储存、转运、交易为一体的内陆型重要煤炭资源开发配送物流基地，形成连接东部经济区以及柴达木煤炭资源开发区的节点。同时，辐射承载周边地区化工产品的仓储和转运，建立盐化工物流体系。

4. 公路物流中心：加快以西宁朝阳和格尔木两个公路货运主枢纽建设为核心，利用改造现有公路货运站场，加快建设西宁、海东、海西三大物流园区通园区公路，合理规划和配套园区路网结构，新建公路货运站场。同时，以加快海东、海北、海南、黄南、海西5个州（行署）地区性货运站场为节点，大力推进以高等级公路为依托的城际快速货运网络、区域性配送网络和农牧民生产生活资料配送网络。

5. 铁路物流中心：在综合考虑产业布局、城乡规划和货物流量流向以及对周围货物吸引程度等因素的前提下，整合利用、改造提升现有铁路货运站场，在物流园区规划新建和改造一批铁路货运站场，完善提升西宁北、格尔木站等的货运中转能力，满足物流园区货物仓储和运输需求。

6. 航空物流中心：不断扩大西宁、格尔木等机场服务领域，加快建设以高附加值货物为主的机场物流中心和配送中心等物流运作设施，将航空快件运输、物流货物中转服务、空港物流信息服务融为一体，开发特色物流，满足大量科技类企业的快速通关、快速转运、快速配送、零库存等要求。

7. 专业物流中心：在园区建设的带动下，支持建设煤炭、农副产品、应急和城市快递配送等专业物流中心，为充分发挥已形成的特色物流产业优势提供良好基础。

——煤炭物流中心：按照全省物流区域布局，在海西天峻天棚、海北热水、西宁大通建设煤炭物流中心。天峻天棚煤炭物流中心主要承载木里地区煤炭资源的物流仓储和配送；热水煤炭物流中心主要承载刚察和祁连地区煤炭资源的物流，提升集交易、运输、仓储、洗选、加工配送为一体的物流基地；大通煤炭物流中心主要承载火电企业电煤应急储备仓储和转运。

——农畜产品物流中心：不断完善已有的青藏高原农产品集散中心配送停车、装卸作业设施等功能，建成集农副产品仓储、交易、配送和销售为一体的综合物流中心，加强农产品加工、包装、储藏、运输、销售等环节的标准化管理，构筑居民“放心菜”的物流保障体系，努力打造服务于西宁等重点城镇的生鲜食品物流配送系统，使之成为青藏高原规模最大、功能最全、服务最好的现代化、人性化的农副产品交易流通基地，带动西宁周边及青海中西部市场的发展，并辐射整个青藏高原。建设乐都农产品物流中心，建成以农产品、畜禽产品加工、流通、批发为主的农产品集散中心。三江源、环湖等地区围绕特色农畜产品优势，以服务城市消费为重点，以物流配送为主要形式，建设发展规模适度的农副产品物流中心。

——生产性专业物流中心：在西宁经济技术开发区、柴达木循环经济试验区和海东工业园区内建设与之相对应的生产性专业物流中心，为园区大中型企业和特色优势产业项目提供生产原料供应物流、产品仓储和销售物流、废弃物回收综合利用物流等专业服务。同时，以延伸产业链、增加附加值为重点，完善各优势产业物流体系，促进专业物流与特色优势产业发展有机结合，不断提高园区物流服务能力。

——应急物流中心：加快推进全省电煤、粮食、救灾等应急物流中心建设，以州（地、市）府为中心，建立区域性应急综合物流中心，提升省国家粮食储备库、应急物资保障库、玉树物流集散中心等应急保障水平。

——城市快递配送中心：依托航空、铁路优势，在西宁、格尔木、德令哈等集中建设城市快递配送中心，发展集仓储、分拣、配送为一体的城市快递业务，加快实现邮政仓储和配送中心自动化、信息化，加快城市快递业务发展。

（二）主要任务

1. 推动物流节点城镇建设。围绕“四区两带一线”发展任务，合理布局物流项目，启动建设 26 个物流节点城镇。重点建设海东乐都县碾伯镇、民和县川口镇，海西察尔汗、大柴旦、花土沟、都兰县香日德镇、天峻木里和天棚，海北州西海镇，海南州恰卜恰镇、倒淌河镇，黄南隆务镇，果洛达日，以及玉树结古镇等地区物流节点。把西宁建设成国家级区域性物流节点城市，把格尔木、德令哈市、平安、民和建设为省级物流节点城市（镇）。

2. 加快物流交通枢纽建设。一是加快公路运输枢纽建设。围绕构建“六纵九横二十联”公路网，加快省内干线公路和通往州府所在地高等级公路建设，打通往成都、新疆和拉萨的高等级公路，贯通重要节点城镇物流通道，确保省内物资畅通运转。二是加快铁路运输枢纽建设。围绕构建东连陇海、北接兰新、西通南疆、西南连接拉萨、东南通达成都的铁路网，加快建设或实施敦格铁路、格库铁路、格成铁路、西成铁路，打通向西、北和南方铁路通道，从根本上解决我省空车不足问题，确保大宗物资及时外运；进一步完善西宁铁路枢纽功能，加快实施宁大支线、西宁站编组场改造工程，提升货物发送能力。三是加快航空运输枢纽建设。围绕构建“一主八辅”机场，进一步开辟航空运输通道，形成以西宁为中心、辐射全国的航空运输网络，着力提升航空物流比重。通过推进公铁航枢纽建设，形成衔接有序、相互配套、运转高效的立体综合交通网络，为实现全省物流网络体系的紧密联系提供重要基础。

3. 培育壮大现代物流企业。通过政策引导，鼓励省内传统物流企业通过参股、兼并、联合、合资、合作等多种形式进行资产重组，积极吸引飞马等省外大型物流企业进入，建立地区总部和采购中心，或参与物流园区建设与经营。整合资金，落实政策，加大 A 级物流企业的培育力度，扶持国储物流等 20 家符合国家物流企业分类与评估指标标准的 A 级物流企业，提高综合服务水平，延伸供应链管理。以培育大型物流企业为重点，加大对物产集团、西宁长丰、青海通达等现有 A 级物流企业的扶持力度，支持其做大做强，力争到“十二五”末形成 5 家年主营业收入超过 10 亿元的企业。大力推进制造业与物流业“两业联动”工程，引导工业企业剥离物流资产与业务，提高企业的核心竞争力；支持制造企业和物流企业互相深度介入对方企业的管理、组织、计划、运作、控制等过程，共同追求资源集约化经营和企业整体优化的协同合作发展，形成30家制造业与物流业联动发展示范企业。建立引进、培育物流企业考核机制，对完成年度引进和培育任务的物流园区给予一定的奖励。

4. 推动保税物流产业发展。支持临空保税物流园发展，加快建设曹家堡保税物流中心（B型）、保税物流商务中心等项目建设，使之尽快投入使用，并积极吸引物流企业入驻，促进我省物流企业的国际化和现代化。将保税物流园建设与全省工业经济转型升级结合起来，不断完善保税物流园功能，积极为有色金属、新能源、新材料、装备制造等青海特色优势产业和战略新兴产业的发展、壮大、升级提供服务平台，带动临空综合经济区和东部城市群的联动发展。加强管理创新，建立真正的"境内关外"的监管模式，推动公铁航多式联运和多种配套服务的集成，建成货物通关畅捷，综合成本低廉、配套服务完善、管理运作规范的物流服务平台。

5. 稳步推进物流信息化建设。以三大物流园区为重点，应用国际通行的信息标准和规范，进一步完善现有公共信息平台的各项功能，逐步推进统一物流信息平台建设，形成信息发布、信息查询和综合服务等功能，实现公共物流信息公共平台与供应链的各个环节的连接。同时，支持物流企业应用新的技术，建立起信息技术、运输技术、装卸搬运技术、自动化仓储技术、库存控制及包装技术等专业技术为支撑的现代化物流技术装备，确保信息流与物流的同步统一。重点扶持和培育2～3家专业化物流信息服务提供商，为物流企业推出具有行业特色的物流信息服务平台，最大限度为企业降低运营成本、改善运营环境服务，实现网上单证传递、货物网上托运和车辆配载服务，全程跟踪管理。

三、政策措施

认真贯彻落实《国务院办公厅关于促进物流健康发展政策措施的意见》（国办发〔2011〕38号）和青海省"十二五"发展规划物流业内容，全面执行国家和省上出台的税收、土地、准入等政策措施，进一步加大政策支持力度，努力促进我省现代物流业加快发展。

1. 进一步优化调整功能布局。各地区、各部门和有关企业要紧紧围绕全省现代物流业发展总体布局，按照"超前规划、科学定位、避免重复、突出特色"的原则，加强相互间衔接和协作，进一步调整完善物流发展规划，优化物流园区和专业物流中心产业布局，完善交通枢纽、物资集散、仓储配送设施、信息网络平台等物流基础设施。要兼顾近期与长远发展、硬件建设与软件管理相结合，防止盲目重复建设，形成分工明确、特色明显、优势互补，物资集散通道和各种运输方式衔接紧密的综合完善的现代物流业体系。

2. 加大土地政策支持力度。各地区、各园区要把重点物流项目优先纳入土地供应计划。涉及农用地转用的，可在土地利用年度计划中优先安排。对政府供应的物流用地，纳入年度建设用地供应规划，依法采取招标、拍卖或挂牌等方式有偿供应；涉及原划拨地土地使用权转让或租赁的，依法办理土地有偿使用手续；对同一宗地只有一个用地意向的，可采取协议方式供给。依法加强物流业用地管理，禁止以物流中心等名义圈占土地，防止土地闲置浪费。

3. 加大税收政策支持力度。根据《国家税务总局关于深入实施西部大开发战略有关企业所得税问题的公告》规定，对主营业务收入占总收入70%以上的物流企业，按15%的税率征收企业所得税。对新设立的物流企业，自经营之日起，2年内免征企业所得税地方分享部分，第3年至第5年减半征收所得税地方分享部分；自开业年度起，由同级财政部门前2年全额返还营业税，后3年减半返还营业税。物流企业土地使用税率按国家规定最低标准征收。

4. 加大对物流业的投入。省发展改革、经委、财政、商务、科技、交通等部门结合各自职能，加大对物流业发展的投入和资金支持力度。各金融机构要积极进入物流园区，对符合条件的物流企业加大信贷支持，大力发展物流金融服务；对大型物流企业提供融资担保平台，鼓励民营资本进入物流领域，增强行业活力。各级政府要把大中型批发市场和农贸市场列入准公益性建设项目，不断加大对其建设和改造升级的资金投入，增强政府对市场的应急调控能力。

5. 切实减轻物流企业负担。推行物流企业营业收入税额差额交税的试行办法，避免重复上税。推行货运代理税收办法，促进第三方物流业务发展。加快取消政府还贷国道、省道等二级公路收费，逐步降低偏高的高速公路收费标准，降低物流成本，进一步完善“绿色通道”政策，对电煤公路运输收费减半征收；对重点生产企业和物流运输企业、重点产品实行公路通行费减免、铁路快运费减免以及航空杂费减免，切实降低综合运输成本。加快水、电、气、热改革步伐，积极推进物流企业与工业企业同网同价。

6. 加大其他政策支持力度。工商部门对除国家法律法规规定需经审批的物流经营项目，凭相关部门颁发的许可证进行登记注册外，其他经营项目由工商部门直接登记注册；注册资本3000万元以上的新办物流企业，名称可以使用“集团”字样；支持物流企业创我省著名商标和国家驰名商标。交通运输部门对已认定的连锁经营、物流配送、物流快件企业，实行积极的交通运输支持政策；对认定的省内成建制的大客户物流企业整车合法装载车辆，公路通行费实行减免优惠。公安交通管理部门合理确定城市配送车辆的通行区域和时段，对城区内承担配送业务的车辆实行通行许可制度，对一般车辆禁停和禁行的路段给予城市配送车辆必要的停靠、通行便利。西宁海关要为企业提供便捷通关措施，提倡商务、海关、质检、代理、场站等部门“一站式”联合办公和“一条龙”链式服务，协调解决好跨省、跨区域的转关通关，提高通关效率，降低贸易成本。各高校和科研机构加强与物流企业的交流和合作，支持物流先进技术方面的产学研结合。在省内高校开设物流专业，鼓励物流企业和中介机构依托高校、职业学校开展多层次的人才培训，通过多种渠道和方式，培养、引进市场急需的物流专业人才。

四、组织保障

在省经委设立青海省现代物流发展领导小组办公室（简称“省物流办”）。由省经委负责，充分发挥好省物流办的作用，全面统筹安排全省物流业发展规划、协调、指导等工作，加快推进全省现代物流体系建设与运作；认真开展对物流企业的评估推荐和认定工作；积极争取国家对我省物流设施、信息设备、人员培训等方面的支持。同时，牵头建立全省现代物流工作联席会议制度，各有关地区、部门和园区密切配合，定期研究协调解决物流业发展中的困难和问题。

发展改革部门做好物流业产业规划布局，负责物流项目的审批。统计部门要建立物流统计指标体系和统计制度，加强对物流业的统计，力求统计方法科学高效，确保提供权威的数据和信息。省财政厅、省交通厅、省商务厅、西宁海关、青海出入境检验检疫局、青藏铁路公司等部门结合各自职责，加强与国家有关部委的联系，积极争取资金和政策支持，统筹物流业整体发展，促进现代物流体系的建立。

各州（地、市）要结合本地区物流业发展特点和各自实际，加强规划研究，将现代物流业发展纳入土地利用总体规划、城乡规划、交通运输规划及其他有关规划，通过规划引导物流业发展方向和布局，全力促进现代物流业加快发展。

附件：

1. 培育20家A级物流企业名单（略）

2. 30家制造业和物流业联动示范企业名单（略）

青海省人民政府办公厅

二○一三年三月二十九日

三十一　宁夏回族自治区

045

宁夏回族自治区人民政府关于印发宁夏回族自治区“十二五”现代物流业发展规划的通知

宁政发〔2011〕91号

各市、县（区）人民政府，自治区政府各部门、直属机构：

《宁夏回族自治区“十二五”现代物流业发展规划》已经自治区人民政府同意，现印发给你们，请结合实际，认真组织实施。

宁夏回族自治区人民政府

二〇一一年七月一日

宁夏回族自治区“十二五”现代物流业发展规划

宁夏回族自治区人民政府

2011年7月1日

“十二五”时期是我区加快转变经济发展方式的攻坚时期，也是宁夏与全国同步实现全面小康宏伟目标的关键时期。现代物流业作为基础性、复合型服务产业，对优化产业结构，转变经济发展方式，提升整体发展质量，满足人们群众日益提高的生活消费需求具有重要的意义。根据《宁夏回族自治区国民经济和社会发展第十二个五年规划纲要》，结合我区实际，制定本规划。

一、发展回顾

（一）发展现状

“十一五”期间，随着全区经济持续快速增长和基础设施条件的加快改善，物流业获得了稳步、全面发展，在国民经济中的基础支撑作用日益显现。

1. 物流市场规模不断扩大。在全区经济企稳回升带动下，物流需求快速增长。2010年，宁夏实现全社会物流总额2556.9亿元，比上年增长35.2%，高于全国同期增长速度；完成全社会货运量29869万吨，是“十五”末的3.2倍，

“十一五”期间年均增长26.2%。从物流构成来看，工业品物流总额1860.2亿元，占全区社会物流总额的72.8%，对物流业增长的贡献率为74.5%，工业品物流仍是拉动全区社会物流增长的主要力量。2010年，全区物流业完成增加值212.9亿元，占全区生产总值的13.0%，占服务业增加值的32.8%，均大于全国同期6.9%和16.0%的平均水平，物流业在全区现代服务业发展中具有重要的支撑作用。

2. 物流基础设施条件逐步改善。目前，宁夏物流发展的对外运输通道已初步形成。至2010年底，全区“三纵九横”公路主骨架网络基本建成，公路通车里程达到22518公里，二级及以上公路里程为4332公里，公路网密度达到33.9公里/百平方公里。铁路通车里程达到1272公里，铁路网密度达到191.6公里/万平方公里。以银川河东机场为中心、中卫香山机场和固原六盘山机场为补充的“一干两支”航空服务网络初步形成；3条油气干线管道基本满足境内物资运输需求。中宁物流中心、宁夏交通国际物流港等一批以重点产业和交通枢纽为依托的物流园区、物流中心设施顺利启动，专业批发市场、连锁店以及社区商业网点等流通设施网络逐步完善；银川空港、银川陆港、石嘴山惠农等口岸建设加快推进。

3. 物流市场主体加快成长。伴随物流需求规模的不断增长，物流企业数量快速增加，企业结构趋于多元化。2010年，全区道路货运业户数达到63341户，比2005年增长80.0%。从事“物流、运输、仓储”等业务的工商注册企业共有1047家，注册资金在500万元以上的共有126家。企业分布主要以银川为集聚区，全市物流企业数量占到全区的56.0%以上。市场主体类型除传统运输、仓储和货代企业外，还包括从大型国企和制造企业分离出来的专业物流公司、服务“三农”的大型农资连锁配送企业以及国内知名物流企业驻宁夏分支机构等，初步形成主体多元化、服务多样化，内外结合、竞争充分的市场主体集合。

4. 物流信息化建设取得实质性进展。“十一五”期间，各级政府和企业加强联动，合力推进互联网、卫星定位和无线通讯等物流信息技术在实践中的集成和应用示范。交通运输部门积极开展GPS服务总平台的建设和GPS汽车行驶记录仪在危货企业的推广应用，与全国16个省区签署了《省际物流公共信息平台共建协议》，加快推进自治区级物流公共信息平台建设。宁夏佳奇物流、银古物流中心、宁夏邮政速递物流等企业依托自身业务积极开展物流信息平台建设，宁夏货运信息中心、“96156”货运呼叫中心、宁夏公共物流信息平台等相继投入运营。结合电子商务发展，陆续建成了“宁夏农业信息网”、“宁夏伊斯兰教绿色食品港”等一系列专业和综合性的商贸物流信息网站，远程交易、网上购物、电子支付等现代流通方式逐步推广。

5. 物流发展环境逐渐向好。随着国家《物流业调整和振兴规划》的出台，现代物流发展被上升到国家发展战略高度。自治区结合区位条件和产业优势，制定出台了《宁夏现代物流业发展规划（2009年—2012年）》，进一步确立了现代物流业在全区产业体系中的战略地位，初步建立起物流发展的运行机制；成立宁夏现代物流协会、银川毗邻地区物流与采购联合会等社团组织，充分发挥行业协会等在物流企业资质评定、人才培养、标准宣贯、物流统计、会员服务、对外协作等方面的平台、纽带作用，物流发展环境逐步改善。

（二）存在的主要问题

“十一五”期间，全区物流业发展有了长足进步，但受发展基础、发展阶段和发展环境等影响，仍存在一些突出问题，主要表现在：

1. 产业整体发展水平不高。受经济社会发展和产业基础制约，目前宁夏物流业发展仍处于起步阶段，产业整体层次不高。2010年全区物流需求系数仅为1.56，即一个单位的GDP产出需要1.56个单位的物流总额支撑，远远低于同期全国物流需求系数3.2的水平。物流服务以简单的运输及以运输为主体的中低端服务产品为主，占全区物流市场供给的90%以上，而基于供应链管理的综合性、一站式物流服务、物流金融、物流咨询、物流信息化等高端服务产品占比较小，产业结构亟待优化。

2. 物流基础设施建设仍是薄弱环节。全区路网密度不高，技术等级偏低，整体通行能力不足，与陕西、山西等周边省份相比仍有一定差距；铁路总体规模偏小，运力缺口较大，还没有形成公、铁、空不同运输方式合理分工、衔接紧密的综合运输服务体系。省际之间、城际之间、产业基地之间快速、便捷的货运通道网络有待强化，交通基础设施建设任务依然繁重。已有物流园区、物流中心等功能较为单一，设施陈旧，信息平台建设滞后，对零散物流资源吸纳、整合能力不强，还缺乏功能完备、产业集聚度高、与服务产业高度对接、对外辐射力强的现代化物流产业基地。

3. 物流成本居高不下。据统计，2010年全区物流总费用为567.6亿元，物流成本占全区GDP比重高达34.5%，比2009年高出4个百分点，也明显高于全国同期17.8%的平均水平。全区运输结构不合理，铁路运能不足，公路运输成本偏高，运输组织效率较低，造成全社会物流运输成本居高不下。2010年全区物流总费用中运输费用398.5亿元，占物流总费用比重高达70.2%，远高于全国54%的平均水平，运输费用成为物流成本的最大支出。

4. 物流社会化程度不高。受传统生产经营模式和管理方式等影响，目前宁夏大部分工商企业内部运输车辆、仓储等各种物流设施装备的保有率仍然较高，自营物流现象比较普遍，从原材料采购、生产配送到产品销售等过程中的物流活动还是依靠企业内部组织来完成。虽然出现了企业物流外包的趋势，但总体上仍然局限在运输、仓储等基本环节，整体物流需求释放进程缓慢，客观上造成了第三方物流市场需求不足，社会化程度明显偏低，物流运作社会化、专业化、组织化程度不高。

5. 物流企业整体实力不强。物流市场主体整体呈现“散”、“小”、“弱”的特点，企业资金实力不强，服务功能单一，服务产品集中在运输、仓储等基本物流环节，降低价格成为企业主要生存手段，市场同质化竞争激烈。产业集中度不高，市场资源分散，截至2010年底，全区还没有一家5A级物流企业，3A及以上物流企业比重明显偏小，缺乏具有现代物流理念和管理经验的网络化、一体化、专业化、国际化大型现代物流领军企业，市场主体培育亟须加强，物流组织化程度有待提高。

6. 物流业发展软实力建设亟待加强。宁夏物流业发展总体上仍处于起步阶段，现代物流理念引入时间较短，部分政府部门和企业对现代物流尚缺乏系统、深入、科学的认识，物流发展的软环境亟待改善，突出表现为制约物流发展的体制性障碍依然明显，物流管理体制机制仍需进一步理顺，还没有建立起完善、科学、可操作性强的配套产业政策，物流发展科技要素投入不足，物流信息化发展总体滞后，物流人才尤其是高端人才短缺，产业创新能力、可持续发展能力较弱。

二、面临的形势

1. 新一轮西部大开发战略为宁夏物流发展提供了持久动力。“十二五”时期，国家将进一步加快区域协调发展，把深入实施西部大开发战略放在区域发展总体战略优先位置，加快资源优势向经济优势转化，推进基本公共服务均等化进程，支持西部地区扩大对内对外开放。宁夏作为西北地区的东大门，依托自身的区位、资源优势，在承接产业转移、加快发展内陆开放型经济，积极打造西北地区经济隆起带等方面必将发挥关键性的引领作用。这也为宁夏物流发展提供了良好的机遇和市场空间，可以在更大的范围和更为广阔的领域参与物流市场资源配置和跨区域协作，在综合交通体系构建、物流园区发展、物流信息化建设等方面获得国家更多的支持，为产业整体快速发展提供持久动力。

2. 国家《物流业调整和振兴规划》实施为宁夏物流发展提供了良好的机遇。《物流业调整和振兴规划》根据我国物流发展实际和未来战略取向，提出了促进物流发展的十项重点任务和九项重点工程，银川被列为17个全国区域性物流节点之一。“十二五”时期是深入落实《物流业调整和振兴规划》各项任务的重要时期，充分发挥宁夏区位优势，主动承担西北物流、华北物流、中部物流、西南物流区域等跨区域物资流通，加强市场对接，在物流基地建设、物流信息网络搭建、多式联运工程和煤炭、粮食、建材、食品冷链等重点物流领域和产品发展方面积极筹划，争取获得更多国家层面的资金和政策支持，加快发展步伐，提供了良好的机遇。

3. 毗邻区域快速发展拓宽了宁夏物流市场成长空间。“十二五”时期，西北宁蒙陕甘地区将成为我国区域协调发展和开发建设的重点。国家正在编制的《鄂尔多斯盆地能源开发利用规划》、《陕甘宁革命老区振兴规划》、《蒙陕甘宁“金三角”能源综合开发指导意见》等国家级区域性规划将陆续出台，呼包鄂榆、关中－天水、兰州－西宁、宁夏沿黄等经济区发展正式列入国家“十二五”规划纲要，这些将进一步加快宁蒙陕甘毗邻地区在交通基础设施建设、优势资源开发、产业分工与协作等方面进程，不断提高该区域在全国经济发展格局中的地位和影响力，为宁夏充分发挥自身优势，实施“走出去”战略，积极参与跨区域物流产业协作和分工，弥补区内物流市场容量有限等不足，不断拓展物流服务领域和对外辐射范围，创造了更加了有利的环境。

4. 构筑内陆开放型经济新格局将加快物流业发展的国际化进程。“十二五”时期自治区将充分利用银川作为中阿经贸论坛永久性会址的有利平台，不断加强与阿拉伯国家及穆斯林地区的经贸文化交流合作，努力把宁夏打造成国内外产业梯度转移的承接地、具有国际影响力的清真食品穆斯林用品生产基地、连接国内与中东地区的物流中转地，积极构筑西北地区内陆开放型经济新高地，全面加快对内对外开放步伐。这将为全区物流业发展带来更多的机遇，必将推进宁夏物流参与全球供应链协作的进程，不断提高国际货物的中转能力，加快完善国际中转、国际采购、国际配送、国际转口贸易等国际物流服务功能，推动物流业发展国际化进程。

5. 转变经济发展方式要求加快物流业与其他产业的融合发展。建设沿黄经济区是宁夏“十二五”时期发展的重大战略。我区将围绕打造黄河金岸，加快沿黄城镇化进程，推进工业强区战略，实施“三个千亿投资计划”，培育“十大专业市场”，构筑能源、煤化工、新材料、装备制造、特色农产品及高新技术等“五优一新”产业集群。新型工业化、城镇化和农业现代化建设不仅为物流业发展提供巨大的市场需求空间，同时也要求物流业充分发挥支撑功能，强化与工业、商贸和农业产业化融合联动发展，逐步提高采购、生产、销售等环节物流运作一体化程度，降低供应链系统成本，提升产品整体竞争力，不断满足人民群众对多样化、高质量的物流服务需求，适应连锁经营、电子商务等现代流通方式发展，扩大居民消费，保障和改善民生。

三、发展目标和主要任务

（一）指导思想

深入贯彻落实科学发展观，践行绿色发展、循环发展、高效发展、安全发展的可持续发展理念，抢抓新一轮西部大开发和打造宁夏内陆开放型经济的重要战略机遇期，以物流社会化发展为方向，以物流业与其他产业融合为途径，以现代科技为支撑，不断扩大物流业对外开放程度，不断提高物流产业发展层次和配套服务能力，不断提升物流发展的科技含量和信息化水平，大力推进物流发展的国际化进程，为自治区科学发展、跨越式发展提供现代物流服务支撑。

（二）发展原则

——坚持政府推动与市场运作相结合。充分发挥市场在配置资源中的基础性作用，调动市场主体的主动性、积极性和创造性。发挥政府宏观调控、产业引导和市场监督的作用，系统利用政策杠杆和调控机制，通过规范市场、搭建平台、加大扶持，努力营造统一、和谐、公平、有序的市场环境，形成政府、市场和企业间的良性耦合。

——坚持硬基础和软环境建设相协调。必须坚持硬实力与软环境的同步建设、同步发展，在注重物流通道、物流园区、转运设施、信息网络等硬件设施投入的同时，加大对管理体制和运行机制、产业政策、人才培养、市场监管等软环境系统规划、建设的投入，形成软、硬相互协同、相得益彰的物流发展格局。

——坚持物流体系与产业格局相适应。增强物流体系建设与产业发展的协调性，充分发挥物流业的基础性、先导性作用，加快物流业与自治区优势和重点产业的联动发展，形成特色突出、优势明显、支撑有力、运转高效、运作专业的重点产业物流配套服务体系。

——坚持盘活存量与优化增量相促进。按照规模化、集约化发展要求，加快现有物流资源和各种生产要素的整合、集成、改造，通过完善功能、扩张规模、提升性能和权属归并等手段不断盘活现有的存量资源。在注重新增资产和科技要素注入的同时，加大对原有资源的再利用和总体结构优化，实现集约化发展。

——坚持对外开放与对内开放相统一。抓住国家新一轮西部大开发和加快向西开放战略实施的难得机遇，实施积极的物流对外开放战略，不断扩大对外开放领域，寻求与国内发达地区、各口岸城市、阿拉伯国家和穆斯林地区、欧美国家等的合作机遇，加快自治区对全球物流产业资源的承接和吸纳，在开放中谋发展，在合作中寻突破。

（三）发展目标

1. 总体目标。到“十二五”末，基本建成全区“135”现代物流产业体系构架，银川面向阿拉伯国家和穆斯林地区的区域性国际物流中心地位显著提高，国际采购、国际中转等物流服务能力不断加强；产业布局进一步优化，“一核放大、三带齐进、四点放射”的物流空间格局加快形成，物流要素集聚趋势明显；形成与特色、优势产业发展和城镇空间体系开发相融合、相促进的物流配套服务体系，科技要素投入和引领支撑作用显著，基本构筑起立足全区、联动周边、双向开放、沟通国际的西北地区物流高地，能主动适应并适度超前全区国民经济和社会发展，为全区转变发展方式、优化产业结构、扩大对外开放提供坚实支撑。

专栏一

全区“135”现代物流产业体系

“1”——建设银川区域性国际物流中心。把宁夏建设成中国清真产品进入穆斯林世界、世界穆斯林产品进入中国的重要通道，使银川成为中阿经贸往来的“东方物流港湾”，区域性国际采购中心、分拨中心及转运中心。

“3”——建设物流发展的三大基础平台。即物流基础设施平台、物流公共信息服务平台和物流产业政策支持平台。

“5”——建设宁夏五大物流服务体系。即城乡流通配送服务体系、新型工业物流服务体系、现代农业物流服务体系、国际物流服务体系和应急保障物流服务体系。

2. 具体目标。

——发展规模目标。到2015年全社会物流总额达到5000亿～5200亿元，年均增速达到15%以上，高于全区GDP同期平均增速；物流业增加值达到370亿元，年均增速保持12%以上，占第三产业比重明显提高，成为带动第三产业发展的中坚力量。

——运行质量目标。不断优化物流产业体系结构，提高全区物流发展外向度，进口货物物流总额占全区物流总额比重由2010年的2.0%提高到2015年的5.0%。积极扩大第三方物流市场份额，到2015年第三方物流市场占全社会物流总量的比例由目前的12%左右增加到18%～20%，物流社会化程度明显提高。

——市场主体培育目标。积极培育具有现代物流经营理念和管理手段的物流领军企业，加大物流企业等级评定工作，到2015年全区培育1～2家5A级品牌物流企业，5家以上4A级物流企业，3A级物流企业达到20家以上，引进国内外领先的品牌物流企业20家左右。

——装备现代化建设目标。加快物流装备的改造和升级，鼓励采用先进、专业化的运输装备和物流技术提高物流运作效率。到2015年全区重型车和专用车辆GPS安装比率达到90%以上，专用货车比重由目前的4.4%提高到10%左右。

（四）主要任务

1. 优化物流发展空间布局

充分发挥市场对资源配置的基础性作用，按照建设沿黄经济区、南部山区区域中心城市的总体要求，进一步优化全区物流发展空间布局，不断完善和提升物流节点功能，加快企业、园区等产业要素向主要工业产业基地、流通节点、交通枢纽和城镇走廊等区域聚集，构建以银川为国家级物流节点，石嘴山、中卫为区域性物流节点，吴忠、固原为地区性物流节点的物流节点体系，形成全区“一核放大、三带齐进、四点放射”的物流产业空间格局。

专栏二　物流发展空间布局

“一核放大”，即构建以银川为核心，联动石嘴山、中卫和吴忠的物流紧密圈，放大银川的核心辐射作用，形成宁夏自治区的物流主圈极；

“三带齐进”，即加快推进沿黄物流带、银川－西安物流带和太中银物流带建设，依托国家综合运输大通道建设，推进新亚欧大陆桥北线工程，逐步提升宁夏沟通东西、联通南北的西北物流枢纽地位；

“四点放射”，发挥石嘴山宁北门户和内陆口岸物流发展先行的优势，形成向华北、东北地区辐射的放射极。依托中卫综合运输网络优势和产业资源优势，形成宁夏向西北辐射的窗口。利用吴忠作为宁夏穆斯林用品和清真食品生产基地和地处太中银物流走廊等的资源优势，形成联动银川、向东辐射的放射极。依托固原国家公路运输枢纽和宁南区域性中心城市优势，形成宁夏向陇海经济带、我国中部地区和西南地区辐射的放射极。

2. 加快建设适应现代物流发展要求的综合运输体系

——加快综合运输网络建设。充分利用新一轮西部大开发机遇，推进出省通道建设，加快与沿黄经济区和能源金三角、关中城镇群等毗邻地区的快速综合运输通道建设；加快区内各中心城市、产业基地、城镇密集带高速连接通道建设，提高公路、铁路路网规模和路网等级，优化路网结构；加快农村公路建设进程，深入实施“通达、通畅”工程，完善物流微循环系统，改善农村出行条件；加快形成以银川河东机场为中心，以周边支线机场为补充的航空节点体系。

——优化全区运输结构。充分发挥公路、铁路、管道、航空等不同运输方式的经济技术特点，进一步优化全区综合运输服务格局，适应全区煤炭、建材、粮食、油气等大宗散货长距离运输比重较大的需求特点，逐步提高铁路、管道等运输比重，积极开展黄河水运可行性研究工作，合理调整全区运输结构，有效降低运输成本。

——加快综合运输节点建设。充分利用全区综合交通大建设机遇，发挥银川作为国家级综合运输节点优势，加快全区综合运输枢纽站场规划建设，实现不同运输方式货运站场在规划布局、设施建设、作业流程、调度管理、信息服务等方面的标准对接，不断提高多式联运比重和运输效率，为推广应用先进运输组织方式奠定基础。

3. 推进物流社会化进程

——围绕全区优势特色产业，以供应链一体化运作为目标，加快构建基于现代物流理念和供应链管理的现代工业物流服务体系，鼓励各行业龙头企业采取改制、资产重组、战略合作、兼并和资产托管等形式，逐步剥离非核心物流业务，扎实推动物流业与制造业联动，促进物流业向原材料采购、生产管理、执行分销、分拨配送等环节渗透，实施流程改造，降低系统物流成本，提高供应链整体市场竞争力，不断提升全区工业物流配套服务能力和服务水平。

——充分发挥银川西北地区重要区域现代商贸物流中心和全国流通领域现代物流示范城市作用，以全区“十大专业市场”为重点，加快建设覆盖全区、联通城乡、辐射周边的城乡流通配送服务体系，减小城乡消费差距，改善城乡消费结构。积极发展连锁经营、电子商务、网络购物等现代流通业态，鼓励流通业与物流业的融合发展，开展城镇密集带和毗邻区域的共同物流配送，不断提高商贸物流的社会化、专业化、网络化。

——依托农业现代化发展，围绕三大农业示范区建设和农业特色优势产业培育，采取“批发零售企业＋生产基地＋农户”、“中介＋农户”、“超市＋生产基地＋农户”、“配送中心＋农户”等多种流通方式，创新农副产品流通模式。加快粮食主产区和特色农副产品生产基地的物流配套建设，提高物流供给能力和专业化程度，大力发展农产品冷链物流，降低流通损耗和运输成本，不断完善现代农业物流服务体系。

4. 加快物流信息化建设

——加快建设物流园区、批发交易市场等重点物流源点信息化建设，提高物流网络基础节点的信息化运营和管理水平，实施物流要素数字化工程，并以此为基础加快开展对重要物流市场源点的信息采集、传输、加工和处理，建设全区物流基础信息资源库。

——加快物流企业信息化建设步伐。鼓励企业在实现日常办公和财务管理信息化建设的基础上，根据自身业务范围和特点，加快主营业务信息系统的开发和应用，提高物流运作管理的信息化程度。鼓励企业采用自主开发、委托开发、系统租赁等方式加快内部物流信息系统的建设，并力争实现与客户信息系统的对接和共享。

——加快自治区级物流公共信息平台建设。依托现有公路货运信息交易中心、宁夏货运呼叫中心、各类电子商务服务平台等公共类信息服务系统，加快推进以电子政务和电子商务为主要内容的物流公共信息平台建设。

5. 大力发展国际物流

——加快全区口岸建设。制定全区口岸发展规划，不断升级口岸功能，提高口岸等级，完善口岸布局。争取国家批准在银川建设综合保税区并最终发展成为自由贸易区，加快国际物流优势资源向银川汇集。

——加快培育具有国际化视野和服务能力的第三方物流企业。坚持“引进来和走出去”相结合，大力培育发展适应全球采购、区域分拨、转口贸易业务要求的国际化物流龙头企业。

——加快国际物流服务体系建设。依托河东机场一类口岸资源，强化与西安、昆明、乌鲁木齐等国内干线机场的业务协作，加快发展面向阿拉伯国家和穆斯林地区的空运物流体系；大力发展内陆无水港，加强与青岛、天津、连云港等东部沿海港口，新疆阿拉山口、霍尔果斯、喀什等西北口岸及北部湾港口群的协作，发展陆海联动的国际物流服务体系。

四、重点工作

（一）加快基础设施建设

1. 物流通道建设

（1）建设目标。重点推进宁夏沿黄物流带、银川－西安物流带和太中银物流带综合运输通道建设，提高路网密度，优化等级结构，提升路网通过能力和通行质量，构建快速便捷的对外货运通道。

（2）建设内容

公路方面：进一步完善全区“三纵九横”干线公路网络，到2015年年末，公路通车里程达到33200公里，其中高速公路1600公里，一级公路1000公里，二级公路3650公里，公路网密度达到50公里/百平方公里左右。

铁路方面：加快全区“五纵三横”铁路网建设，完善沿黄经济区、南部山区中心城市之间以及与陕甘蒙等周边毗邻地区中心城市间的铁路网络；加快铁路干线客货分离，完善全区快速铁路货运通道；加快宁东能源化工基地等重点生产基地铁路支线网络建设，提高铁路配套运输能力。到2015年，全区铁路营运里程达到1770公里，货运量达到9000万吨，国铁复线率达到70%以上。

航空方面：抓紧实施银川河东机场三期工程，依托“雅布赖”国际航线，开辟并加密重点航空节点的客货运航线航班，不断增加至中东和伊斯兰国家的直通航线和航班。

专栏三　重点交通基础设施项目

公路重点项目包括银川至宁东高速公路扩建、西线高速银川至中宁段、红寺堡至桃山口高速公路、西线高速惠农至石嘴山段、中卫黄河公路大桥、中宁黄河公路大桥、国道309线宁夏境内高速公路等，新增高速、一级公路940公里。

铁路重点建设包兰铁路惠农—兰州东二线、宁东能源化工基地铁路、银川—西安铁路、太中银铁路银川—定边段二线、宝中铁路二线、银川—阿拉善左旗铁路和王洼铁路支线等项目，共新增铁路里程1323公里。

机场建设包括银川机场三期工程，石嘴山机场和区内通用机场规划建设等。

2. 物流节点建设

（1）建设目标。构建以银川为国家级物流节点，石嘴山、中卫为区域性物流节点，吴忠、固原为地区性物流节点的三级物流节点体系。加快以“九大物流中心”为主骨架的物流节点体系建设，完善全区物流节点网络，形成全区物流产业集聚的园区服务平台，提高其对外的吸纳和辐射能力。

专栏四　九大物流中心
“十二五”期间，全区将重点建设“九大物流中心”和若干专业物流园区，形成全区物流节点主骨架，“九大物流中心”为永宁望远物流园区、宁东能源化工基地物流园区、宁夏交通物流园区、中宁物流园区、中卫迎水桥物流中心、海原新区物流中心、太阳山物流园区、吴忠现代商贸物流园区、固原西兰银物流园区。

(2) 建设内容。银川国家级物流节点：围绕“一核放大”，充分发挥银川作为国家公路运输枢纽以及17个区域性物流节点城市的优势，将其建设成为区域性国际物流中心。重点建设项目如下：

①银川公铁联运物流中心。依托银川铁路新货站建设和适应银川市出口型企业的市场发展需求，提供集装箱公铁联运服务。

②宁东能源化工基地物流园区。充分发挥大古铁路、太中银铁路和已规划的铁路网及高速公路、公路场站的综合交通优势，主要服务煤化工、电力、新材料等主导产业的生产和流通。

③永宁望远物流园区。集交易、加工、配送、仓储等为一体，大力提升服务功能。

④宁夏交通物流园区。依托便利的公路交通优势，满足银川市城市居民的日常生活需求，提供城市配送功能，同时基于园区周边产业布局条件，为包括汽车产业、建材产业、高新技术产业等周边产业提供物流服务。

⑤银古物流中心。以仓储、停车、货运信息中介、零担货运四大功能为主，引进一批大型物流商贸企业，进一步提高物流服务水平。

⑥灵武陆港物流中心。以集铁路运输、公路运输、电子商务、仓储、货代等为主，建设成为综合性物流中心。

石嘴山区域性物流节点：依托工业产业基础及陆路口岸，打造宁北物流增长极。重点建设项目如下：

①石嘴山西部国际物流总部基地。主要建设物流信息产业中心、物流仓储货运集散中心、物流村镇银行、物流综合服务中心、生活配套设施等，依托周边优势特色产业和便利交通条件，积极打造物流产学研一体化服务基地，辐射乌海和阿拉善盟等地。

②平罗农产品物流中心。建设交易区、保鲜仓库、无公害蔬菜检测中心和配

送中心等，使之成为集批发、零售、仓储、配送为一体的大型农产品物流中心。

中卫区域性物流节点：依托交通枢纽地位，围绕特色农业及重点工业，建设综合性物流园区。重点建设项目如下：

①中卫迎水桥物流中心。利用铁路运输优势，服务中卫工业园区，为钢材、煤炭、重汽、机械、造纸等企业提供运输、仓储、流通加工、包装等整套物流服务，提升产业竞争力。

②中宁物流园区。建设战略装车点、集装箱中转站、物流配送区、仓储加工区、综合服务区、汽车城六个功能区，发展集多式联运、商贸配送、流通加工、汽车维修保养等为一体的综合性物流。

③海原新区物流中心。建设停车场、仓储区、信息区、汽车贸易区、修理区等，提供物资储存、货运中转、车辆销售修理服务、货运信息等服务。

固原地区性物流节点：围绕特色产业，将固原建设成为南部山区区域性商贸物流中心。重点建设项目如下：

①固原西兰银物流园区。大力发展面向西兰银等中心城市的区域商贸物流配送、仓储、工业物流和信息服务等，建设成为综合性物流服务基地。

②清水河综合物流园区。积极发展仓储、运输、装卸、配送、展示、货运交易、车辆维修、信息服务等。

③固原盐化工物流园区。依托盐化工循环经济示范区产业发展，建设服务生产制造的专业化工物流园区，大力发展生产原料、中间产品和成品的仓储、运输、装卸、配送等。

吴忠地区性物流节点：围绕穆斯林用品产业基地和羊绒贸易，建设专业性物流中心，发展冷链物流。重点建设项目如下：

①吴忠现代商贸物流园区。建设清真食品和穆斯林用品、清真粮油制品、鲜活农副产品、日用百货、装饰建材、冶金化工六大物流分区，配备清真产品批发、电子商务、物流配送等交易平台，满足客户购销、批发、配送、进出口、展销新产品和推广新技术等需求。

②太阳山物流园区。建设物流核心区、生产加工区、生活配套区三个功能区，以信息系统为支持，实现运输、配载、仓储、配送、包装、流通加工等综合性功能，主要服务太阳山开发区及周边地区经济建设和生产生活。

③同心羊绒加工流通基地。重点提供物流配送、市场信息、检验检测、交易大厅、仓储设施及电子商务等服务，建设成为设施先进、功能完善、交易规范的世界性羊绒流通集散基地。

④同心邮政农产品物流中心。依托邮政网络，提供农产品集货、仓储、运输、配送、信息等服务。

⑤青铜峡物流中心。主要服务青铜峡铝产业的原材料及产成品运输、仓储，

具备大件运输及危货运输功能。

⑥盐池综合物流中心。依托周边建材、煤炭和特色农副产品等优势资源，提供集运输、仓储、流通加工、配送、信息服务为一体的现代化物流服务。

⑦红寺堡区物流中心。依托红寺堡善谷工业园和太中银铁路，建设包括配送中心、运输组织及管理中心、物流信息中心等。

3. 三大口岸建设

（1）建设目标：充分利用全区口岸和保税物流资源，加快与全国重要沿海港口、边境口岸、航空口岸等的合作联动，大力发展口岸物流和保税物流，实施“大通道、大通关、大物流”建设，完善全区国际物流服务体系，积极参与全球供应链物流运作，为建设宁夏内陆开放型经济提供支撑。

（2）建设内容：

——宁夏河东机场航空口岸。依托航空口岸大力发展国际空港物流，积极申请在宁设立航空综合保税区，充分发挥河东机场处在雅布赖国际航路重要节点的优势，加强与北京、广州、西安、成都等大型枢纽机场的战略合作，扩大航空口岸货运开放程度，积极开辟银川至阿拉伯国家的货运航线。

——石嘴山市惠农陆路口岸。加强口岸与天津东疆保税港区的合作；利用惠农口岸现有的铁路专用线，逐步构筑惠农至东北港口群、山东半岛港口群、惠农经北京至上海、惠农至成都的往返铁路班列通道，规划建立通往阿拉山口、二连浩特等陆路边境的进出口通道；围绕惠农口岸加快建设石嘴山陆港经济区，扩大惠农陆路口岸的开放水平。

——银川开发区陆路口岸。大力发展口岸通关、仓储、物流增值加工、物流信息平台、商品展示交易等服务，带动银川陆港物流中心建设成集商务贸易、物流、加工于一体的区域综合性口岸经济区。

4. 物流公共信息平台建设

（1）建设目标：以 ITS 技术为支撑，整合 GIS、GPS、EDI、ERP 等物流信息技术，发展全区数字物流体系，加快自治区级物流公共信息平台建设，实现全区各类型电子政务平台、电子商务平台之间的互通互联，初步建成全区联网、数据共享的物流信息数据库和管理系统，不断提高全区物流信息化应用水平和普及程度，破解全区物流发展信息不对称、“信息孤岛”现象严重等瓶颈制约。

（2）建设内容：

——规划建设自治区物流公共信息平台。利用当前宁夏与全国 16 省区签署的《省际物流公共信息平台共建协议》，以共建方案为基础，积极借鉴其他省份物流信息平台建设的经验和做法，结合区情制订信息平台建设方案，加快自治区级信息平台建设进程。

——建设物流电子政务服务系统。以现有的各地政府和各部门电子政务系统为基础，进一步整合政务信息资源，加快电子审批系统和电子监察系统建设，面向公众提供“一站式”政务信息服务，提高行政服务效率，为电子商务系统诚信体系建设提供必要的信息资源支持。

——加快电子商务系统建设。充分利用市场机制，引导物流公共信息平台电子商务系统建设，加大政府资金和政策倾斜，积极探索“政府引导、企业主导”的电子商务系统建设模式，整合全区各类电子商务系统数据资源，实现全区物流信息资源的共建、共享。

——建立数据交换机制。以信息标准化为基础，建立完善的数据交换机制，实现不同层次政务系统间、政务系统与商务系统间、行业内外信息系统间的数据交换，重点推动物流信息系统与交通、海关、检验检疫、税务、外汇等监管、服务系统的对接，实现物流信息在政府、主管部门和企业间的高效流转。

——重视信息技术与通用软件推广应用。以物流信息化试点示范工程为抓手，积极开展省际共建合作，推广先进的物流信息技术应用。鼓励自主创新、自主开发，全面推进物流企业的信息化建设，提高企业信息化普及率和应用水平。

——建立危货监控平台与应急物流综合信息系统。引进并推广先进适用的物联网技术，加快建立全区道路危险货物运输监控平台，实现对危货运输实时定位、跟踪和状态监控。加快应急物流综合信息系统建设，实现应急指挥系统、物资储备系统、装备设施系统和信息交换系统的有机整合，不断提高政府公共危机管理能力和社会应急救助处置能力。

——加快电子口岸建设。以EDI电子数据交换为核心，加快建设宁夏电子口岸，实现口岸功能向内陆延伸，实施“属地申报、口岸验放”，实现与全国重点口岸的信息互通和共享，建设一点接入、一次申报、一站式审批、协同监管的快速通关新模式。

（二）发展重点领域物流

1. 煤炭及煤化工产品物流。依托宁东（太阳山）煤炭主产区，联动榆林和鄂尔多斯等能源金三角区域煤炭生产基地，大力发展煤炭储备、洗选加工、市场交易、多式联运等，积极打造西北地区重要的煤炭交易和物流配送中心，积极构建由煤炭的供应物流、生产物流、销售物流、回收物流、废弃物物流构成的煤炭物流服务系统；围绕石嘴山—宁东—太阳山—中卫和固原循环盐化工等化工基地，大力发展基于煤炭化工产业链条的专业化工物流和危险品运输，不断提高运力装备的大型化、专业化，实现储存、装卸、运输过程的可视化管理，提高物流运作的效率和安全。

2. 有色金属及新材料物流。依托石嘴山—银川—吴忠有色金属和新材料产业集群，围绕钽铌铍冶炼及深加工、金属镁及镁合金、铝—铝合金—铝型材、碳基材料、复合材料产品链等，加强基于矿产开发、原料采购、半成品转运、存储运输、流通加工、流程优化等为一体的产品供应链管理和物流配套，以物流一体化支撑产业链条延伸，有效降低产业链整体成本，提高产业总体竞争能力。

3. 建材物流。围绕中宁—青铜峡—太阳山等建材基地建设，大力发展水泥散装运输等先进运输方式，加快现代建材物流园区建设，利用现代物流理念改造传统建材批发市场，实现新型墙体材料、装饰材料、钢材等的产、销、运一体化发展。

4. 农产品冷链物流。根据国家《农产品冷链物流规划》制定宁夏冷链物流发展规划，围绕中卫—中宁—吴忠—灵武农副产品加工产业带，加快物流中心、低温配送中心建设，提升冷库、恒温运输车辆、自动分拣、可视化监控等先进物流装备和技术，完善冷链物流生产、加工、储存、运输等主要环节的监管和检测，提高食品物流安全，降低货损消耗。

5. 城市物流配送。以沿黄城市群和南部山区区域中心城市为重点，加快发展以日常生活消费品为主导的城市配送体系，服务百姓日常生活和消费，不断提高居民的消费水平，降低流通成本，扩大消费规模。适应连锁经营、网络购物、农超对接等流通业态对物流配送要求，研究食品、服装、家电、装饰材料、药品、旅游产品等城市配送方式。加快城市配送体系建设，优化配送线路，统筹考虑适宜城市配送标准车型，加快市区配送接卸点规划；鼓励流通企业开展战略合作，实施共同配送，提高配送车辆实载率和运转效率，降低配送成本，缓解城市交通拥堵。

（三）培育物流市场领军企业

“十二五”期间，结合宁夏物流发展的基础条件和未来需求，重点培育七类物流市场主体领军型企业：

1. 培育运输主导类龙头物流企业。改造和提升传统道路运输企业，利用连锁经营、战略联盟、合资、合作等多种形式，加快企业向规模化、网络化、专业化运输方向发展。培育一体化运输龙头企业，鼓励公铁联运、铁海联运、陆空联运等一体化运输企业发展。加快制定鼓励多式联运发展的扶持政策和配套管理办法，积极培育懂经营、明规则、善管理、重诚信的国际集装箱多式联运企业集团。

2. 培育综合性物流服务龙头企业。按照现代物流要求，重点培育一批具有现代物流服务理念、掌握供应链物流管理技术、信息化程度高，能提供一体化、一站式、系统化物流解决方案和综合性服务的第三方、第四方物流企业，提升为客户服务的能力和水平。鼓励企业开展资信评定、人才培训、装备改造提升和企业信息化建设，努力打造宁夏物流服务品牌企业；鼓励企业创新管理模式，提高管理效率，强化自身对社会零散物流资源的整合、集成和调配能力，不断做大做强。

3. 培育大型化、网络化货运代理企业。充分发挥货代企业“轻资产、重整合”和市场运作灵活等特点，研究出台对货运代理市场和无车承运人的管理办法和扶持政策，培育大型化、网络化、跨区域的货代龙头企业，依托社会物流资源，改善物流组织层，加快社会零散物流要素向货代龙头企业汇集，不断提高全社会物流发展的组织化、网络化、信息化程度。

4. 培育生产服务型物流企业。鼓励物流服务企业面向工业生产物流需求，与生产制造企业建立长期战略合作伙伴关系，延伸服务领域，提供基于产品供应链的一体化物流服务；鼓励物流企业发展面向客户的信息服务平台，实现与制造企业物流信息系统的对接，形成数据实时采集、交互和共享机制。

5. 培育商贸服务型物流企业。围绕全区城乡消费需求和贺兰德胜汽车、灵武羊绒、中宁枸杞等“十大专业市场”建设，鼓励物流企业与大型商贸流通企业建设联动协作机制，在干线运输、城乡配送、仓储管理、装卸理货、流通加工、电子商务配套等方面开展合作；鼓励邮政企业和供销合作组织利用自身品牌和网络优势，大力发展面向农村流通市场的物流服务，降低农村流通成本，提高农村双向流通水平。

6. 培育物流园区基地经营型物流企业。鼓励物流企业围绕园区规划、建设和营运管理，积极开展项目建设融资、园区招商、作业设施建设、园区功能拓展、信息平台搭建和服务能力提升等实践，努力探索物流基地平台建设和运营新途径，借鉴浙江传化物流基地、山东盖家沟物流基地等大型物流基地发展经验，实现管理创新和技术创新、服务创新，为全区物流基地规划建设、功能发挥和可持续发展提供实践支撑。

7. 培育邮政物流企业。发挥邮政物流品牌和服务网络优势，拓展服务领域，大力发展农村邮政物流。支持邮政企业依托乡镇服务网点发展农业生产资料、日用消费品、农副产品等连锁配送服务，提高服务“三农”能力。结合“三大口岸及九大物流中心”建设，构建全区现代快递物流网络体系，加快邮政枢纽中心、宁夏邮翔国际物流快递中心等项目建设，形成辐射周边、联通国际的区域快件处理中心。支持快递企业积极构建多品种、个性化服务产品体系，推进快递配送现代化、集成化和规范化发展。

（四）建设应急物流服务体系

按照“军地结合”、“平战结合”原则，加快全区应急物流体系建设，提高应急物流效率，提升突发性事件和公共危机应对能力，为经济社会发展提供安全保障。

1. 完善应急物流预案体系。根据全区应急体系建设框架，加快制定和完善应急物流预案和联动机制，完善各地区、各行业不同层次应急预案。结合国家应急物流专项规划，制定出台全区应急物流建设规划，统筹应急物流组织机构和工作机制建设、应急物资储备、应急运输与配送、应急物流人员管理、应急技术研究和应用等。

2. 加快应急物流中心建设。结合物流园区（中心）规划建设，在全区重要物流节点和交通枢纽规划建设应急物流中心，提高节点网络化程度。按照“平急结合、政企结合”的原则，加大对物流中心应急服务设施资金投入。完善物流中心应急物资储备系统和作业调度系统功能，提高应急物流中心作业效率。

3. 加强应急物流信息系统建设。构建全区统一的应急指挥和物流信息系统，整合政府应急办公室、交通、民政、医疗机构、公安、武警、运输企业等部门和企业信息资源，实现应急相关信息统一报送和统计分析，确保信息互联互通和高度共享。依托大中型道路运输企业、铁路部门、邮政企业、民航企业，建立全区应急运力动态管理、紧急动员和调度指挥信息系统，提高应急运力组织效率和保障能力。

五、政策措施

（一）进一步完善物流管理体制

1. 充分发挥自治区现代物流业发展领导小组统筹协调作用，推动现代物流业健康快速发展。各地要建立相应的工作机构和协调机制并延伸到区县一级，完善物流发展重大事项协商制度。

2. 依托网络、内部专刊等形式建立全区物流发展信息通报制度，对各行业、各地区涉及物流发展的重大政策、资金使用、重点项目进展等情况及时进行信息交互，促进科学决策。

（二）加强规划指导

1. 完善规划体系。结合国家《物流业调整和振兴规划》实施，及时跟踪国家级物流发展重点专项规划的制定，在粮食、煤炭、食品冷链、物联网发展等重点领域制定专项规划；制定各地区、相关行业物流发展规划或推进发展意见，并强化规划之间的相互衔接，不断完善全区物流发展规划体系。

2. 重视规划落实。各地、各部门要根据物流发展规划确定的目标、任务和重点工程，结合各自实际抓紧制定具体实施方案，采取有力措施，抓好规划的贯彻实施。

（三）拓宽资金投入渠道

1. 创新市场融资模式筹集发展资金。充分发挥市场对资源的基础性配置作用，加强银企合作，创新融资模式，鼓励金融机构加大对重点物流企业和物流项目的金融支持力度。

2. 积极争取国家扶持资金和专项资金投入。抓住国家各部委落实《物流业调整和振兴规划》的机遇，加强与国家各部委规划项目的对接，积极争取扶持资金。

3. 加大自治区对物流发展的资金投入。建立全区物流业发展专项资金，重点扶持物流园区建设、制造业与物流业联动、多式联运发展、物流科技创新等方面，明确政府支持方向，引导民间资本进入重点物流领域。

（四）建立和完善配套产业政策

1. 土地政策。优先保证全区重点物流项目用地供应，在地价上可参照工业用地最低标准征收；科学界定商业用地和物流用地界限，强化物流用地公益属性；建立规划物流项目用地跟踪和监督制度，动态监控企业用地行为。

2. 财税政策。加大自治区和各级地方政府对物流发展的资金投入，积极争取更多企业纳入国家物流企业税收改革试点范围，扩大物流税费改革的覆盖面，切实降低企业运营负担。

3. 价格收费政策。对入驻物流园区（中心）的物流企业在用电、用水、用气等方面享受与工业同价政策。对鼓励发展的集装箱运输、甩挂运输、冷链运输等，适当减免车辆通行费用。

4. 通关、检疫政策。积极探索现代物流模式下“一关三检”新模式，推进通关便利化。加快电子口岸建设，推进物流企业与海关等监管部门的信息对接，进一步提高通关速度和验放效率。

5. 交通运输管理政策。交通部门要积极联合铁路、公安、海关等部门，针对解决集装箱多式联运、甩挂运输、城市配送等物流发展难点，制定出台相关配套政策；建立运输市场企业信用记录和考核制度，不断提升货运市场监管和服务水平，积极营造公平、有序、规范、诚信的市场环境。

（五）强化物流发展基础工作

1. 实施人才培养战略。结合教育部出台的《落实物流业调整和振兴规划，加快物流人才培养的工作计划》，制订全区物流人才培养计划和实施方案，支持宁夏大学筹建物流专业，完善全区物流人才培养教育体系。

2. 加强物流统计。自治区统计局要会同有关单位，加强物流统计的基础理论研究，不断完善全社会物流统计指标体系和调查方法。

3. 重视物流标准化工作。加大对国家和地方已正式发布的相关标准的宣传力度，鼓励企业采用国家推荐标准和国际先进标准。

4. 推动物流科技创新和研发应用。加快全区物流自主创新体系建设，围绕物流领域的前沿技术、重大关键技术、实用型物流技术开展技术合作和联合攻关，并不断加大对物流科技研究和应用的资金投入。

（六）发挥行业协会等社团组织作用

1. 重视宁夏物流协会、宁夏道路运输协会等专业社团组织建设，充分发挥其在行业自律、基础性研究、物流统计、人才培养等方面的关键作用，不断提高协会等社团服务政府、服务行业、服务企业的能力和水平。

2. 发挥社团组织交流平台作用，通过召开学术论坛、参观考察、人才交流、联合技术培训等多种形式，扩大对外开放，推动跨区域合作，增进相互协作。